综合评价
理论与方法

（第二版）

Comprehensive Evaluation Theory and Methods（2nd Edition）

易平涛　李伟伟　郭亚军◎著

经济管理出版社
ECONOMY & MANAGEMENT PUBLISHING HOUSE

图书在版编目(CIP)数据

综合评价理论与方法/易平涛，李伟伟，郭亚军著．—2 版．—北京：经济管理出版社，2019.12（2024.10 重印）

ISBN 978-7-5096-6531-2

Ⅰ.①综…　Ⅱ.①易…②李…③郭…　Ⅲ.①综合评价—研究　Ⅳ.①F224.12

中国版本图书馆 CIP 数据核字(2019)第 260511 号

组稿编辑：张巧梅
责任编辑：张巧梅
责任印制：黄章平
责任校对：陈　颖

出版发行：经济管理出版社
（北京市海淀区北蜂窝 8 号中雅大厦 A 座 11 层　100038）
网　　址：www.E-mp.com.cn
电　　话：(010)51915602
印　　刷：唐山玺诚印务有限公司
经　　销：新华书店
开　　本：720mm×1000mm/16
印　　张：25.5
字　　数：495 千字
版　　次：2019 年 12 月第 1 版　　2024 年 10 月第 2 次印刷
书　　号：ISBN 978-7-5096-6531-2
定　　价：69.00 元

前　言

评价是人类在面临决策前的自然思维过程,生活不息,抉择不断,因而评价是人类最基本的思维方式之一。对于诸如气温、脉搏等简单的概念,人们通过单指标就能精准把握,而对于诸如能力、幸福感等抽象概念,若要准确了解,就势必需要对涉及概念的主要方面进行估测,并在大脑中以各自熟知的方式完成信息集成,以指导最终的选择。学术意义上的综合评价是人类大脑在面对抽象概念时思维过程外显化、科学化的表达,是为复杂问题的定位与跟进管理提供的"测量仪器"。既然化繁为简是大脑面对复杂问题的基本取向,那么"先分解后综合"就成为了综合评价的基础逻辑。

综合评价的过程是评价需求者或评价支持者价值的注入与体现。完成一项复杂问题的评价,必然会涉及到构建指标体系、消除指标量纲、确定指标权重、汇集各项信息并最终排序比较等事项,而其中的每个环节都有多种方式可供选择,不同方式的组合就会产生不同的评价结论,结论之间甚至差别迥异。方法本身没有偏好,评价者的选择使方法成为了价值导向的载体,因而评价结论就是价值判断的集中体现。当前,实践中最大的问题不是方法太多,而是评价者在选择方法时对于自己的需求以及需求如何借由方法进行表达没有引起足够的重视,也缺乏相关的支撑性知识,这是当前理论与实践工作上的一个重要问题。

笔者整个学术生涯都围绕综合评价理论方向展开,掰指回望,迄今已 30 余载,期间没有因为热门方向而产生过动摇,综合评价是一项看似不难、行之不易、做好至艰的研究内容,若深究探索,其魅力无穷。多年来,评价环节上的很多问题已通过研究逐一解决,但个别关键性的问题一直盘旋于顶,迟迟未能得到完美的解答,这其中首当其冲的是多年前笔者提出的"综合评价的合理性"问题,关注如何从科学角度给出一套完备的针对评价流程自身的评价规范,以确保评价过程及评价结论高度可信的问题。细想一下,该项工作十分不易,不仅要有巨量的成果梳理,更要有超越性的创新,纵尽数年之功,也未尝克成。所以,退而求其次,通常在评价的实践工作中,我们建议"方法用之恰当、结果令人满意、施行效果显著"作为评价工作的原则,但距离"王师北定中原日"终归还有一段很长的路程。

面向"综合评价的合理性"问题,同行及团队从不同层面进行过解答。如 10 年前针对"多评价结论非一致性问题"的组合评价研究,再到近些年提出的"需求导向的评价问题、激励导向的评价问题",以及团队"改绝对评价为相对评价"而提出的泛综合评价研究,并为融合各种信息形式及多种评价方法设计的基于随机模拟的统一求解框架,都是有益的探索与尝试,每个问题都积数年之功,这其中,从格局上看,基于大数据时代背景,泛综合评价是很有希望在理论与实践中获得双丰收的前沿方向。

在综合评价这片研究的土壤上,是需要一点情结才能坚定走下去的。所幸,易平涛及李伟伟博士,在当下喧嚣的环境中,他们保有宁静致远之心,坚守在这片几经众人开垦但尚未绿美桃肥的学术之地上。我们师生两代人,上下 30 载,将研究成果与学术见解汇聚在这本《综合评价理论与方法》(第二版)中,因为侧重于理论方法层面的探讨,一些 20 世纪 90 年代的案例我们没有刻意去更新,一来节省精神赶前路,二来也为这长期的学术活动保留点历史悠悠之意。

综合评价是一个学术概念,但任何的研究,究其根本都需要深入哲学层面进行探讨。多年来,按照既有概念的界定,综合评价毫无疑问是信息综合的过程,因而学术界的研究几乎统一在既定的框架里展开,聚力于如何"合",研究合成的方式方法。但实践与理论工作中,我们都深切地感受到,信息合成是此消彼长的过程,既是新知识的创造,同时也是原有信息的湮灭,这种加工信息的手段使得局部或许催生"蝴蝶效应"的指标以及蕴含的风险信息都一同被综合掉了,这本身就是研究工作产生的新风险。展望未来,从辩证的角度,我们期望融入"分"的力量,补充综合过程的不足,丰富理论体系的同时让综合评价在审美上显得更加平衡。

我们深知,评价思维反映了人类最基本的活动与需求,评价实践蕴含着信息时代巨大的权力,评价理论研究必须呼应这个深切的需求,尽人所能、止于至善。评价理论工作者应有这份使命担当,为人类在这个分支领域的科学活动持续贡献才智。

本书的出版得到国家自然科学基金项目(71671031,71701040)的经费支持。感谢张巧梅编辑耐心、出色的校对工作。感谢博士生王露、董乾坤及硕士生刘阳,对于书稿细致的校对,预祝他们在未来的学业及工作上能取得丰硕的成果。

出版专著分享知识本就责任重大,但即便如履薄冰、倍加小心,字词图表及成果本身依然会有不妥或错误的可能,敬请读者或同行不吝指正为盼!

郭亚军

2019 年 11 月 20 日于南湖

目　录

绪论篇

基础篇

拓展篇

前沿篇

总结篇

绪论篇

第 1 章　综合评价概述

1.1　综合评价基本概念

评价是人类最常用的思维方式之一，凡是涉及比较判断的问题，都离不开评价的思想。一般来说，评价是指“根据确定的目标来测定被测对象的属性，并将这种属性变成客观定量的计值或主观效用的行为”[1]。

通常而言，对某些简单直观的问题（单指标的评价问题），通过比较可以直接给出确定的答案。例如，比较两个人的身高、体重，以及两个物体的长度等。但是在现实生活中，人们面临的问题往往更加复杂，比如评价各省（市、自治区）经济发展水平、了解不同城市的可持续发展状况、考核某组织的员工绩效情况等。对于上述问题，答案不容易直接给出，需要考虑多方面的因素进行综合评价，才能得到科学合理的结果。

相比于单指标评价问题，综合评价面对的问题常常是复杂系统，大多是自然科学、工程技术、管理科学、人文科学的交叉综合性研究领域。目前，学术界对综合评价的基本概念进行了一定程度的归纳、总结，但尚未达成共识。

苏为华认为，综合评价是人们参照一定标准对客体的价值或优劣进行评判比较的一种认知过程[2]。秦寿康认为，综合评价是对研究对象功能的一种量化描述，既可以利用时序统计数据去描述同一对象功能的历史演变，也可以利用统计数据去描述不同对象功能的差异[3]。胡永宏等认为，综合评价是对客观事物从不同侧面所得的数据做出总体的评价，其研究对象通常是自然、社会、经济等领域的同类事物（横向）或同一事物在不同时期的表现（纵向）[4]。王宗军认为，综合评价概指对以多属性体系结构描述的被评价对象做出的全局性、整体性评价[5]。郭亚军认为，综合评价是指对被评价对象所进行的客观、公正、合理的全面评价[6]。

关于综合评价系统，苏为华认为，完整的评价由评价目标、指标体系、评价方法与模型、评价实施、评价结果的评估与检验及评价结果分析报告等要素组成[2]。秦寿康认为，综合评价系统由评价主体、评价客体和评价环境三者组成，评价系统就其本质来说，是一个信息处理系统开展评价的过程，是一个将无序信息有序化的过程[3]。王宗军认为，构成综合评价问题的基本要素有评价对象、评价指标体系、评价专家（群体）及其偏好结构、评价原则（评价的侧重点和出发点）、评价模型、评价环境（实现综合评价过程的设施），各基本要素的有机组合构成了综合评价系统[5]。郭亚军认为，一个综合评价问题通常由评价对象、评价指标、权重系数、集结模型及评价者5个要素组成[7]。

综上所述,综合评价的概念表述虽然尚未统一,但其核心思想却一以贯之,即根据不同的评价目的,利用被评价对象的各种属性信息,采用科学的评价方法(包括指标体系、权重系数、集结模型等)对被评价对象进行客观、公正、合理的全面比较、判断及排序的过程[8]。

1.2 综合评价的经典过程

综合评价的经典过程,是指建立综合评价方式时最常选用的思路及步骤,区别于特殊评价方法中非经典的信息处理过程。综合评价经典过程中通常涉及5个基本要素:被评价对象、评价指标、权重系数、集结模型和评价者。

1.2.1 被评价对象

同一类被评价对象的个数要大于1。如果世界上就只有一个男子,那美男子、丑男子都是他自己,因此就没有判断或评价的必要了。将(均为同一类的)被评价对象或系统分别记为 $s_1, s_2, \cdots, s_n (n > 1)$。

1.2.2 评价指标

各系统的运行(或发展)状况可用一个向量 x 表示,其中每一个分量都从某一个侧面反映系统的现状,故称 x 为系统的状态向量,它构成了评价系统的指标体系。

每个评价指标都是从不同的侧面刻画系统所具有某种特征大小的度量。评价指标体系的建立,要视具体评价问题而定,这是毫无疑问的。但一般来说,在建立评价指标体系时,应遵守的原则是:①系统性;②科学性;③可比性;④可测取(或可观测)性;⑤(尽可能地)相互独立性。不失一般性,设有 m 项评价指标并依次记为 $x_1, x_2, \cdots, x_m (m > 1)$。

1.2.3 权重系数

相对于某种评价目的来说,评价指标之间的相对重要性是不同的。评价指标之间的这种相对重要性的大小可用权重系数来刻画。若 w_j 是评价指标 x_j 的权重系数,一般应有 $w_j \geqslant 0 (j = 1, 2, \cdots, m)$, $\sum_{j=1}^{m} w_j = 1$。

很显然,当被评价对象及评价指标(值)都给定时,综合评价(或对各被评价对象进行排序)的结果就依赖于权重系数了。即权重系数确定的合理与否关系到综合评价结果的可信程度,因此,对权重系数的确定应特别谨慎。

1.2.4　集结模型

所谓多指标(或多属性)综合评价，就是指通过一定的数学模型(或算法)将多个评价指标值“合成”为一个整体性的综合评价值。可用于“合成”的数学方法较多。问题在于我们如何根据评价目的(或准则)及被评价系统的特点来选择较为合适的合成方法。也就是说，在获得 n 个系统的评价指标值 $\{x_{ij}\}$ $(i=1,2,\cdots,n;j=1,2,\cdots,m)$ 的基础上，可以选用或构造集结模型(综合评价函数)，

$$y=f(\boldsymbol{w},\boldsymbol{x}) \tag{1-1}$$

式中，$\boldsymbol{w}=(w_1,w_2,\cdots,w_m)^{\mathrm{T}}$ 为指标权重向量，$\boldsymbol{x}=(x_1,x_2,\cdots,x_m)^{\mathrm{T}}$ 为系统的状态向量。

由式(1－1)可求出各系统的综合评价值 $y_i=f(\boldsymbol{w},\boldsymbol{x}_i)$，$\boldsymbol{x}_i=(x_{i1},x_{i2},\cdots,x_{im})^{\mathrm{T}}$ 为第 i 个系统的状态向量$(i=1,2,\cdots,n)$，并根据 y_i 值的大小(或由小到大或由大到小)将这 n 个系统进行排序和分类。

1.2.5　评价者

评价者可以是某个人或某团体。评价目的的给定、评价指标的建立、评价模型的选择，权重系数的确定都与评价者有关。因此，评价者在评价过程的作用是不可轻视的。

综合评价的过程是各组成要素之间信息流动、组合的过程，也是一个主客观信息集成的复杂过程。

综合评价问题的经典处理过程是：明确评价目的；确定被评价对象；建立评价指标体系(包括收集评价指标的原始值、评价指标的若干预处理等)；确立与各项评价指标相对应的权重系数；选择或构造综合评价模型；计算各系统的综合评价值并进行排序或分类。该过程的直观表示如图 1－1 所示。

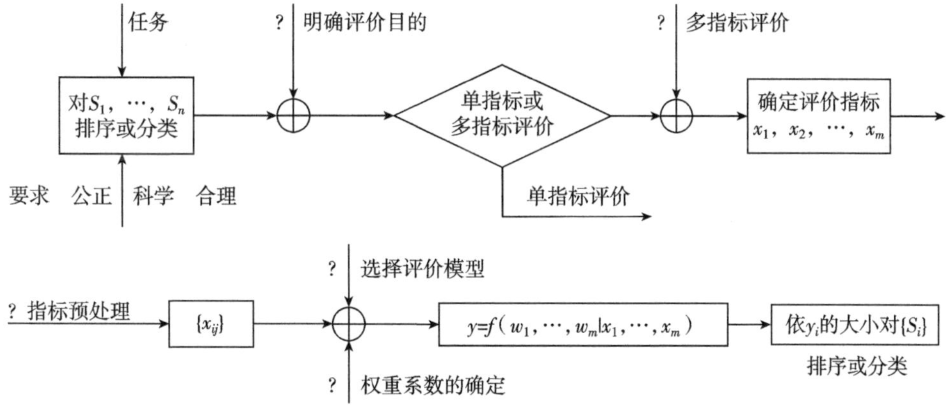

图 1－1　综合评价的逻辑框图

1.3 综合评价的研究进展

综合评价理论方法被广泛应用于工程设计、经济管理及政治军事等诸多领域，由于传统评价方法并不能完全满足人们的实际需求，所以国内外众多学者在这一领域进行了许多开拓性研究，迄今已取得较为丰硕的研究成果。本书对近年来综合评价的研究成果进行不完全梳理，发现关于综合评价的研究主要集中在以下几个主要方面：

1.3.1 经典综合评价

经典评价方法是基于传统评价流程对评价问题展开的系统研究，主要关注评价指标的预处理、权重系数的确定及信息集结方法的构建等问题。其中，指标预处理解决的是因指标量纲、量级不同而引起的评价数据不可公度性问题，主要有线性[7,9]、非线性[10]两种处理方式；权重系数是为了区分指标在评价过程中所起作用的不同，常见的有客观[11-14]、主观[15]及主客观相结合[16]的赋权方法；信息集结是合成评价信息的主要方式，主要有加性[17,18]（也称为线性）、积性[19]（也称为非线性）及调和[20]等常见的集结模式。

1.3.2 群体评价

相比经典的综合评价，群体评价面向的问题通常更加复杂，需要多方利益主体共同参与。因而，对评价过程中多方参与主体共同利益的考虑是群体评价面临的关键问题。对该问题，已有研究多从协商[21]、信息交互[22]、期望效用最大[23]、寻求相似意见[24]、突出多数人意见[25]等方面构建能够提升群体共识的评价方法。后来，随着信息技术的迅速发展，使得大规模群体参与评价成为可能，有学者进一步从属性分布[26]、群体结构[27]、聚类分析[28]等视角研究了大规模群体评价的理论与方法。

1.3.3 动态评价

动态评价是在被评价对象与评价指标的基础上，进一步融入对时间因素的考虑，对被评价对象在一段时间内的状况进行整体分析。关于动态评价方法，初期的研究思路主要是将已有的方法（如理想点法[29]、关联分析法[30]、拉开档次法[31]等）拓展至动态情景；后续研究主要从评价者的奖惩偏好、指标在不同时刻的发展趋势、发展增量等方面展开，并衍生出了激励型的评价模式[32,33]。

1.3.4 不确定性评价

不确定性评价理论针对以不确定信息（包含区间数、模糊数、语言信息甚至是残缺信息等)描述的评价问题提出,其中不确定信息主要出现在评价指标的数据表示及指标权重的表达等环节上。不确定性评价方法的早期研究成果主要包含面向单一类别模糊信息[34-36]、语言信息[37,38]以及残缺信息[39]的评价方法。后来有学者在上述研究的基础上,进一步探讨了多种类型不确定信息共存的不确定性评价方法[40]。

1.3.5　自主式综合评价

自主式评价将被评价对象视为评价主体,从被评价对象争取"自身利益最大化"的视角构建评价模型,从而使得被评价对象自身的利益诉求能够得到表达,也能够体现出被评价对象自身的价值取向。梁樑提出一种多层次交互决策模型,该模型赋予被评价对象有限话语权,使被评价对象能够在评价过程中发挥一部分作用[11]。易平涛等依据被评价对象是否为有分析能力的个体,将自主式综合评价分为客观自主式评价和主观自主式评价,并展开相关研究[41,42]。

1.3.6　组合评价

组合评价期望通过多方法或多种结论的组合应用以提升最终评价结果的信服力或可接受程度等。组合评价的概念最早由郭显光[43]提出,后来又发展出了"硬组合"和"软组合"的概念[7]。目前学术界关于组合评价的研究成果相对较多,主要体现在关于评价方法的组合[44]、指标权重的组合[45]以及评价结论[46]、排序结果[47]的再组合等方面。

1.3.7　集成式评价

集成式评价模式主要解决多来源、多结构的大量、复杂评价信息的综合集成评价问题,代表性的研究成果主要有:基于"综合集成研讨厅体系"提出的从定性到定量的综合集成方法[48];基于物理—事理—人理(WSR)的系统方法论发展而来的综合集成评价方法[49,50];在传统综合评价基础上通过构建信息集成框架的方式提出了泛结构评价模式[50];等等。

1.3.8　其他类型的评价研究

部分学者从数据挖掘、证据推理、知识学习等角度对综合评价进行拓展,并设计出一些其他类别的评价方法,如基于神经网络的评价方法[52]、基于遗传算法的评价方法[2,53]、基于灰色关联度的评价方法[54]、基于证据推理的评价方法[55]、基于粗糙集的评价方法[56]等。

1.4　本书结构安排

本书各章之间的逻辑关系如图1-2所示。

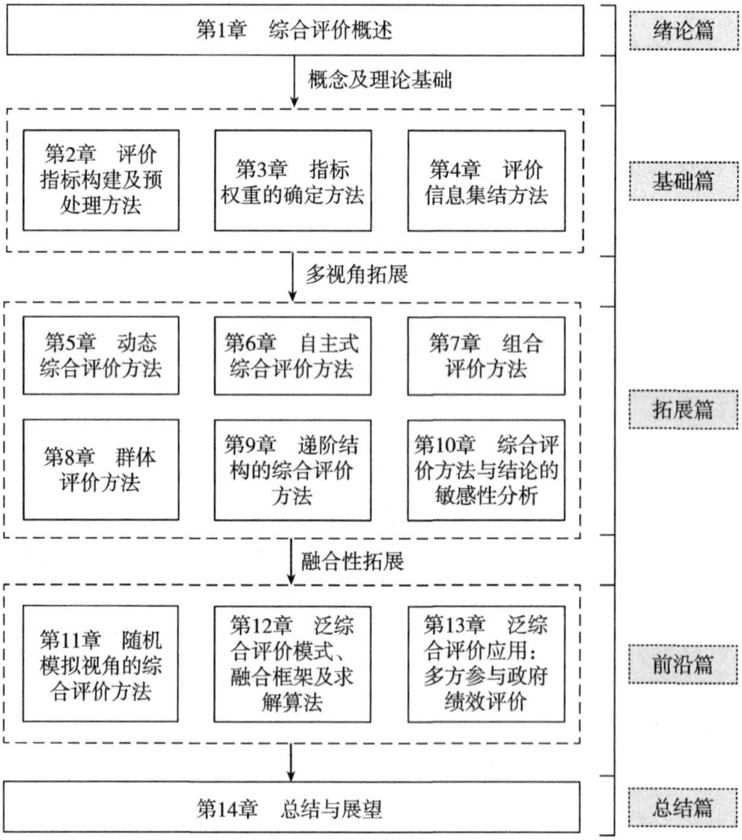

图1-2　本书逻辑结构图

本书共14章,分别从绪论篇、基础篇、拓展篇、前沿篇和总结篇5个方面进行论述。

绪论篇是对综合评价的基本概念、经典过程、研究进展的概述及本书的内容安排的介绍(第1章)。

基础篇是围绕综合评价的经典过程,对各环节涉及的主要方法进行讨论,介绍了评价指标的构建及预处理方法(第2章)、指标权重的确定方法(第3章)和评价信息的集结方法(第4章)。

拓展篇面向不同评价情景，介绍了关于综合评价理论方法的拓展研究情况。时序动态综合评价面向多阶段评价信息，研究指标权、时间权的确定问题及评价信息的集结问题等（第5章）。自主式综合评价将被评价对象视为平等的“智能体”，独立自主地参与到评价过程中，拥有充分的“发言权”，主要研究如何在评价过程中使得被评价对象的自身利益和价值诉求得以充分表达（第6章）。组合评价研究了“硬组合”和“软组合”两类评价方法（第7章）。群体评价主要讨论了群体协商评价、评价参与者情感过滤及多阶段群体评价信息的集结等问题（第8章）。递阶结构的综合评价将“拉开档次法”和序关系分析法进行了拓展研究（第9章）。综合评价方法和结论的敏感性分析首先以实证分析的方式讨论了综合评价结论对评价方法的敏感性问题，然后对数据的无量纲化处理方法、指标权重的确定方法及信息集结方法的敏感性（或结构稳定性）进行深入分析（第10章）。

前沿篇是对综合评价最新研究成果的介绍。首先介绍了随机模拟型综合评价方法，提出了优胜度矩阵的概念，将“绝对形式的评价结论”拓展至“带有概率特征的可能性排序结论”，并研究了可能性排序结论的多种求解算法（第11章）；在此基础上，面向具有“多群体、多层次、多关系、多信息结构、多表达方式及多方法偏爱特征”的复杂评价问题，提出了泛综合评价模式，研究了泛结构评价信息融合框架的构建问题以及信息融合框架的求解算法和简化求解方法（第12章）；进一步地，将泛综合评价模式应用至多方参与的政府绩效评价问题中，取得了较好效果（第13章）。

总结篇是对本书已涵盖成果的归纳及进一步研究问题的展望（第14章）。

基础篇

第 2 章　评价指标构建及预处理方法

2.1　评价指标的构建及筛选

在实际的综合评价活动中，并非评价指标越多越好，但也不是越少越好，关键在于评价指标在评价中所起作用的大小。一般原则应是以尽量少的“主要”评价指标用于实际评价。但在初步建立的评价指标集合当中也可能存在着一些“次要”的评价指标，这就需要按某种原则进行筛选，分清主次，合理组成评价指标集。

对于具体的实际评价问题，如何确定评价目标及选择评价指标是一个很重要的问题，应该慎重考虑。在实际应用中，通常用以下几种方法来进行评价指标的筛选：

2.1.1　专家调研法（Delphi）

这是一种向专家发函、征求意见的调研方法。评价者可根据评价目标及评价对象的特征，在所设计的调查表中列出一系列的评价指标，分别征询专家对所设计的评价指标的意见，然后进行统计处理，并反馈咨询结果，经过几轮咨询后，如果专家意见趋于集中，则由最后一次咨询确定出具体的评价指标体系。

2.1.2　最小均方差法

对于 n 个取定的被评价对象（或系统）$s_1, s_2, \cdots, s_n$，每个被评价对象都可用 m 个指标的观测值 $x_{ij}(i=1,2,\cdots,n;j=1,2,\cdots,m)$ 来表示。容易看出，如果 n 个被评价对象关于某项评价指标的取值都差不多，那么尽管这个评价指标是非常重要的，但对于这 n 个被评价对象的评价结果来说，它并不起什么作用。因此，为了减少计算量就可以删除这个评价指标。这就启发我们建立最小均方差的筛选原则如下：

记

$$s_j = \sqrt{\frac{1}{n-1}\sum_{i=1}^{n}(x_{ij}-\bar{x}_j)^2}, j = 1,2,\cdots,m$$

为评价指标 x_j 的按 n 个被评价对象取值构成的样本均方差，其中

$$\bar{x}_j = \frac{1}{n}\sum_{i=1}^{n}x_{ij}, j = 1,2,\cdots,m$$

为评价指标 x_j 的按 n 个被评价对象取值构成的样本均值。

若存在 $k_0(1\leqslant k_0\leqslant m)$,使得

$$s_{k_0}=\min_{1\leqslant j\leqslant m}\{s_j\}$$

且

$$s_{k_0}\approx 0$$

则可删除与 s_{k_0} 相应的评价指标 x_{k_0}。

2.1.3 极小极大离差法

先求出各评价指标 x_j 的最大离差 r_j,即

$$r_j=\max_{1\leqslant i,k\leqslant n}\{|x_{ij}-x_{kj}|\}$$

再求出 r_j 的最小值,即令

$$r_0=\min_{1\leqslant j\leqslant m}\{r_j\}$$

当 r_0 接近于零时,则可删除与 r_0 相应的评价指标。

常用的方法还有"相关系数法"等,这部分内容可参考有关教材,这里不予以介绍。

2.2 指标若干预处理方法及性质分析

2.2.1 评价指标类型的一致化

一般来说,在指标 $x_1,x_2,\cdots,x_m$ 中,可能含有"极大型"指标、"极小型"指标、"居中型"指标和"区间型"指标。对于某些定量指标,如产值、利润等,我们自然期望它们的取值越大越好,这类指标我们称为极大型指标;而对于诸如成本、能耗等一类指标,我们自然期望它们的取值越小越好,这类指标称为极小型指标;诸如人的身高、体重等指标,我们既不期望它们的取值越大越好,也不期望它们的取值越小越好,而是期望它们的取值越居中越好,我们称这类指标为居中型指标;而区间型指标是期望其取值以落在某个区间内为最佳的指标。根据指标的不同类型,对指标集 $X=\{x_1,x_2,\cdots,x_m\}$ 可作如下划分,即令

$$X=\bigcup_{i=1}^{4}X_i \text{ 且 } X_i\cap X_j=\phi,i\neq j(i,j=1,2,3,4)$$

式中,$X_i(i=1,2,3,4)$ 分别为极大型指标集、极小型指标集、居中型指标集和区间型指标集,ϕ 为空集。

若指标 $x_1,x_2,\cdots,x_m$ 中既有极大型指标、极小型指标,又有居中型指标或区间型指标,则必须在对各备选方案进行综合评价之前,将评价指标的类型做一致化处理。否则,就无法定性地判定综合评价函数(见第 4 章的讨论)中的 y_i 值是

否是取值越大越好，或是取值越小越好，或是取值越居中越好。因此，也就无法根据 y 值的大小来综合评价各备选方案的优劣。因此，需将指标做类型一致化的处理。

对于极小型指标 x，令

$$x^* = M - x \tag{2-1}$$

或

$$x^* = \frac{1}{x}, (x > 0) \tag{2-1'}$$

式中，M 为指标 x 的一个允许上界。

对于居中型指标 x，令

$$x^* = \begin{cases} \dfrac{2(x-m)}{(M-m)}, if\ m \leqslant x \leqslant \dfrac{M+m}{2} \\ \dfrac{2(M-x)}{(M-m)}, if\ \dfrac{M+m}{2} \leqslant x \leqslant M \end{cases} \tag{2-2}$$

式中，m 为指标 x 的一个允许下界，M 为指标 x 的一个允许上界。

对于区间型指标 x，令

$$x^* = \begin{cases} 1.0 - \dfrac{q_1 - x}{\max\{q_1 - m, M - q_2\}}, if \quad x < q_1 \\ 1.0 \qquad\qquad\qquad\qquad\qquad\ \ , if \quad x \in [q_1, q_2] \\ 1.0 - \dfrac{x - q_2}{\max\{q_1 - m, M - q_2\}}, if \quad x > q_2 \end{cases} \tag{2-3}$$

式中，$[q_1, q_2]$ 为指标 x 的最佳稳定区间，M、m 分别为 x 的允许上、下界。

这样，非极大型评价指标 x 或通过式（2－1）［或式（2－1′）］，或通过式（2－2），或通过式（2－3）均可转换为极大型指标了。

2.2.2　评价指标的无量纲化

一般来说，指标 $x_1, x_2, \cdots, x_m$ 之间由于各自量纲及量级（即计量指标 x_j 的数量级）的不同而存在着不可公度性，这就为比较综合评价指标 y 的大小带来了不便。例如，对人的身高、体重进行测量时，我们用厘米（cm）作为特征“身高”的量纲，而用公斤（kg）作为特征“体重”的量纲。这样，每个人的第一项特征取值一般是三位数而第二项特征取值一般是两位数。但是，若把体重的量纲改为吨，那么每人的体重值就要减少到原来数值的千分之一。即使一个体重 100 公斤的壮汉，他的体重折合成吨后其数值也只有 0.1 了。这时，再对其进行综合评价时，实际上起主要作用的只有身高这一项指标。因此，为了尽可能地反映实际情况，排除由于各项指标的量纲不同以及其数值数量级间的悬殊差别所带来的影响，避免不合理现象的发生,需要对评价指标做无量纲化处理。指标的无量纲化,也叫作指标数据的标准化、规范化,它是通过数学变换来消除原始指标量纲影响的方法。常用的线性无量纲化方法有以下 6 种:

若无特殊说明,以下所考虑的指标 $x_j(j=1,2,\cdots,m)$ 为极大型指标,其观测值为 $\{x_{ij} \mid i=1,2,\cdots,n;j=1,2,\cdots,m\}$。

2.2.2.1 标准化处理法

$$x_{ij}^* = \frac{x_{ij} - \bar{x}_j}{s_j} \tag{2-4}$$

式中,$\bar{x}_j$、$s_j(j=1,2,\cdots,m)$ 分别为第 j 项指标观测值的(样本)平均值和(样本)均方差,x_{ij}^* 称为标准观测值。

特点:样本平均值为 0,方差为 1;区间不确定,处理后各指标的最大值、最小值不相同;对于指标值恒定($s_j=0$)的情况不适用;对于要求指标值 $x_{ij}^*>0$ 的评价方法(如熵值法、几何加权平均法等)不适用。

2.2.2.2 极值处理法

$$x_{ij}^* = \frac{x_{ij} - m_j}{M_j - m_j} \tag{2-5}$$

式中,$M_j=\max\limits_i\{x_{ij}\}$,$m_j=\min\limits_i\{x_{ij}\}$(下述各式同)。

对于指标 x_j 为极小型的情况,式(2-5)变为

$$x_{ij}^* = \frac{M_j - x_{ij}}{M_j - m_j} \tag{2-5$'$}$$

特点:$x_{ij}^* \in [0,1]$,最大值为 1,最小值为 0;对于指标值恒定的情况不适用(分母为 0)。

2.2.2.3 线性比例法

$$x_{ij}^* = \frac{x_{ij}}{x'_j} \tag{2-6}$$

x'_j 为一特殊点,一般可取为 m_j、M_j 或 $\bar{x}_j$。

特点:要求 $x'_j>0$。当 $x'_j=m_j>0$ 时,$x_{ij}^* \in [1,\infty)$,有最小值 1,无固定的最大值;当 $x'_j=M_j>0$ 时,$x_{ij}^* \in (0,1]$,有最大值 1,无固定的最小值;当 $x'_j=\bar{x}_j>0$ 时,$x_{ij}^* \in (-\infty,+\infty)$,取值范围不固定,$\sum\limits_i x_{ij}^* = n$。

2.2.2.4 归一化处理法

$$x_{ij}^{*} = \frac{x_{ij}}{\sum_{i=1}^{m} x_{ij}} \tag{2-7}$$

特点：可看成是线性比例法的一种特例，要求 $\sum_{i=1}^{m} x_{ij} > 0$。当 $x_{ij} \geqslant 0$ 时，$x_{ij}^{*} \in (0,1)$，无固定的最大值、最小值，$\sum_{i} x_{ij}^{*} = 1$。

2.2.2.5 向量规范法

$$x_{ij}^{*} = \frac{x_{ij}}{\sqrt{\sum_{i=1}^{m} x_{ij}^{2}}} \tag{2-8}$$

特点：当 $x_{ij} \geqslant 0$ 时，$x_{ij}^{*} \in (0,1)$，无固定的最大值、最小值，$\sum_{i} (x_{ij}^{*})^{2} = 1$。

2.2.2.6 功效系数法

$$x_{ij}^{*} = c + \frac{x_{ij} - m'_{j}}{M'_{j} - m'_{j}} \times d \tag{2-9}$$

式中，M'_{j}、m'_{j} 分别为指标 x_{j} 的满意值和不容许值，c、d 均为已知正常数，c 的作用是对变换后的值进行“平移”，d 的作用是对变换后的值进行“放大”或“缩小”。通常取为 $c=60$，$d=40$，即

$$x_{ij}^{*} = 60 + \frac{x_{ij} - m'_{j}}{M'_{j} - m'_{j}} \times 40, x_{ij}^{*} \in [60,100]$$

特点：可看成是更普遍意义下的一种极值处理法，取值范围确定，最大值为 c + d、最小值为 c。

2.2.3 无量纲化方法性质分析

无量纲化方法有很多种，那么，决策者在实际工作时应该选择哪一种无量纲化方法呢？除已有的方法之外，有没有更好的（理想的）无量纲化方法？这些涉及无量纲化方法优劣的判别标准问题，而对判断标准的要求依具体的决策环境会有所不同，其本质又是一个针对方法优选的多准则评价问题。

设想一个理想的线性无量纲化方法一般会满足如下6个假设条件（称为无量纲化性质）：

性质2.1 单调性。要求无量纲化后的数据保留原有数据之间的序关系。

假设极大型指标 x 中的任意 2 个观测数据，记为 x_1,x_2，其无量纲化后的标准数据为 $x_1^*,x_2^*,x_i^*=f(x_i)(i=1,2)$，$f$ 为无量纲化函数。

(1)当 $x_1=x_2$ 时，$x_1^*=x_2^*$；当 $x_1>x_2$ 时，$x_1^*\geqslant x_2^*$，此时称 f 为弱单调性的。

(2)当 $x_1=x_2$ 时，$x_1^*=x_2^*$；当 $x_1>x_2$ 时，$x_1^*>x_2^*$，此时称 f 为强单调性的。

对于极大型指标来说，“单调性”是指单调递增性，而对极小型指标是指单调递减性。

性质 2.2 差异比不变性。要求无量纲化后的数据保留原有数据之间对于某个标准量的比较关系。即有

$$\frac{x_1-x'}{x_2-x'}=\frac{f(x_1)-f(x')}{f(x_2)-f(x')}$$

(x_1,x_2 为极大型指标 x 的任意两个观测值，x'为一特定的标准值)成立。

性质 2.3 平移无关性。对原始数据进行“平移”变换不会影响无量纲化后的结果。即有 $f(x+c_3)=f(x)$(c_3 为任意一常数)成立。

性质 2.4 缩放无关性。对原始数据进行“缩小”或“放大”变换不会影响无量纲化后的结果。即有 $f(c_4x)=f(x)$(c_4 为任意一非零常数)成立。

性质 2.5 区间稳定性。对任意一指标原始数据的无量纲化处理结果都处在一个确定的取值范围内。即有 $f(x_i)\in[c_5^{(1)},c_5^{(2)}]$，$\min\limits_i\{f(x_i)\}=c_5^{(1)}$，$\max\limits_i\{f(x_i)\}=c_5^{(2)}$ 成立。

性质 2.6 总量恒定性。对任意一指标的无量纲化处理后的标准值之和为一恒定的常数。即要求 $\sum\limits_i x_i^*=\sum\limits_i f(x_i)=c_6$($c_6$ 为一确定的常数)成立。

评价系统中指标的重要性由权重系数来体现。而指标值之和在一定程度上反映了该指标在评价系统中的重要性，和值越大，则该指标对于最终结论的影响力也越大，这个效应对正确估计指标的重要性有一定的影响，因而需尽量确保指标值的总量恒定，尤其在采用不同无量纲化方法处理不同指标时，总量不恒定的现象更加明显，需要进行“再变换”等相关的技术进行处理。

可以证明，同时满足上述 6 个性质的理想无量纲化方法是不存在的(见定理2.1及推论2.1)，任意一种无量纲化方法仅能满足其中的某几个性质(见表 2-1)。虽然在实际应用中无量纲化方法的选取也并非十分苛刻，但是考虑尽量满足 6 个性质的组合集成形式的无量纲化方法是将来值得深入研究的一个问题。

表 2-1 常用线性无量纲化方法及性质对应表

无量纲化方法	单调性	差异比不变性	平移无关性	缩放无关性	区间稳定性	总量恒定性
标准化处理法	√	√($x'=\bar{x}$)	√	√	×	√
极值处理法	√	√($x'=m_j$)	√	√	√	×

续表

无量纲化方法	单调性	差异比不变性	平移无关性	缩放无关性	区间稳定性	总量恒定性
线性比例法(m_j)	√	√($x'=0$)	×	√	×	×
线性比例法(M_j)	√	√($x'=0$)	×	√	×	×
线性比例法($\bar{x}_j$)	√	√($x'=0$)	×	√	×	√
归一化处理法	√	√($x'=0$)	×	√	×	√
向量规范法	√	√($x'=0$)	×	√	×	×
功效系数法	√	√($x'=m'_j$)	√	√	√	×

注：①符号"√"表示成立，符号"×"表示不成立；

②仅考虑用同一种无量纲化方法对所有指标进行处理的情形；

③仅考虑式(2-5)形式的极值处理法。

由表 2-1 可见，标准化处理法、极值处理法及功效系数法满足的性质最多，因而相对于其他方法来说更为优良，这与应用中大量使用这 3 种方法的实际情况是吻合的。

下面给出有关无量纲化方法的一些定理与推论（仅给出定理 2.1 的证明，其余的定理与推论易于理解，证明过程省略）。

定理 2.1　不存在线性无量纲化方法使得"区间稳定性"及"总量恒定性"两个性质同时成立。

证明：记某一指标 x 的 n 个观测值为 $x_1, x_2, \cdots, x_n$，不妨设 $x_1 = \max_i(x_i)$，$x_n = \min_i(x_i)$。

任意一线性无量纲化函数可表示为 $x_i^* = f(x_i) = kx_i + b(i=1,2,\cdots,n)$ 的形式，其中 k, b 为待定常数。

按照"总量恒定性"的要求，$\sum_{i=1}^{n} x_i^* = c_6$，即

$$\sum_{i=1}^{n} kx_i + nb = c_6 \tag{Ⅰ}$$

按照"区间稳定性"的要求，$x_i^* \in [c_5^{(1)}, c_5^{(2)}]$，即

$$kx_1 + b = \min_i(x_i^*) = c_5^{(1)} \tag{Ⅱ}$$

$$kx_n + b = \max_i(x_i^*) = c_5^{(2)} \tag{Ⅲ}$$

由式(Ⅱ)、式(Ⅲ)可求得 $k = (c_5^{(1)} - c_5^{(2)})/(x_1 - x_n)$，$b = (c_5^{(2)}x_1 - c_5^{(1)}x_n)/(x_1 - x_n)$，将 k, b 代入式(Ⅰ)求得

$$\sum_{i=2}^{n-1} x_i = [(c_6 + c_5^{(1)} + c_5^{(2)})(x_1 - x_n) - (n-2)(c_5^{(2)}x_1 - c_5^{(1)}x_n)]/(c_5^{(1)} - c_5^{(2)}) \tag{Ⅳ}$$

可知,$x_1,x_2,\cdots,x_n$ 之间的关系受到式(Ⅳ)的约束,限制了 $x_1,x_2,\cdots,x_n$ 选取的任意性。也就是说,不存在 k,b 确定的线性无量纲化方法使得对于任意的指标观测值 $x_1,x_2,\cdots,x_n$ 恒满足“区间稳定性”、“总量恒定性”两个性质。定理得证。

由定理 2.1 自然可得到推论 2.1。

推论 2.1 同时满足性质 2.1 至性质 2.6 的理想无量纲化方法不存在。

以下分别用 $f(x)$,$L(y)$ 表示无量纲化函数及单调递增的线性变换函数,$S(f(x))$ 表示 $f(x)$ 所满足的无量纲化性质(指前面给出的六个性质)的集合。

定理 2.2 对 $f(x)$,有 $S(L(f(x)))=S(f(x))$。

定理 2.2 表明对无量纲化方法作正线性变换,性质不变。

定理 2.3 对 2 种无量纲化方法 $f_1(x)$,$f_2(x)$,有 $S(a_1f_1(x)+a_2f_2(x)+b)=S(f_1(x))\cap S(f_2(x))$($a_1,a_2$ 为任意正的常数,b 为一任意常数)。

定理 2.3 表明对两种无量纲化方法进行线性合成,合成的无量纲化方法的性质为两种无量纲化方法性质的“交集”。该定理可推广到 $n(n>2)$ 个无量纲化函数进行线性合成的情形,见定理 2.4。

定理 2.4 对 n 种无量纲化方法 $f_1(x),\cdots,f_n(x)$,有 $S(\sum_{i=1}^{n}a_if_i(x)+b)=\bigcap_{i=1}^{n}S(f_i(x))$($a_i,i=1,2,\cdots,n$,为任意正的常数,$b$ 为一任意常数)。

定理 2.5 对一无量纲化函数 $f(x)$,$f:X\to U$,$g(u)$ 为定义在 U 上的一个连续单调递增的函数,则 $g(f(x))$ 也是一个无量纲化函数。

定理 2.2 至定理 2.5 可用于指导构造复合的无量纲化函数或判断复杂的无量纲化函数的性质。此外,参考文献[57]对无量纲化方法的结构稳定性进行了探讨,详见第 10.2 节内容。

2.3 兼顾异常值处理的分段无量纲化方法[58]

异常值是指偏离于大部分评价数据的那部分数据,有时也被称为“野值”、“极端值”。异常值的存在能够对无量纲化结果的区分度产生较大的影响,因而在对指标数据进行无量纲化处理之前,首先需要对原始评价数据中是否有异常值以及有多少异常值的问题进行分析。

2.3.1 异常值的判断与识别

2.3.1.1 异常值的判断方法

相比于没有异常值的情形,当评价数据中包含异常值时,异常值会导致评价数据在其取值范围内呈现明显的不均匀分布。因而,可通过分析评价数据在其取值区间内分布的均匀性判断原始数据中是否包含异常值。对评价数据均匀性分析，下面给出一种以“中位数”为参考点的衡量方法。需要说明的是，这里选用“中位数”而非“众数”作为异常值识别的参考点，主要有两种考虑：一是选用“中位数”作为参考点，能够保证分布于“中位数”两边的数据数量的一致性，从而可保证除去异常值后剩余数据在其取值区间内分布的均衡性；二是由于众数的求解结果不稳定，即并不是任何一组数据均能求解到众数，因而为提升异常值识别及处理方法的应用范围，这里选用了中位数作为参考点。具体而言，选用中位数作为参考点识别异常值的基本思路是：分析“中位数”两边数据的取值变化幅度，若“中位数”两边数据的取值变化幅度差异不大，则说明原始数据在其取值范围内的分布较均匀，不存在异常值；相反地，若“中位数”两边数据的取值变化幅度差异较大，即“中位数”两边的数据呈不均匀分布，此时可认为原始数据中存在异常值。

依据上述异常值的识别思路，下面给出异常值的具体判断方法。显然地，当对被评价对象进行排序后，异常值分布于排序后评价数据的两端。不失一般性，对 n 个被评价对象 $o_1, o_2, \cdots, o_n$ 关于指标 $x_j(j=1,2,\cdots,m)$ 的取值按从小到大的顺序进行排序，为简便起见，将排序后的指标值记为 $\{x_{1j}, x_{2j}, \cdots, x_{nj}\}$，记 $\overline{x}_j = median(x_{ij})$ 为指标值 $\{x_{1j}, x_{2j}, \cdots, x_{nj}\}$ 的中位数，分别计算中位数两边数据的取值变化幅度，即

$$\begin{cases}\rho_1 = x_{nj} - \overline{x}_j \\ \rho_2 = \overline{x}_j - x_{1j}\end{cases} \tag{2-10}$$

式中，ρ_1 表示中位数至最大指标值的距离，ρ_2 表示中位数至最小指标值的距离，有 $\rho_1, \rho_2 \in [0, x_{nj} - x_{1j})$，$x_{nj} - x_{1j}$ 为指标最大值与最小值的差值，即原始数据的取值范围。

规则 2.1　异常值的判断规则。

(1) 当 $\rho_1 \approx \rho_2$ 时，意味着中位数两边数据的取值变化幅度相当，此时认为原始评价数据中不存在异常值。

(2) 当 $\rho_1 \geqslant k\rho_2$ 时，认为排序后的评价数据的最大值方向存在异常值。

(3) 当 $\rho_2 \geqslant k\rho_1$ 时，认为排序后的评价数据的最小值方向存在异常值。

其中，k 为异常值识别参数，按照适度筛选原则，k 的值不应太大也不宜太小，太大会导致对异常值的筛选不彻底，太小则会出现过度筛选的情形。在本书形成过程中通过初步的实验（实验中先随机生成评价数据，然后在原始数据的基础上加入异常数据），通过异常值与中位数的距离观察发现异常值识别参数的取值多集中在 1.5 ~ 2。

2.3.1.2　异常值的识别方法

(1) 识别方法 1：中位偏移法。按照异常值的判断规则能够初步确定原始数据

中是否包含异常值,却无法明确原始评价数据中包含哪些异常值。下面以异常值存在于排序后评价数据的最大值方向为例,对异常值的识别方法及步骤进行分析。

步骤 1　设置计数变量 $r=0$,且令 $r=r+1$;

步骤 2　对评价数据按从小到大的顺序进行排序,计算评价数据的中位数,并依据式(2-10)分别计算排序后数据的最大端点值和最小端点值偏离中位数的距离,记为 $\rho_1^{(r)}$,$\rho_2^{(r)}$,并令 $\varepsilon_r=\rho_1^{(r)}/\rho_2^{(r)}$;

步骤 3　若满足 $\varepsilon_r>1$,则删除排序后评价数据最大值方向的端点值,重复步骤 1 和步骤 2,直至出现 $\varepsilon_r\leqslant 1$ 的情形。

经过上述步骤,设有 m 个 $\varepsilon_r>1(r=1,2,\cdots,k)$。需要说明的是,这里统计 $\varepsilon_r>1$的情形,是因为最大值方向存在异常值,则最大值方向的异常值偏离中位数的距离必然会大于最小值方向非异常值偏离中位数的距离。

依据异常值的适度筛选原则,下面给出异常值的识别规则。

规则 2.2　异常值的识别规则。

1)当 $m=1$(或 2)且 $\varepsilon_r\geqslant k$ 时,认为排序后数据最大值方向的端点值(或最大端点值与次大端点值)为异常值。

2)当 $3\leqslant m\leqslant n/2$ 时,若 $\varepsilon_1,\varepsilon_2,\cdots,\varepsilon_m$ 中有数据(记为 ε_l)的取值大于 k,且除该部分数据外其他数据的取值均小于 k,则依据式(2-10)寻找与 $\rho_1^{(l)}$ 对应的指标值,即为异常值。

3)当 $m\geqslant n/2$ 且 $\varepsilon_r\geqslant k$ 的情形出现次数较多时,①当 $\varepsilon_1,\varepsilon_2,\cdots,\varepsilon_m$ 中有个别数据(记为 ε_l)的取值远大于 k,则剔除该个别数据 ε_l 并计算剩余 ε 值的平均值(记为 $\bar{\varepsilon}$);②若 $\varepsilon_1,\varepsilon_2,\cdots,\varepsilon_m$ 的取值并不远大于 k 时,直接计算 $\varepsilon_1,\varepsilon_2,\cdots,\varepsilon_m$ 的平均值 $\bar{\varepsilon}$。在此基础上,从 $\varepsilon_r(r=1,2,\cdots,m)$ 中挑选 $\varepsilon_r\geqslant\bar{\varepsilon}$ 的数据,设共有 p 个数据,记为 $\varepsilon'_i,i=1,2,\cdots,p$,依据式(2-10)寻找与 ε'_i 对应指标值,记为 $x'_{ij},i=1,2,\cdots,l$,则原始指标值中满足 $x_{ij}\geqslant\min\{x'_{1j},x'_{2j},\cdots,x'_{lj}\}$ 的指标值均为异常值。

需要说明的是,当 $m\geqslant n/2$ 且 $\varepsilon_r\geqslant k$ 的情形出现次数较多时,意味着原始数据中可能会有将近一半的数据为异常值,这种情况不合乎常理,因而为避免出现过度筛选的情形,这里取所有大于 1 的 $\varepsilon_r(r=1,2,\cdots,m)$ 的均值作为异常值的识别阈值(而非将 $\varepsilon_r=k$ 作为识别阈值),同时为避免平均值受个别较大 ε 值的影响从而导致异常值寻找不充分的问题,此处在计算均值时剔除了个别较大的 ε 值。

最小值方向的异常值的识别过程与此类似,只需令步骤 2 中 $\varepsilon_r=\rho_2^{(r)}/\rho_1^{(r)}$ 且从最小值方向删除端点值即可,这里不再赘述。

上述给出的异常值的识别方法适用于异常值存在于排序后数据一端的情形。为进一步验证排序后评价数据的两端是否都存在异常值,可将依据上述过程中识别出的异常值删除,并按规则 1 重新判断剩余数据中是否存在异常值即可,当对剩余数据判断异常值存在的方向与刚删除的异常值方向相同时，则认为剩余数据中不存在异常值；反之，方向相反时，可进一步按上述异常值的识别规则判断剩余数据中是否存在异常值。

(2)识别方法 2：递进调整法。我们通常希望“异常值”越少越好，这样可以尽量保持数据的原貌；同时又希望挑选出较多的“异常值”使得处理后的结果尽量偏离未考虑“异常值”的预处理结果（在有异常点存在的情况下被认为是最不理想的一种预处理结果）。这正好涉及两个相互矛盾的目标，可以设定各目标的度量指标，通过综合权衡两项指标的取值以定出最优的“分界点”。一般来说，前一个目标要求调整的次数尽量的少，后一个目标需要调整的次数尽量的多，因而确定最优“分界点”的问题等同于如何确定最佳的调整次数。

定义 2.1　称指标 $x_j(j=1,2,\cdots,m)$ 的观测值 $\{x_{ij} | i=1,2,\cdots,n\}$ 中满足 $x_{ij} > \max^{(p_j)}$ 的点为上异常值，满足 $x_{ij} < \min^{(l_j)}$ 的点为下异常值。

可见，上异常值的个数为 p_j-1，下异常值的个数为 l_j-1。

定义 2.2　称

$$\alpha = (n-k)/n \tag{2-11}$$

为保留信息率，这里 $k(1 \leqslant k \leqslant n-2 \text{ 且 } k \in \mathbf{N})$ 为异常值的个数。

定义 2.3　设指标 $x_j(j=1,2,\cdots,m)$ 不考虑异常值时的预处理值为 $\{x_{ij}^* | i=1,2,\cdots,n\}$，考虑异常值时的预处理值为 $\{x_{ij}^{**} | i=1,2,\cdots,n\}$，则称

$$r = \sqrt[2]{\frac{1}{n}\sum_{i=1}^{n} (x_{ij}^{**} - x_{ij}^{*})^2} \tag{2-12}$$

为改进度。

一般识别异常值要经过多步，对于给定的第 $k-1(k=1,2\cdots,n-2)$ 次调整后的指标观测值 $\{x_{ij}^{(k)} | i=1,2,\cdots,n\}$，异常值在 $\max\limits_i(x_{ij}^{(k)})$，$\min\limits_i(x_{ij}^{(k)})$ 中选取，为确保选取的公平性，可设定规则“距算术平均值 $\frac{1}{n}\sum\limits_{i=1}^{n} x_{ij}^{(k)}$ 距离最大者为异常值”，即

$$\breve{x}_j^{(k)} = \begin{cases} \max\limits_i(x_{ij}^{(k)}), if \max\limits_i(x_{ij}^{(k)}) - \dfrac{1}{n}\sum\limits_{i=1}^{n} x_{ij}^{(k)} \geqslant \dfrac{1}{n}\sum\limits_{i=1}^{n} x_{ij}^{(k)} - \min\limits_i(x_{ij}^{(k)}) \\ \min\limits_i(x_{ij}^{(k)}), others \end{cases} \tag{2-13}$$

异常值 $\breve{x}_j^{(k)}$ 选取后可按以下方式对 $\{x_{ij}^{(k)} | i=1,2,\cdots,n\}$ 中的异常值进行调整。

$$x_{ij}^{(k+1)} = \begin{cases} \max_k^{(2)}, x_{ij} > \max_k^{(2)} \\ x_{ij}^{(k)}, \min_k^{(2)} \leqslant x_{ij} \leqslant \max_k^{(2)} \\ \min_k^{(2)}, x_{ij} < \min_k^{(2)} \end{cases} \tag{2-14}$$

式中,当$\max\limits_i(x_{ij}^{(k)})$为异常值时,$\max_k^{(2)}$取仅小于$\max\limits_i(x_{ij}^{(k)})$的值,$\min_k^{(2)}=\min\limits_i(x_{ij}^{(k)})$;当$\min\limits_i(x_{ij}^{(k)})$为异常值时,$\max_k^{(2)}=\max\limits_i(x_{ij}^{(k)})$,$\min_k^{(2)}$取仅大于$\min\limits_i(x_{ij}^{(k)})$的值。记调整后的指标观测值为$\{x_{ij}^{(k+1)} \mid i=1,2,\cdots,n\}$。

从初始状态$\{x_{ij}^{(0)} \mid i=1,2,\cdots,n\}$起,反复进行上述"识别异常值及调整异常值"的操作,直到$\{x_{ij}^{(k+1)} \mid i=1,2,\cdots,n\}$中仅包含两种不同数值时,认为达到了理想状态,此时的指标观测值记为$\{x'_{ij} \mid i=1,2,\cdots,n\}$。

定义 2.4　分别称

$$r^* = \sqrt[2]{\frac{1}{n}\sum_{i=1}^{n}(x'_{ij}-x_{ij}^*)^2} \tag{2-15}$$

$$\beta = r/r^* = \sqrt[2]{\frac{1}{n}\sum_{i=1}^{n}(x_{ij}^{**}-x_{ij}^*)^2}\Big/\sqrt[2]{\frac{1}{n}\sum_{i=1}^{n}(x'_{ij}-x_{ij}^*)^2} \tag{2-16}$$

为理想改进度及改进效率。

值得注意的是,改进度r及理想改进度r^*为绝对数,改进效率β为相对数。

定义 2.5　称

$$\eta = \alpha\beta \tag{2-17}$$

为协调值。

显然,η是越大越好,我们通过选取最大的η确定出最佳的调整次数。

设第k步时,保留信息率、改进度、改进效率及协调值为$\alpha_k, r_k, \beta_k, \eta_k$,确定最佳调整次数的具体算法步骤如下:

步骤 1　设定异常点的最大选取范围。即给出关于指标观测值总数n的一个比率,若设该比率为$\rho(0\leqslant\rho<1)$,则异常点的个数$n_s\leqslant\rho n, n_s\in\mathbf{N}$($\mathbf{N}$为自然数集)。

步骤 2　设定循环次数变量$k(1\leqslant k\leqslant n_s$且$k\in\mathbf{N})$令$k=1$。

步骤 3　由式(2-13)确定异常点$\breve{x}_j^{(k)}$,并按式(2-14)对$\{x_{ij}^{(k)} \mid i=1,2,\cdots,n\}$进行调整。

步骤 4　由式(2-11)、式(2-12)、式(2-15)、式(2-16)、式(2-17)分别计算$\alpha_k, r_k, r^*, \beta_k, \eta_k$。

步骤 5　判断若$k<n_s$,则$k=k+1$,转步骤3;若$k=n_s$,转步骤6。

步骤 6　选$\{\eta_k \mid k=1,2,\cdots,n_s\}$中最大者对应的$k$值即为最佳的调整次数。

2.3.2　分段无量纲化方法

式(2-14)采用令异常值等于非异常值最大值(异常值位于排序后数据的最大值方向)或最小值(异常值位于最小值方向)的方式对异常值进行调整。对于调整后的指标数据,可进一步按第2.2.2节中的无量纲化进行数据预处理。我们将这种数据处理方式称为基于异常值调整的无量纲化方法,该方法能够消除异常值带来的无量纲化后非异常评价数据之间区分度不高的问题，但不能体现异常值之间的差异，如当有多个异常值且位于最大值方向时，采用极值处理法得到所有异常值的无量纲化结果均为1。针对该问题，这里选取常用的线性“极值处理法”为基础，提出了一种分段的无量纲化方法，具体如下所示：

（1）当异常值存在于最小值方向时，令异常值的无量纲化结果取值范围为$[0, \Delta_1]$，非异常值无量纲化结果的取值范围为$[\Delta_1, 1]$；

（2）当异常值存在于最大值方向时，令异常值的无量纲化结果取值范围为$[1-\Delta_2, 1]$，非异常值无量纲化结果的取值范围为$[0, 1-\Delta_2]$；

（3）当异常值同时存在于最小值和最大值方向时，令最小值方向和最大值方向的异常值无量纲化结果取值范围分别为$[0, \Delta_1]$和$[1-\Delta_2, 1]$，非异常值无量纲化结果的取值范围为$[\Delta_1, 1-\Delta_2]$。

其中，$\Delta_1, \Delta_2 \in (0,1)$，其具体值可由评价者依据实际情况提供，也可以用不同方向异常值个数占评价数据总个数的比例来确定，即当有k_1个最小值方向的异常值或k_2个最大值方向的异常值时，有$\Delta_1 = k_1/n$，$\Delta_2 = k_2/n$。

基于“极值处理法”，不失一般性，设所有指标均为极大型指标，下面给出分段无量纲化方法的具体处理方式：

（1）对指标$x_j(j=1,2,\cdots,m)$，当在排序后指标值的最小值方向存在k_1个异常值时，记为指标值$x_{1j},\cdots,x_{k_1j}$，同时将非异常指标值记为$x'_{1j},x'_{2j},\cdots,x'_{t_1j}$，则有$k_1+t_1=n$，此时，分段无量纲化处理表达式为

$$\begin{cases} x_{kj}^{*} = \Delta_1 \cdot \dfrac{x_{kj} - \min\{x_{kj}\}}{\max\{x_{kj}\} - \min\{x_{kj}\}}, k=1,\cdots,k_1 \\ x'^{*}_{tj} = \Delta_1 + (1-\Delta_1) \cdot \dfrac{x'_{tj} - \min\{x'_{tj}\}}{\max\{x'_{tj}\} - \min\{x'_{tj}\}}, t=1,2,\cdots,t_1 \end{cases} \tag{2-18}$$

式中，x_{kj}^{*}，x'^{*}_{tj}为无量纲化处理后的指标值。

注：当最小值方向仅有一个异常值时，令$x_{1j}^{*}=0$，则$x'^{*}_{tj} \in [1/n, 1]$。

（2）对指标$x_j(j=1,2,\cdots,m)$，当在排序后指标值的最大值方向存在k_2个异常值时，记为指标值$x_{1j},\cdots,x_{k_2j}$，同时将非异常指标值记为$x'_{1j},x'_{2j},\cdots,x'_{t_2j}$，则有$k_2+t_2=n$，此时，分段无量纲化处理表达式为

$$\begin{cases} x_{kj}^{*} = (1-\Delta_2) + \Delta_2 \cdot \dfrac{x_{kj} - \min\{x_{kj}\}}{\max\{x_{kj}\} - \min\{x_{kj}\}}, k=1,2,\cdots,k_2 \\ x'^{*}_{tj} = (1-\Delta_2) \cdot \dfrac{x'_{tj} - \min\{x'_{tj}\}}{\max\{x'_{tj}\} - \min\{x'_{tj}\}}, t=1,2,\cdots,t_2 \end{cases} \tag{2-19}$$

注：当最大值方向仅有一个异常值时，令$x_{1j}^{*}=1$，则$x_{tj}^{*} \in [0, 1-1/n]$。

（3）对指标$x_j(j=1,2,\cdots,m)$，当在排序后指标值的最小值和最大值方向分别

存在 k_1 个和 k_2 个异常值时，记为指标值 $x_{1j},\cdots,x_{k_1j}$ 和 $\mathring{x}_{ij},\cdots,\mathring{x}_{k_2j}$，同时将非异常指标值记为 $x'_{1j},x'_{2j},\cdots,x'_{t_3j}$，则有 $k_1+k_2+t_3=n$，此时，分段无量纲化处理表达式为

$$\begin{cases} x_{kj}^{*}=\Delta_1\cdot\dfrac{x_{kj}-\min\{x_{kj}\}}{\max\{x_{kj}\}-\min\{x_{kj}\}},k=1,2,\cdots,k_1 \\ \mathring{x}_{hj}^{*}=(1-\Delta_2)+\Delta_2\cdot\dfrac{\mathring{x}_{hj}-\min\{\mathring{x}_{hj}\}}{\max\{\mathring{x}_{hj}\}-\min\{\mathring{x}_{hj}\}},h=1,2,\cdots,k_2 \\ x_{tj}^{\prime *}=\Delta_1+(1-\Delta_2-\Delta_1)\cdot\dfrac{x'_{tj}-\min\{x'_{tj}\}}{\max\{x'_{tj}\}-\min\{x'_{tj}\}},t=1,2,\cdots,t_3 \end{cases} \tag{2-20}$$

注：当最小值和最大值方向各有一个异常值时，可令 $x_{1j}^{*}=0$、$\mathring{x}_{1j}^{*}=1$，则 $x_{tj}^{*}\in[1/n,1-1/n]$。

由上述无量纲化处理过程可以看出，采用分段无量纲化方法处理得到的无量纲化指标值的取值范围仍为[0,1]，但不同异常值对应的无量纲化后的取值不尽相同。

2.3.3 分段无量纲化方法的合理性验证

为验证异常值识别及分段无量纲化处理方法的有效性，这里采用参考文献[9]中国 A 股市场 79 家房地产类上市公司关于“主营业务增长率”、“净资产收益率”两个指标的数据进行比较分析。

采用中位偏移法（按 $k=1.5$ 计算）识别“主营业务增长率”和“净资产收益率”指标中的异常值。对指标“主营业务增长率”，共有 4 个异常值，分别是 G 光华(634.98)、G 金盘(239.31)、G 深深房(204.2)和 G 德赛(188)，而递进调整法仅识别 G 光华(634.98)为异常值；对指标“净资产收益率”，采用中位偏移法共识别出 6 个异常值，分别为＊ST 珠江(－111.14)、＊ST 中天(－110.96)、绵阳高新(－98.87)、＊ST 中房(－71)、＊ST 三木(－48.59)和 ST 星源(－27.26)，而递进调整法除上述 6 个指标值外，认为 G 外高桥(－18.1)、浙江广夏(－12.97)2 个指标值也为异常值。

下面分别从异常值识别的合理性及无量纲化方法的有效性两个层面验证基于异常值调整的无量纲化方法[按式(2－14)调整异常值后采用极值处理法对调整后的指标数据进行预处理]和分段无量纲化处理方法的合理性。

2.3.3.1 异常值识别的合理性验证

首先，分别按中位偏移法和递进调整法识别两个指标中的异常值；然后，分别采用基于异常值调整的无量纲化方法和分段无量纲化处理方法对包含不同方法识别的异常值的指标数据进行无量纲化处理，处理结果如图 2－1 所示。

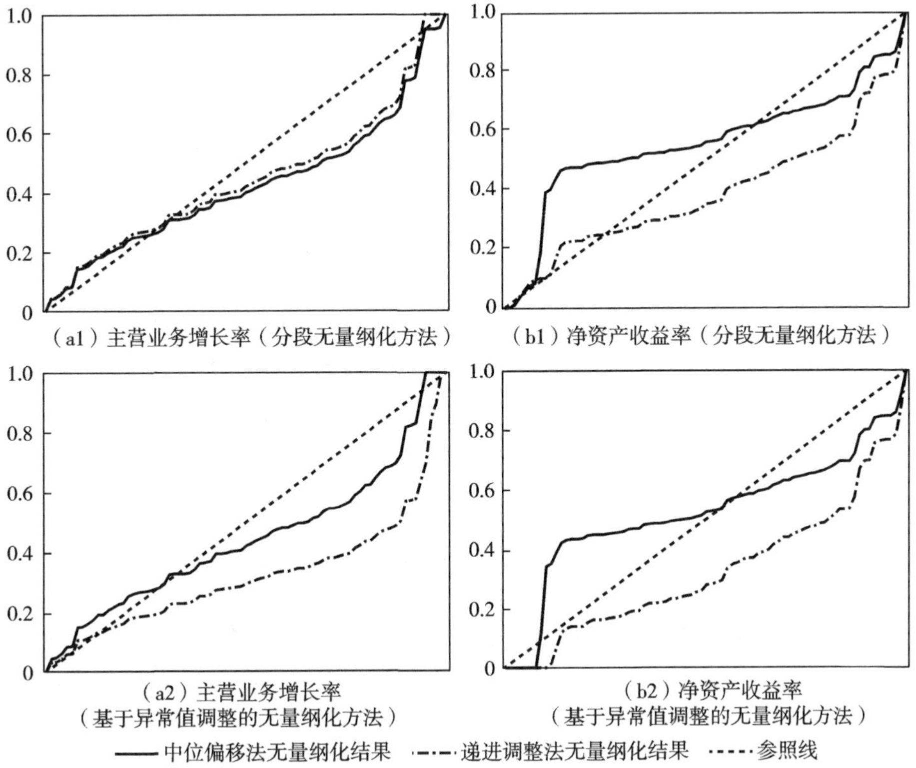

图2-1 异常值识别合理性的对比

在图2-1中，参照线代表的是理想无量纲化结果的分布状态（即完全均匀分布）。观察两种异常值识别方法对应的无量纲化曲线，可以看出：无论按分段无量纲化方法还是基于异常值调整的无量纲化方法对评价数据进行无量纲化处理，中位偏移法对应的无量纲化曲线在参照线两侧分布的均衡程度均要优于递进调整法对应的无量纲化曲线。

2.3.3.2 无量纲化方法的有效性验证

进一步地，分别采用分段无量纲化方法、基于异常值调整的无量纲化方法、极值处理法对两个指标的指标值进行无量纲化处理（异常值按中位偏移法进行识别），无量纲化结果分别如图2-2所示。

观察图2-2可以看出：无论是对指标主营业务增长率还是对指标净资产收益率，分段无量纲化方法对应的曲线在参照线两侧分布的均衡程度优于基于异常值调整的无量纲化方法对应的无量纲化曲线优于极值处理法对应的曲线，故分段无量纲化方法的有效性最高。

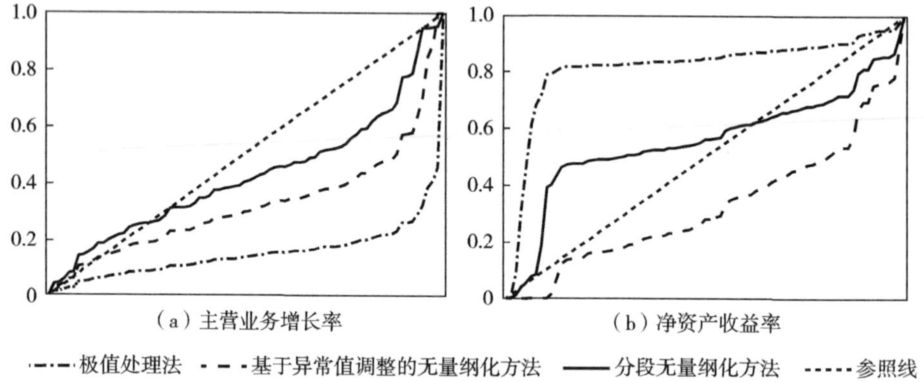

图2-2　三种无量纲化方法的有效性对比

2.4　分段无量纲化方法的改进型

本节在分段无量纲化方法的基础上,对其分段方法进行细化改进,从原始数据排序值百分比的角度重新界定了这种分段无量纲化方法(将其称为“序比例诱导分段无量纲化方法”),并对其性质、分段层级数及异常值等对无量纲化结果的影响等内容进行了深入分析。该方法应用起来较简单,按照原始数据序比例的方式分区段进行无量纲化处理,可省略对异常值的识别过程,且能够弱化异常值对无量纲化结果的影响,从而保证了无量纲化处理后数据分布的均衡性。

2.4.1　序比例诱导分段无量纲化方法

设 n 个被评价对象 $o_1, o_2, \cdots, o_n$ 关于 m 个指标 $x_1, x_2, \cdots, x_m$ 的取值矩阵为 $[x_{ij}]_{n\times m}$。不失一般性,令 $m, n\geqslant 3$。在实际应用中,对指标信息进行合成之前,首先需要对评价数据进行无量纲化处理。如上文所述,一种理想的无量纲化方法应尽可能兼顾“单调性”、“差异比不变性”、“平移无关性”、“缩放无关性”、“区间稳定性”和“总量恒定性”6条基本性质。通过分析可知,线性无量纲化方法中的标准化处理法、极值处理法和功效系数法对上述6条性质的满足程度最高,但这3种方法却存在着无法消除异常值对无量纲化结果造成干扰的局限。因而,在极值处理法的基础上,兼顾弱化异常值的影响及尽可能提升无量纲化后数据分布均衡性的需求,本节提出了一种基于评价数据序比例的诱导分段无量纲化方法。该方法的基本原理是:首先,对原始数据进行分段,然后在各区间段分别采用极值处理法对评价数据进行无量纲化处理,以减弱异常值对其他数据造成的区分度不高(针对无量纲化后评价数据而言)的影响。运用该方法进行无量纲化处理的基本过程如下所示：

步骤 1　指标值的排序；

对 n 个被评价对象关于第 $j(j=1,2,\cdots,m)$ 个指标的取值 $\{x_{1j},x_{2j},\cdots,x_{nj}\}$ 进行排序，记其排序值为 $\{d_{1j},d_{2j},\cdots,d_{nj}\}$。

步骤 2　排序值序比例求解；

计算被评价对象 o_i 关于指标 x_j 取值的序比例，记为 p_{ij}，则

$$p_{ij}=(n-d_{ij})/(n-1) \tag{2-21}$$

式中，n 为被评价对象的个数，有 $p_{ij}\in[0,1]$。

序比例可看成是被评价对象关于某指标取值分布位置的特征描述，可为后续无量纲化分段点及指标值在不同分段区间分布位置的确定提供依据。

步骤 3　无量纲化分段点的确定；

设[0,1]区间内共有 $l+2$ 个分段点（记为 $\alpha_0,\alpha_1,\cdots,\alpha_{l+1}$）将该区间分位 $l+1$ 子区间。不失一般性，令 $l\geqslant 1,\alpha_0<\alpha_1<\cdots<\alpha_{l+1}$ 且 $\alpha_0=0,\alpha_{l+1}=1$，则 $l+1$ 子区间分别为 $[\alpha_0,\alpha_1],(\alpha_1,\alpha_2],\cdots,(\alpha_l,\alpha_{l+1}]$。进一步地，依据指标值数据 $\{x_{1j},x_{2j},\cdots,x_{nj}\}$ 分别计算分段点 α_t 对应的百分位数，记为 $\gamma_0,\gamma_1,\gamma_2,\cdots,\gamma_{l+1}$，则有 $\gamma_t\in\left[\min\limits_{i=1,2,\cdots,n}\{x_{ij}\},\max\limits_{i=1,2,\cdots,n}\{x_{ij}\}\right]$。

步骤 4　指标值的无量纲化处理。

将指标值的序比例[式(2-21)]与指标值写成数对 $<p_{ij},x_{ij}>$，进一步基于指标值的序比例 p_{ij} 在不同分段子区间内的分布情形，对指标值 x_{ij} 进行无量纲化处理，基本表达式为

$$\begin{cases} x_{ij}^{*}=\alpha_k+(\alpha_{k+1}-\alpha_k)(x_{ij}-\gamma_{ik})/(\gamma_{ik+1}-\gamma_{ik}),p_{ij}\in(\alpha_k,\alpha_{k+1}]\text{且 } x_j \text{ 为极大型指标} \\ x_{ij}^{*}=\alpha_{l-k}+(\alpha_{l+1-k}-\alpha_{l-k})(\gamma_{ik}-x_{ij})/(\gamma_{ik+1}-\gamma_{ik}),p_{ij}\in(\alpha_k,\alpha_{k+1}]\text{且 } x_j \text{ 为极小型指标} \end{cases} \tag{2-22}$$

式中，x_{ij}^{*} 为无量纲化处理后的指标值，且当 $p_{ij}\in(\alpha_k,\alpha_{k+1}]$ 时，$x_{ij}^{*}\in[\alpha_k,\alpha_{k+1}]\in[0,1]$（$x_j$ 为极大型指标）或 $x_{ij}^{*}\in[\alpha_{l-k},\alpha_{l+1-k}]\in[0,1]$（$x_j$ 为极小型指标），$k=0,1,2,\cdots,l$。

对不同指标而言，通过步骤 3 和步骤 4，保证了同一分段区间指标值分布个数的相同，如以区间 $(\alpha_k,\alpha_{k+1}]$ 为例，序比例值满足 $\alpha_k<p_{ij}\leqslant\alpha_{k+1}$ 的指标值均分布在该区间。此外，对同一指标而言，当不同分段子区间的区间范围相同时，指标值在不同子区间内的分布个数也基本相同。因此，通过适当的分段处理，能够提升无量纲化后数据在[0,1]区间范围内分布的均衡性，从而较大程度实现该无量纲化方法对"总量恒定性"性质的满足。

除此之外，可以看出当 $l=0$ 时，序比例诱导分段无量纲化方法与极值处理法相同，即极值处理法是序比例诱导分段无量纲化方法的特例。

2.4.2 性质分析

依据上文给出的理想无量纲化方法应该满足的 6 条性质,序比例诱导分段无量纲化方法对 6 条性质的满足程度如表 2 - 2 所示。

表 2 - 2 序比例诱导分段无量纲化方法对理想无量纲化方法性质的满足程度

性质	序比例诱导分段无量纲化方法对性质的满足程度
单调性	满足
差异比不变性	局部满足,即分布于同一分段子区间内的指标值满足差异比不变性 (平移参照点可选分段子区间的左、右端点值)
平移无关性	满足
缩放无关性	满足
区间稳定性	满足,稳定区间为[0,1]
总量恒定性	不满足,但较极值处理法,序比例诱导分段无量纲化方法对该性质的满足程度有较大的改善

需要说明的是,对于"差异比不变性",由于序比例诱导分段无量纲化方法属于非线性无量纲化方法,兼顾了异常值的处理问题,因而在一定程度上改变了原始数据的分布结构,否则无法减弱或消除异常值对无量纲化结果的影响,但本书的序比例诱导分段无量纲化方法又是在极值处理法的基础上提出的,继承了极值处理法的部分性质,因而对差异比不变性出现了局部满足的情况。

对于"总量恒定性",由于极值处理法的无量纲化结果受异常值的干扰程度较大,从而使得无量纲化后数据的总和波动较大,但序比例诱导分段无量纲化方法通过对序比例的分段处理能够减弱异常值的影响,从而提升无量纲化后数据总和的稳定性。下面通过一个简单例子对此进行说明。如设 12 个被评价对象关于 2 个评价指标的指标值集合分别为{0.13,0.37,0.35,0.35,0.13,0.22,0.08,0.48,0.79,0.98,0.11,1.47}和{0.55,1.00,0.97,0.99,0.02,0.47,0.91,0.67,0.55,0.62,0.67,0.39},按极值处理法和序比例诱导分段无量纲化方法对其进行预处理(假设 2 个指标均为极大型指标),无量纲化结果为:极值处理法,{0.04,0.21,0.19,0.19,0.04,0.10,0,0.29,0.51,0.65,0.02,1}、{0.55,1,0.98,0.99,0,0.46,0.91,0.67,0.55,0.62,0.67,0.38},两组无量纲化后数据的总和分别为 3.24 和 7.76,相差较大;序比例诱导分段无量纲化方法,{0.25,0.53,0.50,0.50,0.24,0.35,0,0.66,0.81,0.87,0.13,1}、{0.30,1,0.92,0.98,0,0.22,0.73,0.53,0.30,0.45,0.52,0.18},两组无量纲化后数据的总和分别为 5.84 和 6.13,相比于极值处理法,该差异明显缩小。

为进一步验证该方法对“总量恒定性”的改进程度，这里采用随机模拟的方式测度极值处理法和序比例诱导分段无量纲化方法这两种方法对总量恒定性的满足程度，具体用仿真过程中各指标对应的无量纲化后数据总和的平均差异程度衡量无量纲化方法对总量恒定性的满足程度，差异性越小，说明对总量恒定性的满足程度越高。

设仿真总次数为 N，采用某无量纲化方法对 m 个指标的指标值进行无量纲化处理，无量纲化后数据的总和分别为 $s_1, s_2, \cdots, s_m$，则该无量纲化方法对总量恒定性的满足程度为

$$\rho = \frac{\sum_{k=1}^{N} \left(\max_{j=1,2,\cdots,m} \{s_j\} - \min_{j=1,2,\cdots,m} \{s_j\} \right)}{N} \tag{2-23}$$

式中，$\max_{j=1,2,\cdots,m} \{s_j\} - \min_{j=1,2,\cdots,m} \{s_j\}$ 为某次仿真结果中 m 个指标对应的无量纲化后数据总和的最大偏差。

由于被评价对象的个数、指标个数及其取值区间对仿真结果无影响，这里采用均匀分布的方式在[1，10]区间内随机发生 10 个被评价对象、6 个指标的评价数据，并进行模拟仿真（其中，共有 5 个分段点，分别为 $\alpha_0 = 0, \alpha_1 = 0.25, \alpha_2 = 0.5, \alpha_3 = 0.75, \alpha_4 = 1$），总仿真次数 10 万次，仿真结果如表 2－3 所示。

表 2－3　两种无量纲化方法对总量恒定性满足程度的仿真结果

	极值处理法	序比例诱导分段无量纲化方法
对总量恒定性满足程度 ρ	2.0685	0.3758

由表 2－3 可以看出，相比于极值处理法，序比例诱导分段无量纲化方法对“总量恒定性”性质的满足程度有了较大提升，在 10 万次的仿真过程中，各指标无量纲化数据总和的最大值和最小值的平均偏差仅为 0.3758。

进一步，考虑原始数据中存在异常值的情形。具体地，对上述仿真中的部分指标（如其中的任意两个指标）从极大值方向加入异常值，异常值的加入方式为 $\max_{i=1,2,\cdots,n} \{x_{ij}\} + c\sigma t$，其中，$\sigma$ 为原始数据 $\{x_{1j}, x_{2j}, \cdots, x_{nj}\}$ 的标准差，$c(c>0)$ 为偏离系数，$c\sigma$ 为异常值偏离原始数据的步长，t 为步长个数，取值为自然数。在此基础上，进行模拟仿真（仿真总次数 10 万次，令 $c=0.2$），仿真结果如图 2－3 所示。

比较图 2－3 中的数据可以看出，异常值的存在使得两种无量纲化方法对“总量恒定性”性质的满足程度均有所下降，但序比例诱导分段无量纲化方法的下降幅度不明显；此外，通过图 2－3 可以看出，随着异常值偏离原始评价数据程度的增大，极值处理法对“总量恒定性”性质的满足程度明显降低，且降低幅度较大，而序

比例诱导分段无量纲化方法对“总量恒定性”性质的满足程度变化不明显，且显著优于极值处理法。

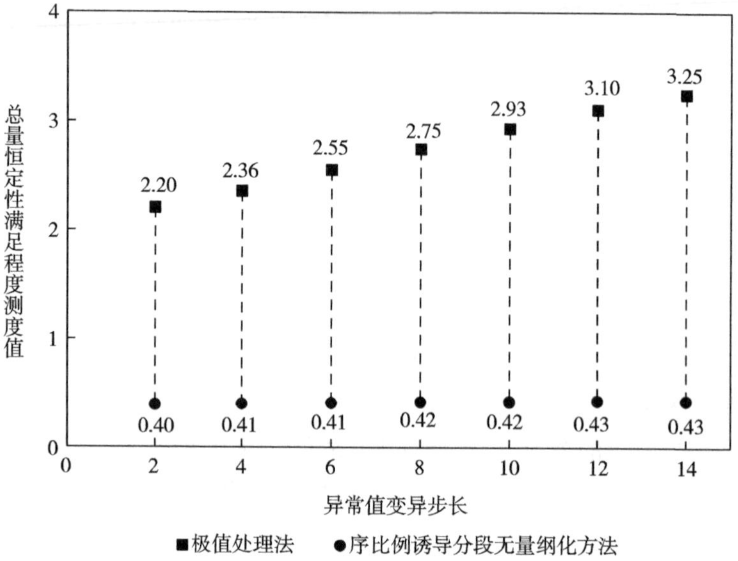

图 2－3　不同程度的异常值下两种无量纲化方法对总量恒定性的满足程度

基于上述对总量恒定性的分析可以得出，在实际应用中，序比例诱导分段无量纲化方法通过提升对总量恒定性的满足程度的方式，可减弱指标数据自身的结构特征对评价结果的影响，从而充分体现权重在评价中的作用。

2.4.3　无量纲化结果的影响因素分析

由于序比例诱导分段无量纲化方法的提出，主要是为了减弱异常数据对无量纲化结果的影响，从而提升无量纲化后数据分布的均衡性。因而，这里主要分析分段层级数及异常值等因素的变化对无量纲化后数据的分布均衡性产生的影响。其中，对无量纲化后数据分布均衡性的衡量，主要通过比较无量纲化后数据偏离理想分布状态（即完全均衡分布）的无量纲化后数据程度的方式实现，即偏离程度越大，说明该无量纲化后数据在其取值区间内分布得越不均衡；反之，则越均衡。

由于采用序比例诱导分段无量纲化方法处理后的数据，取值区间为[0,1]，因而对于 n 个被评价对象关于某指标的取值$\{x_{ij}\}$，其对应的无量纲化后数据$\{x_{ij}^*\}$的理想均衡分布应该是 x_{ij}^* 在[0,1]区间内的均匀（或匀速）变化，可表示为 $x_{ij}^* = (i-1)/$

$(n-1)$，即 x_{ij}^* 在[0,1]区间内由小到大的取值分别为 $0,1/(n-1),2/(n-1),\cdots,1$。

对无量纲化结果影响因素的分析，需要借助随机模拟仿真的方法在大规模样本仿真的基础上得到稳定的结论。下面对随机模拟仿真的基本过程进行归纳总结。

步骤1 设置仿真总次数，设定原始数据的规模及分段层级数（或数据的异常程度）；

步骤2 求解评价数据的理想分布状态的无量纲化后数据；

步骤3 按序比例诱导分段无量纲化方法对评价数据进行无量纲化处理；

步骤4 计算仿真过程中无量纲化后数据与理想均衡分布的数据之间的平均偏差，作为无量纲化后数据分布均衡性的测度值；

步骤5 变动分段层级数（或数据的异常程度），计算并保存不同分段层级数（或数据的异常程度）下的均衡性测度值。

进一步地，可依据不同分段层级数（或数据的异常程度）下的均衡性测度值的变化情况，分析分段层级数（或数据的异常程度）等因素的变化对序比例诱导分段无量纲化效果的影响，并据此得出规律性的结论。

2.4.3.1 分段层级数的影响分析

依据上述基本仿真过程，下面给出分段层级数对序比例诱导分段无量纲化效果影响测度的具体仿真过程。

步骤1 设置总仿真次数 *sum*（一般原始数据的个数越多，*sum* 的值越大）、分段层级数 l（l 为影响因素，在仿真过程中是变化量）及存储变量 *count* 和 s（初始值均为0），事先设定原始数据的个数（设为 n 个）及其取值区间（设为 $[a,b]$，a,b 取值对无量纲化结果无影响）；

步骤2 求解 n 个数据对应的理想分布状态的无量纲化结果，记为 $\{x_1^+,x_2^+,\cdots,x_n^+\}$，则有 $x_i^+=(i-1)/(n-1)$；

步骤3 令 $count=count+1$，在 $[a,b]$ 区间内按某分布的方式随机发生 n 个原始数据，记为 $\{x_1,x_2,\cdots,x_n\}$；

步骤4 按照序比例诱导分段无量纲化方法的基本求解过程对原始数据进行无量纲化处理，并将无量纲化结果记为 $\{x_1^*,x_2^*,\cdots,x_n^*\}$；

步骤5 计算无量纲化结果与理想分布状态的无量纲化结果之间的偏差，记为 p，则有 $p=\sum_{i=1}^{n}|x_i^+-x_i^*|$；

步骤6 令 $s=s+p$，若 $count=sum$，则转入步骤7，否则转入步骤3；

步骤7 求解 *sum* 次仿真过程中无量纲化结果与理想分布状态的无量纲化结果的平均偏差（即均衡性测度值），记为 $\bar{s}$，则有 $\bar{s}=s/sum$，并保存 $\bar{s}$ 值。

步骤8　变动步骤1中分段层级数 l 的取值,并重复步骤1,保存不同 l 值下 $\bar{s}$ 取值,退出程序。

按上述仿真步骤,分别令分段层级数 $l=0,1,2,3,\cdots,n$(其中 $l=0$ 意味着未对原始数据进行分层,此时序比例诱导分段无量纲化方法变为极值处理法;$l=n$ 则意味着对 n 个数据分为 n 个层级);分段层级的端点(即分段点)按均匀方式变动,即当 $l=k(k=0,1,2,3,\cdots,n)$ 时,依据上文描述共有 $k+1$ 个分段点,则有 $\alpha_i=i/(k+1),i=0,1,\cdots,k+1$。按均匀分布的方式在[1,10]区间内随机发生原始数据,分别模拟了原始数据个数为25、50、75、100和150五种情形,仿真结果如图2-4所示。其中,数据个数为25、50、75时,总仿真次数为10万次,数据个数为100时和150时的总仿真次数为100万次。

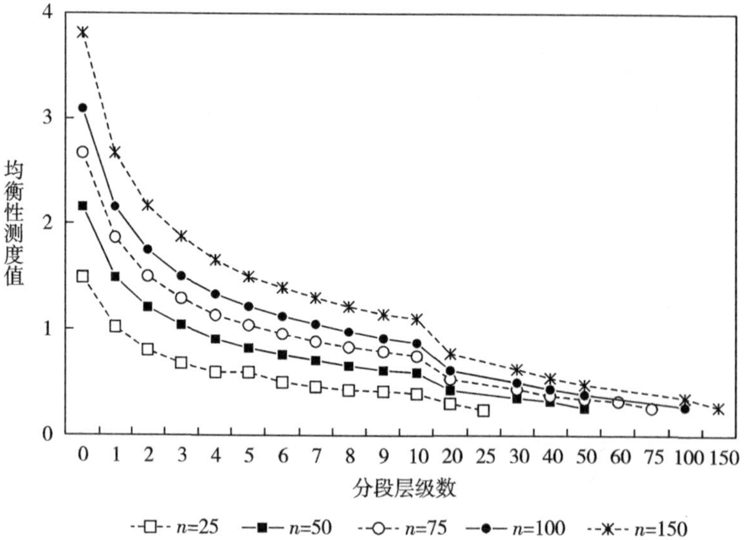

图2-4　不同数据个数下分段层级数对无量纲化后数据分布均衡性测度值的影响

观察图2-4可以看出:

(1)无论原始数据的规模如何,$l=1$ 时的均衡性测度值均较 $l=0$ 时的测度值下降幅度较大,这说明相比于极值处理法,无量纲化区间一经分段(即使只经过一次分段),无量纲化后数据的分布均衡性就能得到较大程度的提升;

(2)无论原始数据的规模如何,随着分段层级的增加,均衡性测度值逐渐下降,说明无量纲化后数据的分布均衡性逐步提升,尤其当分段层级数与被评价对象的数目相等时,不同规模的原始数据对应的无量纲化后数据的均衡性测度值基本相同;

(3)无论原始数据的规模如何,随着分段层级数的增加(尤其当分段层级数大于20时),均衡性测度值的变化不明显,这说明当分段层级数大于一定程度时,再进一步增加分段层级对数据分布均衡性的改变不明显;

(4)无论分段层级数如何变化,随着原始数据规模的增大,均衡性测度值也逐渐增大,说明原始数据的个数越多,无量纲化后数据分布的均衡性越差。

2.4.3.2　异常值的影响分析

下面对异常值变化对序比例诱导分段无量纲化后数据的分布均衡性产生影响的具体仿真过程进行归纳总结。

步骤1　设置总仿真次数 *sum*(一般原始数据的个数越多,*sum* 的值越大)、存储变量 *count* 和 s(初始值均为0),事先设定原始数据的个数(设为 n 个)及其取值区间(设为$[a,b]$,a,b 取值对无量纲化结果无影响);

步骤2　求解 n 个数据对应的理想分布状态的无量纲化结果,记为$\{x_1^+,x_2^+,\cdots,x_n^+\}$,则有 $x_i^+=(i-1)/(n-1)$;

步骤3　令 $count=count+1$,在$[a,b]$区间内按某分布的方式随机发生 $n-1$ 个非异常原始数据,记为$\{x_1,x_2,\cdots,x_{n-1}\}$;

步骤4　在 $n-1$ 个非异常原始数据的基础上,生成异常数据,具体生成方式为 $x_n=\max\{x_1,x_2,\cdots,x_{n-1}\}+c\sigma t$($c,\sigma,t$ 的含义见上文,其中 t 为影响因素,在仿真过程中是变化量);

步骤5　事先设定分段层级数 l 的取值,然后按照序比例诱导分段无量纲化方法的基本求解过程对原始数据进行无量纲化处理,并将无量纲化结果记为$\{x_1^*,x_2^*,\cdots,x_n^*\}$;

步骤6　计算无量纲化结果与理想分布状态的无量纲化结果之间的偏差,记为 p,则有 $p=\sum_{i=1}^{n}|x_i^+-x_i^*|$;

步骤7　令 $s=s+p$,若 $count=sum$,则转入步骤8,否则转入步骤3;

步骤8　求解 *sum* 次仿真过程中无量纲化结果与理想分布状态的无量纲化结果的平均偏差(即均衡性测度值),记为 $\bar{s}$,则有 $\bar{s}=s/sum$ 并保存 $\bar{s}$ 值。

步骤9　变动步骤4中异常值变化步长 t 的取值,并重复步骤1,保存不同 t 值下 $\bar{s}$ 取值,并退出程序。

按上述仿真步骤,令 $n=50$,按均匀分布的方式在$[1,10]$区间生成非异常原始数据,令异常数据的变异步长分别为 $t=0,2,4,6,8,10$。图2-5给出了包含异常值的原始数据在分段层级数为0至10时的无量纲化后数据的均衡性测度值的变化趋势图(总仿真次数为10万次)。

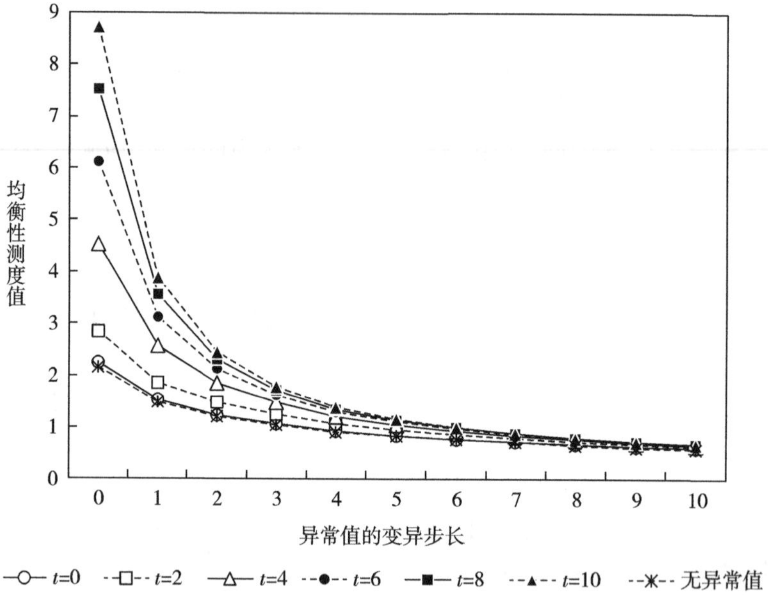

图 2－5　不同极端程度的异常值情形下无量纲化后数据的均衡性测度值的变化趋势

观察图 2－5 可以看出：

(1)比较 $t=0$ 和无异常值时均衡性测度值的变化趋势,发现两者几乎没有差异,这是因为当 $t=0$ 时 50 个数据中的最大值仍未超过非异常值的取值区间,同时也说明了序比例诱导分段无量纲化方法的结构具有较高的稳定性,即在取值区间内变动个别数据的取值方式,对均衡性测度值的影响较小;

(2)无论异常数据的极端程度如何,$l=1$ 时的均衡性测度值均较 $l=0$ 时的测度值下降幅度较大,且随着异常数据的极端程度的增加,该均衡性测度值的下降幅度增大,这说明序比例诱导分段无量纲化方法能够较好地减弱异常值对无量纲化后数据分布均衡性的影响;

(3)随着异常值极端程度的增加,无量纲化处理后数据的分布均衡性变差,但随着分段层级数的增加,无量纲化后数据分布的均衡性对异常值的极端程度不敏感,如当分段层级数为 10 时,无论异常值极端程度如何,无量纲化后数据的均衡性测度值几乎相同。

除此之外,经仿真测试发现:①随着原始数据个数的增加,无量纲化后数据的分布均衡性逐渐变差,但无量纲化后数据的均衡性测度值的变化趋势与图 2－5 基本相同,说明异常值对无量纲化后数据分布均衡性的影响结论不受原始数据个数的影响;②当原始数据存在两个或多个异常值时,异常值的变动对序比例分段无量纲化结果的影响结论与上述一个异常值情形时的结论类似,这里不再赘述。

另外,需要说明的是,上述序比例分段无量纲化方法的影响因素的分析结论对分段点非均匀变化的情形不适用,也就是说,想要保证序比例分段无量纲化方法对评价数据的处理效果,需要使得不同分段区间的右分段点比左分段点的增加幅度相同。

综上所述,可以看出序比例诱导分段无量纲化方法通过分段处理的方式可减弱异常值的影响,即该方法对异常值具有较好的耐抗性,且操作较简单,因而在实际问题中有着较广阔的应用前景。

2.5　小结

评价指标是综合评价的基础,本章主要对评价指标的构建及评价数据的预处理方法进行了介绍。首先,介绍了评价指标的构建及筛选方法,然后介绍了 6 种常见的线性无量纲化方法,提出了"理想无量纲化方法"应满足的 6 条性质(或标准),并证明了"理想无量纲化方法是不存在的"。进一步地,对"异常值"的识别及处理问题展开深入探讨,给出了两种异常值的识别及兼顾异常值处理的无量纲化方法,并对不同方法的合理性进行了对比分析,发现分段无量纲化方法的合理性较高。在此基础上,对分段无量纲化方法进行改进,提出了序比例诱导分段无量纲化方法,并对方法的性质及影响因素进行了分析,发现该方法能够较大程度地解决由于异常值的存在而导致的无量纲化后数据区分度不高的问题;同时,该方法对"总量恒定性"的满足程度得到了较大幅度的提升,因而可在评价过程中充分体现权重系数的作用。

第3章　指标权重的确定方法

3.1　引言

如何确定权重系数，是综合评价中的核心问题。概括地说，权重系数的确定方法可分为三大类：一是基于“功能驱动”原理的赋权法；二是基于“差异驱动”原理的赋权法；三是综合集成赋权法。

基于“功能驱动”原理的赋权法，其实质是根据评价指标的相对重要程度来确定其权重系数的，其确定途径可分为两大类，即客观途径和主观途径。客观途径主要有结构性、机理性或成因性的构造方法，例如：

假如理想的系统是由 m 种“物质”构成的，其构成分别为 $M_1, M_2, \cdots, M_m$，其中 $M_j(j=1,2,\cdots,m)$ 为第 j 种“物质”的“质量”，那么，权重系数 w_j 就可定义为，

$$w_j = M_j / \sum_{k=1}^{m} M_k, j = 1,2,\cdots,m$$

然而，客观现实中的系统在运行过程中或受环境的影响，或受评价者的主观愿望的影响而呈现出不同方面的特征，这就给确定权重系数带来了困难。因此在很多场合下，往往是通过主观途径来确定权重系数的，即根据人们主观上对各评价指标的重视程度来确定其权重系数的一类方法。主观赋权法又包括两类方法，即“直推型”主观赋权法与“反推型”主观赋权法。前者是指评价者（或决策者）直接对各指标的重要程度进行比较以获取权重系数的方式，所以又称为“指标偏好型”主观赋权法；后者是指评价者（或决策者）先对评价对象（或方案）的优劣进行比较，再根据比较信息逆向求取权重系数的方式，所以又称为“方案偏好型”主观赋权法。

对于“指标偏好型”主观赋权法来说，其共同特征是：

（1）含有主观色彩，即赋权结果与评价者（或决策者）的知识结构、工作经验及偏好等有关；

（2）评价过程的透明性、再现性差；

（3）在一定的时间区间内，权重系数 $w_j(j=1,2,\cdots,m)$ 具有保序性和可继承性。

本章将在第3.2节中介绍4种具有代表性的“指标偏好型”主观赋权方法：集值迭代法、特征值法、G_1－法和 G_2－法。

对于“方案偏好型”主观赋权法来说，其共同特征是：

(1)突出评价者的直觉判断能力;

(2)评价过程的透明性、再现性较差;

(3)权重系数 $w_j(j=1,2,\cdots,m)$ 依赖于模型,不具有保序性和可继承性。

本章将在第3.3节中介绍两种具有代表性的"方案偏好型"主观赋权方法:基于方案序偏好的赋权法及基于方案偏好强度的赋权法。

大家都知道,即使某个评价指标非常重要,但在 n 个被评价对象中,若它取值的波动程度非常小,那么,无论其取值有多大,对这 n 个被评价对象来说,该指标在评价过程中,对评价结果的影响都是非常小的。极端一点说,若某个非常重要的指标关于这 n 个被评价对象的取值是完全相同的话,那么,该重要指标(相对于这 n 个被评价对象来说)在评价过程中的作用则是"零"。反之,若某个评价指标是不太重要(但不能舍去)的,但在 n 个被评价对象中,它取值的变化(或波动)程度却非常大,那么,对这 n 个被评价对象来说,该指标在评价过程中,对评价结果的影响是非常大的。这时,(相对于这 n 个被评价对象来说)出现了这样一种情况:即不重要的指标的作用,远大于重要指标在评价过程中所起的作用。这就是"差异"的驱动所致。

众所周知,由主观赋权法确定出的权重系数真实与否,在很大程度上取决于专家的知识、经验及其偏好。为了避免在确定权重系数时受人为的干扰,可采取另一类确定权重系数的方法——基于"差异驱动"原理的(客观)赋权法。这类赋权法的基本思想是:权重系数应当是各个指标在指标总体中的变异程度和对其他指标影响程度的度量,赋权的原始信息应当直接来源于客观环境,可根据各指标所提供的信息量的大小来决定相应指标的权重系数。本章将在第3.4节中主要介绍突出整体差异的"拉开档次"法、突出局部差异的均方差法、极差法及熵值法。

表3-1对本章要介绍的赋权方法进行了归类,对于同一个综合评价问题来说,两大类赋权法各有千秋,即主观赋权法(指基于"功能驱动"原理的赋权法),虽然反映了评价者(或决策者)的主观判断或直觉,但在综合评价结果或排序中可能产生一定的主观随意性,即可能受到评价者(或决策者)的知识或经验缺乏的影响。而客观赋权法(指基于"差异驱动"原理的赋权法),虽然通常利用比较完善的数学理论与方法,但却忽视了决策者的主观信息,而此信息对于经济管理中的评价或决策问题来说,有时是非常重要的。于是就想到:如果从逻辑上将这两大类赋权法有机地结合起来,使所确定的权重系数同时体现出主观信息和客观信息。这就是综合集成赋权法的思想或本意。通常,对于经济管理中的综合评价问题来说,往往需要的是能同时体现主、客观信息的权重系数。本章将在第3.5节介绍两种综合集成特征的赋权法及一种体现主客观特征的改进型"拉开档次"法。

表 3－1　赋权方法归类

原理	类型	方法	特点
功能驱动	指标偏好型	集值迭代法、特征值法、G_1－法和 G_2－法	直接表达评价者主观信息
	方案偏好型	基于方案序偏好的赋权法、基于方案偏好强度的赋权法	突出评价者直觉判断能力
差异驱动	整体差异型	拉开档次法、逼近理想点法	突出方案可辨识性或方案的自由竞争性原则
	局部差异型	均方差法、极差法、熵值法	突出指标可辨识性原则

3.2　基于“功能驱动”原理的指标偏好型赋权法

3.2.1　集值迭代法

先来看一个例子。

现取定 5 个评价指标分别记为 $x_1, x_2, \cdots, x_5$，分别请 4 位专家相互独立地从指标集 $X=\{x_1, x_2, \cdots, x_5\}$ 中挑出他认为重要的 3 个指标构成 4 个指标子集，并依次记为，

专家 1：$X^{(1)}=\{x_1, x_2, x_4\}$

专家 2：$X^{(2)}=\{x_1, x_3, x_4\}$

专家 3：$X^{(3)}=\{x_1, x_2, x_5\}$

专家 4：$X^{(4)}=\{x_1, x_2, x_4\}$

指标 x_1 被选中的次数为：$g(x_1)=1+1+1+1=4$

指标 x_2 被选中的次数为：$g(x_2)=1+0+1+1=3$

指标 x_3 被选中的次数为：$g(x_3)=0+1+0+0=1$

指标 x_4 被选中的次数为：$g(x_4)=1+1+0+1=3$

指标 x_5 被选中的次数为：$g(x_5)=0+0+1+0=1$

将 $g(x_i)$ 归一化，并将比值 $\frac{g(x_i)}{\sum_{i=1}^{5} g(x_i)}$ 视为 x_i 的权重系数 w_i，即令 $w_i=\frac{g(x_i)}{\sum_{i=1}^{5} g(x_i)}$，于是 $w_1=\frac{1}{3}, w_2=\frac{1}{4}, w_3=\frac{1}{12}, w_4=\frac{1}{4}, w_5=\frac{1}{12}$。

将此例推广到一般情形，即为确定权重系数的集值迭代法。

设指标集为 $X=\{x_1,x_2,\cdots,x_m\}$，并选取 $L(L\geqslant 1)$ 位专家，分别让每一位专家[如第 $k(1\leqslant k\leqslant L)$ 位专家]在指标集 X 中任意选取他认为最重要的 $s(1\leqslant s<m)$ 个指标。易知，第 k 位专家如此选取的结果是指标集 X 的一个子集 $X^{(k)}=\{x_1^{(k)},x_2^{(k)},\cdots,x_s^{(k)}\}$ $(k=1,2,\cdots,L)$。

作(示性)函数，

$$u_k(x_j)=\begin{cases}1, & if \quad x_j\in X^{(k)}\\ 0, & if \quad x_j\notin X^{(k)}\end{cases}$$

记

$$g(x_j)=\sum_{k=1}^{L}u_k(x_j)(j=1,2,\cdots,m)$$

将 $g(x_j)$ 归一化后，即将比值 $g(x_j)/\sum_{k=1}^{m}g(x_k)$ 作为与指标 x_j 相对应的权重系数 w_j，即

$$w_j=g(x_j)/\sum_{k=1}^{m}g(x_k),j=1,2,\cdots,m$$

为了使如此得到的结果更符合实际，可在此基础上建立如下算法。

取定一正整数 $g_k(1\leqslant g_k<m)$ 为初值，让每一位(如第 k 位)专家依次按下述步骤选择指标：

步骤 1　在 X 中选取他认为最重要的 g_k 个指标，得子集

$$X_{1,k}=\{x_{1,k,1},x_{1,k,2},\cdots,x_{1,k,g_k}\}$$

步骤 2　在 X 中选取他认为最重要的 $2g_k$ 个指标，得子集

$$X_{2,k}=\{x_{2,k,1},x_{2,k,2},\cdots,x_{2,k,2g_k}\}$$

步骤 3　在 X 中选取他认为最重要的 $3gk$ 个指标，得子集

$$X_{3,k}=\{x_{3,k,1},x_{3,k,2},\cdots,x_{3,k,3g_k}\}$$

⋮

步骤 S_k　在 X 中选取他认为最重要的 s_kg_k 个指标，得子集

$$X_{s_k,k}=\{x_{s_k,k,1},x_{s_k,k,2},\cdots,x_{s_k,k,s_kg_k}\}$$

若自然数 s_k 满足 $s_kg_k+r_k=m(0\leqslant r_k<g_k)$，则第 $k(k=1,2,\cdots,L)$ 位专家在指标集 X 中依次选取他认为重要指标的选取过程结束并得到 s_k 个指标子集，接下来是计算指标 x_j 的权系数 w_j。

计算(示性)函数，

$$g(x_j)=\sum_{k=1}^{L}\sum_{i=1}^{s_k}u_{ik}(x_j),j=1,2,\cdots,m$$

其中，

$$u_{ik}(x_j)=\begin{cases}1, & if \quad x_j\in X_{i,k}\\ 0, & if \quad x_j\notin X_{i,k}\end{cases}\quad (i=1,2,\cdots,s_k;k=1,2,\cdots,L)$$

将 $g(x_j)$ 归一化后，即得与指标 x_j 相对应的权系数为，

$$w_j = g(x_j)/\sum_{k=1}^{m} g(x_k),j = 1,2,\cdots,m$$

若考虑某一个指标一直未被选中(实际上，这种情况很难出现)，则权重系数应做如下调整：

$$w_j = \frac{g(x_j) + \frac{1}{2m}}{\sum_{k=1}^{m}\left(g(x_k) + \frac{1}{2m}\right)},j = 1,2,\cdots,m$$

从上述选取过程可见，当每位专家的初值 $g_k(k=1,2,\cdots,L)$ 选取得较小时，权系数 w_j 就较切合实际，但选取步骤较多、计算量较大。

3.2.2　特征值法[3]

3.2.2.1　基本概念及基本理论

先通过一个例子来说明这种方法的基本思想。

假定有 m 个物体，它们的质量分别用 $w_1,w_2,\cdots,w_m$(不妨假定 $\sum_{j=1}^{m} w_j = 1$)来表示，在没有任何称重仪器的情况下，可通过下面的方法确定出 w_j 的值。将这 m 个物体的质量进行两两比较判断，比较判断的全部结果可写成矩阵形式，

$$A=\begin{bmatrix}\frac{w_1}{w_1} & \frac{w_1}{w_2} & \cdots & \frac{w_1}{w_m}\\ \frac{w_2}{w_1} & \frac{w_2}{w_2} & \cdots & \frac{w_2}{w_m}\\ \cdots & \cdots & \cdots & \cdots\\ \frac{w_m}{w_1} & \frac{w_m}{w_2} & \cdots & \frac{w_m}{w_m}\end{bmatrix}=A(a_{ij}) \tag{3-1}$$

若用质量向量 $\boldsymbol{w}=(w_1,w_2,\cdots,w_m)^{\mathrm{T}}$ 右乘判断矩阵 $\boldsymbol{A}$，则得矩阵 $\boldsymbol{A}$ 的特征方程

$$\boldsymbol{Aw}=m\boldsymbol{w} \tag{3-2}$$

通过求解特征值问题式(3－2)，即得这 m 个物体的质量 $w_j(j=1,2,\cdots,m)$。

这个例子提示我们，要将 m 个评价指标关于某个评价目标的重要程度(按表3－2所示的比例标度)做两两比较判断获得矩阵 $\boldsymbol{A}$，再求 $\boldsymbol{A}$ 的与特征值 m 相对应的特征向量 $\boldsymbol{w}=(w_1,w_2,\cdots,w_m)^{\mathrm{T}}$，并将其归一化即为评价指标的权重系数。这种方法称为(多指标)权重排序的特征值方法。

表3－2　分级比例标度参考表

赋值(x_i/x_j)	说　明
1	表示指标 x_i 与 x_j 相比，具有同样重要性
3	表示指标 x_i 与 x_j 相比，指标 x_i 比指标 x_j 稍微重要
5	表示指标 x_i 与 x_j 相比，指标 x_i 比指标 x_j 明显重要
7	表示指标 x_i 与 x_j 相比，指标 x_i 比指标 x_j 强烈重要
9	表示指标 x_i 与 x_j 相比，指标 x_i 比指标 x_j 极端重要
2、4、6、8	对应以上两相邻判断的中间情况
倒　数	指标 x_i 与 x_j 比较得判断 a_{ij}，则指标 x_j 与 x_i 比较得判断为 $a_{ji}=1/a_{ij}$

美国匹兹堡大学教授 Saaty T. L. 正是基于上面的基本思想，在20世纪70年代初提出了层次分析法（Analytical Hierarchy Process，简称 AHP 法）。这是一种定性分析与定量分析相结合的系统分析方法。

为叙述方便，对矩阵形式(3－1)所示的矩阵赋予如下定义：

定义 3.1　若矩阵 $\boldsymbol{A}$ 中的元素 a_{ij}满足

(1) $a_{ij}>0,i,j=1,2,\cdots,m$　(3－3)

(2) $a_{ii}=1,i=1,2,\cdots,m$　(3－4)

(3) $a_{ji}=1/a_{ij},i,j=1,2,\cdots,m$　(3－5)

则称 $\boldsymbol{A}$ 为比较判断矩阵（以下简称判断矩阵）。

在数学上，称满足式(3－3)～式(3－5)的矩阵为正互反矩阵。

若式(3－1)中矩阵 $\boldsymbol{A}$ 的元素具有传递性，即有等式

(4) $a_{ij}=a_{ik}/a_{jk}$或 $a_{ij}a_{jk}=a_{ik},i,j,k=1,2,\cdots,m$　(3－6)

则称式(3－6)为判断矩阵 $\boldsymbol{A}$ 的一致性条件。

定义 3.2　若判断矩阵 $\boldsymbol{A}$ 的元素满足式(3－6)时，则称 $\boldsymbol{A}$ 为一致性矩阵（以下简称一致阵）。

定理 3.1　若 $\boldsymbol{A}$ 是 m 阶一致阵，则最大特征根为

$$\lambda_{\max}(\boldsymbol{A})=m$$

证明见参考文献[6]的附录。

定理 3.2　对应于特征根 $\lambda_{\max}(\boldsymbol{A})$，$\boldsymbol{A}$ 存在唯一一个非负特征向量（如果不计常数倍的话）。

定义 3.3　若 $\boldsymbol{A}$ 是一致阵，则称其与特征根 $\lambda_{\max}(\boldsymbol{A})=m$ 对应的归一化了的非负特征向量为排序权重向量。

定理 3.3　若 $\lambda_{\max}$是 m 阶正互反阵 $\boldsymbol{A}$ 的最大特征根，则

$$\lambda_{\max}\geqslant m$$

证明见参考文献[6]的附录。

判断矩阵 $\boldsymbol{A}$ 中的元素 a_{ij}表示指标 x_i 与指标 x_j 关于某评价目标的相对重要性程度之比的赋值(或估计值),这些赋值的根据或来源,可以是由决策者直接提供,或由决策者同分析者对话来确定,或由分析者通过各种技术咨询而获得,或者通过其他合适的途径来酌定。一般地,判断矩阵应由熟悉问题的专家独立地给出(a_{ij}的赋值标准可参考表 3-2)。

对于判断矩阵而言,理想的判断矩阵应该满足一致性条件式(3-6)。然而,由于受专家知识水平和个人偏好的影响,现实的判断矩阵往往很难满足一致性条件,特别是当 m 较大时,更是如此。因此,对于这种非一致性判断矩阵,为保证其排序结果的可信度和准确性,还必须对其判断质量进行一致性检验。

由矩阵理论知,特征值是连续地依赖于 a_{ij},又由定理 3.1 及定理 3.3 可知,若 m 阶判断矩阵 $\boldsymbol{A}$ 的最大特征值 λ_{max} 比 m 大得越多,$\boldsymbol{A}$ 的不一致程度就越严重;相反,λ_{max}越接近于 m 时,$\boldsymbol{A}$ 的一致性程度就越好。当判断矩阵不具有一致性时,相应的判断矩阵的特征值也将发生变化,这就启发我们:可以用判断矩阵的特征值的变化来检查判断矩阵的一致性程度。衡量不一致程度的数量指标称为一致性指标 *C. I.* (*Consistent Index*),Saaty T. L. 将它定义为

$$C.I. = \frac{\lambda_{max} - m}{m - 1} \tag{3-7}$$

为了得到一个对不同阶数判断矩阵均适用的一致性检验的临界值,还必须考虑一致性与矩阵阶数之间的关系。事实上,判断矩阵的阶数越大,元素间两两比较判断的比例就越难达到一致性。例如,2 阶互反矩阵总是一致性矩阵,构造 3 阶判断矩阵也容易达到一致性,而对于 9 阶矩阵需独立给出的两两比较判断的数据为 36 个,这就很难使这 36 个判断达到一致性。因此,需要根据判断矩阵的阶数对一致性指标 *C. I.* 进行修正。为了建立衡量一致性指标 *C. I.* 的标准,Saaty T. L. 提出用平均随机一致性指标 *R. I.* 修正 *C. I.* 的方法。

平均随机一致性指标 *R. I.* 的计算过程如下:

(1)对于固定的 m,从 1,2,…,9,1/2,…,1/9 中独立地随机抽取 $m(m-1)/2$ 个值,作为矩阵上三角元素,主对角线元素自动取 1,下三角元素取上三角对称元素的倒数,由此得随机正互反矩阵 $\boldsymbol{A}'$;

(2)计算所得矩阵 $\boldsymbol{A}'$的一致性指标 $R.I. = \dfrac{\lambda_{max} - m}{m - 1}$;

(3)重复上述步骤以得到足够数量的样本,计算 *R. I.* 的样本均值。表 3-3 给出了样本容量为 1000 的 *R. I.* 均值。

表 3-3　平均随机一致性指标 *R. I.* 值

m	2	3	4	5	6	7	8
R. I.	0.0000	0.5149	0.8931	1.1185	1.2494	1.3450	1.4200
m	9	10	11	12	13	14	15
R. I.	1.4616	1.4874	1.5156	1.5405	1.5583	1.5779	1.5894

在这里，对于 2 阶判断矩阵，*R. I.* 只是形式上的，因为 2 阶判断矩阵总具有一致性。当阶数大于 2 时，将判断矩阵的一致性指标 *C. I.* 与同阶平均随机一致性指标 *R. I.* 之比称为随机一致性比率并记为 *C. R.* 。当

$$C.R. = \frac{C.I.}{R.I.} < 0.10$$

时，认为判断矩阵有可接受的不一致性；否则，就认为初步建立的判断矩阵是不能令人满意的，需要重新赋值，仔细修正，直到一致性检验通过为止。

3.2.2.2　排序权重的计算方法

在一般的线性代数教材中，都有介绍求矩阵的特征值及其特征向量的方法，本节针对判断矩阵的特点，介绍两种求判断矩阵最大特征值所对应的特征向量的简易算法：乘积方根法（几何平均值法）及列和求逆法（代数平均值法）。最后通过一个例子介绍了特征值法的应用。

（1）乘积方根法（几何平均值法）。设 m 阶判断矩阵为

$$\boldsymbol{A} = \begin{bmatrix} a_{11} & a_{12} & \cdots & a_{1m} \\ a_{21} & a_{22} & \cdots & a_{2m} \\ \cdots & \cdots & \cdots & \cdots \\ a_{m1} & a_{m2} & \cdots & a_{mm} \end{bmatrix} \tag{3-8}$$

先按行将各元素连乘并开 m 次方，即求各行元素的几何平均值：

$$b_i = \left(\prod_{j=1}^{m} a_{ij}\right)^{\frac{1}{m}}, i = 1,2,\cdots,m$$

再把 $b_i(i=1,2,\cdots,m)$ 归一化，即求得指标 x_j 的权重系数：

$$w_j = \frac{b_j}{\sum_{k=1}^{m} b_k}, j = 1,2,\cdots,m$$

乘积方根法的合理性可由 $\boldsymbol{A}$ 的一致性条件来解释。

（2）列和求逆法（代数平均值法）。仍设 m 阶判断矩阵为式（3-8）所示，列和求逆法的计算分两步：

1）将判断矩阵的第 j 列元素相加，并取

$$c_j = \frac{1}{\sum_{i=1}^{m} a_{ij}}, j = 1,2,\cdots,m$$

2）将 c_j 归一化后即得指标 x_j 的权重系数：

$$w_j = c_j / \sum_{k=1}^{m} c_k, k = 1,2,\cdots,m$$

这种方法的合理性，仍可以从判断矩阵的一致性条件中得到解释。

3.2.2.3 λ_{max}的近似计算

为了检验判断矩阵的一致性，在一致性指标 $C.I.$［即式（3-7）］中用到判断矩阵 $\boldsymbol{A}$ 的最大特征值 λ_{max}，这就需要计算 λ_{max}。

设 m 阶判断矩阵为式（3-8）所示，假定已求出 $\boldsymbol{A}$ 的归一化特征向量为

$$\boldsymbol{w} = (w_1, w_2, \cdots, w_m)^T$$

又设判断矩阵 $\boldsymbol{A}$ 的最大特征值为 λ_{max}，将矩阵 $\boldsymbol{A}$ 的特征方程

$$\boldsymbol{A}\boldsymbol{w} = \lambda_{max}\boldsymbol{w}$$

展开，得

$$\sum_{j=1}^{m} a_{ij}w_j = \lambda_{max}w_i, i = 1,2,\cdots,m$$

两边同除以 w_i 并对 i 相加，即得

$$\lambda_{max} = \frac{1}{m}\sum_{i=1}^{m}\frac{\sum_{i=1}^{m} a_{ij}w_j}{w_i} \tag{3-9}$$

3.2.2.4 一个例子

下面通过一个例子（此例的背景暂不给出）说明特征值法的应用。

例 3.1 设判断矩阵如下：

$$A = \begin{bmatrix} 1 & 1/5 & 1/3 \\ 5 & 1 & 3 \\ 3 & 1/3 & 1 \end{bmatrix}$$

应用乘积方根法已求出 $\boldsymbol{A}$ 的特征向量为

$$\boldsymbol{w} = (0.105, 0.637, 0.258)^T$$

而

$$\boldsymbol{A}\boldsymbol{w} = \begin{bmatrix} 1 & 1/5 & 1/3 \\ 5 & 1 & 3 \\ 3 & 1/3 & 1 \end{bmatrix}\begin{bmatrix} 0.105 \\ 0.637 \\ 0.258 \end{bmatrix} = \begin{bmatrix} 0.318 \\ 1.936 \\ 0.785 \end{bmatrix}$$

所以由式(3－9)得

$$\lambda_{\max} = \frac{1}{m}\sum_{i=1}^{3}\frac{\sum_{j=1}^{3}a_{ij}w_j}{w_i}$$

$$= \frac{1}{3}(0.318/0.105 + 1.936/0.637 + 0.758/0.258)$$

$$= 3.037$$

由式(3－7),计算出 $\boldsymbol{A}$ 的一致性指标 $C.I. = (\lambda_{\max} - 3)/2 = 0.0185$,查表 3－3 得出 $R.I. = 0.5149$,而 $C.R. = C.I./R.I. = 0.0359 < 0.1$,即判断矩阵 $\boldsymbol{A}$ 的一致性检验通过,故 $w_1 = 0.105$,$w_2 = 0.637$,$w_3 = 0.259$ 可以作为相应评价指标的权重系数。

3.2.2.5　残缺判断的情形

由于系统的复杂性,出现某个专家对某两个指标(如指标 x_i 和指标 x_j)重要程度的比较难以判断的情况是完全有可能的,这时他可能放弃 a_{ij}的赋值,此时判断矩阵 $\boldsymbol{A}$ 上有些元素是空缺的,这种判断矩阵称为残缺的或不完整的判断矩阵。对于残缺的判断矩阵,如何计算各指标相对于某评价目标的权重系数呢? 下面就来介绍一种有效的解决方法。

首先,引进判断矩阵 $\boldsymbol{A}$ 的指示矩阵 $\boldsymbol{\Delta} = (\delta_{ij})$,其中

$$\delta_{ij} = \begin{cases} 0, \text{当 } a_{ij}\text{空缺时} \\ 1, \text{当 } a_{ij}\text{填写时} \end{cases} \tag{3-10}$$

现在,用对数回归方法来确定 $w = (w_1, w_2, \cdots, w_m)^{\mathrm{T}}$,使对数残差平方和

$$Q_i = \sum_{j=1}^{m}\delta_{ij}\left[\ln a_{ij} - \ln\left(\frac{w_i}{w_j}\right)\right]^2, i = 1,2,\cdots,m$$

为最小。

设 $b_{ij} = \ln(a_{ij})$,$w_i = e^{\{x_i+c\}}(\sum w_i = 1)$,即 $x_i = \ln(w_i) - c$,则上式可写成

$$Q_i = \sum_{j=1}^{m}\delta_{ij}(b_{ij} - x_i + x_j)^2, i = 1,2,\cdots,m$$

令 $\frac{\partial Q_i}{\partial x_i} = 0$,得正规方程组

$$x_i\sum_{j=1}^{m}\delta_{ij} - \sum_{j=1}^{m}\delta_{ij}x_j = \sum_{j=1}^{m}\delta_{ij}b_{ij}, i = 1,2,\cdots,m \tag{3-11}$$

求解方程组(3－11)(其中相互独立的方程的个数可能小于 m),得一组最小二乘解$(x_1, x_2, \cdots, x_m)$,那么

$$w_j = \frac{e^{x_j}}{\sum_{k=1}^{m} e^{x_k}}, j = 1,2,\cdots,m$$

就是所求的排序权系数。

例 3.2　考虑 3×3 矩阵,缺少两个元素(用 Θ 表示)的情形,即设

$$\boldsymbol{A} = \begin{bmatrix} 1 & \Theta & 5 \\ \Theta & 1 & 7 \\ \frac{1}{5} & 1 & \frac{1}{7} \end{bmatrix}$$

这时,正规方程组(3-11)即为

$$\left.\begin{aligned} & x_1 - x_3 = \ln 5 \\ & x_2 - x_3 = \ln 7 \\ & x_1 + x_2 - 2x_3 = \ln 5 + \ln 7 \end{aligned}\right\} \tag{3-12}$$

容易看出,方程组(3-12)中的第三个方程等于前两个方程的和,因此它对求解是没有用的,划去多余的方程[即式(3-12)中的第三个方程]后,所得的方程组为

$$\begin{bmatrix} 1 & 0 & -1 \\ 0 & 1 & -1 \end{bmatrix} \begin{bmatrix} x_1 \\ x_2 \\ x_3 \end{bmatrix} = \begin{bmatrix} \ln 5 \\ \ln 7 \end{bmatrix} \tag{3-13}$$

或写成

$$\boldsymbol{Bx} = \boldsymbol{b}$$

其中

$$\boldsymbol{B} = \begin{bmatrix} 1 & 0 & -1 \\ 0 & 1 & -1 \end{bmatrix}$$

$$\boldsymbol{x} = (x_1, x_2, x_3)^{\mathrm{T}}$$

$$\boldsymbol{b} = (\ln 5, \ln 7)^{\mathrm{T}}$$

很显然,方程组(3-13)有无穷多个解,其最小范数解为

$$\boldsymbol{x} = \boldsymbol{B}^{\mathrm{T}} (\boldsymbol{BB}^{\mathrm{T}})^{-1} \boldsymbol{b}$$

现在,将 $\boldsymbol{B}$ 及 $\boldsymbol{b}$ 代入上式中,得出

$$\boldsymbol{x} = \begin{bmatrix} 1 & 0 \\ 0 & 1 \\ -1 & -1 \end{bmatrix} \begin{bmatrix} 2 & 1 \\ 1 & 2 \end{bmatrix} \begin{bmatrix} \ln 5 \\ \ln 7 \end{bmatrix} = \begin{bmatrix} \frac{2}{3} & -\frac{1}{3} \\ -\frac{1}{3} & \frac{2}{3} \\ -\frac{1}{3} & -\frac{1}{3} \end{bmatrix} \begin{bmatrix} \ln 5 \\ \ln 7 \end{bmatrix} = \begin{bmatrix} 0.4243 \\ 0.7608 \\ -1.1851 \end{bmatrix}$$

于是,得出

$$w_1 = e^{x_1} = e^{0.4243} = 1.5285$$
$$w_2 = e^{x_2} = e^{0.7608} = 2.1400$$
$$w_3 = e^{x_3} = e^{-1.1851} = 0.3057$$

再将 w_1, w_2, w_3 归一化，即得评价指标 $x_j(j=1,2,3)$ 的权重系数为

$$w_1 = 0.3846, w_2 = 0.5385, w_3 = 0.0769$$

事实上，我们可以不必求出方程组(3－13)的最小范数解，比如令 $x_3 = 0.2$，并代入式(3－13)中，可求出一组解为

$$x_1 = 1.8094, x_2 = 2.1459, x_3 = 0.2$$

从而得出

$$w_1 = e^{x_1} = e^{1.8094} = 6.1068$$
$$w_2 = e^{x_2} = e^{2.1459} = 8.5497$$
$$w_2 = e^{x_3} = e^{0.24} = 1.2214$$

再将 w_1, w_2, w_3 归一化，仍得到

$$w_1 = 0.3846, w_2 = 0.5385, w_3 = 0.0769$$

现在来拟合残缺元素，即令

$$b_{12} = \frac{w_1}{w_2} = \frac{0.3846}{0.5385} = 0.714$$

$$b_{21} = \frac{1}{b_{12}} = 1.401$$

并将 b_{12}, b_{21} 分别代替 $\boldsymbol{A}$ 中的 a_{12}, a_{21}，得到完整的判断矩阵为

$$\boldsymbol{A} = \begin{bmatrix} 1 & 0.714 & 5 \\ 1.401 & 1 & 7 \\ \frac{1}{5} & \frac{1}{7} & 1 \end{bmatrix}$$

应用乘积方根法求出

$$w_1^* = 0.3845, w_2^* = 0.5386, w_3^* = 0.0769$$

通过比较可以看出，$w_1 \approx w_1^*, w_2 \approx w_2^*, w_3 \approx w_3^*$。这表明：由方程组(3－13)的任一组解 x_1, x_2, x_3，都能得到相同的权重系数 w_1, w_2, w_3。

特别地，如果方程组(3－11)中，当 $\delta_{ij} = 1$(即判断矩阵是完整的)，此时设 $\ln w_i = x_i + c(c \neq 0)$，则可以得到求 w_i 的较完美的表达式：

$$w_i = \frac{\left(\prod_{j=1}^{m} a_{ij}\right)^{\frac{1}{m}}}{\sum_{k=1}^{m}\left(\prod_{j=1}^{m} a_{k,j}\right)^{\frac{1}{m}}}, i = 1,2,\cdots,m$$

实际上，上式就是第 3.2.2.2 节中介绍的乘积方根法。

3.2.2.6　群组判断

所谓群组判断,就是指有 $L(L>1)$ 位专家,同时(各自独立地)对各项评价指标间(关于某目标的)相对重要程度,给出两两比较判断,从而构成 L 个判断矩阵,再由这 L 个判断矩阵计算出各元素排序权重的过程。

对于群组判断,一般会想到如下三种方案:

方案Ⅰ　首先将 L 个判断矩阵用统计方法"合成"一个综合的判断矩阵,然后再计算排序权重;

方案Ⅱ　对完整的 $k(1\leqslant k\leqslant L)$ 个判断矩阵,应用乘积方根法或其他方法,分别求出 k 个排序权重向量 $\boldsymbol{w}^{(j)}=(w_1^{(j)},w_2^{(j)},\cdots,w_m^{(j)})^{\mathrm{T}}(j=1,2,\cdots,k)$ 后,再将 $\boldsymbol{w}^{(j)}$ 加权平均(例如按各个判断矩阵一致性程度的大小进行加权),即得出所求的权重系数 $w_j(j=1,2,\cdots,m)$。

方案Ⅲ　根据 $a_{ij}^{(k)}(i,j=1,2,\cdots,m;k=1,2,\cdots,L)$ 拟合出 $w_j(j=1,2,\cdots,m)$。

对于方案Ⅰ来说,这种方法不仅要耗费很大的工作量,同时也可能严重影响合成后的判断矩阵的一致性。因此,这种方法是不大可取的。方案Ⅱ却只适用于那些判断矩阵都是完整的情形,而实际上,在群组判断中,可能有多数的判断矩阵是不完整的,这就影响了方案Ⅱ的使用。在这种情况下,方案Ⅲ就显示出它的优越性了。

设第 k 个判断矩阵及其指示矩阵分别为 $A_k=(a_{ij}^{(k)})$ 和 $\Delta_k=(\delta_{ij}^{(k)})$ [$\delta_{ij}^{(k)}$ 的定义见式(3-10)],仍用对数形式进行拟合,即选择 x_i,使

$$Q_i=\sum_{k=1}^{L}\sum_{j=1}^{m}(b_{ij}^{(k)}-x_i+x_j)^2\delta_{ij}^{(k)},i=1,2,\cdots,m$$

取极小。式中 $b_{ij}^{(k)}=\ln a_{ij}^{(k)}$,$x_i=\ln w_i-c(c\neq 0)$。令 $\partial Q_i/\partial x_i=0$,得出正规方程组

$$x_i\sum_{k=1}^{L}\sum_{j=1}^{m}\delta_{ij}^{(k)}-\sum_{j=1}^{m}x_j\sum_{k=1}^{L}\delta_{ij}^{(k)}=\sum_{k=1}^{L}\sum_{j=1}^{m}\delta_{ij}^{(k)}b_{ij}^{(k)},i=1,2,\cdots,m \quad (3-14)$$

若分别令

$$I_i=\sum_{k=1}^{L}\sum_{j=1}^{m}\delta_{ij}^{(k)},i=1,2,\cdots,m$$

$$H_{ij}=\sum_{k=1}^{L}\delta_{ij}^{(k)},i=1,2,\cdots,m$$

$$C_i=\sum_{k=1}^{L}\sum_{j=1}^{m}\delta_{ij}^{(k)}b_{ij}^{(k)},i=1,2,\cdots,m$$

则式(3-14)可简写成

$$I_ix_i-\sum_{j=1}^{m}H_{ij}x_j=C_i,i=1,2,\cdots,m \quad (3-14')$$

解出 x_i 后,即得评价指标的权重系数为

$$w_i = \frac{e^{x_i}}{\sum_{k=1}^{m} e^{x_k}}, i = 1,2,\cdots,m \tag{3-15}$$

例3.3　由完整判断矩阵

$$A = \begin{bmatrix} 1 & \frac{1}{7} & \frac{1}{2} & \frac{1}{8} & 2 \\ 7 & 1 & 3 & 1 & 8 \\ 2 & \frac{1}{3} & 1 & \frac{1}{4} & 5 \\ 8 & 1 & 4 & 1 & 5 \\ \frac{1}{2} & \frac{1}{8} & \frac{1}{5} & \frac{1}{5} & 1 \end{bmatrix}$$

求出的权重系数为

$$w_1 = 0.0612, w_2 = 0.3743, w_3 = 0.1342, w_4 = 0.3869, w_5 = 0.0434$$

现假定有两个($L=2$)残缺判断矩阵分别为

$$A_1 = \begin{bmatrix} 1 & \frac{1}{7} & \frac{1}{2} & \Theta & 2 \\ 7 & 1 & 3 & 1 & \Theta \\ 2 & \frac{1}{3} & 1 & \frac{1}{4} & 5 \\ \Theta & 1 & 4 & 1 & 5 \\ \frac{1}{2} & \Theta & \frac{1}{5} & \frac{1}{5} & 1 \end{bmatrix}, A_2 = \begin{bmatrix} 1 & \frac{1}{7} & \frac{1}{2} & \frac{1}{8} & 2 \\ 7 & 1 & \Theta & 1 & 8 \\ 2 & \Theta & 1 & \frac{1}{4} & 5 \\ 8 & 1 & 4 & 1 & 5 \\ \frac{1}{2} & \frac{1}{8} & \frac{1}{5} & \frac{1}{5} & 1 \end{bmatrix}$$

试利用 A_1, A_2 所提供的不完全判断信息计算 w_i^* 并与 w_i 相比较。

由式(3-14)得正规方程组为

$$\begin{bmatrix} 7 & -2 & -2 & -1 & -2 \\ -2 & 7 & -1 & -2 & -1 \\ -2 & -1 & 7 & -2 & -2 \\ -1 & -2 & -2 & 7 & -2 \\ -2 & -2 & -2 & -2 & 7 \end{bmatrix} \begin{bmatrix} x_1 \\ x_2 \\ x_3 \\ x_4 \\ x_5 \end{bmatrix} = \begin{bmatrix} -5.97 \\ 7.07 \\ 0.73 \\ 3.93 \\ -9.90 \end{bmatrix} \tag{3-16}$$

求解方程组(3-16),得

$$x_1 = -3.1, x_2 = -1.4, x_3 = -2.4, x_4 = -1.9, x_5 = -3.7$$

将 x_i 代入式(3-15)中,即得

$$w_1^* = 0.0681, w_2^* = 0.3982, w_3^* = 0.1370, w_4^* = 0.3538, w_5^* = 0.0430$$

w_i^* 与 w_i 的均方误差为6.71%,其最大绝对误差仅为3.31%。

在实际的综合评价问题中,经常遇到这样的情况:当评价指标集发生变化(如评价指标增加或减少)时,原评价指标间的相对重要性程度的优劣排序是否改变呢?也就是说,对于同一种确定指标权重系数的方法来说,无论评价指标是否变化,都不应该引起指标间的相对重要性程度的优劣排序的改变。这种性质称为确定指标权重系数的保序性。否则,称这种方法不具有保序性或称为具有逆序性。

那么,特征值法是否具有保序性呢?早在 1983 年,V. Belton 和 A. E. Gear 就构造了一个保守的反例[59]。

3.2.3 求 w_i 的一种新算法——序关系分析法(G_1 -法)[60]

特征值法的流程框图如图 3 -1 所示。通过分析,我们认为特征值法存在以下一些问题需要改进:

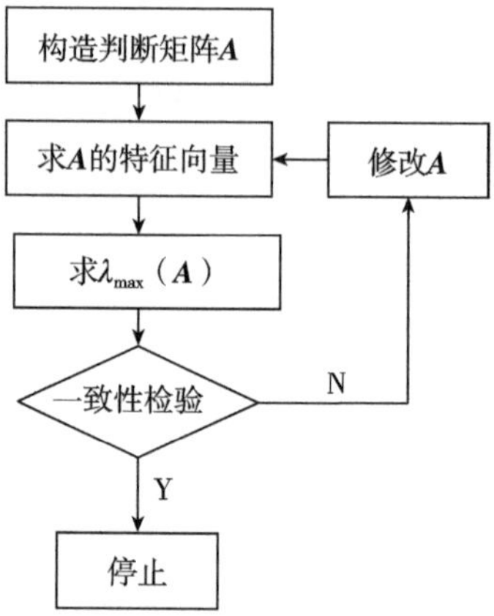

图 3 -1　特征值法的流程框图

(1)特征值法的若干完美的结论及其计算方法,都是建立在判断矩阵是一致阵基础上的,而在实际应用中所建立的判断矩阵往往都不是一致矩阵(当 $m \geqslant 3$ 时)。于是,完美的结论与实际的应用之间就存在一个“距离”。然而,这种“距离”将不同程度地导致评价指标间权重系数的排序关系的错乱。

(2)应用特征值法解决问题正确与否的唯一标准就是判断矩阵的随机一致性比率。然而,这唯一的检验标准在遇到下面的情况时就显得无能为力了。

现有两位较权威的专家对同一排序问题分别建立了判断矩阵为

$$\boldsymbol{A}_1 = \begin{bmatrix} 1 & 3 & 1/2 \\ 1/3 & 1 & 1/6 \\ 2 & 6 & 1 \end{bmatrix}, \boldsymbol{A}_2 = \begin{bmatrix} 1 & 1/3 & 1/6 \\ 3 & 1 & 1/2 \\ 6 & 2 & 1 \end{bmatrix}$$

应用乘积方根法，由 $\boldsymbol{A}_1$ 求出的排序权重向量为 $\boldsymbol{w}_1(0.30,0.10,0.60)^{\mathrm{T}}$；由 $\boldsymbol{A}_2$ 求出的排序权重向量为 $\boldsymbol{w}_2=(0.10,0.30,0.60)^{\mathrm{T}}$。而 $\boldsymbol{A}_1$，$\boldsymbol{A}_2$ 都是完全一致阵，因此，特征值法认为 $\boldsymbol{w}_1$ 及 $\boldsymbol{w}_2$ 都可作为权重向量。事实上，$\boldsymbol{w}_1$ 和 $\boldsymbol{w}_2$ 所给出的权重系数是不同的。

（3）特征值法的计算量是很大的，当 m 较大时，仅建立判断矩阵就要进行 $m(m-1)/2$ 次的两两元素的比较判断。

（4）心理学实验表明，当被比较的元素个数超过9时，判断就不准确了，也就不能直接应用特征值法。

上述问题给特征值法的应用带来不利的影响。为使特征值法能真正成为实际工作部门的专家（或决策者）的得心应手的决策工具，就必须对特征值法进行若干改进。

若仔细剖析特征值法的全过程就会发现：产生上述问题的根本原因就在于能否真实地、唯一地体现出指标 $x_1,x_2,\cdots,x_m$ 之间的（按某种规定或原则排定的）序关系。基于这样的认识，作者给出了一种无须一致性检验的新方法——序关系分析法（见参考文献[60]中的 G_1 -法）。

3.2.3.1　*方法及步骤*

本节提出的方法分为三个步骤。

（1）确定序关系。

定义3.4　若评价指标 x_i 相对于某评价准则（或目标）的重要性程度大于（或不小于）x_j 时，则记为 $x_i > x_j$。

定义3.5　若评价指标 $x_1,x_2,\cdots,x_m$ 相对于某评价准则（或目标）具有关系式

$$x_1^* > x_2^* > \cdots > x_m^* \tag{3-17}$$

时，则称评价指标 $x_1,x_2,\cdots,x_m$ 之间按"$>$"确立了序关系。这里 x_i^* 表示 $\{x_i\}$ 按序关系"$>$"排定顺序后的第 i 个评价指标（$i=1,2,\cdots,m$）。

对于评价指标集 $\{x_1,x_2,\cdots,x_m\}$，可按下述步骤建立序关系：

1）专家（或决策者）在指标集 $\{x_1,x_2,\cdots,x_m\}$ 中，选出认为是最重要（关于某评价准则）的一个（只选一个）指标记为 x_1^*；

2）专家（或决策者）在余下的 $m-1$ 个指标中，选出认为最重要（关于某评价准则）的一个（只选一个）指标记为 x_2^*；

⋮

k）专家（或决策者）在余下的 $m-(k-1)$ 个指标的中，选出认为最重要（关于某评价准则）的一个（只选一个）指标记为 x_k^*；

⋮

m）经过 $m-1$ 次挑选剩下的评价指标记为 x_m^*。

这样，就唯一确定了一个序关系式（3－17）。对于某些问题来说，仅仅给出了序关系式（3－17）还不够，还要确定出各评价指标相对于某评价准则（或目标）的权重系数。为书写方便且不失一般性，以下仍记式（3－17）为

$$x_1 > x_2 > \cdots > x_m \tag{3-18}$$

（2）给出 x_{k-1} 与 x_k 间相对重要程度的比较判断。设专家关于评价指标 x_{k-1} 与 x_k 的重要性程度之比 w_{k-1}/w_k 的理性判断分别为

$$w_{k-1}/w_k = r_k, k = m, m-1, m-2, \cdots, 3, 2 \tag{3-19}$$

当 m 较大时，由序关系式（3－18）可取 $r_m = 1$。

r_k 的赋值可参考表 3－4。

表 3－4　r_k 赋值参考表

r_k	说　明
1.0	指标 x_{k-1} 与指标 x_k 具有同样重要性
1.2	指标 x_{k-1} 比指标 x_k 稍微重要
1.4	指标 x_{k-1} 比指标 x_k 明显重要
1.6	指标 x_{k-1} 比指标 x_k 强烈重要
1.8	指标 x_{k-1} 比指标 x_k 极端重要

关于 r_k 之间的数量约束，有下面的定理：

定理 3.4　若 $x_1, x_2, \cdots, x_m$ 具有序关系式（3－18），则 r_{k-1} 与 r_k 必满足

$$r_{k-1} > 1/r_k, k = m, m-1, m-2, \cdots, 3, 2 \tag{3-20}$$

（3）权重系数 w_k 的计算。

定理 3.5　若专家（或决策者）给出 r_k 的理性赋值满足关系式（3－20），则 w_m 为

$$w_m = \left(1 + \sum_{k=2}^{m} \prod_{i=k}^{m} r_i\right)^{-1} \tag{3-21}$$

而

$$w_{k-1} = r_k w_k, k = m, m-1, \cdots, 3, 2 \tag{3-22}$$

证明：$\because \prod_{i=k}^{m} r_i = w_{k-1}/w_m$，对 k 从 2 到 m 求和，得

$$\sum_{k=2}^{m}\left(\prod_{i=k}^{m} r_i\right) = \sum_{k=2}^{m} w_{k-1}/w_m$$

注意到 $\sum_{k=1}^{m} w_k = 1$，得

$$1 + \sum_{k=2}^{m} \left(\prod_{i=k}^{m} r_i \right) = w_m^{-1}$$

故得证式(3－21),式(3－22)可由式(3－19)推出。证毕。

例3.4　设某评价问题有4个评价指标为 x_1,x_2,x_3,x_4,专家认为 x_1,x_2,x_3,x_4 之间具有序关系

$$x_2 > x_1 > x_4 > x_3 \Rightarrow x_1^* > x_2^* > x_3^* > x_4^*$$

且给出

$$r_2 = \frac{w_1^*}{w_2^*} = 1.4, r_3 = \frac{w_2^*}{w_3^*} = 1.2, r_4 = \frac{w_3^*}{w_4^*} = 1.6$$

而

$$r_2 r_3 r_4 = 2.688, r_3 r_4 = 1.920, r_4 = 1.600$$

$$r_2 r_3 r_4 + r_3 r_4 + r_4 = 6.208$$

所以

$$w_4^* = (1 + 6.208)^{-1} = 0.1387$$

$$w_3^* = w_4^* r_4 = 0.1387 \times 1.60 = 0.2220$$

$$w_2^* = w_3^* r_3 = 0.2220 \times 1.20 = 0.2664$$

$$w_1^* = w_2^* r_2 = 0.2664 \times 1.40 = 0.3729$$

故评价指标为 x_1,x_2,x_3,x_4 的权重系数为

$$w_1 = w_2^* = 0.2664$$

$$w_2 = w_1^* = 0.3729$$

$$w_3 = w_4^* = 0.1387$$

$$w_4 = w_3^* = 0.2220$$

3.2.3.2　增加新指标的情形

当综合评价的环境发生变化时,评价指标的个数有可能增加或者减少。当增加一个新评价指标(或减少一个原有评价指标)时,是否需要重新确定这 $m+1$(或 $m-1$)个指标间的序关系?是否需要重新对 $r_i(i=2,3,\cdots,m)$ 进行赋值呢?回答是否定的。由于增加新指标和减少原有指标在处理上是相似的,这里仅讨论增加新指标的情形。

不妨记新增加的指标为 x_{m+1},专家根据 x_{m+1} 相对于某评价准则(或目标)的重要性程度的大小,若将其按"$>$"排列在某两个相邻指标 x_{k_0} 与 x_{k_0+1} 之间,即有

$$x_{k_0} > x_{m+1} > x_{k_0+1}$$

若记

$$h_i = x_i, i = 1,2,\cdots,k_0$$

$$h_{k_0+1}=x_{m+1}$$

$$h_{i+1}=x_i,i=k_0+1,k_0+2,\cdots,m$$

则 $m+1$ 个元素 $x_1,x_2,\cdots,x_m,x_{m+1}$ 间的序关系可写成

$$h_1>h_2>\cdots>h_{k_0}>h_{k_0+1}>h_{k_0+2}\cdots>h_{m+1}$$

这时,只需专家分别给出 h_{k_0} 与 h_{k_0+1}、h_{k_0+1} 与 h_{k_0+2} 之间重要性程度之比 w_{k_0}/w_{k_0+1}、w_{k_0+1}/w_{k_0+2} 的理性赋值 p_{k_0+1} 及 p_{k_0+2},且 p_{k_0+1}、p_{k_0+2} 满足

$$p_{k_0+1}>1/p_{k_0+2}$$

记

$$q_i=r_i,i=2,3,\cdots,k_0$$

$$q_{k_0+1}=p_{k_0+1},q_{k_0+2}=p_{k_0+2}$$

$$q_{i+1}=r_i,i=k_0+2,k_0+3,\cdots,m$$

依定理 3.5 可知,由 $q_i(i=2,3,\cdots,m+1)$ 即可确定出元素 h_k 的权重系数 $w_k(k=1,2,\cdots,m+1)$。由集 $\{x_i\}$ 可构造相应的集 $\{h_k\}$,从而得到元素 x_i 的排序权重系数 $w_i(i=1,2,3,\cdots,m+1)$。

3.2.3.3 具有空缺判断的情形

在实际的比较判断中常会遇到下面的情况:专家对一些比较敏感的比较判断问题,特别是涉及专家本身利益或机密的问题时,他们不愿意对这些问题明确地表示自己的偏好观点;或者专家对某些比较判断的背景缺乏足够的了解而无法表明自己的偏好见解。这样,专家就可能放弃某个(或某些)比较判断。也就是说,专家由于信息不足等原因放弃对某两个(相邻)指标间重要性程度之比的赋值。这就需要研究、解决这种情形下的所谓"判断不完全"的排序问题。

定义 3.6 如果专家对某个 $r_{k_0}(2\leqslant k_0<m)$ 不能赋值时,则称 r_{k_0} 为空缺(或残缺)判断。

定理 3.6 如果存在某个空缺判断为 $r_{k_0}(2\leqslant k_0<m)$,则由 $r_2,\cdots,r_{k_0-1},r_{k_0+1},\cdots,r_m$ 确定出 w_i 的充要条件是专家能给出元素 x_1 与 x_m 间重要性程度之比的赋值 r_0,或者专家能给出集合 $\{x_1,\cdots,x_{k_0-1}\}$ 中任一指标与集合 $\{x_{k_0+1},\cdots,x_m\}$ 中任一指标间的重要性程度之比的赋值。

3.2.3.4 群组判断的情形

为了减弱专家人为因素的干扰,更客观、更准确地给出评价指标 $x_1,x_2,\cdots,x_m$ 的权重系数,可同时聘请 $L(L>1)$ 位专家对同一(排序)问题进行比较判断,然后从中"综合"出一个较理想的结果。下面分两种情形加以讨论。

(1)L 个序关系一致的情形。假设 L 位专家关于指标 $x_1,x_2,\cdots,x_m$ 之间(相对

于某评价准则）序关系的给出是完全一致的，不妨仍记为

$$x_1 > x_2 > \cdots > x_m \tag{3-23}$$

设专家 k 关于 $r_j(j=m,m-1,m-2,\cdots,3,2)$ 的赋值依次记为

$$r_{k2},\cdots,r_{km},k=1,2,\cdots,L$$

其中 r_{kj}满足

$$r_{k,j-1} > 1/r_{kj},j=m,m-1,\cdots,3,2;k=1,2,\cdots,L \tag{3-24}$$

根据定理 3.5，将 L 位专家所提供的判断信息进行“综合”处理，可得如下定理：

定理 3.7　专家 $k(k=1,2,\cdots,L)$ 关于 r_{kj}的赋值合理且满足式（3-24），则取

$$w_m = \left(1 + \sum_{k=2}^{m}\prod_{i=k}^{m} r_i^*\right)^{-1}$$

而

$$w_{j-1} = r_j^* w_j,j=m,m-1,\cdots,3,2$$

式中

$$r_j^* = \frac{1}{L}\sum_{k=1}^{L} r_{kj},j = 2,3,\cdots,m$$

（2）L 个序关系不一致的情形。不失一般性，假设有 $L_0(1 \leqslant L_0 < L)$ 位专家给出指标 $x_1,x_2,\cdots,x_m$ 间的序关系是一致的，不妨仍如式（3-23）所示。这时，由定理 3.7可求出与指标 x_j 相应的权重系数分别为 $w_1^*,w_2^*,\cdots,w_m^*$。

设序关系不一致的 $L-L_0$ 位专家所给出的序关系分别为

$$x_{k1} > x_{k2} > \cdots > x_{km},k=1,2,\cdots,L-L_0$$

式中，x_{ki}表示专家 k 按“$>$”排列的集 $\{x_i\}$（$i=1,2,\cdots,m$）中的第 i 个元素。

设专家 k 关于 $x_{k,j-1}$与 $x_{kj}(k=1,2,\cdots,L-L_0;j=m,m-1,\cdots,3,2)$ 间重要性程度之比的理性赋值分别记为 $r_{kj}(k=1,2,\cdots,L-L_0;j=m,m-1,\cdots,3,2)$，当 r_{kj}满足式（3-24）时，由定理 3.5 可求出元素 x_{kj}的权重系数 $w_{kj}(k=1,2,\cdots,L-L_0;j=m,m-1,\cdots,3,2)$。

对于每一个 $k(1 \leqslant k \leqslant L-L_0)$，集 $\{x_{kj}\}$ 与集 $\{x_j\}$ 都是严格一对一的。这样，针对每一位专家 $k(1 \leqslant k \leqslant L-L_0)$ 所提供的判断信息，都可等价地求出指标 x_{kj}的权重系数并记为 $w_{kj}^{**}(j=1,2,\cdots,m)$。对于每一个 $j(1 \leqslant j \leqslant m)$，将 $L-L_0$ 个 w_{kj}^{**} 的几何平均值（或算术平均值）作为“综合”的结果并记为 w_j^{**}。

$$w_j^{**} = \left(\prod_{k=1}^{L-L_0} w_{kj}^{**}\right)^{1/(L-L_0)},j = 1,2,\cdots,m$$

或

$$w_j^{**} = \frac{1}{L - L_0}\sum_{k=1}^{L-L_0} w_{kj}^{**},j = 1,2,\cdots,m$$

并将 w_j^{**} 归一化,最后称

$$w_j = k_1 w_j^* + k_2 w_j^{**}, j = 1, 2, \cdots, m$$

为指标 x_j 相对于某评价准则(或目标)的权重系数。其中 $k_1 > 0, k_2 > 0$ 且 $k_1 + k_2 = 1$。例如,可取 $k_1 = L_0/L, k_2 = (L - L_0)/L$。

更一般的情形是这样的:在 L 位专家中可能有 $L_1, L_2, \cdots, L_h$($1 \leqslant L_s < L(s = 1, 2, \cdots, h)$, $\sum_{s=1}^{h} L_s = L$)位专家,分别给出相同的序关系以及相应的理性赋值,即

L_s 位专家关于 $x_1, x_2, \cdots, x_m$ 给出的序关系分别为

$$x_{k1}^{(s)} > x_{k2}^{(s)} > \cdots > x_{km}^{(s)}, k = 1, 2, \cdots, L_s; s = 1, 2, \cdots, h$$

又给出 $x_{j-1}^{(s)}$ 与 $x_j^{(s)}$ 间重要程度之比的理性赋值分别为 $r_{kj}^{(s)}$($k = 1, 2, \cdots, L_s; s = 1, 2, \cdots, h$),由定理 3.5 可求出 $x_{kj}^{(s)}$ 的权重系数为 $w_{kj}^{(s)}$,对每一个 $j(1 \leqslant j \leqslant m)$ 将 L_s 个 $w_{kj}^{(s)}$ 的几何平均值(或算术平均值)作为"综合"(或"集成")的结果并记为 $w_j^{(s)}$($j = 1, 2, \cdots, m; s = 1, 2, \cdots, h$),即

$$w_j^{(s)} = \left(\prod_{k=1}^{L_s} w_{kj}^{(s)} \right)^{1/L_s}, s = 1, 2, \cdots, h; j = 1, 2, \cdots, m$$

或

$$w_j^{(s)} = \frac{1}{L_s} \sum_{k=1}^{L_s} w_{kj}^{(s)}, s = 1, 2, \cdots, h; j = 1, 2, \cdots, m$$

这时,可求出评价指标 x_j 的权重系数为

$$w_j = k_1 w_j^{(1)} + k_2 w_j^{(2)} + \cdots + k_h w_j^{(h)}, j = 1, 2, \cdots, m$$

式中可取 $k_s = L_s/L(s = 1, 2, \cdots, h)$。

本节提出的方法具有以下特点:

1)不用构造判断矩阵,更无须一致性检验;

2)计算量较特征值法成倍地减少;

3)方法简便、直观,便于应用;

4)对元素或指标的个数没有限制;

5)具有保序性。

3.2.4　求权重系数的一种新算法——G_2-法[61]

第 3.2.3 节内容给出了一种先对评价指标 $\{x_j\}$($j = 1, 2, \cdots, m$)进行定性排序,再对相邻指标进行(重要性比值的)理性判断,最后进行定量计算的主观赋权法。本节讨论另一种新的主观赋权法——唯一参照物比较判断法(即参考文献[61]中的 G_2-法)。

设专家在评价指标集 $\{x_j\}$ 中挑选出他认为是最不重要的一个且只一个指标并

记为 x_{j_m}，这时，不妨将 m 个指标 $x_1,x_2,\cdots,x_m$ 重新标记为 $x_{j_1},x_{j_2},\cdots,x_{j_m}$，其中 x_{j_k} 为 $\{x_j\}$ 中的某一个指标。显然，指标集 $\{x_{j_k}\}$ 与 $\{x_j\}$ 是一一对应的。

3.2.4.1　点赋值的情形

设专家根据有关信息对评价指标 x_{j_k} 与指标 x_{j_m} 关于某准则（或目标）的重要性程度之比 r_{km} 做出理性判断，即令

$$r_{km}=a_k,k=1,2,\cdots,m-1$$

式中 $a_k>0$，取 $a_m=1$。

根据 r_{km} 的定义，当 a_k 的赋值准确时，评价指标 x_{j_k} 的权重系数 w_{jk} 由下面的定理给出。

定理 3.8　若 a_k 的赋值准确，则

$$w_{jk}=a_k\Big/\sum_{i=1}^{m}a_i,k=1,2,\cdots,m$$

3.2.4.2　区间赋值的情形

在有些情况下，专家对 a_k 进行主观赋值时，由于信息的不足而没有把握赋予 a_k 一个确切的数值，但又不能放弃。也就是说，不能肯定地对 a_k 赋予一个且只一个确定的数值，但却有把握给出 a_k 的一个取值范围。本节正是在这样的一个应用背景下，给出一种带有区间特征的主观赋权法。

为叙述方便，先给出以下几个基本概念。

实数有界闭集 $[d_1,d_2]=\{x\mid d_1\leqslant x\leqslant d_2,x\in R\}$ 称为闭区间。也可以把闭区间看成是由它的端点 d_1 和 d_2 组成的一对有序数，称为区间数，通常用 D 表示。对于 $D=[d_1,d_2]$，分别称

$$e(D)=d_2-d_1$$

$$n(D)=(d_1+d_2)/2$$

为 D 的区间宽度和区间中点。当 $n(D)=0$ 时，D 为对称区间。对于 $D_1=[d_{11},d_{21}]$，$D_2=[d_{12},d_{22}]$，则规定 $D_1+D_2=[d_{11}+d_{12},d_{21}+d_{22}]$。

一般来说，决策是带有风险的，根据专家（或决策者）对待风险的态度可将其划分为保守型、中立型及风险型专家（或决策者）。

定义 3.7　称映射

$$\varphi_\varepsilon(D)=n(D)+\varepsilon e(D)\tag{3-25}$$

为具有专家（或决策者）风险态度的区间映射函数，其中 ε 为风险态度因子（$|\varepsilon|\leqslant 1/2$）。对于保守型专家，取 $-1/2\leqslant\varepsilon<0$，对于中立型专家，取 $\varepsilon=0$；对于风险型专家，取 $0<\varepsilon\leqslant 1/2$。对于指定的专家，$\varepsilon$ 为已知数。

设专家根据有关信息对评价指标 x_{j_k} 与指标 x_{j_m} 关于某准则(或目标)的重要性程度之比 r_{km} 给出一个区间数 D_k，即给出 r_{km} 的取值区间：

$$r_{km}=a_k\in[d_{1k},d_{2k}]=D_k, k=1,2,\cdots,m-1$$

式中，$d_{1k}\leqslant d_{2k}, d_{2m}=d_{1m}=1$。

对于已给出的区间数序列 $\{D_k\}$，由式(3－25)有

定理 3.9　若 $\{D_k\}$ 的赋值准确，则

$$w_k=\varphi_\varepsilon(D_k)\Big/\sum_{i=1}^{m}\varphi_\varepsilon(D_i), k=1,2,\cdots,m$$

事实上，定理 3.8 是定理 3.9 当 $e(D_k)\equiv 0$ 时的特例。

由定理 3.8 或定理 3.9 求出 w_{jk} 后，即等价地求出与指标 x_k 相应的排序权重系数。

3.2.4.3　增加新指标的情形

当综合评价的环境发生变化时，与某准则相关的评价指标的个数也会发生变化。下面仅就增加新指标(不妨记新增加的指标为 x_{m+1})的情形，分两种情况加以讨论。

(1) x_{m+1} 是 $\{x_j\}$ 中的次要指标。如果新增加的指标 x_{m+1} 是 $\{x_j\}$ 中的最不重要(但不能舍弃)的指标，那么记 $x_{j_{m+1}}=x_{m+1}$，如果对于同一位专家来说，此时只需要对 a_m 重新给出区间数 D_m^*，并令 $D_{m+1}^*=\{1\}$ 及 $D_k^*=D_k+D_m^*(k=1,2,\cdots,m-1)$，其中 D_k 是相对于原来的 m 个指标时的区间数。这时，有

$$w_k=\varphi_\varepsilon(D_k^*)\Big/\sum_{i=1}^{m+1}\varphi_\varepsilon(D_i^*), k=1,2,\cdots,m+1$$

(2) x_{m+1} 是 $\{x_j\}$ 中的非次要指标。如果新增加的指标 x_{m+1} 不是 $\{x_j\}$ 中的最不重要的指标，不妨设 x_{m+1} 是 $\{x_j\}$ 中次最不重要的指标，这时记 $x_{j_m}=x_{j_{m+1}}, x_{m+1}=x_{j_m}$。如果对同一位专家来说，此时只需要对 a_m 重新做出判断，即给出 a_m 的区间数并仍记为 D_m，这时，有

$$w_k=\varphi_\varepsilon(D_k)\Big/\sum_{i=1}^{m+1}\varphi_\varepsilon(D_i), k=1,2,\cdots,m+1 \tag{3-26}$$

式中，$D_{m+1}=\{1\}$。

3.2.4.4　群组判断的情形

为了更准确地给出评价指标 $x_1,x_2,\cdots,x_m$ 的权重系数，可同时聘请 $L(L>1)$ 位专家对同一组评价指标进行比较判断，在此基础上，"综合"出一个较理想的结果。下面仍分两种情形加以讨论。

(1)定性判断完全一致的情形。假设 L 位专家关于某指标是 $\{x_j\}$ 中的最不重要的指标的定性判断完全一致，不妨仍记此指标为 x_{j_m}，其余指标分别记为 $x_{j_1},x_{j_2},\cdots,$

$x_{j_{m-1}}$。设专家 k 关于指标 x_{j_i} 与 x_{j_m} 之间相对重要性程度之比 a_i 的区间赋值为 $D_i^{(k)}=[d_{1i}^{(k)},d_{2i}^{(k)}]$$(i=1,2,\cdots,m;k=1,2,\cdots,L)$。对于固定的 i，令

$$D_i=\bigcap_{k=1}^{L}D_i^{(k)}=[d_{1i},d_{2i}]$$

式中，$d_{1i}=\max\limits_k\{d_{1i}^{(k)}\}$，$d_{2i}=\min\limits_k\{d_{2i}^{(k)}\}$。

一般来说，$D_i\neq\Phi$（空集），这是因为相同领域的专家对同一问题的比较判断是大体相同的。对于 $D_i^{(k)}(i=1,2,\cdots,m;k=1,2,\cdots,L)$，称

$$R_i=\frac{1}{L}\sum_{k=1}^{L}[(d_{1i}-d_{1i}^{(k)})+(d_{2i}^{(k)}-d_{2i})],i=1,2,\cdots,m$$

为 L 个专家关于 a_i 的区间数赋值的平均盲度。

显然，R_i 越小，表明 L 位专家关于 a_i 的区间数赋值的集中程度就越大。可以证明，平均盲度 R_i 是非负有界的，即 R_i 满足

$$0\leqslant R_i\leqslant d_{1i}-d_{2i}+d_{2i}^*-d_{1i}^*,i=1,2,\cdots,m$$

式中，$d_{1i}^*=\min\limits_k\{d_{1i}^{(k)}\}$，$d_{2i}^*=\max\limits_k\{d_{2i}^{(k)}\}$，记 $D_i^*=[d_{1i}^*,d_{2i}^*]$。

令

$$\lambda_i=\frac{1}{2L}\sum_{k=1}^{L}\frac{n(D_i^{(k)})}{n(D_i^*)},i=1,2,\cdots,m$$

作区间映射

$$\varphi_{\lambda_i}(D_i)=n(D_i)+\lambda_i e(D_i),i=1,2,\cdots,m$$

式中，$0<\lambda_i\leqslant 1/2$。这时有

$$w_j=\varphi_{\lambda_j}(D_j)\Big/\sum_{i=1}^{m}\varphi_{\lambda_i}(D_i),j=1,2,\cdots,m \tag{3-27}$$

（2）定性判断不一致的情形。L 位专家关于 $\{x_j\}$ 中最不重要指标的定性判断的不一致，可能有以下两种情形：

1）是部分专家的定性判断是一致的，而其余专家的定性判断是不一致的；

2）是 L 位专家的定性判断彼此都不一致。

后一种情形一般是不会发生的，因来自同一领域的 L 位专家对同一问题的（理性）定性判断是大体相同的，因此本节将不考虑后一种情形。

假设有 $L_0(1\leqslant L_0<L)$ 位专家的定性判断是一致的，不妨设其定性判断与本节（1）的情形是一致的。这时，由式（3－27）即可求出相应的权重系数并记为 $w_k^{(1)}$ $(k=1,2,\cdots,m)$。

不失一般性，不妨假定前 $L-L_0$ 位专家的定性判断是彼此不相同的，对于其中的每一位专家的定性判断及定量赋值 $D_j^{(*k)}(k=1,2,\cdots,L-L_0)$，都可由式（3－26）求出相应的 $w_j^{(*k)}$，即

$$w_j^{(*k)} = \varphi_{\varepsilon_k}(D_j^{(*k)}) \Big/ \sum_{i=1}^{m} \varphi_{\varepsilon_k}(D_i^{(*k)}), j = 1,2,\cdots,m; k = 1,2,\cdots,L-L_0$$

其中

$$\varphi_{\varepsilon_k}(D_j^{(*k)}) = n(D_j^{(*k)}) + \varepsilon_k e(D_j^{(*k)}), j=1,2,\cdots,m; k=1,2,\cdots,L-L_0$$

而 $D_j^{(*k)}$ 是(定性判断互不一致的)专家 k 关于 a_j 的区间数赋值,ε_k 为专家 k 的风险态度因子($-1/2 \leqslant \varepsilon_k \leqslant 1/2$)。

值得提及的是,由于指标集 $\{x_j\}$ 是有限集,且与任一专家 $k(1 \leqslant k \leqslant L-L_0)$ 定性判断后所形成的指标集 $\{x_{j_k}\}$ 都是严格一对一的。因此,仍不妨假定 $w_j^{(*k)}$ 是经倒换顺序后与指标 x_{j_k} 相对应的。这时,我们综合 $L-L_0$ 位定性判断互不一致的专家的信息,得出

$$w_j^{(2)} = \frac{1}{L-L_0} \sum_{k=1}^{L-L_0} w_j^{(*k)}, j = 1,2,\cdots,m$$

最后,称 $w_j^{(1)}$ 与 $w_j^{(2)}$ 的加权平均值

$$w_j = k_1 w_j^{(1)} + k_2 w_j^{(2)}, j=1,2,\cdots,m$$

为与指标 x_j 相应的权重系数。其中 $k_1 > 0, k_2 > 0$ 且 $k_1 + k_2 = 1$。例如可取 $k_1 = L_0/L, k_2 = (L-L_0)/L$。

作者在研究有关实际决策问题的过程中,通过与专家的广泛接触,提出了这种更面向实际应用的区间(数)映射赋权法。这种方法与序关系分析法(G_1 - 法)相比,具有方法灵活、便于推广且能反映专家风险意识等特点。

3.3 基于“功能驱动”原理的方案偏好型赋权法

3.3.1 基于部分方案序偏好的赋权方法

3.3.1.1 引言

在现实中众多的综合评价问题经常需要引入专家的信息,而指标的权重信息最为关键,因为涉及复杂的心理过程,在面对诸多性质迥异的指标时,许多专家(或决策者)会有程度不一的畏难情绪,许多判断建立在“只可意会,不可言传”的意境之下,此时,权重的获取显得并不可靠,权重系数也不一定能准确地表达专家的判断。相反,专家对于特定领域内的问题通常具有超越常人的直观感受,拥有部分方案(或评价对象)完整准确的优良判断,因而,不同于直接赋权方式,如何由部分方案的序偏好信息诱导出合理的权重信息显得十分重要。

基于上述考虑,下面给出了一种新的赋权方法——矢量约束赋权法,该方法主要用于解决方案数较多,且权重系数难以显性确定情况下的权数获取问题。其基本思想是:通过对方案集中部分可分辨方案优劣的判别,将决策者的偏好序集转化

为带有矢量约束的规划模型，求出指标的权重向量，运用解得的权向量对方案集中其余不可分辨子集进行评价，从而给出各方案的完全序。

3.3.1.2　基本原理与方法

设评价对象（方案）集 $O=\{o_1,o_1,\cdots,o_n\}$，指标集 $P=\{x_1,x_2,\cdots,x_m\}$，$x_{ij}=x_j(o_i)(i=1,2,\cdots,n;j=1,2,\cdots,m)$ 是方案 o_i 关于指标 x_j 的取值。方案集 O 关于指标集 P 的指标值矩阵可表示为

$$\boldsymbol{X}=[x_{ij}]_{n\times m}=\begin{bmatrix} x_{11} & x_{12} & \cdots & x_{1m} \\ x_{21} & x_{22} & \cdots & x_{2m} \\ \cdots & \cdots & \cdots & \cdots \\ x_{n1} & x_{n2} & \cdots & x_{nm} \end{bmatrix}$$

记 $M=\{1,2,\cdots,m\}$，$N=\{1,2,\cdots,n\}$。

不失一般性，假设 P 中指标均为极大型的，$\boldsymbol{X}$ 中数据为预处理后的规范化数据。

这里选取线性加权模型对多指标信息进行集结，设 y_i 为方案 o_i 的综合评价值，有

$$y_i=w_1x_{i1}+w_2x_{i2}+\cdots+w_mx_{im}=\sum_{j=1}^{m}w_jx_{ij}=\boldsymbol{w}^{\mathrm{T}}\boldsymbol{x}_i \tag{3-28}$$

其中，$\boldsymbol{x}_i=(x_{i1},x_{i2},\cdots,x_{im})^{\mathrm{T}}$，$\boldsymbol{w}=(w_1,w_2,\cdots,w_m)^{\mathrm{T}}$ 为 $\boldsymbol{m}$ 维向量，称 $\boldsymbol{x}_i$ 为 o_i 的指标值向量，$\boldsymbol{w}$ 为指标权重向量。

定理3.10　若 $\mathbf{Prj}_w\boldsymbol{x}_i$ 为 $\boldsymbol{x}_i$ 向由 $\boldsymbol{w}$ 确定的轴上的投影，则方案 o_i 的综合评价值 $y_i=|\boldsymbol{w}|\mathbf{Prj}_w\boldsymbol{x}_i$（$|\boldsymbol{w}|$ 为向量 $\boldsymbol{w}$ 的模）。

用投影定理即可证明定理3.10，证明从略。定理3.10表明方案的综合评价值可表示为指标值向量 $\boldsymbol{x}_i$ 在指标权重向量 $\boldsymbol{w}$ 上的投影与 $|\boldsymbol{w}|$ 的乘积（若限定 $\boldsymbol{w}$ 为单位向量（$|\boldsymbol{w}|=1$），即有 $y_i=\mathbf{Prj}_w\boldsymbol{x}_i$）。

定理3.11　若方案 $o_i>o_j(i,j\in N,i\neq j$，“$>$”表示“优于”），则得 $\max\limits_w[(y_i-y_j)/|w|]$ 的充要条件为 $\boldsymbol{w}=c\cdot(\boldsymbol{x}_i-\boldsymbol{x}_j)$，$c$ 为任意一正常数。

证明：（必要性）由式（3－28）可知

$$y_i-y_j=\boldsymbol{w}^{\mathrm{T}}\cdot\boldsymbol{x}_i-\boldsymbol{w}^{\mathrm{T}}\cdot\boldsymbol{x}_j=\boldsymbol{w}^{\mathrm{T}}(\boldsymbol{x}_i-\boldsymbol{x}_j)=|\boldsymbol{w}||\boldsymbol{x}_i-\boldsymbol{x}_j|\cos\varphi\leqslant|\boldsymbol{w}||\boldsymbol{x}_i-\boldsymbol{x}_j| \tag{3-29}$$

式中，φ 为 $\boldsymbol{x}_i-\boldsymbol{x}_j$ 与 $\boldsymbol{w}$ 的夹角，显然，当且仅当 $\cos\varphi=1$ 时，式（3－29）取得等号。而

$$\max_{\boldsymbol{w}}(y_i-y_j)=|\boldsymbol{w}||\boldsymbol{x}_i-\boldsymbol{x}_j|\Rightarrow\max_{\boldsymbol{w}}[(y_i-y_j)/|\boldsymbol{w}|]=|\boldsymbol{x}_i-\boldsymbol{x}_j| \tag{3-30}$$

此时，$\boldsymbol{w}$ 与 $\boldsymbol{x}_i-\boldsymbol{x}_j$ 的夹角为0，即 $\boldsymbol{w}$ 与 $\boldsymbol{x}_i-\boldsymbol{x}_j$ 平行，因而 $\boldsymbol{w}=c(\boldsymbol{x}_i-\boldsymbol{x}_j)$，$c$ 为任意一正常数。

上述推导可逆,故 $\boldsymbol{w}=c\cdot(\boldsymbol{x}_i-\boldsymbol{x}_j)$ 又是 $\max\limits_{\boldsymbol{w}}[(y_i-y_j)/|\boldsymbol{w}|]$ 的充分条件。定理得证。

定理 3.12　说明对于任意两个方案 o_i,o_j,其对应的指标值向量分别为 $\boldsymbol{x}_i=(x_{i1},x_{i2},\cdots,x_{im})^{\mathrm{T}}$ 与 $\boldsymbol{x}_j=(x_{j1},x_{j2},\cdots,x_{jm})^{\mathrm{T}}$,当选取与 $\boldsymbol{x}_i-\boldsymbol{x}_j$ 平行方向的权向量 $\boldsymbol{w}$ 时,最能突出方案之间的差异。

定理 3.11 实际上给出了一种粗略的赋权方式:对于方案集 $O=\{o_1,o_2,\cdots,o_n\}$,若确定 $o_i>o_j$,且 o_i,o_j 的差异明显,可取 $\boldsymbol{w}=(\boldsymbol{x}_i-\boldsymbol{x}_j)/[\boldsymbol{e}^{\mathrm{T}}(\boldsymbol{x}_i-\boldsymbol{x}_j)]$($\boldsymbol{e}=[1,1,\cdots,1]^{\mathrm{T}}$ 为 m 维列向量),若有多组这样的判断,可求得多个权向量,最后用平行四边形法对多个权向量进行矢量合成,并将合成的结果作为最终的指标权向量。

上述方式可用于方案之间优劣的大致判断,但该方式得到的权重向量 $\boldsymbol{w}$ 可能会出现负分量,这与人们对权重系数的直观理解不太一致,因而需要进一步考虑在给出部分方案序偏好的条件下,$\boldsymbol{w}$ 更为合理的获取条件。

定理 3.13　若方案 $o_i>o_j(i,j\in N$,且 $i\neq j)$,则 $\boldsymbol{w}$ 的选取必须满足 $\boldsymbol{w}^{\mathrm{T}}(\boldsymbol{x}_i-\boldsymbol{x}_j)>0$。

定理 3.13 的结论是显然的,证明从略。定理 3.13 的几何意义为:欲使 $o_i>o_j$,必须选取与 $\boldsymbol{x}_i-\boldsymbol{x}_j$ 夹角为锐角的向量作为指标权向量 $\boldsymbol{w}$。易知方案 $o_i\sim o_j$("~"表示"无差异于")及 $o_i<o_j$("<"表示"劣于")的条件分别为 $\boldsymbol{w}^{\mathrm{T}}(\boldsymbol{x}_i-\boldsymbol{x}_j)=0$ 和 $\boldsymbol{w}^{\mathrm{T}}(\boldsymbol{x}_i-\boldsymbol{x}_j)<0$。

定义 3.8　称 $\boldsymbol{x}^{\mathrm{T}}(\boldsymbol{x}_i-\boldsymbol{x}_j)>0$ 为"优于关系矢量约束",若 $o_i>o_j$;称 $\boldsymbol{w}^{\mathrm{T}}(\boldsymbol{x}_i-\boldsymbol{x}_j)=0$ 为"无差异关系矢量约束",若 $o_i\sim o_j$;称 $\boldsymbol{w}^{\mathrm{T}}(\boldsymbol{x}_i-\boldsymbol{x}_j)<0$ 为"劣于关系矢量约束",若 $o_i<o_j$。

考虑到决策者对于两个方案做出严格的"无差异"关系判断比较困难,可靠性不高,因而,仅需决策者提供部分方案的"优于"、"劣于"关系判断即可,又因"$o_i<o_j\Leftrightarrow o_j>o_i$","劣于关系"可表示为"优于关系",故书中"矢量约束"仅指"优于关系矢量约束"。

定理 3.13 及定义 3.8 用于描述偏好序判断条件下的 $\boldsymbol{w}$ 可行域空间,但是通常满足约束条件的 $\boldsymbol{w}$ 不是唯一的,故需要增加条件,将寻求 $\boldsymbol{w}$ 的问题转化为一个带有约束条件的规划问题。

对方案集 $O=\{o_1,o_2,\cdots,o_n\}$ 中任意两个方案 $o_i,o_j(i,j\in N,i\neq j)$,若决策者认为方案 $o_i>o_j$,可将该关系描述为一个有序对 (o_i,o_j),记决策者提供的所有有序对集为 $\psi=\{(o_i,o_j)\mid i,j\in N,i\neq j\}$。

ψ 中的有序对要求满足传递性,见定理 3.14。

定理 3.14　在 ψ 中的有序对不满足传递性的条件下,由 ψ 决定的 $\boldsymbol{w}$ 可行域为空集。

证明:对于任意 3 个不满足传递性的方案 $o_{k_1},o_{k_2},o_{k_3}(k_1,k_2,k_3\in N)$,不妨设

$(o_{k_1},o_{k_2}),(o_{k_2},o_{k_3}),(o_{k_3},o_{k_1})$，即 $o_{k_1}>o_{k_2},o_{k_2}>o_{k_3},o_{k_3}>o_{k_1}$，由定理 3.13 可写出如下约束条件

$$\begin{cases} \boldsymbol{w}^{\mathrm{T}}\cdot(\boldsymbol{x}_{k_1}-\boldsymbol{x}_{k_2})>0 \\ \boldsymbol{w}^{\mathrm{T}}\cdot(\boldsymbol{x}_{k_2}-\boldsymbol{x}_{k_3})>0 \\ \boldsymbol{w}^{\mathrm{T}}\cdot(\boldsymbol{x}_{k_3}-\boldsymbol{x}_{k_1})>0 \end{cases} \Rightarrow \begin{cases} \boldsymbol{w}^{\mathrm{T}}\cdot(\boldsymbol{x}_{k_1}-\boldsymbol{x}_{k_3})>0 \\ \boldsymbol{w}^{\mathrm{T}}\cdot(\boldsymbol{x}_{k_3}-\boldsymbol{x}_{k_1})>0 \end{cases} \tag{3-31}$$

式(3-31)中约束条件之间相互矛盾，$\boldsymbol{w}$ 的可行域为空。易知，对于任意多个不满足传递性条件的有序对均有该结论成立。定理得证。

定理 3.14 说明决策者在对方案进行优劣判断时不允许出现前后不一致的“循环克星”现象，因为条件比较宽松，决策者可以放弃对于不确定的若干方案的优劣判断。

从最终方案综合指标值大小与决策者偏好序的一致性角度构造一目标函数，作为寻找 $\boldsymbol{w}$ 的性能指标。见定义 3.9、定义 3.10。

定义 3.9　对于决策者的一个有序对判断(o_i,o_j)，其正效度的测度函数为

$$h(o_i,o_j)^+=\begin{cases} y_i-y_j, & if\ y_i>y_j \\ 0, & if\ y_i\leqslant y_j \end{cases}$$

其负效度的测度函数为

$$h(o_i,o_j)^-=\begin{cases} 0, & if\ y_i>y_j \\ y_j-y_i, & if\ y_i\leqslant y_j \end{cases}$$

显然，$[h(o_i,o_j)^+-h(o_i,o_j)^-]$的取值越大，表明最终的评价结论与决策者判断的一致程度越高，其中 $h(o_i,o_j)^+$ 体现了在决策者判断准确的情况下应尽量突出判断效果的思想，$h(o_i,o_j)^-$ 体现了在决策者判断错误的情况下应尽量降低误判损失的思想。

定义 3.10　对于决策者的一个有序对判断(o_i,o_j)，称

$$h(o_i,o_j)=[h(o_i,o_j)^+-h(o_i,o_j)^-]=y_i-y_j$$

为对有序对(o_i,o_j)判断的一致度。

对于有序对集 ψ，决策者方案序偏好判断的总体一致度为

$$H(o_i,o_j)=\sum_{(o_i,o_j)\in\Psi}h(o_i,o_j) \tag{3-32}$$

理性的决策者希望 $\max H(o_i,o_j)$，结合定理 3.13(或定义 3.8)，可构建一个获取 $\boldsymbol{w}$ 的规划模型

$$\begin{aligned} &\max H(o_i,o_j)=\sum_{(o_i,o_j)\in\Psi}h(o_i,o_j) \\ s.t.\ &\boldsymbol{w}^{\mathrm{T}}\cdot(\boldsymbol{x}_i-\boldsymbol{x}_j)\geqslant 0 \\ &\boldsymbol{e}^{\mathrm{T}}\boldsymbol{w}=1,\alpha\leqslant\boldsymbol{w}\leqslant\beta \\ &\alpha,\beta\in[0,1],i,j\in N,i\neq j \end{aligned} \tag{3-33}$$

式中,$e=[1,1,\cdots,1]^{\mathrm{T}}$ 为 m 维列向量,α,β 为决策者给出的权重取值的上、下界。为增加模型的容错性,式(3-33)中将定理3.13的 $\boldsymbol{w}^{\mathrm{T}}(\boldsymbol{x}_i-\boldsymbol{x}_j)>0$ 条件放宽至 $\boldsymbol{w}^{\mathrm{T}}(\boldsymbol{x}_i-\boldsymbol{x}_j)\geqslant 0$。

定理3.15 若 $\boldsymbol{x}_i-\boldsymbol{x}_j>0(i,j\in N,i\neq j)$,则规划问题式(3-33)中 $\boldsymbol{w}^{\mathrm{T}}(\boldsymbol{x}_i-\boldsymbol{x}_j)\geqslant 0$ 为不起作用约束。

证明:对于式(3-33),若 $\boldsymbol{x}_i-\boldsymbol{x}_j>\boldsymbol{0}$,在 $\boldsymbol{e}^{\mathrm{T}}\boldsymbol{w}=1,\alpha\leqslant\boldsymbol{w}\leqslant\boldsymbol{\beta},\alpha,\boldsymbol{\beta}\in[0,1]$ 下,总有 $\boldsymbol{w}^{\mathrm{T}}(\boldsymbol{x}_i-\boldsymbol{x}_j)>0$ 成立,故 $\boldsymbol{w}^{\mathrm{T}}(\boldsymbol{x}_i-\boldsymbol{x}_j)\geqslant 0$ 为不起作用约束。定理得证。

定理3.15说明对于存在绝对优势方案(即各指标值均比另一方案的指标值大)时,给出的有序对判断没有意义,从而可以省略一些有序对的判断工作。

由规划问题式(3-33),得最优解 $\boldsymbol{w}$,并代入式(3-28)即可得到各方案的综合指标值,进而得到方案集中各个方案的全排序。值得注意的是,若式(3-33)中可行域为空,规划问题式(3-33)无解,意味着决策者有不准确的判断,需要重新对决策者的某些偏好序进行修正,从而对决策者不细心、不公正等不良心态进行了限制。

3.3.1.3 群组决策情形

对于大型复杂的综合评价问题,通常由决策群体共同完成,在有多个决策者参与时,需要对群体的信息进行集结,以下给出两种群组决策情形下权向量的合成方法。

记决策群体集为 $D=\{d_1,d_2,\cdots,d_q\}$,相应的权力指数向量为 $\boldsymbol{\xi}=[\xi_1,\xi_2,\cdots,\xi_q]^{\mathrm{T}}$(满足 $\xi_j\in[0,1]$,$\sum_{j=1}^{q}\xi_q=1$),ξ 由决策者的地位、知识结构及历史决策效果等因素共同决定。

(1)加权矢量合成。设决策者 $d_k(k=1,2,\cdots,q)$ 经式(3-33)给出 m 个指标的权重向量为 $\boldsymbol{w}_k(\boldsymbol{w}_k\in\mathbf{R}^m)$,则最终权向量

$$\boldsymbol{w}^*=\xi_1\boldsymbol{w}_1+\xi_2\boldsymbol{w}_2+\cdots+\xi_q\boldsymbol{w}_q \tag{3-34}$$

加权矢量合成有以下几个特点:①简捷,易操作;②结果不受合成先后顺序的影响;③受权力指数较高的专家的影响较大。

(2)加权协作合成。加权协作合成方法的算法步骤如下。

步骤1 q 个决策者分别对部分方案进行两两优劣比较,得到有序对集,设决策者 $d_k(k=1,2,\cdots,q)$ 得到的有序对集为 Ψ_k;

步骤2 合并有序对集,得到总的有序对集 $\boldsymbol{\Psi}=\cup_{k=1}^{q}\boldsymbol{\Psi}_k$;

步骤3 剔除 Ψ 中不相容的有序对[即出现(o_i,o_j)与(o_j,o_i)矛盾判断],得到精简后的有序对集 Ψ^*;

步骤4 由定理3.13及式(3-32),将 Ψ^* 转化为规划问题式(3-33)中的约

束并相应修改式(3 - 33)中的目标函数为

$$\max H(o_i,o_j) = \sum_{k=1}^{q}\xi_k \sum_{(o_i,o_j)\in\Psi_k\cap\Psi^*} h(o_i,o_j)$$

$$s.t.\ \boldsymbol{w}^{\mathrm{T}}\cdot(\boldsymbol{x}_{\mathrm{i}}-\boldsymbol{x}_j)\geqslant 0 \qquad (3-35)$$

$$\boldsymbol{e}^{\mathrm{T}}\boldsymbol{w}=1,\alpha\leqslant\boldsymbol{w}\leqslant\beta$$

$$\alpha,\beta\in[0,1],i,j\in N,i\neq j$$

步骤 5　求解式(3 - 35),得到最优解 $\boldsymbol{w}^*$,$\boldsymbol{w}^*$ 隐含了决策群体共同的权重信息。

与加权矢量合成方法不同,协作合成不需要提前得到 $\boldsymbol{w}_k(k=1,2,\cdots,q)$,并且由决策群体共同完成矢量约束条件的构建,这样既增加方案之间两两判断的信息,丰富有序对集,又降低了单个专家的工作量。

本节提出的基于部分方案序偏好赋权方法具有如下特征:①不需要直接构建权重系数,降低了决策者信息表达的难度;②便于决策者从整体上判断方案的优劣,因而较好地融合了“直觉决策”与“科学决策”各自的优势;③需要专家对方案的偏好序判断具有较高的准确度,适用于方案数较多的综合评价问题。下面以应用算例的方法对方法的实际应用加以说明。

3.3.1.4　*应用算例*

某企业拟招聘 5 名高级管理人员,有 15 名竞聘者 $o_1,o_2,\cdots,o_{15}$ 获得最终的入试资格,企业设立了 3 项指标 x_1(面试得分)、x_2(笔试得分)及 x_3(经历评价)对竞聘者进行考察,将 15 名竞聘者分入 3 组进行测试,最后收集了各竞聘者的成绩(见表 3 - 5),企业决定按照综合得分的高低录用前 5 名的竞聘者。

表 3 - 5　决策数据及综合评价排序

组别	竞聘者	面试 p_1	笔试 p_2	经历 p_3	综合评价值 y_i	排序
1	o_1	0.510	0.630	0.306	0.4732	8
1	o_2	0.413	0.936	0	0.3779	11
1	o_3	0.839	1	0.619	0.8042	2
1	o_4	0.588	0.69	0.181	0.4963	7
1	o_5	0.482	0.305	0.178	0.3779	11
2	o_6	0.391	0	0.102	0.2615	13
2	o_7	0.638	0.304	0.878	0.6545	5
2	o_8	0.654	0.573	0.399	0.5762	6
2	o_9	0.209	0.04	0.071	0.1493	14

续表

组别	竞聘者	面试 p_1	笔试 p_2	经历 p_3	综合评价值 y_i	排序
2	o_{10}	0.862	0.134	0.733	0.7271	3
3	o_{11}	0.665	0.322	1	0.7047	4
3	o_{12}	1	0.428	0.857	0.8831	1
3	o_{13}	0.556	0.515	0.116	0.4356	9
3	o_{14}	0	0.117	0.007	0.018	15
3	o_{15}	0.304	0.428	0.611	0.4017	10

注：x_1,x_2,x_3 均为极大型指标，表中的数据 $\{x_{ij}^* \mid i=1,2,\cdots,15;j=1,2,3\}$ 为规范化后的数据，采用的规范化公式为 $x_{ij}^*=[x_{ij}-\min_i(x_{ij})]/[\max_i(x_{ij})-\min_i(x_{ij})]$。

来自 3 个分组的人力资源专家根据自身多年以来的经验，给出了所负责组内部分竞聘者的偏好序判断，有序对集为 $\Psi_1=\{(o_4,o_1),(o_2,o_5)\}$，$\Psi_2=\{(o_6,o_9),(o_{10},o_7),(o_7,o_8)\}$，$\Psi_3=\{(o_{12},o_{11}),(o_{13},o_{15}),(o_{11},o_{13})\}$。假设各小组的人力资源专家的权力指数相同，并且给出的权重系数的取值范围为[0.1,0.6]，根据约束矢量权法，建立该问题的规划模型如下(已经过整理)：

$$\max H=1.0962w_1+0.2104w_2+0.3094w_3$$

$$s.t.\begin{cases}0.0787w_1+0.0597w_2-0.1243w_3\leqslant 0\\-0.0690w_1+0.6303w_2-0.1776w_3\leqslant 0\\0.1825w_1-0.0398w_2+0.0318w_3\leqslant 0\\0.2238w_1-0.1706w_2-0.1453w_3\leqslant 0\\-0.0153w_1-0.2692w_2+0.4792w_3\leqslant 0\\0.3350w_1+0.1062w_2-0.1432w_3\leqslant 0\\0.2519w_1+0.0863w_2-0.4957w_3\leqslant 0\\0.1086w_1-0.1924w_2+0.8845w_3\leqslant 0\\w_1,w_2,w_3\in[0.1,0.6],w_1+w_2+w_3=1\end{cases} \tag{3-36}$$

求解式(3-36)，得 $\boldsymbol{w}^*=[0.6,0.1392,0.2608]^{\mathrm{T}}$，$\boldsymbol{w}^*$ 的分量值显示人力资源专家(群体)的共同认识：最重视面试，其次是经历，再次是笔试。

将 $\boldsymbol{w}^*$ 及决策数据代入式(3-28)，求得各竞聘者的综合得分，按照综合得分给出 15 位竞聘者的完全排序，由表 3-5 的数据可知，企业将录用 $o_{12},o_3,o_{10},o_{11},o_7$。除“$o_2\sim o_5$”(并列 11 名)外，其余结论均保持与专家们预先给出的判断相一致。

3.3.2　基于部分方案偏好强度的赋权方法

3.3.2.1　引言

采用前面提到的基于方案偏好序的赋权方法获取的权重的质量依赖于专家（或决策者）提供方案比较对（偏好序）的数量及质量，但是偏好序毕竟是一类信息含量不高的决策信息，因而得到的权重仅是对决策者主观认识的一个粗略的呈现，并且在规划模型的构建中经常需要较多的约束条件以增加权向量中各分量之间的差异性，由此提高权向量的信息量。从决策效果上考虑，可适当提高决策者对于方案偏好比较的难度以获取更为准确充分的决策信息，进而使“反推”出的权重更为精确。

基于以上考虑，本节给出一种基于方案偏好强度的赋权方法，其基本思想是：将决策者提供的部分方案比较的语言判断信息仿照序分析法（G_1－法）的原理转化为方案的主观评估值，再构建关于指标值与主观评估值偏差平方和最小的规划模型，求解模型得出指标权向量 $\boldsymbol{w}$。

3.3.2.2　基本原理与方法

问题的具体定义同第3.3.1节，下面直接给出方法具体的算法步骤。

（1）专家对方案集$\{o_1,o_2,\cdots,o_n\}$中的 h 个方案（记为 $o_1,o_2,\cdots,o_h$）按偏好的高低进行排序，不妨设排序为 $o_1>o_2>\cdots>o_h$（“$>$”表示优于）。

（2）专家对 $o_1,o_2,\cdots,o_h$ 中相邻的两个方案之间的相对优劣程度进行判断，判断结果从语言标度 $L=\{$相同，XS，稍微，SM，明显，MQ，强烈，QJ，极端$\}$（XS 表示“相同”与“稍微”的中间状态，SM、MQ 及 QJ 的含义类似）中选取，设 l_i 为方案 $i-1$ 与方案 i 的优劣对比语言值，$l_i\in L(i=2,\cdots,h)$，形式为“$l_i=o_{i-1}/o_i$”（符号“/”仅表示“比较”含义）。

（3）按照表3－6，可将语言判断值 l_i 转化为数值 r_i。

表3－6　r_i 赋值参考表

r_i	语言值 l_i 及含义
1.0	方案 o_{i-1} 与方案 o_i 同样强
1.2	方案 o_{i-1} 比方案 o_i 稍微强
1.4	方案 o_{i-1} 比方案 o_i 明显强
1.6	方案 o_{i-1} 比方案 o_i 强烈强
1.8	方案 o_{i-1} 比方案 o_i 极端强
1.1、1.3、1.5、1.7 为相邻判断的中间值	对应语言值 XS、SM、MQ、QJ

(4)设 v_i 为方案 o_i 的主观评估值,则仿定理 3.5 可有:

$$v_h = \left(1 + \sum_{j=2}^{h} \prod_{i=j}^{h} r_i\right)^{-1} \tag{3-37}$$

而

$$v_{i-1} = r_i v_i, i = 2,3,\cdots,h \tag{3-38}$$

(5)$\boldsymbol{X} = [x_{ij}]_{n \times m}$ 为方案集 $\{o_1, o_2, \cdots, o_n\}$ 的决策数据矩阵,其中 $o_1, o_2, \cdots, o_h$ 对应的分块数据矩阵为 $\boldsymbol{X}' = [x_{ij}]_{h \times m}$。需要按照 $\boldsymbol{X}'$ 中的数据规格对 $v_i = (i = 1,2,\cdots, h)$ 进行调整

$$v_i^* = v_i \sum_{i=1}^{h} \sum_{j=1}^{m} x_{ij} \Big/ m \sum_{i=1}^{h} v_i, i = 1,2,\cdots,h \tag{3-39}$$

(6)构建如下的规划模型使得(调整后)主观评估值与指标值的偏差平方和最小,即

$$\min \sum_{i=1}^{h} \sum_{j=1}^{m} [(x_{ij} - v_i^*) w_j]^2$$
$$s.t. \begin{cases} \sum_{j=1}^{m} w_j = 1, \\ w_j \geqslant 0, j = 1,2,\cdots,m \end{cases} \tag{3-40}$$

对上述规划模型,有如下定理成立。

定理 3.16 若 $\sum_{i=1}^{h} (x_{ij} - v_i^*)^2 \neq 0 (j = 1,2,\cdots,m)$,则规划问题式(3-40)的最优解 $\boldsymbol{w} = (w_1, w_2, \cdots, w_m)^{\mathrm{T}}$ 为

$$w_j = \frac{1}{\sum_{i=1}^{h} (x_{ij} - v_i^*)^2 \cdot \sum_{j=1}^{m} \left[1 \Big/ \sum_{i=1}^{h} (x_{ij} - v_i^*)^2\right]}, j = 1,2,\cdots,m \tag{3-41}$$

证明:构造拉格朗日函数

$$L(w_1, w_2, \cdots, w_m, \lambda) = \sum_{i=1}^{h} \sum_{j=1}^{m} [(x_{ij} - v_i^*) w_j]^2 + 2\lambda \left(\sum_{j=1}^{m} w_j - 1\right)$$

分别求偏导数,令 $\partial L / \partial w_j, \partial L / \partial \lambda = 0$,有

$$\begin{cases} \partial L / \partial w_j = 2 \sum_{i=1}^{h} (x_{ij} - v_i^*)^2 w_j + 2\lambda = 0 \\ \partial L / \partial \lambda = \sum_{j=1}^{m} w_j - 1 = 0 \end{cases}$$

求解以上方程组,得到

$$\lambda = \frac{1}{\sum_{j=1}^{m} \left[1 / \sum_{i=1}^{h} (x_{ij} - v_i^*)^2\right]}$$

$$w_j = \frac{1}{\sum_{i=1}^{h}(x_{ij}-v_i^*)^2 \cdot \sum_{j=1}^{m}\left[1/\sum_{i=1}^{h}(x_{ij}-v_i^*)^2\right]}, j=1,2,\cdots,m$$

可见，若 $\sum_{i=1}^{h}(x_{ij}-v_i^*)^2 \neq 0$，则恒有 $w_j > 0$，满足约束条件。定理得证。

特殊地，若 $\sum_{i=1}^{h}(x_{ij}-v_i^*)^2 = 0$，则令 $w_j = 1$，其余指标的权重为0，即可使得目标函数 $\sum_{i=1}^{h}\sum_{j=1}^{m}[(x_{ij}-v_i^*)w_j]^2 = 0$，式(3－40)达到最优。

(7)进一步，可选取线性加权模型对多指标信息进行集结，设 y_i 为方案 o_i 的综合评价值

$$y_i = \sum_{j=1}^{m} w_j x_{ij} = \boldsymbol{w}^{\mathrm{T}}\boldsymbol{x}_i \tag{3-42}$$

式中，$\boldsymbol{x}_i=(x_{i1},x_{i2},\cdots,x_{im})^{\mathrm{T}}$，$\boldsymbol{w}=(w_1,w_2,\cdots,w_m)^{\mathrm{T}}$。可由 $y_i(i=1,2,\cdots,n)$ 的大小对所有方案进行排序。

对于有多人参与的群组决策情形下，$v_i^*(i=1,2,\cdots,h)$ 值的获取方法可参照 G_1－法(第3.2.3节)中"群组判断的情形"进行，此处不再赘述。

3.3.2.3　新方案比较信息导入情形的探讨

有新方案比较信息导入的情形是指在一次评价比较之后由于新方案的加入而增加了方案的比较判断信息，此时 $v_i^*(i=1,2,\cdots,h)$ 值如何调整的问题，按照对信息运用方式的不同可分为"继承性调整"与"非继承性调整"两种方式。

(1)继承性调整。继承性调整指在有新信息方案比较判断信息导入后，无须再对已有方案的主观评估值重新计算，而只需追加老方案的主观评估信息即可。具体地，设原有方案 $o_1,o_2,\cdots,o_h$ 的主观评估值分别为 $v_1^*,v_2^*,\cdots,v_h^*$，增加的方案为 o'，其主观评估值为 $v^*(o')$。

1)若在 o_1 前增加 o'，且 $o'/o_1=r'_1$，则 $v^*(o')=v_1^* r'_1$。

2)若在 o_h 后增加 o'，且 $o_h/o'=r'_h$，则 $v^*(o')=v_h^*/r'_h$。

3)若在 $o_k,o_{k+1}(k=1,2,\cdots,h-1)$ 中加入新方案 o'，即 $o_k > o' > o_{k+1}$，且 $o_k/o'=r'_k$，$o'/o_{k+1}=r'_{k+1}$，则 o' 的主观评估值 $v(o')$ 采用插值的方式得到

$$v(o')=(v_k^*/r'_k+v_{k+1}^* r'_{k+1})/2 \tag{3-43}$$

(2)非继承性调整。非继承性调整指将老信息与新加入的信息合并起来重新进行计算。具体地，若在 o_k,o_{k+1} 中加入新方案 o'，需要覆盖(删除)部分重复判断的老信息，即用新的比较判断信息"o_k/o'"及"o'/o_{k+1}"覆盖原有的判断信息"o_k/o_{k+1}"。若在 o_1 前或 o_h 后增加新方案 o'，则不需要考虑信息删除的问题。

本节提出的基于部分方案偏好强度赋权方法的特征如下:①是一种突出决策者直觉判断能力的综合评价方法;②决策者对于方案之间的语言判断信息较序信息而言是一种带有“强度”性质的更加充分的判断信息,在此基础上获得的权重自然更能反映决策者对问题的真实认识;③按照指标值序列与主观评估值序列相近程度确定指标的重要性(权重),下面以应用算例的方式对方法的实际应用加以说明。

3.3.2.4　应用算例

选用参考文献[62]中的例子进行方法可行性的验证。原文以《中国工业经济统计年鉴》1993 年提供的全国 16 个省、直辖市主要工业经济效益指标的统计资料为基础数据进行经济效益的评价比较和排序分析,该评价问题选用的指标为:全员劳动生产率(x_1)、资金利税率(x_2)、百元销售收入实现利润(x_3)、百元工业产值占用流动资金(x_4)及产值利税率(x_5),其中,x_4 为极小型指标,其余 4 项指标均为极大型的。选用“极值处理法”对原始数据进行处理,规范化后的指标数据见表 3-7。

表 3-7　1992 年全国部分省、直辖市主要工业经济效益指标及其评价结论

指标 省市	x_1	x_2	x_3	x_4	x_5	综合评价值	排序
北京	0.6836	1	1	0.3336	1	0.8259	1
上海	1	0.6989	0.582	0.6827	0.6531	0.7094	2
广东	0.9675	0.313	0.3575	0.9581	0.2177	0.5347	3
浙江	0.5359	0.6337	0.3722	0.8549	0.2297	0.513	4
福建	0.4487	0.4957	0.3944	0.6905	0.3864	0.4759	5
江苏	0.6741	0.3457	0.2053	1	0	0.4181	6
山东	0.4602	0.1641	0.1861	0.7502	0.1579	0.3247	8
湖北	0.2441	0.3761	0.2999	0.3871	0.4821	0.3562	7
天津	0.5807	0.1815	0.226	0.4306	0.1232	0.2951	9
安徽	0.1299	0.2989	0.0384	0.6633	0.2919	0.2677	10
湖南	0.0872	0.3652	0.0443	0.36	0.4737	0.2556	11
河南	0.1427	0.2098	0.1388	0.4065	0.4103	0.2538	12
河北	0.1785	0.0783	0.1551	0.4732	0.2105	0.2112	13
辽宁	0.1946	0.0293	0	0.3313	0.1962	0.1364	15
山西	0	0	0.3752	0	0.4617	0.1835	14
江西	0.045	0.0913	0.0679	0.2157	0.1447	0.1099	16

注:表中数据为预处理后指标值。

若决策者挑选出北京、上海、江苏、湖南及江西 5 个省、直辖市(方案)进行直觉判断,认为“北京 > 上海 > 江苏 > 湖南 > 江西”,进一步的语言比较判断结果为:

北京/上海 = 同样强,上海/江苏 = 明显强,江苏/湖南 = 强烈强,湖南/江西 = 稍微强。

分别记北京、上海、江苏、湖南及江西为 $o_1, o_2, \cdots, o_5$,对应的主观评估值为 $v_1, v_2, \cdots, v_5$。

依据表 3 - 6,将语言判断转化为数值判断,$o_1/o_2 = 1$,$o_2/o_3 = 1.4$,$o_3/o_4 = 1.6$,$o_4/o_5 = 1.2$;由式(3 - 37)、式(3 - 38)可算得:

$$v_1 = 0.2831, v_2 = 0.2831, v_3 = 0.2022, v_4 = 0.1264, v_5 = 0.1053$$

由式(3 - 39)及表 3 - 7 中数据算得调整后的主观评估值为

$$v_1^* = 0.6654, v_2^* = 0.6654, v_3^* = 0.4753, v_4^* = 0.2971, v_5^* = 0.2476$$

由式(3 - 40)、式(3 - 41)求得权向量

$$\boldsymbol{w} = (0.2201, 0.3281, 0.1811, 0.1334, 0.1373)^{\mathrm{T}}$$

将 $\boldsymbol{w}$ 及表 3 - 7 中数据代入式(3 - 42)求得 16 个省、直辖市的评价值 $y_i (i = 1, 2, \cdots, 16)$,并根据 y_i 大小进行排序,结果见表 3 - 7。

以下考虑有新方案比较信息导入情形下按照“继承性”与“非继承性”两种方式调整后数值变动情况。

设在已有的 5 个省、直辖市中加入对天津的判断,增加语言比较判断信息“江苏/湖北 = SM,湖北/湖南 = SM”,删除已有判断信息中的“江苏/湖南 = 强烈强”。

调整前(情形 1)、非继承性调整(情形 2)、继承性调整(情形 3)3 种情形下的计算结果及对比情况如表 3 - 8、表 3 - 9、表 3 - 10 所示。

表 3 - 8 3 种情形下 6 个省、直辖市的主观评估值 v_i^*

省市 \ 情形	情形 1	情形 2	情形 3
北京	0.6654	0.6707	0.6654
上海	0.6654	0.6707	0.6654
江苏	0.4753	0.4791	0.4753
湖北	—	0.3685	**0.3759**
湖南	0.2971	0.2835	0.2971
江西	0.2476	0.2362	0.2476

注:表中加粗的数据 0.3759 通过式(3 - 43)的插值方式得到。

表 3－9　3 种情形下的指标权重 w

情形＼指标	x_1	x_2	x_3	x_4	x_5
情形 1	0.2201	0.3281	0.1811	0.1334	0.1373
情形 2	0.2183	0.3346	0.1840	0.1322	0.1309
情形 3	0.2098	0.3357	0.1816	0.1365	0.1364

表 3－10　3 种情形下 16 个省、直辖市的评价结论

省市＼结论	情形 1		情形 2		情形 3	
	y_i	排序	y_i	排序	y_i	排序
北京	0.8414	1	0.8428	1	0.8426	1
上海	0.7356	2	0.735	2	0.7324	2
广东	0.5382	4	0.5369	4	0.5335	4
浙江	0.5389	3	0.5406	3	0.5408	3
福建	0.478	5	0.4782	5	0.4791	5
江苏	0.4324	6	0.4328	6	0.4312	6
山东	0.3106	8	0.3095	8	0.3094	8
湖北	0.3492	7	0.3486	7	0.3505	7
天津	0.3027	9	0.3021	9	0.2994	9
安徽	0.2622	10	0.2613	10	0.2649	10
湖南	0.2601	11	0.259	11	0.2627	11
河南	0.2359	12	0.2343	12	0.237	12
河北	0.1851	13	0.1838	13	0.1852	13
辽宁	0.1236	15	0.1218	15	0.1227	15
山西	0.1313	14	0.1295	14	0.1311	14
江西	0.1008	16	0.1003	16	0.1016	16

由表 3－8、表 3－9 可知，在导入新方案比较信息之后，无论采用“继承性”或“非继承性”的调整方式对方案的主观评估值及指标权重系数的影响并不大；另外，由表 3－10 中的结论数据可知，3 种情形下的各省市综合评价值差异不大，并且排序是一致的。这些说明了方法的稳定性是比较高的。

用基于方案偏好强度的赋权方法得到该评价问题的排序与参考文献[62]中的排序是基本一致的，据参考文献[62]中的分析，评价结论与当时的实际背景比较吻合，有一定的可信度与决策参考价值。

3.4　基于“差异驱动”原理的赋权方法

3.4.1　突出整体差异的赋权法

确定权重系数 w_j 的原则是：从整体上尽可能体现出各被评价对象之间的差异，使之尽量拉开档次，以利于对其排序，下面分两种情况来讨论。

3.4.1.1　“拉开档次”法[63]

如果从几何角度来看，n 个被评价对象可以看成是由 m 个评价指标构成的 m 维评价空间中的 n 个点（或向量）。寻求 n 个被评价对象的评价值（标量）就相当于把这 n 个点向某一维空间做投影。选择指标权系数，使得各被评价对象之间的差异尽量拉大，也就是根据 m 维评价空间构造一个最佳的一维空间，使得各点在此一维空间上的投影点最为分散，即分散程度最大。

取极大型评价指标 $x_1, x_2, \cdots, x_m$ 的线性函数

$$y = w_1x_1 + w_2x_2 + \cdots + w_mx_m = \boldsymbol{w}^{\mathrm{T}}\boldsymbol{x} \tag{3-44}$$

为系统的综合评价函数。式中 $\boldsymbol{w} = (w_1, w_2, \cdots, w_m)^{\mathrm{T}}$ 是 m 维待定正向量（其作用相当于权系数向量），$\boldsymbol{x} = (x_1, x_2, \cdots, x_m)^{\mathrm{T}}$ 为被评价系统的状态向量。如将第 i 个系统 s_i 的 m 个标准观测值 $x_{i1}, x_{i2}, \cdots, x_{im}$ 代入式（3-44）中，即得

$$y_i = w_1x_{i1} + w_2x_{i2} + \cdots + w_mx_{im}, i = 1, 2, \cdots, n \tag{3-45}$$

若记

$$\boldsymbol{y} = \begin{pmatrix} y_1 \\ y_2 \\ \vdots \\ y_n \end{pmatrix}, \boldsymbol{A} = \begin{bmatrix} x_{11} & x_{12} & \cdots & x_{1m} \\ x_{21} & x_{22} & \cdots & x_{2m} \\ \cdots & \cdots & \cdots & \cdots \\ x_{n1} & x_{n2} & \cdots & x_{nm} \end{bmatrix}$$

则式（3-45）可写成

$$\boldsymbol{y} = \boldsymbol{A}\boldsymbol{w} \tag{3-46}$$

确定权系数向量 $\boldsymbol{w}$ 的准则是能最大限度地体现出“质量”不同的系统之间的差异。如用数学语言来说，就是求指标向量 $\boldsymbol{x}$ 的线性函数 $\boldsymbol{w}^{\mathrm{T}}\boldsymbol{x}$，使此函数对 n 个系统取值的分散程度或方差尽可能地大。

而变量 $y = \boldsymbol{w}^{\mathrm{T}}x$ 按 n 个系统取值构成样本的方差为

$$s^2 = \frac{1}{n}\sum_{i=1}^{n}(y_i - \bar{y})^2 = \frac{\boldsymbol{y}^{\mathrm{T}}\boldsymbol{y}}{n} - \bar{y}^2 \tag{3-47}$$

将 $\boldsymbol{y} = \boldsymbol{A}\boldsymbol{w}$ 代入式（3-47）中，并注意到原始数据的标准化处理，可知 $\bar{y} = 0$，于是有

$$ns^2 = \boldsymbol{w}^{\mathrm{T}}\boldsymbol{A}^{\mathrm{T}}\boldsymbol{A}\boldsymbol{w} = \boldsymbol{w}^{\mathrm{T}}\boldsymbol{H}\boldsymbol{w} \tag{3-48}$$

式中,$\boldsymbol{H}=\boldsymbol{A}^{\mathrm{T}}\boldsymbol{A}$ 为实对称矩阵。

显然,对 $\boldsymbol{w}$ 不加限制时,式(3-48)可取任意大的值。这里限定 $\boldsymbol{w}^{\mathrm{T}}\boldsymbol{w}=1$,求式(3-48)的最大值。也就是选择 $\boldsymbol{w}$,使得

$$\begin{gathered}\max \boldsymbol{w}^{\mathrm{T}}\boldsymbol{H}\boldsymbol{w}\\ s.\,t.\ \boldsymbol{w}^{\mathrm{T}}\boldsymbol{w}=1\\ \boldsymbol{w}>0\end{gathered} \tag{3-49}$$

对于式(3-49),有如下结论。

定理 3.17　若取 $\boldsymbol{w}$ 为 $\boldsymbol{H}$ 的最大特征值所对应的标准特征向量时,式(3-49)取得最大值。

证明:将式(3-49)写成瑞利(Rayleigh)商

$$s(\boldsymbol{w}) = \frac{\boldsymbol{w}^{\mathrm{T}}\boldsymbol{H}\boldsymbol{w}}{\boldsymbol{w}^{\mathrm{T}}\boldsymbol{w}},\ (\boldsymbol{w}^{\mathrm{T}}\boldsymbol{w}=1) \tag{3-50}$$

因 $\boldsymbol{H}$ 为实对称矩阵,存在正交矩阵 $\boldsymbol{Q}$,有 $\boldsymbol{Q}^{\mathrm{T}}\boldsymbol{H}\boldsymbol{Q}=\boldsymbol{\Lambda}$,$\boldsymbol{\Lambda}$ 是以 $\boldsymbol{H}$ 的特征值为对角元素的对角阵,即

$$\boldsymbol{\Lambda} = \begin{bmatrix} \lambda_1 & & 0 \\ & \ddots & \\ 0 & & \lambda_m \end{bmatrix}$$

由于 $\boldsymbol{Q}^{\mathrm{T}}=\boldsymbol{Q}$,在式(3-50)中,令 $\boldsymbol{w}=\boldsymbol{Q}\boldsymbol{y}$,则式(3-50)变成

$$s(\boldsymbol{w}) = \frac{(\boldsymbol{Q}\boldsymbol{y})^{\mathrm{T}}\boldsymbol{H}(\boldsymbol{Q}\boldsymbol{y})}{(\boldsymbol{Q}\boldsymbol{y})^{\mathrm{T}}(\boldsymbol{Q}\boldsymbol{y})} = \frac{\boldsymbol{y}^{\mathrm{T}}\boldsymbol{\Lambda}\boldsymbol{y}}{\boldsymbol{y}^{\mathrm{T}}\boldsymbol{y}} = \frac{\sum_{i=1}^{m}\lambda_i y_i^2}{\sum_{i=1}^{m} y_i^2}$$

即有

$$\max\{s(\boldsymbol{w})\} = \max\{\boldsymbol{w}^{\mathrm{T}}\boldsymbol{H}\boldsymbol{w}\} = \boldsymbol{\lambda}_{\max}$$

故定理 3.17 得证。

由定理 3.17 知,取 $\boldsymbol{w}$ 为 $\boldsymbol{H}$ 的最大特征值所对应的特征向量,并将其归一化即得所求的权重系数向量 $\boldsymbol{w}=(w_1,w_2,\cdots,w_m)^{\mathrm{T}}$,且 $\sum_{j=1}^{m} w_j = 1$ 。

定理 3.18　若 $\boldsymbol{H}$ 为正方阵(即 $\boldsymbol{H}$ 的元素皆大于 0)时,则有唯一一个正的最大特征值 $\lambda_{\max}$ 及存在唯一一个与 $\lambda_{\max}$ 相对应的正的特征向量(如果不计正常数倍的话)。

证明见参考文献[6]的附录。

如果将评价指标向量 $\boldsymbol{x}=(x_1,\cdots,x_i,\cdots,x_j,\cdots,x_m)^{\mathrm{T}}$ 中任意两个指标分量改变一下顺序,得 $\boldsymbol{x}^*=(x_1^*,\cdots,x_i^*,\cdots,x_j^*,\cdots,x_m^*)^{\mathrm{T}}=(x_1,\cdots,x_j,\cdots,x_i,\cdots,x_m)^{\mathrm{T}}$(或者

将 n 个系统中任意两个系统的指标观测数据调换一下次序），会不会导致综合评价结果的改变？

对于这个问题，下面的结论将给出肯定的回答。

定理 3.19　将矩阵 $\boldsymbol{A}$ 中的任意两列（或任意两行）元素对换时，综合评价函数 y 的值不变。

证明：将 $\boldsymbol{A}$ 中的第 i 列与第 j 列元素对换后所构成的矩阵记为 $\boldsymbol{A}^{**}$，即

$$\boldsymbol{A}^{**}=\boldsymbol{AP}(i,j)$$

式中，$\boldsymbol{P}(i,j)$ 为初等矩阵。由

$$\boldsymbol{H}^{**}=(\boldsymbol{A}^{**})^{\mathrm{T}}\boldsymbol{A}^{**}=\boldsymbol{P}^{\mathrm{T}}(i,j)\boldsymbol{A}^{\mathrm{T}}\boldsymbol{AP}(i,j)=\boldsymbol{P}^{\mathrm{T}}(i,j)\boldsymbol{HP}(i,j)$$

知 $\boldsymbol{H}$ 与 $\boldsymbol{H}^{**}$ 相似。故 $\boldsymbol{H}$ 与 $\boldsymbol{H}^{**}$ 具有相同的特征值 $\lambda_1,\lambda_2,\cdots,\lambda_m$。令 $\boldsymbol{w}_i$、$\boldsymbol{w}_i^{**}$ 分别为 $\boldsymbol{H}$ 及 $\boldsymbol{H}^{**}$ 的相对应于 $\lambda_i(i=1,2,\cdots,m)$ 的标准正交化特征向量，即 $\boldsymbol{Hw}_i=\lambda_i\boldsymbol{w}$ 且 $\boldsymbol{w}_i^{\mathrm{T}}\boldsymbol{w}_i=1$，$\boldsymbol{H}^{**}\boldsymbol{w}_i^{**}=\lambda_i\boldsymbol{w}_{\mathrm{i}}^{**}$ 且 $\boldsymbol{w}_{\mathrm{i}}^{**\tau}\boldsymbol{w}_{\mathrm{i}}^{**}=1$），则有

$$(\boldsymbol{w}_i^{**})^{\mathrm{T}}\boldsymbol{H}^{**}\boldsymbol{w}_i^{**}=(\boldsymbol{w}_i)^{\mathrm{T}}\boldsymbol{Hw}_i=\lambda_i$$

从而有

$$\begin{aligned}\max\{\boldsymbol{w}^{\mathrm{T}}\boldsymbol{Hw}\}&=\max\{(\boldsymbol{w}^{**})^{\mathrm{T}}\boldsymbol{H}^{**}\boldsymbol{w}^{**}\}\\&=\max\{(\boldsymbol{w}^{**})^{\mathrm{T}}\boldsymbol{P}^{\mathrm{T}}(i,j)\boldsymbol{HP}(i,j)\boldsymbol{w}^{**}\}\end{aligned}$$

因 $\boldsymbol{H}$ 为正定实对称矩阵，则有

$$\boldsymbol{w}=\boldsymbol{P}(i,j)\boldsymbol{w}^{**}$$

或者

$$\boldsymbol{w}^{**}=\boldsymbol{P}(i,j)\boldsymbol{w},(\boldsymbol{P}^{-1}(i,j)=\boldsymbol{P}(i,j))$$

即有

$$y_i^{**}=\sum_{j=1}^{m}w_j^{**}x_{ij}^{**}=\sum_{j=1}^{m}w_jx_{ij}=y_i,i=1,2,\cdots,n$$

定理 3.18 得证。

仿此可以证明，对换 $\boldsymbol{A}$ 中任两行元素时，y 的值不变。

推论 3.1　任意安排评价指标 $\{x_j\}$ 的顺序及任意安排系统采样的顺序，都不影响综合评价的结果。

由“拉开档次”法给出的权重系数，是通过指标观测值在最大限度地体现出各被评价对象之间的整体差异的原则下计算出来的，具有“再现性”和过程“透明性”。

“拉开档次”法从理论上讲是成立的，从技术上讲是可行的，从应用上讲是合乎情理的。“拉开档次”法具有以下特点：

（1）综合评价过程透明；

（2）评价结果与 s_i 和 x_j 的采样顺序无关；

（3）评价结果毫无主观色彩；

（4）评价结果客观、可比；

（5）w_j 不具有“可继承性”，即随着 $\{s_i\}$、$\{x_j\}$ 的变化而变化；

（6）w_j 已不再体现评价指标 x_j 的相对重要性了，而是从整体上体现 $\{x_{ij}\}$ 的最大离散程度的投影因子，因此，可以有某个 $w_j<0$。

思考 3.1　习惯上总希望有 $w_j>0(j=1,2,\cdots,m)$，但出现某个 $w_j<0$ 时，容易想到如下措施：

取一正数 c_0，使得 $w_j+c_0>0(j=1,2,\cdots,m)$。这样做可以吗？

思考 3.2　若长期使用该方法可能会出现哪些问题？应如何预防？

现将应用“拉开档次”法求解多属性综合评价问题的过程概括如下：

$$\{s_1,s_2,\cdots,s_n\}\Rightarrow\{x_1,x_2,\cdots,x_m\}\Rightarrow\{x_{ij}\}$$

$$\Rightarrow \text{指标预处理}\begin{Bmatrix}\text{指标类型一致化}\\ \text{标准化处理法}\end{Bmatrix}$$

$$\Rightarrow \boldsymbol{H}=\boldsymbol{A}^{\mathrm{T}}\boldsymbol{A}\Rightarrow\lambda_{\max}(\boldsymbol{H})\Rightarrow\boldsymbol{w}_{\lambda_{\max}}\Rightarrow \text{若 } w_j>0\Rightarrow \text{归一化}\rightarrow w_j^* \text{ 即为所求的权重系数；}$$

$$\text{若有某个 } w_j<0\Rightarrow\begin{cases}\max \boldsymbol{w}^{\mathrm{T}}\boldsymbol{H}\boldsymbol{w}\\ s.t.\ \boldsymbol{w}^{\mathrm{T}}\boldsymbol{w}=1\\ \boldsymbol{w}>0\end{cases}\Rightarrow \text{将 } \boldsymbol{w} \text{ 归一化}\rightarrow \boldsymbol{w}_j^* \text{ 即为所求的权重系数。}$$

问题　应用“拉开档次”法，是在评价指标 x_j 时以同等“地位”参与评价过程这个条件为前提的，而事实上 x_j 之间的相对重要程度是不相同的。那么，如何在“拉开档次”法中得以体现呢？这个问题留待第 3.5.4 节回答。

3.4.1.2　逼近理想点的情形

设理想系统为 $\boldsymbol{s}^*=(x_1^*,x_2^*,\cdots,x_m^*)^{\mathrm{T}}$，任一系统（即任一被评价对象）$\boldsymbol{s}_i=(x_{i1},x_{i2},\cdots,x_{im})^{\mathrm{T}}$ 与 $\boldsymbol{s}^*$ 间的加权距离平方和为

$$h_i=\sum_{j=1}^{m}[w_j(x_{ij}-x_j^*)]^2=\sum_{j=1}^{m}w_j^2(x_{ij}-x_j^*)^2,i=1,2,\cdots,n$$

现在，求使所有的 h_i 之和取最小值的权重系数 $w_j(j=1,2,\cdots,m)$，即求优化问题

$$\begin{aligned}\min\sum_{i=1}^{n}h_i&=\sum_{i=1}^{n}\sum_{j=1}^{m}w_j^2(x_{ij}-x_j^*)^2\\ s.t.\quad w_1+w_2+\cdots+w_m&=1\\ w_j>0,j&=1,2,\cdots,m\end{aligned}$$

值得指出的是，由于评价指标体系的建立与筛选原则，应有 $w_j>0(j=1,2,\cdots,m)$。建立 Lagrange 函数

$$L(w_1,w_2,\cdots,w_m,\lambda)=\sum_{i=1}^{n}\sum_{j=1}^{m}w_j^2(x_{ij}-x_j^*)^2+2\lambda(w_1+w_2+\cdots+w_m-1)$$

分别求偏导数$\partial L/\partial w_j$，$\partial L/\partial \lambda$，并令其均为0，得方程组

$$\begin{cases} w_j \sum_{i=1}^{n} (x_{ij} - x_j^*)^2 + \lambda = 0, j = 1,2,\cdots,m \\ w_1 + w_2 + \cdots + w_m = 1 \end{cases} \tag{3-51}$$

由方程组式(3-51)，可解出

$$w_j = \frac{\dfrac{1}{\sum_{i=1}^{n}(x_{ij} - x_j^*)^2}}{\sum_{j=1}^{m} \dfrac{1}{\sum_{i=1}^{n}(x_{ij} - x_j^*)^2}}, j = 1,2,\cdots,m$$

以上，是在各项指标x_j相对于评价目标的重要程度都相等的前提下，讨论了权重系数向量$\boldsymbol{w}$的求法及其有关问题。值得注意的是，如此求出的$\boldsymbol{w}$只是反映各系统之间的整体"差异"，是通过指标观测值在最大限度地体现出各被评价对象之间的差别的原则下计算出来的，并不反映其相应指标的重要程度。这一点在今后的实际应用中应尤为注意。

3.4.2　突出局部差异的赋权方法

3.4.2.1　*均方差法*

取权重系数为，

$$w_j = \frac{s_j}{\sum_{k=1}^{m} s_k}, j = 1,2,\cdots,m$$

式中

$$s_j^2 = \frac{1}{n}\sum_{i=1}^{n}(x_{ij} - \bar{x}_j)^2, j = 1,2,\cdots,m$$

而

$$\bar{x}_j = \frac{1}{n}\sum_{i=1}^{n} x_{ij}, j = 1,2,\cdots,m$$

3.4.2.2　*极差法*

取权重系数为，

$$w_j = \frac{r_j}{\sum_{k=1}^{m} r_k}, j = 1,2,\cdots,m$$

式中

$$r_j = \max_{\substack{i,k=1,\cdots,n \\ i \neq k}} \{ | x_{ij} - x_{k,j} | \}, j = 1,2,\cdots,m$$

3.4.2.3 熵值法

熵值法(Entropy Method)也是一种根据各项指标观测值所提供的信息量的大小来确定指标权数的方法。熵是热力学中的一个名词,在信息论中又称为平均信息量,它是信息的一个度量仍称为熵。根据信息论的定义,在一个信息通道中传输的第 i 个信号的信息量 I_i 是

$$I_i = -\ln p_i$$

式中,p_i 是这个信号出现的概率。因此,如果有 n 个信号,其出现的概率分别为 p_1,p_2,$\cdots$,p_n,则这 n 个信号的平均信息量,即熵为

$$-\sum_{i=1}^{n} p_i \ln p_i$$

下面,利用熵的概念,给出确定指标权系数的熵值法。

设 $x_{ij}(i=1,2,\cdots,n;j=1,2,\cdots,m)$ 为第 i 个系统中的第 j 项指标的观测数据。对于给定的 j,x_{ij} 的差异越大,该项指标对系统的比较作用就越大,亦即该项指标包含的和传输的信息越多。信息的增加意味着熵的减少,熵可以用来度量这种信息量的大小。用熵值法确定指标权数的步骤如下:

(1)计算第 j 项指标下,第 i 个系统的特征比重。

$$p_{ij} = x_{ij} \Big/ \sum_{i=1}^{n} x_{ij}$$

这里假定 $x_{ij} \geqslant 0$, 且 $\sum_{i=1}^{n} x_{ij} > 0$。

(2)计算第 j 项指标的熵值。

$$e_j = -k \sum_{i=1}^{n} p_{ij} \ln(p_{ij})$$

式中,$k > 0$,$e_j > 0$。如果 x_{ij} 对于给定的 j 全都相等,那么 $p_{ij} = \frac{1}{n}$,此时 $e_j = k\ln n$。

(3)计算指标 x_j 的差异性系数。对于给定的 j,x_{ij} 的差异越小,则 e_j 越大,当 x_{ij} 全都相等时,$e_j = e_{\max} = 1(k = 1/\ln n)$,此时对于系统间的比较,指标 x_j 毫无作用;当 x_{ij} 差异越大,e_j 越小,指标对于系统的比较作用越大。因此定义差异系数 $g_j = 1 - e_j$,g_j 越大,越应重视该项指标的作用。

(4)确定权数,即取 w_j 为归一化了的权重系数。

$$w_j = g_j \Big/ \sum_{i=1}^{m} g_i, j = 1,2,\cdots,m$$

用"拉开档次"法与用均方差法、极差法及熵值法所确定的权重系数有一定的

区别,这是由于两种方法的出发点不同所造成的。用“拉开档次”法确定权系数,主要是从整体上尽量体现出各个系统之间的差异;而用熵值法确定权重系数时,其出发点是根据某同一指标观测值之间的差异程度来反映其重要程度的,如果各系统的某项指标的数据差异不大,则反映该指标对评价系统所起的作用不大,用均方差法、极差法及熵值法计算出来的权重系数也不大。

基于“差异驱动”原理的赋权法,主要是利用观测数据所提供的信息来确定权系数的,它虽然避免了主观赋权法的弊病,但也有不足之处:如对同一指标体系的两组不同的样本,即使用同一种方法来确定各指标的权重系数,结果也可能会有差异;再则,有时用客观赋权法得出的评价结果或排序结果可能与决策者的主观愿望相反,而使决策者感到困惑。

3.5　具有综合集成特征的赋权法

在第3.2节、第3.3节和第3.4节中分别给出了基于功能驱动原理和基于差异驱动原理的赋权方法。基于功能驱动原理的赋权方法最主要的共性是体现决策者(或评价者)的偏好(或主观色彩),而基于差异驱动原理的赋权方法最主要的共性是不体现决策者的主观色彩,这两类方法各有千秋。如果在指标的权重系数中能同时体现功能驱动原理和差异驱动原理的作用,岂不更好吗?下面给出3种具有这种综合集成特征的赋权方法。

3.5.1　“加法”集成法

设 p_j, q_j 是分别基于“差异驱动”原理和“功能驱动”原理生成的指标 x_j 的权重系数,则称

$$w_j = k_1 p_j + k_2 q_j, j = 1, 2, \cdots, m \tag{3-52}$$

是具有同时体现主、客观信息集成特征的权重系数。式中,k_1, k_2 为待定常数($k_1 > 0, k_2 > 0$ 且 $k_1 + k_2 = 1$)。

显然,综合集成赋权法的关键问题是待定系数 k_1, k_2 的确定。下面给出由数学模型生成 k_1, k_2 的方法。

这时,系统 s_i 的综合评价值为

$$y_i = \sum_{j=1}^{m} w_j x_{ij} = \sum_{j=1}^{m} (k_1 p_j + k_2 q_j) x_{ij}, i = 1, 2, \cdots, n \tag{3-53}$$

确定 k_1, k_2,使

$$\sum_{i=1}^{n} y_i = \sum_{i=1}^{n} \sum_{j=1}^{m} (k_1 p_j + k_2 q_j) x_{ij}$$

取值最大。

在满足条件

$$k_1^2+k_2^2=1,k_1>0,k_2>0$$

下,应用 Lagrange 条件极值原理,可得

$$k_1=\frac{\sum_{i=1}^{n}\sum_{j=1}^{m}p_jx_{ij}}{\sqrt{\left(\sum_{i=1}^{n}\sum_{j=1}^{m}p_jx_{ij}\right)^2+\left(\sum_{i=1}^{n}\sum_{j=1}^{m}q_jx_{ij}\right)^2}} \tag{3-54}$$

$$k_2=\frac{\sum_{i=1}^{n}\sum_{j=1}^{m}q_jx_{ij}}{\sqrt{\left(\sum_{i=1}^{n}\sum_{j=1}^{m}p_jx_{ij}\right)^2+\left(\sum_{i=1}^{n}\sum_{j=1}^{m}q_jx_{ij}\right)^2}} \tag{3-55}$$

这也是体现被评价对象之间(整体)最大差异的一种主客观信息综合集成的赋权方法。当然,k_1,k_2 也可由体现决策者(或评价者)的偏好信息来确定。

特别地,当取 $k_1=k_2$ 时,也可以用下面的公式确定 w_j:

$$w_j=(p_j+q_j)\Big/\sum_{i=1}^{m}(p_i+q_i),j=1,2,\cdots,m$$

当然,如果要"平滑"因主客观赋权法而产生(对各被评价对象)的"差异",也可在满足条件 $k_1+k_2=1,k_1>0,k_2>0$ 下,确定 k_1,k_2,使

$$\sum_{i=1}^{n}y_i^2=\sum_{i=1}^{n}\left(\sum_{j=1}^{m}(k_1p_j+k_2q_j)x_{ij}\right)^2$$

取值最小。

3.5.2 "乘法"集成法

即取

$$w_j=p_jq_j\Big/\sum_{i=1}^{m}p_iq_i,j=1,2,\cdots,m$$

上述思路可推广至群组评价的情形。

3.5.3 应用例

为节省篇幅,略去本例的实际背景。取定 10 个被评价对象并分别记为 $s_1,s_2,\cdots,s_{10}$,选择 5 项(极大型)评价指标分别记为 $x_1,x_2,\cdots,x_5$,其观测值见表 3-11。

由序关系分析法(G_1-法)求得 $p_1=0.312$,$p_2=0.192$,$p_3=0.243$,$p_4=0.152$,$p_5=0.101$,由突出局部差异的均方差法,求得 $q_1=0.162$,$q_2=0.213$,$q_3=0.195$,$q_4=0.174$,$q_5=0.256$,由式(3-54)及式(3-55)求得 $k_1=0.669$,$k_2=0.743$,由式(3-52)有,$w_1=0.233$,$w_2=0.202$,$w_3=0.215$,$w_4=0.164$,$w_5=0.183$,分别将权

表3－11　评价指标数据

s	x_1	x_2	x_3	x_4	x_5
s_1	42.46	48.14	38.43	35.01	69.88
s_2	24.50	50.22	50.76	43.43	46.97
s_3	18.09	54.68	54.89	71.41	63.93
s_4	15.73	41.57	75.82	48.17	100.0
s_5	15.83	45.72	70.35	43.49	74.78
s_6	27.65	57.95	74.68	43.92	19.73
s_7	18.50	53.69	81.00	37.97	69.47
s_8	20.54	50.17	82.52	53.62	93.93
s_9	61.28	85.90	34.60	45.65	66.54
s_{10}	28.35	100.0	61.88	84.23	56.41
$\bar{x}_j$	27.293	58.804	62.493	50.690	66.164
σ_j	13.664	17.903	16.384	14.672	21.540

重系数$p_j,q_j,w_j(j=1,2,\cdots,5)$代入线性评价模型

$$y_i^{(k)} = \sum_{j=1}^{5} h_j^{(k)} x_{ij}, i = 1,2,\cdots,20; k = 1,2,3 \qquad (3-56)$$

中，即得3种情况下的综合评价值$\{y_i^{(k)}\}$（见表3－12），式中$h_j^{(1)}=p_j, h_j^{(2)}=q_j, h_j^{(3)}=w_j(j=1,2,\cdots,5)$。

由式（3－56）可分别计算出$\bar{y}^{(1)} = 49.379, s_1^2 = \sum_{i=1}^{10}(y_i^{(1)} - \bar{y}^{(1)})^2/10 = 36.934; \bar{y}^{(2)} = 54.876, s_2^2 = 55.229; \bar{y}^{(3)} = 52.272, s_3^2 = 43.011$。

由表3－12可见，$\{y_i^{(1)}\}$，$\{y_i^{(2)}\}$，$\{y_i^{(3)}\}$间的排序结果是不同的，应采用$\{y_i^{(3)}\}$的排序结果，因为权重系数w_j综合集成了主、客观信息。

表3－12　$\{s_i\}$的综合评价值及其排序

s	$h_j^{(1)}=p_j$		$h_j^{(2)}=q_j$		$h_j^{(3)}=w_j$	
	y_i值	排序	y_i值	排序	y_i值	排序
s_1	44.208	9	48.603	8	46.521	8
s_2	40.960	10	44.134	9	42.634	10
s_3	46.792	6	54.064	6	50.620	6

续表

s	$h_j^{(1)}=p_j$		$h_j^{(2)}=q_j$		$h_j^{(3)}=w_j$	
	y_i 值	排序	y_i 值	排序	y_i 值	排序
s_4	48.735	4	60.147	3	54.742	4
s_5	44.976	8	52.711	7	49.047	7
s_6	46.569	7	44.060	10	45.249	9
s_7	48.551	5	54.592	5	51.731	5
s_8	53.731	3	63.458	2	58.851	3
s_9	57.679	2	59.945	4	58.872	2
s_{10}	61.582	1	67.042	1	64.456	1

3.5.4　改进型的“拉开档次”法

“拉开档次”法强调的是从整体上突出各被评价对象之间的差异,它是在各项指标相对于评价目标的重要性都相同的前提下进行的。事实上,各项评价指标相对于评价目标的重要性程度,一般来说是不相等的。例如,“人均利税额”与“人均交通面积”这两个指标对于刻画城市发展状况的重要性程度显然是不同的。因此,必须对“拉开档次”法加以改进。

首先根据各项评价指标相对于评价目标的重要性程度,由“功能驱动”原理给出各项指标 x_j 的权重系数 $r_j(j=1,2,\cdots,m)$,在此基础上,对各项评价指标进行“权化处理”,即令

$$x_{ij}^*=r_jx_{ij},j=1,2,\cdots,m;i=1,2,\cdots,n$$

式中,x_{ij}为标准观测数据。显然,x_{ij}^* 的(样本)平均值和(样本)均方差分别为 0 和 r_j^2。这时,再针对权化数据 $\{x_{ij}^*\}$ 应用“拉开档次”法确定出各项评价指标 x_j 的权重系数 w_j。

这种改进的“拉开档次”法,从本质上讲是对观测数据都分别进行了两次加权的“综合”。前一次加权是针对各评价指标相对于评价目标的重要程度而进行的;后一次加权是在尽量“拉开”各被评价对象之间的(整体)差异而进行的。这两次加权的背景是截然不同的,前者的权重系数是由“功能驱动”原理生成的,后者的权重系数是由“差异驱动”原理生成的。

用综合集成赋权法确定的评价指标的权重系数,弥补了主、客观赋权法的不足。

除以上介绍的 3 种主、客观权重的集成方式外,对于组合赋权问题参考文献[64]有较好的评述,可作为进一步研究的参考。

3.6　小结

本章主要介绍了三种类型的指标权重确定方法，分别为基于“功能驱动”原理的赋权法、基于“差异驱动”原理的赋权法和综合集成赋权法。

本章分别从指标偏好型和方案偏好型两个方面介绍了多种基于“功能驱动”原理的赋权方法，其中指标偏好型赋权法主要有集值迭代法、特征值法、序关系分析法、唯一参照物比较判断法等，上述方法在确定指标权重的过程中充分体现了决策者的主观偏好；方案偏好型赋权方法主要介绍了基于部分方案序偏好和偏好强度的赋权方法。上述方法的共同特征是在指标赋权过程中较好地突出了评价者的直觉判断能力。

本章介绍了四种基于“差异驱动”原理的赋权法，即“拉开档次”法、均方差法、极差法和熵值法等。上述方法是一类“求大异存小同”的方法，其共同特征是：①不具有任何主观色彩；②具有评价过程的透明性、再现性；③确定的指标权重不具有继承性、保序性。

关于综合集成赋权法，主要介绍了三种方法，分别为“加法”集成法、“乘法”集成法和改进型的“拉开档次”法。上述方法在确定指标权重的过程中，同时兼顾了“功能驱动”和“差异驱动”原理，弥补了主、客观赋权方法的不足。

第 4 章　评价信息集结方法

4.1　引言

随着时间的推移，系统（指客观对象）是在不断地运动、变化着的。在若干个（同类）系统中，如何确认哪个系统的运行（或发展）状况好，哪个系统的运行（或发展）状况差，这是在经济管理中常见的一类实际问题，即综合评价问题（The Comprehensive Evaluation Problem）。综合评价是对被评价对象的客观、公正、合理的全面评价。例如，对某个国家综合国力的评价、对某个国家或地区社会发展水平的评价、对某些企业管理水平的评价、对某些企业或地区经济效益的评价、对某些科研单位和大专院校综合实力的评价等。对于多方案的决策问题来说，综合评价是决策的前提，正确的决策源于科学的综合评价。综合评价是经济管理、工业工程及决策等领域中的一项重要内容。

把握系统的运行（或发展）状况的有效措施之一，就是要经常地对系统的运行（或发展）状况做系统的、全面的综合评价。这样才能及时建立反馈信息，制定并实施相应措施，促使系统协调地运行（或发展）。

各系统的运行（或发展）状况可用一个向量 $\boldsymbol{x}$ 表示，其中每一个分量都从某一个侧面反映系统在某时段（或时刻）的发展状况，故称 $\boldsymbol{x}$ 为系统的状态向量，它构成了评价系统的指标体系。

为了全面地分析、评价 n 个系统（即被评价对象）的运行（或发展）状况，在已获得 n 个状态向量 $\boldsymbol{x}_i = (x_{i1}, x_{i2}, \cdots, x_{im})^{\mathrm{T}}(i = 1, 2, \cdots, n)$ 的基础上，构造系统状态在某种意义下的综合评价函数

$$y = f(\boldsymbol{w}, \boldsymbol{x}) \tag{4-1}$$

式中，$\boldsymbol{w} = (w_1, w_2, \cdots, w_m)^{\mathrm{T}}$ 为非负归一化的参数向量（或指标某种性质的加权向量）。由式（4－1）求出各系统的综合评价值 $y_i = f(\boldsymbol{w}, \boldsymbol{x}_i)(i = 1, 2, \cdots, n)$，并根据 y_i 值的大小（或由小到大或由大到小）将 n 个系统进行排序和分类。

所谓多指标综合评价，就是指通过一定的数学模型（或称综合评价函数、集结模型、集结算子）将多个评价指标值“合成”为一个整体性的综合评价值。可用于“合成”的数学方法较多，问题在于我们如何根据评价决策的需要及被评价系统的特点来选择较为合适的合成方法。

本章对多种常用信息集结方法进行了分类，按照特点可分为基于指标性能的集结方式、基于指标值位置的集结方式、基于指标值分布的集结方式及基于指标相

对发展的集结方式四类。

4.2　基于指标性能的集结方法

选取一种指标赋权方法也即遵循了一种评价原则，如特征值法、G_1 - 法是关于指标重要性的赋权方法，熵值法、均方差法等是关于指标可辨识性的赋权方法，拉开档次法是关于被评价对象整体可辨识性的赋权方法，总之，得到的这些权数都是对指标某种性能（或性质）的反映。通过将权数信息与指标信息的融合，便将评价原则贯彻至评价结论中了。在评价过程中，考虑到贴近“指标综合”的本质含义并易于解释的优点，人们大多会优先选用基于指标性能的集结方式，即以下将要探讨的几种常用的集结方法：

4.2.1　线性加权综合法

所谓线性加权综合法［又称“加法”（*SAW*）合成法或加权算术平均（*WAA*）算子］是指应用线性模型

$$y = \sum_{j=1}^{m} w_j x_j \tag{4-2}$$

来进行综合评价的。式中 y 为系统（或被评价对象）的综合评价值，w_j 是与评价指标 x_j 相应的权重系数$[0 \leqslant w_j \leqslant 1(j=1,2,\cdots,m),\ \sum_{j=1}^{m} w_j = 1]$。

线性加权综合法具有以下特性：

（1）线性加权综合法适用于各评价指标间相互独立的场合，此时各评价指标对综合评价水平的贡献彼此是没有什么影响的。由于“合成”运算采用“和”的方式，其现实关系应是“部分之和等于总体”，若各评价指标间不独立，“和”的结果必然是信息的重复，也就难以反映客观实际。

（2）线性加权综合法可使各评价指标间得以线性的补偿。即某些指标值的下降可以由另一些指标值的上升来补偿，任一指标值的增加都会导致综合评价值的上升。任一指标值的减少都可用另一些指标值的相应增量来维持综合评价水平的不变。

（3）线性加权综合法中权系数的作用比在其他“合成”法中更明显，且突出了指标值或指标权重较大者的作用。

（4）线性加权综合法，当权重系数预先给定时（由于各指标值之间可以线性地补偿）对区分各备选方案之间的差异不敏感。

（5）线性加权综合法对于（无量纲化的）指标数据没有什么特定的要求。

（6）线性加权综合法容易计算、便于推广普及。

对于线性评价模型(4 -2)来说,观测值大的指标对评价结果的作用是很大的,即具有很强的“互补性”,具有“一俊遮百丑”或“一见钟情”的突出特征。

如果评价者或决策者长期使用模型(4 -2)对所属的部门或被评价对象进行综合评价,将会诱导被评价对象“走捷径”、想“奇招”,设法保持综合评价指标值的不变(或不减少),而导致系统(或被评价对象)的“畸形”发展。

4.2.2 非线性加权综合法

所谓非线性加权综合法[又称“乘法”合成法或加权几何平均(*WGA*)算子]是指应用非线性模型

$$y = \prod_{j=1}^{m} x_j^{w_j} \tag{4-3}$$

来进行综合评价的。式中,w_j 为权重系数,$x_j \geqslant 1$。

非线性加权综合法具有以下特性:

(1)非线性加权综合法适用于各指标间有较强关联的场合。

(2)非线性加权综合法强调的是各备选方案(无量纲化的)指标值大小的一致性。即这种方法是突出评价指标值中较小者的作用,这是由乘积运算的性质所决定的。

(3)在非线性加权综合法中,指标权重系数的作用不如线性加权综合法那样明显。

(4)非线性加权综合法对指标值变动的反映比线性加权综合法更敏感。因此,非线性加权综合法更有助于体现备选方案之间的差异。

(5)非线性加权综合法对指标值的数据要求较高,即要求无量纲指标值均大于或等于1。

(6)与线性加权综合法相比,非线性加权综合法在计算上要复杂些。

对于非线性模型(4 -3)来说,观测值越小的指标,拖综合评价结果“后腿”的作用也越大。“木桶原理”恰如其分地给出了这种非线性加权综合法的一个直观解释。即假定一只木桶是由多个(满足一定长度的)长短不同的木板组成的,那么它的容量取决于长度最短的那块木板(因为当液体平面超过最短的那块木板的高度时,液体就会溢出)。因此,若增大木桶的容量,首先必须加高长度最短的那块木板。也就是说,在评价指标当中,只要有一个指标值是非常小,那么总体评价值将迅速地接近于零。换言之,这种评价模型对取值较小的评价指标的反应是灵敏的,而对取值大的评价指标的反应是迟钝的。因此,这是一个具有“不求有功,但求无过”或“一丑遮百俊”特征的评价模型。

但是从另一方面来说,如果评价者或决策者经常应用非线性加权综合评价模型(4 -3),将有力地促使系统(即被评价对象)全面、协调的发展。

4.2.3　增益型线性加权综合法

定义 4.1　对取定的 $s(s>0$ 且 $s\neq 1)$，称映射

$$\mu:[0,1]\to[0,s]$$

为一个增益函数，如果它满足：

(1)μ 连续，分段可导；

(2)若 $x_1\geqslant x_2$，则 $\mu(x_1)\geqslant\mu(x_2)$，$\mu'(x_1)\geqslant\mu'(x_2)$；

(3)$\mu(0)=0$，$\mu(1)=s$，$\mu(0.5)<0.5$。

当 $s>1$ 时，μ 为增益，当 $0<s<1$ 时，μ 为折损。

例如，

$$\mu_v(x)=\begin{cases}0, & x\in[0,0.5]\\ s\left(\dfrac{x-0.5}{0.5}\right)^k, & x\in(0.5,1]\end{cases}$$

是个增益函数，其中 $s,k\in N$，通常可取 $s=2,k=4$。

现在，将增益函数用于综合评价上，构造综合评价函数

$$y=\sum_{j=1}^{m}w_j\frac{x_j+\mu(x_j)}{2} \tag{4-4}$$

便是具有增益功能的线性加权综合评价函数。

综合评价模型(4－4)体现了“价值梯度”的含义，它意味着某项工作做得越好，付出的代价也越大。因此，在综合评价值中应有一个相应的增益。

当取 $s=1$，且取 $\mu_v(x)=x$ 时，综合评价模型(4－4)就是普通的线性加权综合评价模型(4－2)了。

4.2.4　理想点法

下面要介绍的信息集结方法称为逼近样本点或理想点的排序方法(The Technique for Order Preference by Similarity to Ideal Solution，TOPSIS)，简称理想点法。理想点法的思想源于多元统计分析中的判别问题。例如，要从青年的身高、肺活量等体征以及 100 米跑的成绩、跳高、跳远等成绩，来综合判断这个青年的发育、健康状况是很好、好、中等、差、很差。评价的目标十分明确，就是为了区别不同类型的青年，区分是从发育、健康方面着眼分析的。这类综合评价问题就是要有一种合理的分类标准。即设定一个理想的系统或样本点为$(x_1^*,x_2^*,\cdots,x_m^*)$，如果被评价对象$(x_{i1},x_{i2},\cdots,x_{im})$与理想系统$(x_1^*,x_2^*,\cdots,x_m^*)$在某种意义下非常接近，则称系统$(x_{i1},x_{i2},\cdots,x_{im})$是最优的。

被评价对象$(x_{i1},x_{i2},\cdots,x_{im})$与理想系统$(x_1^*,x_2^*,\cdots,x_m^*)$之间的加权距离定义为

$$y_i^* = \sum_{j=1}^{m} w_j f(x_{ij}, x_j^*), i = 1,2,\cdots,n$$

式中，w_j 为权重系数，$f(x_{ij}, x_j^*)$ 为分量 x_{ij} 与 x_j^* 之间的某种距离。通常取欧氏（加权）距离，即取

$$y_i^* = \sum_{j=1}^{m} w_j (x_{ij} - x_j^*)^2, i = 1,2,\cdots,n \tag{4-5}$$

作为合成函数的。这时，即可按 y_i^* 的值（显然 y_i^* 的值越小越好，特别地，当 $y_i^* = 0$ 时，s_i 即达到或成为理想点 s^*）大小对各被评价对象进行（升序）排序。

若将 $(x_1^*, x_2^*, \cdots, x_m^*)$ 看成是正理想系统，则负理想系统 $(x_1^0, x_2^0, \cdots, x_m^0)$ 与 $(x_1^*, x_2^*, \cdots, x_m^*)$ 的含义正好相反，被评价对象 $(x_{i1}, x_{i2}, \cdots, x_{im})$ 到 $(x_1^0, x_2^0, \cdots, x_m^0)$ 之间的欧氏加权距离为

$$y_i^0 = \sum_{j=1}^{m} w_j (x_{ij} - x_j^0)^2, i = 1,2,\cdots,n \tag{4-6}$$

对于式（4-6），可按 y_i^0 的值（显然 y_i^0 的值越大越好）大小对各被评价对象进行（降序）排序。

为将问题了解得更加全面，也可以同时考虑正负两种理想系统，即定义一个合成指标

$$h_i = y_i^0/(y_i^0 + y_i^*), i = 1,2,\cdots,n \tag{4-7}$$

按 h_i（h_i 的值越大越好）的大小进行（降序）排序。

TOPSIS 法可理解为一种“贴近度集结算子”，类似的还有密切值法，原理比较相似，不再赘述。

以上介绍了 4 种评价信息集结方法，由于计算简便，直观意义明显，前两种是最为常用的。

对综合评价模型（4-3）两边取对数，有

$$\ln y = \sum_{j=1}^{m} w_j \ln x_j, x_j \geqslant 1 \tag{4-8}$$

令 $\ln y = u$，$\ln x_j = v_j$，则式（4-8）可写成

$$u = \sum_{j=1}^{m} w_j v_j \tag{4-9}$$

而式（4-9）即为线性加权综合评价模型。因此，线性加权综合评价模型是本书中讨论最多的评价信息集结方法。

4.3 基于指标位置的集结方法

基于指标位置的集结方式即指近些年发展起来的有序加权平均（OWA）算子及

有序加权几何平均（*OWGA*）算子及其扩展的集结算子，这方面的研究成果已相当丰富，下面仅就 *OWA*、*OWGA* 两种算子进行简略的介绍。

4.3.1　有序加权平均算子[65]

有序加权平均（*OWA*）算子是由美国学者 Yager 教授于 1988 年首次提出的，算子结构定义如下：

对 m 个评价指标值 $x_1,x_2,\cdots,x_m$（极大型的），有

$$OWA_w(x_1,x_2,\cdots,x_m)=\sum_{j=1}^{m}w_jx'_j \qquad (4-10)$$

式中，$x'_1,x'_2,\cdots,x'_m$ 是对 $x_1,x_2,\cdots,x_m$ 按从大到小排序后的指标值，$\boldsymbol{w}=(w_1,w_2,\cdots,w_m)$ 是排序后指标值的位置加权向量，$w_i\in[0,1]$，$\sum_{i=1}^{m}w_i=1$。

例如，$w=(0.4,0.3,0.2,0.1)$，$(x_1,x_2,x_3,x_4)=(3,2,4,6)$，则

$OWA_w(x_1,x_2,\cdots,x_m)=0.4\times6+0.3\times4+0.2\times3+0.1\times2=4.4$

OWA 算子的根本优点是打破了模糊逻辑中“与”、“或”两种算子之间的鸿沟，提供了一种柔性的融合方法，这种柔性是通过对指标值（数据组）的排序与位置权重 $\boldsymbol{w}$ 的设置来体现的。

在实际应用中，位置权重 $\boldsymbol{w}$ 的设置可以更加规范，具体方法也有很多种[66]，而语义方式的设置方法较为常用，即

$$w_i=Q\left(\frac{i}{m}\right)-Q\left(\frac{i-1}{m}\right),i=1,2,\cdots,m$$

式中，模糊量化算子

$$Q(r)=\begin{cases}0, & r<\alpha\\ \dfrac{r-\alpha}{\beta-\alpha}, & \alpha\leqslant r\leqslant\beta\\ 1, & r>\beta\end{cases}$$

式中，要求 $\alpha,\beta,r\in[0,1]$，而集结原则“大多数”、“至少一半”和“尽可能多”分别对应于参数 (α,β) 取 $(0.3,0.8)$，$(0,0.5)$，$(0.5,1)$ 的情形。

自 *OWA* 算子提出以来，已在管理决策、人工智能、模糊系统等多个领域取得了广泛的应用[67]，后续的理论研究主要从两方面展开：一是 *OWA* 算子中属性权重的确定方法[66]；二是 *OWA* 算子与其他算子的融合及对 *OWA* 算子在不确定性或模糊语言环境下的拓展[68]。

4.3.2　有序加权几何平均算子[68,69]

在 *OWA* 算子的基础上，有学者提出了有序加权几何平均（*OWGA*）算子，算子结构定义如下。

对 m 个评价指标值 $x_1,x_2,\cdots,x_m$(极大型的),有

$$OWGA_w(x_1,x_2,\cdots,x_m) = \prod_{j=1}^{m}(x'_j)^{w_j} \tag{4-11}$$

式中,$x'_1,x'_2,\cdots,x'_m$ 是对 $x_1,x_2,\cdots,x_m$ 按从大到小排序后的指标值,$\boldsymbol{w}=(w_1,w_2,\cdots,w_m)$是排序后指标值的位置加权向量,$w_i\in[0,1]$, $\sum_{i=1}^{m}w_i=1$。同加权几何平均算子一样,要求 $x_1,x_2,\cdots,x_m\geqslant 1$,否则 *OWGA* 算子将不具备"单调递增性"。这里 $\boldsymbol{w}$ 的选取也可按照前面介绍的语义方式进行。

类似于"乘法"合成法与"加法"合成法的区别,*OWGA* 算子"强调均衡",而 *OWA*"突出特长"。

4.4 基于指标值分布的集结方法[70]

这一节中我们将要详细介绍一种新型的信息集结算子——密度中间(*DM*)算子。

4.4.1 问题的提出

与 *WAA*(或 *WGA*)算子对各个属性的重要性进行加权的思路不同,*OWA* 算子是对被评价对象(方案)的指标(属性)值按照所处的大小位置进行加权,因而 *OWA* 算子运用了属性值之间大小秩序的信息,并通过位置权重的配置体现"与"、"或"、"偏与"、"偏或"等集结特征,但是 *OWA* 算子没有考虑属性值之间分布的疏密程度,在多属性综合评价中,指标(属性)值分布几乎都是不均匀的,此时考虑数据疏密程度的信息就显得十分必要了。在一组数据中,数据越集中,说明信息的一致性程度越高,数据越分散,说明信息的一致性程度越低。决策者可以偏好集中的信息(强调"群体意见"),也可以偏好分散的信息(强调"个别意见"),通过对(由属性值数据或专家评价值组成的)数据组一致性强弱的判别,可实现数据组在信息分布上的"与"、"或"、"偏与"、"偏或"等集结运算。

具体地讲,假设有 7 个专家对某人(或某事物)发展状况的评价值向量为(1,1.3,1.5,5,8.4,8.7,8.9),此时用于 *Max* 或 *Min* 算子对专家群体信息进行集结显然会丢失很多信息,结果会比较粗糙,在专家能力未知或各专家能力相当的情况下,宜选用 *AA* 或 *GA* 算子进行观点集结,若专家判别能力已知(即权重已知),则采用 *WAA* 或 *WGA* 算子集结信息将更为合理。在用这些算子综合专家群体的观点时潜在地都是将"1"或"8.9"作为"极端数据"进行处理,所以,第 5 位专家给出的评估值"5"的准确率一般被认为是最高的(跟均值最接近)。但是,从另一个角度分析,"1,1.3,1.5"十分接近,可看成一个意见群(3 位专家),"8.4,8.7,8.9"可看成

另一个意见群(3 位专家),而“5”单独看成一个意见群(1 位专家),可见,第4位专家的意见是比较“孤立”的,因而若考虑“群体意见”分布的差异,“5”便是“极端数据”了,这与 *AA*、*WAA* 等6种算子的思想截然不同。本节给出的一类新型算子,即研究在考虑数据分布疏密信息的情况下,如何综合7位专家意见的问题。

为此,下面研究了一维数据聚类的问题,并提出了一种简洁有效的一维聚类方法,在此基础上,开发了基于属性值分布疏密程度信息的密度加权平均(*DWA*)中间算子,该算子与算数平均(*AA*)、加权算术平均(*WAA*)、有序加权算术平均(*OWA*)、最小(*Min*)、最大(*Max*)等算子结合能更完整地表达决策者的偏好,利用更多的决策信息,从而达到更好的决策效果。

4.4.2　一维数据聚类问题及方法

常用的聚类方法一般考虑样品(或对象)是多维变量(或多个指标)的情形,而一维数据聚类是指对一维数轴上的若干数据点按照间隔疏密程度进行分组的问题。

定义 4.2　数据集 $A=\{a_k \mid a_k\in\mathbf{R}, i=1,2,\cdots,n\}$,$A_1,A_2\cdots,A_m$ 为 A 的非空子集合,若满足

(1)$A_i\cap A_j=\varnothing, i\neq j, i,j=1,2,\cdots,m$

(2)$A_1\cup A_2\cup\cdots\cup A_m=A$

则称 $A_1,A_2\cdots,A_m$ 为 A 的一个划分。

定义 4.3　对于数据集 $A=\{a_1,a_2,\cdots,a_n\}$,称

$$D(A)=\max\{a_1,a_2,\cdots,a_n\}-\min\{a_1,a_2,\cdots,a_n\}$$

为 A 的极差。

定义 4.4　对于 A 的一个划分 $A_1,A_2\cdots,A_m$,称

$$D'(A_1,A_2\cdots,A_m)=\sum_{i=1}^{m}D(A_i)$$

为类总极差。显然,对于任意一集合 $A_i, i=1,2,\cdots,m$,有 $D'(A_i)=D(A_i)$。

定义 4.5　$A_1,A_2\cdots,A_m$ 为数据集 A 的任意一个划分,若满足

$$D'(A'_1,A'_2,\cdots,A'_m)=\min D'(A_1,A_2,\cdots,A_m)$$

则称 $A'_1,A'_2\cdots,A'_m$ 为数据集合 A 的一维 m 组聚类($m\geqslant 2$)。

定义 4.6　对 $A=\{a_1,a_2,\cdots,a_n\}$ 中数据按从大到小进行排序,得到有序组 $B=\{b_1,b_2,\cdots,b_n\}$,$b_i(i=1,2,\cdots,n)$ 为 A 中第 i 大元素,此时称 $\{\Delta_t \mid \Delta_t=b_t-b_{t+1}, t=1,2,\cdots,n-1\}$ 为 A 的有序增量集,Δ_t 为 A 的有序增量。

以下给出一种一维聚类的方法——有序增量分割法(对“有序增量分割法”有效性的证明见定理1),具体计算步骤如下:

步骤1　对 $A=\{a_1,a_2,\cdots,a_n\}$ 按定义 4.6 求得 A 的有序增量集 $\{\Delta_t \mid t=1,$

2，…，$n-1$}。

步骤2 给定 $m(2\leqslant m\leqslant n-1)$，按由小到大的顺序依次选取前 $m-1$ 个最大的有序增量 Δ_t，并在产生 $m-1$ 个 Δ_t 的数据之间进行分割，数轴上独立的 m 个数据群 $A'_1, A'_2, \cdots, A'_m$ 即为要求的一维 m 组聚类。

若步骤2中出现 Δ_t 相等的情况，可按如下原则处理：

（1）远中原则。即在离中位数较远的位置进行分割，若仍无法区分，可选择离算术平均值较远的位置进行分割。

（2）近中原则。与远中原则正好相反。

远中原则体现了决策者偏好中间数据，"厌恶风险"的思想；近中原则体现了决策者偏好极端数据，"追求风险"的思想。

引理 4.1 A_1, A_2 是数据集 $A=\{a_1, a_2, \cdots, a_n\}$ 的任意一个划分，A'_1, A'_2 是数据集 A 的一个划分，$\{b_1, b_2, \cdots, b_n\}$ 为对 A 中元素从大到小排列后的数据集，$\Delta_t=b_t-b_{t+1}(t=1, \cdots, n-1)$ 为 A 的有序增量，使得 $D'(A'_1, A'_2)=\min D'(A_1, A_2)$ 成立的充分必要条件是：

（1）$[\min(A'_1), \max(A'_1)]\cap[\min(A'_2), \max(A'_2)]=\varnothing$；

（2）$\max\{\Delta_t\}=D(A)-D'(A'_1, A'_2)$。

证明：（必要性）假如存在数据集 A 的一个划分 A'_1, A'_2，满足条件 $[\min(A'_1), \max(A'_1)]\cap[\min(A'_2), \max(A'_2)]\neq\varnothing$，并使得 $D'(A'_1, A'_2)=\min D'(A_1, A_2)$。

不妨设 $a_{\min}^{(1)}, a_{\max}^{(1)}$ 为 A'_1 中最小与最大的元素，$a_{\min}^{(2)}, a_{\max}^{(2)}$ 为 A'_2 中最小与最大的元素，且 $a_{\min}^{(1)}\leqslant a_{\min}^{(2)}<a_{\max}^{(1)}\leqslant a_{\max}^{(2)}$。此时 $D(A'_1)=a_{\max}^{(1)}-a_{\min}^{(1)}$，$D(A'_2)=a_{\max}^{(2)}-a_{\min}^{(2)}$，$D'(A'_1, A'_2)=D(A'_1)+D(A'_2)=(a_{\max}^{(2)}-a_{\min}^{(2)})+(a_{\max}^{(1)}-a_{\min}^{(1)})$。若将 A'_1 中介于 $a_{\min}^{(2)}$ 与 $a_{\max}^{(1)}$ 之间的数划入 A'_2 中，得到一个新的划分 A''_1, A''_2。设 A''_1 中最大的元素为 $a_{\max}^{(*)}$，$a_{\max}^{(*)}\leqslant a_{\max}^{(1)}$，此时，

$$\begin{aligned}D'(A'_1, A'_2)&=(a_{\max}^{(2)}-a_{\min}^{(2)})+(a_{\max}^{(1)}-a_{\min}^{(1)})>(a_{\max}^{(2)}-a_{\max}^{(1)})+(a_{\max}^{(1)}-a_{\min}^{(1)})\\&\geqslant(a_{\max}^{(2)}-a_{\max}^{(1)})+(a_{\max}^{(*)}-a_{\min}^{(1)})=D'(A''_1, A''_2)\end{aligned}$$

这与 $D'(A'_1, A'_2)=\min D'(A_1, A_2)$ 矛盾，故条件（1）是 $D'(A'_1, A'_2)=\min D'(A_1, A_2)$ 的必要条件。

以上分析可知：对于任何一个满足条件（1）的划分 A''_1, A''_2，必然是以 $\{b_1, b_2, \cdots, b_n\}$ 中某两个元素为界分割而成的，设 $A''_1=\{b_1, \cdots, b_t\}$，$A''_2=\{b_{t+1}, \cdots, b_n\}$。当 $t=2, \cdots, n-1$ 时，有 $\Delta_t=D(A)-[D(A''_1)+D(A''_2)]=D(A)-D'(A''_1, A''_2)$，进而有

$$D'(A''_1, A''_2)=D(A)-\Delta_t \tag{Ⅰ}$$

$D(A)$ 给定，要使等式（Ⅰ）左边最小，必须使得 Δ_t 取最大，即 $D'(A'_1, A'_2)=D(A)-\max\{\Delta_t\}$，故有 $\max\{\Delta_t\}=D(A)-D'(A'_1, A'_2)$，条件（2）是 $D'(A'_1, A'_2)=\min D'(A_1, A_2)$ 的必要条件。易知，当 $t=1$ 时该结论仍然成立。

（充分性）若 A'_1, A'_2 满足条件(1)、(2)，对于任意一个 A 的划分 A_1, A_2，设 $a_{\min}^{(1)}$，$a_{\max}^{(1)}$ 为 A_1 中最小与最大的元素，$a_{\min}^{(2)}$，$a_{\max}^{(2)}$ 为 A_2 中最小与最大的元素，不妨设 $a_{\max}^{(1)} \leqslant a_{\max}^{(2)}$，有

$$
\begin{aligned}
D'(A_1, A_2) &= (a_{\max}^{(2)} - a_{\min}^{(2)}) + (a_{\max}^{(1)} - a_{\min}^{(1)}) = (a_{\max}^{(2)} - a_{\min}^{(1)}) - (a_{\min}^{(2)} - a_{\max}^{(1)}) \\
&= D(A) - (a_{\min}^{(2)} - a_{\max}^{(1)}) \qquad (\text{Ⅱ})
\end{aligned}
$$

对式(Ⅱ)，若 $a_{\min}^{(2)} \leqslant a_{\max}^{(1)}$，则 $(a_{\min}^{(2)} - a_{\max}^{(1)}) \leqslant 0$，进而有 $D'(A_1, A_2) \geqslant D(A) > D(A) - \max\{\Delta_t\} = D'(A'_1, A'_2)$；若 $a_{\min}^{(2)} > a_{\max}^{(1)}$，则 $(a_{\min}^{(2)} - a_{\max}^{(1)}) = \Delta'_t$，$\Delta'_t \in \{\Delta_t\}$，$\Delta'_t \leqslant \max\{\Delta_t\}$，有 $D'(A_1, A_2) = D(A) - \Delta'_t \leqslant D(A) - \max\{\Delta_t\} = D'(A'_1, A'_2)$。$A_1, A_2$ 具有任意性，故 $D'(A'_1, A'_2) = \min D'(A_1, A_2)$。引理得证。

定理 4.1　$A_1, \cdots, A_m$ 为数据集 A 的任意一个划分，$A'_1, \cdots, A'_m$ 为 A 用"有序增量分割法"得到的一维 $m(m \geqslant 2)$ 组聚类，则 $A'_1, \cdots, A'_m$ 满足 $D'(A'_1, \cdots, A'_m) = \min D'(A_1, \cdots, A_m)$。

证明：用归纳法证明。

当 $m=2$ 时，由"有序增量分割法"的算法步骤可知，A'_1, A'_2 满足引理 4.1 中的条件(1)、(2)，因而有 $D'(A'_1, A'_2) = \min D'(A_1, A_2)$。

假设 $m=k(k>2$，即 $k-1$ 次分割$)$时，有 $D'(A'_1, A'_2, \cdots, A'_k) = \min D'(A_1, A_2, \cdots, A_k)$ 成立。

在第 k 次分割时，对 $A'_i(i=1, \cdots, k)$ 用"有序增量分割法"得到的一维 2 组聚类为 $A_i^{(1)}, A_i^{(2)}$，$D'(A_i^{(1)}, A_i^{(2)}) = D(A'_i) - \max\limits_{t'_i}\{\Delta_{i,t'_i}\}$（$t'_i$ 为 A'_i 中有序增量的下角标，$\max\limits_{t'_i}\{\Delta_{i,t'_i}\}$ 为 A'_i 中最大的有序增量），由"有序增量分割法"的算法步骤 2 可知 $\max\limits_{t'_i}\{\Delta_{i,t'_i}\} = \max\limits_{i}\max\limits_{t'_i}\{\Delta_{i,t'_i}\}$，设 $A_1, A_2, \cdots, A_k, A_{k+1}$ 为 A 的任意一个划分，有

$$
\begin{aligned}
& D'(A_1, A_2, \cdots, A_k, A_{k+1}) = D'(A_1, A_2, \cdots, A_k) - \Delta_{i,t_i} \geqslant \min D'(A_1, A_2, \cdots, A_k) - \\
& \Delta_{i,t_i} \geqslant D'(A'_1, A'_2, \cdots, A'_k) - \max_{i}\max_{t'_i}\{\Delta_{i,t'_i}\} = D'(A'_1, \cdots, A_i^{(1)}, A_i^{(2)} \cdots, A'_k) \qquad (\text{Ⅲ})
\end{aligned}
$$

式中，t_i 为 A_i 中有序增量的下角标。

将 $A'_1, \cdots, A_i^{(1)}, A_i^{(2)} \cdots, A'_k$ 改写为 $A'_1, A'_2, \cdots, A'_k, A'_{k+1}$，由式(Ⅲ)有

$$
D'(A_1, A_2, \cdots, A_k, A_{k+1}) \geqslant D'(A'_1, A'_2, \cdots, A'_k, A'_{k+1}) = \min D'(A_1, A_2, \cdots, A_k, A_{k+1})
$$

定理证毕。

4.4.3　密度中间算子

4.4.3.1　两类算子的定义

$A_1, \cdots, A_m$ 为 A 进行一维聚类后按元素个数由大到小排序后的 m 个数据集合，记 A_j 中数据元素个数为 k_j，$j=1, \cdots, m$，$1 \leqslant k_j \leqslant n-1$，当 $j_1 < j_2$ 时，满足 $k_{j_1} \geqslant k_{j_2}$，此时

称 $A_1,\cdots,A_m$ 为序化后的 A 的一维 m 组聚类,以下 $A_1,\cdots,A_m$ 均指序化后的聚类结果。

定义 4.7 设 $DWA:\mathbf{R}^n\to\mathbf{R}$,若

$$DWA_{\Lambda,\xi}(a_1,a_2,\cdots,a_n) = \sum_{j=1}^{m}\xi_j\mathbf{\Lambda}(A_j) \tag{4-12}$$

式中,$A_1,\cdots,A_m$ 为序化后的 A 的一维 m 组聚类,$\xi=(\xi_1,\xi_2,\cdots,\xi_m)$ 为一密度加权向量,$\xi_j\in[0,1]$,$j=1,\cdots,m$, $\sum_{j=1}^{m}\xi_j=1$,$\mathbf{\Lambda}$ 为某一信息集结算子,则称函数 DWA 是密度加权平均中间算子,简称 DWA 算子。

定义 4.7′ 设 $DWGA:\mathbf{R}^n\to\mathbf{R}$,若

$$DWGA_{\Lambda,\xi}(a_1,a_2,\cdots,a_n) = \prod_{j=1}^{m}\mathbf{\Lambda}(A_j)^{\xi_j} \tag{4-12′}$$

则称函数 $DWGA$ 为密度加权几何平均中间算子,简称 $DWGA$ 算子。

定义 4.7′中字符含义与定义 4.7 中字符含义相同。DWA 与 $DWGA$ 统称为密度中间(DM)算子,以下仅针对 DWA 进行讨论,因为性质相近,$DWGA$ 可仿此进行。

4.4.3.2 密度加权向量及性质

式(4-12)中的密度加权向量 $\boldsymbol{\xi}=(\xi_1,\xi_2,\cdots,\xi_m)$ 可按下式确定

$$\xi_j = \frac{\beta_j(k_j/n)}{\sum_{j=1}^{m}\beta_j(k_j/n)},j = 1,2,\cdots,m \tag{4-13}$$

式中,β_j 为密度影响因子,$\beta_j\geqslant 0$,β_j 可设置成线性的或非线性的,这里给出非线性形式的一种配置方式

$$\beta_j=(k_j/n)^{\alpha},j=1,2,\cdots,m \tag{4-14}$$

式中,α 为密度影响指数,$\alpha\in(-\infty,+\infty)$(一般 α 在$[-10,10]$上取值即可满足需要),$\beta_j\in(0,1)$。

密度权向量有趋同性、趋中性和趋极性之分,不同性质的权向量体现不同的决策规则,若决策者强调"主体信息"、"群体共识",可选择"同性权向量";若强调"极端信息"、"个别意见",可选择"极性权向量";"中性权向量"是一种过渡性权向量,本身不体现对数据分布的偏好,对于密度权向量性质的数量测度方法见定义 4.9。

定义 4.8 当 $\boldsymbol{\xi}=(k_1/n,k_2/n,\cdots,k_m/n)$ 时,称 $\boldsymbol{\xi}$ 为中性密度加权向量,记为 $\boldsymbol{\xi}_{Ave}$;当 $\boldsymbol{\xi}=(1,0,\cdots,0)$ 时,称 $\boldsymbol{\xi}$ 为全同性密度加权向量,记为 $\boldsymbol{\xi}_{Sam}$;当 $\boldsymbol{\xi}=(0,0,\cdots,1)$ 时,称 $\boldsymbol{\xi}$ 为全极性密度加权向量,记为 $\boldsymbol{\xi}_{Ext}$。

性质介于 $\boldsymbol{\xi}_{Ave}$ 与 $\boldsymbol{\xi}_{Sam}$ 之间的 $\boldsymbol{\xi}$ 为偏同性密度加权向量,性质介于 $\boldsymbol{\xi}_{Ave}$ 与 $\boldsymbol{\xi}_{Ext}$ 之间

的 $\boldsymbol{\xi}$ 为偏极性密度加权向量，见定义4.10。

定义4.9　对任一密度加权向量 $\boldsymbol{\xi}$，其"同性"程度的度量为

$$Ts(\boldsymbol{\xi}) = \frac{1}{m-1}\sum_{j=1}^{m}\left[\frac{(m-j)\xi_j}{k_j/n}\cdot\frac{1}{\sum_{j=1}^{m}\xi_j(n/k_j)}\right] \tag{4-15}$$

其"极性"程度的度量为：

$$Te(\boldsymbol{\xi}) = 1 - Ts(\boldsymbol{\xi}) \tag{4-16}$$

对于式（4－15）、式（4－16），容易证明有下述一些结论：

（1）$Ts(\boldsymbol{\xi}), Te(\boldsymbol{\xi}) \in [0,1]$，$Ts(\boldsymbol{\xi}_{Ave}) = Te(\boldsymbol{\xi}_{Ave}) = 0.5$，$Ts(\boldsymbol{\xi}_{Sam}) = 1$ 或 $Te(\boldsymbol{\xi}_{Sam}) = 0$，$Ts(\boldsymbol{\xi}_{Ext}) = 0$ 或 $Te(\boldsymbol{\xi}_{Ext}) = 1$。

（2）对于式（4－14），当 $\alpha > 0$ 时，$Ts(\boldsymbol{\xi}) \in (0.5,1)$ 或 $Te(\boldsymbol{\xi}) \in (0,0.5)$；当 $\alpha < 0$ 时，$Ts(\boldsymbol{\xi}) \in (0,0.5)$ 或 $Te(\boldsymbol{\xi}) \in (0.5,1)$。

定义4.10　对任一密度加权向量 $\boldsymbol{\xi}$，若 $Ts(\boldsymbol{\xi}) \in (0.5,1)$ 或 $Te(\boldsymbol{\xi}) \in (0,0.5)$，则称 $\boldsymbol{\xi}$ 为偏同性密度加权向量；若 $Ts(\boldsymbol{\xi}) \in (0,0.5)$ 或 $Te(\boldsymbol{\xi}) \in (0.5,1)$，则称 $\boldsymbol{\xi}$ 为偏极性密度加权向量。

由式（4－13）、式（4－14）及式（4－15）求得

$$Ts[\xi(\alpha)] = \frac{1}{m-1}\sum_{j=1}^{m}\left[(m-j)\cdot\frac{(k_j/n)^{\alpha}}{\sum_{j=1}^{m}(k_j/n)^{\alpha}}\right] \tag{4-17}$$

在式（4－17）中，$Ts[\xi(\alpha)]$ 是 α 的严格递增函数，ξ 由 α 唯一确定，因而 $Ts[\xi(\alpha)]$ 与 ξ 一一对应。

基于上述分析，决策者可按如下两种方式确定密度权向量 ξ。

（1）满意值法。初始时任选一 α 值，根据式（4－17）求得 $Ts[\xi(\alpha)]$，若 $Ts[\xi(\alpha)]$ 值满意，将 α 代入式（4－14）求出 β_j，再由式（4－13）求得 ξ；否则重新选择 α，重复上述过程，直到 $Ts[\xi(\alpha)]$ 值满意为止。

（2）目标值法。决策者提供反映偏好水平的 $Ts[\xi(\alpha)]$ 值，由式（4－17）经数值迭代计算得到 α 值，将 α 带入式（4－14）求出 β_j，再由式（4－13）求得 ξ。

4.4.4　基于密度中间算子的合成算子

DWA 为中间算子，因而需要与其他的集结算子结合使用，以下给出在 *DWA* 与 *WAA*、*OWA*、*AA*、*Min*、*Max* 5种常用算子[71]基础上得到的5种合成算子。

定义4.11　对数据集 $A = (a_1, a_2, \cdots, a_n)$，设 $DWA_{WAA}: \boldsymbol{R}^n \to \boldsymbol{R}$，若

$$DWA_{WAA,w,\xi}(a_1, a_2, \cdots, a_n) = \sum_{i=1}^{m}\xi\cdot WAA(A_i) = \sum_{i=1}^{m}\xi_i\left[\sum_{j=1}^{k_i}\boldsymbol{w}_j^{(i)}b_j^{(i)}\right] \tag{4-18}$$

式中,$A_i = \{b_j^{(i)} \mid i = 1,2,\cdots,m; j = 1,2,\cdots,k_i\}$, $\sum_{i=1}^{m} k_i = n$, $b_j^{(i)}$ 为 A 中一数据元素,$\xi = (\xi_1,\xi_2,\cdots,\xi_m)$ 为一密度加权向量,$\boldsymbol{w}_i = (w_1^{(i)},w_2^{(i)},\cdots,w_{k_i}^{(i)})$ 是 $A_i = (b_1^{(i)},b_2^{(i)},\cdots,b_{k_i}^{(i)})$ 中元素重要性的归一化的加权向量,即满足 $\sum_{j=1}^{k_i} w_j^{(i)} = 1$, $w_j^{(i)} \geq 0$,则称函数 DWA_{WAA} 是密度算术加权平均算子,也称为 DWA_{WAA} 算子。

定义 4.12 对数据集 $A = \{a_1,a_2,\cdots,a_n\}$,设 $DWA_{OWA}: \mathbf{R}^n \to \mathbf{R}$,若

$$DWA_{OWA,w,\xi}(a_1,a_2,\cdots,a_n) = \sum_{i=1}^{m} \xi_i \cdot OWA(A_i) = \sum_{i=1}^{m} \xi_i \left[\sum_{j=1}^{k_i} \omega_j^{(i)} b_j^{(i)}\right] \tag{4-19}$$

式中,$A_i = \{b_j^{(i)} \mid i = 1,2,\cdots,m; j = 1,2,\cdots,k_i\}$, $\sum_{i=1}^{m} k_i = n$, $b_j^{(i)}$ 为 A_i 中第 j 大元素,且为 A 中一数据元素,$\xi = (\xi_1,\xi_2,\cdots,\xi_m)$ 为一密度加权向量,$\omega_i = (\omega_1^{(i)},\omega_2^{(i)},\cdots,\omega_{k_i}^{(i)})$ 是 $A_i = (b_1^{(i)},b_2^{(i)},\cdots,b_{k_i}^{(i)})$ 中元素在 A 中位置重要性的归一化加权向量,满足 $\sum_{j=1}^{k_i} \omega_j^{(i)} = 1$, $\omega_j^{(i)} \geq 0$,则称函数 DWA_{OWA} 是密度有序加权平均算子,也称为 DWA_{OWA} 算子。

定义 4.13 设 $DWA_{AA}: \mathbf{R}^n \to \mathbf{R}$,若

$$DWA_{AA}(a_1,a_2,\cdots,a_n) = \sum_{i=1}^{m} \xi_i \cdot AA(A_i) = \sum_{i=1}^{m} \xi_i \left[\frac{1}{k_i} \sum_{j=1}^{k_i} b_j^{(i)}\right] \tag{4-20}$$

称函数 DWA_{AA} 为密度算术平均算子。

定义 4.14 设 $DWA_{Min}: \mathbf{R}^n \to \mathbf{R}$,若

$$DWA_{Min,\xi}(a_1,a_2,\cdots,a_n) = \sum_{i=1}^{m} \xi_i \min(A_i) \tag{4-21}$$

称函数 DWA_{Min} 为密度最小算子,也称密度“与”算子。

定义 4.15 设 $DWA_{Max}: \mathbf{R}^n \to \mathbf{R}$,若

$$DWA_{Max,\xi}(a_1,a_2,\cdots,a_n) = \sum_{i=1}^{m} \xi_i \max(A_i) \tag{4-22}$$

称函数 DWA_{Max} 为密度最大算子,也称密度“或”算子。

定义 4.13 ~ 定义 4.15 中字符的含义与定义 4.11 中字符的含义相同。

DWA_{WAA} 算子适用于属性权重已知的属性值信息集结或决策者权重已知的决策群体信息的集结,而 DWA_{OWA}、DWA_{AA}、DWA_{Min} 及 DWA_{Max} 算子适用于属性权重未知的属性值信息集结或决策者权重未知的决策群体信息的集结。合成算子完成了对一组数据的二次集结,因而兼顾了各分算子的特点:DWA_{WAA}(或 DWA_{OWA})算子中既考虑了数据本身的重要性(或数据值大小位置的重要性),还考虑了数据疏密分布的

重要性；DWA_{AA}算子是基于数据疏密分布重要性的算术平均值；DWA_{Win}（或 DWA_{Max}）算子中利用了一组数据中多个数据群的最小值（或最大值），相对于 Min（或 Max）算子而言，密度最大（或最小）算子的集结值更加稳健。

4.4.5　算例分析

以下用一个数值例子来说明 DWA 算子的特点，并给出一些结论：

设有 2 个决策方案 x_1, x_2，$A_{x_1} = (0.800, 1.200, 4.700, 7.200, 7.600, 8.300, 8.900)$，$A_{x_2} = (10.257, 9.857, 6.357, 3.857, 3.457, 2.757, 2.157)$，$A_{x_1}$及 A_{x_2}中的数据可看成是 x_1, x_2 的 7 个属性值，也可看成是 7 个专家对于 x_1, x_2 的评价值，因而，对 x_1, x_2 的优劣排序既可以理解为单人多准则的综合评价问题，也可以理解为多人单准则的群决策问题。

用"有序增量分割法"对 A_{x_1}中的 7 个数据进行一维聚类（分成 3 组），并求解密度权向量 ξ_{x_1}及 ξ_{x_2}的算式。

（1）对 A_{x_1}中元素按从大到小进行排列，排列后的数据集为 B_{x_1}

$$B_{x_1} = (8.900, 8.300, 7.600, 7.200, 4.700, 1.200, 0.800)$$

（2）求 B_{x_1}的有序增量集 $\{\Delta_t\}$，按有序增量集中最大的 2 个元素将 B_{x_1}分割成 3 组，有

$$B_{x_1} = \begin{matrix} (8.900, & 8.300, & 7.600, & 7.200 \overset{\Downarrow_2}{,} & 4.700 \overset{\Downarrow_1}{,} & 1.200, & 0.800) \\ \underline{\Delta_1 = 0.6} & \underline{\Delta_2 = 0.7} & \underline{\Delta_3 = 0.4} & \underline{\Delta_4 = 2.5} & \underline{\Delta_5 = 3.5} & \underline{\Delta_6 = 0.4} & \end{matrix}$$

"$\Downarrow_1$，$\Downarrow_2$"分别标示了第 1 次、第 2 次分割的位置，得到分割后的 3 组数据分别为 $A_{x_1}^{(1)} = (8.9, 8.3, 7.6, 7.2)$，$A_{x_1}^{(2)} = (1.2, 0.8)$，$A_{x_1}^{(3)} = (4.7)$，可见 A_{x_1}中数据的分布是向大数偏斜的。

（3）设 $\xi_{x_1} = (\xi_{x_1}^{(1)}, \xi_{x_1}^{(2)}, \xi_{x_1}^{(3)})$，则由式（4－13）、式（4－14）可知

$$\xi_{x_1}^{(i)} = \frac{\eta_{x_1}^{(i)}}{\sum_{i=1}^{3} \eta_{x_1}^{(i)}}, i = 1, 2, 3 \tag{4-23}$$

式中

$$\eta_{x_1}^{(1)} = (4/7)^{\alpha+1}, \eta_{x1}^{(2)} = (2/7)^{\alpha+1}, \eta_{x_1}^{(3)} = (1/7)^{\alpha+1}$$

同理，可得 A_{x_2}分割后的 3 组数据分别为 $A_{x_2}^{(1)} = (3.857, 3.457, 2.757, 2.157)$，$A_{x_2}^{(2)} = (10.257, 9.857)$，$A_{x_2}^{(3)} = (6.357)$。可见 A_{x_2}中数据的分布是向小数偏斜的。相应的密度权向量 $\xi_{x_2} = (\xi_{x_2}^{(1)}, \xi_{x_2}^{(2)}, \xi_{x_2}^{(3)})$为

$$\xi_{x_2}^{(i)} = \frac{\eta_{x_2}^{(i)}}{\sum_{i=1}^{3} \eta_{x_2}^{(i)}}, i = 1, 2, 3 \tag{4-24}$$

式中

$$\eta_{x_2}^{(1)} = (4/7)^{\alpha+1}, \eta_{x_2}^{(2)} = (2/7)^{\alpha+1}, \eta_{x_2}^{(3)} = (1/7)^{\alpha+1}$$

由式（4－12）～式（4－24）可得到方案 x_1, x_2 在不同 α（密度影响指数）值下 DWA_{AA}、DWA_{WAA}、DWA_{OWA}、DWA_{Min} 及 DWA_{Max} 算子的集结值，见表 4－1、表 4－2（考虑到篇幅有限，表中仅列了 α 的 11 个值及 7 种算子对应的值）。

表 4－1 x_1 方案下 7 种算子随 α 的取值情况

α	$Ts[\xi(\alpha)]$	DWA_{AA}	WAA	DWA_{WAA}	OWA	DWA_{OWA}	DWA_{Min}	DWA_{Max}
－8	0.0020	4.6715	6.1915	4.6720	5.5600	4.6730	4.6699	4.6731
－4	0.0330	4.3397	6.1915	4.3475	5.5600	4.3533	4.3068	4.3740
－2	0.1429	4.1143	6.1915	4.1411	5.5600	4.0842	3.9429	4.3000
－1	0.2857	4.5667	6.1915	4.6080	5.5600	4.4298	4.2333	4.9333
－0.5	0.3867	5.0098	6.1915	5.0575	5.5600	4.7972	4.5832	5.4816
0	0.5000	5.5286	6.1915	5.5812	5.5600	5.2368	5.0143	6.1000
0.5	0.6133	6.0472	6.1915	6.1032	5.5600	5.6821	5.4583	6.7037
1	0.7143	6.5095	6.1915	6.5676	5.5600	6.0825	5.8619	7.2333
2	0.8571	7.1877	6.1915	7.2475	5.5600	6.6743	6.4644	7.9986
4	0.9670	7.7850	6.1915	7.8453	5.5600	7.1995	7.0039	8.6629
8	0.9980	7.9863	6.1915	8.0466	5.5600	7.3774	7.1875	8.8850

注：①OWA 算子的权重为"大部分"原则下得到的，取为（0，0.1714，0.2857，0.2857，0.2571，0，0）。
②WAA 算子的权重由随机数生成，为（0.0527，0.1021，0.2339，0.1280，0.2026，0.0539，0.2268）。

表 4－2 x_2 方案下 7 种算子随 α 的取值情况

α	$Ts[\xi(\alpha)]$	DWA_{AA}	WAA	DWA_{WAA}	OWA	DWA_{OWA}	DWA_{Min}	DWA_{Max}
－8	0.0020	6.3856	4.8656	6.3851	4.1971	6.3856	6.3840	6.3872
－4	0.0330	6.7174	4.8656	6.7096	4.1971	6.7228	6.6832	6.7503
－2	0.1429	6.9429	4.8656	6.9160	4.1971	6.9989	6.7571	7.1143
－1	0.2857	6.4905	4.8656	6.4491	4.1971	6.6212	6.1238	6.8238
－0.5	0.3867	6.0474	4.8656	5.9996	4.1971	6.2251	5.5755	6.4739
0	0.5000	5.5286	4.8656	5.4759	4.1971	5.7527	4.9571	6.0429
0.5	0.6133	5.0100	4.8656	4.9540	4.1971	5.2753	4.3535	5.5989
1	0.7143	4.5476	4.8656	4.4895	4.1971	4.8465	3.8238	5.1952
2	0.8571	3.8695	4.8656	3.8096	4.1971	4.2134	3.0585	4.5928
4	0.9670	3.2722	4.8656	3.2118	4.1971	3.6522	2.3942	4.0533
8	0.9980	3.0708	4.8656	3.0105	4.1971	3.4623	2.1722	3.8696

注：OWA 及 WAA 算子的权重设置同表 4－1。

分析表4-1～表4-2中的数据，可得到如下结论。

(1)当$\alpha=0$时，密度加权向量ξ是中性的，此时$DWA_{AA}(A_{x_1})=DWA_{AA}(A_{x_2})=AA(A_{x_1})=AA(A_{x_2})=5.5286$；当$\alpha<0$时，密度加权向量$\xi$是偏极性的，体现了决策者"突出个别意见"的决策准则，因而在A_{x_1},A_{x_2}中分配给$A_{x_1}^{(3)}$,$A_{x_2}^{(3)}$的权重较大，分配给$A_{x_1}^{(1)}$,$A_{x_2}^{(1)}$的权重较小，故有$DWA_{AA}(A_{x_1})<AA(A_{x_1})$,$DWA_{AA}(A_{x_2})>AA(A_{x_2})$；当$\alpha>0$时，密度加权向量$\xi$是偏同性的，体现了决策者"强调群体共识，弱化分歧意见"的决策准则，与$\alpha<0$时的情形正好相反，故有$DWA_{AA}(A_{x_1})>AA(A_{x_1})$,$DWA_{AA}(A_{x_2})<AA(A_{x_2})$。

(2)随着α的增大，$DWA_{AA}(A_{x_1})$、$DWA_{WAA}(A_{x_1})$、$DWA_{OWA}(A_{x_1})$、$DWA_{Min}(A_{x_1})$及$DWA_{Max}(A_{x_1})$的取值是先降后增的，而$DWA_{AA}(A_{x_2})$、$DWA_{WAA}(A_{x_2})$、$DWA_{OWA}(A_{x_2})$、$DWA_{Min}(A_{x_2})$及$DWA_{Max}(A_{x_2})$的取值是先增后降的，说明随密度权向量由偏极性向偏同性的转变，A_{x_1}及A_{x_2}中3个数据分组(可看成3个意见群)的作用在不断轮换，集结值呈现这种规律性变化正好印证了DWA算子特殊的集结特征。

(3)$Ts(-\infty)=\lim\limits_{\alpha\to-\infty}Ts[\boldsymbol{\xi}(\alpha)]=0$,$Ts(+\infty)=\lim\limits_{\alpha\to+\infty}Ts[\boldsymbol{\xi}(\alpha)]=1$,$Ts[\boldsymbol{\xi}(\alpha)]$随$\alpha$的增大而增大，并且$Ts(\alpha)+Ts(-\alpha)=1$，说明文中给出的非线性赋权方式具有较好的数值特性。

(4)DWA_{AA}、DWA_{WAA}、DWA_{OWA}是介于DWA_{Min}及DWA_{Max}之间的合成算子，对任意一数据集A，满足$DWA_{AA}(A)$,$DWA_{WAA}(A)$,$DWA_{OWA}(A)\in[DWA_{Min}(A),DWA_{Max}(A)]$。可见，$DWA_{Min}$是一个悲观的集结值，而$DWA_{Max}$是一个乐观的集结值。

(5)当$\alpha=0$时，$DWA_{AA}(A_{x_1})=DWA_{AA}(A_{x_2})$，即$x_1\sim x_2$("～"表示"无差异于")；当$\alpha<0$时，$DWA_{AA}(A_{x_1})<DWA_{AA}(A_{x_2})$，即$x_1\prec x_2$("$\prec$"表示"劣于")；当$\alpha>0$时，$DWA_{AA}(A_{x_1})>DWA_{AA}(A_{x_2})$，即$x_1\succ x_2$("$\succ$"表示"优于")。当$\alpha\leqslant-0.5$时，$DWA_{WAA}(A_{x_1})<DWA_{WAA}(A_{x_2})$，即$x_1\prec x_2$；当$\alpha\geqslant0$时，$DWA_{WAA}(A_{x_1})>DWA_{WAA}(A_{x_2})$，即$x_1\succ x_2$。当$\alpha\leqslant0$时，$DWA_{OWA}(A_{x_1})<DWA_{OWA}(A_{x_2})$，即$x_1\prec x_2$；当$\alpha\geqslant0.5$时，$DWA_{OWA}(A_{x_1})>DWA_{OWA}(A_{x_2})$，即$x_1\succ x_2$。这说明密度权向量的选择(即决策者的偏好)在很大程度上影响了方案的排序结论。

本节研究了一维数据聚类的问题，提出了一种用于一维聚类的方法——有序增量分割法，并证明了该方法的有效性。在此基础上构造了密度加权平均(DWA及$DWGA$)中间算子，提出了同性、中性及极性三种密度权向量的概念，以此来反映决策者对于数据分布信息的不同处理偏好。文中将DWA算子与WAA、OWA、AA、Min及Max算子进行组合，构造了5种合成算子，最后的算例表明合成算子兼顾了DWA算子与其他算子的特点，DWA及合成算子能够根据决策者对信息分布一致性强弱的偏好对多个属性数据进行更为完整的集结处理。

DWA(或$DWGA$)算子主要用于有多个成员参与的群体决策意见的集结问题

上,同时也适用于对决策方案的多个属性值(可看成是多个专家从不同角度对方案的评价)的信息集结方面,由于 *DWA*(或 *DWGA*)算子是基于数据疏密分布信息构造的,从统计意义上说,数据个数越多,其算子的集结效果会越好。进一步研究可在 *DWA*(或 *DWGA*)算子向多种数据形式推广、密度权向量的确定方法及与其他算子的结合上展开。

4.5 基于指标相对发展的集结方法[72,73]

4.5.1 引言

上述三类集结方法各具特点,种类繁多,但具有一个共同的特征:在信息集结的过程中,权重系数多是体现指标值的绝对发展状态。然而,在实际应用中,分析指标值的相对发展水平也显得十分必要,尤其对激励问题而言更是如此。

设三个被评价对象(o_1,o_2,o_3)在两个极大型指标(x_1,x_2)上的取值向量分别为 o_1:(7,11);o_2:(5,7);o_3:(4,8)。假设这里给出的激励规则为:被评价对象在各指标上的发展水平越高,所获得的激励也越大。通过上述指标信息可以看出,被评价对象 o_1 在两个指标上的绝对发展水平(用指标值衡量)都最大,因而无法通过指标值直接区分其在哪个指标上的发展水平更高,原因是实际应用中两个指标的取值区间通常是不同的。需要说明的是,即使对原始数据进行了无量纲化处理,通过指标值衡量被评价对象在各指标上发展水平的方法也不十分理想。如采用"极值处理法"进行无量纲化处理时,o_1 在两个指标上的无量纲化取值均为 1,仍无法区分其在哪个指标上的发展水平更高;若采用"归一化方法"[25]进行无量纲化处理,o_1 在两个指标上的无量纲化取值分别为 0.44 和 0.42,可知 o_1 在指标 x_1 上的发展水平更高;若采用"标准化方法"[25]进行无量纲化处理,o_1 在两个指标上的无量纲化取值分别为 1.09 和 1.12,可知 o_1 在指标 x_2 上的发展水平更高。由上述分析可知,选取不同的无量纲化方法,得到的被评价对象在各指标上发展水平高低的比较结论不尽一致。针对上述问题,构建相应的方法衡量被评价对象在各指标上的相对发展水平显得十分有必要。

基于此,本节提出分布分位数的概念,用于衡量被评价对象在各指标上的相对发展水平,并在此基础上,构建了一种新的信息集结方法,有序分位加权集结算子,讨论了该集结算子的性质及其权重参数的求解方法,并将其应用于激励评价问题中,通过与已有激励评价方法的比较分析,对该集结方法的有效性进行说明。除此之外,有序分位加权集结算子通过参数调整的方式可对处于不同发展水平上的指标值给予不同程度的激励,因而长期使用这种集结方法,能够对被评价对象的发展起到一定的引导作用。

4.5.2　问题描述

设 m 个指标取值的集合为 $\{a_1,a_2,\cdots,a_m\}$。不失一般性，令 $m\geqslant 2$，$a_i\geqslant 0$ 且 m 个指标均为极大型指标。对指标值相对发展水平的测度，用指标值在该指标可能的取值区间内的分布分位数表示。

定义 4.16　对数据集 $\{a_1,a_2,\cdots,a_m\}$，若第 i 个指标对应的可能取值区间的上限和下限分别为 M_i 和 m_i，则称

$$q_i = \frac{a_i - m_i}{M_i - m_i}, i = 1,2,\cdots,m \tag{4-25}$$

为指标值 a_i 的分布分位数，表示指标值在可能的取值区间内的相对发展水平，有 $q_i\in[0,1]$。

由定义 4.16 可知，虽然各指标对应的取值区间可能不尽相同，但分布分位数的取值区间却是一致的，因而可通过分布分位数对不同指标的发展水平进行统一比较。除此之外，分布分位数的另一个作用是便于决策者激励偏好的表达。在已有关于激励评价方法[74~80]的研究中，隐含的假设都是激励指标取值较大或相邻时刻变化增量较大的被评价对象，而对决策者激励偏好和激励程度的研究却很少涉及。图 4-1 给出了决策者基于分布分位数表达其激励偏好的简单示意图。

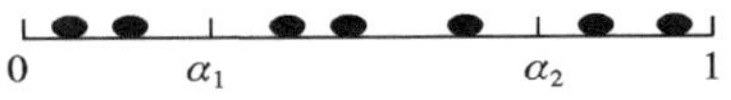

图 4-1　基于分布分位数的激励偏好示意图

在图 4-1 中，黑色圆点表示指标值的分布分位数，α_1 和 α_2 为决策者给定的两个激励分位点。实际应用中，决策者可通过激励偏好点表达其激励偏好。如图 4-1 中，可视为由 2 个激励分位点区分的 3 段激励子区间，即 $[0,\alpha_1)$，$[\alpha_1,\alpha_2)$，$[\alpha_2,1]$，进而可依据指标值的分布分位数在各激励子区间内的分布情况给予被评价对象不同程度的激励。

4.5.3　有序分位加权集结算子

对由 m 个指标值构成的集合 $\{a_1,a_2,\cdots,a_m\}$，依据式(4-25)求得对应的分布分位数 $\{q_1,q_2,\cdots,q_m\}$。不失一般性，设共有 k($k>0$，且 k 的取值为正整数)个激励分位点，记作 $\alpha_1,\cdots,\alpha_k$，有 $\alpha_i\in(0,1)$ 且 $\alpha_i<\alpha_{i+1}$，$i=1,2,\cdots,k-1$。由各激励分位点区分的激励子区间分别为 $[\alpha_0,\alpha_1),\cdots,[\alpha_{i-1},\alpha_i),\cdots,[\alpha_k,\alpha_{k+1}]$，其中 $\alpha_0=0$，$\alpha_{k+1}=1$。激励分位点的设置是为了对分布于不同激励子区间内的指标值给予不同程度的激励，这里用激励系数测度不同子区间的激励程度。

定义 4.17　设激励子区间端点 $\alpha_i(i=0,1,\cdots,k+1)$ 对应的激励系数分别为 r_i,则有

$$r_i = \frac{(1+\alpha_i)^\beta}{\sum_{i=0}^{k+1}(1+\alpha_i)^\beta}, i=0,1,\cdots,k+1 \tag{4-26}$$

其中,$r_i \in (0,1)$ 且 $\sum_{i=0}^{k+1} r_i = 1, \beta \in (-\infty, +\infty)$ 为调整参数。

定义 4.17 中,采用幂指数函数的方式求解激励系数,且以 β 为调整参数,目的是便于决策者激励偏好的灵活表达,如当 $\beta > 0$ 时,指标值的分布分位数所处的激励子区间越接近于 1,其获取的激励越多;反之则越小。除此之外,式(4-26)中要求 $r_i \in (0,1)$ 且 $\sum_{i=0}^{k+1} r_i = 1$,目的是保证适度激励,避免因个别 r_i 取值较大从而出现过度激励的情形。

定义 4.18　设指标值 a_i 对应的分布分位数 q_i 处于第 $j(j=1,\cdots,k+1)$ 个激励子区间 $[\alpha_{j-1},\alpha_j)$,则称

$$w_i = r_{j-1} + (r_j - r_{j-1}) \cdot \frac{q_i - \alpha_{j-1}}{\alpha_j - \alpha_{j-1}} \tag{4-27}$$

为指标值 a_i 的分位权重系数。

定义 4.18 的构建原理是为了对分布于不同激励子区间内的指标值实现分段激励,即分布分位数处于激励子区间 $[\alpha_{j-1},\alpha_j)$ 的指标值对应的分位权重系数也介于 r_{j-1} 与 r_j 之间。式(4-27)中表达式 $(q_i - \alpha_{j-1})/(\alpha_j - \alpha_{j-1})$ 的构建是为了对分布于同一激励子区间内的指标值所获激励程度的适度调整,从而实现对不同指标值的差别激励。

除此之外,由式(4-27)可知,$\sum_{i=1}^{m} w_i$ 不一定等于 1,原因是:若将 $\sum_{i=1}^{m} w_i = 1$ 看成是一个"大小固定的蛋糕",不同的指标值可看成不同的个体,按各自发展程度分割该蛋糕;假设有两组指标值,一组指标值的相对发展程度明显比另一组高,但若仍要求 $\sum_{i=1}^{m} w_i = 1$,则意味着两组发展程度不同的个体,却分得同样大小的"蛋糕",这显然对发展程度较高的那组个体不公平,所以,这里没有对 w_i 进行归一化处理,令其加和等于 1。

定义 4.19　对指标值集合 $\{a_1,a_2,\cdots,a_m\}$,设 $f:R^m \to R$,若

$$\begin{aligned} f(a_1,a_2,\cdots,a_m) &= f(\langle q_1^*,a_1^*\rangle, \langle q_2^*,a_2^*\rangle, \cdots, \langle q_m^*,a_m^*\rangle) \\ &= f(w_i^*,a_i^*), i=1,2,\cdots,m \end{aligned} \tag{4-28}$$

其中,$\{\langle q_1^*,a_1^*\rangle, \langle q_2^*,a_2^*\rangle, \cdots, \langle q_m^*,a_m^*\rangle\}$ 为依据分布分位数由小到大的顺

序确定的有序数对，a_i^* 为与分布分位数 q_i^* 对应的且经过无量纲化处理后的指标值，w_i^* 为与指标值分布分位数相关的分位权重系数[详见式(4－27)]，有 $w_i^* \in [0,1]$ 且通常 $\sum_{i=1}^{m} w_i^* \neq 1$，则称 f 为有序分位加权集结（$OFWA$）算子。

若取 f 为线性集结函数，则式(4－28)可写成

$$f(a_1,a_2,\cdots,a_m) = \sum_{i=1}^{m}\left(r_{j-1} + (r_j - r_{j-1}) \cdot \frac{q_i^* - \alpha_{j-1}}{\alpha_j - \alpha_{j-1}}\right) \cdot a_i^* \qquad (4-29)$$

4.5.4　算子性质分析及分位权重的求解

4.5.4.1　性质分析

性质 1　置换不变性。设 $B=\{b_1,b_2,\cdots,b_m\}$ 为指标值集合 $A=\{a_1,a_2,\cdots,a_m\}$ 的任一置换，则有

$$f(a_1,a_2,\cdots,a_m)=f(b_1,b_2,\cdots,b_m)$$

证明：由式(4－25)可知，集合 A 与 B 中相同指标值对应的分布分位数相同，按分布分位数由小到大的顺序可得有序数对 $<q_i^*, a_i^*>$ 和 $<q_i^*, b_i^*>$ $(i=1,2,\cdots,m)$，则对任意 q_i^*，有 $a_i^* = b_i^*$。

由于集合 A 与 B 中相同指标值对应的分布分位数相同，所以两个集合对应的分布分位数在各激励子区间的分布结构相同。由式(4－26)和式(4－27)可知，两者的分位权重系数也相同，故有 $f(a_1,a_2,\cdots,a_m)=f(b_1,b_2,\cdots,b_m)$ 成立。结论得证。

性质 2　界值性。对任意一组指标值的集合 $A=\{a_1,a_2,\cdots,a_m\}$，有 $0 \leqslant f(a_1,a_2,\cdots,a_m) \leqslant \sum_{i=1}^{m} a_i$。

证明：由式(4－26)和式(4－27)可知，

(1)当 $\beta \geqslant 0$ 时，$w_i \in [r_{j-1}, r_j]$，依据式(4－29)得

$$f(a_1,a_2,\cdots,a_m) = \sum_{i=1}^{m} w_i^* \cdot a_i^* \leqslant \sum_{i=1}^{m} r_j a_i^* \leqslant \sum_{i=1}^{m} r_{k+1} a_i^*$$

因 $r_{k+1} = \dfrac{(1+\alpha_{k+1})^{\beta}}{\sum_{j=0}^{k+1}(1+\alpha_j)^{\beta}} \leqslant 1$，所以 $\sum_{i=1}^{m} r_{k+1} a_i^* \leqslant \sum_{i=1}^{m} a_i^*$。

由于 $w_i^* \geqslant 0$，且 $a_i^* \geqslant 0$，故 $0 \leqslant f(a_1,a_2,\cdots,a_m) \leqslant \sum_{i=1}^{m} a_i$。

(2)当 $\beta < 0$ 时，$w_i \in [r_j, r_{j-1}]$，依据式(4－29)得

$$f(a_1,a_2,\cdots,a_m) = \sum_{i=1}^{m} w_i^* \cdot a_i^* \leqslant \sum_{i=1}^{m} r_{j-1} a_i^* \leqslant \sum_{i=1}^{m} r_0 a_i^*$$

因 $r_0=\dfrac{(1+\alpha_0)^{\beta}}{\sum\limits_{j=0}^{k+1}(1+\alpha_j)^{\beta}}\leqslant 1$，所以 $\sum\limits_{i=1}^{m} r_0 a'_i \leqslant \sum\limits_{i=1}^{m} a'_i$。

由于 $w_i^* \geqslant 0$，且 $a_i^* \geqslant 0$，故 $0\leqslant f(a_1,a_2,\cdots,a_m)\leqslant \sum\limits_{i=1}^{m} a_i$。

结论得证。

性质 3　条件单调性。对任意一组评价指标，对应的两组指标值集合分别为 $A=\{a_1,a_2,\cdots,a_m\}$，$B=\{b_1,b_2,\cdots,b_m\}$，若 $\forall i\in\{1,2,\cdots,m\}$，且 $b_i\geqslant a_i$，则当 $\beta\geqslant 0$ 时，有

$$f(b_1,b_2,\cdots,b_m)\geqslant f(a_1,a_2,\cdots,a_m)$$

证明：对第 $i(i=1,2,\cdots,m)$ 个指标对应的两个指标值 a_i 和 b_i，由式（4-25）可知，当 $b_i\geqslant a_i$ 时，有 $q_{b_i}\geqslant q_{a_i}$，其中 q_{b_i}，q_{a_i} 分别表示 b_i 和 a_i 对应的分布分位数。

当 $\beta\geqslant 0$ 时，有 $r_j\geqslant r_{j-1}$，$j=1,2,\cdots,k+1$。

（1）当 q_{b_i}，q_{a_i} 具有相同的激励子区间分布结构时，有 $\dfrac{q_{b_i}-\alpha_{j-1}}{\alpha_j-\alpha_{j-1}}\geqslant\dfrac{q_{a_i}-\alpha_{j-1}}{\alpha_j-\alpha_{j-1}}$，

依据式（4-27）$w_i=r_{j-1}+(r_j-r_{j-1})\cdot\dfrac{q_i-\alpha_{j-1}}{\alpha_j-\alpha_{j-1}}$，因 $r_j\geqslant r_{j-1}$，所以 $w_{b_i}\geqslant w_{a_i}$（其中，w_{b_i}，w_{a_i} 是与指标值 b_i 和 a_i 对应的分位权重系数）。

因而依据式（4-29）有 $f(b_1,b_2,\cdots,b_m)\geqslant f(a_1,a_2,\cdots,a_m)$。

（2）当 q_{b_i}，q_{a_i} 具有不同的激励区段分布结构时，因 $q_{b_i}\geqslant q_{a_i}$，故指标值 $\{b_1,b_2,\cdots,b_m\}$ 的分布分位数对应的激励子区间必高于 $\{a_1,a_2,\cdots,a_m\}$ 的分布分位数对应的激励子区间。

设 q_{a_i} 分布于第 $j(j=1,\cdots,k)$ 个激励区间，q_{b_i} 分布于第 $j+\Delta(1\leqslant\Delta\leqslant k+1-j$ 且 Δ 取值为整数）个激励区间，则依据式（4-27）有：$w_{a_j}\in(r_{j-1},r_j)$，$w_{b_j}\in(r_{j-1+\Delta},r_{j+\Delta})$。

因当 $i<j$ 时，有 $r_i<r_j$，所以 $w_{b_i}>w_{a_i}$。

依据式（4-29）有 $f(b_1,b_2,\cdots,b_m)>f(a_1,a_2,\cdots,a_m)$。

综合两种情况得 $f(b_1,b_2,\cdots,b_m)\geqslant f(a_1,a_2,\cdots,a_m)$。故结论得证。

4.5.4.2　分位权重求解

在实际应用中，当决策者给定激励分位点后，由式（4-26）可知：

（1）当 $\beta>0$ 时，$r_j\geqslant r_{j-1}$，$j=1,2,\cdots,k+1$，且由式（4-27）知 $w_i\in[r_{j-1},r_j]$，此种情况意味着指标值的相对发展水平越高，对应的分位权重系数越大，即该指标值获得的激励程度越大，因而可将此种情形定义为正激励；

（2）当 $\beta=0$ 时，$r_0=r_1=\cdots=r_{k+1}=1/(m+2)$，且由式（4-27）知 $w_i=1/(m+$

2)($i=1,2,\cdots,m$),此种情况意味着无论指标值的相对发展水平如何,对应的分位权重系数相同,即未对指标值的相对发展水平进行激励,因而可将此种情形定义为无激励;

(3)当 $\beta<0$ 时,$r_j<r_{j-1}$,$j=1,2,\cdots,k+1$,且由式(4-27)知 $w_i\in[r_j,r_{j-1}]$,此种情况意味着指标值的相对发展水平越高,对应的分位权重系数反而越小,即该指标值获得的激励程度越小,因而可将此种情形定义为负激励。

基于上述描述,借鉴 Yager 提出的 orness 系数的测度方式[65],下面给出激励偏好系数的定义,用于测度决策者的激励偏好程度。

定义 4.20　对激励系数 $r_0,r_1,\cdots,r_{k+1}$,称

$$Ip=1-\frac{\sum_{j=0}^{k+1}(k+2-(j+1))r_j}{k+1} \tag{4-30}$$

为激励偏好系数,则有 $Ip\in[0,1]$。

为保证激励偏好的一致性,激励系数 $h_0,\cdots,h_{k+1}$之间的大小应依次递增或递减,即当激励系数之间大小关系依次递增时,有 $h_{t+1}>h_t(t=0,1,\cdots,k)$,表明决策者偏好于相对发展程度较高的指标值,此时有 $Ip\in(0.5,1]$,这里称此种情形为"正激励";相反地,当 $h_{t+1}<h_t$ 时,$Ip\in[0,0.5)$,表示决策者偏好于相对发展程度较低的指标值,此种情形被称为"负激励";除此之外,当 $h_{t+1}=h_t=1/(k+2)$时,$Ip=0.5$,表示无论指标值的相对发展程度如何,决策者给出的激励偏好相同,此种情形被称为"无方向均等激励"。由上述分析可以看出,式(4-30)的构建思路是通过激励系数大小关系的设置将决策者不同程度及不同方向的激励偏好融入同一表达式中,从而使得实际应用中决策者激励偏好表达更具灵活性。

基于上述分析,依据适度激励原则,可通过以下规划模型求解激励系数,然后将求解得到的激励系数代入式(4-27)即可得到对应的分位权重。

$$\min\sqrt{\frac{1}{k+2}\sum_{t=0}^{k+1}(h_t-\bar{h}_t)^2}$$

$$s.t.\begin{cases}Ip=1-\dfrac{\sum_{t=0}^{k+1}(k+2-(t+1))h_t}{k+1}\\ h_{t+1}\geqslant h_t,\text{当 } Ip>0.5 \text{ 时}\\ (\text{或 } h_{t+1}\leqslant h_t,\text{当 } Ip<0.5 \text{ 时})\\ h_t\in[0,1]\\ \sum_{t=0}^{k+1}h_t=1\end{cases} \tag{4-31}$$

式中，$\bar{h}_t = \frac{1}{k+2}\sum_{t=0}^{k+1} h_t$。

规划模型（4－31）的合理性体现于：目标函数的设置使得激励系数的均方差最小，目的是缩小不同激励子区间激励系数之间的差异，从而实现适度激励的效果；约束条件通过激励偏好系数和激励系数大小关系的设定，兼顾了正激励和负激励两种情形，从而提升了运用该模型解决实际问题的应用空间。

通过上述分析可知，有序分位加权集结算子具有以下特点：①信息集结过程中突出指标值的相对发展水平，而非指标取值的绝对大小；②该集结算子打破权重系数加和等于1的限制，可实现被评价对象在各指标相对发展水平越高，分的“蛋糕”越大的效果，从而对被评价对象的发展起到激励引导作用；③算子的结构更具灵活性，可在同一表达式中通过参数的调整表达不同程度的激励偏好，因而应用起来更具灵活性。

4.5.5　理想激励点的求解

4.5.5.1　激励点的确定原则

在实际应用中，激励措施的采用除能够通过分段激励的方式让被评价对象清晰明白自身的发展水平从而对其起到直接引导作用外，激励措施的另一个作用就是为了凸显被评价对象之间的差异，从而使得被评价对象看清自身与其他被评价对象之间的差距，以对其发展起到间接的引导作用。在这一过程中起关键作用的是决策者给出的激励点的位置。理想的激励点应分布于所有被评价对象分布分位数的取值区间内，从而实现对被评价对象发展的“直接引导”（或“内部激励”），同时也应能够最大程度地区分出不同被评价对象集结值之间的差异，实现对被评价对象的“间接引导”（或“外部激励”）。基于此，下面给出确定理想激励点的2条基本原则。

原则4.1　内部激励。决策者给出的激励点应分布于所有被评价对象分布分位数的取值范围内。

原则4.2　外部激励。决策者给出的激励点应使所有被评价对象最终集结值之间的差异最大。

对原则4.1，设被评价对象$o_i(i=1,2,\cdots,n)$关于m个属性的分布分位数集合为$\{q_{i1},q_{i2},\cdots,q_{im}\}$，则理想激励点$\alpha_l(l=1,\cdots,k)$的取值范围为

$$\alpha_l \in [\min_{i=1,\cdots,n;j=1,\cdots,m}\{q_{ij}\},\ \max_{i=1,\cdots,n;j=1,\cdots,m}\{q_{ij}\}]$$

对原则4.2，设集结值之间的差异用两个集结值之间的偏差衡量，因而理想激励点的给出应使集结值之间的最小偏差最大化，即激励点$\alpha_l(l=1,\cdots,k)$的给出应使$\min\{|y_i-y_k|\}(i\neq k)$最大。

4.5.5.2　理想激励点的模拟求解

基于寻找理想激励点的两条原则,下面给出求解理想激励点的基本过程。

步骤 1　对某评价矩阵,求解对应的分布分位数矩阵。

步骤 2　决策者给出激励偏好系数 Ip 及激励点的个数。

步骤 3　在分布分位数的最大值与最小值之间随机取定激励点,依据激励偏好系数 Ip、式(4－27)、式(4－30)和式(4－31)求解分位权重,将指标值和分位权重代入式(4－28)计算得到被评价对象的集结值。

步骤 4　计算所有被评价对象集结值之间的最小偏差,重复步骤 3,寻找能够使该最小偏差最大的激励点。

由上述理想激励点的求解过程可知,理想激励点的寻找是在分布分位数的最大值与最小值之间"随机寻优"的过程,因而随机模拟仿真的方法可作为独立组件融入到该寻优过程中,不仅可提升该过程的可操作性,同时还可节约求解的时间成本。下面对理想激励点的随机模拟求解步骤进行归纳。

步骤 1　对评价矩阵$[x_{ij}]_{n\times m}$,计算其分布分位数,并将分布分位数矩阵中的最大值和最小值分别记为 $q_{\max}$ 和 $q_{\min}$。

步骤 2　设置仿真次数监控变量 $count$(初始值为 0),设置存储变量 σ_0(初始值为 0)、$\alpha_1,\cdots,\alpha_k$(设决策者给定 k 个激励点,初始值为 0)。

步骤 3　$count=count+1$,在区间$[q_{\min},q_{\max}]$内按均匀分布的方式随机生成 k 个随机数(激励点),记为 $r_1,\cdots,r_k$。

步骤 4　基于决策者给出的激励偏好系数 Ip 计算各被评价对象的分位权重,并按有序分位加权集结算子的方式对(规范化处理后)评价信息进行集结,得到被评价对象的集结值 y_i,并计算集结值之间两两偏差的最小值,记为 σ。

步骤 5　若 $\sigma>\sigma_0$,则令 $\sigma_0=\sigma;\alpha_1=r_1,\cdots,\alpha_k=r_k$。

步骤 6　若 $count=sum$(sum 为决策者给出的仿真总次数,一般$[q_{\min},q_{\max}]$区间范围越大,sum 值越大),转入步骤 7,否则转入步骤 3。

步骤 7　保存 σ_0 和 $\alpha_1,\cdots,\alpha_k$ 的数值,退出程序。

通过上述模拟仿真得到的激励点 $\alpha_1,\cdots,\alpha_k$,即为理想激励点。

4.5.6　应用算例

对某公司 5 名员工在出勤情况(用 x_1 表示)、销售业绩(用 x_2 表示)、工作积极性(用 x_3 表示)、学习能力(用 x_4 表示)、客户满意程度(用 x_5 表示)、工作创新性(用 x_6 表示)6 个方面的表现进行绩效评价。5 名员工的绩效数据如表 4－3 所示。

表 4-3　员工在各考核属性上的绩效得分

	x_1	x_2	x_3	x_4	x_5	x_6
员工 1	6.3	5.1	5.9	7.1	4.6	4.7
员工 2	5.3	4.8	7.8	5.6	6.3	7.5
员工 3	7.9	4.5	4.6	6.9	6.6	4.4
员工 4	4.6	7.7	4.7	4.1	4.1	7.2
员工 5	6.2	6.0	5.6	7.7	6.0	5.9

由问题描述可知,6 个考核项均为效益型指标,依据式(4-25)求得员工在各考核指标上的相对发展程度(分布分位数)如表 4-4 所示,其中各考核指标得分的理想上限为 10 分,可接受的下限为 1 分。

表 4-4　员工在各考核属性上的分布分位数　　单位:%

	x_1	x_2	x_3	x_4	x_5	x_6
员工 1	59	45	54	68	40	41
员工 2	48	42	76	51	59	73
员工 3	76	39	40	65	62	38
员工 4	40	75	42	34	35	69
员工 5	58	56	51	74	55	55

4.5.6.1　激励点求解

依据理想激励点的模拟仿真步骤,激励点的随机取值区间为[34%,76%]。下面分别就决策者给出 1 个和 2 个激励点的情形进行模拟仿真(单激励点仿真 10 万次,双激励点仿真 100 万次),仿真结果分别如表 4-5、表 4-6 所示。需要说明的是,由于员工在各考核指标上的得分区间相同(为[1,10]),所以无须对得分值进行标准化处理。

表 4-5　单激励点情形下的模拟结果

Ip	激励点	集结值
0.1	56%	(8.44,7.47,8.18,8.70,7.11)
0.2	74%	(13.99,14.20,13.78,13.27,14.58)
0.3	68%	(12.63,12.81,12.45,11.86,13.18)
0.4	72%	(12.02,12.82,12.18,11.47,12.98)
0.5	任意值	(11.12,12.31,11.52,10.69,12.34)
0.6	62%	(10.64,12.39,11.34,10.39,12.23)
0.7	54%	(11.11,13.47,12.13,10.87,13.23)

续表

Ip	激励点	集结值
0.8	50%	(11.69,14.65,12.96,11.41,14.36)
0.9	49%	(9.12,12.89,11.35,9.82,12.04)

表 4－6　双激励点情形下的模拟结果

Ip	激励点	集结值
0.1	(39%,44%)	(5.42,1.45,2.50,4.55,3.37)
0.2	(39%,43%)	(6.05,3.85,4.34,5.56,4.83)
0.3	(45%,76%)	(7.61,8.87,8.56,8.10,8.33)
0.4	(69%,76%)	(7.38,10.22,9.63,8.18,8.77)
0.5	任意值	(6.55,9.75,9.90,7.28,8.55)
0.6	(64%,76%)	(5.76,9.55,10.22,6.43,8.37)
0.7	(58%,75%)	(5.13,10.06,10.91,5.98,8.40)
0.8	(50%,72%)	(4.53,10.74,11.85,5.64,8.46)
0.9	(50%,62%)	(3.75,12.36,14.09,5.57,8.58)

4.5.6.2　结果分析

(1)不同激励偏好系数下的激励点的变化分析。为便于观察,绘制不同激励偏好系数下激励点的变化趋势图,如图 4－2 所示。

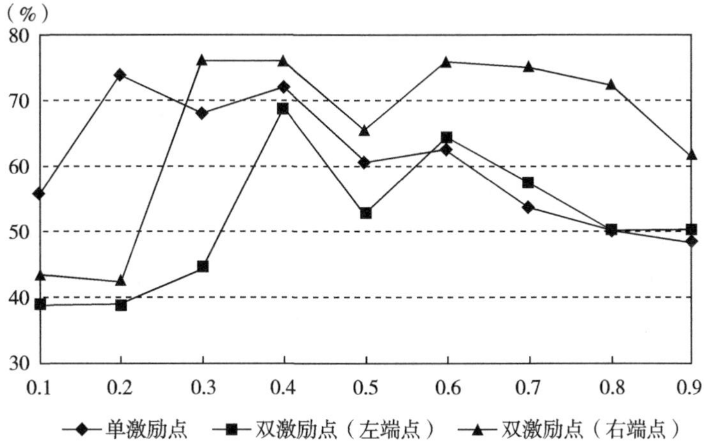

图 4－2　不同激励偏好系数下激励点的变化趋势

注:为作图方便,图中 $Ip=0.5$ 时的激励点取其他激励偏好系数下激励点的均值。

观察两种激励情形下激励点的变化情况,可以发现无论是单点激励还是双点激励,在“负激励”($Ip<0.5$)时,不同激励偏好系数下激励点的变化幅度均大于“正激励”时激励点的变化幅度,表明负激励时激励点对决策者激励偏好系数的敏感程度大于正激励时的敏感程度。

(2)不同激励偏好系数下各员工集结值的变化分析。当激励偏好系数在0.1～0.9 变动时,分别绘制单点激励和双点激励情形下员工集结值的变化趋势图,如图4－3所示。

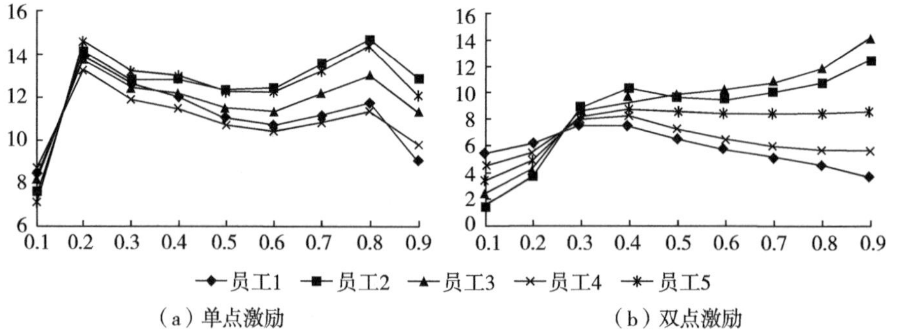

图4－3　单、双点激励情形各员工集结值的变化情况

观察图4－3 可以发现:①在单点激励情形下,各员工集结值随激励偏好系数的变化趋势基本一致(变化幅度略有不同),说明在单激励情形下,决策者激励偏好系数对各员工奖惩结果的影响是同方向的,即激励偏好系数的变化能够对所有员工实现同时奖励(集结值变大)或惩罚(集结值变小);②在双点激励时,员工 o_2、o_3 和 o_5 的集结值变化趋势一致,随着激励偏好系数的增加,集结值基本呈上升趋势,但 o_5 的上升趋势不明显,而员工 o_1 和 o_4 的集结值变化趋势一致,随着激励偏好系数的增加,集结值基本呈先上升再下降的趋势,说明在双点激励情形下,决策者激励偏好系数的变化能够对各员工实现奖惩并行。

(3)不同激励偏好系数下员工之间集结值的对比分析。为分析激励措施的采取是否对员工起到奖惩作用,这里将不同激励偏好系数下员工的集结值与采用算术平均方法(代表无激励情形)得到的员工的集结值(分别为5.60,6.23,5.80,5.42,6.23)进行比较分析,如图4－4 所示。

观察图4－4 可以得出:①比较 $Ip=0.5$ 的集结值和平均集结值,发现无论是单点激励还是双点激励,$Ip=0.5$ 时各员工的集结值均大于其平均集结值,且集结值之间的差异变大(参照表4－6 和上述平均集结值),原因是有序分位加权集结算子中分位权重加和不等于1,相比于平均集结方法,有序分位加权集结算子中 $Ip=0.5$

时分位权重之和的增加拉大了集结值及其差异，因而本节将 $Ip=0.5$ 定义为"无方向的均等激励"而非"无激励"；②在单点激励时，无论在何种激励偏好系数下，员工集结值均大于平均集结值，而在双点激励时，存在员工集结值小于平均集结值的情形，说明单点激励多体现的是对员工的奖励，而双点激励是对员工的奖惩并行；③当激励偏好系数 $Ip\geqslant 0.3$ 时，员工之间的集结值变化趋势基本一致，但随着激励偏好系数的增加，各员工集结值之间的变化幅度也有所增大，而激励偏好系数较小时（$Ip=0.1$，0.2），员工之间的集结值变化趋势与 $Ip\geqslant 0.3$ 时的差异较大，表明负激励且激励程度越大时，能够对员工之间的排序产生影响，而正激励对员工之间排序影响不大，但却能够拉大员工集结值之间的差异。

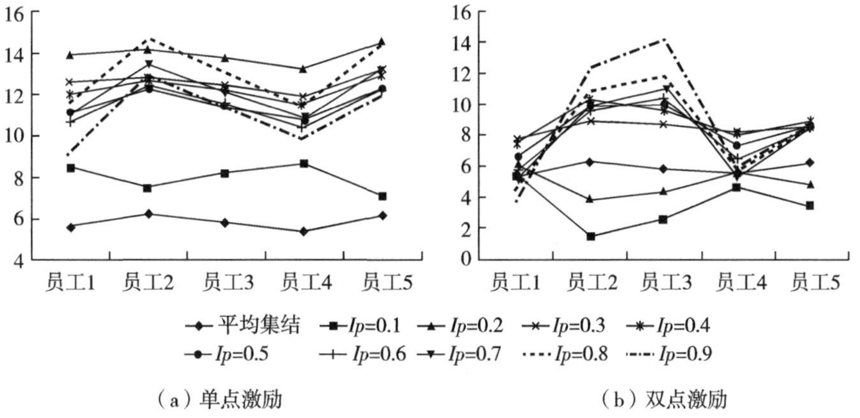

图 4-4　单、双点激励情形员工之间集结值的对比图

综上可知，在本算例中，建议选用正向双点激励（且激励偏好系数应尽可能大）的方式对被评价对象进行激励，因为这种激励方式不仅能够实现对被评价对象的奖惩并重，又能够通过奖惩凸显被评价对象之间的差异。上述求解理想激励点的方式适用于以下两种情形：一是决策者能够给出激励方向和激励程度的判断，却不能明确把握激励位置；二是决策者意图通过分段激励最大程度地实现奖惩并拉大被评价对象之间的差异。

4.6　兼顾"功能性"与"均衡性"的组合集结模式[81]

在经济管理的活动中，经常遇到综合评价的问题，例如对员工的岗位津贴等级的评定、候选人的排队等。如何对各被评价对象进行科学、客观、公正、合理、透明的综合评价，使评价结果确实起到鼓励先进、鞭策后进的作用，这不仅是一个很有学术意义的理论课题,也是一个很有实际应用价值的应用课题。

众所周知,在选定的评价指标体系 $x_1,x_2,\cdots,x_m$ 中,指标值 x_j 的大小可以说是反映或刻画被评价对象应具有的某种功能大小的一个量度,各项评价指标之间应有一个相应的均衡性。而在以往的综合评价模型中,或只考虑各项评价指标的“功能性”,或只考虑各项评价指标之间的“均衡性”,没有将这二者很好地结合起来。而在实际评价过程中,是既看重评价指标的“功能性”,又突出评价指标之间的“均衡(或协调)性”。这一点在“选美”活动中更为明显。

如何构建一个同时兼顾评价指标的“功能性”和“均衡性”的评价模型,将是一个具有新意的研究问题。

4.6.1 评价模型的建立

对于评价指标类型一致(这里不妨均假定为极大型)的无量纲化评价指标 x_1,$x_2,\cdots,x_m$,常采用评价模型(4-2)或模型(4-3)对 n 个被评价对象(或系统)s_1,$s_2,\cdots,s_n$ 进行综合评价,式中 w_j 为相应评价指标 x_j 的权重系数 $(w_j \geqslant 0 \sum_{j=1}^{m} w_j = 1)$。

很显然,评价模型(4-2)突出了系统的功能性(即各评价指标值的大小),但具有“一俊遮百丑”的特点。若经常使用该模型,可能会诱导被评价对象走“捷径”而导致“畸形”发展;而评价模型(4-3)却突出的是系统的均衡(或协调)性(即强调各评价指标值之间的均衡性),尽管具有“一丑遮百俊”的弊端(即看重的是木桶中的“短板子”),当经常使用该模型时,可能会促使被评价对象的“协调(或均衡)”发展。事实上,系统的运行状况本身就包含了“功能性”与“均衡性”这两方面的特征。因此,一般来说,在实际的评价过程中不应该将这二者分开。如果将这二者兼顾起来评价各被评价对象,将会得到更加贴近实际情况且更易于被人们接受的评价(或排序)结果。

如果对原始数据 $\{x_{ij}\}$ $(i=1,2,\cdots,n;j=1,2,\cdots,m)$ 作如下的无量纲化处理

$$x_{ij}^* = x_{ij}/\min_i \{x_{ij}\},j=1,2,\cdots,m;i=1,2,\cdots,n$$

则由模型(4-2)和模型(4-3)计算出的综合评价值是同向(即 y 的取值都是越大越好)的,不失一般性,以下仍记 x_{ij}^* 为 x_{ij}。

定义 4.21　称算式

$$y = \lambda_1 y^{(1)} + \lambda_2 y^{(2)} = \lambda_1 \sum_{j=1}^{m} w_j^{(1)} x_j + \lambda_2 \prod_{j=1}^{m} x_j^{w_j^{(2)}} \tag{4-32}$$

为具有兼顾系统的“功能性”与“均衡性(或协调性)”特征的综合评价模型。式中 $\lambda_1,\lambda_2(\lambda_1 \geqslant 0,\lambda_2 \geqslant 0,\lambda_1+\lambda_2=1)$ 为已知的比例系数,其含义是分别表示“功能性”的评价与“均衡性”的评价在综合评价结果中所占的比重。$w_j^{(1)}$,$w_j^{(2)}$ 分别表示在

“功能性”评价与“均衡性”评价中各评价指标 x_j 的权重系数。

这时，或按 $y_i(i=1,2,\cdots,n)$ 的值由大到小，对 $s_1,s_2,\cdots,s_n$ 进行排序，或根据 $\{y_i\}$ 的分散或聚类情况而对 $s_1,s_2,\cdots,s_n$ 进行分类，从而达到对 $\{s_i\}$ 的真正综合意义的评价目的。

当然，如果能很有把握地给出评价指标 x_j 的标准值或理想值 x_j^* 的话，理想点（或向“样板”看齐）模型（4-5）式就是兼顾了评价指标的“功能性”与“均衡性”。

当取定 $s_1,s_2,\cdots,s_n$ 的指标值 $\{x_{ij}\}$ 时，评价模型的选择对评价结果 $\{y_i\}$ 是敏感的[82]。特别是对于敏感性较强的综合排序问题，更应突出评价方法的科学性、公正性、合理性及透明性，否则，就会不同程度地出现：应用科学的方法，而得出不科学的结果。对于客观性（或透明性）很强的综合评价方法来说，笔者认为：在取定 n 个被评价对象且已得到各评价指标观测值 $\{x_{ij}\}$ 的条件下，哪种评价方法能最大程度地突出各被评价对象之间的差异，就应该使用哪种评价方法。或者说，哪种评价方法的方差（即综合评价值 y_i 的分散程度）大，就应该采用哪种评价方法。

4.6.2　实例

对全国29个省、自治区、直辖市1997年的经济增长质量进行综合评价，由于数据支持程度等方面的原因，这里取如下的评价指标体系：劳动集约化指标、能源集约化指标、投资集约化指标、贷款集约化指标、工业集约化指标（其数据见表4-7），依次记为 $x_1,x_2,\cdots,x_5$。

表4-7　1997年各省、自治区、直辖市评价指标数据

省（区、市）	劳动集约化指数	能源集约化指数	投资集约化指数	贷款集约化指数	工业集约化指数
北京	42.46	48.14	38.43	35.01	69.88
天津	24.50	50.22	50.76	43.43	46.97
河北	18.09	54.68	54.89	71.41	63.93
山西	15.73	41.57	75.82	48.17	100.0
内蒙古	15.83	45.72	70.35	43.49	74.78
辽宁	27.65	57.95	74.68	43.92	19.73
吉林	18.50	53.69	81.00	37.97	69.47
黑龙江	20.54	50.17	82.52	53.62	93.93
上海	61.28	85.90	34.60	45.65	66.54
江苏	28.35	100.0	61.88	84.23	56.41
浙江	27.35	100.0	55.85	74.56	51.46
安徽	13.11	96.63	79.28	73.72	60.32

续表

省(区、市)	劳动集约化指数	能源集约化指数	投资集约化指数	贷款集约化指数	工业集约化指数
福建	27. 53	100. 0	61. 85	61. 39	63. 62
江西	12. 94	100. 0	80. 46	53. 97	78. 46
山东	23. 10	100. 0	75. 72	75. 04	63. 62
河南	11. 92	83. 86	71. 44	56. 43	66. 33
湖北	19. 82	89. 67	64. 98	55. 49	56. 54
湖南	11. 71	50. 72	88. 73	74. 19	60. 76
广东	32. 96	100. 0	64. 96	59. 92	59. 55
广西	12. 65	100. 0	85. 71	74. 50	82. 82
海南	20. 28	100. 0	49. 83	28. 45	50. 68
四川	10. 58	71. 94	71. 37	54. 98	77. 04
贵州	6. 92	32. 43	65. 45	58. 55	79. 45
云南	10. 58	67. 20	62. 08	100. 0	100. 0
陕西	11. 27	64. 48	65. 35	46. 26	71. 86
甘肃	8. 09	46. 96	60. 31	43. 82	65. 49
青海	12. 58	43. 92	42. 22	40. 64	100. 0
宁夏	11. 63	36. 44	48. 45	40. 63	71. 90
新疆	20. 42	44. 79	47. 95	45. 46	74. 44

显然,能直接给出上述评价指标的权重系数是相当困难的,因此取 $w_j = 1/m = 0.2$。

基于"差异驱动"原理,为突出各评价指标的局部差异,取

$$w'_j = w''_j = \sigma_j / \sum \sigma_i, j = 1,2,\cdots,5 \tag{4-33}$$

式中 $\sigma_j^2 = \sum_{i=1}^{29} (x_{ij} - \bar{x}_j)^2 / 29 (j = 1,2,\cdots,5)$ 为评价指标 x_j 的方差,而 $\bar{x}_j = \frac{1}{29}\sum_{i=1}^{29} x_{ij}$ $(j = 1,2,\cdots,5)$ 为评价指标 x_j 的平均值。

为使评价结果不具有随意性,即不给评价者(或决策者)以经验判断、人为假定等方式留下空间,这里取 $\lambda_1 = \partial_1/(\partial_1 + \partial_2)$,$\lambda_2 = \partial_2/(\partial_1 + \partial_2)$,而 $\delta_1 = \sum_{i=1}^{29}(y_i^{(1)} - \bar{y}^{(1)})^2$,$\delta_2 = \sum_{i=1}^{29}(y_i^{(2)} - \bar{y}^{(2)})^2$,$y_i^{(1)} = \sum_{j=1}^{5} w'_j x_{ij}$,$i = 1,2,\cdots,29$,$y_i^{(2)} = \prod_{j=1}^{5} x_{ij}^{w''_j}$,$i = 1,2,\cdots,29$。

由式(4-32)求得 $w_1 = 0.136$,$w_2 = 0.292$,$w_3 = 0.171$,$w_4 = 0.197$,$w_5 = 0.204$,将权重系数及 x_{ij} 分别代入式(4-2)、式(4-3)、式(4-5)和式(4-32)(取 $x_j^* = 1$)中,求得各省、自治区、直辖市经济增长质量的综合评价值 $\{y_i\}$,并按 y_i 的值由大到小对 $\{s_i\}$ 进行了排序(见表4-8)。

表4－8　1997年各省、自治区、直辖市经济增长质量的综合评价值及其排序

省	评价模型(4－2)		评价模型(4－3)		评价模型(4－32)		评价模型(4－5)		算术平均值法	
(区、市)	y_i 值	排序	y_i 值	排序	y_i 值	排序	y_i 值	排序	y_i 值	排序
北京	47.55	25	46.14	22	47.11	4	29.01	22	46.78	24
天津	44.81	28	43.74	24	44.48	5	31.18	25	43.18	28
河北	54.93	19	51.22	15	53.77	2	22.87	16	52.60	17
山西	57.14	16	49.71	17	54.82	1	25.92	19	56.26	16
内蒙古	51.36	21	46.65	21	49.89	3	27.33	20	50.03	20
辽宁	46.13	27	41.59	26	13.01	27	32.72	28	44.79	27
吉林	53.70	20	49.06	18	15.35	21	25.39	18	52.13	18
黑龙江	61.29	13	55.71	12	17.43	17	20.67	14	60.15	9
上海	61.88	12	58.84	10	18.41	15	18.04	10	58.79	11
江苏	71.73	4	66.75	3	20.88	8	13.82	3	66.17	3
浙江	67.64	9	62.53	6	19.56	11	16.59	9	61.85	8
安徽	70.37	6	61.30	7	19.18	13	15.61	6	64.61	5
福建	68.58	8	64.01	5	20.02	10	15.27	5	63.38	7
江西	71.34	5	61.48	7	19.23	12	16.08	7	65.16	4
山东	73.04	2	67.31	1	21.06	6	12.98	2	67.49	2
河南	62.96	10	55.17	13	17.26	18	18.76	11	58.00	12
湖北	62.44	11	57.22	11	17.90	16	18.91	12	57.30	13
湖南	58.60	15	51.14	16	16.00	20	22.36	15	57.22	14
广东	68.73	7	64.95	4	20.32	9	14.71	4	63.47	6
广西	77.14	1	66.76	2	20.88	7	12.61	1	71.13	1
海南	56.39	17	48.54	20	15.18	23	27.99	21	49.83	21
四川	61.19	14	53.24	14	16.65	19	19.64	13	57.18	15
贵州	49.36	23	39.99	28	12.51	28	31.40	26	48.56	22
云南	71.79	3	60.47	9	18.92	14	16.47	8	59.53	10
陕西	55.31	18	48.82	19	15.27	22	23.75	17	51.84	19
甘肃	47.12	26	40.74	27	12.74	27	31.04	24	44.93	26
青海	50.16	22	42.87	25	13.41	25	32.22	27	47.88	23
宁夏	43.18	29	38.45	29	12.03	29	35.52	29	41.89	29
新疆	48.20	24	45.31	23	14.07	24	29.34	23	46.61	25
离差平方和	10937		2266		4796		1354		1810	

表 4 – 8 所列的 5 种综合评价（或排序）结果是完全不同且彼此之间存在的差别也是相当大的。例如：北京的经济增长质量在评价模型（4 – 2）下的排序为第 25 位，在评价模型（4 – 3）下的排序为第 22 位，在评价模型（4 – 5）下的排序为第 22 位，应用算术平均值法的排序为第 24 位，而在评价模型（4 – 32）下的排序却是第 4 位；山西的经济增长质量在评价模型（4 – 2）下的排序为第 16 位，在评价模型（4 – 3）下的排序为第 17 位，在评价模型（4 – 5）下的排序为第 19 位，应用算术平均值法的排序为第 16 位，而在评价模型（4 – 32）下的排序却是第 1 位；广西的经济增长质量在评价模型（4 – 2）下的排序为第 1 位，在评价模型（4 – 3）下的排序为第 2 位，在评价模型（4 – 5）下的排序为第 1 位，应用算术平均值法的排序为第 1 位，而在评价模型（4 – 32）下的排序却是第 7 位。

从总体的评价或排序结果来看，应用模型（4 – 2）、模型（4 – 3）、模型（4 – 5）及算术平均值法所得到的评价结果是比较接近的，而应用模型（4 – 32）式所得到的评价结果是明显不同于其他方法的。

应用模型（4 – 2）、模型（4 – 3）、模型（4 – 32）、模型（4 – 5）及算术平均值法所得到的离差平方和分别为 10937、2266、4796、1354 和 1810。无论是从最大程度地体现出各被评价对象之间的差异的角度看，还是从逻辑的角度看，评价模型（4 – 32）都是可取的。因此，应采用评价模型（4 – 32）的排序结果（该排序结果易被人们接受）。

此例告诉我们：①在对各被评价对象进行综合评价时，在明确评价目的之后，应慎重地选择评价模型。否则，就会出现“表面上的科学性掩盖着实质上的不科学性”的现象。②在一般情况下，不宜采用算术平均值法，尽管它具有方法简单、容易操作等特点（因其离差平方和是较小的）。

本节只就综合评价模型（4 – 2）、模型（4 – 3）、模型（4 – 5）、模型（4 – 32）和算术平均值法 5 种评价结果进行了实证比较，结果表明：由模型（4 – 32）给出的综合评价方法不但同时兼顾了评价指标的“功能性”与“均衡性”，也体现出了评价过程的科学性、公正性、合理性、透明性，同时也最大程度地体现出各被评价对象之间的差异，更不会出现“一俊遮百丑”或“一丑遮百俊”的情况，有利于促进系统的整体均衡发展。

4.7　小结

本章介绍了五种评价信息的集结方式，分别为基于指标性能的集结方式、基于指标位置的集结方式、基于指标值分布的集结方式、基于指标相对发展的集结方式和兼顾“功能性”与“均衡性”的组合集结方式。

关于基于指标性能的集结方式，介绍了线性加权综合法、非线性加权综合法、增益型线性加权综合法和理想点法四种常见方法，在信息集结的过程中通过突出指标性能为决策者需求偏好的表达提供了实现途径。

基于指标位置的集结方式主要介绍了有序加权平均算子和有序加权几何平均算子两种方法。该方法在信息集结的过程中，将权重系数与指标位置进行关联，使得上述两种算子成为沟通逻辑“与”和“或”运算的一种柔性集结方式，从而能更好地表达决策者的宽容、乐观、悲观、苛刻等偏好特征。

通过分析指标值的分布特征，提出了密度中间集结算子，该算子的核心思想是“待集结的数据集内部是（可以或应该）有结构的，而结构信息的利用会形成许多性质鲜明的集结值”。因而，密度中间集结算子能够在对“数据元素集”中的分组结构进行隐含挖掘或指定的基础上，实现信息的特色化集结，因而具有更好的灵活性，且能更好地指导实践应用。

为衡量指标值的相对发展水平，从而实现对被评价对象的激励引导，提出了有序分位加权集结算子，该算子通过权重加和不等于1的设置能够对被评价对象起到最大程度的激励作用。此外，理想激励点的确定能够凸显被评价对象之间的差异，从而使得被评价对象看清自身与其他被评价对象之间的差距，以间接引导被评价对象的发展。

兼顾“功能性”与“均衡性”的组合集结模式对“加法”合成法与“乘法”合成法的一种组合使用，组合的思想常常能兼顾多种算子的优点，在综合评价的实践中，可仿照这种思路构造符合实际情况的信息集结模型。

拓展篇

第5章 动态综合评价方法

5.1 引言

在现实的经济管理与决策中,也经常遇到这样的问题:既需要综合比较 n 个系统 $s_i(i=1,2,\cdots,n)$ 在某时刻 $t_k(k=1,2,\cdots,N)$ 处的发展(或运行)状况,又需要综合比较某个系统 s_i 在不同时刻 $t_k(k=1,2,\cdots,N)$ 的整体发展(或运行)水平,也需要综合比较 n 个系统 $s_i(i=1,2,\cdots,n)$ 在不同时刻 $t_k(k=1,2,\cdots,N)$ 的整体发展(或运行)水平。例如,在同一时刻不同国家或地区之间综合国力的对比;同一国家或地区的综合经济实力在不同时刻发展变化的对比;不同国家或地区在不同时刻的综合经济实力的动态发展(或运行)变化等。在时间区间 $[t_1,t_N]$ 内,对于相对稳定的评价指标体系 $x_1,x_2,\cdots,x_m$ 来说,若能确定出评价指标 x_j 不同时刻 t_k 处的权重系数 $w_j(t_k)$($w_j(t_k)\geqslant 0$, $\sum_{j=1}^{m} w_j(t_k)=1\ \forall t_k\in[t_1,t_N]$),那么,$s_i$ 在 t_k 时刻的发展状况可由

$$y_i(t_k)=f(\boldsymbol{w}(t_k),\boldsymbol{x}_i(t_k)),i=1,2,\cdots,n;k=1,2,\cdots,N \qquad (5-1)$$

来描述。式中 $f(\cdot,\cdot)$ 为(结构待定的)综合评价函数,$\boldsymbol{w}(t_k)=(w_1(t_k),w_2(t_k),\cdots,w_m(t_k))^{\mathrm{T}}$,$\boldsymbol{x}_i(t_k)=(x_{i1}(t_k),x_{i2}(t_k),\cdots,x_{im}(t_k))^{\mathrm{T}}$。式(5-1)所描述的就是所谓的具有时序特征的多属性(或多指标)综合评价问题(以下简称为动态综合评价问题)。这是一类很有现实意义和应用价值的多指标(或多属性)决策问题。

由式(5-1)不难看出:

当 $n=1$ 时,式(5-1)描述的是单系统的综合评价问题,而当 $n>1$ 时,式(5-1)描述的是多系统的综合评价问题;

当 $m=1$ 时,式(5-1)描述的是单指标的评价问题,而当 $m>1$ 时,式(5-1)描述的是多指标的综合评价问题;

$N=1$ 时,式(5-1)描述的是静态系统的综合评价问题,而当 $N>1$ 时,式(5-1)描述的是动态系统的综合评价问题。

于是,当 $n>1,m=1,N=1$ 时,式(5-1)描述的是多系统"横向"(即利用"横断面"的数据或资料)的单指标评价问题,或称为静态的单指标评价问题;

当 $n>1,m>1,N=1$ 时,式(5-1)描述的是多系统"横向"(即利用"横断面"的数据或资料)的多指标综合评价问题,或称为静态的多指标综合评价问题;

当 $n=1,m=1,N>1$ 时,式(5-1)描述的是单系统"纵向"[即利用"纵向"(或

时序)数据]的单指标综合评价问题,或称为“纵向”单指标综合评价问题;

当 $n=1,m>1,N>1$ 时,式(5-1)描述的是单系统“纵向”[即利用“纵向”(或时序)数据]的多指标综合评价问题,或称为“纵向”多指标综合评价问题;

当 $n>1,m>1,N>1$ 时,式(5-1)描述的是多系统“纵横向”(即同时利用“纵横向”的数据或资料)的多指标综合评价问题,或称为动态的多指标综合评价问题。

5.2　两种确定时序权重的方法

5.2.1　二次加权法[83]

5.2.1.1　时序权重的确定方法

这里将第3.2.3节中的 G_1-法,推广到具有时序特征的情形。不失一般性,在时间区间 $[t_0,T]$ 内,仍假定相对稳定的评价指标 $x_1,x_2,\cdots,x_m$ 均为极大型指标。为叙述方便,先给出如下定义。

定义5.1　若 $x_1,x_2,\cdots,x_m$ 在 $t(t\in[t_0,T])$ 时刻相对于某评价准则 C 具有

$$x_{i_1}>x_{i_2}>\cdots>x_{i_m} \tag{5-2}$$

时,则称 $x_1,x_2,\cdots,x_m$ 在 t 时刻按“>”(表示重要性大小)确定了序关系,其中 x_{i_k} 表示按序关系“>”排定的指标集 $\{x_j\}$ 中的第 k 个指标。

定义5.2　对任意的 $t(t\in[t_0,T])$,若 $x_1,x_2,\cdots,x_m$ 相对于某评价准则 C 都有序关系式(5-2),则称指标 $x_1,x_2,\cdots,x_m$ 在 $[t_0,T]$ 内按“>”确定了序关系。

当 $[t_0,T]$ 的区间长度较大时,指标 $x_1,x_2,\cdots,x_m$ 之间的某种序关系通常是不稳定的。这时,可根据实际问题的具体情况,将区间 $[t_0,T]$ 划分为 $p(p\geqslant 2)$ 个子区间,即 $[t_0,T]=[t_0,T_1)\cup[T_1,T_2)\cup\cdots\cup[T_{p-1},T_p]\ (T_p=T)$,在各子区间内,指标 $x_1,x_2,\cdots,x_m$ 之间的某种序关系可认为是稳定的。

一般来说,在 $[t_0,T]$ 内,指标 $x_1,x_2,\cdots,x_m$ 之间的某种序关系总是可以确定的,且集合 $\{x_{i_k}\}$ 与集合 $\{x_j\}$ 是一一对应的。为叙述方便,以下不妨假定 $x_1,x_2,\cdots,x_m$ 在 $[t_0,T]$ 内具有稳定的序关系式(5-2),且不妨仍将序关系式(5-2)写成

$$x_1>x_2>\cdots>x_m \tag{5-3}$$

对任意的 $t(t\in[t_0,T])$,设指标 x_{j-1} 与 x_j 间的重要性程度之比 $w_{j-1}(t)/w_j(t)$ $(w_j(t)>0)$ 的理性判断为

$$w_{j-1}(t)/w_j(t)=d_j(t),\ j=2,3,\cdots,m$$

式中,$d_j(t)\geqslant 1(t\in[t_0,T])$ 是由专家根据专业知识或经验并结合环境或环境发展变化的某些趋势所给出的带有理性预期特征的判断函数[$d_j(t)$ 的取值可参照第3章表3-4给出]。

由序关系(5-3)可知,判断函数 $d_j(t)$ 在 $[t_0,T]$ 上满足

$$d_{j-1}(t) \geqslant 1/d_j(t), j = m, m-1, \cdots, 3, 2 \tag{5-4}$$

定理 5.1　对任意的 $t(t \in [t_0, T])$，若判断函数 $d_j(t)$ 满足式(5-4)，则权重函数为

$$w_m(t) = \left(1 + \sum_{k=2}^{m} \prod_{j=k}^{m} d_j(t)\right)^{-1}$$

和

$$w_{j-1}(t) = d_j(t) w_j(t), j = m, m-1, \cdots, 3, 2$$

证明参见定理 3.5。

一般来说，给出 $d_j(t)(t \in [t_0, T])$ 是很困难的，但在某些特殊时刻如 $t = t_k(k = 1, 2, \cdots, N)$ 处，给出 $d_j(t_k) = d_{jk}$ 的理性赋值还是比较容易的。

对于 $t = t_k(k = 1, 2, \cdots, N)$ 时刻，若能给出指标 $x_1, x_2, \cdots, x_m$ 之间的某种序关系

$$x_{k_1} > x_{k_2} > \cdots > x_{k_m}, k = 1, 2, \cdots, N$$

及

$$w_{k_j}/w_{k_{j+1}} = d_{j+1,k}, j = 1, 2, \cdots, m-1; k = 1, 2, \cdots, N$$

则有定理 5.2。

定理 5.2　若 d_{jk} 满足

$$d_{j-1,k} > 1/d_{jk}, j = m, m-1, \cdots, 3, 2; k = 1, 2, \cdots, N$$

则在 t_k 时刻指标 x_{k_m} 及 x_{k_j} 的权重系数分别为

$$w_{k_m} = \left(1 + \sum_{r=2}^{m} \prod_{j=r}^{m} d_{jk}\right)^{-1}$$

和

$$w_{k_{j-1}} = d_{jk} w_{kj}, j = m, m-1, \cdots, 3, 2; k = 1, 2, \cdots, N$$

对于任意的 $j(j = 1, 2, \cdots, m)$，指标集合 $\{x_{k_j}\}$ 与指标集合 $\{x_j\}$ 都是一一对应的。不失一般性，假定已得到指标 $x_j(j = 1, 2, \cdots, m)$ 在 $t = t_k(k = 1, 2, \cdots, N)$ 时刻的权重系数分别为 $w_1(k), w_2(k), \cdots, w_m(k)$，则可通过对 $w_1(k), w_2(k), \cdots, w_m(k)$ 进行模拟（如蒙特卡洛法；传统统计学；*ANN*（人工神经网络）或 *WN*（小波网络），即可得到指标 x_j 在 $[t_0, T]$ 上的权重函数 $w_j(t)(j = 1, 2, \cdots, m)$。

5.2.1.2　综合排序指数

如果评价指标 x_j 在时间区间 $[t_0, T]$ 上的权重函数 $w_j(t)(j = 1, 2, \cdots, m)$ 是已知的，则系统 s_i 在任意时刻 $t(t \in [t_0, T])$ 处的运行（或发展）状况的好坏都可由式(5-1)来刻画。

定义 5.3　对于任意的时刻 $t_k(t_k \in [t_0, T])$，若 $y_i(t_k) \geqslant y_j(t_k)(i \neq j)$，则称系统 s_i 在该时刻的运行状况优于系统 s_j。

定义 5.4　对于任意的 $t(t \in [t_0, T])$，若都有

$$y_i(t) \geqslant y_j(t)\ (i \neq j)$$

成立,则称系统 s_i 在$[t_0, T]$内的运行(或发展)状况恒优于系统 s_j。

如果系统 s_i、s_j 在$[t_0, T]$内的综合评价(函数)曲线 $y_i(t)$ 与 $y_j(t)$ 是相交的(见图 5-1),那么该如何比较这两个系统的整体运行水平呢?为此,又给出定义 5.5。

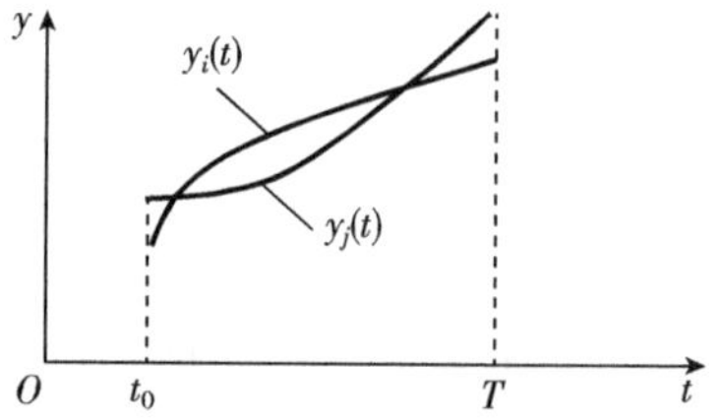

图 5-1　综合运行指数曲线交叉的情形

定义 5.5　称

$$h_i = \int_{t_0}^{T} e^{\lambda t} y_i(t)\,\mathrm{d}t, i = 1, 2, \cdots, n$$

为系统 s_i 在$[t_0, T]$上的综合排序指数,式中 $\exp\{\lambda t\}$ 为时间加权函数,λ 为权因子(或时间贴现因子)。

权因子 λ 可事先给定,也可通过规划问题

$$\max \sum_{i=1}^{n} (h_i - \bar{h})^2$$
$$s.t. \ 0 < \lambda \leqslant 1 \tag{5-5}$$

求得,式中 $\bar{h} = \frac{1}{n}\sum_{i=1}^{n} h_i$。

式(5-5)的意义是通过权因子 λ 的作用,尽量增大 $h_1, h_2, \cdots, h_n$ 之间的差异。

由 h_i 值的大小,可将系统 s_i 在$[t_0, T]$内的整体运行水平进行排序,从而达到了对 $s_1, s_2, \cdots, s_n$ 在$[t_0, T]$内的运行状况进行综合评价的目的。当然,在$[t_0, T]$内对 $s_1, s_2, \cdots, s_n$ 的排序也可以由

$$p_i = \mu_1 h_i + \mu_2 y_i(T), i = 1, 2, \cdots, n$$

来确定。式中 μ_1、μ_2 是预先给定的($\mu_1 \geqslant 0, \mu_2 \geqslant 0, \mu_1 + \mu_2 = 1$)。

动态综合评价问题较静态综合评价问题要复杂得多,其核心问题仍是权重函数的确定。本节给出的动态综合评价方法,突破了传统的一次加权平均的局限,采取了二次加权平均的新途径。也就是说,对系统在$[t_0, T]$时期内的运行状况进行了二次加权平均,第一次加权平均是突出各项评价指标(或属性)在不同时刻的重

要作用;第二次加权平均是在第一次加权平均的基础上,再突出时间的作用,即"厚今薄古"。

5.2.2　突出差异的加权法[84]

5.2.2.1　时序权重的确定方法

在不同时刻对 s_i 进行综合评价时,为了充分利用 $\{x_{ij}\}$ 所提供的信息,使评价结果具有客观性,同时又具有可操作性,这一节介绍确定时序权重的另一种方法。

设 $x_{ijk}(i=1,2,\cdots,n;j=1,2,\cdots,m;k=1,2,\cdots,N)$ 为系统 s_i 在 t_k 时刻关于(极大型)评价指标 x_j 的观测值,取 t_k 时刻指标 x_j 的权重系数为

$$w_{jk}=\frac{\sigma_{jk}}{\sum_{i=1}^{m}\sigma_{ik}},j=1,2,\cdots,m;k=1,2,\cdots,N \tag{5-6}$$

式中

$$\sigma_{jk}^2=\frac{1}{n}\sum_{i=1}^{n}(x_{ijk}-\bar{x}_{jk})^2,j=1,2,\cdots,m;k=1,2,\cdots,N$$

而

$$\bar{x}_{jk}=\frac{1}{n}\sum_{i=1}^{n}x_{ijk},j=1,2,\cdots,m;k=1,2,\cdots,N$$

本节给出的这种方法与第 3.4.1.1 节中的"拉开档次"法在主要思路上是一致的,即强调突出各系统之间的差异,本节给出的方法是在局部(即在单项指标)上突出各系统之间的差异,而"拉开档次"法是在整体上突出各系统之间的差异。当然,由这两种方法所确定的权重系数是不相同的。

5.2.2.2　综合排序指数

求出权重系数 w_{jk},系统 s_i 在时刻 t_k 处的运行状况,可由

$$y_{ik}=\sum_{j=1}^{m}w_{jk}x_{ijk},i=1,2,\cdots,n;k=1,2,\cdots,N$$

来描述。

大家知道,激励是提高管理效率的一种常见的策略,为了在动态综合评价中体现出激励(或惩罚)的作用,给出如下定义。

定义 5.6　称

$$h_{ik}=y_{ik}+\lambda_k(y_{ik}-y_{i,k-1}),i=1,2,\cdots,n;k=2,3,\cdots,N \tag{5-7}$$

为系统 s_i 在 t_k 时刻的带有激励(或惩罚)作用的综合排序指数。式中 λ_k 为激励(或惩罚)因子。

式(5-7)的含义是系统 s_i 在 t_k 时刻的排序,不仅取决于该时刻的综合评价值

y_{ik}，也取决于该时刻的综合评价值的改变量。

激励因子 λ_k 的值可通过某种方式事先给出。容易看出，当取 $\lambda_k \equiv 0$ 时，就是普通情形下的综合排序问题。

5.2.2.3　应用例

以L省五城市独立核算工业企业在1989年、1990年的经济效益评价为例，根据已有资料，选取6项评价指标：销售收入利税率（%）、百元资产利税率（%）、百元固定资产原值利税率（%）、工业总产值利税率（%）、百元总产值实现销售收入（元）、全员劳动生产率（元/人·年），并分别记为 $x_1, x_2, \cdots, x_6$，5个城市依次记为 $s_1, s_2, \cdots, s_5$。5个城市的指标观测值 $\{x_{ijk}\}$ 详见表5-1所示。

表5-1　评价指标观测值

城市	年度	评价指标值					
		x_1	x_2	x_3	x_4	x_5	x_6
s_1	1989	14.87	18.53	20.11	19.45	90.75	29202
	1990	11.91	13.15	14.35	15.21	88.38	30332
s_2	1989	22.51	24.47	20.23	32.25	96.54	23461
	1990	15.66	13.41	11.77	21.99	90.97	24753
s_3	1989	18.78	19.26	17.30	29.98	101.32	21295
	1990	15.12	13.13	12.09	38.34	91.14	23008
s_4	1989	11.96	13.62	15.88	13.51	86.91	20417
	1990	6.42	6.25	7.74	18.48	88.84	20648
s_5	1989	20.99	18.53	17.28	23.53	91.18	20464
	1990	14.05	12.22	11.46	16.08	93.39	10100

应用第3.4.1.1节中的"拉开档次"法（也可应用式（5-6）），分别求出1989年L省五城市工业企业经济效益的综合评价模型为

$$y = 0.192x_1 + 0.214x_2 + 0.161x_3 + 0.212x_4 + 0.177x_5 + 0.044x_6 \quad (5-8)$$

1990年的综合评价模型为

$$y = 0.205x_1 + 0.261x_2 + 0.215x_3 + 0.107x_4 + 0.136x_5 + 0.022x_6 \quad (5-9)$$

将1989年、1990年的（标准化了的）指标值 $\{x_{ijk}\}$ 分别代入式（5-8）和式（5-9）中，即得五城市工业企业经济效益的综合评价值（详见表5-2）。

取激励因子 $\lambda = 0.5$，将 $\{y_{ik}\}$（$i = 1,2,3,4,5; k = 1989, 1990$）代入式（5-7）中求出 h_{ik}，并按 h_{ik} 求出五城市在1989年和1990年的综合排序指数值及排序结果

（详见表5－3）。

表5－2　综合评价值

城市	y_{ik}	
	1989年	1990年
s_1	－0.29918	0.36067
s_2	2.66627	0.98996
s_3	1.08887	1.43010
s_4	－0.27945	－3.36950
s_5	－0.17298	0.58877

表5－3　综合排序指数及排序

城市	1989年		1990年			
			$\lambda=0.5$		$\lambda=0$	
	h值	排序	h值	排序	h值	排序
s_1	37.008	4	46.906	3	43.607	4
s_2	66.627	1	41.518	4	49.900	2
s_3	50.889	2	56.007	1	54.301	1
s_4	7.206	5	5.855	5	6.305	5
s_5	38.270	3	49.696	2	45.888	3

由表5－3可见，不考虑激励因子时，系统在1989年、1990年的排序都是第3；系统在1989年、1990年的排序也都是第4；系统在1989年的排序是第1，而在1990年的排序为第2。当考虑激励（或惩罚）因子时，情况就不同了，如系统因受到惩罚（增量为负）在1990年的综合排序为第4，而系统因受到激励（增量为正）在1990年的综合排序分别为第2和第3。这种具有激励（或惩罚）特征的综合排序结果或许更容易被人们所接受。

5.3　“拉开档次”评价法的拓展

5.3.1　拉开档次法的“纵向”拓展

5.3.1.1　问题的提出

在很多情况下，需要对被评价对象在不同时刻 t_k 处的运行状况进行综合评价，即“自己”与“自己”相比,在哪个时刻的发展(或运行)状况好,在哪个时刻的发展(或运行)状况欠佳,以了解“自己”的综合运行轨迹,便于总结经验,研究新问题。这就是所谓的“纵向”动态综合评价问题。

不失一般性,仍假设已取定 m 项评价指标 $x_1,x_2,\cdots,x_m$,且已取得在 N 个时刻 $t_k(k=1,2,\cdots,N)$ 的指标观测值 $\{x_j(t_k)\}$。这时被评价对象在不同时刻 t_k 处的运行状况可由状态向量(即评价指标向量)$\boldsymbol{x}(t_k)=(x_1(t_k),x_2(t_k),\cdots,x_m(t_k))^{\mathrm{T}}(k=1,2,\cdots,N)$ 刻画。

如果对评价指标 $x_j(t_k)$ 进行了指标类型一致化(均为极大型)、无量纲化、可比化(指时间贴现处理,例如由于物价变动的影响,使某个(或某些)指标在不同时刻缺少可比性等)处理后,系统(指被评价对象)s 在 t_k 时刻运行状况的综合评价值取为

$$y(t_k)=f(\boldsymbol{w}(t_k),\boldsymbol{x}(t_k)),k=1,2,\cdots,N \tag{5-10}$$

式中,$w(t_k)=(w_1(t_k),\cdots,w_m(t_k))^{\tau}$ 为 t_k 时刻待定的权重向量。

由式(5-10)知,对 s 在 t_k 时刻运行状况进行综合评价的核心问题有两个:一是评价函数 $f(\cdot,\cdot)$ 的构造或选择;二是权重函数向量 $w_j(t_k)$ 的构造或选择。

5.3.1.2 “纵向”拉开档次评价法

为使问题的讨论简单且容易操作,暂取评价函数是线性的,即取

$$y(t_k)=\sum_{j=1}^{m}w_j(t_k)x_j(t_k),k=1,2,\cdots,N$$

这样,综合评价的核心问题只是权重函数 $w_j(t)$ 的构造或选择了。关于 $w_j(t)$ 的确定,可以由专家咨询法得到(这里不作介绍),本节只讨论“纵向”拉开档次评价法。

如果将评价过程中可能出现的主观因素的干扰降到最低,只有充分利用或挖掘(已取定的)数据矩阵(或称为“纵向”信息阵)

$$\boldsymbol{A}=\begin{pmatrix} x_1(t_1) & x_2(t_1) & \cdots & x_m(t_1) \\ x_1(t_2) & x_2(t_2) & \cdots & x_m(t_2) \\ \cdots & \cdots & \cdots & \cdots \\ x_1(t_N) & x_2(t_N) & & x_m(t_N) \end{pmatrix}$$

所提供的有用信息。

对于总结性的综合评价问题来说,利用差异驱动原理来确定 w_j,可能更有利于描述评价结果的真实性、可靠性与合理性。基于第3章的差异驱动原理,当 w_j 与时间 t 的隐式关系由“纵向”信息阵所支持时,选择 w_j 的原则就是从整体上能最大限度地突出系统 s 在不同时刻运行状况之间的差异。即选择 w_j,使 $y(t_k)$ 的离差平

方和最大。依据第3.4.1.1节内容，w_j 可由规划问题

$$\max\{\boldsymbol{w}^{\mathrm{T}}\boldsymbol{H}\boldsymbol{w}\}$$
$$s.t.\ \boldsymbol{w}^{\mathrm{T}}\boldsymbol{w}=1$$
$$\boldsymbol{w}>0$$

给出。式中

$$\boldsymbol{H}=\boldsymbol{A}^{\mathrm{T}}\boldsymbol{A}=\begin{pmatrix} \sum_{k=1}^{N}x_1^2(t_k) & \sum_{k=1}^{N}x_1(t_k)x_2(t_k) & \cdots & \sum_{k=1}^{N}x_1(t_k)x_m(t_k) \\ \sum_{k=1}^{N}x_2(t_k)x_1(t_k) & \sum_{k=1}^{N}x_2^2(t_k) & \cdots & \sum_{k=1}^{N}x_2(t_k)x_m(t_k) \\ \cdots & \cdots & \cdots & \cdots \\ \sum_{k=1}^{N}x_m(t_k)x_1(t_k) & \sum_{k=1}^{N}x_m(t_k)x_2(t_k) & \cdots & \sum_{k=1}^{N}x_m^2(t_k) \end{pmatrix}$$

当 $\boldsymbol{H}$ 为正矩阵时，可取 $\boldsymbol{w}$ 为 $\boldsymbol{H}$ 的最大特征根所对应的标准特征向量（此结论的证明见定理3.16）。

这里需要提及的是：①w_j 的意义与以往的权重系数含义不同；②w_j 不具有可继承性（当数据变化后，权重系数要重新计算）；③w_j 不带有任何主观色彩。

5.3.1.3　*应用例*

根据现有统计数据的支持程度，选取人均GDP（元）、人均固定资产投资（元）、人均社会消费品零售总额（元）、居民人均消费水平（元）、每十万人医疗床位数（张）、每万人在校（高校）学生数（人）、地方财政收支比（%）、人均邮电业务总量（元）8项极大型评价指标并依次记为 $x_1,x_2,\cdots,x_8$（原始数据见表5-4）。

表5-4　辽宁省1990~1999年评价指标原始数据

年度	人均GDP（元）	人均固定资产投资（元）	人均社会消费品零售总额（元）	居民人均消费水平（元）	每十万人医院床位数（张）	每万人在校（高校）学生数	地方财政收支比	人均邮电业务总量（元）
1990	2698	656	1062	1144	497	31	1.06	11
1991	2670	790	1281	1074	504	31	1.07	27
1992	3279	1553	1489	1739	451	34	1.02	39
1993	4473	1759	1783	1402	502	38	1.17	60
1994	6406	2131	2140	2397	450	42.1	1.18	86
1995	6880	2115	2742	2900	439.88	43.8	0.67	122

续表

年度	人均 GDP(元)	人均固定资产投资(元)	人均社会消费品零售总额(元)	居民人均消费水平(元)	每十万人医院床位数(张)	每万人在校(高校)学生数	地方财政收支比	人均邮电业务总量(元)
1996	7730	2142	3133	2900	434.89	44.4	0.67	163
1997	8519	2118	3504	3468	474	46	0.67	214
1998	9333	2093	3774	3795	471	48	0.68	301
1999	10086	2684	4066	4128	465	56	0.61	360

应用“纵向”拉开档次法,对辽宁省 10 年(1990 ~ 1999 年)的(宏观)经济发展状况进行综合评价。先对各评价指标的原始数据进行无量纲标准化处理后,依次计算对称矩阵 $\boldsymbol{H}$、$\lambda_{\max}(\boldsymbol{H})$ 及相对应的标准特征向量 $\boldsymbol{w}$ 分别为

$$\boldsymbol{H}=\begin{bmatrix} 10 & 8.918 & 9.879 & 9.804 & -4.707 & 9.760 & -8.049 & 9.429 \\ & 10 & 8.584 & 8.665 & -6.324 & 9.266 & -6.194 & 7.808 \\ & & 10 & 9.817 & -4.344 & 9.613 & -8.645 & 9.623 \\ & & & 10 & -5.183 & 9.586 & -8.541 & 9.496 \\ & & & & 10 & -4.591 & 4.767 & -2.841 \\ & & & & & 10 & -7.619 & 9.424 \\ & & & & & & 10 & -8.051 \\ & & & & & & & 10 \end{bmatrix}$$

$$\lambda_{\max}(\boldsymbol{H})=66.248$$

$$\boldsymbol{w}=(0.383,0.352,0.383,0.385,-0.214,0.379,-0.333,0.366)^{\mathrm{T}}$$

从表 5 - 4 可见,$w_5<0$,$w_7<0$ 可能是由极大型评价指标 x_5、x_7 的值呈逐年变小的趋势所决定的,所以未对标准特征向量 $\boldsymbol{W}$ 进行归一化处理,但这并不影响对 $y(t_k)$ 的排序(此时的 w_j 的直观意义是从整体上体现辽宁省 10 年间的经济运行状况的最大差别,而不是体现评价指标 x_j 的相对重要性的大小)。

将标准化处理后的指标值 $x_j(t_k)$ 和 w_j 代入

$$y(t_k)=\sum_{j=1}^{8} w_j x_j(t_k),k=1990,1991,\cdots,1999$$

中,求得辽宁省在 1990 ~ 1999 年经济运行状况的综合评价值 $y(t_k)$(为便于直观比较,对 $y(t_k)$ 做平移、放大处理,即 $(y(t_k)+4)\times 10)$,并按 $y(t_k)$ 的值由大到小进行排序(见表 5 - 5)。

表5-5　辽宁省1990~1999年经济运行状况的综合排序

年度	综合评价值	排序	增长率(%)
1999	81.204	1	21.33
1998	66.930	2	11.93
1997	59.796	3	6.04
1996	56.389	4	9.51
1995	51.492	5	41.43
1994	36.409	6	90.00
1993	19.162	8	-6.22
1992	20.432	7	343.00
1991	4.612	9	29.04
1990	3.574	10	

从表5-5中不难看出：

(1)在1990~1999年,辽宁省(宏观)经济发展状况的总趋势是逐年变好的,只有1993年的经济发展状况不如1992年。这一点,恐怕直接从表5-4中是难以看出的;

(2)辽宁省(宏观)经济发展状况在10年间的变化是相当大的,1999年的综合评价值为81.204,是1990年综合评价值3.574的22.72倍,这一鼓舞人心的数字无论如何也不能直接从表5-4中得到;

(3)1991年、1992年、1994年、1995年和1999年这5年,辽宁省经济运行状况的综合评价值的增长率均在20%以上。这样的整体性的宏观判断也不能直接从表5-4中得到;

(4)排序结果中隐性地体现了时间的动态变化作用,这一点可从"'纵向'拉开档次"评价法的原理中得到解释。

5.3.2　拉开档次法的"纵横向"拓展[85]

在现实生活中,随着时间的推移与数据的积累,人们开始拥有大量按时间顺序排列的平面数据表序列。这样一组按时间顺序排放的平面数据表序列就像一个数据匣,被称之为时序立体数据表并记为$\{x_{ij}(t_k)\}$。例如,对n个被评价对象(或系统)$s_1,s_2,\cdots,s_n$,取定m个评价指标$x_1,x_2,\cdots,x_m$,且按时间顺序$t_1,t_2,\cdots,t_N$获得原始数据$\{x_{ij}(t_k)\}$,就构成一个时序立体数据表(见表5-6)。由时序立体数据表支持的综合评价问题,也是现实生活(如经济管理、干部考核、候选人排队等)中经常遇到的一类复杂的时序多指标决策问题。

表 5-6 时序立体数据表

	t_1	t_2	…	t_N
	$x_1x_2\cdots x_m$	$x_1x_2\cdots x_m$	…	$x_1x_2\cdots x_m$
s_1	$x_{11}(t_1)x_{12}(t_1)\cdots x_{1m}(t_1)$	$x_{11}(t_2)x_{12}(t_2)\cdots x_{1m}(t_2)$	…	$x_{11}(t_N)x_{12}(t_N)\cdots x_{1m}(t_N)$
s_2	$x_{21}(t_1)x_{22}(t_1)\cdots x_{2m}(t_1)$	$x_{21}(t_2)x_{22}(t_2)\cdots x_{2m}(t_2)$	…	$x_{21}(t_N)x_{22}(t_N)\cdots x_{2m}(t_N)$
⋮	⋮	⋮	⋮	⋮
s_n	$x_{n1}(t_1)x_{n2}(t_1)\cdots x_{nm}(t_1)$	$x_{n1}(t_2)x_{n2}(t_2)\cdots x_{nm}(t_2)$	…	$x_{n1}(t_N)x_{n2}(t_N)\cdots x_{nm}(t_N)$

定义 5.7 由时序立体数据表支持的综合评价问题,称为动态综合评价问题,一般可表示为

$$y(t_k)=f(w_1(t_k),w_2(t_k),\cdots,w_m(t_k);x_{i1}(t_k),x_{i2}(t_k),\cdots,x_{im}(t_k)),k=1,2,\cdots,N \quad (5-11)$$

$y_i(t_k)$为 s_i 在时刻 t_k 处的综合评价值。

不失一般性,这里假定对原始数据$\{x_{ij}(t_k)\}$进行了指标类型一致化、无量纲化处理,即在以下讨论中假设评价指标 $x_1,x_2,\cdots,x_m$ 均是极大型的,$\{x_{ij}(t_k)\}$是经过无量纲化处理了的“标准”数据。

问题 如何合理地、充分地挖掘$\{x_{ij}(t_k)\}$所提供的信息,确定权重系数 $w_j(j=1,2,\cdots,m)$,对 $s_1,s_2,\cdots,s_n$ 在 $t_k(k=1,2,\cdots,T)$的发展状况进行客观、(评价过程)透明且不含有主观色彩影响的综合评价或排序。

本节先介绍两种“间接”的动态综合评价方法,然后讨论能够体现时序立体数据表特征的新的综合评价理论与方法。

5.3.2.1 二次加权评价法

对于时刻 $t_k(k=1,2,\cdots,N)$,应用主观赋权法或客观赋权法,给出该时刻指标 x_j 的权重系数 $w_j(t_k)(j=1,2,\cdots,m;k=1,2,\cdots,N)$,由线性综合评价模型

$$y_i(t_k)=\sum_{j=1}^{m}w_j(t_k)x_{ij}(t_k),k=1,2,\cdots,N;i=1,2,\cdots,n \quad (5-12)$$

计算出系统 s_i 在时刻 t_k 处的综合评价值。

为体现“厚今薄古”思想,再定义综合评价指数为

$$h_i=\sum_{k=1}^{N}\exp\{\lambda t_k\}y_i(t_k),i=1,2,\cdots,n \quad (5-13)$$

式中,λ 为增益因子,为避免 λ 取值的随意性,规定 $\lambda=(2N)^{-1}$。

这时,依 h_i 的值由大到小对 s_i 进行排序,从而达到在$[t_1,t_N]$上对 $s_1,s_2,\cdots,s_n$ 的整体运行状况进行动态综合评价的目的。

5.3.2.2　前置综合法

即先对数据进行“时间维”上的综合，即令

$$x_{ij}(\lambda) = \frac{1}{N}\sum_{k=1}^{N} x_{ij}(t_k)\exp\{\lambda t_k\}, j = 1,2,\cdots,m; i = 1,2,\cdots,n \quad (5-14)$$

式中，λ 为加权因子，其含义类似于“贴现因子”。当 λ 取较大值时，表明越是近期的数据越被看重；当取 $\lambda=0$ 时，表明各期的数据被看重的程度相同。一般地，可取 $\lambda=(2N)^{-1}$。

这时，时序立体数据表 $\{x_{ij}(t_k)\}$ 就成为平面数据表 $\{x_{ij}\}$ 了，即将动态的综合评价问题转化为静态的综合评价问题了。

5.3.2.3　“纵横向”拉开档次评价法

前面介绍的两种方法，或对 $\{x_{ij}(t_k)\}$ 进行了累次加权，或先将“立体数据” $\{x_{ij}(t_k)\}$ 转化为“平面数据” $\{x_{ij}\}$，都不是直接利用立体数据表 $\{x_{ij}(t_k)\}$ 对 $s_1,s_2,\cdots,s_n$ 在不同时刻 t_k 处的运行状况所进行的综合评价。

对于时刻 $t_k(k=1,2,\cdots,N)$，取综合评价函数为

$$y_i(t_k) = \sum_{j=1}^{m} w_j x_{ij}(t_k), k = 1,2,\cdots,N; i = 1,2,\cdots,n \quad (5-15)$$

确定权重系数 $w_j(j=1,2,\cdots,m)$ 的原则是在时序立体数据表上最大可能地体现出各被评价对象之间的差异。而 $s_1,s_2,\cdots,s_n$ 在时序立体数据表 $\{x_{ij}(t_k)\}$ 上的这种整体差异，可用 $y_i(t_k)$ 的总离差平方和

$$\sigma^2 = \sum_{k=1}^{N}\sum_{i=1}^{n}(y_i(t_k) - \bar{y})^2$$

来刻画。由于对原始数据的标准化处理，有 $\bar{y} = \frac{1}{N}\sum_{k=1}^{N}\left(\frac{1}{n}\sum_{i=1}^{n}\sum_{j=1}^{m} w_j x_{ij}(t_k)\right) = 0$。从而有

$$\begin{aligned}\sigma^2 &= \sum_{k=1}^{N}\sum_{i=1}^{n}(y_i(t_k) - \bar{y})^2 = \sum_{k=1}^{N}\sum_{i=1}^{n}(y_i(t_k))^2 \\ &= \sum_{k=1}^{N}[\boldsymbol{w}^{\mathrm{T}}\boldsymbol{H}_k\boldsymbol{w}] = \boldsymbol{w}^{\mathrm{T}}\sum_{k=1}^{N}\boldsymbol{H}_k w \\ &= \boldsymbol{w}^T\boldsymbol{H}\boldsymbol{w}\end{aligned}$$

式中，$\boldsymbol{w}=(w_1,w_2,\cdots,w_m)^{\mathrm{T}}$，$\boldsymbol{H} = \sum_{k=1}^{N}\boldsymbol{H}_k$ 为 $m\times m$ 阶对称矩阵，而 $\boldsymbol{H}_k = \boldsymbol{A}_k^{\mathrm{T}}\boldsymbol{A}_k(k=1,2,\cdots,N)$，且

$$A_k=\begin{bmatrix} x_{11}(t_k) & \cdots & x_{1m}(t_k) \\ \cdots & \cdots & \cdots \\ x_{n1}(t_k) & \cdots & x_{nm}(t_k) \end{bmatrix}, k=1,2,\cdots,N$$

仿定理3.16,可以证明如下结论。

若限定 $\boldsymbol{w}^{\mathrm{T}}\boldsymbol{w}=1$,当取 $\boldsymbol{w}$ 为矩阵 $\boldsymbol{H}$ 的最大特征值 $\lambda_{\max}(\boldsymbol{H})$ 所对应的(标准)特征向量时,σ^2 取最大值。且有 $\max\limits_{\|w\|=1}\boldsymbol{w}^{\mathrm{T}}\boldsymbol{H}\boldsymbol{w}=\lambda_{\max}(\boldsymbol{H})$。

当 $\boldsymbol{H}_k>0(k=1,2,\cdots,N)$,必有 $\boldsymbol{H}>0$,且有正(经归一化处理)的权重系数向量 $\boldsymbol{w}$。

结论5.1 当 $\boldsymbol{H}_k>0(k=1,2,\cdots,N)$ 时,在时刻 t_k 处,分别应用横向拉开档次法和纵横向拉开档次法所得到的关于被评价对象 s_i 的排序是相同的。

当有某个 k,使得 $\boldsymbol{H}_k$ 中有负元素时,上述结论不成立(见后文例5.2)。

综上讨论,当 $\boldsymbol{H}>0$ 时,动态综合评价问题式(5-11)就可简化为式(5-15)了(应该指出,w_j 是由时序立体数据表所确定的,因此是隐含时间因素 t 的)。这样不但大大减少动态综合评价的计算量,而且也使得各系统在各时刻的评价值具有直接的可比性。

如果所求的 $\boldsymbol{w}$ 中的某个分量是负的(习惯上希望 $\boldsymbol{w}>0$),那么,$\boldsymbol{w}$ 可由下面的规划问题解出。即选则 $\boldsymbol{w}$,使得

$$\begin{gathered}\max\ \boldsymbol{w}^{\mathrm{T}}\boldsymbol{H}\boldsymbol{w}\\ s.t.\ \|\boldsymbol{w}\|=1\\ \boldsymbol{w}>0\end{gathered}\tag{5-16}$$

显然,为求得人们习惯上容易接受的正的加权系数,只好采用式(5-16)以降低 $s_1,s_2,\cdots,s_n$ 之间的整体差异为代价了。

本节针对动态综合评价问题,提出了一种新的确定动态权重系数的方法,具有以下特点:

(1)原理简单,且具有明确的直观意义和几何意义;

(2)既在"横向"上体现了在时刻 $t_k(k=1,2,\cdots,N)$ 处各系统之间的差异,又在"纵向"上体现了各系统总的分布情况;

(3)无论是对于"截面"数据,还是对于"时序立体数据"来说,其综合评价的结果都具有可比性,且没有丝毫的主观色彩;

(4)虽然权重系数 w_j 不显含 t,但与 t 却有隐式关系(这种隐式关系是由时序立体数据表所支持的);

(5)计算量大大减少,具有可操作性;

(6)"'纵横向'拉开档次"法,是"'横向'拉开档次"法、"'纵向'拉开档次"法的推广与发展。

值得指出的是,权重系数向量 $\boldsymbol{w}$ 依赖于矩阵 $\boldsymbol{H}=\sum_{k=1}^{N}\boldsymbol{H}_k$,因此不具有可继承性。

5.3.2.4　两个算例

为节省篇幅,这里略去算例的背景。

例5.1　其时序立体数据如表5-7所示。

表5-7　时序立体数据表

	t_1				t_2				t_3				t_4			
	x_1	x_2	x_3	x_4	x_1	x_2	x_3	x_4	x_1	x_2	x_3	x_4	x_1	x_2	x_3	x_4
s_1	60	1010	0.70	16	68	1080	0.70	19	70	1100	0.75	19	75	1150	0.80	21
s_2	68	1040	0.73	17	73	1090	0.75	17	75	1160	0.77	17	77	1180	0.82	22
s_3	70	1085	0.75	18	76	1125	0.78	19	80	1195	0.78	22	80	1205	0.80	24
s_4	75	1100	0.73	20	79	1160	0.80	22	79	1170	0.80	21	85	1250	0.83	25
s_5	70	1130	0.75	23	75	1200	0.82	20	81	1200	0.82	20	84	1260	0.85	26

在例5.1中,$t=4,m=4,n=5$。对$\{x_{ij}(t_k)\}$进行指标类型一致化、无量纲化的标准化处理后,分别计算了对称矩阵$\boldsymbol{H}_k^{(1)}=(\boldsymbol{A}_k^{(1)})^{\mathrm{T}}\boldsymbol{A}_k^{(1)}(k=1,2,3,4)$如下:

$$\boldsymbol{H}_1^{(1)}=\begin{bmatrix}5 & 3.9720 & 3.5084 & 3.1027\\ 3.9720 & 5 & 4.1633 & 4.6828\\ 3.5084 & 4.1633 & 5 & 3.3411\\ 3.1027 & 4.6828 & 3.3411 & 5\end{bmatrix},$$

$$\boldsymbol{H}_2^{(1)}=\begin{bmatrix}5 & 3.3721 & 4.3041 & 2.9635\\ 3.3721 & 5 & 4.6290 & 3.2885\\ 4.3041 & 4.6290 & 5 & 2.6407\\ 2.9635 & 3.2885 & 2.6407 & 5\end{bmatrix},$$

$$\boldsymbol{H}_3^{(1)}=\begin{bmatrix}5 & 4.8659 & 4.3938 & 3.0141\\ 4.8659 & 5 & 4.0481 & 2.3557\\ 4.3938 & 4.0481 & 5 & 2.0204\\ 3.0141 & 2.3557 & 2.0204 & 5\end{bmatrix},$$

$$\boldsymbol{H}_4^{(1)}=\begin{bmatrix}5 & 4.9254 & 3.6791 & 4.7953\\ 4.9254 & 5 & 4.0619 & 4.9084\\ 3.6791 & 4.0619 & 5 & 3.6941\\ 4.7953 & 4.9084 & 3.6941 & 5\end{bmatrix},$$

与 $\boldsymbol{H}_k$ 相对应的最大特征值及其所对应的(归一化了的)特征向量即权重系数向量分别为

$$\lambda_{\max}^{(1)}(t_1)=16.4309,(\boldsymbol{w}^{(1)}(t_1))^{\mathrm{T}}=(0.2366,0.2723,0.2440,0.2471)^{\mathrm{T}}$$

$$\lambda_{\max}^{(1)}(t_2)=15.6823,(\boldsymbol{w}^{(1)}(t_2))^{\mathrm{T}}=(0.2514,0.2627,0.2688,0.2171)^{\mathrm{T}}$$

$$\lambda_{\max}^{(1)}(t_3)=15.6126,(\boldsymbol{w}^{(1)}(t_3))^{\mathrm{T}}=(0.2839,0.2700,0.2566,0.1894)^{\mathrm{T}}$$

$$\lambda_{\max}^{(4)}(t_4)=18.0861,(\boldsymbol{w}^{(1)}(t_4))^{\mathrm{T}}=(0.2560,0.2624,0.2257,0.2559)^{\mathrm{T}}$$

而由

$$\boldsymbol{H}^{(1)}=\sum_{k=1}^{4}\boldsymbol{H}_k^{(1)}=\sum_{k=1}^{4}(\boldsymbol{A}_k^{(1)})^{\mathrm{T}}\boldsymbol{A}_k^{(1)}=\begin{bmatrix}20 & 17.1354 & 15.8854 & 13.8756\\ 17.1354 & 20 & 16.9023 & 15.2354\\ 15.8854 & 16.9023 & 20 & 11.6963\\ 13.8756 & 15.2354 & 11.6963 & 20\end{bmatrix}$$

求出的最大特征值及其所对应的(归一化了的)特征向量或权重系数向量分别为

$$\lambda_{\max}^{(1)}=65.5249,(\boldsymbol{w}^{(1)})^{\mathrm{T}}=(0.2565,0.2655,0.2473,0.2306)^{\mathrm{T}}$$

为便于直观比较,且不失一般性,对 $y_i^{(1)}(t_k)$ 进行平移、扩大的技术处理后的值列于表5-8。

表5-8 综合评价值一览表

	t_1	t_2	t_3	t_4	备注
$y_1^{(1)}$	24.782	27.708	25.695	26.863	横向“拉开档次”法
	24.660	27.915	26.191	26.940	纵横向“拉开档次”法
$y_2^{(1)}$	35.554	32.269	33.651	33.841	横向“拉开档次”法
	35.698	32.129	33.177	34.034	纵横向“拉开档次”法
$y_3^{(1)}$	43.041	40.991	46.365	37.788	横向“拉开档次”法
	43.164	40.927	46.667	37.502	纵横向“拉开档次”法
$y_4^{(1)}$	45.745	50.408	44.800	48.889	横向“拉开档次”法
	45.881	50.556	44.884	48.850	纵横向“拉开档次”法
$y_5^{(1)}$	50.878	48.625	49.489	52.618	横向“拉开档次”法
	50.599	48.473	49.084	52.675	纵横向“拉开档次”法

由表5-9看出,在时刻 t_1、t_2、t_3、t_4 处,分别应用横向“拉开档次”法和纵横向“拉开档次”法所得到的关于 $s_1,s_2,\cdots,s_n$ 的排序是完全相同的。

表5－9　$\{s_i\}$在不同时刻按不同方法的排序表

t_k	$\{s_i\}$的排序	
	横向“拉开档次”法	纵横向“拉开档次”法
t_1	$s_5>s_4>s_3>s_2>s_1$	$s_5>s_4>s_3>s_2>s_1$
t_2	$s_4>s_5>s_3>s_2>s_1$	$s_4>s_5>s_3>s_2>s_1$
t_3	$s_5>s_3>s_4>s_2>s_1$	$s_5>s_3>s_4>s_2>s_1$
t_4	$s_5>s_4>s_3>s_2>s_1$	$s_5>s_4>s_3>s_2>s_1$

例5.2　其时序立体数据如表5－10所示。

表5－10　时序立体数据表

	t_1				t_2				t_3				t_4			
	x_1	x_2	x_3	x_4	x_1	x_2	x_3	x_4	x_1	x_2	x_3	x_4	x_1	x_2	x_3	x_4
s_1	60	1010	0.70	16	68	1080	0.70	19	70	1100	0.75	19	78	1120	0.70	24
s_2	68	1040	0.73	17	73	1090	0.75	17	75	1160	0.77	17	73	1090	0.75	17
s_3	70	1085	0.75	18	76	1125	0.78	19	80	1195	0.78	22	74	1115	0.78	19
s_4	75	1100	0.73	20	79	1160	0.80	22	79	1170	0.80	21	75	1160	0.80	20
s_5	70	1130	0.75	23	75	1200	0.82	20	81	1200	0.82	20	81	1200	0.82	22

由表5－7和表5－10可知

$$H_k^{(2)}=(A_k^{(2)})^{\mathrm{T}}A_k^{(2)}=H_k^{(1)},(w^{(2)}(t_k))=(w^{(1)}(t_k))(k=1,2,3),$$

而

$$H_4^{(2)}=\begin{bmatrix}5 & 3.9147 & 0.9777 & 4.0450\\ 3.9147 & 5 & 3.5436 & 2.3644\\ 0.9777 & 3.5436 & 5 & -1.2823\\ 4.0450 & 2.3644 & -1.2823 & 5\end{bmatrix}$$

显然$H_4^{(2)}$中有两个负元素，与其相对应的最大特征值及其所对应的（归一化了的）特征向量即权重系数向量分别为

$$\lambda_{\max}^{(2)}(t_4)=12.4713,(w^{(2)}(t_4))^{\mathrm{T}}=(0.3092,0.3065,0.1447,0.2396)^{\mathrm{T}}$$

而由

$$H^{(2)}=\sum_{k=1}^{4}H_k^{(2)}=\sum_{k=1}^{4}(A_k^{(2)})^{\mathrm{T}}A_k^{(2)}=\begin{bmatrix}20 & 16.1247 & 13.1840 & 13.1253\\ 16.1247 & 20 & 16.3840 & 12.6914\\ 13.1840 & 16.3840 & 20 & 6.7199\\ 13.1253 & 12.6914 & 6.7199 & 20\end{bmatrix}$$

求出的最大特征值及其所对应的(归一化了的)特征向量或权重系数向量分别为

$$\lambda_{\max}^{(2)}=59.5715,(\boldsymbol{w}^{(2)})^{\mathrm{T}}=(0.2651,0.2727,0.2401,0.2176)^{\mathrm{T}}$$

对 $y_i^{(2)}(t_k)$ 进行平移、扩大的技术处理后的值如表 5－11 所示。

表 5－11　综合评价值一览表

	t_1	t_2	t_3	t_4	备注
y_1	24.782	27.708	25.695	41.710	横向“拉开档次”法
	24.608	27.787	25.992	39.648	纵横向“拉开档次”法
y_2	35.554	32.269	33.651	28.833	横向“拉开档次”法
	35.699	32.219	33.371	29.526	纵横向“拉开档次”法
y_3	43.192	40.991	46.365	34.889	横向“拉开档次”法
	43.318	40.968	46.673	35.742	纵横向“拉开档次”法
y_4	45.745	50.408	44.800	41.192	横向“拉开档次”法
	46.011	50.485	44.804	41.918	纵横向“拉开档次”法
y_5	50.878	48.625	49.489	53.376	横向“拉开档次”法
	50.487	48.539	49.160	53.167	纵横向“拉开档次”法

按表 5－11 所示的 $y_i^{(2)}(t_k)$ 值由大到小对 $\{s_i\}$ 的运行状况进行了排序(见表 5－12)。

表 5－12　$\{s_i\}$ 在不同时刻按不同方法的排序表

	$\{s_i\}$ 的排序	
	横向“拉开档次”法	纵横向“拉开档次”法
t_1	$s_5>s_4>s_3>s_2>s_1$	$s_5>s_4>s_3>s_2>s_1$
t_2	$s_4>s_5>s_3>s_2>s_1$	$s_4>s_5>s_3>s_2>s_1$
t_3	$s_5>s_3>s_4>s_2>s_1$	$s_5>s_3>s_4>s_2>s_1$
t_4	$s_5>s_1>s_4>s_3>s_2$	$s_5>s_4>s_1>s_3>s_2$

由表 5－12 看出,从最大限度地体现出各被评价对象之间差异的角度来看,由横向“拉开档次”法与纵横向“拉开档次”法所得到的关于 $\{s_i\}$ 的排序(尽管 $y_i(t_k)$ 的值有变化)是不完全一样的。这时,应该采用后者的排序结果,因为更具有可比性。

由表 5－8 可见,在时刻 t_k 处,系统 s_1 的综合评价值有逐渐增大的趋势;而系

统 s_2 的综合评价值有逐渐减小的趋势；系统 s_3、s_4、s_5 的运行状况却有较大的波动。如果这些意见能及时反馈给相应的决策者，将会产生怎样的影响？可以肯定地说，这些重要的反馈意见是无论如何也不能直接从时序立体数据表（表 5－7）中观察出来的。

纵横向"拉开档次"法是一种比较特殊的动态评价方法，为加深对它的理解，下面再给出一个该方法在经济方面的应用实例。

5.3.2.5　应用例[86]

（1）问题的提出。自 1987 年中国开始实行改革开放政策，1992 年明确提出建立具有中国特色的社会主义市场经济，2001 年底已正式加入世界贸易组织（WTO），在这 20 多年里全国在各个方面都已发生了重大的变化，特别是近 10 年（1990～1999 年）来所发生的变化更大。人们也很关心、想了解这个变化，作为上层决策者也非常关心、想把握各地区经济运行状况之间的差距是怎样的，是缩小了？还是扩大了？各地区经济发展状况的排序是发生了"刚体平移"？还是出现了出乎意料的排序格局？

有的差距是在动态变化中形成、发展和扩大起来的；有的差距是在动态变化中逐渐缩小的。如何客观、公正、综合地在动态变化中分析、在动态变化中评价、在动态变化中把握各省区的经济运行状况，是一个非常实际的且对上层决策者（或部门）带有重要反馈信息的关键问题。本节就是从这个角度来认识、讨论上述问题。利用第 5.5 节中的"纵横向"拉开档次法，对我国 30（因重庆市只有 1997～1999 年的数据，故未将其列入评价对象中）个省（区、市）自 1990～1999 年的（宏观）经济发展状况进行了动态综合评价与排序，在此基础上，对各地区的排序变化进行归纳、分类，并给出一些令人深思的思考。

（2）评价指标及有关计算。仅从可操作性及统计数据支持程度的角度，遴选了人均国内生产总值、人均全社会固定资产投资额、人均社会消费品零售总额、居民人均消费水平、每十万人拥有医疗床位数、每万人拥有在校（高校）学生数、地方财政收支比、人均邮电业务总量这 8 项极大型评价指标，并分别记为 $x_1, x_2, \cdots, x_8$（原始数据见参考文献[6]的附录）。

为了从宏观上初步了解我国 1990～1999 年经济发展的变化，表 5－13 列出了各项评价指标的平均值。

从表 5－13 中的数据来看，各项评价指标的平均值在 10 年来都有了相当大的变化。例如：

表 5-13 各项评价指标的平均值

年度	人均 GDP(元)	人均固定资产投资(元)	人均社会消费品零售总额(元)	居民人均消费水平(元)	每十万人医院床位数(张)	每万人在校(高校)学生数	地方财政收支比	人均邮电业务总量(元)
1985	853	240	359	434	211	16	1.00	5.3
1990	1634	395	726	803	230	18	0.95	13.6
1991	1714	476	813	803	232	18	0.95	18
1992	2287	690	938	1849	260	19	0.93	25
1993	2939	1103	1147	1148	240	21	0.96	39
1994	3923	1422	1357	1752	236	23	0.90	57
1995	4854	1653	1702	2225	234	24	0.91	82
1996	5576	1872	2024	2213	234	25	0.93	110
1997	6053	2017	2208	2791	235	26	0.94	143
1998	6392	2276	2336	2958	233	27	0.91	195
1999	6534	2371	2473	3129	239	33	0.87	265

注:①数据来源:国家统计局编,中国统计年鉴 1991~2000,中国统计出版社;国家统计局编,中国发展报告 1995~1999,中国统计出版社。

②地方财政收支比的平均值取为中央财政的收支比。

1)1999 年的人均国内生产总值是 1990 年的 3.4 倍,是 1985 年的 7.7 倍;

2)1999 年的人均全社会固定资产投资额是 1990 年的 6.1 倍(按当年价格),是 1985 年的 9.9 倍;

3)1999 年的人均社会消费品零售额是 1990 年的 3.4 倍,是 1985 年的 6.9 倍;

4)1999 年的人均消费水平是 1990 年的 3.9 倍,是 1985 年的 7.2 倍;

5)1999 年的万人拥有在校(高校)学生数是 1990 年的 1.8 倍,是 1985 年的 2.1 倍;

6)1999 年的人均邮电业务量(费)是 1990 年的 19.5 倍,是 1985 年的 50 倍,可见信息在经济增长中的作用在逐年增大。

(3)"纵横向"拉开档次法的主要计算过程及评价结果。将无量纲化处理后的极大型数据 $\{x_{ij}(t_k)\}$ 分别代入相应的

$$\boldsymbol{H}_k = \boldsymbol{A}_k^{\mathrm{T}} \boldsymbol{A}_k, k = 1990, \cdots, 1999$$

中,并计算 $\boldsymbol{H}_k$ 的最大特征值及其所对应(经归一化处理)的特征向量分别为(在计算过程中,计算结果均保留 3 位小数,因 $\boldsymbol{H}_k$ 为对称阵,故只给出上三角部分的数据):

$$H_{1990}=\begin{bmatrix} 31 & 30.043 & 30.349 & 29.285 & 23.888 & 27.942 & 20.844 & 27.830 \\ & 31 & 30.263 & 27.460 & 24.341 & 28.414 & 16.817 & 28.904 \\ & & 31 & 28.151 & 23.955 & 29.434 & 18.310 & 29.584 \\ & & & 31 & 21.788 & 24.239 & 20.595 & 24.872 \\ & & & & 31 & 23.741 & 10.388 & 20.609 \\ & & & & & 31 & 16.724 & 28.537 \\ & & & & & & 31 & 15.447 \\ & & & & & & & 31 \end{bmatrix}$$

$$\lambda_{max}(1990)=204.508$$

$$(\boldsymbol{w}(1990))^{T}=(0.137,0.135,0.138,0.128,0.111,0.131,0.090,0.129)^{T}$$

$$H_{1991}=\begin{bmatrix} 31 & 29.723 & 29.911 & 30.097 & 6.897 & 25.928 & 21.750 & 27.198 \\ & 31 & 29.774 & 29.385 & 9.549 & 23.151 & 17.458 & 27.977 \\ & & 31 & 29.709 & 9.760 & 22.762 & 19.781 & 29.723 \\ & & & 31 & 8.144 & 25.908 & 20.284 & 26.982 \\ & & & & 31 & 0.943 & -4.555 & 9.072 \\ & & & & & 31 & 21.814 & 17.811 \\ & & & & & & 31 & 17.399 \\ & & & & & & & 31 \end{bmatrix}$$

$$\lambda_{max}(1991)=190.858$$

$$(\boldsymbol{w}(1991))^{T}=(0.149,0.145,0.148,0.148,0.039,0.126,0.109,0.137)^{T}$$

$$H_{1992}=\begin{bmatrix} 31 & 24.777 & 30.527 & 20.309 & 23.260 & 21.205 & 21.873 & 28.556 \\ & 31 & 25.537 & 14.688 & 25.520 & 18.202 & 8.297 & 24.986 \\ & & 31 & 19.143 & 24.022 & 22.802 & 20.051 & 29.639 \\ & & & 31 & 6.168 & 8.865 & 14.982 & 20.803 \\ & & & & 31 & 17.894 & 8.823 & 21.426 \\ & & & & & 31 & 13.090 & 22.671 \\ & & & & & & 31 & 17.435 \\ & & & & & & & 31 \end{bmatrix}$$

$$\lambda_{max}(1992)=174.085$$

$$(\boldsymbol{w}(1992))^{T}=(0.148,0.129,0.150,0.098,0.119,0.115,0.097,0.145)^{T}$$

$$
\boldsymbol{H}_{1993}=\begin{bmatrix}
31 & 29.898 & 29.775 & 29.607 & 22.045 & 25.633 & 22.057 & 28.043\\
 & 31 & 28.896 & 28.485 & 22.160 & 24.607 & 18.857 & 28.613\\
 & & 31 & 27.188 & 23.168 & 28.764 & 19.048 & 29.773\\
 & & & 31 & 21.583 & 21.986 & 20.509 & 24.839\\
 & & & & 31 & 24.802 & 10.603 & 20.383\\
 & & & & & 31 & 14.981 & 27.460\\
 & & & & & & 31 & 16.945\\
 & & & & & & & 31
\end{bmatrix}
$$

$$\lambda_{\max}(1993)=201.0478$$

$$(\boldsymbol{w}(1993))^{T}=(0.137,0.134,0.137,0.129,0.110,0.126,0.095,0.131)^{T}$$

$$
\boldsymbol{H}_{1994}=\begin{bmatrix}
31 & 30.060 & 29.469 & 29.523 & 22.167 & 24.972 & 13.322 & 27.673\\
 & 31 & 29.545 & 28.002 & 22.484 & 25.522 & 9.523 & 28.886\\
 & & 31 & 24.403 & 23.315 & 28.469 & 11.102 & 29.692\\
 & & & 31 & 19.503 & 20.316 & 11.925 & 24.415\\
 & & & & 31 & 25.420 & 4.235 & 20.721\\
 & & & & & 31 & 6.936 & 26.705\\
 & & & & & & 31 & 10.595\\
 & & & & & & & 31
\end{bmatrix}
$$

$$\lambda_{\max}(1994)=191.076$$

$$(\boldsymbol{w}(1994))^{T}=(0.142,0.141,0.144,0.131,0.116,0.131,0.058,0.137)^{T}$$

$$
\boldsymbol{H}_{1995}=\begin{bmatrix}
31 & 30.117 & 30.044 & 29.721 & 20.436 & 25.372 & 18.032 & 28.352\\
 & 31 & 29.422 & 28.832 & 20.587 & 25.387 & 14.450 & 27.904\\
 & & 31 & 27.983 & 21.854 & 27.950 & 16.548 & 29.610\\
 & & & 31 & 18.550 & 21.596 & 18.029 & 26.966\\
 & & & & 31 & 24.487 & 5.314 & 19.069\\
 & & & & & 31 & 12.459 & 26.097\\
 & & & & & & 31 & 17.293\\
 & & & & & & & 31
\end{bmatrix}
$$

$$\lambda_{\max}(1995)=195.762$$

$$(\boldsymbol{w}(1995))^{T}=(0.140,0.137,0.141,0.133,0.105,0.127,0.083,0.135)^{T}$$

$$
\boldsymbol{H}_{1996} = \begin{bmatrix}
31 & 29.697 & 30.304 & 29.734 & 20.444 & 25.247 & 18.080 & 28.675 \\
 & 31 & 28.777 & 28.834 & 20.025 & 24.158 & 14.133 & 27.016 \\
 & & 31 & 28.355 & 22.238 & 27.802 & 17.119 & 29.629 \\
 & & & 31 & 19.032 & 21.586 & 17.710 & 27.476 \\
 & & & & 31 & 24.551 & 5.072 & 19.957 \\
 & & & & & 31 & 13.352 & 26.353 \\
 & & & & & & 31 & 17.867 \\
 & & & & & & & 31
\end{bmatrix}
$$

$$\lambda_{\max}(1996) = 195.647$$

$$(\boldsymbol{w}(1996))^{\mathrm{T}} = (0.139, 0.134, 0.141, 0.133, 0.106, 0.127, 0.084, 0.136)^{\mathrm{T}}$$

$$
\boldsymbol{H}_{1997} = \begin{bmatrix}
31 & 29.448 & 30.045 & 30.201 & 21.428 & 24.956 & 16.833 & 28.554 \\
 & 31 & 28.769 & 28.305 & 22.166 & 25.703 & 12.468 & 27.266 \\
 & & 31 & 28.480 & 23.422 & 28.022 & 16.120 & 29.886 \\
 & & & 31 & 19.641 & 21.998 & 17.254 & 27.262 \\
 & & & & 31 & 25.490 & 6.244 & 21.580 \\
 & & & & & 31 & 11.921 & 26.738 \\
 & & & & & & 31 & 16.460 \\
 & & & & & & & 31
\end{bmatrix}
$$

$$\lambda_{\max}(1997) = 196.969$$

$$(\boldsymbol{w}(1997))^{\mathrm{T}} = (0.138, 0.134, 0.141, 0.133, 0.112, 0.128, 0.078, 0.136)^{\mathrm{T}}$$

$$
\boldsymbol{H}_{1998} = \begin{bmatrix}
31 & 29.475 & 29.552 & 30.233 & 20.772 & 25.064 & 17.737 & 28.725 \\
 & 31 & 28.018 & 28.296 & 22.673 & 26.645 & 13.070 & 28.239 \\
 & & 31 & 28.171 & 21.152 & 26.689 & 18.133 & 28.971 \\
 & & & 31 & 19.151 & 22.835 & 18.107 & 27.628 \\
 & & & & 31 & 24.772 & 5.329 & 21.389 \\
 & & & & & 31 & 13.521 & 27.457 \\
 & & & & & & 31 & 17.584 \\
 & & & & & & & 31
\end{bmatrix}
$$

$$\lambda_{\max}(1998) = 197.211$$

$$(\boldsymbol{w}(1998))^{\mathrm{T}} = (0.138, 0.135, 0.137, 0.133, 0.108, 0.128, 0.083, 0.137)^{\mathrm{T}}$$

$$
H_{1999}=\begin{bmatrix}
31 & 30.186 & 29.927 & 30.429 & 20.585 & 25.143 & 18.051 & 28.720\\
 & 31 & 29.762 & 29.087 & 21.702 & 26.291 & 15.116 & 28.921\\
 & & 31 & 28.858 & 22.059 & 28.099 & 18.055 & 30.167\\
 & & & 31 & 19.957 & 23.458 & 17.965 & 27.979\\
 & & & & 31 & 23.901 & 4.681 & 21.133\\
 & & & & & 31 & 13.459 & 27.205\\
 & & & & & & 31 & 18.201\\
 & & & & & & & 31
\end{bmatrix}
$$

$$\lambda_{\max}(1999)=200.060$$

$$(\boldsymbol{w}(1999))^{\mathrm{T}}=(0.137,0.136,0.140,0.134,0.106,0.127,0.084,0.137)^{\mathrm{T}}$$

而由

$$
\boldsymbol{H}=\sum_{k=1990}^{1999}\boldsymbol{H}_k
=\begin{bmatrix}
310 & 293.423 & 299.903 & 289.139 & 201.922 & 251.462 & 188.579 & 282.326\\
 & 310 & 288.763 & 271.374 & 211.207 & 248.080 & 140.189 & 278.712\\
 & & 310 & 270.441 & 214.945 & 270.793 & 174.267 & 266.507\\
 & & & 310 & 153.560 & 212.787 & 177.360 & 259.222\\
 & & & & 310 & 216.001 & 56.134 & 195.339\\
 & & & & & 310 & 138.257 & 257.079\\
 & & & & & & 310 & 165.226\\
 & & & & & & & 310
\end{bmatrix}
$$

求出的最大特征值及其所对应的(归一化了的)特征向量或权重系数向量分别为

$$\lambda_{\max}=1930.045$$

$$\boldsymbol{w}^{\mathrm{T}}=(0.140,0.136,0.141,0.130,0.104,0.126,0.086,0.136)^{\mathrm{T}}$$

将无量纲化了的 $x_{ij}(t_k)$ 和 w_j 代入式

$$y_i^*(t_k)=\sum_{j=1}^{8}w_jx_{ij}(t_k),i=1,2,\cdots,31;t_k=1990,\cdots,1999$$

中即可求得各省(区、市)(宏观)经济运行状况的综合评价值 $y_i^*(t_k)$。显然,$y_i^*(t_k)$的值越大越好(因评价指标均为极大型且 $w_j>0$)。为便于直观比较,又不失一般性,将 $y_i^*(t_k)$作平移、放大处理,即取

$$y_i(t_k)=(y_i^*(t_k)+4)\times 10,i=1,2,\cdots,31;t_k=1990,\cdots,1999$$

$y_i(t_k)$的值和排序情况见表 5-14。

表 5-14　各省(区、市)(宏观)经济运行状况的动态综合评价值及其排序

省(区、市)	1990 年		1991 年		1992 年		1993 年		1994 年	
	y 值	排序	y 值	排序	y 值	排序	y 值	排序	y 值	排序
北京	70.317	2	73.086	1	68.867	1	67.111	2	66.620	2
天津	53.038	3	54.322	3	52.379	3	51.269	3	50.918	3
河北	36.304	19	36.722	18	36.548	18	36.329	18	36.763	16
山西	38.049	13	38.070	13	37.109	17	37.226	16	36.435	18
内蒙古	36.260	20	36.496	19	35.165	25	35.961	19	36.523	17
辽宁	46.902	4	46.939	4	45.252	5	46.998	4	46.954	4
吉林	40.669	9	40.775	10	38.877	12	40.284	10	40.841	10
黑龙江	41.422	7	41.190	7	39.533	10	39.976	12	40.169	11
上海	71.282	1	66.623	2	66.455	2	72.233	1	70.699	1
江苏	40.921	8	40.883	9	40.278	9	42.053	7	42.299	7
浙江	42.352	6	42.354	6	41.915	6	42.962	6	44.619	6
安徽	34.035	27	33.133	30	37.596	14	33.963	25	35.342	21
福建	38.723	12	39.017	11	39.271	11	40.221	11	42.192	8
江西	34.361	25	34.767	24	33.466	30	33.476	28	34.040	26
山东	36.684	17	37.390	17	37.433	15	37.778	14	37.193	15
河南	33.486	29	33.921	28	33.495	29	32.356	30	33.306	28
湖北	37.939	14	37.990	14	37.268	16	37.332	15	37.447	14
湖南	35.725	22	35.539	21	35.985	20	35.232	21	35.048	22
广东	43.416	5	42.876	5	48.287	4	46.521	5	46.387	5
广西	32.864	30	33.304	29	34.476	27	33.924	26	35.011	23
海南	37.651	15	37.699	16	40.898	7	41.363	8	41.708	9
四川	34.259	26	34.865	23	34.816	26	34.085	24	34.200	25
贵州	31.283	31	31.757	31	32.139	31	31.479	31	31.067	31
云南	34.668	24	34.589	26	35.355	24	34.583	23	33.552	27
西藏	33.747	28	34.606	25	35.908	22	32.855	29	32.262	30
陕西	35.850	21	36.390	20	35.819	23	35.922	20	35.398	20
甘肃	35.076	23	34.261	27	34.270	28	33.895	27	33.038	29
青海	37.610	16	37.814	15	36.161	19	36.748	17	36.414	19
宁夏	36.530	18	35.491	22	35.928	21	35.183	22	34.854	24
新疆	40.046	10	40.919	8	40.530	8	40.286	9	39.107	12
全国	38.931	11	38.438	12	38.521	13	38.975	13	38.910	13
极差	40.000		41.329		40.754		39.632		39.632	

续表

省(区、市)	1995 年		1996 年		1997 年		1998 年		1999 年	
	y 值	排序	y 值	排序	y 值	排序	y 值	排序	y 值	排序
北京	65.819	2	65.021	2	65.870	2	66.936	2	66.956	2
天津	51.882	3	52.367	3	53.175	3	53.420	3	53.680	3
河北	36.676	17	36.902	17	37.175	17	37.149	16	37.690	16
山西	37.123	16	37.199	16	37.382	16	36.957	17	36.632	17
内蒙古	35.424	20	35.209	20	35.465	20	35.148	20	35.241	21
辽宁	34.313	5	45.185	5	45.381	5	45.649	5	45.187	5
吉林	39.860	12	39.743	12	39.313	11	39.429	12	38.752	12
黑龙江	40.353	10	40.368	9	40.455	9	40.200	10	39.586	10
上海	72.434	1	73.062	1	72.569	1	71.867	1	72.106	1
江苏	41.916	8	41.995	8	41.785	8	41.471	8	42.168	8
浙江	44.101	6	43.952	6	43.144	6	43.227	6	44.006	6
安徽	34.601	24	34.751	23	35.176	21	34.894	21	34.736	22
福建	42.022	7	42.606	7	43.082	7	43.191	7	42.893	7
江西	34.578	25	34.485	27	34.702	25	34.298	27	34.227	27
山东	37.965	14	38.093	14	38.534	14	40.468	9	39.269	11
河南	34.220	27	34.515	25	34.928	22	34.682	24	34.644	24
湖北	37.667	15	37.897	15	38.297	15	37.964	15	38.006	15
湖南	35.828	18	35.686	19	35.675	19	35.424	19	35.639	20
广东	47.546	4	47.383	4	46.634	4	45.957	4	46.511	4
广西	34.538	26	34.604	24	34.390	27	34.660	25	34.037	28
海南	40.754	9	39.773	11	38.586	13	38.094	14	38.433	13
四川	34.845	22	34.897	22	34.745	24	34.847	22	34.666	23
贵州	31.229	31	31.395	30	31.256	30	31.253	31	31.176	31
云南	33.474	28	33.730	28	33.832	28	34.232	28	34.236	26
西藏	31.827	30	31.287	31	31.121	31	31.878	30	31.862	30
陕西	35.514	19	35.778	18	35.702	18	35.737	18	35.775	18
甘肃	32.826	29	33.175	29	33.187	29	33.127	29	33.260	29
青海	35.128	21	35.161	21	34.776	23	34.846	23	35.760	19
宁夏	34.707	23	34.494	26	34.572	26	34.544	26	34.516	25
新疆	39.192	13	39.017	13	38.714	12	38.833	13	38.396	14
全国	40.263	11	40.269	10	40.378	10	40.003	11	39.952	9
极差	41.205		41.775		41.448		40.014		40.930	

从表面上看，表5－14中各省（区、市）历年的综合评价值似乎相差不大，而实际上是有相当大的差别（这一点可由表5－13看出），这是因为对历年的数据都进行了无量纲化处理，使各省区的历年数据都处于“信息浓度”相同的状态之中，这样得到的综合评价结果才具有客观性、动态可比性以及评价过程的透明性。

（4）各省（区、市）经济发展状况的分类。为便于比较，给出最大序差的概念。

定义5.8 记r_{ik}为某省区经济运行状况综合评价结果的排序，则称

$$r_{\max i}=\max_k\{r_{ik}\}-\min_k\{r_{ik}\},k=1990,\cdots,1999;i=1,\cdots,31$$

为该省区经济运行状况综合评价值的最大序差。

为直观起见，将各省（区、市）历年的排序及最大序差单独列成表5－15。

表5－15 各省（区、市）（宏观）经济运行状况动态综合评价值的排序及最大序差表

省	综合评价结果排序										最大序差	
（区、市）	1990年	1991年	1992年	1993年	1994年	1995年	1996年	1997年	1998年	1999年	1990～1999年	1995～1999年
北京	2	1	1	2	2	2	2	2	2	2	1	0
天津	3	3	3	3	3	3	3	3	3	3	0	0
河北	19	18	18	18	16	17	17	17	16	16	3	1
山西	13	13	17	16	18	16	16	16	17	17	5	1
内蒙古	20	19	25	19	17	20	20	20	20	21	8	1
辽宁	4	4	5	4	4	5	5	5	5	5	1	0
吉林	9	10	12	10	10	12	12	11	12	12	3	1
黑龙江	7	7	10	12	11	10	9	9	10	10	5	1
上海	1	2	2	1	1	1	1	1	1	1	1	0
江苏	8	9	9	7	7	8	8	8	8	8	2	0
浙江	6	6	6	6	6	6	6	6	6	6	0	0
安徽	27	30	14	25	21	24	23	21	21	22	9	3
福建	12	11	11	11	8	7	7	7	7	7	5	0
江西	25	24	30	28	26	25	27	25	27	27	6	2
山东	17	17	15	14	15	14	14	14	9	11	8	5
河南	29	28	29	30	28	27	25	22	24	24	8	5
湖北	14	14	16	15	14	15	15	15	15	15	2	0
湖南	22	21	20	21	22	18	19	19	19	20	4	2
广东	5	5	4	5	5	4	4	4	4	4	1	0
广西	30	29	27	26	23	26	24	27	25	28	7	3
海南	15	16	7	8	9	9	11	13	14	13	9	5

续表

省(区、市)	综合评价结果排序										最大序差	
	1990 年	1991 年	1992 年	1993 年	1994 年	1995 年	1996 年	1997 年	1998 年	1999 年	1990 ~ 1999 年	1995 ~ 1999 年
四川	26	23	26	24	25	22	22	24	22	23	4	2
贵州	31	31	31	31	31	31	30	30	31	31	1	1
云南	24	26	24	23	27	28	28	28	28	26	5	2
西藏	28	25	22	29	30	30	31	31	30	30	6	1
陕西	21	20	23	20	20	19	18	18	18	18	3	1
甘肃	23	27	28	27	29	29	29	29	29	29	6	0
青海	16	15	19	17	19	21	21	23	23	19	8	4
宁夏	18	22	21	22	24	23	26	26	26	25	8	3
新疆	10	8	8	9	12	13	13	12	13	14	6	2
全国	11	12	13	13	13	11	10	10	11	9	4	3

从表 5 - 15 中可见,天津、浙江省区的最大序差均为 0,即在 1990 ~ 1999 年这 10 年中,天津的经济运行状况始终位于第 3,浙江省区的经济运行状况始终位于第 6;上海、福建、广东、陕西 4 省区的排序是逐年上升的;而部分省区经济运行状况的变化在总体变化中略带有"刚体平移"的特征,这是经过多年发展所形成的,想打破这种格局将是很难的。

表 5 - 15 中的数据表明,在 1990 ~ 1999 年,尽管各省(区、市)的经济运行状况发生相当大的变化,但彼此之间的差别也是很大的,这一点可由各省区的最大序差的变化中得到证实。按最大序差的变化范围,将各省(区、市)的(宏观)经济运行状况做了分类(见表 5 - 16 和表 5 - 17)。

表 5 - 16　各省(区、市)按最大序差的变化范围分类表

	1990 ~ 1999 年	1995 ~ 1999 年
$r_{max} \leqslant 1$	北京、天津、辽宁、上海、浙江、广东、贵州	北京、天津、河北、山西、内蒙古、辽宁、吉林、黑龙江、上海、江苏、浙江、福建、湖北、广东、贵州、西藏、陕西、甘肃
$2 \leqslant r_{max} \leqslant 4$	河北、吉林、江苏、湖北、湖南、四川、陕西	安徽、江西、湖南、广西、四川、云南、青海、宁夏、新疆
$r_{max} \geqslant 5$	山西、内蒙古、黑龙江、安徽、福建、江西、山东、河南、广西、海南、云南、西藏、甘肃、青海、宁夏、新疆	山东、河南、海南

表5-17　按最大序差的变化范围将所属地区的省区分类表

	1990～1999年			1995～1999年		
	东部地区	中部地区	西部地区	东部地区	中部地区	西部地区
$r_{max}\leqslant 1$	北京、天津、辽宁、上海、浙江、广东		贵州	北京、天津、河北、辽宁、上海、江苏、浙江、福建、广东	山西、内蒙古、吉林、黑龙江、湖北	贵州、西藏、陕西、甘肃
$2\leqslant r_{max}\leqslant 4$	河北、江苏	吉林、湖北、湖南	四川、陕西	广西	安徽、江西、湖南	四川、云南、青海、宁夏、新疆
$r_{max}\geqslant 5$	福建、山东、广西、海南	山西、内蒙古、黑龙江、安徽、江西、河南	云南、西藏、甘肃、青海、宁夏、新疆	山东、海南	河南	

由表5-16看出，在1990～1999年期间，有16个省区的（宏观）经济运行状况是处于“跳跃”（“前跳”或“后跳”）式发展（即$r_{max}\geqslant 5$）中，属于稳步发展（即$r_{max}\leqslant 1$）中的省区只有7个（即北京、天津、辽宁、上海、浙江、广东、贵州），属于亚稳步发展（即$2\leqslant r_{max}\leqslant 4$）中的省区也有7个（即河北、吉林、江苏、湖北、湖南、四川、陕西）；而自1995年以来，有18个省区的（宏观）经济运行状况是处于稳步发展之中，而只有3个省区处于“跳跃”式发展中，其中山东、河南是属于“前跳”型的，而海南是属于“后跳”型的。

从表5-17中可以看出，属于东部地区的各省区的经济是在稳步增长中求发展的，是我国经济发展的核心地区。

（5）有关结论与思考。本节基于时序立体数据表的支持，对各省区在1990～1999年期间的（宏观）经济运行状况进行了动态的综合评价和排序。其作用或值得思考的有：

1）本节给出的综合评价结果是完全基于评价指标所提供的信息而产生的，是在动态变化中所体现的，毫无主观色彩的影响。

2）如果所列的评价指标（在统计数据可支持的情况下）是被认可的话，那么各省（区、市）经济运行状况的综合评价及其排序结果就是可信的。

3）从整体上，把握了各省区在改革开放近10年（1990～1999年）来的（宏观）经济运行状况。

4）全国经济运行状况的平均水平是很高的（最低排名是第13位），近年仍有提高的趋势（1999年位于第9），这是一件好事情。但从另一方面来看，也不能不承认这是各省（区、市）之间经济发展水平差距增大的一种迹象。

5）自 1995 年以来，各省（区、市）的（宏观）经济都是在地方财政收入小于财政支出的状态下运行的（见表 5－18），这一现象不能不给人留以深层次的思考。

本节未对影响地区之间经济发展差异的具体因素进行理论或实证分析。

表 5－18　各省（区、市）1990～1999 年地方财政收支比数据

省（区、市）	1990 年	1991 年	1992 年	1993 年	1994 年	1995 年	1996 年	1997 年	1998 年	1999 年
北京	1.11	1.13	1.12	1.04	0.93	0.75	0.81	0.77	0.82	0.79
天津	1.12	1.23	1.35	1.47	0.69	0.66	0.70	0.73	0.73	0.72
河北	0.93	1.00	1.00	1.01	1.01	0.63	0.65	0.65	0.69	0.64
山西	0.94	0.92	0.90	0.95	0.60	0.64	0.63	0.65	0.63	0.59
内蒙古	0.54	0.59	0.54	0.60	0.73	0.43	0.45	0.46	0.46	0.43
辽宁	1.06	1.07	1.02	1.17	1.18	0.67	0.67	0.67	0.68	0.61
吉林	0.71	0.78	0.71	0.78	0.96	0.52	0.53	0.49	0.49	0.43
黑龙江	0.83	0.86	0.83	0.89	0.60	0.58	0.61	0.62	0.61	0.50
上海	2.08	2.08	1.95	1.87	0.89	0.84	0.84	0.81	0.81	0.79
江苏	1.35	1.14	1.21	1.35	1.46	0.68	0.72	0.70	0.70	0.71
浙江	1.27	1.28	1.24	1.34	1.37	0.65	0.65	0.65	0.69	0.71
安徽	0.89	0.60	0.74	1.01	1.16	0.62	0.64	0.68	0.66	0.60
福建	0.83	0.90	0.89	0.99	1.09	0.68	0.71	0.73	0.74	0.75
江西	0.80	0.75	0.73	0.44	0.53	0.58	0.58	0.59	0.55	0.51
山东	0.88	0.99	0.96	1.03	0.61	0.65	0.67	0.71	0.72	0.74
河南	0.94	0.93	0.89	0.47	0.54	0.60	0.63	0.65	0.64	0.58
湖北	0.92	0.96	0.95	1.00	0.80*	0.61	0.63	0.63	0.60	0.58
湖南	0.88	0.91	0.94	0.90	0.57	0.62	0.60	0.59	0.57	0.53
广东	0.87	1.04	1.01	1.04	0.72	0.73	0.80	0.80	0.78	0.79
广西	0.72	0.78	0.84*	0.90	0.87	0.56	0.58	0.58	0.60	0.59
海南	0.42	0.50	0.59	0.77	0.70	0.67	0.68	0.65	0.61	0.64
四川	0.84	0.91	0.89	0.73*	0.57	0.60	0.64	0.63	0.61	0.58
贵州	0.74	0.81	0.77	0.84	0.42	0.45	0.50	0.50	0.49	0.44
云南	0.85	0.87	0.87	0.90	0.38	0.42	0.48	0.48	0.51	0.46
西藏	0.01	0.02	0.07	0.06	0.05	0.06	0.07	0.08	0.08	0.09
陕西	0.78	0.78	0.78	0.84	0.48	0.50	0.56	0.56	0.56	0.52

续表

省(区、市)	1990 年	1991 年	1992 年	1993 年	1994 年	1995 年	1996 年	1997 年	1998 年	1999 年
甘肃	0.74	0.78	0.75	0.83	0.40	0.42	0.48	0.45	0.43	0.40
青海	0.42	0.47	0.43	0.50	0.56	0.30	0.29	0.30	0.29	0.25
宁夏	0.45	0.43	0.49	0.58	0.37	0.39	0.43	0.42	0.39	0.38
新疆	0.46	0.48	0.40	0.54	0.41	0.40	0.42	0.44	0.45	0.43

注：标“*”的数据是由相邻两年数据经插值得到的。

数据来源：国家统计局编，中国统计年鉴 1991 ~ 2000。

5.4 体现激励控制的动态评价方法

5.4.1 基于双激励控制线的动态评价方法[87]

5.4.1.1 引言

多阶段信息集结是指如何将被评价对象在多个时间点上的综合评价值（由静态评价问题得到）集结为一个点值的问题。本节介绍了一种基于激励控制线的动态评价方法，其基本思想是将离散的多个时点评价值的集结问题拓展为时段区域连续的评价值集结问题，并引入正负两条线性激励线，对被评价对象处于正激励线以上的部分进行适度“奖励”，对落入负激励线以下的部分进行适度“惩罚”，从而完成对原有评价信息的转换，再对转换后的评价信息进行集结，用最终的集结值对被评价对象进行比较或排序。

5.4.1.2 原理与方法

（1）激励控制线的性质与设置。激励控制线是决策者（或评价者）经验、知识或意愿的集中反映，这里描述为一般的直线形式，即

$$y - y_0^{\pm} = k^{\pm}(x - x_0^{\pm}) \tag{5-17}$$

当$(x_0^{\pm}, y_0^{\pm}) = (x_0^{+}, y_0^{+})$，$k^{\pm} = k^{+}$时，式(5-17)为正激励线方程；当$(x_0^{\pm}, y_0^{\pm}) = (x_0^{-}, y_0^{-})$，$k^{\pm} = k^{-}$时，式(5-17)为负激励线方程。$(x_0^{\pm}, y_0^{\pm})$为正负激励线的初始点，$k^{\pm}$为正负激励线的斜率。

设 x 为横轴的时间变量，记 $x_k = x(t_k)$，$k = 1, 2, \cdots, N$，对应于 $N-1$ 个时段，序列$\{x_k\}$要求是等间距的。简单地，对应于 t_k，可取 $x_k = k-1$。$x_0^{\pm}$ 为初始点的横坐标值，表示时间刻度的起点，显然 $x_0^{+} = x_0^{-}$。

设 y 为纵轴的评价值变量。$y_0^{\pm}$ 为初始点的纵坐标值，要求 $y_0^{\pm} \in [\min\limits_i(y_{i1})$,

$\max_i(y_{i1})]$,y_{i1}为被评价对象i在t_1时刻的评价值,一般可考虑将$y_0^{\pm}$设置成具有较强解释性的一些关键点,如最小值、算术平均值、几何平均值、中位数等。

$k^{\pm}$表示事物的增长速率。可在某些关键增长率的基础上根据决策者的认识做适当调整后确定。

定义 5.9　分别称$r_d^{\max}$,$r_d^{\min}$,$\bar{r}_d$为双态最大增长率、双态最小增长率及双态平均增长率,分别称$r_a^{\max}$,$r_a^{\min}$,$\bar{r}_a$为全态最大增长率、全态最小增长率及全态平均增长率。其计算公式为

$$\begin{cases} r_d^{\max} = \max\limits_i\{(y_{i,N} - y_{i,1})/N - 1\} \\ r_d^{\min} = \min\limits_i\{(y_{i,N} - y_{i,1})/N - 1\} \\ \bar{r}_d = (\bar{y}_N - \bar{y}_1)/N - 1 = \left[\sum\limits_{i=1}^{n}(y_{iN} - y_{i1})\right]/n(N-1) \end{cases} \tag{5-18}$$

$$\begin{cases} r_a^{\max} = \max\limits_i\left\{\left[\sum\limits_{k=1}^{N-1}(y_{i,k+1} - y_{i,k})/(x_{k+1} - x_k)\right]/N - 1\right\} \\ r_a^{\min} = \min\limits_i\left\{\left[\sum\limits_{k=1}^{N-1}(y_{i,k+1} - y_{i,k})/(x_{k+1} - x_k)\right]/N - 1\right\} \\ \bar{r}_a = \sum\limits_{k=1}^{N-1}(\bar{y}_{k+1} - \bar{y}_k)/(N-1) \\ \quad = \left[\sum\limits_{k=1}^{N-1}\sum\limits_{i=1}^{n}(y_{i,k+1} - y_{i,k})/(x_{k+1} - x_k)\right]/n(N-1) \end{cases} \tag{5-19}$$

由定义 5.9 可见,这里的"双态"是指仅考虑初期与末期两种状态的情形,"全态"是指考虑从初期到末期之间所有状态的情形。

定义 5.10　分别称k_d^+,k_d^-为双态正、负激励线斜率,k_a^+,k_a^-为全态正、负激励线斜率。其计算公式为

$$\begin{cases} k_d^+ = \bar{r}_d + v^+(r_d^{\max} - \bar{r}_d) \\ k_d^- = \bar{r}_d - v^-(\bar{r}_d - r_d^{\min}) \end{cases} \tag{5-20}$$

$$\begin{cases} k_a^+ = \bar{r}_a + v^+(r_a^{\max} - \bar{r}_a) \\ k_a^- = \bar{r}_a - v^-(\bar{r}_a - r_a^{\min}) \end{cases} \tag{5-21}$$

式中,v^+,v^-为正、负激励线的斜率偏移度,$v^+,v^- \in (0,1]$。

通常,决策者(一般为该领域专家)对于被评价对象整体的发展状况有着比较准确的心理预期,如最佳、正常或最差情况下被评价对象的发展(成长)情况,而这种心理预期即可转化为激励控制线的形式对被评价对象在多个阶段的发展状态进行衡量。

(2)多阶段信息集结。基于双激励控制线的多阶段信息集结的基本思路如图 5-2所示。一般,对于分割后的某一单位阶段而言,任一被评价对象i在该时段

内的状态可认为是均匀提升的，因而可将两个相邻时段（如$[t_k,t_{k+1}]$，$k=1,2,\cdots,N-1$）被评价对象的评价值y_{ik}，$y_{i,k+1}$在坐标轴上连接起来，用两点之间的连线（称之为发展路径）表示被评价对象的发展轨迹，而$x_k y_{ik} y_{i,k+1} x_{k+1}$与横轴包围的面积即反映了被评价对象$i$在$[t_k,t_{k+1}]$内总体状况，其动态综合评价值可表示为一个积分$s_i(x_k,x_{k+1})$，有

$$s_i(x_k,x_{k+1}) = \int_{x_k}^{x_{k+1}}[y_{ik}+(x-x_k)(y_{i,k+1}-y_{ik})/(x_{k+1}-x_k)]\mathrm{d}x \quad (5-22)$$

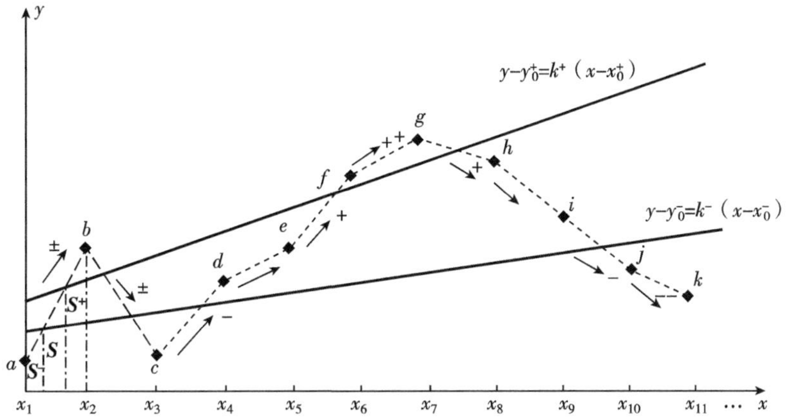

图5-2　双激励控制线动态信息集结示意图

注：图中S^+，S^-，S分别表示$a\to b$段正、负激励面积及总面积。

在引入正负激励线之后，动态综合评价值中还要考虑对处于正负激励线以外部分面积的奖惩，设$s_i^{\pm}(x_k,x_{k+1})$为第i个被评价对象在$[t_k,t_{k+1}]$内带激励的动态综合评价值，有

$$s_i^{\pm}(x_k,x_{k+1}) = \mu^+ s_i^+(x_k,x_{k+1}) + s_i(x_k,x_{k+1}) - \mu^- s_i^-(x_k,x_{k+1}) \quad (5-23)$$

式中，μ^+，μ^-（$\mu^+,\mu^->0$）分别为正、负激励系数，$s_i^+(x_k,x_{k+1})$，$s_i^-(x_k,x_{k+1})$分别为$s_i(x_k,x_{k+1})$中正激励综合评价值与负激励综合评价值部分。记$s_{ik}^{\pm}=s_i^{\pm}(x_k,x_{k+1})$，$s_{ik}^{+}=s_i^{+}(x_k,x_{k+1})$，$s_{ik}^{-}=s_i^{-}(x_k,x_{k+1})$。

综合$[t_1,t_N]$中的各个时段，容易得到第i个被评价对象全过程的带激励的总动态综合评价值$s_i^{\pm}$，即有

$$s_i^{\pm} = \sum_{k=1}^{N-1} h_k s_i^{\pm}(x_k,x_{k+1}) \quad (5-24)$$

式中，h_k（$h_k \geqslant 0$）为时间因子，通常取$\{h_k\}$为递增型的序列（如令$h_k=e^{k/2N}$），体现“厚今薄古”的思想。但是，因为激励控制线中已蕴含了不同时段评价值“差异价

值”的信息,若无特定的要求可不考虑时间偏好,即令 $h_k \equiv 1$。

对于某一被评价对象来说,并非任意一时段都会有正负激励情况存在,如图 5 - 2 中“$a \to b$”及“$b \to c$”2 个时段都具有正负激励,除此之外,“$c \to l$”中的 8 个时段中的各个阶段都没有出现正负激励共存的情况。为给出具体的计算方法,先对下面的符号及含义进行界定。

1)“↗”表示该阶段的趋势是上升的,“↘”表示该阶段的趋势是下降的;

2)“±”表示该阶段带有正负激励,“+”表示该阶段带有正激励,“-”表示该阶段带有负激励,“++”表示全正激励,“--”表示全负激励。

符号之间互相组合共有 12 种可能的情况,图 5 - 2 中“$a \to k$”的 10 个时段分别对应着 10 种典型的情况(为简化图形,“$\searrow^{++}$”与“$\nearrow^{--}$”两种没有标出,但含义是显然的)。

下面将给出 12 种不同情形下,第 i 个被评价对象,在$[t_k, t_{k+1}]$时段 $s_{ik}^{\pm}$ 的表示形式及计算公式(不需要积分,转化为求梯形面积即可),见表 5 - 19。

表 5 - 19 计算公式表

12 种情形	计算公式	含义说明
$s_{ik}^{\pm}(\nearrow)$	$s_{ik}^{\pm}(\nearrow) = s_i(x_k, x_{k+1}) = (y_{i,k+1} + y_{ik})(x_{k+1} - x_k)/2$	趋势是上升的,但没有激励
$s_{ik}^{\pm}(\searrow)$	$s_{ik}^{\pm}(\searrow) = s_i(x_k, x_{k+1}) = (y_{i,k+1} + y_{ik})(x_{k+1} - x_k)/2$	趋势是下降的,但没有激励
$s_{ik}^{\pm}(\nearrow^{\pm})$	$s_{ik}^{\pm}(\nearrow^{\pm}) = -\mu^{-}(y_{ik} + y'_{ik})(x'_k - x_k)/2 + (y''_{ik} + y'_{ik})(x''_k - x'_k)/2 + \mu^{+}(y''_{ik} + y_{i,k+1})(x_{k+1} - x''_k)/2$	趋势是上升的,同时具有正负激励
$s_{ik}^{\pm}(\nearrow^{+})$	$s_{ik}^{\pm}(\nearrow^{+}) = (y_{ik} + y''_{ik})(x''_k - x_k)/2 + \mu^{+}(y''_{ik} + y_{i,k+1})(x_{k+1} - x''_k)/2$	趋势是上升的,仅具有正激励
$s_{ik}^{\pm}(\nearrow^{-})$	$s_{ik}^{\pm}(\nearrow^{-}) = -\mu^{-}(y_{ik} + y'_{ik})(x'_k - x_k)/2 + (y'_{ik} + y_{i,k+1})(x_{k+1} - x'_k)/2$	趋势是上升的,仅具有负激励
$s_{ik}^{\pm}(\searrow^{\pm})$	$s_{ik}^{\pm}(\searrow^{\pm}) = \mu^{+}(y_{ik} + y''_{ik})(x''_k - x_k)/2 + (y''_{ik} + y'_{ik})(x''_k - x'_k)/2 - \mu^{-}(y'_{ik} + y_{i,k+1})(x_{k+1} - x'_k)/2$	趋势是下降的,同时具有正负激励
$s_{ik}^{\pm}(\searrow^{+})$	$s_{ik}^{\pm}(\searrow^{+}) = \mu^{+}(y_{ik} + y''_{ik})(x''_k - x_k)/2 + (y''_{ik} + y_{i,k+1})(x_{k+1} - x''_k)/2$	趋势是下降的,仅具有正激励
$s_{ik}^{\pm}(\searrow^{-})$	$s_{ik}^{\pm}(\searrow^{-}) = (y_{ik} + y'_{ik})(x'_k - x_k)/2 - \mu^{-}(y'_{ik} + y_{i,k+1})(x_{k+1} - x'_k)/2$	趋势是下降的,仅具有负激励
$s_{ik}^{\pm}(\nearrow^{++})$	$s_{ik}^{\pm}(\nearrow^{++}) = (1 + \mu^{+})(y_{i,k+1} + y_{ik})(x_{k+1} - x_k)/2$	趋势是上升的,在正激励线之上
$s_{ik}^{\pm}(\searrow^{++})$	$s_{ik}^{\pm}(\searrow^{++}) = (1 + \mu^{+})(y_{i,k+1} + y_{ik})(x_{k+1} - x_k)/2$	趋势是下降的,在正激励线之上

续表

12种情形	计算公式	含义说明
$s_{ik}^{\pm}(\searrow^{--})$	$s_{ik}^{\pm}(\searrow^{--})=(1-\mu^{+})(y_{i,k+1}+y_{ik})(x_{k+1}-x_{k})/2$	趋势是下降的，在负激励线之下
$s_{ik}^{\pm}(\nearrow^{--})$	$s_{ik}^{\pm}(\nearrow^{--})=(1-\mu^{+})(y_{i,k+1}+y_{ik})(x_{k+1}-x_{k})/2$	趋势是上升的，在负激励线之下

注：(x'_k,y'_k)，(x''_k,y''_k)分别为$[t_k,t_{k+1}]$时段内评价对象发展路径与负、正激励线的交点。

为确定正负激励系数μ^{+}，μ^{-}，以下给出两个约束规则，每个规则对应一个方程。

规则5.1　激励守恒规则。对于n个被评价对象总体来说，要求正负激励总量是相等的，即有

$$\mu^{+}\sum_{i=1}^{n}\sum_{k=1}^{N-1}s_{ik}^{+}=\mu^{-}\sum_{i=1}^{n}\sum_{k=1}^{N-1}s_{ik}^{-} \tag{5-25}$$

规则5.2　适度激励规则。要求正负激励系数μ^{+}，μ^{-}的和为1，即有

$$\mu^{+}+\mu^{-}=1 \tag{5-26}$$

联立式(5-25)、式(5-26)即可求得μ^{+}，μ^{-}的值。

正负激励系数μ^{+}，μ^{-}的选取满足规则5.2时，可以证明有定理5.3成立。

定理5.3　在适度激励规则下，任一被评价对象的带激励的总动态综合评价值为正。

证明：第i个被评价对象在$[t_k,t_{k+1}]$内带激励的动态综合评价值为

$$s_i^{\pm}(x_k,x_{k+1})=\mu^{+}s_i^{+}(x_k,x_{k+1})+s_i(x_k,x_{k+1})-\mu^{-}s_i^{-}(x_k,x_{k+1})$$

因μ^{+}，$\mu^{-}>0$，且$\mu^{+}+\mu^{-}=1$，故有$0<\mu^{+}$，$\mu^{-}<1$。由表5-19中的计算公式可知

$$s_i^{+}(x_k,x_{k+1}),s_i^{-}(x_k,s_{k+1})\leqslant s_i(x_k,x_{k+1})$$

所以有

$$0<s_i(x_k,x_{k+1})-\mu^{-}s_i^{-}(x_k,x_{k+1})<\mu^{+}s_i^{+}(x_k,x_{k+1})+ \\ s_i(s_k,x_{k+1})-\mu^{-}s_i^{-}(x_k,x_{k+1})=s^{\pm}(x_k,x_{k+1})$$

被评价对象i的带激励的总动态综合评价值$s_i^{\pm}=\sum_{k=1}^{N-1}h_k s_i^{\pm}(x_k,x_{k+1})$，其中$h_k\geqslant 0$，$s_i^{\pm}(x_k,x_{k+1})>0$，故有$s_i^{\pm}>0$。定理得证。

5.4.1.3　应用算例

设有甲、乙、丙、丁4名员工，近5年（设为$t_1,t_2,\cdots,t_5$）的绩效考核成绩见表5-20。

表 5－20　4 位员工近 5 年绩效考核成绩表

	t_1	t_2	t_3	t_4	t_5
甲	6	7	8	9	10
乙	10	9	8	7	6
丙	6	8	10	9	7
丁	7	9	10	8	6

问题　如何对 4 位员工 5 年的表现进行总体评价。

因为考核成绩的获取本身即是一个多指标的综合评价问题，该算例略去了指标维，而仅考虑被评价对象与时间 2 维的信息，表 5－20 描述的是一个经简化后的多阶段信息集结问题。

值得注意的是，甲、乙、丙、丁 4 位员工 5 年内绩效考核成绩的算术平均值都为 8，因而若用算术平均值对 5 年的成绩进行集结比较，4 位员工的优劣是无法分辨的。

以下是采用双激励控制线集结方法处理此问题的计算过程：

（1）设定横轴时间变量 $x(t_k)=k, k=1,2,\cdots,5$。选择激励线的初始点为 $(7.25,1)$，这里，7.25 为 t_1 时刻 4 位员工考核成绩的平均值。

（2）由式（5－18）算得 $r_d^{max}=1, r_d^{min}=-1, \bar{r}_d=0$，取正负激励线的斜率偏移度 $\nu^+, \nu^-=0.5$，因而得到正激励线方程为 $y=7.25+0.5(x-1)$，负激励线方程为 $y=7.25-0.5(x-1)$。

（3）将 4 位员工 5 年的绩效数据及正负激励线绘成图，见图 5－3。通过图 5－3可清楚地看到各被评价对象历年的发展变化情况。

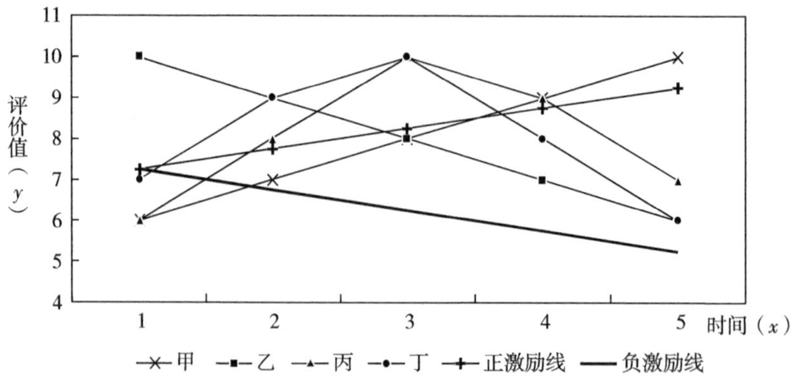

图 5－3　被评价对象多阶段信息图

(4)参照图5－3,可确定各被评价对象在各个时段相对于激励控制线的变动形状并算得若干交点(见表5－21),由表5－19中的计算公式求得一些中间结果信息,计算过程略,结果见表5－22。

表5－21　评价对象动态演化情况表

	$[t_1,t_2]$			$[t_2,t_3]$			$[t_3,t_4]$			$[t_4,t_5]$		
	形状	+	−	形状	+	−	形状	+	−	形状	+	−
甲	↗⁻		(1.833, 6.833)	↗			↗⁺	(1.833, 6.833)		↗⁺⁺		
乙	↘⁺⁺			↘⁺	(2.833, 8.166)		↘			↘		
丙	↑±	(1.833, 7.666)	(1.500, 7.000)	↗⁺⁺			↘⁺⁺			↘⁺	(4.100, 8.800)	
丁	↗±	(1.100, 7.200)	(1.166, 7.333)	↗⁺⁺			↘⁺	(3.700, 8.600)		↘		

注:表中"+"、"−"项分别为评价对象发展路径与正、负激励线的交点坐标。

表5－22　各阶段正负激励信息表

	$[t_1,t_2]$			$[t_2,t_3]$			$[t_3,t_4]$			$[t_4,t_5]$		
	s_1	s_1^+	s_1^-	s_1	s_1^+	s_1^-	s_1	s_1^+	s_1^-	s_1	s_1^+	s_1^-
甲	6.500	0.000	5.347	7.500	0.000	0.000	8.500	4.375	0.000	9.500	0.000	0.000
乙	9.500	9.500	0.000	8.500	7.153	0.000	7.500	0.000	0.000	6.500	0.000	0.000
丙	7.000	1.306	3.250	9.000	9.000	0.000	9.500	9.500	0.000	8.000	0.790	0.000
丁	8.000	6.806	0.710	9.500	9.500	0.000	9.000	6.510	0.000	7.000	0.000	0.000

注:$s_k,s_k^+,s_k^-,k=1,2,3,4$ 分别为对应时段的动态综合评价值及正、负激励动态综合评价值。

(5)由表5－22中的数据,根据规则5.1、规则5.2[式(5－25)及式(5－26)],可算得正、负激励系数$\mu^+=0.118$,$\mu^-=0.8882$。

(6)加总各被评价对象在全程$[t_1,t_5]$的总面积及正负激励面积,并由式(5－24)得到带激励的总动态综合评价值(设时间因子$h_k\equiv1$),并根据其值的大小做(降序)排序。结果见表5－23。

因而,运用基于双激励控制线的动态信息集结方法得到4位员工5年中的总体绩效表现为"丁＞乙＞丙＞甲"("＞"表示"优于")。

对于本算例,需要进一步说明两点:

表 5－23 评价结果信息表

评价对象	总面积	正激励面积	负激励面积	带激励的总动态综合评价值	排序
甲	32.0000	13.8750	5.3472	28.8019	4
乙	32.0000	16.6528	0.0000	33.8618	2
丙	33.5000	20.5956	3.2500	32.9160	3
丁	33.5000	22.8156	0.7100	35.4202	1

(1)表 5－22 中的信息实际上是对表 5－20 中信息的一次转换,转换后的信息量明显增多了,第 4 步之后决策者可按照自身的需要选择信息进一步集结的方式,如有序加权算数平均(*OWA*)、最小(*Min*)、最大(*Max*)等算子[71],而不一定囿于本节方法中给出的方式,丰富的信息为决策者选用多种集结策略提供了条件。

(2)按照惯常的判断,甲的表现呈上升趋势,而乙的表现呈下降趋势(见图 5－3),甲应该最优而乙最劣,若延续这种趋势继续发展,甲优于乙是必然的,但在本算例考察的 4 个时段内,由于激励线的设定,同样的绩效成绩在初期比末期显得“珍贵”,高绩效得分受到的正激励(奖励)初期比末期高很多,相反,低绩效成绩在初期比末期受到的负激励(惩罚)要大很多,所以才有了乙优于甲的结论,这也正是方法的特殊之处。

5.4.2 基于泛激励控制线的动态评价方法[88]

本节对基于双激励控制线的动态评价方法做更为普适性的拓展,以更好地贴近实际应用。理论拓展具体表现为:①将线性激励控制线拓展为泛激励控制线;②考虑对象的发展态势,因而在方法中同时融入了“状态激励”及“趋势激励”的内容,使方法具备了双重激励的特征;③考虑到多个决策者参与的情景,研究了群激励控制线的生成方法。

5.4.2.1 问题描述

有 n 个被评价对象(或系统)$o_1,o_2,\cdots,o_n$,按时间顺序在 N 个时期 $t_1,t_2,\cdots,t_N$ 对 $o_1,o_2,\cdots,o_n$ 在某目标(或准则或指标)下的状态进行采样,设 o_i 在 t_j 时期的评价值为 $x_i(t_j)$,记 $x_{ij}=x_i(t_j)$,得到时序信息矩阵为

$$X=[X_{ij}]_{n\times N}=\begin{bmatrix} x_{11} & x_{12} & \cdots & x_{1N} \\ x_{21} & x_{22} & \cdots & x_{2N} \\ \cdots & \cdots & \cdots & \cdots \\ x_{n1} & x_{n2} & \cdots & x_{nN} \end{bmatrix}$$

问题 如何对 $o_1,o_2,\cdots,o_n$ 在$[t_1,t_N]$上的整体状况进行评价。从数学角度看,

对于该问题的处理方法比较简单，比如取关于 N 个时期的某一平均数作为综合评价值，目前几乎所有的研究均采用该思路，但是社会系统中的多数问题并非简单的信息处理问题，在很多情况下，决策者希望能在方法上融入一定的管理手段，本节沿承并拓展双激励控制线的思想，进一步研究如何在动态评价中科学体现"控制与激励"思想的集结方法。

本节给出"泛激励控制线"的多阶段信息集结方法，其基本思路是：决策者根据需要，提出对被评价对象发展预期乐观的（正的）及悲观的（负的）两条激励控制线，对对象处于正激励线以上的状态给与奖励，对处于负激励线以下的状态给与惩罚，同时针对被评价对象（增长或萎缩）的发展趋势给与差别化激励，从而在控制的基础上实现对对象"发展状况与趋势"（发展轨迹）的双重激励效果。

5.4.2.2　泛激励控制线的性质与设置

在现实世界中事物的发展变化通常是非线性的，这些情景中选用非线性的激励控制线对决策者关于被评价对象整体发展状况的预期描述将更加贴切，为使概念具有更高的延拓性，现给出更为普遍的定义。

定义 5.11　激励控制线是决策者对于被评价对象在某个水平上发展预期的描述，包括均匀变化的线性激励控制线及非均匀变化的非线性激励控制线两类，而线性激励控制线与非线性激励控制线统称为泛激励控制线。

不同于决策中传统"点值"形式的偏好形式，泛激励控制线是一种新颖的以曲线形式给出的偏好信息。定义 5.11 说明对于线性与非线性激励控制线的任意运算与复合均属于泛激励控制线，因而为多个决策者或多个准则下不同偏好曲线的融合提供了保证。

这里尚且考虑"优秀"（乐观）及"劣等"（悲观）两个水平的激励控制线，简称为双激励控制线。设函数

$$y = f(x), x \in [t_1, t_N] \tag{5-27}$$

为泛激励控制线，分别称 $y = f^+(x)$ 为正激励控制线，$y = f^-(x)$ 为负激励线方程，并且恒有 $f^+(x) > f^-(x) > 0, x \in [t_1, t_N]$。$f(x)$ 的基本形式可为以下 6 种（也可以选取适宜的其他函数，并通过复合运算得到更为复杂的曲线形式）。

（1）常数形式 $f(x) = a$，表示预期不随时间变化。

（2）线性形式 $f(x) = ax + b$，表示预期随时均匀地变化。

（3）对数形式 $f(x) = a\ln(x+1) + b$，表示预期随时间先快后慢地变化。

（4）指数形式 $f(x) = a^{bx} + c$，表示预期先慢速后快速地变化。

（5）二次曲线形式 $f(x) = ax^2 + bx + c$，表示预期增加（减少）到某点后再减少（增加）。

(6)振荡形式$f(x)=ax^r\sin(x+b)+c,r>0$时振幅增加。

以上诸式中,a,b,c为待定参数。

式(5-27)中,y为纵轴的评价值变量,x为横轴的时间变量,记$x_k=x(t_k),k=1,2,\cdots,N$,对应于$N-1$个时段,序列$\{x_k\}$要求是等间距的。简单地,对应于$t_k$,可取$x_k=k$,此时有$x\in[1,N]$(算例部分将按该标度进行计算)。

正负激励控制线的设置过程相同,过程如下:

步骤1 决策者根据经验判断,选取符合被评价对象发展预期变动形式的激励控制线。

步骤2 获取决策者判断信息(无重复判断信息的个数应不少于$f(x)$中待定参数的个数)。

一般来说,判断信息可通过规范性地提问得到,如"在t_k期,被评价对象的乐观(悲观)预期是多少?","在乐观(悲观)预期上,t_i期与t_j期的比值是多少?","在乐观(悲观)预期上,t_i期与t_j期相比的增量是多少?"等。在进行比较判断时,通常可关注具有较强解释性的一些关键点,如最小值、算术平均值、几何平均值、中位数等。

步骤3 建立方程组或最佳拟合模型,确定激励控制线。分两种情况考虑。

(1)判断信息的个数与$f(x)$中待定参数的个数相同。此时,将获取的判断信息转换成相应的方程,解方程组即可求出参数a,b,c,将所得参数代入曲线函数中,即可得到激励控制线$f(x)$的确定形式。

(2)判断信息的个数多于所选曲线中待定参数的个数。因决策判断中不可避免存在误差,为尽量减少误差,决策者通常会提供多个不完全一致的判断信息,这种不一致的信息可看成是对部分错误判断的修正,经过适当整理后,可将信息表述为多个不相容的方程

$$\begin{cases} f(x_1,a,b,c)=z_1 \\ \cdots \\ f(x_l,a,b,c)=z_l \end{cases} \tag{5-28}$$

式(5-28)无法直接求解,因而建立如下的目标规划模型

$$\min z=\sum_{i=1}^{l}P_i(d_i^-+d_i^+)$$

$$\begin{cases} f(x_1,a,b,c)+d_1^- - d_1^+ = u_1 \\ \cdots \\ f(x_l,a,b,c)+d_l^- - d_l^+ = u_l \\ d_i^-,d_i^+ \geq 0,i=1,2,\cdots,l \end{cases} \tag{5-29}$$

式中,P_i可理解为对判断信息"$f(x_i,a,b,c)=z_i$"的信任系数,$P_i\in[0,1],i=1,2,\cdots,l$。

通过求解模型(5 - 29),便可得到不相容判断中的最佳拟合参数 a,b,c,并确定出相应的激励控制线。

5.4.2.3　多阶段信息集结

泛双激励控制线的多阶段信息集结的示意图见图 5 - 4。图中“$a,b,\cdots,l$”各点表示被评价对象在不同时刻的发展状况,符号“↗”表示该阶段的趋势是上升的,“↘”表示该阶段的趋势是下降的,“→”表示该趋势是平稳的,“ ± ”表示该阶段带有正负激励,“ + ”表示该阶段带有正激励,“ - ”表示该阶段带有负激励,“ + + ”表示全正激励,“ - - ”表示全负激励,符号之间互相组合共有 18 种可能的情况,图 5 - 4 中“$a \to l$”的 11 个时段分别对应着 11 种典型的情况,为简化图形,“$\searrow^{++}$”、“$\nearrow^{--}$”、“$\rightarrow$”、“$\rightarrow^{+}$”、“$\rightarrow^{-}$”、“$\rightarrow^{\pm}$”、“$\rightarrow^{++}$”7 种情况没有标出,但含义是显然的。

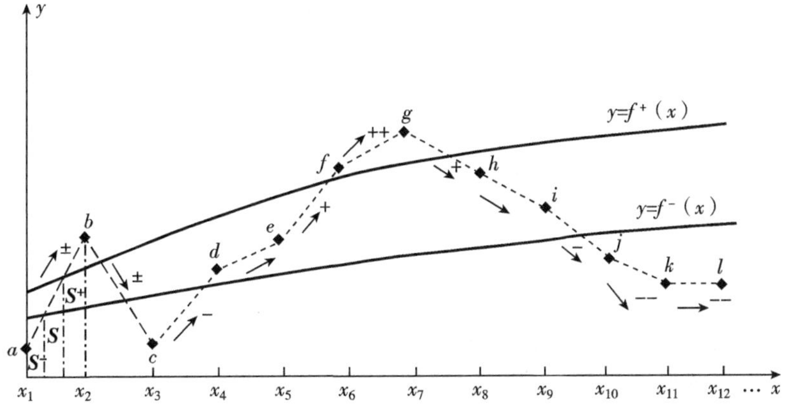

图 5 - 4　泛双激励控制线多阶段信息集结示意图

注:图中 S^{+},S^{-},S 分别表示 $a \to b$ 段正、负激励面积及总面积。

一般地,对于分割后的某一单位阶段而言,任一被评价对象 i 在该时段内的状态可认为是均匀变动的,因而可将两个相邻时段(如$[t_k,t_{k+1}]$,$k=1,2,\cdots,N-1$)被评价对象的评价值 y_{ik},$y_{i,k+1}$在坐标轴上连接起来,用两点之间的连线(称之为发展路径)表示被评价对象的发展轨迹,而 $x_k y_{ik} y_{i,k+1} x_{k+1}$与横轴包围的面积即反映了被评价对象 i 在$[t_k,t_{k+1}]$内总体状况,其动态综合评价值可表示为一个积分 $s_i(x_k,x_{k+1})$,有

$$s_i(x_k,x_{k+1}) = \int_{x_k}^{x_{k+1}} [y_{ik} + (x - x_k)(y_{i,k+1} - y_{ik})/(x_{k+1} - x_k)]\mathrm{d}x \quad (5-30)$$

通常,人们总是期望被评价对象能够“既好又快”地发展,“好”表明对象具有

良好的增长基础(由特定阶段的状态决定,直观上可通过符号“＋”或“－”观测),“快”表明对象具有良好的增长速度(由特定阶段的趋势决定,直观上可通过符号“↗”、“↘”或“→”观测),本节方法将同时体现该“双重激励”的思想,具体包括:

(1)状态激励。“状态激励”意味着动态综合评价值中需要考虑对处于正负激励线以外部分“面积的奖惩”,设 $s_i^{\pm}(x_k,x_{k+1})$ 为第 i 个对象在 $[t_k,t_{k+1}]$ 内带“状态激励”的动态综合评价值,则

$$s_i^{\pm}(x_k,x_{k+1})=\mu^{+}s_i^{+}(x_k,x_{k+1})+s_i(x_k,x_{k+1})-\mu^{-}s_i^{-}(x_k,x_{k+1}) \quad (5-31)$$

式中,μ^{+},μ^{-}(μ^{+},$\mu^{-}>0$)分别为正、负状态激励系数,$s_i^{+}(x_k,x_{k+1})$,$s_i^{-}(x_k,x_{k+1})$分别为 $s_i(x_k,x_{k+1})$中正激励综合评价值与负激励综合评价值部分(简化计算公式参见第5.4.1.2节)。记 $s_{ik}^{\pm}=s_i^{\pm}(x_k,x_{k+1})$,$s_{ik}^{+}=s_i^{+}(x_k,x_{k+1})$,$s_{ik}^{-}=s_i^{-}(x_k,x_{k+1})$。

(2)趋势激励。“↗”表示上升的趋势,需要对此进行奖励,“↘”表示下降的趋势,需要对此进行惩罚,而“→”表示稳定,不做奖罚。此外,同样的变化趋势,因程度不同还要进行差别激励。

设 $s_i^{\uparrow}(x_k,x_{k+1})$为第 i 个被评价对象在 $[t_k,t_{k+1}]$ 内带“趋势激励”的动态综合评价值,则

$$\begin{cases}s_i^{\uparrow}(x_k,x_{k+1})=\rho(v_{ik})s_i(x_k,x_{k+1})\\ v_{ik}=(y_{i,k+1}-y_{ik})/(x_{k+1}-x_k)\end{cases} \quad (5-32)$$

式中,v_{ik}为被评价对象 i 在 $[t_k,t_{k+1}]$ 内的线性增长速率(即斜率),ρ 为趋势激励系数,ρ 是关于 v_{ik}的函数。

根据“趋势激励”的需要,构造 ρ 的具体函数为

$$\rho(v)=\alpha+\beta/(1+e^{-v}) \quad (5-33)$$

式中,α,β 为待定参数,要求 $\alpha+\beta>0$。

$\rho(v)$为单调递增函数,ρ 随 v 的增加直至 $+\infty$ 而趋向于 $\alpha+\beta$;反过来,当 $v\to-\infty$ 时,$\rho\to\alpha$;$\rho(v)$具有一个拐点,在拐点之前,ρ 的增长速度越来越快,而在拐点之后,ρ 的增长速度越来越慢。$\rho(v)$函数的上述优良性质十分适合于描述“趋势激励”的要求,并在本质上蕴含着“平稳适度增长”是最佳增长策略的思想,因而有利于对被评价对象的“持续科学的发展行为”产生积极的引导。

(3)双重激励。若同时兼顾“状态激励”及“趋势激励”的思想,可得到第 i 个被评价对象在 $[t_k,t_{k+1}]$ 内具有“双重激励”的动态综合评价值 $s_i^{\pm\uparrow}(x_k,x_{k+1})$,而

$$s_i^{\pm\uparrow}(x_k,x_{k+1})=\rho(v_{ik})[\mu^{+}s_i^{+}(x_k,x_{k+1})+s_i(x_k,x_{k+1})-\mu^{-}s_i^{-}(x_k,x_{k+1})] \quad (5-34)$$

综合 $[t_1,t_N]$ 中的各个时段,进一步得到第 i 个被评价对象“双重激励”的总动态综合评价值

$$s_i^{\pm\uparrow}=\sum_{k=1}^{N-1}s_i^{\pm\uparrow}(x_k,x_{k+1}) \quad (5-35)$$

为确定正负状态激励系数μ^+,μ^-及趋势激励系数ρ的函数式,以下给出四个适宜的约束规则,每个规则对应一个方程。

规则5.3　激励守恒规则。对于n个被评价对象全体来说,要求正负激励总量是相等的,即有

$$\mu^+\sum_{i=1}^{n}\sum_{k=1}^{N-1}\rho(v_{ik})s_{ik}^+=\mu^-\sum_{i=1}^{n}\sum_{k=1}^{N-1}\rho(v_{ik})s_{ik}^- \tag{5-36}$$

规则5.4　归一化规则。要求正负激励系数μ^+,μ^-的和为1,即有

$$\mu^++\mu^-=1 \tag{5-37}$$

规则5.5　伸缩临界规则。要求$\rho(0)=1$,即

$$\alpha+\beta/(1+e^0)=1 \tag{5-38}$$

"$\rho(0)=1$"表示不对非增非减的阶段进行"趋势激励",而当$v>0$时,$\rho(v)>1$,表示"放大"作用的正激励;当$v<0$时,$\rho(v)<1$,表示"缩小"作用的负激励。

规则5.6　两极比较规则。给定一系数$\tau(\tau>1)$,使得

$$\rho(\max_{i,k}(v_{ik}))/\rho(\min_{i,k}(v_{ik}))=\tau \tag{5-39}$$

τ为决策者对于n个被评价对象全过程中最优增长速度与最劣增长速度在"趋势激励"效果上的比值偏好。

联立式(5-36)~式(5-39),可求得μ^+,μ^-的值并确定出ρ的函数式。

定理5.4　若方法中相关参数的确定满足规则5.4及规则5.6,则任一被评价对象"双重激励"的总动态综合评价值为正。

证明:第i个被评价对象在$[t_k,t_{k+1}]$内具有"双重激励"的动态综合评价值为

$$s_i^{\pm\uparrow}(x_k,x_{k+1})=\rho(v_{ik})[\mu^+s_i^+(x_k,x_{k+1})+s_i(x_k,x_{k+1})-\mu^-s_i^-(x_k,x_{k+1})]$$

由规则5.6可知,$\rho(\max_{i,k}(v_{ik}))$与$\rho(\min_{i,k}(v_{ik}))$同正或同负。由问题本质可知,$\rho(\max_{i,k}(v_{ik}))>0$,故$\rho(\min_{i,k}(v_{ik}))>0$,因$\rho$函数单调递增,故对任意$i,k$必有$\rho(v_{ik})>0$。

因μ^+,$\mu^->0$,由规则5.4可知,$0<\mu^+$,$\mu^-<1$。又$s_i^+(x_k,x_{k+1})$,$s_i^-(x_k,x_{k+1})\leqslant s_i(x_k,x_{k+1})$,故有

$$0<s_i(x_k,x_{k+1})-\mu^-s_i^-(x_k,x_{k+1})<\mu^+s_i^+(x_k,x_{k+1})+s_i(x_k,x_{k+1})-\mu^-s_i^-(x_k,x_{k+1})=s_i^{\pm}(x_k,x_{k+1})$$

所以$s_i^{\pm\uparrow}(x_k,x_{k+1})>0$,由式(5-35)可知$s_i^{\pm\uparrow}>0$。定理得证。

定理5.4意味着"任何奖惩不至于使得被评价对象毫无绩效可言(最终结论小于或等于0)",表明了规则5.4及规则5.6设置的合理性。

5.4.2.4　多决策者参与条件下的方法拓展

设有m个决策者$d_1,d_2,\cdots,d_m$对同一动态评价问题进行分析,并分别给出关于被评价对象发展预期的两条激励控制线,此时需要对m条(正或负)激励控制线

进行合成。

定义 5.12 设决策者 $d_k(k=1,2,\cdots,m)$ 给出的正、负激励控制线分别为 $f_k^+(x)$,$f_k^-(x)$,则称 $f^+(x)$ 为群体正激励控制线,$f^-(x)$ 为群体负激励控制线,而

$$f^{\pm}(x)=\sum_{k=1}^{n}w_k f_k^{\pm}(x) \tag{5-40}$$

这里 $f^+(x)$ 及 $f^-(x)$ 统写为 $f^{\pm}(x)$,其中 w_k 为决策者 d_k 的决策力系数,$w_k>0$,$\sum w_k=1$。

决策力系数 w_k 的确定思路如下:决策者所给激励控制线与其余决策者的总体一致性越高,则分配的决策力系数越高。

定义 5.13 设决策者 $d_i,d_j(i,j=1,2,\cdots,k;i\neq j)$ 给出的正、负激励控制线分别为 $f_i^+(x)$,$f_i^-(x)$ 及 $f_j^+(x)$,$f_j^-(x)$,则 d_i,d_j 的预期贴近系数 o_{ij} 为

$$o_{ij}=1/\int_{t_1}^{t_N}\left|f_i^+(x)-f_j^+(x)\right|\mathrm{d}x+\int_{t_1}^{t_N}\left|f_i^-(x)-f_j^-(x)\right|\mathrm{d}x \tag{5-41}$$

显然,当 $i=j$ 时,式(5-41)无意义,此时规定 $o_{ij}=0$。

结合定义 5.13 可确定 w_k 的计算式为

$$w_k=\sum_{j=1}^{m}o_{kj}\Big/\sum_{k=1}^{m}\sum_{j=1}^{m}o_{kj}=\frac{\sum_{j=1}^{m}1\Big/\int_{t_1}^{t_N}|f_k^+(x)-f_j^+(x)|+|f_k^-(x)-f_j^-(x)|\mathrm{d}x}{\sum_{k=1}^{m}\sum_{j=1}^{m}1\Big/\int_{t_1}^{t_N}|f_k^+(x)-f_j^+(x)|+|f_k^-(x)-f_j^-(x)|\mathrm{d}x} \tag{5-42}$$

将式(5-42)代入式(5-40)即可得到群体正(负)激励控制线的函数式。

值得注意的是,定义 5.12 中所述对于多个决策者激励控制线的合成方法也可用于多个目标或准则下的激励控制线的合成,而仅将决策力系数 w_k 换成准则权重即可,这里不做赘述。

5.4.2.5 应用算例

设有甲、乙、丙、丁 4 名员工,近 5 年(设为 $t_1,t_2,\cdots,t_5$)的绩效考核成绩见表 5-24。

问题 如何对 4 名员工 5 年的整体表现进行总体评价。

若选用算术平均值进行信息集结,员工甲、乙、丙、丁 5 年内绩效考核成绩都为 5 分,此时 4 位员工的优劣无法分辨。

以下采用泛激励控制线信息集结方法对该问题进行计算。

表 5 - 24　4 位员工近 5 年绩效考核成绩表

	t_1	t_2	t_3	t_4	t_5
甲	7	6	5	4	3
乙	5	5	5	5	5
丙	3	4	5	6	7
丁	3	7	4	5	6

(1)设有 3 位决策者(d_1, d_2, d_3)对员工的发展预期提供信息。决策者 d_1 认为“对数形式”的双激励控制线可很好地反映员工成长的预期规律,并进一步判断“在 t_1 时期,员工优秀的表现应该是 5.5 分以上,不合格的得分是在 3 分以下;在 t_5 时期,员工优秀的表现应该是 7 分以上,不合格的得分是 5 分以下”,根据这些信息,确定出正、负激励控制线的方程分别为 $f_1^+(x) = 1.3654\ln(x+1) + 4.5536$,$f_k^-(x) = 1.8205\ln(x+1) + 1.7381$。同理,$d_2, d_3$ 给出的激励控制线分别为 $f_2^+(x) = 0.625x + 4.375$,$f_2^-(x) = 0.25x + 2.75$,$f_3^+(x) = 6$,$f_3^-(x) = 4$。

(2)由式(5 - 41)、式(5 - 42)可算得决策者 d_1, d_2, d_3 的决策力系数分别为 $w_1 = 0.3496$,$w_2 = 0.3271$,$w_3 = 0.3233$。

(3)由式(5 - 40)得到群体正负激励控制线分别为:

$$f^+(x) = 0.4773\ln(x+1) + 0.2044x + 4.9628$$

$$f^-(x) = 0.6364\ln(x+1) + 0.0818x + 2.8004$$

(4)根据表 5 - 24 中数据及 $f^+(x)$,$f^-(x)$ 可绘制被评价对象的多阶段信息集结图,见图 5 - 5。

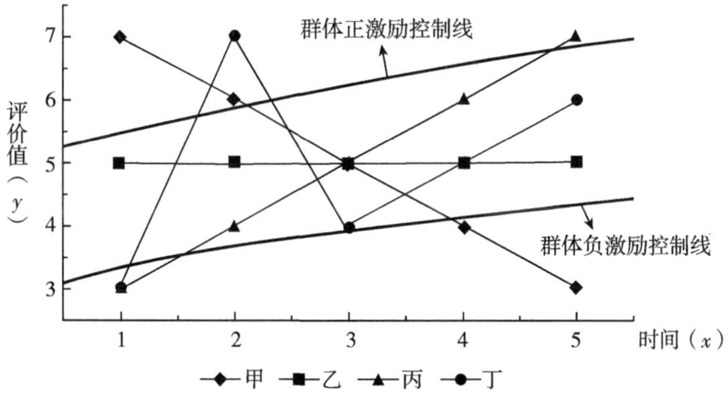

图 5 - 5　带激励控制线的多阶段信息集结图

(5)参照图 5 –5,通过计算可确定各被评价对象在各个时段相对于激励控制线的变动形状并算得若干交点(见表 5 –25),根据表 5 –25 中信息求得一些中间评价信息,计算过程略,见表 5 –26。

表 5 –25　被评价对象动态演化情况表

	$[t_1,t_2]$			$[t_2,t_3]$			$[t_3,t_4]$			$[t_4,t_5]$		
	形状	+	–	形状	+	–	形状	+	–	形状	+	–
甲	$\searrow^{++}$			$\searrow^{+}$	(2.075, 5.924)		$\searrow^{-}$		(3.874, 4.126)	$\searrow^{--}$		
乙	→			→			→			→		
丙	$\nearrow^{-}$		(1.512, 3.511)	$\nearrow$			$\nearrow$			$\nearrow^{+}$	(4.776, 6.776)	
丁	$\nearrow^{\pm}$	(1.090, 3.359)	(1.696, 5.783)	$\searrow^{+}$	(2.329, 6.013)		$\nearrow$			$\nearrow$		

注:表中“+”、“–”项分别为被评价对象发展路径与正、负激励线的交点坐标。

表 5 –26　各阶段正负激励信息表

	$[t_1,t_2]$			$[t_2,t_3]$			$[t_3,t_4]$			$[t_4,t_5]$		
	s_1	s_1^+	s_1^-	s_2	s_2^+	s_2^-	s_3	s_3^+	s_3^-	s_4	s_4^+	s_4^-
甲	6.500	6.500	0.000	5.500	0.447	0.000	4.500	0.000	0.512	3.500	0.000	3.500
乙	5.000	0.000	0.000	5.000	0.000	0.000	5.000	0.000	0.000	5.000	0.000	0.000
丙	3.500	0.000	1.667	4.500	0.000	0.000	5.500	0.000	0.000	6.500	1.543	0.000
丁	5.000	1.943	0.286	5.500	2.141	0.000	4.500	0.000	0.000	5.500	0.000	0.000

注:$s_k,s_k^+,s_k^-,k=1,2,3,4$ 分别为对应时段的动态综合评价值及正、负激励动态综合评价值。

(6)由表 5 –26 中的数据及式(5 –33)、式(5 –36)、式(5 –37)、式(5 –38)、式(5 –39)(对应于 4 个约束规则,设 $\tau=10$),可求得 $\rho=0.1014+1.7972/(1+e^{-v})$,$\mu^+=0.3378$,$\mu^-=0.6622$。

(7)综合上述结果,由式(5 –34)、式(5 –35)加总各被评价对象在全程 $[t_1,t_5]$ 的总面积及正负激励面积,得到“双重激励”的总动态综合评价值,并根据其值的大小对被评价对象做(降序)排序,结果见表 5 –27。

(8)作为比较,算得去掉“趋势激励”的综合评价值及排名(中间数据略),见表 5 –27。

表5-27 评价结果信息表

评价对象	总面积	正激励面积	负激励面积	双重激励的总动态综合评价值	排序	去"趋势激励"的综合评价值	排序
甲	11.6948	1.3721	1.5536	11.5133	4	19.5142	3
乙	20.0000	0.0000	0.0000	20.0000	3	20.0000	2
丙	28.3052	0.7376	1.5622	27.4806	1	19.3659	4
丁	24.5105	1.3598	0.3537	25.5166	2	21.6199	1

分析表5-27,可以得出以下几点结论:

(1)运用泛激励控制线集结方法得到4位员工5年中的总体表现排序为"丙>丁>乙>甲"(">"表优于)。观察图5-5,丙的表现历年稳定提升,丁在起落后逐步提升,乙保持恒定,而甲是逐年递减的,因而直觉判断与上述排序是一致的,排序具有可信性。

(2)比较两种排序,可知"丙"优于"丁"是由"趋势激励"引起的,从而验证了文中所给出的处理"趋势激励"的方法具备"诱导被评价对象持续稳定发展"的特征。

(3)去掉"趋势激励"的综合评价值及排序是与双激励控制线的思想一致的,从表中数据的离散程度可以看出"双重激励"的总动态综合评价值能清晰地凸显出被评价对象之间的差异性,这也是"泛激励控制线集结方法"的一个突出特征。

5.5 基于时序算子的动态评价方法

Yager(1999)和徐泽水(2003)在 *OWA* 与 *OWGA* 算子的基础上分别提出了诱导有序加权平均(*IOWA*)算子[89]及诱导有序加权几何平均(*IOWGA*)算子[71]。本节在此基础上给出时序加权平均(*TOWA*)算子和时序几何平均(*TOWGA*)算子的定义,并用于时序动态综合评价问题中。

5.5.1 时序集结算子

时序加权平均(*TOWA*)算子和时序几何平均(*TOWGA*)算子的定义如下。

定义5.14 令 $N=\{1,2,\cdots,n\}$,称 $\langle u_i,a_i\rangle\ (i\in N)$ 为 *TOWA* 对,u_i 为时间诱导分量,a_i 为数据分量。定义时序加权平均(*TOWA*)算子为

$$F(\langle u_1,a_1\rangle,\cdots,\langle u_n,a_n\rangle)=\sum_{j=1}^{n}w_jb_j \tag{5-43}$$

式中,$\boldsymbol{w}=(w_1,w_2,\cdots,w_n)^{\mathrm{T}}$ 是与 F 相关联的加权向量,$w_j\in[0,1]$,且 $\sum_{j=1}^{n}w_j=1$;b_j

是 $u_i(i\in N)$ 中第 j 时刻所对应的 *TOWA* 对中的第 2 个分量,则称函数 F 是 n 维 *TOWA* 算子。

定义 5.15 令 $N=\{1,2,\cdots,n\}$,称 $\langle u_i,a_i\rangle(i\in N)$ 为 *TOWGA* 对,u_i 为时间诱导分量,a_i 为数据分量。定义时序几何平均(*TOWGA*)算子为

$$G(\langle u_1,a_1\rangle,\cdots,\langle u_n,a_n\rangle)=\prod_{j=1}^{n}b_j^{w_j} \tag{5-44}$$

式中,$\boldsymbol{w}=(w_1,w_2,\cdots,w_n)^{\mathrm{T}}$ 是与 G 相关联的加权向量,$w_j\in[0,1]$,且 $\sum_{j=1}^{n}w_j=1$;b_j 是 $u_i(i\in N)$ 中第 j 时刻所对应的 *TOWGA* 对中的第 2 个分量,则称函数 G 是 n 维 *TOWGA* 算子。

TOWA 和 *TOWGA* 算子的实质是将时间诱导分量 $u_i(i\in N)$ 按某一时间顺序排序后所对应的数据分量 $\{a_i,a_2,\cdots,a_n\}$ 进行加权集成,而 w_j 与元素 a_j 的大小和位置无关,w_j 只与时间诱导分量的顺序的第 j 个位置有关。

5.5.2 动态评价方法

在多指标动态综合评价中,时序立体数据可以看成由指标、评价对象和时间构成的三维数据组成。在第 5.3.2.1 节和第 5.3.2.2 节的基础上,下面给出了新的集成指标维和时间维的方法(二次加权评价法和前置综合法)。这两种方法中均采用了 *TOWA*(或 *TOWGA*)算子,算子的时间诱导分量 $u_i(i\in N)$ 按距评价时刻由远及近顺序排列;数据分量 $a_i(i\in N)$ 赋予指标数据值。

5.5.2.1 二次加权评价法

二次加权评价法即采用两次加权综合的方法,第一次加权综合是突出各项评价指标在不同时刻的重要作用;第二次加权综合是在第一次加权综合的基础上,再突出时间的作用。即应用主观赋权法或客观赋权法,给出 $t_k(k=1,2,\cdots,p)$ 时刻指标 x_j 的权重系数 $v_j(t_k)(j=j,2,\cdots,m;k=1,2,\cdots,p)$,由选定的综合评价模型求出被评价对象 s_i 在时刻 t_k 处的综合评价值 $y_i(t_k)$。

为了体现时序对系统的影响,引入 *TOWA*(或 *TOWGA*)算子定义最终的评价结果为:

$$h_i=F(\langle t_1,y_i(t_1)\rangle,\langle t_2,y_i(t_2)\rangle,\cdots,\langle t_n,y_i(t_p)\rangle)=\sum_{k=1}^{p}w_kb_{ik},i=1,2,\cdots,n \tag{5-45}$$

$$\left(\text{或 } h_i=G(\langle t_1,y_i(t_1)\rangle,\langle t_2,y_i(t_2)\rangle,\cdots,\langle t_n,y_i(t_p)\rangle)=\prod_{k=1}^{p}b_{ik}^{w_k},i=1,2,\cdots,n\right)$$

式中,h_i 为系统的最终评价值,$\boldsymbol{w}=(w_1,w_2,\cdots,w_n)^{\mathrm{T}}$ 是时间权向量,b_{ik} 是 $t_k(k=1,$

$2,\cdots,p$）中第 k 时刻所对应的 $TOWA$（或 $TOWGA$）对中的 $y_i(t_k)$。

5.5.2.2　前置综合法

前置综合法即先对数据进行“时间维”的综合，这里引入 $TOWA$（或 $TOWGA$）算子来完成，即

$$x_{ij} = F(\langle t_1, x_{ij}(t_1)\rangle, \langle t_2, x_{ij}(t_2)\rangle, \cdots, \langle t_p, x_{ij}(t_p)\rangle) = \sum_{k=1}^{p} w_k b_{ijk} \quad (5-46)$$

$$(\text{或 } x_{ij} = G(\langle t_1, x_{ij}(t_1)\rangle, \langle t_2, x_{ij}(t_2)\rangle, \cdots, \langle t_p, x_{ij}(t_p)\rangle) = \prod_{k=1}^{p} b_{ijk}^{w_k})$$

式中，x_{ij}为综合的指标值，$\boldsymbol{w} = (w_1, w_2, \cdots, w_n)^{\mathrm{T}}$ 是时间权向量，b_{ijk}是 $t_k(k=1,2,\cdots,p)$ 中第 k 时刻所对应的 $TOWA$（或 $TOWGA$）对中的 t_k 时刻的指标值 $x_{ij}(t_k)$。

这时，时序立体数据表$\{x_{ij}(t_k)\}$就转化成了平面数据表$\{x_{ij}\}$，即将动态的综合评价问题转化为静态的评价问题了。

5.5.2.3　时间权重的确定

综观上面两种方法，科学的确定时间权向量 $\boldsymbol{w} = (w_1, w_2, \cdots, w_n)^{\mathrm{T}}$ 将是得到合理的评价结果的关键。时间权向量 $\boldsymbol{w} = (w_1, w_2, \cdots, w_n)^{\mathrm{T}}$ 是表明对不同时刻的重视程度，时间权向量可以根据不同的准则，应用不同的主客观赋权方法来确定。

在给出确定时间权向量 $\boldsymbol{w} = (w_1, w_2, \cdots, w_n)^{\mathrm{T}}$ 的数学规划方法前，先分别给出时间权向量的熵 I 和“时间度”λ 的定义式：

$$I = -\sum_{k=1}^{p} w_k \ln w_k \quad (5-47)$$

熵是信息的一个度量，熵值越大，则它所含有的信息量越小。时间权向量的熵反映了对样本的集结过程中权重包含信息的程度。

$$\lambda = \sum_{k=1}^{p} \frac{p-k}{p-1} w_k \quad (5-48)$$

特别地，当 $\boldsymbol{w} = (1,0,\cdots,0)^{\mathrm{T}}$ 时，$\lambda=1$；当 $\boldsymbol{w} = (0,0,\cdots,1)^{\mathrm{T}}$ 时，$\lambda=0$；当 $\boldsymbol{w} = (1/p, 1/p, \cdots, 1/p)^{\mathrm{T}}$，$\lambda=0.5$。

“时间度”λ 的大小体现了算子集结过程中对时序的重视程度，即当 λ 越接近0时，表明评价者越注重距评价时刻 t_p 较近期的数据，体现“厚今薄古”的思想，主要用于已发生的“完成时态”的动态综合评价问题中；当 λ 越接近1时，表明评价者越注重距评价时刻 t_p 较远期的数据，主要用于带有预测性质的“将来时态”的动态综合评价问题中；当 $\lambda=0.5$ 时，表明评价者对各个时间段的重视程度相同，没有特殊偏好（见表5－28）。

表 5－28　"时间度"的标度参考表

赋值(λ)	说　明
0.1	非常重视近期数据
0.3	较重视近期数据
0.5	同样重视所用时期数据
0.7	较重视远期数据
0.9	非常重视远期数据
0.2、0.4、0.6、0.8	对应以上两相邻判断的中间情况

确定 w_k 的准则：在事先给定"时间度"λ 的情况下，以尽可能兼顾各指标的重要性，即寻找使 $\{w_k\}$ 之间差异最小的时间权向量。这里选用"熵"来刻画权分量之间的差异，即有如下的非线性规划问题：

$$\max -\sum_{k=1}^{p} w_k \ln w_k$$

$$s.t.\begin{cases}\lambda = \sum_{k=1}^{p} \frac{p-k}{p-1} w_k \\ \sum_{k=1}^{p} w_k = 1, w_k \in [0,1], k = 1,2,\cdots,p\end{cases} \tag{5-49}$$

从式(5－43)和式(5－44)中可以明显地看出 *TOWA* 与 *TOWGA* 算子分别是"和性"的和"积性"的。由于这种特性使两种算子在数据集结的过程中的侧重点不同，*TOWA* 算子突出了系统发展过程的功能性，即允许被评价对象各时期的评价值有较强的互补性，具有"一俊遮百丑"的特点；*TOWGA* 算子突出了系统发展过程的均衡性(或协调性)，即强调被评价对象各时期发展的均衡性，是木桶原理的集中体现，防止系统发展过程出现"短板"的现象。*TOWA* 与 *TOWGA* 算子在数据集结上各有利弊可以视具体情况进行选择，如将两种算子组合成同时兼顾功能性与均衡性的混合模型将更为合理。

5.5.3　应用算例

运用本节给出方法对我国西部 12 省(区、市)1999～2004 年的宏观经济发展状况进行动态综合评价与分析。鉴于数据的可操作性，我们从国家统计局主编的 1999～2005 年中国统计年鉴中遴选了人均国内生产总值、人均全社会固定资产投资额、人均社会消费品零售总额、居民消费水平、每十万人拥有医疗床位数、每万人拥有在校(高校)学生数、地方财政收支比、人均邮电业务总量 8 项极大型评价指标。

具体计算过程如下：

(1)选择“极值处理法”对指标数据进行预处理,并选用“熵值法”确定各时刻指标的权重系数,然后由线性加权综合模型进行第一次加权综合,得到各时刻的评价值 $y_i(t_k)$(详见表5－29)。

表5－29　西部12省(区、市)1999～2004年的 $y_i(t_k)$ 值

省(区、市)	1999年	2000年	2001年	2002年	2003年	2004年
内蒙古	2.376	2.251	2.716	2.717	2.915	2.919
广西	2.487	2.459	3.109	2.959	2.802	2.319
重庆	2.680	2.516	3.239	3.241	3.352	2.930
四川	2.549	2.441	3.039	3.005	3.019	2.415
贵州	1.813	1.840	2.291	2.301	2.276	1.749
云南	2.300	2.149	2.648	2.732	2.553	2.137
西藏	1.425	1.396	1.516	1.508	1.566	1.647
陕西	2.915	2.674	3.245	3.365	3.430	2.888
甘肃	2.151	1.905	2.355	2.358	2.293	1.923
青海	2.128	2.001	2.294	2.267	2.212	1.957
宁夏	2.384	2.253	2.691	2.487	2.705	2.450
新疆	2.962	2.821	3.364	3.264	3.176	2.793

(2)确定时间权向量。经征求有关专家的意见认为取“时间度” $\lambda=0.1$ 比较适合,此时由式(5－49)的数学规划模型求得时间权向量 $\boldsymbol{w}=(0.0029,0.0086,0.0255,0.0755,0.2238,0.6637)^{\mathrm{T}}$。

(3)利用 *TOWA*(或 *TOWGA*)算子对第一次加权评价值数据进行集结。用式(5－45)进行第二次加权数据集结,求得最终的评价值 h_i 并根据 h_i 确定西部12省(区、市)宏观经济发展状况的序关系(详见表5－30)。

从表5－30的数据来看,取 $\lambda=0.1$(表明评价者非常重视近期数据)时,分别运用 *TOWA* 和 *TOWGA* 算子对西部12省市的宏观经济发展状况进行了排序。排序结果表明西部12省市的发展状况可以大致分为3个层次:第一层次是陕西、重庆、新疆和内蒙古,这4省(区、市)在发展的功能性和均衡性上都要好于其他省(区、市);第二层次是四川、宁夏、广西和云南,这4省(区)在发展上处于西部的中游;第三层次是甘肃、青海、贵州和西藏4省(区),它们在发展的功能性和均衡性上都处于最后。从整体上看,两种排序的结果变化不大,说明西部各省(区、市)在1999～2004年发展过程中没有太大的波动情况。

表 5 – 30　西部 12 省(区、市)宏观经济发展状况的动态综合评价结果

基于 *TOWA* 算子的结果												
评价值	内蒙古	广西	重庆	四川	贵州	云南	西藏	陕西	甘肃	青海	宁夏	新疆
	2.890	2.497	3.051	2.611	1.922	2.289	1.612	3.052	2.050	2.047	2.513	2.929
排序	陕西	重庆	新疆	内蒙古	四川	宁夏	广西	云南	甘肃	青海	贵州	西藏
基于 *TOWGA* 算子的结果												
评价值	内蒙古	广西	重庆	四川	贵州	云南	西藏	陕西	甘肃	青海	宁夏	新疆
	7.420	7.132	7.486	7.202	6.745	7.002	6.544	7.477	6.844	6.849	7.168	7.409
排序	重庆	陕西	内蒙古	新疆	四川	宁夏	广西	云南	青海	甘肃	贵州	西藏

5.6　小结

本章从不同视角介绍了五种动态综合评价方法,分别为二次加权法、突出差异的加权法、“拉开档次”评价法的“纵向”和“纵横向”拓展、基于双激励和泛激励控制线的动态评价方法和基于时序算子的动态评价方法。

二次加权法将序关系分析法拓展至动态情形,既突出了评价指标在不同时刻的重要性,又兼顾了时间作用;突出差异的加权法在确定权重过程中通过指标差异突出被评价对象之间的差异,并在信息集结中融入激励(或惩罚)的思想。

通过对“拉开档次”法的“纵向”和“纵横向”拓展,能够实现对时序动态评价问题的综合求解,并从评价结果上凸显被评价对象之间的整体差异。

基于双激励和泛激励控制线的动态评价方法的提出,考虑了被评价对象发展变化的整个过程,将离散信息的动态评价问题转化为连续信息的动态评价问题,从而利用更多的信息,突出了结论中的“动态特征”。此外,大量引入决策者的经验知识并反映于激励控制线上,是一种带有明确决策意图的多阶段动态评价方法,进而可得到比较丰富的评价结论信息,从而为决策者运用多种策略集结中间信息提供了可能。

基于时序算子的动态综合评价方法,充分利用了 *TOWA*(或 *TOWGA*)算子的灵活性,可根据动态综合评价问题的实际情况由专家或评价者确定“时间度”的取值,再确定时间权向量。因此,该方法可广泛运用于解决动态综合评价问题,如经济系统、员工绩效的动态评价等问题。

第6章　自主式综合评价方法

6.1　引言

参考文献[90]首次提出了自主式综合评价的概念,在此之前,国内外研究虽有涉及被评价对象参与评价或竞争优化的思想,但仍属于经典综合评价(或称为他主式综合评价)的范畴,却可以为自主式综合评价理论与方法的研究提供一定的借鉴意义,因此这里对其进行简单介绍。对于被评价对象参与评价或竞争优化等问题的研究,主要包括以下两个方面:一是在评价者"意志"约束的前提下,突出被评价对象的竞争优势;二是在DEA模型融入各决策单元之间的竞争。

(1)在评价者"意志"约束前提下,突出被评价对象的竞争优势[90-92]:这类研究的主要思想是允许被评价对象在相关约束下自由竞争,以突出自身优势,而"相关约束"是评价者的主观"意志"体现,如强调均衡、突出决策者(或评价者)的决策目标等。

(2)在DEA模型中融入各决策单元的竞争[93-94]:主要包括三类:第一类是DEA Game模型,该模型是对自利者困境进行研究,即出于私利,所有局中人均希望最大化对自身有利的标准,而最小化对自身不利的标准,结果是既定利益不够分,陷入自利者的困境;第二类是DEA效率博弈,即将博弈模型引入到传统DEA模型之中,以合理改进各决策单元(DMU)的效率值,具体而言,假定每个DMU为一局中人,各自以最大化DEA效率值为目标,基于各DMU之间的竞争,考虑各DMU之间的合作博弈或非合作博弈,从而达到优化DEA效率值的目的;第三类是研究在所有决策单元的某些投入或产出总和有限的情况下,单个决策单元的竞争行为对其他决策单元的影响分析,即最佳竞争方式的选择问题。

在现代社会,人们的民主意识逐渐增强。与之相对应地,大到国家政策的制定(如选举、法律政策的制定与修改等),小到日常生活决策(如家用汽车的购买、孩子教育方式的选择等),人们的参与意识也越来越强烈。因而,在评价过程中,强调被评价对象的参与主体地位,更符合时代需求,在此背景下,自主式综合评价应运而生。自主式综合评价的提出,赋予了被评价对象充分的"发言权",因而满足了被评价对象"参与主体"(或称为"主人翁")的心理需求,而且相关政策或评价结果更容易被接受,实施起来阻力也会相应减少。

从研究价值方面来讲,自主式综合评价作为综合评价领域的一个理论分支,相关理论与方法的研究可进一步丰富综合评价的理论体系,进而拓展综合评价理论与方法的应用范围。在实际应用方面,自主式综合评价理论与方法的研究紧扣时代发展需要,具有较好的应用前景;相关理论与方法的构建,可进一步强化运用综合评价方法解决科学管理相关领域的实际问题的能力。

6.2 自主式综合评价概述

6.2.1 自主式综合评价的概念

所谓自主式综合评价,是指被评价对象被视为平等的"智能体",独立自主地参与到评价过程中,拥有充分的"发言权",从而使其自身利益和价值诉求得以充分表达。因而,在自主式综合评价中,被评价对象也被称为评价主体。

上述定义中,被评价对象作为"智能体",主要有两方面的含义:

一是指被评价对象是有分析能力的个体,能够在评价过程中提供除自身客观信息之外的许多主观信息,相应地,此类自主式评价被称为主观自主式综合评价;

二是指被评价对象是不具有分析能力的客观事物,仅能被当作有思考能力的个体而模拟某类主体的行为,相应地,此类自主式评价被称为客观自主式综合评价。

与经典的综合评价理论与方法相比较,自主式综合评价具有以下显著不同之处:其一,各被评价对象可公平地突显各自的利益需求,在体现"民主参与"思想的同时确保了评价过程的公平性;其二,各被评价对象自身提供了大量的(主观或客观)信息可大大降低评价过程对于专家信息的依赖。

通过以上分析,可将自主式综合评价的特征概括如下:

(1)经典的综合评价中被评价对象只是被动接受评价结果的客体,不参与评价,没有"发言权",而在自主式综合评价中,被评价对象作为主体参与评价过程,因而拥有充分的"发言权";

(2)经典的综合评价过程中所涉及的信息(包括原始数据、权重信息和评价结果等)不体现被评价对象的主观偏好,而自主式综合评价给予了被评价对象充分表达自身偏好的机会;

(3)被评价对象不参与到经典的综合评价过程中,因而其对于评价结果可能会持有一定的怀疑或排斥态度;而由被评价对象自身参与的自主式综合评价,评价结果更易被被评价对象接受。

6.2.2 自主式综合评价的规则

自主式综合评价中,被评价对象作为"智能体"参与评价时,基于"自私自利"的心理,会尽量提升自身的竞争优势而打压其竞争对手的竞争优势。基于这一前提,下面对自主式综合评价的规则进行界定。

规则6.1　竞争视野优化。评价主体按照一定的方法确定其竞争视野，即所有与其构成竞争关系的被评价对象的集合；在此基础上采取一定的策略，达到优化竞争视野（即提升自身竞争优势打压对手竞争优势）的目的，其中优化竞争视野的策略通常有赋权策略、评价信息主观打分策略等。

规则6.2　权数非独裁性条件。当评价主体通过赋权策略实现竞争视野优化的目的时，若对其赋权行为不进行约束，则它将会对自己处于绝对优势的指标赋权为1，剩余指标赋权为0，从而出现"独裁"的现象。为避免这一问题，需要对评价主体的赋权行为进行非独裁性约束，即避免某一指标权重相对于其余指标权重处于绝对优势的情形。

6.2.3　自主式综合评价的基本过程

基于经典的综合评价过程，结合着自主式综合评价的特点，可将自主式综合评价的基本过程概括如下：

步骤1　明确评价目的。评价目的是确定被评价对象范围及构建指标体系的依据，因而评价目的必须满足公正、科学、合理的原则。

步骤2　确定被评价对象。在进行自主式综合评价之前，必须明确被评价对象的边界。

步骤3　评价信息的收集。首先要依据评价目的和被评价对象的特征构建指标体系。如果评价系统比较复杂，则应将评价目标层层分解，按照总目标、准则层、指标层逐步展开，建立递阶层次的评价指标体系。确立了指标体系之后，若评价信息客观已知，则只需要收集整理各被评价对象的原始指标取值即可；若评价信息不是客观存在的，可由各评价主体主观给出。此外，由于原始指标存在着成本型和效益型等不同的类型，不能直接进行比较，即使是同一类型的指标，也会由于量纲、量级的不同而存在着不可公度性的问题，因此需要对评价指标的原始值进行指标类型一致化和无量纲化处理。

步骤4　确定竞争视野。评价主体依据指标值矩阵或评价值矩阵，通过一定的方法确定与其构成竞争关系的被评价对象的集合。通常依据评价值矩阵确定竞争视野时，步骤3和步骤4融合在一起进行。

步骤5　竞争视野的优化。通常有两种方法：一种是值优化，即被评价对象通过一定的赋权策略提升自身的评价值同时实现打压其竞争对手评价值的目的；另一种是序优化，即评价主体通过一定的赋权策略或模型尽可能提升自身的排序，而打压其竞争对手的排序。

步骤6　优势评价信息的再次集结。对各评价主体给出的评价信息（包括各被评价对象的评价值或优势权重向量等），通过一定的方法进行再次集结，得到最终的评价结果，并据此对各被评价对象进行排序、选择或分类。

6.3 客观自主式综合评价方法

客观自主式综合评价问题中,被评价对象是没有分析能力的个体,但按照自主式综合评价的思想,被评价对象会模拟某类主体的行为尽量提升自身的竞争优势。本节分别从权数非独裁视角、信息集成视角和协商视角介绍三种客观自主式综合评价方法。

6.3.1 权数非独裁视角的自主式综合评价方法[90]

方法构建的基本思路是:建立基于指标权数取值约束的"权数非独裁性条件"及模拟经济人"自利"行为特点的"竞争视野优化准则",依据这两条假设构建评价模型,并对得到的信息进行集结,最后获取体现"被评价对象自主评价"思想的结论。

6.3.1.1 权数非独裁性条件及推导

"权数非独裁性条件"用于确定指标权重的取值范围,其规范表述如下:

假设 6.1 (权数非独裁性条件)任一指标对于其余重要性较低的指标全体而言是非主导性的。

不妨设 m 个指标具有优先序 $x_1 > x_2 > \cdots > x_m$,记 $x_j(j \in M)$ 的权重为 w_j,则有 $w_1 \geqslant w_2 \geqslant \cdots \geqslant w_m$ 成立,按照假设 6.1,会有如下的不等式

$$\begin{cases} w_1 \leqslant w_2 + w_3 + \cdots + w_m \\ w_2 \leqslant w_3 + \cdots + w_m \\ \qquad \cdots \\ w_{m-2} \leqslant w_{m-1} + w_m \\ w_{m-1} \leqslant w_m \end{cases} \tag{6-1}$$

定理 6.1 设指标集 $\{x_j \mid j \in M\}$ 的优先序为 $x_1 > x_2 > \cdots > x_m$,x_j 的权重为 w_j,权重满足归一化条件 $\sum_{j=1}^{m} w_j = 1$,若 $\{x_j\}$ 满足假设 6.1 条件,则必有 $w_j \in [0.5^{m-1}, 0.5]$ 及 $w_{m-1} = w_m$ 成立。

证明:由式(6-1)中的约束条件

$$w_1 \leqslant w_2 + w_3 + \cdots + w_m \Rightarrow 2w_1 \leqslant w_1 + w_2 + w_3 + \cdots + w_m = 1 \Rightarrow w_1 \leqslant 0.5$$

又

$$w_1 \leqslant w_2 + w_3 + \cdots + w_m \Rightarrow w_1 + w_2 + w_3 + \cdots + w_m \leqslant 2(w_2 + w_3 + \cdots + w_m)$$
$$\Rightarrow 0.5 \leqslant w_2 + w_3 + \cdots + w_m \leqslant 2(w_3 + \cdots + w_m) \leqslant \cdots \leqslant 2^{m-3}(w_{m-1} + w_m) \leqslant 2^{m-2} w_m$$

$\Rightarrow 0.5^{m-1} \leqslant w_m$

综上所述，由 $w_1 \geqslant w_2 \geqslant \cdots \geqslant w_m$ 可知，$w_j \in [0.5^{m-1}, 0.5]$，$j \in M$。

又因 $w_{m-1} \leqslant w_m$ 及 $w_{m-1} \geqslant w_m$ 同时成立，故 $w_{m-1} = w_m$，$j \in M$。定理得证。

定义 6.1　设指标 $x_j(j \in M)$ 的权重为 w_j，且满足 $w_1 \geqslant w_2 \geqslant \cdots \geqslant w_m$，则称 $w_j \in [0.5^{m-1}, 0.5]$ 为弱权数非独裁性条件；称约束条件

$$\begin{cases} w_1 \leqslant w_2 + w_3 + \cdots + w_m \\ w_2 \leqslant w_3 + \cdots + w_m \\ \qquad \cdots \\ w_{m-2} \leqslant w_{m-1} + w_m \\ w_1 + w_2 + \cdots + w_m = 1 \\ w_{m-1} = w_m \\ 0.5^{m-1} \leqslant w_j \leqslant 0.5, j \in M \end{cases} \tag{6-2}$$

为强权数非独裁性条件。

显然，强权数非独裁性条件是假设 6.1 的等价条件，弱权数非独裁性条件是假设 6.1 的必要条件。

现考虑在“权数非独裁性条件”下被评价对象 $o_i(i \in N)$ 的综合评价值 y_i 的取值范围。

选用加性模型对多指标信息进行集结，即有

$$y_i = \sum_{j=1}^{m} x_{ij} w_j \tag{6-3}$$

定义 6.2　被评价对象 $o_i(i \in N)$ 的指标值为 $x_{i1}, x_{i2}, \cdots, x_{im}$，对应的权重向量为 $\boldsymbol{w}_i = (w_{i1}, w_{i2}, \cdots, w_{im})$，若按数值从大到小（降序）排列后的指标值为 $\underset{\rightarrow}{x}_{i1}, \underset{\rightarrow}{x}_{i2}, \cdots, \underset{\rightarrow}{x}_{im}$，相应的重排分量后的权重向量为 $\underset{\rightarrow}{\boldsymbol{w}}_i = (\underset{\rightarrow}{w}_{i1}, \underset{\rightarrow}{w}_{i2}, \cdots, \underset{\rightarrow}{w}_{im})$，称 $\underset{\rightarrow}{\boldsymbol{w}}_i$ 为关于 $x_{i1}, x_{i2}, \cdots, x_{im}$ 的降序权向量。

由定义 6.2 可知，式(6-3)可写成

$$y_k^{(i)} = \sum_{j=1}^{m} x_{kj} w_{ij} = \sum_{j=1}^{m} \underset{\rightarrow}{x}_{kj} \underset{\rightarrow}{w}_{ij} \tag{6-4}$$

式中，$\boldsymbol{w}_i$（或 $\underset{\rightarrow}{\boldsymbol{w}}_i$）是与被评价对象 $o_i(i \in N)$ 相关的权向量，$y_k^{(i)}$ 为被评价对象 $o_k(k \in N)$ 关于 o_i 的综合评价值。

定理 6.2　对被评价对象 $o_i(i \in N)$，在“弱权数非独裁性条件”下，使得综合评价值 y_i 取最大值、最小值的最优降序权向量、最劣降序权向量分别为 $\underset{\rightarrow}{\boldsymbol{w}}_i^{\mathrm{u}}$，$\underset{\rightarrow}{\boldsymbol{w}}_i^{\mathrm{f}}$，则有

$\underset{\rightarrow}{\boldsymbol{w}}_i^{\mathrm{u}} = (0.5, 0.5-(m-2)0.5^{m-1}, 0.5^{m-1}, \cdots, 0.5^{m-1}, 0.5^{m-1})$，

$\underset{\rightarrow}{\boldsymbol{w}}_i^{\mathrm{f}} = (0.5^{m-1}, 0.5^{m-1}, \cdots, 0.5^{m-1}, 0.5-(m-2)0.5^{m-1}, 0.5)$。

证明:设某一被评价对象中的任意两个指标值 $a_1,a_2(a_1>a_2)$,对应的权重为 w'_1,w'_2,要求 $w'_1,w'_2\geqslant b_1,w'_1+w'_2=b_2$,由集结模型式(6-3),总有

$a_1w'_1+a_2w'_2=a_1w'_1+a_2(w'_2-b_1)+a_2b_1\leqslant a_1w'_1+a_1(w'_2-b_1)+a_2b_1=a_1(b_2-b_1)+a_2b_1$

以上说明,对于任意两个指标值,在约束范围内将权重尽可能分配到最大的指标值上,能使得评价值达到最大。对于多个指标值的情形,总能通过以上方式的两两调整达到最大值。

在"弱权数非独裁性条件"下,$w_j\in[0.5^{m-1},0.5](j\in M)$,欲使 y_i 取最大值,可令 $w_1=0.5$,剩余的 0.5 单位的权重分配给其余的指标,要求尽可能地将权重分配到第 2 大的指标值 x_{i2}^* 上,因而有 $w_2=0.5-(m-2)0.5^{m-1},w_j=0.5^{m-1},j=3,\cdots,m$,故最优降序权向量 $\underset{\rightarrow}{\boldsymbol{w}}_i^{\mathrm{u}}=(0.5,0.5-(m-2)0.5^{m-1},0.5^{m-1},\cdots,0.5^{m-1},0.5^{m-1})$。

反向推导,使得综合评价值 y_i 取最小值的最劣降序权向量是最优降序权向量的反序。故 $\underset{\rightarrow}{\boldsymbol{w}}_i^{\mathrm{f}}=(0.5^{m-1},0.5^{m-1},\cdots,0.5^{m-1},0.5-(m-2)0.5^{m-1},0.5)$。定理得证。

推论 6.1 "弱权数非独裁性条件"下,$o_i(i\in N)$ 的综合评价值 y_i 的取值范围是

$$\left[0.5\underset{\rightarrow}{x}_{im}+[0.5-(m-2)0.5^{m-1}]\underset{\rightarrow}{x}_{i,m-1}+\sum_{j=1}^{m-2}0.5^{m-1}\underset{\rightarrow}{x}_{ij},0.5\underset{\rightarrow}{x}_{i1}+[0.5-(m-2)0.5^{m-1}]\underset{\rightarrow}{x}_{i2}+\sum_{j=2}^{m}0.5^{m-1}\underset{\rightarrow}{x}_{ij}\right]$$

由定理 6.2 及式(6-4)即可得证。

定理 6.3 对被评价对象 $o_i(i\in N)$,在"强权数非独裁性条件"下,使得综合评价值 y_i 取最大值、最小值的最优降序权、最劣降序权分别为 $\underset{\rightarrow}{\boldsymbol{w}}_i^{\mathrm{u}},\underset{\rightarrow}{\boldsymbol{w}}_i^{\mathrm{f}}$,

$$\underset{\rightarrow}{\boldsymbol{w}}_i^{\mathrm{u}}=(0.5,0.5^2,0.5^3,\cdots,0.5^{m-2},0.5(1-\sum_{j=1}^{m-2}0.5^j),0.5(1-\sum_{j=1}^{m-2}0.5^j)),$$

$$\underset{\rightarrow}{\boldsymbol{w}}_i^{\mathrm{f}}=(0.5(1-\sum_{j=1}^{m-2}0.5^j),0.5(1-\sum_{j=1}^{m-2}0.5^j),0.5^{m-2},\cdots,0.5^3,0.5^2,0.5)。$$

限于篇幅,定理 6.3 的证明过程略。

推论 6.2 "强权数非独裁性条件"下,$o_i(i\in N)$ 的综合评价值 y_i 的取值范围是

$$\left[\sum_{j=1}^{2}0.5\left(1-\sum_{k=1}^{m-2}0.5^k\right)\underset{\rightarrow}{x}_{ij}+\sum_{j=3}^{m}0.5^{m+1-j}\underset{\rightarrow}{x}_{ij},\sum_{j=1}^{m-2}0.5^j\underset{\rightarrow}{x}_{ij}+\sum_{j=m-2}^{m}0.5\left(1-\sum_{k=1}^{m-2}0.5^k\right)\underset{\rightarrow}{x}_{ij}\right]。$$

由定理6.3及式(6－4)即可得证。

6.3.1.2　竞争视野优化准则及推导

自主式综合评价的过程即被评价对象相互竞争确立各自地位的过程，下面给出“竞争视野”的定义。

定义6.3　对被评价对象 $o_i(i\in N)$，若 C_i 为与 o_i 具有潜在竞争关系的所有被评价对象的集合，称 C_i 为 o_i 的竞争视野。称 $o_j(j\in N,j\neq i)$ 为 o_i 的竞争对象，若 $o_j\in C_i$；称 $o_j(j\in N,j\neq i)$ 为 o_i 的非竞争对象，若 $o_j\notin C_i$。

$o_j(j\in N,j\neq i)$ 落入 o_i 的竞争视野（即 $o_j\in C_i$）需要满足如下两个条件。

条件6.1　（非劣性）不存在 $x_{ik}\geqslant x_{jk}(i,j\in N,j\neq i)$，对 $k\in M$，且至少对一个 k 严格不等式成立；也不存在 $x_{ik}\leqslant x_{jk}(i,j\in N,j\neq i)$，对 $k\in M$，且至少对一个 k 严格不等式成立。

条件6.2　（相交性）即 $\tilde{y}_i\cap\tilde{y}_j\neq\varnothing$，$\tilde{y}_i,\tilde{y}_j$ 分别为被评价对象 $o_i,o_j(i,j\in N,j\neq i)$ 综合评价值的取值范围。

假设6.2　（竞争视野优化准则）任一被评价对象都具有提升自身优势，降低潜在竞争对手优势的双重目的。

记 $C_i=\{o_1^{(i)},o_2^{(i)},\cdots,o_{n_i}^{(i)}\}$，$N_i=\{1,2,\cdots,n_i\}$，$i\in N$，$x_{lj}^{(i)}=x_j(o_l^{(i)})$，$j\in M$，$l\in N_i$。根据假设6.2，对被评价对象 $o_i(i\in N)$ 而言，其期望的权重 $\boldsymbol{w}_i^*$ 为如下多目标规划模型的解：

$$\begin{cases}\max\sum_{j=1}^{m}x_{ij}w_j^{(i)} & i\in N,j\in M\\ \min\sum_{l=1}^{n_i}\mu_l^{(i)}\sum_{j=1}^{m}x_{lj}^{(i)}w_j^{(i)} & l\in N_i\\ s.\,t.\ \sum_{j=1}^{m}w_j^{(i)}=1,w_j^{(i)}\geqslant 0,\boldsymbol{w}_i\in\Phi\end{cases}\tag{6－5}$$

式中，Φ 为满足“权数非独裁性条件”的权重向量 $\boldsymbol{w}_i$ 的约束集，$\mu_l^{(i)}$ 为 o_i 对竞争视野 C_i 中被评价对象 $o_l^{(i)}$ 的竞争力关注系数，满足 $\mu_l^{(i)}>0$，$\sum_{l=1}^{n_i}\mu_l^{(i)}=1$，$\boldsymbol{\mu}^{(i)}=(\mu_1^{(i)},\mu_2^{(i)},\cdots,\mu_{n_i}^{(i)})$ 为 o_i 的竞争力关注系数向量。

定义6.4　设 $o_i,o_l^{(i)}(i\in N,l\in N_i)$ 的综合评价值取值范围分别为 $\tilde{y}_i=[y_i^{\mathrm{L}},y_i^{\mathrm{U}}]$，$\tilde{y}_l^{(i)}=[y_{il}^{\mathrm{L}},y_{il}^{\mathrm{U}}]$，$\tilde{y}_i\cap\tilde{y}_l^{(i)}\neq\varnothing$，称 $\tilde{c}_{il}$ 为 $o_i,o_l^{(i)}$ 的竞争区间，$\tilde{c}_{il}=\tilde{y}_i\cap\tilde{y}_l^{(i)}=[c_{il}^{\mathrm{L}},c_{il}^{\mathrm{U}}]$；称 d_{il} 为 $o_i,o_l^{(i)}$ 的竞争强度，有

$$d_{il}=e(\tilde{y}_i\cap\tilde{y}_l^{(i)})/e(\tilde{y}_i\cup\tilde{y}_l^{(i)})=(c_{il}^{\mathrm{U}}-c_{il}^{\mathrm{L}})/[\max(y_i^{\mathrm{U}},y_{il}^{\mathrm{U}})-\min(y_i^{\mathrm{L}},y_{il}^{\mathrm{L}})]\tag{6－6}$$

式中，e 为区间宽度的计算函数。若 $o_l^{(i)}$ 为 o_i 的非竞争对象，则$\tilde{c}_{il}=\varnothing$，$d_{il}=0$。

$\boldsymbol{\mu}^{(i)}=(\mu_1^{(i)},\mu_2^{(i)},\cdots,\mu_{n_i}^{(i)})$的确定方法如下：

步骤 1　求出 o_i 与竞争视野内各方案 $o_l^{(i)}$ 的竞争区间 $\tilde{c}_{il}$，$i\in N$，$l\in N_i$；

步骤 2　求出 o_i 与竞争视野内各方案 $o_l^{(i)}$ 竞争强度 d_{il}，$i\in N$，$l\in N_i$；

步骤 3　将 d_{il}归一化，求得竞争力关注系数$\mu_{il}=d_{il}\Big/\sum\limits_{l=1}^{n_i}d_{il}$，$i\in N$，$l\in N_i$。

为求解模型(6－5)，考虑多个目标之间是公平竞争的，故可将模型(6－5)转化为以下线性规划问题：

$$\begin{cases}\max\ \lambda_1\sum\limits_{j=1}^{m}x_{ij}w_j^{(i)}-\lambda_2\sum\limits_{l=1}^{n_i}\mu_l^{(i)}\sum\limits_{j=1}^{m}x_{lj}^{(i)}w_j^{(i)} & l\in N_i\\ s.t.\ w_j^{(i)}\geqslant 0,\sum\limits_{j=1}^{m}w_j^{(i)}=1,w_i\in\Phi & i\in N,j\in M\end{cases}\tag{6-7}$$

式中，λ_1 为分配于“提升自身优势”目标的权系数，λ_2 为分配于“降低潜在竞争对手优势”目标的权系数，满足 $\lambda_1,\lambda_2>0$，$\lambda_1+\lambda_2=1$。一般地，若对两个目标无特殊的偏好，可取 $\lambda_1=\lambda_2=0.5$。

显然，模型(6－7)中目标函数总可以整理成如下的形式

$$\begin{aligned}&\lambda_1\sum_{j=1}^{m}x_{ij}w_j-\lambda_2\sum_{l=1}^{n_i}\mu_l^{(i)}\sum_{j=1}^{m}x_{lj}^{(i)}w_j\\=&\sum_{j=1}^{m}\Big[\lambda_1x_{ij}-\lambda_2\sum_{l=1}^{n_i}\mu_l^{(i)}x_{lj}^{(i)}\Big]w_j=\sum_{j=1}^{m}z_{ij}w_j\end{aligned}\tag{6-8}$$

定理 6.4　设最优解 $\boldsymbol{w}_i^*$ 关于 $z_{i1},z_{i2},\cdots,z_{im}$的降序权向量为 $\underset{\rightarrow}{\boldsymbol{w}_i^*}$，由式(6－8)可知，$z_{ij}=\lambda_1x_{ij}-\lambda_2\sum\limits_{l=1}^{n_i}\mu_l^{(i)}x_{lj}^{(i)}$，$l\in N_i,j\in M$，则对模型(6－5)有如下结论成立：

(1)若 Φ 为“弱权数非独裁性条件”的权重向量约束集，则

$\underset{\rightarrow}{\boldsymbol{w}_i^*}=(0.5,0.5-(m-2)0.5^{m-1},0.5^{m-1},\cdots,0.5^{m-1},0.5^{m-1})$。

(2)若 Φ 为“强权数非独裁性条件”的权重向量约束集，则

$\underset{\rightarrow}{\boldsymbol{w}_i^*}=(0.5,0.5^2,0.5^3,\cdots,0.5^{m-2},0.5(1-\sum\limits_{j=1}^{m-2}0.5^j),0.5(1-\sum\limits_{j=1}^{m-2}0.5^j))$。

将 $z_{i1},z_{i2},\cdots,z_{im}$看成 o_i 变换后的指标值，由定理 6.2、定理 6.3 很容易得出定理 6.4 的结论，证明过程从略。

对于任一评价对象 o_i，通过模型(6－7)会解得一个 o_i 期望的最优(降序)权向量 $\boldsymbol{w}_i^*$($\underset{\rightarrow}{\boldsymbol{w}_i^*}$)，代入式(6－4)，可得到被评价对象 $o_1,o_2,\cdots,o_n$ 关于 o_i 的综合评价值向量 $\boldsymbol{y}^{(i)}$，$\boldsymbol{y}^{(i)}=(y_1^{(i)},y_2^{(i)},\cdots,y_n^{(i)})^{\mathrm{T}}$，记 $y_k^{(i)}=y_{ki}(k,i\in N)$，因而有评价值矩阵 $\boldsymbol{Y}$

$$\boldsymbol{Y}=(\boldsymbol{y}^{(1)},\boldsymbol{y}^{(2)},\cdots,\boldsymbol{y}^{(n)})=[y_{ij}]_{n\times n}=\begin{bmatrix} y_{11} & y_{12} & \cdots & y_{1n} \\ y_{21} & y_{22} & \cdots & y_{2n} \\ \vdots & \vdots & \cdots & \vdots \\ y_{n1} & y_{n2} & \cdots & y_{nn} \end{bmatrix}$$

以下讨论如何由评价值矩阵 $\boldsymbol{Y}$ 得出一个综合的评价结论 $\boldsymbol{y}^*=(y_1^*,y_2^*,\cdots,y_n^*)$。一般地，对于 n 个综合评价值向量 $\boldsymbol{y}^{(i)}$，可运用组合评价方法[95-96]得到 $\boldsymbol{y}^*$。

本节给出另一种由 $\boldsymbol{Y}$ 到 $\boldsymbol{y}^*$ 的集结思路：寻找与向量 $\boldsymbol{y}^{(1)},\boldsymbol{y}^{(2)},\cdots,\boldsymbol{y}^{(n)}$ 夹角之和最小的向量作为最终的评价结论 $\boldsymbol{y}^*$。

易知，$\boldsymbol{y}^*$ 为如下规划问题的最优解

$$\max\sum_{i=1}^{n}\ [\boldsymbol{y}^{\mathrm{T}}\boldsymbol{y}^{(i)}]^2$$
$$s.t.\quad \|\boldsymbol{y}\|_2=1 \tag{6-9}$$

式(6-9)的求解与参考文献[97]中探讨的问题有着共同的数学背景，这里直接给出已证明的结论，见定理6.5。

定理6.5[97]　对于 $\forall \boldsymbol{y}\in\mathbf{R}^n$

$$\max_{\|y\|_2=1}\sum_{i=1}^{n}\ [\boldsymbol{y}^{\mathrm{T}}\boldsymbol{y}^{(i)}]^2=\sum_{i=1}^{n}\ [(\boldsymbol{y}^*)^{\mathrm{T}}\boldsymbol{y}^{(i)}]^2=\lambda_{\max}$$

式中，$\lambda_{\max}$ 为实对称矩阵 $\boldsymbol{YY}^{\mathrm{T}}$ 的最大特征根，$\boldsymbol{Y}=(\boldsymbol{y}^{(1)},\boldsymbol{y}^{(2)},\cdots,\boldsymbol{y}^{(n)})$，$\boldsymbol{y}^*$ 为 $\lambda_{\max}$ 对应于 $\boldsymbol{YY}^{\mathrm{T}}$ 的正特征向量，且 $\|\boldsymbol{y}^*\|_2=1$。

关于这一问题解的存在性及唯一性等理论问题暂未讨论。

6.3.1.3　自主式评价的步骤

将上述自主式评价方法的算法步骤归纳如下：

步骤1　确定评价规则。对“弱权数非独裁性条件”或“强权数非独裁性条件”二中选一。

步骤2　由推论6.1(或推论6.2)求得 $o_i(i\in N)$ 的综合评价值的取值范围 $\tilde{y}_i$。

步骤3　根据定义6.3，求出 $o_i(i\in N)$ 的竞争视野 C_i。

步骤4　由定义6.4，求得 o_i 与竞争视野中各被评价对象 $o_l^{(i)}$ 的竞争强度 d_{il}，$i\in N,l\in N_i$。

步骤5　求得竞争力关注系数向量 $\boldsymbol{\mu}^{(i)}=(\mu_1^{(i)},\mu_2^{(i)},\cdots,\mu_{n_i}^{(i)})$，设定目标权系数 λ_1,λ_2，构造规划模型(6-7)。

步骤6　根据定理6.4，求解规划模型(6-7)，得到 $\boldsymbol{w}_i^*$(或 $\underset{\rightarrow}{\boldsymbol{w}_i^*}$)，$i\in N$，将评价数据矩阵 $\boldsymbol{A}$ 及 $\boldsymbol{w}_i^*$(或 $\underset{\rightarrow}{\boldsymbol{w}_i^*}$)代入式(6-4)，得到 $\boldsymbol{Y}=(\boldsymbol{y}^{(1)},\boldsymbol{y}^{(2)},\cdots,\boldsymbol{y}^{(n)})$。

步骤7　构造规划问题(6-9)，根据定理6.5求解式(6-9)，得到最终的评价

结论 $\boldsymbol{y}^*$,并依据 $\boldsymbol{y}^*$ 对评价对象 $o_1,o_2,\cdots,o_3$ 进行排序。

6.3.1.4 应用算例

选用参考文献[97]中关于战斗机购买的一个例子。对该离散方案评价问题的描述见表6-1,评价的目的是依据最大速度、飞行范围等6个属性对6种飞机的综合性能进行排序。

表6-1 决策原始数据表

属性	最大速度	飞行范围	最大负荷	购买费用	可靠性	灵敏度
o_1	2	1500	20000	5.5	5	9
o_2	2.5	2700	18000	6.5	3	9
o_3	1.8	2000	21000	4.5	7	7
o_4	2.2	1800	20000	5	5	5
o_5	2.1	2100	19750	5.3	6	6
o_6	2.3	2300	20800	5.2	6	8

注:为将方法讨论的情况讨论得更加全面,表中增加了两种战斗机选择方案 o_5,o_6。

用"极值处理法"对原始数据进行规范化,得到

$$A=\begin{pmatrix} 0.286 & 0 & 0.667 & 0.5 & 0.5 & 1 \\ 1 & 1 & 0 & 0 & 0 & 1 \\ 0 & 0.417 & 1 & 1 & 1 & 0.5 \\ 0.571 & 0.25 & 0.667 & 0.75 & 0.5 & 0 \\ 0.429 & 0.5 & 0.583 & 0.6 & 0.75 & 0.25 \\ 0.714 & 0.667 & 0.933 & 0.65 & 0.75 & 0.75 \end{pmatrix}。$$

按照第6.3.1.3节中的算法步骤求解该多属性评价问题(限于篇幅,省略中间若干具体的计算过程)。

选定"强权数非独裁性条件",并取目标权系数 $\lambda_1=\lambda_2=0.5$,通过计算可求得 $o_1,o_2,\cdots,o_6$ 竞争视野下的综合评价值矩阵 $\boldsymbol{Y}$ 为

$$\boldsymbol{Y}=[y_{ij}]_{6\times 6}=\begin{bmatrix} 0.7693 & 0.2641 & 0.4985 & 0.4673 & 0.3824 & 0.5141 \\ 0.5625 & 0.8750 & 0.1250 & 0.3125 & 0.3438 & 0.3438 \\ 0.7005 & 0.3958 & 0.9167 & 0.7161 & 0.7760 & 0.6979 \\ 0.3017 & 0.3434 & 0.5543 & 0.6403 & 0.4628 & 0.5778 \\ 0.4311 & 0.4722 & 0.6504 & 0.5504 & 0.6278 & 0.5504 \\ 0.7859 & 0.7020 & 0.7416 & 0.7114 & 0.7202 & 0.8244 \end{bmatrix},$$

其中，y_{ij}为 o_i 竞争视野下 o_j 的综合评价值。

由定理 6.5，可得最终评价结论 $\boldsymbol{y}^* = (0.3435, 0.2686, 0.5081, 0.3477, 0.3907, 0.5274)^T$。因而，被评价对象的排序为 $o_6 > o_3 > o_5 > o_4 > o_1 > o_2$。

做进一步分析，将综合评价值矩阵 $\boldsymbol{Y}$ 中各列的元素转化为序值，见表 6－2。

表 6－2　多种竞争视野下的排序结果

	竞争视野						综合排序
	o_1 下	o_2 下	o_3 下	o_4 下	o_5 下	o_6 下	
o_1	2*	6	5	5	5	5	5
o_2	4	1*	6	6	6	6	6
o_3	3	4	1*	1	1	2	2
o_4	6	5	4	3*	4	3	4
o_5	5	3	3	4	3*	4	3
o_6	1	2	2	2	2	1*	1

分析表 6－2 中的数据，可得出如下两条结论：

（1）每个被评价对象在各自的竞争视野下体现了“增强自身优势”的目的，达到了各自最高的排名（表 6－2 中每行的最小值，见带“ * ”号的数据）；

（2）依竞争强度的不同，每个被评价对象都不同程度地体现了“弱化对手优势”的目的（与 o_i 竞争强度最大的前两位被评价对象无一例外全排在 o_i 的后面，并且都没有超过综合排序中的名次）。

同理，当选取“弱权数非独裁性条件”进行分析时，也有上述类似的结论，此处不再赘述。

6.3.1.5　*方法总结*

综上，权数非独裁视角的自主式综合评价方法具有以下 4 个主要特点：①除准则选取外，几乎不需要评价者提供偏好信息，大大降低了评价的复杂性；②模拟“经济人”的行为，将所有被评价对象平等地视为具有“突出自身优势、弱化对手优势”的“智能体”，容易让评价者接受，并确保了评价过程的公平性；③能得到较为丰富的评价信息，使被评价对象更为全面地把握自身在竞争中的位置；④计算过程简洁直观，避免了求解多个目标规划模型的困难。

6.3.2　基于二维 *IOWA* 算子的自主式评价方法[98]

第 6.3.1 节基于“权数非独裁性条件”，给出了评价主体的强优势权重和弱优势权重,并通过评价值的取值区间确定各评价主体的竞争视野,从而实现竞争视野的优化。本节从分析指标值大小的角度,给出另一种客观自主式评价方法。该方法主要通过比较各评价主体指标值的大小,确定其竞争视野,并在权数非独裁性约束的基础上,利用指标的绝对优势度和相对优势度,通过二维 *IOWA* 算子确定评价主体的优势权重,从而实现评价主体提升其自身评价值,减弱其竞争对手评价值的目的。

6.3.2.1 竞争视野及指标优势度的确定

(1)竞争视野的界定。$o_i(i \in N)$作为评价主体,进行自主式综合评价时,首先要确定其竞争视野,即与其构成竞争关系的被评价对象的集合。评价主体 o_i 竞争视野的确定方法可陈述为:

1)若对于$j \in M$,恒有 $x_{ij} \geqslant x_{kj}(k \in N, k \neq i)$,则表明评价主体 o_i 优于 o_k,两者不构成竞争关系;

2)若对于$j \in M$,恒有 $x_{ij} \leqslant x_{kj}(k \in N, k \neq i)$,则表明评价主体 o_i 劣于 o_k,两者不构成竞争关系;

3)若对于$j \in M$,有 $x_{ij} \geqslant x_{kj}$和 $x_{ij} \leqslant x_{kj}(k \in N, k \neq i)$同时成立,则评价主体 o_i 和 o_k 构成竞争关系。

对于评价主体 $o_i(i \in N)$,所有与其构成竞争关系的被评价对象的集合称为 o_i 的竞争视野,记为 $C_i = \{o_1^{(i)}, o_2^{(i)}, \cdots, o_{n_i}^{(i)}\}$,其中 n_i 表示与评价主体 $o_i(i \in N)$构成竞争关系的被评价对象的总个数。

(2)指标优势度的确定。对于评价主体 $o_i(i \in N)$,设其竞争视野为 $C_i = \{o_1^{(i)}, o_2^{(i)}, \cdots, o_{n_i}^{(i)}\}$,记 $N_i = (1, 2, \cdots, n_i)$。

定义 6.5 对于评价主体 $o_i(i \in N)$的竞争视野 $C_i = \{o_1^{(i)}, o_2^{(i)}, \cdots, o_{n_i}^{(i)}\}$,称

$$d_{il}^{(j)} = x_{ij} - x_{lj}, i \in N, l \in N_i, j \in M \tag{6-10}$$

为评价主体 o_i 在第 j 个指标 x_j 上相对于竞争视野内的被评价对象 o_l 的竞争强度。其中,若 $d_{il}^{(j)} > 0$,表明 o_i 在第 j 个指标 x_j 上的竞争强度优于 o_l;若 $d_{il}^{(j)} = 0$,表明 o_i 在第 j 个指标 x_j 上的竞争强度与 o_l 相同;若 $d_{il}^{(j)} < 0$,表明 o_i 在第 j 个指标 x_j 上的竞争强度劣于 o_l。

定义 6.6 对于评价主体 $o_i(i \in N)$的竞争视野 $C_i = \{o_1^{(i)}, o_2^{(i)}, \cdots, o_{n_i}^{(i)}\}$,称

$$\lambda_i^{(j)} = \sum_{m=1}^{k_i} d_{im}^{(j)} / \sum_{l=1}^{n_i} |d_{il}^{(j)}| \tag{6-11}$$

为评价主体 o_i 在评价指标 x_j 上的绝对优势度。其中,k_i 表示评价主体 o_i 相对于竞争视野内所有被评价对象而言,竞争强度取值为非负的个数。

由定义 6.6 可知,$\lambda_i^{(j)} \in [0, 1]$。当 $k_i = n_i$ 时,表明评价主体 o_i 在评价指标 x_j

上优于其竞争视野内所有被评价对象，x_j 称为 o_i 的绝对优势指标，此时 $\lambda_i^{(j)}=1$；当 $k_i=0$ 时，表明评价主体 o_i 在评价指标 x_j 上劣于其竞争视野内所有被评价对象，x_j 称为 o_i 的绝对劣势指标，此时 $\lambda_i^{(j)}=0$。

定义 6.7　对于评价主体 $o_i(i\in N)$ 的竞争视野 $C_i=\{o_1^{(i)},o_2^{(i)},\cdots,o_{n_i}^{(i)}\}$，称

$$\lambda_i^{'(j)}=e^{\sum_{l=1}^{n_i}d_{il}^{(j)}}\Big/\sum_{j=1}^{m}e^{\sum_{l=1}^{n_i}d_{il}^{(j)}} \tag{6-12}$$

为评价主体 o_i 在评价指标 x_j 上相对优势度。其中，$\sum_{l=1}^{n_i}d_{il}^{(j)}$ 为第 i 个评价主体($i\in N$) 在第j个评价指标($j\in M$) 上的整体竞争强度，$\sum_{l=1}^{n_i}d_{il}^{(j)}\in(-\infty,+\infty)$，令$f_i^{(j)}=\exp(\sum_{l=1}^{n_i}d_{il}^{(j)})$，则$f_i^{(j)}$ 为 $\sum_{l=1}^{n_i}d_{il}^{(j)}$ 的单调递增函数，从而保证了第$j(j\in M)$ 个评价指标的相对优势度 $\lambda_i^{'(j)}$ 与其整体竞争强度 $\sum_{l=1}^{n_i}d_{il}^{(j)}$ 成正比例变化关系，并且 $\lambda_i^{'(j)}\in(0,1)$，$\sum_{j=1}^{m}\lambda_i^{'(j)}=1$。

由定义 6.6 和定义 6.7 可知，评价主体在某一指标上的绝对优势度是指评价主体与其竞争对手在同一指标上优势度的纵向比较，相对优势度是指同一评价主体的整体竞争优势在各指标之间的横向比较。

6.3.2.2　*IOWA* 算子及位置加权向量的确定

(1)*IOWA* 算子简介。Yager 教授于 1988 年提出了有序加权平均(*OWA*)算子[18]，并于 1999 年对 *OWA* 算子进行拓展，提出了诱导有序加权(*IOWA*)算子[89]，参考文献[99]将 *IOWA* 算子从单一诱导分量拓展到多维诱导分量，提出了多维诱导分量拓展的 *IOWA*(*MIOWA*)算子。本节基于二维 *IOWA* 算子的方法，分别以评价主体在各评价指标上的绝对优势度和相对优势度为第一和第二诱导分量，对评价指标重新排序；在此基础上，结合下节求得的位置权重对评价信息进行集结。

定义 6.8　对于评价主体 $o_i(i\in N)$，称

$$Y_k(\langle\lambda_i^{(1)},\lambda_i^{'(1)},x_{k1}\rangle,\langle\lambda_i^{(2)},\lambda_i^{'(2)},x_{k2}\rangle,\cdots,\langle\lambda_i^{(m)},\lambda_i^{'(m)},x_{km}\rangle)=\sum_{j=1}^{m}\omega_j a_{kj}(k\in N) \tag{6-13}$$

为第 k 个被评价对象 o_k 在评价主体 o_i 下的评价值。其中 $\boldsymbol{\omega}=(\omega_1,\omega_2,\cdots,\omega_m)^{\mathrm{T}}$ 是与 Y_k 相关联的位置加权向量，$\omega_j\in(0,1)$，$\sum_{j=1}^{m}\omega_j=1$；$\langle\lambda_i^{(j)},\lambda_i^{'(j)},x_{kj}\rangle$ 是一个三元数据，诱导分量 $\lambda_i^{(j)}$ 和 $\lambda_i^{'(j)}$ 分别表示评价指标 x_j 的第一和第二重要性；a_{kj}是依据

诱导分量对评价指标重新排序后第 j 个重要的评价指标在被评价对象 o_k 下的取值($j\in M$)。

依据诱导分量 $\lambda_i^{(j)}$ 和 $\lambda_i^{'(j)}$ ($j\in M$)对评价主体 o_i ($i\in N$)的指标集 $\{x_1,x_2,\cdots,x_m\}$ 进行重新排序的规则如下:当 $\lambda_i^{(j)}>\lambda_i^{(j+1)}$ 或 $\lambda_i^{(j)}=\lambda_i^{(j+1)}$,$\lambda_i^{'(j)}>\lambda_i^{'(j+1)}$ 时,指标 x_j 的重要性大于指标 x_{j+1} ($j=1,2,\cdots,m-1$)的重要性。

(2)位置加权向量的确定。参考文献[97]提出的等比 *OWA* 算子在确定位置加权向量时不仅与极大熵 *OWA* 算子具有等价性,而且等比 *OWA* 算子的 *orness* 值与被集成指标值之间的序关系的变化具有一致性。鉴于此,本节给出了一种规划方法和等比 *OWA* 算子相结合确定位置加权向量的方法,该方法确定的位置加权向量具有使评价主体优势指标权重不低于其劣势指标权重的特点。

定义 6.9 对于评价主体 o_i ($i\in N$),设其位置加权向量为 $\boldsymbol{\omega}=(\omega_1,\omega_2,\cdots,\omega_m)^{\mathrm{T}}$,则 ω_j ($j\in M$)的表达式为

$$\omega_j = q^{\sum_{k=1}^{j}\eta_k} \Big/ \sum_{j=1}^{m} q^{\sum_{k=1}^{j}\eta_k} \qquad (6-14)$$

式中,$0<q<1$,$\eta_k=1-(\alpha\lambda_i^{(k)}+\beta\lambda_i^{'(k)})$ ($k\in M$),$\alpha\lambda_i^{(k)}+\beta\lambda_i^{'(k)}$ 表示第 k 个评价指标的整体竞争优势,α,β 表示评价者对于指标绝对优势度和相对优势度的偏好程度,满足 $\alpha+\beta=1$,$\alpha,\beta\in[0,1]$。α,β 的值可以根据评价者的偏好事先确定,无特殊情况可令 $\alpha=\beta=0.5$。

定义 6.10 对于位置加权向量 $\boldsymbol{\omega}=(\omega_1,\omega_2,\cdots,\omega_m)^{\mathrm{T}}$,其 *orness* 度可定义为

$$orness(\boldsymbol{\omega}) = \frac{1}{m-1}\sum_{j=1}^{m}((m-j)\omega_j) \qquad (6-15)$$

由定义 6.9 和定义 6.10 可知,当 $0<q<1$ 时,$orness(\boldsymbol{\omega})>0.5$;当 $q=1$ 时,$\boldsymbol{\omega}=(1/m,1/m,\cdots,1/m)^{\mathrm{T}}$,$orness(\boldsymbol{\omega})=0.5$;当 $q>1$ 时,$orness(\boldsymbol{\omega})<0.5$。基于值优化的自主式评价的特点,即评价主体最大化自身评价值,最小化其竞争对手的评价值,评价主体在确定位置加权向量时,会偏好优势指标,即赋予其较大的权重,因此定义 6.9 中规定 $0<q<1$。

假设 6.3 当评价指标多于 3 个(即 $m\geqslant 3$)时,假设任意评价指标相对于其他指标而言都是非独裁的,即每个指标的权重不能超过其他剩余指标权重之和。

定理 6.6 对于客观自主式评价的位置加权向量 $\boldsymbol{\omega}=(\omega_1,\omega_2,\cdots,\omega_m)^{\mathrm{T}}$,若评价指标满足假设 6.3,则必有 $\omega_1\geqslant\omega_2\geqslant\cdots\geqslant\omega_m$,且 $\omega_j\in(0,0.5]$,$j\in M$。

证明: $\because$ $\lambda_i^{(k)}\in[0,1]$,$\lambda_i^{'(k)}\in(0,1)$,$\alpha,\beta\in[0,1]$,$\alpha+\beta=1$

$\therefore$ $\eta\in[0,1]$,$\omega_j\in(0,1)$,$\sum_{k=1}^{j}\eta_k>0$,$k,j\in M$

又 $\because$ $0<q<1$,当 q 给定时,随着 $\sum_{k=1}^{j}\eta_k$ 的增加,ω_j 是递减的,即有

$$\omega_1 \geqslant \omega_2 \geqslant \cdots \geqslant \omega_m$$

∵ 每个评价指标相对于其他评价指标而言都是非独裁的，有

$$\omega_1 \leqslant \omega_2 + \omega_3 \cdots + \omega_m，\text{即 } 2\omega_1 \leqslant \omega_1 + \omega_2 + \omega_3 + \cdots + \omega_m$$

由 ω_j 的归一化条件，即 $\sum_{j=1}^{m} \omega_j = 1$，有

$$0 < \omega_1 \leqslant 0.5$$

又∵ $\omega_1 \geqslant \omega_2 \geqslant \cdots \geqslant \omega_m$，故得证 $0 < \omega_j \leqslant 0.5, j = 2,3,\cdots,m$

通过以上分析，采用以下可以满足假设6.3的规划模型确定位置加权向量，即

$$\max\ orness(\boldsymbol{\omega}) = \frac{1}{m-1}\sum_{j=1}^{m}((m-j)\omega_j)$$

$$s.t.\begin{cases}\omega_j = q^{\sum_{k=1}^{j}\eta_k} / \sum_{j=1}^{m} q^{\sum_{k=1}^{j}\eta_k}, j \in M \\ 0 < q < 1, 0 < \omega_j \leqslant 0.5\end{cases} \tag{6-16}$$

6.3.2.3 信息集结步骤

设第 i 个评价主体 $o_i(i \in N)$ 给出的各被评价对象的评价值组成的评价值向量为 $\boldsymbol{y}^{(i)} = (y_1^{(i)}, y_2^{(i)}, \cdots, y_n^{(i)})^{\mathrm{T}}$，则所有评价主体给出的评价值向量组成的评价值矩阵可表示为 $\boldsymbol{Y} = (\boldsymbol{y}^{(1)}, \boldsymbol{y}^{(2)}, \cdots, \boldsymbol{y}^{(n)})$。

在此基础上，依据定理6.5对各评价主体给出的评价值信息进行再集结，得到最终的评价值向量 $\boldsymbol{y}^* = (y_1^*, y_2^*, \cdots, y_n^*)^{\mathrm{T}}$，并以此对各被评价对象进行比较判断。

通过以上分析，可将本节给出的自主式综合评价方法的步骤归纳如下：

步骤1　对于任一评价主体，首先确定其竞争视野，然后根据式(6-11)和式(6-12)确定每个评价指标的绝对优势度和相对优势度。

步骤2　分别以指标的绝对优势度和相对优势度为第一和第二诱导分量，按照 *IOWA* 算子的思想对各评价主体的评价指标重新排序。

步骤3　依据规划模型(6-16)确定各指标的位置加权向量，然后将其与通过步骤2重新排序的指标进行集结，可得各评价主体关于所有被评价对象的评价值向量。

步骤4　将所有评价主体给出的评价值向量组成评价值矩阵 Y。依据定理6.5对评价值矩阵信息进行集结，得到最终的评价结论 $\boldsymbol{y}^* = (y_1^*, y_2^*, \cdots, y_n^*)^{\mathrm{T}}$。

6.3.2.4 应用算例

选用参考文献[97]关于战斗机购买的一个算例对本节给出的自主式评价方法的应用进行说明。问题描述如表6-3所示，需要依据最大速度、飞行范围等6个指标对4种型号飞机的综合性能进行评价。

表 6 –3 原始数据表

机型	最大速度/M	飞行范围/km	最大负荷/kg	舒适度	可靠度	灵敏度
o_1	2	1500	20000	5.5	5	9
o_2	2.5	2700	18000	6.5	3	5
o_3	1.8	2000	21000	4.5	7	7
o_4	2.2	1800	20000	5	5	5

选用“极值处理法”对原始数据进行指标类型一致化、无量纲化处理,处理后的评价信息如表 6 –4 所示。

表 6 –4 预处理后的评价指标信息

机型	x_1	x_2	x_3	x_4	x_5	x_6
o_1	0.286	0	0.667	0.5	0.5	1
o_2	1	1	0	1	0	0
o_3	0	0.417	1	0	1	0.5
o_4	0.517	0.25	0.667	0.25	0.5	0

(1)竞争视野的界定。以评价主体 o_1 为例,按照第 6.3.2.1 节给出的竞争视野的界定方法,分析表 6 –4 中的数据可知,o_1 在各评价指标上的取值不存在全都优于或劣于其余任一评价主体相应指标值的情形,因而评价主体 o_1 的竞争对手为 o_2,o_3,o_4,竞争视野记为 $C_1=\{o_2,o_3,o_4\}$。同理,可求得评价主体 o_2,o_3,o_4 的竞争视野分别为 $C_2=\{o_1,o_3,o_4\}$;$C_3=\{o_1,o_2,o_4\}$;$C_4=\{o_1,o_2,o_3\}$。

(2)评价主体指标优势度的确定。以评价主体 o_1 为例,按照式(6 –10)的方法,求得 o_1 相对于各评价主体在所有指标上的竞争强度矩阵为

$$d=[d_{il}^{(j)}]_{3\times 6}=\begin{bmatrix} -0.714 & -1 & 0.667 & -0.5 & 0.5 & 1 \\ 0.286 & -0.417 & -0.333 & 0.5 & -0.5 & 0.5 \\ -0.286 & -0.25 & 0 & 0.25 & 0 & 1 \end{bmatrix}$$

依据式(6 –11)求得评价主体 o_1 在指标 x_1 上的绝对优势度为

$$\lambda_1^{(1)}=0.286/(|-0.714|+|0.286|+|-0.286|)=0.222$$

依据式(6 –12)求得评价主体 o_1 在指标 x_1 上的相对优势度为

$$\lambda_1'^{(1)}=e^{(-0.714+0.286-0.286)}/(e^{(-0.714+0.286-0.286)}+e^{(-1-0.417-0.25)}+e^{(0.667-0.333+0)}+e^{(-0.5+0.5+0.25)}+e^{(0.5-0.5+0)}+e^{(1+0.5+1)})=0.030$$

按照上述思路及 *IOWA* 算子的思想确定各评价主体的评价指标的优先顺序以及指标的绝对优势度和相对优势度如表 6 –5 所示。

表 6-5　各评价主体下评价指标的重新排序及其优势度

o_1			o_2			o_3			o_4		
x_j	$\lambda_1^{(j)}$	$\lambda'^{(j)}_1$	x_j	$\lambda_2^{(j)}$	$\lambda'^{(j)}_2$	x_j	$\lambda_3^{(j)}$	$\lambda'^{(j)}_3$	x_j	$\lambda_4^{(j)}$	$\lambda'^{(j)}_4$
x_6	1	0.736	x_2	1	0.358	x_5	1	0.472	x_1	0.667	0.299
x_3	0.667	0.084	x_4	1	0.330	x_3	1	0.338	x_3	0.667	0.272
x_4	0.6	0.078	x_1	1	0.296	x_6	0.667	0.105	x_5	0.5	0.195
x_5	0.5	0.060	x_6	0	0.008	x_2	0.5	0.064	x_2	0.214	0.010
x_1	0.222	0.030	x_5	0	0.005	x_4	0	0.011	x_4	0.2	0.092
x_2	0	0.011	x_3	0	0.003	x_1	0	0.010	x_6	0	0.043

(3)位置加权向量的确定。以评价主体 o_1 为例，依据表 6-5 中的数据及式(6-14)求得 o_1 在各指标上的 η_k（令 $\alpha=\beta=0.5$）分别为：$\eta_1=1-(0.5\times0.222+0.5\times0.030)=0.874$；$\eta_2=0.994$；$\eta_3=0.624$；$\eta_4=0.661$；$\eta_5=0.720$；$\eta_6=0.132$。

依据式(6-14)求得评价主体 o_1 关于其最优指标 x_6 的位置权重表达式为

$$\omega_1=q^{0.132}/(q^{0.132}+q^{0.132+0.624}+q^{0.132+0.624+0.661}+q^{0.132+0.624+0.661+0.720}+q^{0.132+0.624+0.661+0.720+0.874}+q^{0.132+0.624+0.661+0.720+0.874+0.994})$$

按照这种思路以及规划模型(6-16)和式(6-13)，求得各评价主体给出的位置加权向量及评价值向量如表 6-6 所示。

表 6-6　各评价主体的位置加权向量和评价值向量($\alpha=\beta=0.5$)

主体	q 值	位置加权向量($\boldsymbol{\omega}$)	评价值向量($\boldsymbol{y}^{(i)}$)
o_1	0.361	$(0.5,0.264,0.135,0.065,0.027,0.010)^{\mathrm{T}}$	$(0.784,0.171,0.583,0.260)^{\mathrm{T}}$
o_2	0.201	$(0.5,0.292,0.166,0.034,0.007,0.001)^{\mathrm{T}}$	$(0.231,0.958,0.233,0.297)^{\mathrm{T}}$
o_3	0.239	$(0.5,0.311,0.129,0.046,0.011,0.003)^{\mathrm{T}}$	$(0.593,0.060,0.895,0.473)^{\mathrm{T}}$
o_4	0.335	$(0.499,0.28,0.137,0.054,0.022,0.008)^{\mathrm{T}}$	$(0.432,0.576,0.429,0.56)^{\mathrm{T}}$

分析表 6-6 中数据可知，各被评价对象只有自身作为评价主体时，其给出的关于自身的评价值是最大的，体现了自主式评价中评价主体会尽量提升自身值优势的特点。

(4)最终评价值的确定。依据定理 6.5 求得 $\lambda_{\max}=3.647$，各被评价对象的最终评价值向量为 $\boldsymbol{y}^*=(0.544,0.436,0.580,0.422)^{\mathrm{T}}$，被评价对象的排序为 $o_3\succ o_1\succ o_2\succ o_4$。

与第 6.3.1 节相比，本节所确定的位置加权向量随着评价主体的改变而改变，原因是本节是基于位置加权向量的差异来体现各评价主体自身优势的差异。另外,算例的排序结果与参考文献[97]的结果相同,但与参考文献[97]给出的评价值相比,本节给出的评价值之间的差异更明显,原因是在基于诱导分量确定评价指标的优势时,考虑的信息较为全面,因而最终反映在评价值上的信息较为全面,评价值的差异也较明显。

6.3.2.5 方法总结

基于二维 *IOWA* 算子的自主式综合评价方法,充分利用了被评价对象在各评价指标取值上的分布信息,具有如下特点:①评价主体通过自身指标取值的相对优势度和绝对优势度对评价指标重新排序,从而达到优化竞争视野的目的;②位置加权向量不仅能够保证评价主体优势指标的权重不小于其劣势指标的权重,而且保证了任一指标权重都满足"非独裁性条件"的假设。

6.3.3 协商视角的自主式评价方法[100]

本节基于公平竞争和民主协商的思想,从"自主式评价"和"协商评价"相结合的视角对区间数形式的自主式综合评价方法进行探讨,提出一种新的客观自主式综合评价方法。

6.3.3.1 预备知识

定义 6.11[101] 当 $\tilde{p}=[p^L,p^U]=\{x\mid p^L\leqslant x\leqslant p^U,p^L,p^U\in R\}$ 时,称 $\tilde{p}$ 为一区间数。若 $p^L=p^U$,$\tilde{p}$ 退化为一实数。对于两区间数 $\tilde{p}=[p^L,p^U]$,$\tilde{q}=[q^L,q^U]$,当且仅当 $p^L=q^L,p^U=q^U$ 时,有 $\tilde{p}=\tilde{q}$。

定义 6.12[101] 对于一区间数 $\tilde{p}=[p^L,p^U]$,分别称 $e(\tilde{p})=p^U-p^L$ 和 $n(\tilde{p})=(p^L+p^U)/2$ 为 $\tilde{p}$ 的区间宽度和区间中点。

定义 6.13[101] 对于区间数 $\tilde{p}=[p^L,p^U]$,称 $D(a,\tilde{p})=|a-n(\tilde{p})|=|a-(p^L+p^U)/2|$ 为实数 a 对于 $\tilde{p}$ 的离核度。

离核度是对实数与区间数之间偏差的一种描述。

对于指标值及指标权重均为区间数形式的综合评价问题(以下简称区间数综合评价问题),设被评价对象的集合为 $O=\{o_1,o_2,\cdots,o_n\}$,评价指标集为 $X=\{x_1,x_2,\cdots,x_m\}$且指标的权重向量 $\boldsymbol{W}=(\tilde{w}_1,\tilde{w}_2,\cdots,\tilde{w}_m)^{\mathrm{T}}$,其中 $\tilde{w}_j=[w_j^L,w_j^U]$,$j=1,2,\cdots,m$。

为方便起见,记 $N=\{1,2,\cdots,n\}$,$M=\{1,2,\cdots,m\}$(不失一般性,不妨设 $m,n\geqslant 3$)。对被评价对象 $o_i(i\in N)$ 按照第 j 个指标 $x_j(j\in M)$ 进行测度,得到 o_i 在 x_j 上的指标值为 $\tilde{a}_{ij}$(这里 $\tilde{a}_{ij}=[a_{ij}^L,a_{ij}^U]$)。在进行评价之前,首先需要进行指标的类型一致化及无量纲化处理。

常见的指标类型有效益型、成本型指标两种。设 $I_i(i=1,2)$ 分别表示效益型和成本型指标的下标集，对 $\tilde{a}_{ij}$ 进行指标类型的一致化及无量纲化处理（将处理后的指标记为 $\tilde{r}_{ij}$，其中 $\tilde{r}_{ij}=[r_{ij}^L,r_{ij}^U]$）的公式为[68]：

$$\begin{cases} r_{ij}^L = a_{ij}^L \Big/ \sqrt{\sum\limits_{i=1}^{n} (a_{ij}^U)^2} \\ r_{ij}^U = a_{ij}^U \Big/ \sqrt{\sum\limits_{i=1}^{n} (a_{ij}^L)^2} \end{cases}, j \in I_1, i \in N \tag{6-17}$$

$$\begin{cases} r_{ij}^L = (1/a_{ij}^U) \Big/ \sqrt{\sum\limits_{i=1}^{n} (1/a_{ij}^L)^2} \\ r_{ij}^U = (1/a_{ij}^L) \Big/ \sqrt{\sum\limits_{i=1}^{n} (1/a_{ij}^U)^2} \end{cases}, j \in I_2, i \in N \tag{6-18}$$

6.3.3.2 “自主式评价”模型

该模型在充分比较被评价对象指标信息分布情况的前提下，通过引入“竞争优势度”的概念，确定各评价主体的优势加权向量，以保证评价主体实现强化自身竞争优势，弱化竞争对手竞争优势的目的。

定义 6.14　设被评价对象为 o_i 和 $o_k(k\neq i,i,k\in N)$ 关于指标 $x_j(j\in M)$ 的类型一致化和无量纲化处理后的指标值分别为 $\tilde{r}_{ij}=[r_{ij}^L,r_{ij}^U]$ 和 $\tilde{r}_{kj}=[r_{kj}^L,r_{kj}^U]$。称 $\mu_{ik}^{(j)}$ 为被评价对象 o_i 相对于 o_k 在指标 x_j 上的竞争优势度，$\mu_{ik}^{(j)}(k\neq i,i,k\in N,j\in M)$ 的具体确定方法如下：

（1）当 $r_{ij}^U\leqslant r_{ij}^L$ 时，表明被评价对象 o_i 在指标 x_j 上的竞争优势度绝对劣于被评价对象 o_k，此时 $\mu_{ij}^{(j)}=0$；

（2）当 $r_{ij}^L\geqslant r_{kj}^U$ 时，表明被评价对象 o_i 在指标 x_j 上的竞争优势度绝对优于被评价对象 o_k，此时 $\mu_{ij}^{(j)}=0$；

（3）当 $\tilde{r}_{ij}\cap\tilde{r}_{kj}\neq\varnothing$ 时，可分四种情况讨论确定 $\mu_{ik}^{(j)}$，

若 $r_{ij}^L\leqslant r_{kj}^L<r_{ij}^U\leqslant r_{kj}^U$，则 $\mu_{ik}^{(j)}=0$；

若 $r_{kj}^L\leqslant r_{ij}^L<r_{ij}^U\leqslant r_{kj}^U$，则 $\mu_{ik}^{(j)}=(r_{ij}^L-r_{kj}^L)/(r_{kj}^U-r_{kj}^L)$；

若 $r_{ij}^L\leqslant r_{kj}^L<r_{kj}^U\leqslant r_{ij}^U$，则 $\mu_{ik}^{(j)}=(r_{ij}^U-r_{kj}^U)/(r_{ij}^U-r_{ij}^L)$；

若 $r_{kj}^L\leqslant r_{ij}^L<r_{kj}^U\leqslant r_{ij}^U$，则 $\mu_{ik}^{(j)}=(r_{ij}^L-r_{kj}^L+r_{ij}^U-r_{kj}^U)/(r_{ij}^U-r_{kj}^L)$。

定义 6.15　设 $o_i(i\in N)$ 为评价主体，相对于被评价对象 $o_k(k\neq i,k\in N)$，评价主体 o_i 在评价指标 x_j 上的优势度为 $\mu_{ik}^{(j)}(j\in M)$，称

$$\mu_i^{(j)} = \frac{1}{n-1}\sum_{k=1,k\neq i}^{n} \mu_{ik}^{(j)} \tag{6-19}$$

为评价主体 o_i 在指标 x_j 上的竞争优势度,$\mu_i^{(j)} \in [0,1]$。

定义 6.16 设 $W^{(i)} = (w_1^{(i)}, w_2^{(i)}, \cdots, w_m^{(i)})^{\mathrm{T}}$ 为评价主体 $o_i(i \in N)$ 给出的优势加权向量,则

$$w_j^{(i)} = [w_j^L + \mu_i^{(j)}(w_j^U - w_j^L)] / \sum_{j=1}^{m} [w_j^L + \mu_i^{(j)}(w_j^U - w_j^L)], j \in M \quad (6-20)$$

满足 $w_j^{(i)} \in (0,1), \sum_{j=1}^{m} w_j^{(i)} = 1$。

将通过式(6 - 20) 得到优势加权向量与区间数指标值进行加权线性集结,得到评价主体 $o_i(i \in N)$ 给出的被评价对象 $o_k(k \in N)$ 的区间数综合评价值为 $\tilde{y}_{ik} = \sum_{j=1}^{m} w_j^{(i)} \tilde{r}_{kj} = [r_{kj}^L w_j^{(i)}, r_{kj}^U w_j^{(i)}] = [y_{ik}^L, y_{ik}^U], i,k \in N$。

设被评价对象 $o_k(k \in N)$ 在所有评价主体下的区间数评价值的集合为 $\tilde{y}_k = \{\tilde{y}_{1k}, \tilde{y}_{2k}, \cdots, \tilde{y}_{nk}\}$。依据定义 6.14 和式(6 - 19)可以确定被评价对象 o_k 在评价主体 $o_i(i,k \in N)$ 下的竞争优势度。由自主式评价的特点可知,被评价对象 o_k 只有在自己作为评价主体时,其竞争优势度(即其自身的评价值)最高(见表 6 - 11)。

6.3.3.3 "协商评价"模型

参考文献[7]首次将双方或多方具有意见或利益冲突(或分歧)的综合评价问题称为协商评价问题。通过协商评价对由自主评价得到的区间数评价值进行集结,能够协调各评价主体的意见冲突,优化评价结论,且最终的评价结果更易被各评价主体所接受。

定理 6.7 对于被评价对象 $o_k(k \in N)$,其在所有评价主体下的区间数评价值的集合为 $\tilde{y}_k = \{\tilde{y}_{1k}, \tilde{y}_{2k}, \cdots, \tilde{y}_{nk}\}$,有 $\tilde{y}_{pk} \cap \tilde{y}_{qk} \neq \varnothing, p \neq q, p, q \in N$。

证明:设第 p 个评价主体 o_p 和第 q 个评价主体 o_q 给出的优势加权向量分别为 $W^{(p)} = (w_1^{(p)}, w_2^{(p)}, \cdots, w_m^{(p)})^{\mathrm{T}}, W^{(q)} = (w_1^{(q)}, w_2^{(q)}, \cdots, w_m^{(q)})^{\mathrm{T}}, p \neq q, p, q \in N$;评价对象 o_k 在评价主体 o_p 下的评价值为 $\tilde{y}_{pk} = [y_{pk}^L, y_{pk}^U]$,其中 $y_{pk}^L = \sum_{j=1}^{m} w_j^{(p)} r_{kj}^L, y_{pk}^U = \sum_{j=1}^{m} w_j^{(i)} r_{kj}^U$。

因为 $\sum_{j=1}^{m} w_j^{(p)} = 1$,所以

$\min(r_{kj}^L) \leqslant y_{pk}^L \leqslant \max(r_{kj}^L), \min(r_{kj}^C) \leqslant y_{pk}^U \leqslant \max(r_{kj}^U)$。

同理可知,被评价对象 o_k 在评价主体 o_q 下评价值 $\tilde{y}_{qk} = [y_{qk}^L, y_{qk}^U]$ 满足

$\min(r_{kj}^L) \leqslant y_{qk}^L \leqslant \max(r_{kj}^L), \min(r_{kj}^U) \leqslant y_{qk}^U \leqslant \max(r_{kj}^U)$。

下面分两种情况进行讨论:

(1)当 $\min(r_{kj}^U)\geqslant\max(r_{kj}^L)$ 时，明显有 $\tilde{y}_{pk}\cap\tilde{y}_{qk}\neq\varnothing, p\neq q, p, q\in N$。

(2)当 $\min(r_{kj}^U)<\max(r_{kj}^L)$ 时，若 $y_{pk}^L\leqslant y_{qk}^L$，则 $\sum_{j=1}^m w_j^{(p)}r_{kj}^L\leqslant\sum_{j=1}^m w_j^{(q)}r_{kj}^L$，此时，

$$y_{pk}^U-y_{qk}^L=\sum_{j=1}^m w_j^{(p)}r_{kj}^U-\sum_{j=1}^m w_j^{(q)}r_{kj}^L\geqslant\sum_{j=1}^m w_j^{(p)}r_{kj}^U-\sum_{j=1}^m w_j^{(p)}r_{kj}^L。$$

因为 $r_{kj}^L, r_{kj}^U\in(0,1)$ 且对于 $j\in M$，都有 $r_{kj}^U>r_{kj}^L$，所以 $y_{pk}^U-y_{qk}^L>0$。

故当 $y_{pk}^L\leqslant y_{qk}^L$ 时，$\tilde{y}_{pk}\cap\tilde{y}_{qk}\neq\varnothing, p\neq q, p, q\in N$。

同理可证，当 $y_{qk}^L\leqslant y_{pk}^L$ 时，$\tilde{y}_{pk}\cap\tilde{y}_{qk}\neq\varnothing, p\neq q, p, q\in N$。

由以上分析可知，定理6.7明确了在“自主式评价”模型下，各评价主体给出的被评价对象的区间数评价值的交集非空，即评价主体给出的同一被评价对象的评价值有协商的空间，为协商评价提供了可能。

定义6.17　对于被评价对象 $o_k(k\in N)$，其在所有评价主体下的区间数评价值的集合为 $\tilde{y}_k=\{\tilde{y}_{1k},\tilde{y}_{2k},\cdots,\tilde{y}_{nk}\}$，其中 $\tilde{y}_{ik}=[y_{ik}^L, y_{ik}^U](i\in N)$，则称

$$\tilde{c}_k=[\max_{i=1}^n(y_{ik}^L),\min_{i=1}^n(y_{ik}^U)] \tag{6-21}$$

为所有评价主体关于被评价对象 o_k 评价值的协商区间。

定义6.18　对于被评价对象 $o_k(k\in N)$ 的协商区间 $\tilde{c}_k$，称映射

$$\varphi(\tilde{c}_k)=n(\tilde{c}_k)+\varepsilon_k e(\tilde{c}_k), k\in N \tag{6-22}$$

为所有评价主体关于被评价对象 o_k 评价值的协商点。其中，$n(\tilde{c}_k)$ 为协商区间的中点，$e(\tilde{c}_k)$ 为协商区间的宽度，ε_k 为协商系数，满足 $|\varepsilon_k|\leqslant 1/2$。

定义6.19　称

$$\eta_{ik}=[e(\tilde{c}_k)/e(\tilde{y}_{ik})]/\sum_{i=1}^n[e(\tilde{c}_k)/e(\tilde{y}_{ik})] \tag{6-23}$$

为评价主体 o_i 关于被评价对象 $o_k(i,k\in N)$ 区间数评价值的协商能力系数。其中，$e(\tilde{c}_k)=\min_{i=1}^n(y_{ik}^U)-\max_{i=1}^n(y_{ik}^L)$，$e(\tilde{y}_{ik})=y_{ik}^U-y_{ik}^L$，$\eta_{ik}\in(0,1)$ 且 $\sum_{i=1}^n\eta_{ik}=1$。

由以上分析可知，各评价主体通过协商确定的被评价对象 $o_k(k\in N)$ 的最终评价值即为协商点 $\varphi(\tilde{c}_k)$，$\varphi(\tilde{c}_k)$ 的确定原则可描述为：被评价对象 o_k 的最终评价值 $\varphi(\tilde{c}_k)$ 应与协商个体(评价主体)独自确定的被评价对象 o_k 的区间数评价值的总体偏差最小。考虑到协商个体协商能力的差异，构造如下规划模型求解评价对象 o_k 的最终评价值 $\varphi(\tilde{c}_k)$：

$$\min\quad\sum_{i=1}^n\eta_{ik}D(\varphi(\tilde{c}_k),\tilde{y}_{ik})$$
$$s.t.\begin{cases}D(\varphi(\tilde{c}_k),\tilde{y}_{ik})=|\varphi(\tilde{c}_k)-(y_{ik}^L+y_{ik}^U)/2|\\|\varepsilon_k|\leqslant 1/2\end{cases} \tag{6-24}$$

通过规划模型(6－24),求得各被评价对象的最终评价值向量 $\boldsymbol{\varphi}=(\varphi(\tilde{c}_1),\varphi(\tilde{c}_2),\cdots,\varphi(\tilde{c}_n))^{\mathrm{T}}$,按 $\varphi(\tilde{c}_k)(k\in N)$ 的大小对被评价对象进行排序或选择。

通过以上分析,可将基于协商视角的自主式综合评价方法的操作步骤归纳如下:

步骤 1 各评价主体(被评价对象)依据定义 6.14 和式(6－19)确定其在各指标上的竞争优势度,在此基础上,依据式(6－20)确定各自的优势加权向量。

步骤 2 将优势加权向量与指标值进行集结,得到被评价对象相对于各评价主体的区间数评价值。依据定义 6.17 确定各评价对象的协商区间,然后依据式(6－23)确定各评价主体相对于同一被评价对象的协商能力。

步骤 3 依据式(6－22)和规划模型(6－24)确定各被评价对象的最终评价值,以此对被评价对象进行排序或选择。

6.3.3.4 应用算例

本节选用参考文献[68]的一个算例对基于协商视角的自主式综合评价方法的应用进行说明。考虑某个制造商研制某种反舰导弹武器系统问题,现有 5 个备选方案(被评价对象)$o_i(i=1,2,\cdots,5)$可供制造商选择,而评价反舰导弹武器系统的性能指标主要有 6 个,即 x_1 为导弹命中与毁伤能力;x_2 为火控系统作战能力;x_3 为抗干扰能力;x_4 为导弹飞行控制能力;x_5 为导弹制导;x_6 为载舰机动能力。上述 6 项指标均为效益型指标,评价者对被评价对象各指标进行打分,其范围为 1 分(最差)到 10 分(最好)之间,所得评价信息如表 6－7 所示。

已知的区间数权重信息为$\tilde{w}_1=[0.16,0.20]$,$\tilde{w}_2=[0.14,0.16]$,$\tilde{w}_3=[0.15,0.18]$,$\tilde{w}_4=[0.13,0.17]$,$\tilde{w}_5=[0.14,0.18]$,$\tilde{w}_6=[0.11,0.19]$。

表 6－7 原始评价数据

	x_1	x_2	x_3	x_4	x_5	x_6
o_1	[5,6]	[6,8]	[6,7]	[4,6]	[7,8]	[8,10]
o_2	[6,8]	[5,7]	[8,9]	[7,8]	[4,7]	[7,8]
o_3	[5,7]	[6,7]	[8,10]	[7,9]	[5,7]	[6,7]
o_4	[8,10]	[5,6]	[4,7]	[5,7]	[6,8]	[4,7]
o_5	[8,10]	[6,8]	[5,6]	[6,9]	[7,9]	[5,8]

利用式(6－17)和式(6－18)得到指标类型的一致化和无量纲化处理后的指标评价信息如表 6－8 所示。

表 6－8　指标类型一致化和无量纲化处理后的评价信息

	x_1	x_2	x_3	x_4	x_5	x_6
o_1	[0. 268,0. 410]	[0. 371,0. 636]	[0. 338,0. 489]	[0. 227,0. 454]	[0. 400,0. 605]	[0. 443,0. 725]
o_2	[0. 321,0. 547]	[0. 309,0. 557]	[0. 451,0. 629]	[0. 397,0. 605]	[0. 228,0. 529]	[0. 338,0. 580]
o_3	[0. 268,0. 479]	[0. 371,0. 557]	[0. 451,0. 698]	[0. 397,0. 680]	[0. 285,0. 529]	[0. 332,0. 508]
o_4	[0. 428,0. 684]	[0. 309,0. 477]	[0. 225,0. 489]	[0. 284,0. 529]	[0. 342,0. 605]	[0. 222,0. 508]
o_5	[0. 428,0. 684]	[0. 371,0. 636]	[0. 282,0. 419]	[0. 340,0. 680]	[0. 400,0. 680]	[0. 277,0. 580]

依据定义 6. 14、式(6－19)和式(6－20)求得各评价主体在各评价指标上的竞争优势度和优势权重如表 6－9 所示。

表 6－9　评价主体的竞争优势度和优势权重

	o_1		o_2		o_3		o_4		o_5	
	$\mu_1^{(j)}$	$w_j^{(1)}$	$\mu_2^{(j)}$	$w_j^{(2)}$	$\mu_3^{(j)}$	$w_j^{(3)}$	$\mu_4^{(j)}$	$w_j^{(4)}$	$\mu_5^{(j)}$	$w_j^{(5)}$
x_1	0	0. 174	0. 279	0. 188	0. 081	0. 183	0. 638	0. 213	0. 638	0. 203
x_2	0. 351	0. 160	0. 080	0. 156	0. 205	0. 161	0	0. 161	0. 351	0. 161
x_3	0. 259	0. 172	0. 694	0. 188	0. 744	0. 194	0. 066	0. 174	0. 053	0. 167
x_4	0	0. 141	0. 401	0. 160	0. 494	0. 168	0. 109	0. 154	0. 374	0. 159
x_5	0. 367	0. 168	0	0. 154	0. 047	0. 159	0. 230	0. 171	0. 512	0. 176
x_6	0. 749	0. 185	0. 386	0. 155	0. 142	0. 136	0	0. 126	0. 149	0. 134

将各评价主体确定的优势加权向量与区间数评价指标值进行集结,得到各评价主体下被评价对象的区间数评价值如表 6－10 所示。

表 6－10　评价对象的区间数评价值

	o_1	o_2	o_3	o_4	o_5
o_1 评价主体	[0. 345,0. 557]	[0. 349,0. 574]	[0. 349,0. 571]	[0. 301,0. 550]	[0. 349,0. 611]
o_2 评价主体	[0. 338,0. 546]	[0. 352,0. 576]	[0. 351,0. 577]	[0. 303,0. 551]	[0. 350,0. 610]
o_3 评价主体	[0. 336,0. 543]	[0. 351,0. 576]	[0. 353,0. 580]	[0. 304,0. 550]	[0. 351,0. 610]
o_4 评价主体	[0. 335,0. 540]	[0. 346,0. 573]	[0. 347,0. 573]	[0. 311,0. 557]	[0. 356,0. 616]
o_5 评价主体	[0. 336,0. 543]	[0. 345,0. 573]	[0. 347,0. 573]	[0. 309,0. 556]	[0. 355,0. 617]

设第 k 个被评价对象 O_k 相对于评价主体为 O_i 的竞争优势度为 $\mu_{ik}(i,k\in 5)$。将被评价对象在各评价主体下的区间数评价值(即表6－10中的各列数据)依据定义6.14进行处理,可求得被评价对象在各评价主体下的竞争优势度 $\mu_{ik}(i,k\in 5)$,具体如表6－11所示(为便于直观比较,对竞争优势度 μ_{ik} 进行平移、放大处理,即 $(\mu_{ik}+0.1)\times 4$)。

分析表6－11数据可知,各被评价对象只有在自己作为评价主体时,其竞争优势度最高,符合“自主式评价”的特点,即评价主体都会强化自身竞争优势,弱化竞争对手的竞争优势,从而证明了本节提出的“自主式评价”模型的有效性。

表6－11 被评价对象在各评价主体下的竞争优势度

	O_1	O_2	O_3	O_4	O_5
O_1 评价主体	0.814	0.437	0.414	0.400	0.407
O_2 评价主体	0.484	0.498	0.506	0.410	0.405
O_3 评价主体	0.418	0.495	0.583	0.415	0.411
O_4 评价主体	0.400	0.404	0.410	0.579	0.536
O_5 评价主体	0.422	0.400	0.406	0.547	0.546

依据定义6.17、式(6－22)和式(6－23)和规划模型(6－24)求得各评价主体的协商系数为 $\boldsymbol{\varepsilon}=(-0.015,-0.004,-0.009,0.013,-0.010)^{\mathrm{T}}$;各被评价对象的最终评价值向量为 $\boldsymbol{\varphi}=(0.440,0.461,0.460,0.427,0.480)^{\mathrm{T}}$。依据各被评价对象的最终评价值的大小对其排序,可得 $O_5>O_2>O_3>O_1>O_4$,最优被评价对象(方案)为 O_5。

将按照本节的方法得到的评价结果与参考文献[68]的评价结果相比,可以看出:①本节得到的各被评价对象的排序结果与参考文献[68]的排序结果相同;②本节中各评价主体给出的各被评价对象的区间数评价值(见表6－10中各列数据)与参考文献[68]求得的各被评价对象的区间数评价值(分别为 $\tilde{z}_1(\omega)=[0.3406,0.5496]$,$\tilde{z}_2(\omega)=[0.3538,0.5756]$,$\tilde{z}_3(\omega)=[0.3493,0.5720]$,$\tilde{z}_4(\omega)=[0.3020,0.5522]$,$\tilde{z}_5(\omega)=[0.3479,0.6087]$ 比较接近;③参考文献[68]的排序向量为 $\boldsymbol{v}=(0.1943,0.2053,0.2031,0.1855,0.2118)^{\mathrm{T}}$,其中被评价对象 O_2 和 O_3 的排序值仅差0.0022,且各被评价对象的排序值相差不大,本节给出的各被评价对象的最终评价值相差也不大,尤其是 O_2 和 O_3 的评价值仅差0.001,两者较为吻合。通过以上分析可以得知,本节给出的方法求得的各被评价对象的最终评价值区分度不大,主要是因为算例中评价数据的区分度不大(见表6－7)且属性(指标)的区间权重的取值范围较为接近,而不是具体评价方法的原因。

此外,与参考文献[68]相比,本节给出的评价方法具有如下区别:①本节从竞争与协商相结合的角度对区间数评价问题进行研究，并依据被评价对象的精确数形式的最终评价值对各被评价对象进行排序，而参考文献[68]从偏差最大化的角度进行研究，依据各被评价对象的区间数评价值的排序向量对各被评价对象进行排序，两者的研究角度不同；②本节给出的自主式评价方法给予了各被评价对象充分的"发言权"，并且通过协商综合各评价主体给出的评价值，因而最终的评价结果更易被各评价主体所接受。

6.3.3.5　方法总结

基于协商视角的自主式综合评价方法，可广泛应用于指标值和指标权重均为区间数的不确定多指标综合评价问题。该方法具有如下特点：①评价主体对各被评价对象的区间数评价值进行协调，使最终的评价结论得以优化，保证了评价结果的民主性和客观性；②"自主式评价"模型和"协商评价"模型分别体现了公平竞争、民主协商的评价原则，两者结合使用更具现实应用价值。

6.4　主观自主式综合评价方法

在主观自主式综合评价问题中，被评价对象是有分析能力的个体，能够在评价过程中提供除自身客观信息之外的许多主观信息，以提升自身的竞争优势。本节分别从序优化、相对优势双重优化和评价结果认可度提升的视角介绍三种主观自主式综合评价方法。

6.4.1　基于序优化的自主式综合评价方法[102]

本节探讨的基于序优化的自主式综合评价问题，理论上需要解决的核心问题是：如何确保评价参与人诚实可靠地提供评价信息（主要是指标偏好信息），使得评价结论科学可信。本节着重研究两方面的问题：在完全理性下，被评价对象的最优赋权模型；在有限理性下，被评价对象赋权策略优劣的仿真对比分析。

6.4.1.1　完全理性下自主式评价的序优化模型及应用

选用加性模型对多指标信息进行集结，即有

$$y_i = \sum_{j=1}^{m} x_{ij} w_j \tag{6-25}$$

评价的过程即是各被评价对象相互竞争确立各自地位的过程，因而对于任一被评价对象来说，都希望能尽可能地突出自身的优势，容易想到的是"突出自身的绝对优势"，见假设6.4。

假设6.4　（值优化目标）任一被评价对象会选择"突出自身的绝对优势以使

自身的综合评价值最大”的赋权行为。

按照假设6.4,从被评价对象 O_k 的角度出发,其优化模型的目标函数通常可设为

$$\max \sum_{j=1}^{m} x_{kj} w_j \quad k \in N \tag{6-26}$$

考虑到模型构建与求解的简易性,目前基于“公平竞争”思想的优化模型均是以假设 6.4 或其类似的思想[7,68,90,91](如最大化整个被评价对象群体利益、最大化被评价对象之间的整体差异、多种信息贴近度最高等)构建的。

而实际上,被评价对象更期望突出自身的相对优势,以达到最佳的排序。

因而,对于多个被评价对象 $O_1, O_2, \cdots, O_n$ 而言,被评价对象 O_k 自然希望“$y_k - y_i > 0, k, i \in N, k \neq i$”的个数越多越好。下面给出较“值优化目标”而言更贴近被评价对象期望的“序优化目标”假设。

假设 6.5　(序优化目标)任一被评价对象会选择“突出自身的相对优势以使自身的排序最高”的赋权行为。

按照假设 6.5,对于被评价对象 O_k 来说,其独裁条件下“最优排名”的自主式评价模型为

$$\max \alpha_1 \sum_{i \in N, i \neq k} h_{i1} + \alpha_2 \sum_{i \in N, i \neq k} h_{i2}$$

$$s.t. \begin{cases} h_{i1} \sum_{j=1}^{m} (x_{kj} - x_{ij}) w_j - h_{i2} \sum_{j=1}^{m} (x_{kj} - x_{ij}) w_j \geqslant \xi, i \in N, i \neq k \\ h_{i1} + h_{i2} = 1, \quad i \in N, i \neq k \\ h_{i1}, h_{i2} \in \{0,1\}, \quad i \in N, i \neq k \\ \sum_{j=1}^{m} w_j = 1, w_j \geqslant 0, \quad j \in M \end{cases} \tag{6-27}$$

式中,α_1, α_2 分别为“优于”及“劣于”关系的偏好系数,通常将 α_1 设置为较 α_2 充分大的值即可。$\xi(\xi > 0)$为需要界定的“优于”或“劣于”的边界条件,即事前确定的判定两被评价对象之间优劣不等的最小差异量。h_{i1} 和 h_{i2} 分别为取值是 0 或 1 的整数,表示“优于”和“劣于”的调整系数。

对于式(6-27),若出现被评价对象之间各指标值完全相等的情况时,需要将多个被评价对象作为同一个对象来考虑。具体地,若对 O_k 与 $O_{k'}$,有 $x_{kj} = x_{k'j}(k, k' \in N, k \neq k'; j \in M)$,此时 $h_{i1} \sum_{j=1}^{m} (x_{kj} - x_{k'j}) w_j - h_{i2} \sum_{j=1}^{m} (x_{kj} - x_{k'j}) w_j = 0$,与式(6-27)中的约束条件不相容,因而在求解关于 O_k 的模型(6-27)时,需要去掉 $O_{k'}$ 的指标值数据。而对于两个以上被评价对象指标值完全相等的情形可做类似处理。

定义 6.20　在模型(6-27)达到最优时,称 $d_k^+ = n - \sum_{i \in N, i \neq k} h_{i1}$ 为被评价对象 $O_k(k \in N)$ 最佳排序值。

若修改模型(6－27)的目标函数,容易得到求解"最劣排名"的自主式评价的模型

$$\min \alpha_1 \sum_{i \in N, i \neq k} h_{i1} + \alpha_2 \sum_{i \in N, i \neq k} h_{i2}$$

$$s.t.\begin{cases} h_{i1} \sum_{j=1}^{m} (x_{kj} - x_{ij}) w_j - h_{i2} \sum_{j=1}^{m} (x_{kj} - x_{ij}) w_j \geqslant \xi, i \in N, i \neq k \\ h_{i1} + h_{i2} = 1, \quad i \in N, i \neq k \\ h_{i1}, h_{i2} \in \{0,1\}, \quad i \in N, i \neq k \\ \sum_{j=1}^{m} w_j = 1, w_j \geqslant 0, \quad j \in M \end{cases} \tag{6-28}$$

定义 6.21　在模型(6－28)达到最优时,称 $d_k^- = 1 + \sum_{i \in N, i \neq k} h_{i2}$ 为被评价对象 O_k $(k \in N)$ 最劣排序值。

因为模型(6－27)及模型(6－28)是对实际优化问题的等价描述,对于任一被评价对象,其最高排名为1,最低排名为 n,模型(6－27)及模型(6－28)的最优解必然存在,而 d_k^+, d_k^- 必然在 $\{1,2,\cdots,n\}$ 中取得。

定义 6.22　称 Θ 为被评价对象 $O_k(k \in N)$ 的序优化权重空间,

$$\Theta = \{w_j \mid h_{i1} \sum_{j=1}^{m} (x_{kj} - x_{ij}) w_j - h_{i2} \sum_{j=1}^{m} (x_{kj} - x_{ij}) w_j \geqslant \xi, n - \sum_{i \in N, i \neq k} h_{i1} \geqslant d_k^+,$$
$$h_{i1}, h_{i2} \in \{0,1\}, h_{i1} + h_{i2} = 1, \sum_{j=1}^{m} w_j = 1, w_j \geqslant 0, i \in N, i \neq k, j \in M\}$$

假设 6.6　(序—值二阶段优化目标)任一被评价对象会选择"使自身的排序最高的条件下进一步提升自身综合评价值"的赋权行为。

若站在被评价对象的角度,自然希望在排名最优的前提下综合评价值尽可能地高,以拉开与其余被评价对象的差距,因而需要在"序优化目标"得到满足的条件下尽可能的达成"值优化目标",这是一个二阶段优化问题,即在式(6－27)求得的序优化权重空间 Θ 内使得综合评价值最高。根据假设6.6,被评价对象 O_k 的主观自主式评价模型为

$$\max \sum_{j=1}^{m} x_{kj} w_j$$
$$s.t. \quad w_j \in \Theta \tag{6-29}$$

下面选取某本科班级32名学生的4门专业课成绩(已经过规范化处理)进行学生专业课学习状况的总体评价,假设32名学生均是完全理性的,运用式(6－27)及式(6－28)分别建立32名学生的最优排名及最劣排名的序优化模型(取参数 $\alpha_1 = 500, \alpha_2 = 0, \xi = 5 \times 10^{-10}$),可得到各学生的最优排名及最劣排名,数据及处理结果见表6－12。

表 6－12　学生单科成绩及独裁条件下的自主式评价排名

被评价对象	技术经济		公司理财		企业管理		贸易实务		最优排名	最劣排名
	得分	单科序	得分	单科序	得分	单科序	得分	单科序		
O_1	0.998	2	0.9783	1	0.8723	3	1.0000	1	1	3
O_2	0.7826	12	0.7826	10	0.7447	5	0.9118	2	2	12
O_3	0.8913	5	0.8913	18	0.6596	10	0.7941	4	3	18
O_4	0.9783	3	0.9783	3	0.7234	7	0.8529	3	2	8
O_5	0.8696	6	0.8696	8	0.2128	24	0.6471	7	4	29
O_6	0.8043	9	0.8043	2	0.9574	2	0.6765	6	1	10
O_7	0.5652	21	0.5652	20	0.5957	12	0.5882	11	7	22
O_8	0.8261	8	0.8261	7	0.3830	18	0.6176	9	5	18
O_9	0.6304	18	0.6304	20	1.0000	1	0.4412	15	1	22
O_{10}	0.8043	9	0.8043	9	0.8085	4	0.2941	17	4	19
O_{11}	1	1	1.0000	26	0.7234	7	0.5588	12	1	26
O_{12}	0.913	4	0.9130	3	0.2128	24	0.7941	4	3	29
O_{13}	0.8696	6	0.8696	5	0.3404	20	0.4706	14	4	22
O_{14}	0.6522	16	0.6522	15	0.3404	20	0.6471	7	7	25
O_{15}	0.8043	9	0.8043	14	0.3404	20	0.6176	9	9	23
O_{16}	0.6522	16	0.6522	12	0.4468	15	0.5000	13	10	19
O_{17}	0.6957	15	0.6957	10	0.2553	23	0.2941	17	10	25
O_{18}	0.7391	14	0.7391	5	0.3617	19	0.2941	17	4	24
O_{19}	0.5652	21	0.5652	15	0.4043	17	0.4118	16	15	23
O_{20}	0.6087	19	0.6087	23	0.6809	9	0.1471	27	9	27
O_{21}	0.5	23	0.5000	24	0.5319	13	0.2647	20	13	26
O_{22}	0.3261	27	0.3261	19	0.5319	13	0.1765	25	13	28
O_{23}	0.4565	24	0.4565	20	0.4255	16	0.2353	23	16	25
O_{24}	0.2826	29	0.2826	29	0.7447	5	0.0000	30	5	32
O_{25}	0.6087	19	0.6087	15	0.6596	10	0.1765	25	7	25
O_{26}	0.7609	13	0.7609	27	0.0000	30	0.2353	23	13	32
O_{27}	0.3043	28	0.3043	13	0.0000	30	0.0882	28	13	32
O_{28}	0.4565	24	0.4565	28	0.2128	24	0.0000	30	24	32
O_{29}	0.3478	26	0.3478	25	0.0000	30	0.2647	20	20	32
O_{30}	0.2826	29	0.2826	32	0.2128	24	0.2647	20	20	32
O_{31}	0.0435	31	0.0435	29	0.2128	24	0.0294	29	24	31
O_{32}	0	32	0.0000	31	0.2128	24	0.0000	30	24	32

若选用“序—值二阶段优化目标”[式(6-29)]对该例做进一步处理,可得到完全理性条件下各被评价对象的最优权系数。如 O_3 的最优权系数向量为(0.64625,0,0.03193,0.31182),O_{16} 的最优权系数向量为(0,0.75122,0,0.24878),O_{25}的最优权系数向量为(0,0.20339,0.79661,0),这些权向量能够保证3个被评价对象在达到各自最高排名的基础上最大化自身的综合评价值。

值得指出的是,本节给出的序优化模型[式(6-27)]及序—值二阶段优化模型[式(6-29)]的思想可拓展至值优化的自主式评价方法中,并可从贴近“被评价对象之间实际竞争关系”的角度对已有的模型进行改进。

6.4.1.2 有限理性下自主式评价的赋权策略及仿真

(1)赋权策略与仿真算法。有限理性(如限定信息手段、限定时间等)条件下被评价对象不太可能按照完全理性模型进行赋权,而会按照某种策略进行赋权,这样的策略通常有5种[①],即随机策略、值极端策略、值比例策略、序极端策略及序比例策略。

若对 m 个指标 $x_1,x_2,\cdots,x_m$,设被评价对象 $O_k(k\in N)$ 的指标值分别为 x_{k1},$x_{k2},\cdots,x_{km}$,指标序值为 $s_{k1},s_{k2},\cdots,s_{km}$,$s_{kj}(j\in N)$,表示 x_{kj}为 $\{x_{ij}\mid i\in N\}$ 中第 s_{kj}大的值,$s_{kj}\in N$。

定义 6.23 独裁条件下,若被评价对象 $O_k(k\in N)$ 给出的权重系数仅满足 $\sum_{j=1}^{m} w_j = 1$,而 w_j 的选取是随意的,则称 $w_1,w_2,\cdots,w_m$ 为“随机策略”权。

定义 6.24 独裁条件下,若被评价对象 $O_k(k\in N)$ 给出的权重系数满足

$$w_j=\begin{cases}1, x_{kj}=\max\limits_j\{x_{ij}\}\\0, x_{kj}\neq\max\limits_j\{x_{ij}\}\end{cases}$$

则称 $w_1,w_2,\cdots,w_m$ 为“值极端策略”权。

定义 6.25 独裁条件下,若被评价对象 $O_k(k\in N)$ 给出的权重系数满足

$$w_j = x_{kj}/\sum_{j=1}^{m} x_{kj}$$

则称 $w_1,w_2,\cdots,w_m$ 为“值比例策略”权。

定义 6.26 独裁条件下,若被评价对象 $O_k(k\in N)$ 给出的权重系数满足

$$w_j=\begin{cases}1, s_{kj}=1\\0, s_{kj}\neq 1\end{cases}$$

则称 $w_1,w_2,\cdots,w_m$ 为“序极端策略”权。

---

① 5种策略是笔者通过对选修“多属性评价”课程学生的实验观察得到的。

定义 6.27 独裁条件下，若被评价对象 $O_k(k \in N)$ 给出的权重系数满足

$$w_j = w'_j / \sum_{l=1}^{m} w'_j$$

式中，$w'_j = 1 - s_{kj} / \sum_{l=1}^{m} s_{kl}(k \in N)$，则称 $w_1, w_2, \cdots, w_m$ 为"序比例策略"权。

下面给出 5 种策略优劣比较的仿真算法，步骤如下：

步骤 1 初始化外循环次数变量 $count_1 = 1$，设置内循环总次数 $count_2$ 及误差精度 ε。

步骤 2 初始化内循环次数变量 $run = 0$。

步骤 3 初始化策略优胜数矩阵 $\boldsymbol{U} = [u_{dr}]_{5\times5}$ 及策略优胜率矩阵 $\boldsymbol{P} = [p_{dr}]_{5\times5}$，$u_{dr}, p_{dr}$ 分别表示第 r 个策略排在第 d 名的频数及频率，$\boldsymbol{U}$ 与 $\boldsymbol{P}$ 的关系为

$$p_{dr} = u_{dr} / \sum_{z=1}^{5} u_{zr}, d, r = 1, 2, \cdots, 5 \tag{6-30}$$

步骤 4 设置评价矩阵 $\boldsymbol{A} = \{x_{ij}\}_{n\times m}$ 的维数 n, m（n 表示被评价对象的个数，m 表示指标的个数），由均匀分布的随机数产生 $\boldsymbol{A}$。

步骤 5 单次循环次数变量 $run = run + 1$，设置被评价对象下标 $k = 1$。

步骤 6 被评价对象 o_k 的指标值向量为 $\boldsymbol{x}_k = (x_{k1}, \cdots, k_{km})$，分别按照定义6.23 ~ 定义 6.27 对 m 个指标 $x_1, x_2, \cdots, x_m$ 赋权，设随机策略、值极端策略、值比例策略、序极端策略及序比例策略下的权重向量为 $\boldsymbol{w}_k^{(1)}, \boldsymbol{w}_k^{(2)}, \boldsymbol{w}_k^{(3)}, \boldsymbol{w}_k^{(4)}, \boldsymbol{w}_k^{(5)}$，其中 $\boldsymbol{w}_k^{(r)} = (w_{k1}^{(r)}, w_{k2}^{(r)}, \cdots, w_{km}^{(r)})^{\mathrm{T}}, r = 1, \cdots, 5$。

步骤 7 分别按式（6-25）计算 $o_1, \cdots, o_n$ 在 $\boldsymbol{w}_k^{(r)}(r = 1, \cdots, 5)$ 下的综合评价值，并统计 o_k 在 $o_1, \cdots, o_n$ 中的排名，设为 $\bar{S}_k^{(r)}$，对 $\{\bar{S}_k^{(1)}, \bar{S}_k^{(2)}, \bar{S}_k^{(3)}, \bar{S}_k^{(4)}, \bar{S}_k^{(5)}\}$ 按排名先后依次赋予序值 1,2,3,4,5（调整排名相等者为其中最小的同一序值），从而得到 5 个策略下 o_k 的排序值，记为 $S_k^{(1)}, S_k^{(2)}, S_k^{(3)}, S_k^{(4)}, S_k^{(5)}$。

步骤 8 更新策略优胜数矩阵 $\boldsymbol{U} = [u_{dr}]_{5\times5}$。若第 r 个策略的排序值为 $S_k^{(r)}(r = 1, 2, \cdots, 5)$，则 $u_{s_k^{(r)}, r} = u_{s_k^{(r)}, r} + 1$。

步骤 9 若 $k = n$，则转步骤 10；否则，$k = k + 1$，转步骤 6。

步骤 10 若 $run = count_2$，则转步骤 11；否则，转步骤 5。

步骤 11 设 $\boldsymbol{P} = [p_{dr}]_{5\times5}$，令 $\boldsymbol{P}' = \boldsymbol{P}$，然后按 $\boldsymbol{U}$ 的数值由式（6-30）更新 $\boldsymbol{P}$，比较 $\boldsymbol{P}', \boldsymbol{P}$ 的差异，若

$$\frac{1}{25} \sum_{d=1}^{5} \sum_{r=1}^{5} (p'_{dr} - p_{dr})^2 \leqslant \varepsilon$$

则结束程序，输出 $\boldsymbol{U}, \boldsymbol{P}$；否则，$count_1 = count_1 + 1$，转步骤 2。

（2）仿真与分析。设置仿真参数 $count_2 = 2000$，$\varepsilon = 0.0001$，并进行数值仿真，

得到被评价对象个数固定为25，指标数变动及指标数为5，而被评价对象个数变动情形下的仿真结果，详见表6－13、表6－14。

表6－13　被评价对象为25时，优胜率矩阵随指标数变化情况表

排名/权	指标数＝9，总仿真次数＝700005					指标数＝8，总仿真次数＝750005				
	S_1	S_2	S_3	S_4	S_5	S_1	S_2	S_3	S_4	S_5
1/100	0.0516	0.3281	0.7370	0.3610	0.0660	0.0551	0.3442	0.7175	0.3766	0.0705
2/20	0.0926	0.3218	0.0855	0.3213	0.0998	0.0945	0.3190	0.0852	0.3163	0.1054
3/4	0.1006	0.1893	0.1720	0.1705	0.1262	0.1000	0.1788	0.1893	0.1625	0.1246
4/1	0.3104	0.1044	0.0050	0.0975	0.4668	0.2995	0.1046	0.0071	0.0982	0.4649
5/0	0.4448	0.0564	0.0005	0.0497	0.2412	0.4509	0.0535	0.0009	0.0464	0.2346
策略得分	7.668	40.090	76.101	43.289	9.477	8.038	41.596	74.213	44.713	10.025
排名/权	指标数＝7，总仿真次数＝600005					指标数＝6，总仿真次数＝900005				
	S_1	S_2	S_3	S_4	S_5	S_1	S_2	S_3	S_4	S_5
1/100	0.0602	0.3624	0.6966	0.3929	0.0769	0.0624	0.3092	0.5540	0.5509	0.0751
2/20	0.0967	0.3098	0.0838	0.3073	0.1127	0.0791	0.2860	0.1905	0.2338	0.0866
3/4	0.1018	0.1697	0.2083	0.1560	0.1265	0.1162	0.2260	0.2384	0.1090	0.1371
4/1	0.2849	0.1074	0.0101	0.1014	0.4587	0.2912	0.1131	0.0150	0.0726	0.4681
5/0	0.4564	0.0507	0.0012	0.0424	0.2251	0.4510	0.0657	0.0020	0.0336	0.2331
策略得分	8.588	43.197	72.180	46.141	10.817	8.519	37.630	60.181	60.262	10.167
排名/权	指标数＝5，总仿真次数＝600005					指标数＝4，总仿真次数＝750005				
	S_1	S_2	S_3	S_4	S_5	S_1	S_2	S_3	S_4	S_5
1/100	0.0658	0.2774	0.4363	0.6696	0.0752	0.0689	0.2405	0.3284	0.7676	0.0744
2/20	0.0705	0.2780	0.2742	0.1733	0.0703	0.0780	0.2997	0.3407	0.1167	0.0668
3/4	0.1362	0.2497	0.2634	0.0773	0.1472	0.1594	0.2522	0.2907	0.0553	0.1603
4/1	0.2860	0.1201	0.0229	0.0541	0.4698	0.2686	0.1282	0.0349	0.0413	0.4608
5/0	0.4416	0.0747	0.0032	0.0257	0.2375	0.4252	0.0794	0.0054	0.0191	0.2378
策略得分	8.761	34.398	50.185	70.778	9.896	9.299	31.156	40.842	79.345	9.786

续表

排名/权	指标数 = 3,总仿真次数 = 550005					指标数 = 2,总仿真次数 = 600005				
	S_1	S_2	S_3	S_4	S_5	S_1	S_2	S_3	S_4	S_5
1/100	0. 0737	0. 2036	0. 2252	0. 8558	0. 0762	0. 0884	0. 1712	0. 1557	0. 9238	0. 0866
2/20	0. 1083	0. 3357	0. 3934	0. 0632	0. 0789	0. 2078	0. 4086	0. 4129	0. 0214	0. 1531
3/4	0. 1900	0. 2391	0. 3171	0. 0357	0. 1845	0. 2281	0. 2133	0. 3365	0. 0206	0. 2548
4/1	0. 2321	0. 1414	0. 0543	0. 0316	0. 4372	0. 1445	0. 1545	0. 0778	0. 0230	0. 3604
5/0	0. 3959	0. 0802	0. 0100	0. 0136	0. 2232	0. 3312	0. 0524	0. 0170	0. 0112	0. 1452
策略得分	10. 486	28. 143	31. 703	87. 012	10. 282	14. 022	26. 267	25. 240	92. 907	13. 024

注:①为进行不同策略之间的比较,将排名第 1、2、3、4、5 的权重分别设置为 100、20、4、1、0,策略得分为各策略优胜率与排名权的加权平均值;②S_1 表示随机策略,S_2 表示值极端策略,S_3 表示值比例策略,S_4 表示序极端策略,S_5 表示序比例策略;表 6. 14 同上。

表 6 - 14 评价指标数为 5 时,优胜率矩阵随被评价对象个数变化情况表

排名/权	被评价对象数 = 40,总仿真次数 = 1040005					被评价对象数 = 35,总仿真次数 = 1050005				
	S_1	S_2	S_3	S_4	S_5	S_1	S_2	S_3	S_4	S_5
1/100	0. 0361	0. 1543	0. 2496	0. 8267	0. 0501	0. 0430	0. 1828	0. 2936	0. 7904	0. 0561
2/20	0. 0490	0. 2934	0. 4424	0. 0915	0. 0509	0. 0542	0. 2900	0. 4024	0. 1097	0. 0561
3/4	0. 1380	0. 3063	0. 2807	0. 0399	0. 1642	0. 1381	0. 2928	0. 2772	0. 0487	0. 1605
4/1	0. 2762	0. 1429	0. 0240	0. 0285	0. 4956	0. 2786	0. 1375	0. 0235	0. 0347	0. 4886
5/0	0. 5006	0. 1032	0. 0033	0. 0135	0. 2392	0. 4861	0. 0968	0. 0033	0. 0164	0. 2387
策略得分	5. 364	22. 636	34. 951	84. 678	7. 077	6. 160	25. 364	38. 533	81. 457	7. 763
排名/权	被评价对象数 = 30,总仿真次数 = 780005					被评价对象数 = 25,总仿真次数 = 750005				
	S_1	S_2	S_3	S_4	S_5	S_1	S_2	S_3	S_4	S_5
1/100	0. 0520	0. 2217	0. 3536	0. 7403	0. 0644	0. 0654	0. 2777	0. 4364	0. 6686	0. 0748
2/20	0. 0606	0. 2852	0. 3485	0. 1365	0. 0618	0. 0709	0. 2760	0. 2747	0. 1733	0. 0712
3/4	0. 1373	0. 2762	0. 2716	0. 0604	0. 1541	0. 1362	0. 2513	0. 2635	0. 0779	0. 1465
4/1	0. 2824	0. 1298	0. 0230	0. 0428	0. 4811	0. 2855	0. 1203	0. 0222	0. 0540	0. 4697
5/0	0. 4677	0. 0871	0. 0032	0. 0201	0. 2386	0. 4420	0. 0747	0. 0032	0. 0261	0. 2377
策略得分	7. 189	29. 081	43. 437	77. 035	8. 675	8. 734	34. 387	50. 205	70. 682	9. 870

续表

排名/权	被评价对象数=20，总仿真次数=520005					被评价对象数=15，总仿真次数=570005				
	S_1	S_2	S_3	S_4	S_5	S_1	S_2	S_3	S_4	S_5
1/100	0.0806	0.3214	0.4911	0.6403	0.0893	0.1009	0.3678	0.5194	0.6614	0.1104
2/20	0.0788	0.2767	0.2257	0.1860	0.0795	0.0836	0.2636	0.2055	0.1723	0.0795
3/4	0.1347	0.2227	0.2576	0.0857	0.1499	0.1396	0.2010	0.2502	0.0827	0.1577
4/1	0.2895	0.1114	0.0223	0.0599	0.4549	0.2969	0.1019	0.0216	0.0558	0.4410
5/0	0.4164	0.0679	0.0032	0.0282	0.2264	0.3789	0.0656	0.0033	0.0277	0.2114
策略得分	10.405	38.650	54.677	68.143	11.481	12.560	42.937	57.068	69.963	13.619
排名/权	被评价对象数=10，总仿真次数=420005					被评价对象数=5，总仿真次数=250005				
	S_1	S_2	S_3	S_4	S_5	S_1	S_2	S_3	S_4	S_5
1/100	0.1415	0.4453	0.5719	0.6888	0.1495	0.2610	0.6087	0.6854	0.7406	0.2575
2/20	0.0907	0.2377	0.1717	0.1521	0.0856	0.1058	0.1716	0.1182	0.1087	0.1001
3/4	0.1504	0.1673	0.2328	0.0782	0.1705	0.1647	0.1086	0.1790	0.0668	0.1807
4/1	0.3036	0.0882	0.0202	0.0514	0.4100	0.2861	0.0619	0.0151	0.0454	0.3299
5/0	0.3139	0.0616	0.0033	0.0295	0.1844	0.1825	0.0491	0.0023	0.0385	0.1317
策略得分	16.804	50.020	61.575	72.275	17.674	29.100	64.791	71.628	76.535	28.743

根据表6－13中的数据绘制图6－1。

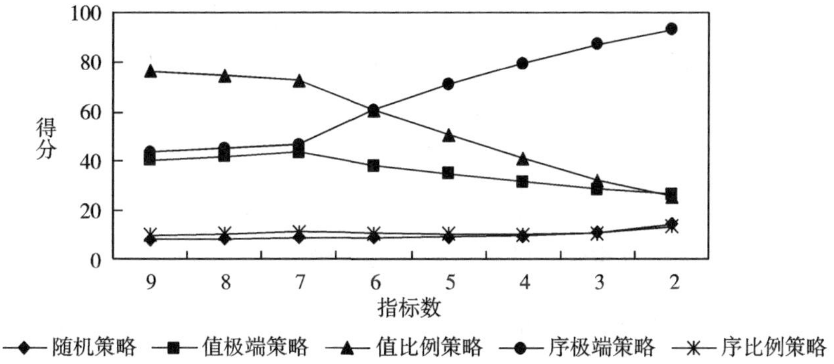

图6－1　指标数变动情况下5种赋权策略的得分情况

分析图6－1，可有以下几点结论：

1）总体来看，“序极端策略”及“值比例策略”是两个优良的赋权策略，“值极端策略”效果一般，“随机策略”及“序比例策略”是两个劣等的赋权策略。

2）指标数较多时，“值比例策略”的效果要比“序极端策略”的效果好，并且随指标数的增多效果随之上升。

3）指标数较少时，“序极端策略”的效果要比“值比例策略”的效果好，并且效果随指标数的减少而上升。

根据表 6－14 中的数据绘制图 6－2。

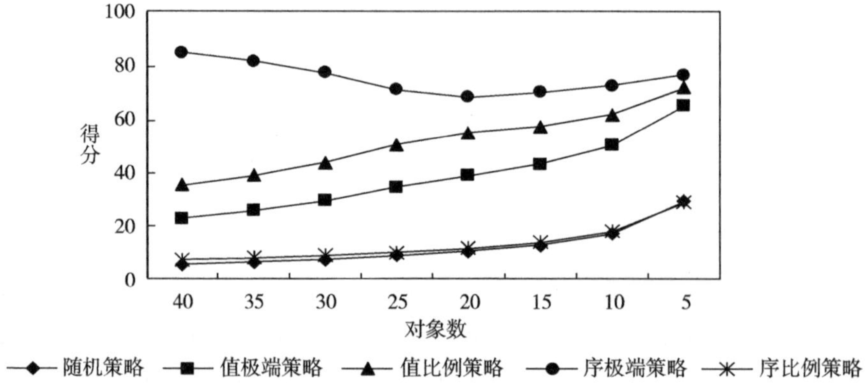

图 6－2　被评价对象个数变动情况下 5 种赋权策略的得分情况

分析图 6－2，可有以下几点结论：

1）总体来看，“序极端策略”及“值比例策略”是两个优良的赋权策略，“值极端策略”效果一般，“随机策略”及“序比例策略”是两个相对劣等的赋权策略。

2）在对象个数较多时，“序极端策略”要较“值比例策略”优良一些。

3）除“序极端策略”外，随被评价对象个数的降低，赋权策略的效果普遍提升。

可以按照前面的仿真算法验证，变动被评价对象个数或指标数仍然会有如图 6－1、图 6－2 所反映的规律成立。以上仅分析了 5 种常用的赋权策略，通过本节的仿真算法可对实践中观测到的其他策略进行优劣比较。

6.4.2　基于相对优势双重优化的自主式综合评价方法[103]

第 6.4.1 节提出的基于序优化的自主式评价方法在突出评价主体的相对竞争优势（即序优势）的基础上，进一步突出评价主体的绝对竞争优势（即评价值优势）。然而评价主体在突出自身相对优势时，也有可能会减弱其相对于竞争对手的竞争优势（在第 6.4.2.2 节中将举例说明）。针对这一问题，本节将各被评价对象视为完全理性的“经济人”，对其相对优势进行双重优化，不仅能实现评价主体自身利益最大化的目标，而且能够避免“险胜”的情况，使其获胜的把握更大。

6.4.2.1　序优化模型

对于多指标主观自主式综合评价问题，设被评价对象的集合为 $O=\{o_1,o_2,\cdots,o_n\}$，评价指标的集合为 $X=\{x_1,x_2,\cdots,x_m\}$。为方便起见，记 $N=\{1,2,\cdots,n\}$，$M=\{1,2,\cdots,m\}$。设 x_{ij} 为被评价对象 $o_i(i\in N)$ 在评价指标 $x_j(j\in M)$ 上的取值，则所有被评价对象的指标值矩阵为 $\boldsymbol{X}_{n\times m}=[x_{ij}]_{n\times m}$。在进行评价之前，需要对指标值进行指标类型一致化、无量纲化处理，将处理后的指标值仍记为 $x_{ij}(i\in N,j\in M)$。

在主观自主式综合评价过程中，被评价对象作为评价主体，会采取一定的赋权方法确定自身的优势加权向量以实现自身利益最大化的目标。评价主体自身利益的最大化包括评价值的最大化和序值的最大化两个方面：前者指评价主体给出的优势权重向量会使其自身的综合评价值最大以突出其绝对优势；后者指评价主体给出的优势权重向量会使其自身的综合排序值最大以突出其相对优势。例如，由 3 个评价指标 $\{x_1,x_2,x_3\}$ 构成的评价系统中，被评价对象 o_1 和 o_2 的指标取值向量分别为(6,4,3)和(5,4.5,1)。若评价主体追求自身绝对优势的最大化，会对其绝对优势指标值 6 和 5 赋予最大的权重，取极端权重向量为 $(1,0,0)^{\mathrm{T}}$，此时被评价对象 o_2 必劣于 o_1；但是若 o_2 选择凸显自身相对优势的权重向量 $(0,1,0)^{\mathrm{T}}$，则被评价对象 o_1 劣于 o_2。由此可见，评价主体追求自身序值最大化以突出其相对优势的评价过程，更符合其"自私自利"的心理特征和行为表现。下面，本节从序优化的角度给出一种主观自主式综合评价模型。

将所有评价主体在第 $j(j\in M)$ 个评价指标 x_j 上的取值 $x_{ij}(i\in N)$ 按由大到小的顺序进行排序，并确定各评价主体在该指标上的序值。序值的具体确定方法如下：

(1)按照评价主体 $o_i(i\in N)$ 在指标 $x_j(j\in M)$ 上取值由大到小的顺序依次赋予评价主体序值 $1,2,\cdots,n$，记为 d_{ij}；

(2)若任意两个评价主体 o_l 和 $o_k(l,k\in N)$ 在指标 $x_j(j\in M)$ 上的取值相同，则令其序值为 $d_{lj}=d_{kj}=(d_{lj}+d_{kj})/2$；该序值处理方法可推广到多个评价主体在同一指标上取值相同的情况。

可见，评价主体在评价指标 $x_j(j\in M)$ 上的排序越靠前(即序值越小)，说明该评价主体越占优势。为与人们日常思维习惯相一致，本节对各评价主体在某一指标上的序值做逆序处理，即令 $d'_{ij}=n-d_{ij}+1$，这样评价主体在某一指标上的序值 d'_{ij} 越大，其越占优势。为方便起见，将逆序处理后的评价主体指标序值 d'_{ij} 仍记为 d_{ij}。下面给出一种实现各评价主体自身序值最大化以突显其相对优势的规划方法。

主观自主式综合评价的特点是允许评价主体自己提供权重信息并进行自主评价，因而各评价主体会尽可能地提高自身优势而弱化其竞争对手的优势，若没有任何约束的话，评价主体会赋予极端权重而导致“独裁”现象的出现。为避免这一问题，本节给出了“权数非独裁性”的假设。

假设 6.7　当评价指标多于 3 个（即 $m \geqslant 3$）时，假设任意评价指标相对于其他指标而言都是非独裁的，即每个指标的权重不能超过其他剩余指标权重之和。

定理 6.8　对于指标权重向量 $\boldsymbol{w} = (w_1, w_2, \cdots, w_m)^{\mathrm{T}}$，若满足假设 6.7，则有 $\max\limits_j (w_j) \leqslant 0.5, j \in M$。

证明：对于任一指标权重 $w_j \in [0,1] (j \in M)$，依据假设 6.7 有

$$w_j \leqslant \sum_{k=1, k \neq j}^{m} w_k \text{，从而有 } 2w_j \leqslant \sum_{k=1}^{m} w_k$$

$$\text{因为 } \sum_{k=1}^{m} w_k = 1 \text{，所以 } w_j \leqslant 0.5 (j \in M)$$

要使 $w_j \leqslant 0.5 (j \in M)$ 成立，只需满足 $\max\limits_j (w_j) \leqslant 0.5$ 即可。故定理得证。

定义 6.28　设 $\boldsymbol{w}_i = (w_{i1}, w_{i2}, \cdots, w_{im})^{\mathrm{T}}$ 为评价主体 $o_i (i \in N)$ 给出的其在各指标上的序优势权重向量，称

$$D_i = \sum_{j=1}^{m} w_{ij} d_{ij}, i \in N, j \in M \tag{6-31}$$

为评价主体 $o_i (i \in N)$ 的整体序优势评价值。其中 $\max\limits_j (w_j) \in [0, 0.5]$ 且 $\sum\limits_{j=1}^{m} w_{ij} = 1$。

通过以上分析，给出确定评价主体 $o_i (i \in N)$ 最大化整体序优势评价值的规划模型。

$$\max D_i = \sum_{j=1}^{m} w_{ij} d_{ij}$$

$$s.t. \begin{cases} \max\limits_j (w_j) \in [0, 0.5], w_j \geqslant 0 \\ \sum\limits_{j=1}^{m} w_{ij} = 1, i \in N, j \in M \end{cases} \tag{6-32}$$

6.4.2.2　避免险胜的优化模型

设由 3 个评价指标 $\{x_1, x_2, x_3\}$ 构成的评价系统中，被评价对象 o_1 和 o_2 的指标取值向量分别为（6,4,1）和（5,4.5,3）。评价主体 o_2 在强调序优势最大化的前提下，为便于分析，允许评价主体给出“独裁”权重，即序优势权重向量为 $(0,1,0)^{\mathrm{T}}$ 或 $(0,0,1)^{\mathrm{T}}$。当取权重向量 $(0,1,0)^{\mathrm{T}}$ 时，被评价对象 o_1 和 o_2 的评价值分别为 4 和 4.5；而权重向量为 $(0,0,1)^{\mathrm{T}}$ 时，被评价对象 o_1 和 o_2 的评价值分别为 1 和 3。显然，当权重向量为 $(0,0,1)^{\mathrm{T}}$ 时，被评价对象 o_2 更具竞争优势：虽然其评价值有所降低，但是 o_1 评价值降低得更明显，被评价对象 o_2 的相对优势进一步提高，从而避免了“险胜”情况的发生，使其获胜

的把握更大，符合评价主体“自私自利”的心理状态。基于此，本节提出了在序优化前提下避免“险胜”的优化模型，以进一步提高各评价主体评价值的相对优势。

在避免“险胜”情况发生时，评价主体会进一步提升自身评价值的相对优势，弱化其竞争对手评价值的相对优势，因而评价主体首先要确定其竞争视野。对于评价主体 $o_i(i \in N)$，其竞争视野的具体确定方法如下：

（1）分析经过指标类型一致化、无量纲化处理后的评价矩阵 $\boldsymbol{X}_{n\times m}=[x_{ij}]_{n\times m}$，对于评价主体 $o_i(i \in N)$，若对任一 $j \in \boldsymbol{M}$，恒有 $x_{ij}-x_{kj} \geqslant 0(k \in N$ 且 $k \neq i)$，则评价主体 o_i 较 o_k 处于优势地位，两者不构成竞争关系；

（2）对于评价主体 $o_i(i \in N)$，若对任一 $j \in \boldsymbol{M}$，恒有 $x_{ij}-x_{kj} \leqslant 0(k \in N)$ 且 $k \neq i)$，则评价主体 o_1 较 o_k 处于劣势地位，两者也不构成竞争关系；

（3）对于评价主体 $o_i(i \in N)$，若对任一 $j \in \boldsymbol{M}$，有 $x_{ij}-x_{xj} \leqslant 0$ 和$_{ij}-x_{kj} \geqslant 0$ $(k \in N$ 且$k \neq i)$同时成立，则评价主体 o_i 和 o_k 构成竞争关系。

对于评价主体 $o_i(i \in N)$，所有与其构成竞争关系的被评价对象的集合称为 o_i 的竞争视野，记为 $C_i=\{o_1^{(i)},o_2^{(i)},\cdots,o_{n_i}^{(i)}\}$，其中 n_i 表示与评价主体 $o_i(i \in N)$ 构成竞争关系的被评价对象的总个数。为方便起见，记 $N_i=\{1,2,\cdots,n_i\}$。

定义 6.29　设评价主体 $o_i(i \in N)$ 在避免“险胜”情况下给出的优势权重向量为 $\boldsymbol{\omega}_i=(\omega_{i1},\omega_{i2},\cdots,\omega_{im})^{\mathrm{T}}$，称

$$y_{ik}=\sum_{j=1}^{m}\omega_{ij}x_{kj}i,k \in N,j \in M \tag{6-33}$$

为评价主体 o_i 关于被评价对象 $o_k(k \in N)$ 的评价值。

定义 6.30　设 $o_l^{(i)} \in C_i=\{o_1^{(i)},o_2^{(i)},\cdots,o_{n_i}^{(i)}\}(l \in N_i,i \in N)$ 为评价主体 o_i 竞争视野内的一个竞争对象，则称

$$\Delta_{il}=|y_{ii}-y_{il}|,l \in N_i,i \in N \tag{6-34}$$

为评价主体 o_i 相对于其竞争对手 $o_l^{(i)}$ 的评价值的相离度，其中 y_{ii}和 y_{il}分别为评价主体 o_i 关于其自身和被评价对象 $o_l^{(i)}$ 的评价值［由式(6-33)求得］，且 $o_l^{(i)} \in O$。

由定义 6.30 可知，$\Delta_{il}(l \in N_i,i \in N)$越大，表明评价主体 o_i 的评价值与其竞争对手 $o_l^{(i)}$ 的评价值相差越远，两者的竞争程度越低，即竞争程度与 Δ_{il}成反比例变化关系。

定义 6.31　对于评价主体 $o_i(i \in N)$ 的竞争对象 $o_l^{(i)} \in C_i=\{o_1^{(i)},o_2^{(i)},\cdots,o_{n_i}^{(i)}\}$ $(l \in N_i)$，称

$$\mu_{il}=e^{-\Delta_{il}}/\sum_{l=1}^{n_i}e^{-\Delta_{il}},l \in N_i,i \in N \tag{6-35}$$

为评价主体 $o_i(i \in N)$ 相对于其竞争对象 $o_l^{(i)}$ 的竞争强度，满足 $\mu_{il} \in (0,1)$ 且 $\sum_{l=1}^{n_i}\mu_{il}=1$。

通过以上分析,下面给出评价主体 $o_i(i\in N)$ 为避免"险胜"情况发生,在保证其序优势前提下进一步提高其评价值相对优势的优化模型,以求得评价主体 o_i 的优势权重向量 $\boldsymbol{\omega}_i=(\omega_{i1},\omega_{i2},\cdots,\omega_{im})^{\mathrm{T}}$。

$$\max \quad y_{ii}-\sum_{l=1}^{n_i}\mu_{il}y_{il}$$

$$s.t.\begin{cases} y_{il}=\sum\limits_{j=1}^{m}\omega_{ij}x_{lj},y_{ii}=\sum\limits_{j=1}^{m}\omega_{ij}x_{ij} \\ \mu_{il}=e^{-\Delta_{il}}/\sum\limits_{l=1}^{n_i}e^{-\Delta_{il}},\Delta_{il}=|y_{ii}-y_{il}| \\ \max\limits_{j}(\omega_{ij})\in[0,0.5],\omega_{ij}\geqslant 0,\sum\limits_{j=1}^{m}\omega_{ij}=1 \\ \sum\limits_{j=1}^{m}\omega_{ij}d_{ij}\geqslant D_i,l\in N_i,i\in N,j\in M \end{cases} \tag{6-36}$$

规划模型(6-36)中,优势权重 $\boldsymbol{\omega}_{ij}(i\in N,j\in \boldsymbol{M})$ 为待求变量,$\max\limits_{j}(\omega_{ij})\in[0,0.5]$是为了满足"权数非独裁性"假设的要求,$\sum\limits_{j=1}^{m}\omega_{ij}d_{ij}\geqslant D_i$ 是为了保证评价主体 $o_i\ (i\in N)$的序优势。

6.4.2.3 评价信息的集结模型

由规划模型(6-36)和式(6-33)求得评价主体 $o_i(i\in N)$关于各被评价对象的评价值 $y_{ik}(k\in N)$,由此组成的评价值向量为 $\boldsymbol{y}_i=(y_{i1},y_{i2},\cdots,y_{in})^{\mathrm{T}}$,则由所有评价主体给出的评价值向量组成的评价值矩阵可表示为 $\boldsymbol{Y}=(y_1,y_2,\cdots,y_n)$。

由评价值矩阵 $\boldsymbol{Y}$ 得到最优的综合评价结论 $\boldsymbol{y}^*=(y_1^*,y_2^*,\cdots,y_n^*)^{\mathrm{T}}$ 的思路是:寻找与向量 $y_1,y_2,\cdots,y_n$ 夹角之和最小的向量为最终的评价结论 $\boldsymbol{y}^*$[14]。可通过以下规划模型求得 $\boldsymbol{y}^*$:

$$\max \quad \sum_{i=1}^{n}(\boldsymbol{y}^{\mathrm{T}}\boldsymbol{y}_i)^2$$
$$s.t.\quad \|\boldsymbol{y}\|_2=1 \tag{6-37}$$

定理 6.9[104] 对于 $\forall y\in R^n$,

$$\max_{\|y\|_2}\sum_{i=1}^{n}(\boldsymbol{y}^{\mathrm{T}}\boldsymbol{y}_i)^2=\sum_{i=1}^{n}[(\boldsymbol{y}^*)^{\mathrm{T}}\boldsymbol{y}_i]^2=\boldsymbol{\lambda}_{\max} \tag{6-38}$$

式中,$\boldsymbol{\lambda}_{\max}$ 为实对称矩阵 $\boldsymbol{YY}^{\mathrm{T}}$ 的最大特征根,$\boldsymbol{Y}=(y_1,y_2,\cdots,y_n)$,$\boldsymbol{y}^*$ 为 $\boldsymbol{\lambda}_{\max}$ 对应于 $\boldsymbol{YY}^{\mathrm{T}}$ 的正特征向量,且 $\|\boldsymbol{y}^*\|_2=1$。

通过以上分析,可将基于相对优势双重优化的主观自主式综合评价方法的步骤归纳如下：

步骤1　任一被评价对象作为评价主体，首先根据式（6－31）和模型（6－32）求得其最大化的序优势评价值；

步骤2　各评价主体在确定其竞争视野后，按照模型（6－36）求得其在保证序优势最大化的前提下，能够避免“险胜”的优势权重向量，在此基础上按照式（6－33）求得各评价主体关于所有被评价对象的评价值；

步骤3　对于评价值矩阵 $\boldsymbol{Y}$，依据定理6.9对评价值矩阵的信息进行集结，得到最终的评价结论 $\boldsymbol{y}^* = (y_1^*, y_2^*, \cdots, y_n^*)^{\mathrm{T}}$。

6.4.2.4　*应用算例*

学期总结时，5名学生（用 o_1, o_2, o_3, o_4, o_5 表示）在4门专业课（用 x_1, x_2, x_3, x_4 表示）上的得分如表6－15所示。假设每名学生都是完全理性的“经济人”，在作为评价主体时，都会尽可能提升自身相对优势，弱化竞争对手的相对优势。下面应用本节方法对这5名学生进行主观自主式综合评价。

表6－15　学生在各门课程上的原始得分数据

	x_1	x_2	x_3	x_4
o_1	86	70	90	68
o_2	65	89	82	79
o_3	92	88	76	83
o_4	88	83	95	78
o_5	95	84	79	89

采用“极值处理法”对学生在各门课程上的原始得分进行归一化处理，处理后的数据如表6－16所示。

对于各评价主体在某一指标上经过预处理后的指标值，按照由大到小的顺序排序，并将各评价主体在所有指标上的序值进行逆序处理，在此基础上，依据式（6－31）和规划模型（6－32）求得各评价主体给出的序优势权重向量和最大化的整体序优势评价值如表6－17所示。

表 6－16 经过归一化处理后的评价数据

	x_1	x_2	x_3	x_4
o_1	0.7	0	0.7368	0
o_2	0	1	0.3158	0.5238
o_3	0.9	0.9474	0	0.7143
o_4	0.7667	0.6842	1	0.4762
o_5	1	0.7368	0.1579	1

表 6－17 各评价主体给出的序优势权重向量和最大化的整体序优势评价值

	$\boldsymbol{w}_i=(w_{i1},w_{i2},w_{i3},w_{i4})^{\mathrm{T}}$	D_i
o_1	$(0.5,0,0.5,0)^{\mathrm{T}}$	3
o_2	$(0,0.5,0.3872,0.1128)^{\mathrm{T}}$	4
o_3	$(0,0.5,0,0.5)^{\mathrm{T}}$	4
o_4	$(0.5,0,0.5,0)^{\mathrm{T}}$	4
o_5	$(0.5,0,0,0.5)^{\mathrm{T}}$	5

各评价主体依据经过预处理后的指标值矩阵，确定其各自的竞争视野，然后依据式(6－33)和规划模型(6－36)求得各评价主体经过相对优势双重优化之后的优势权重向量和其给出的被评价对象的评价值向量及其排序值如表 6－18 所示。

表 6－18 基于相对优势双重优化后的优势权重向量和被评价对象的评价值向量

	$\boldsymbol{\omega}_i=(\omega_{i1},\omega_{i2},\omega_{i3},\omega_{i4})^{\mathrm{T}}$	$\boldsymbol{y}_i=(y_{i1},y_{i2},y_{i3},y_{i4},y_{i5})^{\mathrm{T}}$	排序值
o_1	$(0.5,0,0.5,0)^{\mathrm{T}}$	$(0.718,0.158,0.45,0.883,0.579)^{\mathrm{T}}$	(2,5,4,1,3)
o_2	$(0,0.5,0.396,0.104)^{\mathrm{T}}$	$(0.292,0.68,0.548,0.788,0.535)^{\mathrm{T}}$	(5,2,3,1,4)
o_3	$(0.5,0.5,0,0)^{\mathrm{T}}$	$(0.35,0.5,0.924,0.725,0.868)^{\mathrm{T}}$	(5,4,1,3,2)
o_4	$(0.5,0,0.5,0)^{\mathrm{T}}$	$(0.718,0.158,0.45,0.883,0.579)^{\mathrm{T}}$	(2,5,4,1,3)
o_5	$(0.5,0,0,0.5)^{\mathrm{T}}$	$(0.35,0.262,0.807,0.621,1)^{\mathrm{T}}$	(4,5,2,3,1)

由表 6－18 可看出，任一被评价对象，只有其自身作为评价主体时，评价值及其序值是最大的，符合自主式综合评价的特点（即各评价主体在追求自身利益最大化的同时会尽量压低其竞争对手的竞争优势），从而验证了本节提出的基于相对优势双重优化的主观自主式综合评价方法的有效性。

由定理 6.9 求得 $\lambda_{\max}=9.4537$，被评价对象的最终评价值向量为 $\boldsymbol{y}^*=(0.3474,0.2559,0.4714,0.5616,0.5255)^{\mathrm{T}}$，被评价对象的排序为 $o_4 \succ o_5 \succ o_3 \succ o_1 \succ o_2$。

6.4.2.5　方法总结

基于相对优势双重优化的自主式综合评价方法，能够充分凸显评价主体的相对优势，满足其实现自身利益最大化的目的。该方法具体有如下特点：①通过序优化模型求得评价主体的最大化序优势评价值，初步保证了评价主体的相对优势；②在序优势最大化的前提下，使评价主体与其竞争对手评价值的离差最大，从而进一步提高其评价值的相对优势，避免"险胜"情况的发生，使评价主体获胜的把握更大。该研究可以为群体评价中群组优化问题的研究提供借鉴。

6.4.3　基于结果认可度提升的自主式评价方法[103]

本节对评价主体以打分形式给出评价值的自主式综合评价问题进行研究。基于自身利益最大化的目标，评价主体在主观打分过程中，其情感因素会参与其中，即对其自身及与其不构成竞争关系的人打较高的分值，而对与其构成竞争关系的人打较低的分值，从而影响最终评价结果的客观真实性。本节的研究重点在于如何将评价主体的主观情感因素降至最低，以提升最终评价结果的被认可程度。拟采用的方法是给定被评价对象一待定的虚拟值，对其进行循环优化从而使其不断接近于被评价对象的客观表现，即对评价主体的主观情感因素进行过滤[105]，进而提升评价结果的被认可程度。

6.4.3.1　问题界定与假设条件

设被评价对象的集合为 $O = \{o_1, o_2, \cdots, o_n\}$，被评价对象的下标集为 $N = \{1, 2, \cdots, n\}$。评价主体 $O_i(i \in N)$ 以打分形式给出被评价对象的评价值向量为 $\boldsymbol{x}_i = (x_{i1}, x_{i2}, \cdots, x_{in})^{\mathrm{T}}$。所有评价主体给出的被评价对象的评价值矩阵为 $\boldsymbol{X} = (\boldsymbol{x}_1, \boldsymbol{x}_2, \cdots, \boldsymbol{x}_n)$。

基于自主式评价的特点，即评价主体追求自身利益最大化的"经济人"假设，对于以主观打分形式进行的主观自主式评价问题，评价主体的情感因素必定会参与评价。因而本节对评价主体的情感做如下假设：

假设 6.8　每个被评价对象都存在一个客观真实的表现；

假设 6.9　评价主体基于追求自身利益最大化的目的，赋予自身较大的评价值；

假设 6.10　评价主体基于维持友情的目的，对与其具有友情关系同时又构不成竞争关系的被评价对象赋予较大的评价值；

假设 6.11　评价主体基于优化竞争视野的目的，对与其构成竞争关系的被评价对象赋予较小的评价值；

假设 6.12　评价主体基于评价结果更易被其他评价主体所接受的目的,对与其既不构成竞争关系又不构成友情关系的被评价对象,评价主体能够客观公正地给出主观评价值。

由于评价主体情感因素的参与,最终评价结果的客观公正性难以保证。本节针对这一问题,提出了一种将评价主体的情感因素降至最低的评价方法。该方法的基本原理为:给定被评价对象一个待定的虚拟评价值,然后基于群体评价值与虚拟评价值离差最小化的方法对虚拟评价值进行循环优化,从而使其不断接近于被评价对象的真实表现。

6.4.3.2　被评价对象虚拟评价值的确定

记 x_{ij} 为评价主体 $O_i(i \in N = \{1,2,\cdots,n\})$ 关于被评价对象 $O_j(j \in N)$ 的主观打分值。为使评价结果具有可比性,需要对评价主体给出的评价值进行规范化处理,即将所有打分值规范化到相同的分值区间 $[M^o, M^*]$,从而保证被评价对象的评价值具有可比性。具体方法如下[106]:

$$x_{ij}' = M^0 + (M^* - M^0)\frac{x_{ij} - x_j^{\min}}{x_j^{\max} - x_j^{\min}},\quad i,j \in N \tag{6-39}$$

式中,M^0 和 M^* 的选值不同对评价结果并无影响,只要保证评价主体的打分值都规范到该区间内就行。$x_j^{\min}$ 和 $x_j^{\max}$ 分别表示对于被评价对象 $O_j(j \in N)$ 而言,所有评价主体给出的打分值的最小值和最大值。

为方便起见,将规范化后的打分值仍记为 x_{ij}。对于被评价对象 $O_j(j \in N)$,设其待定的虚拟评价值为 y_j^*,$y_j^* \in [M^0, M^*]$。

定义 6.32　对于被评价对象 $O_j(j \in N)$,称

$$d_i^{(j)} = x_{ij} - y_j^*, i,j \in N \tag{6-40}$$

为评价主体 $O_i(i \in N)$ 给出的关于被评价对象 O_j 的评价值与 O_j 的虚拟评价值的离差。

定义 6.33　称

$$w_i^{(j)} = (a^{(j)} \mid d_i^{(j)} \mid + b^{(j)}) / \sum_{i=1}^{n} (a^{(j)} \mid d_i^{(j)} \mid + b^{(j)}), i \in N \tag{6-41}$$

为对于被评价对象 $O_j(j \in N)$ 而言,评价主体 $O_i(i \in N)$ 的权重,满足 $w_i^{(j)} \in (0,1)$,$\sum_{i=1}^{n} w_i^{(j)} = 1$。其中 $a^{(j)}$,$b^{(j)}$ 是与被评价对象 $O_j(j \in N)$ 有关的待定变量,满足 $a^{(j)} < 0$,$a^{(j)} |d_i^{(j)}| + b^{(j)} > 0$,$b^{(j)} > 0$。

对于被评价对象的待定虚拟评价值,将通过循环优化的方法使其不断接近于被评价对象的真实表现,因此对于被评价对象 $O_j(j \in N)$,评价主体 $O_i(i \in N)$ 给出

的评价值与其虚拟评价值的离差绝对值 $|d_i|$ 越大，说明评价主体 O_i 的情感因素参与越多，其权重应该越小，即 $w_i^{(j)}$ 是 $|d_i^{(j)}|$ 的减函数，因而定义 6.33 中规定 $a^{(j)}<0$。为了满足 $w_i^{(j)}\in(0,1)$，在定义 6.33 中规定 $a^{(j)}|d_i^{(j)}|+b^{(j)}>0,b^{(j)}>0$[$a^{(j)},b^{(j)}$ 由规划模型(6-43)求出]。

定义 6.34　对于被评价对象 $O_j(j\in N)$，称

$$y_j=\sum_{i=1}^{n}w_i^{(j)}x_{ij},i,j\in N \tag{6-42}$$

为被评价对象 O_j 的群体评价值。

基于被评价对象的群体评价值与虚拟评价值离差最小化的思想，下面给出确定评价对象 $O_j(j\in N)$ 的虚拟评价值 y_j^* 的规划方法。

$$\min(y_j-y_j^*)^2$$

$$s.t.\begin{cases}y_j=\sum_{i=1}^{n}w_i^{(j)}x_{ij},j\in N\\ w_i^{(j)}=(a^{(j)}|d_i^{(j)}|+b^{(j)})/\sum_{i=1}^{n}(a^{(j)}|d_i^{(j)}|+b^{(j)})\\ a^{(j)}<0,a^{(j)}|d_i^{(j)}|+b^{(j)}>0,b^{(j)}>0\\ y_j^*\in[M^0,M^*],j\in N\end{cases} \tag{6-43}$$

关于该规划问题解的存在性及唯一性等理论问题暂未讨论。

6.4.3.3　带有情感过滤特征的评价过程

对评价主体在评价过程的情感因素进行过滤，其基本思路是：依据评价主体给出的被评价对象评价值与虚拟评价值的离差确定各评价主体的情感参与系数；在此基础上，基于评价主体的情感参与系数对其给出的评价值进行调整，以此降低其给出评价值的情感因素。

定义 6.35　对于被评价对象 $O_j(j\in N)$，称

$$\mu_i^{(j)}=|d_i^{(j)}|/\sum_{i=1}^{n}|d_i^{(j)}|,i\in N \tag{6-44}$$

为评价主体 $O_i(i\in N)$ 的情感参与系数，满足 $\mu_i^{(j)}\in[0,1]$ 且 $\sum_{i=1}^{n}\mu_i^{(j)}=1$。

对于被评价对象 $O_j(j\in N)$，基于情感参与系数对评价主体给出的 O_j 评价值进行调整的原则为：

(1) 当 $d_i^{(j)}\geqslant 0$ 时，$x_{ij}^*=x_{ij}(1-\mu_i^{(j)})$；

(2) 当 $d_i^{(j)}<0$ 时，$x_{ij}^*=x_{ij}(1+\mu_i^{(j)})$。

通过以上分析，下面给出带有情感过滤特征的对被评价对象虚拟评价值进行循环优化，从而确定被评价对象最终评价值的具体评价过程。

步骤 1　对于被评价对象 $O_j(j \in N)$，依据式(6－39)对所有评价主体的打分值进行规范化处理。

步骤 2　对于被评价对象 O_j，给定其虚拟评价值 y_j^*，依据式(6－40)和式(6－41)确定各评价主体在被评价对象 O_j 上的权重，在此基础上，依据式(6－42)确定被评价对象 $O_j(j \in N)$ 的群体评价值 y_j。

步骤 3　利用规划模型式(6－43)确定评价主体的虚拟评价值 y_j^*，据此利用式(6－44)求得各评价主体在被评价对象 O_j 上的情感参与系数。

步骤 4　基于步骤 3 求得的情感参与系数，依据评价值的调整原则对各评价主体给出的被评价对象 O_j 的评价值进行调整。

步骤 5　针对调整后的评价值，重新给定被评价对象 O_j 虚拟评价值 y'^*_j，重复步骤 2 和步骤 3，求得被评价对象 O_j 调整后的虚拟评价值 y'^*_j。

步骤 6　给定一任意小的正数 ε(如 $\varepsilon = 0.01$)，若 $|y'^*_j - y_j^*| < \varepsilon$，则停止计算，被评价对象 $O_j(j \in N)$ 的最终评价值为 y'^*_j；否则，令 $y_j^* = y'^*_j$，转入步骤 4。

6.4.3.4　应用算例

在讨论课上，6 名学生就某一话题分别表达自己的看法，待所有学生表达完看法之后，每名学生对所有学生(包括其自身)的综合表现进行打分，打分标准：表现很差得 1 分，表现差得 3 分，表现一般得 5 分，表现好得 7 分，表现很好得 9 分；2，4，6，8 分的含义介于 1，3，5，7，9 分之间。所有学生的原始得分如表 6－19 所示。

表 6－19　各评价对象的原始数据

	o_1	o_2	o_3	o_4	o_5	o_6
o_1	9	3	3	4	7	9
o_2	6	9	6	3	9	7
o_3	2	3	9	5	5	6
o_4	5	2	7	9	2	8
o_5	5	8	5	1	9	7
o_6	8	4	6	4	6	9

需要说明的是在 6 名学生中，学生 o_1 与学生 o_3 是竞争关系；学生 o_1 和学生 o_6 是朋友关系且不构成竞争关系；学生 o_4 和学生 o_5 是竞争关系；学生 o_2 和学生 o_5 是朋友关系且不构成竞争关系。

依据式(6－39)对被评价对象的原始数据进行规范化处理(规定 $M^0 = 1$，$M^* =$

9)，处理后的被评价对象标准得分如表6－20所示。

表6－20 被评价对象的标准得分

	o_1	o_2	o_3	o_4	o_5	o_6
o_1	9	2.1429	1	3	6.7143	9
o_2	5.5714	9	5	4	9	3.6667
o_3	1	2.1429	9	5	4.4286	1
o_4	4.4286	1	6.3333	9	1	6.3333
o_5	4.4286	7.8571	3.6667	1	9	3.6667
o_6	7.8571	3.2857	5	4	5.5714	9

依据带有情感过滤特征的被评价对象虚拟评价值的循环优化步骤，得到各被评价对象的最终评价值以及各评价主体关于被评价对象情感过滤后的评价值及其权重如表6－21所示。

依据被评价对象的最终评价值对其进行排序，得 $o_5>o_3>o_6>o_1>o_4>o_2$，即学生5在讨论课上的综合表现最好，学生 o_2 的综合表现最差。

表6－21 评价主体关于评价对象情感过滤后的评价值及其权重及最终评价结果

	o_1		o_2		o_3		o_4		o_5		o_6	
	x_{i1}^*	$w_i^{(1)}$	x_{i2}^*	$w_i^{(2)}$	x_{i3}^*	$w_i^{(3)}$	x_{i4}^*	$w_i^{(4)}$	x_{i5}^*	$w_i^{(5)}$	x_{i6}^*	$w_i^{(6)}$
o_1	3.3601	0.1423	2.3523	0.1672	2.2493	0.0001	2.7721	0.1700	3.8477	0.1505	6.7550	0.1645
o_2	4.1943	0.1707	3.0466	0.1656	5.0694	0.2038	3.0651	0.1724	4.8632	0.1826	3.9743	0.1908
o_3	5.5988	0.1608	2.3523	0.1672	5.1000	0.2015	2.7166	0.1683	5.9349	0.1620	1.2506	0.0819
o_4	5.3066	0.1708	2.2755	0.1655	5.1036	0.2013	2.7210	0.1685	4.3151	0.1653	5.8091	0.1996
o_5	5.2895	0.1713	3.0477	0.1655	4.8015	0.1895	3.8011	0.1509	5.5830	0.1731	3.9743	0.1908
o_6	4.5878	0.1841	2.8983	0.1689	5.0317	0.2038	2.7721	0.1700	5.7955	0.1664	6.7550	0.1645
$a^{(j)}$	−0.5376		−0.5113		−1.0696		−0.4991		−0.5010		−0.4854	
$b^{(j)}$	2.9937		3.9986		2.9760		3.0001		2.9998		3.0027	
$y_j'^*$	4.7515		2.6619		5.0317		2.9599		5.0732		5.0108	

比较表6－16和表6－17中的数据可以看出，通过对评价主体在评价过程中的主观情感进行过滤，评价主体给出的同一被评价对象评价值的差异变小，即各评价主体给出的评价值分布较为集中。另外，从表6－17中可以看出，对于评价主体

给出的与群体偏好相离较远的评价值(即说明虽然对评价主体的主观情感进行了过滤,但该评价主体仍有较多情感因素参与评价),赋予其较小的权重而减弱其影响力,从而进一步提升了评价结果的客观公正性。

6.4.3.5 方法总结

本节研究的自主式综合评价问题与已有的自主式综合评价研究的差别在于本节是针对评价主体以打分形式给出被评价对象评价值的问题进行研究的,而以往的研究都是针对被评价对象指标信息客观已知,评价主体只能通过优势权重向量来提高自身竞争力的问题。因此,在本节的研究中,评价主体会有更多的主观情感因素参与评价,从而影响评价结果的客观公正性。

针对该问题,提出基于结果认可度提升的自主式综合评价方法,该评价方法具有如下特点:①基于情感参与系数对各评价主体给出的被评价对象评价值进行调整,能够在一定程度降低评价主体主观情感因素对评价结果的影响,并将其与虚拟评价值的循环优化相结合,能够对评价结果起到双重优化的作用,进一步提升了评价结果的客观公正性;②在虚拟评价值的循环优化过程中,对于与群体偏好相差较远的评价主体,说明其有较多的情感因素参与评价,赋予其较小的权重,降低其对评价结果的影响力,从而加快了循环优化的收敛过程。

6.5 小结

本章首先介绍了自主式综合评价的基本概念,然后在此基础上分别从客观自主式评价和主观自主式评价两个方面共介绍了六种自主式评价方法。其中,客观自主式评价方法有:权数非独裁视角的自主式评价方法、基于二维 IOWA 算子的自主式评价方法和协商视角的自主式评价方法;主观自主式评价方法有:基于序优化的自主式评价方法、基于相对优势双重优化的自主式评价方法和基于结果认可度提升的自主式评价方法。

权数非独裁视角的自主式评价方法提出指标权数取值约束的“权数非独裁性条件”及模拟经济人“自利”行为特点的“竞争视野优化准则”,使被评价对象自主参与评价过程,提升了评价结果的认可度与信服力。

基于二维 IOWA 算子的自主式评价方法,在优化竞争视野的前提下,充分突出被评价对象指标的绝对优势和相对优势,从而实现提升评价主体评价值,同时减弱其竞争对手评价值的目的。

协商视角的自主式评价方法针对区间数形式的自主式综合评价问题,从“自主式评价”和“协商评价”相结合的视角对自主式综合评价方法进行探讨,评价结果充分体现了公平竞争和民主协商的思想。

基于序优化的自主式综合评价方法，序优化模型的思想本身能对值优化的自主式评价方法的模型构建提供很好的借鉴，研究结论可用于支撑在序优化自主式评价中对于群体理性及投机倾向等问题的研究。

基于相对优势双重优化的自主式评价方法，将各被评价对象视为完全理性的“经济人”，对其相对优势进行双重优化，不仅能实现评价主体自身利益最大化的目标，而且能够避免“险胜”的情况，使其获胜的把握更大。

在基于结果认可度提升的自主式评价方法，评价主体以打分形式参与到评价过程中，其中的情感因素会影响评价结果的客观真实性。针对该问题，采用循环优化的方式使评价值不断地接近于被评价对象的客观表现，实现对评价主体主观情感因素的过滤，从而提升了评价结果的被认可程度。

第7章 组合评价方法

在综合评价方法的实际应用中，不可避免地出现这样的现象：对于同一综合评价问题，应用不同的评价方法会得出不同的评价结果；即使采用同一种评价方法，在指标无量纲化、指标类型一致化方法上的选择时，细微的变化也可能会对评价结果产生较大的扰动。该现象被理解为“多方法结论非一致性”问题。梳理已有的文献可知，理论界主要是将“多方法评价结论非一致性”问题当作一种理论缺陷，从解释与修复的角度展开研究，国内有代表性的解决方式最早见于郭显光[43]提出的组合评价的思想。本章基于组合评价的思想，发展出了“硬组合”和“软组合”两种思路。下面分别从不同视角介绍了几种组合评价方法，其中包括：两种“硬组合”评价方法，分别为基于整体差异的客观组合评价方法和基于奇异值分解的多评价结论组合方法；两种“软组合”评价方法，分别为意见分歧特征下的多评价结论协商组合方法和双方冲突特征下的多评价结论协商组合方法。

7.1 基于整体差异的客观组合评价方法[95]

本节提出一种基于整体差异的客观组合评价模型——拉开档次组合评价法，是针对评价值的“硬”组合方法，该方法具有多评价方法自动“甄别奖惩”、组合结果精确、过程简捷、易于编程实现等特点。

7.1.1 基本思想

对于 n 个评价对象，m 种评价方法得到的评价结论（评价值）用矩阵 $\boldsymbol{Y}$ 表示（不失一般性，设 $n \geqslant 3, m \geqslant 3$），即

$$\boldsymbol{Y} = [y_{ij}]_{n\times m} = \begin{bmatrix} y_{11} & y_{12} & \cdots & y_{1m} \\ y_{21} & y_{22} & \cdots & y_{2m} \\ \cdots & \cdots & \cdots & \cdots \\ y_{n1} & y_{n2} & \cdots & y_{nm} \end{bmatrix}$$

若选用线性函数对 m 种评价结论进行组合，$\boldsymbol{Z} = (z_1, z_2, \cdots, z_n)^{\mathrm{T}}$ 表示为 n 个被评价对象的组合评价值向量，有

$$z_i = \boldsymbol{\lambda}_1 \cdot y_{i1} + \boldsymbol{\lambda}_2 \cdot y_{i2} + \cdots + \boldsymbol{\lambda}_m \cdot y_{im}, i = 1,2,\cdots,n \qquad (7-1)$$

式中，y_{ij} 为第 $i(i = 1,2,\cdots,n)$ 个评价对象在第 $j(j = 1,2,\cdots,m)$ 种评价方法中的

评价值,假设$\boldsymbol{y}_i = (y_{i1}, y_{i2}, \cdots, y_{im})^T$为已经过规范化处理后的第$i$个评价对象的评价值向量,规范化处理的目的是确保多种评价结论的可加和性。

组合评价问题可描述为在给定的规则下寻找一个组合权向量$\boldsymbol{\lambda} = (\lambda_1, \lambda_2, \cdots, \lambda_m)^T$,将$m$维评价结论空间$\boldsymbol{Y}$向(组合权向量确定的)一维组合评价结论空间$\boldsymbol{Z}$做投影变换,并将变换结果用于评价对象(或备选方案)的最终排序。

若使用评价方法恰当,任何一套评价方法得出的结论都是对评价对象客观状态某个视角的反映,因而不同方法得出的结论之间一般会有一定的相关性,相关性的强弱体现了方法之间一致性程度的大小,组合评价方法中需要突出与多评价结论全体一致性较高(即相关程度高)的那部分方法的作用,同时兼顾一致性程度较低的另一部分方法所承载的评价信息(仅弱化其作用,而不完全剔除该方法),从而既对多评价结论进行了优化组合,又充分利用了所有的评价方法信息,且达到较好的评价效果。

7.1.2　拉开档次组合评价法的原理与算法

7.1.2.1　多方法评价结论规范化处理

为确保多方法评价结论间的可比性,需要对多方法的原始评价结论(这里选用评价值,区别于序值)进行规范化处理,这里选用标准化处理方法,即

$$y_{ij}^* = \frac{y_{ij} - \bar{y}_j}{s_j}, i = 1,2,\cdots,n, j = 1,2,\cdots,m \tag{7-2}$$

式中,y_{ij}^*为y_{ij}标准化处理后的值,$\bar{y}_j$、s_j分别表示由第j种评价方法得到的n个评价值的样本平均值及样本标准差,即

$$s_j = \sqrt{\frac{1}{n-1}\sum_{i=1}^{n}(y_{ij} - \bar{y}_j)^2}, \bar{y}_j = \frac{1}{n}\sum_{i=1}^{n} y_{ij}, j = 1,2,\cdots,m$$

为便于书写,以下仍将规范化处理后的评价结论矩阵记为$\boldsymbol{Y} = [y_{ij}]_{n\times m}$。

7.1.2.2　拉开档次组合评价法

可将m种评价方法的评价结论视为m个指标(或变量)$y_1, y_2, \cdots, y_m$的取值,显然,$y_1, y_2, \cdots, y_m$为极大型指标(即取值越大越好),式(7-1)可写成

$$z = \lambda_1 \cdot y_1 + \lambda_2 \cdot y_2 + \cdots + \lambda_m \cdot y_m = \boldsymbol{\lambda}^T \boldsymbol{y} \tag{7-3}$$

式中,z为组合评价值变量,$\boldsymbol{\lambda} = (\lambda_1, \lambda_2, \cdots, \lambda_m)^T$为待定的组合权向量,$\boldsymbol{y} = (y_1, y_2, \cdots, y_m)^T$为描述多评价方法结论(评价值)的$m$个变量。

将式(7-3)写成矩阵形式,有

$$\boldsymbol{Z} = \boldsymbol{Y}\boldsymbol{\lambda} \tag{7-4}$$

在本方法中，$\boldsymbol{\lambda} = (\lambda_1, \lambda_2, \cdots, \lambda_m)^{\mathrm{T}}$ 按如下原则确定：最大限度地体现不同评价对象之间的整体差异，即选取由 $\boldsymbol{\lambda}$ 确定的投影方向使得 $\boldsymbol{Y}$ 投影至 $\boldsymbol{Z}$ 中的 n 个组合评价值的样本方差最大。方差最大的方向体现了一种“少数服从多数，集体关注”的思想，是系统（或被评价对象）发展演化的最主要方向。

对于变量 z 的样本方差为

$$s^2 = \frac{1}{n-1}\sum_{i=1}^{n}(z_i - \bar{z})^2 = \frac{\boldsymbol{Z}^{\mathrm{T}}\boldsymbol{Z}}{n-1} - \frac{n}{n-1}\bar{z}^2 \tag{7-5}$$

因 $y_1, y_2, \cdots, y_m$ 经过标准化处理，可知 $\bar{z} = 0$，对于式(7 - 5) 有

$$(n-1)s^2 = \boldsymbol{Z}^{\mathrm{T}}\boldsymbol{Z} = \boldsymbol{\lambda}^{\mathrm{T}}\boldsymbol{H}\boldsymbol{\lambda} \tag{7-6}$$

式中，$\boldsymbol{H} = \boldsymbol{Y}^{\mathrm{T}}\boldsymbol{Y}$，$\boldsymbol{H}$ 为 $y_1, y_2, \cdots, y_m$ 的协方差矩阵（为实对称矩阵）。根据最大限度拉开评价对象档次的“差异原则”，求解 $\boldsymbol{\lambda}$ 的问题转换为如下的规划问题：

$$\begin{cases} \max \boldsymbol{\lambda}^{\mathrm{T}}\boldsymbol{H}\boldsymbol{\lambda} \\ s.t.\ \boldsymbol{\lambda}^{\mathrm{T}}\boldsymbol{\lambda} = 1 \end{cases} \tag{7-7}$$

定理 7.1 若 $\boldsymbol{\lambda}'$ 为 $\boldsymbol{H}$ 的最大特征值 $r_{\max}$ 所对应的标准特征向量，当取 $\boldsymbol{\lambda} = \boldsymbol{\lambda}'$ 时，式(7 - 7) 取得最大值。

定理 7.1 的证明参见第 3 章定理 3.16。用于式(7 - 1) 进行组合评价的 $\boldsymbol{\lambda}$ 是归一化的组合权向量，归一化处理方法见第 7.1.2.3 节中的讨论。

习惯上，一般希望 $\boldsymbol{\lambda}$ 为正向量，即取 $\lambda_i > 0 (i = 1, 2, \cdots, m)$，定理 7.2 给出了 $\lambda_i > 0$ 的充分条件。

定理 7.2 若 $y_1, y_2, \cdots, y_m$ 中任意两个指标（变量）正相关，则由式(7 - 7) 可得到一个正的特征向量 $\boldsymbol{\lambda}$。

证明：记 $y_1, y_2, \cdots, y_m$ 的协方差矩阵为 $\boldsymbol{H} = [h_{ij}]_{m \times m} (i, j = 1, 2, \cdots, m)$。

由假设条件，$\forall y_i, y_i$，当 $i \neq j$ 时，有相关系数 $\rho_{y_i y_j} > 0$；当 $i = j$ 时，$\rho_{y_i y_j} = 1$。由式(7 - 2)，有 $\bar{y}_k = 0$，$s_{y_k} = 1 (k = 1, 2, \cdots, m)$，进而有 $h_{ij} = \mathrm{cov}(y_i, y_j) = \rho_{y_i y_j} > 0$。

$\boldsymbol{H}$ 为正矩阵，由 Perron - Frobenius 定理[107]（或见参考文献[6] 的附录）可知，$\boldsymbol{H}$ 存在唯一一个正的最大的特征值，且最大特征值对应一个正的特征向量，可取为 $\boldsymbol{\lambda}$。定理证毕。

若存在 $\lambda_i < 0 (i = 1, 2, \cdots, m)$，可通过式(7 - 8) 给出的规划模型获得非负的解向量 $\boldsymbol{\lambda}$，

$$\begin{cases} \max \boldsymbol{\lambda}^{\mathrm{T}}\boldsymbol{H}\boldsymbol{\lambda} \\ s.t.\ \boldsymbol{\lambda}^{\mathrm{T}}\boldsymbol{\lambda} = 1 \\ \boldsymbol{\lambda} \geqslant 0 \end{cases} \tag{7-8}$$

式(7 - 8) 是在原规划问题[式(7 - 7)] 中添加约束条件 $\boldsymbol{\lambda} \geqslant 0$ 建立的，得到的组合权向量用于确定 $\boldsymbol{\lambda} \geqslant 0$ 条件下的最大差异投影方向，相对于原规划问题来说，

目标函数的最大值一般会有所降低。

7.1.2.3　组合权向量的确定

从参数性质上看，组合权重不同于反映指标重要性程度的主观权重（若指标是极大型的，则相应的主观权重必然大于零），而是在模型作用下由样本数据产生的一种“信息权”。设 $\boldsymbol{H}$ 最大的特征值对应的标准特征向量为 $\boldsymbol{\lambda}' = (\lambda'_1, \lambda'_2, \cdots, \lambda'_m)^{\mathrm{T}}$，特征向量是不分方向的（$\boldsymbol{\lambda}'$ 及 $-\boldsymbol{\lambda}'$ 均为 $\boldsymbol{H}$ 的特征向量），并且会有 $\lambda'_k \leqslant 0 (k = 1, 2, \cdots, m)$ 的情况出现，而组合评价中必须要确定组合权向量所标示的投影方向，相反的两个投影方向意味着两套完全相反的组合评价结论，因而要对标准特征向量 $\boldsymbol{\lambda}'$ 进行处理。

在式（7－3）中，$y_1, y_2, \cdots, y_m$ 为极大型指标，当 $y_1 = y_2 = \cdots = y_m = y$ 时，有

$$z = \sum_{i=1}^{m} \lambda_i \cdot y, i = 1, 2, \cdots, m \tag{7-9}$$

若多种评价方法对某被评价对象（甲方）的评价值都较另一被评价对象（乙方）的评价值高，则甲方的组合评价值自然要高于乙方的组合评价值，可见，z 与 y 具有同增同减的性质。在式（7－9）中，若 $\sum_{i=1}^{m} \lambda_i < 0$，则 z 随 y 的增大而减少，这有悖常理；若 $\sum_{i=1}^{m} \lambda_i = 0$，则 z 不会随 y 的变化而变化，z 缺乏对于不同评价对象的区分能力；因而，只有当 $\sum_{i=1}^{m} \lambda_i > 0$ 时，组合权向量是有效的。

基于以上分析，下面给出确定组合权向量 $\boldsymbol{\lambda}$ 的方法：

（1）若 $\lambda'_i \geqslant 0 (i = 1, 2, \cdots, m)$，则

$$\lambda_i = \frac{\lambda'_i}{\sum_{i=1}^{m} \lambda'_i} \tag{7-10}$$

（2）若 $\lambda'_i \leqslant 0 (i = 1, 2, \cdots, m)$，则

$$\lambda_i = -\frac{\lambda'_i}{\left|\sum_{i=1}^{m} \lambda'_i\right|} \tag{7-11}$$

（3）不妨设 $\lambda'_{k_i} > 0, \lambda'_{l_j} < 0, \lambda'_{g_t} = 0 (k_i \in \boldsymbol{K}, l_j \in \boldsymbol{L}, g_t \in \boldsymbol{G}, \boldsymbol{K}, \boldsymbol{L}, \boldsymbol{G}$ 为3个正整数的集合，满足 $\boldsymbol{K} \cap \boldsymbol{L} = \boldsymbol{K} \cap \boldsymbol{G} = \boldsymbol{L} \cap \boldsymbol{G} = \varnothing, \boldsymbol{K} \cup \boldsymbol{L} \cup \boldsymbol{G} = \{1, 2, \cdots, m\})$，分情况考虑：

1）若 $\left|\sum_{k_i \in \boldsymbol{K}} \lambda'_{k_i}\right| > \left|\sum_{l_j \in \boldsymbol{L}} \lambda'_{l_j}\right|$ 或 $\left|\sum_{k_i \in \boldsymbol{K}} \lambda'_{k_i}\right| < \left|\sum_{l_j \in \boldsymbol{L}} \lambda'_{l_j}\right|$，则

$$\lambda_{k_i} = \frac{\lambda'_{k_i}}{\sum_{k_i \in K} \lambda'_{k_i} + \sum_{l_j \in L} \lambda'_{l_j}}, \lambda_{l_j} = \frac{\lambda'_{l_j}}{\sum_{l_j \in L} \lambda'_{l_j} + \sum_{l_j \in L} \lambda'_{l_j}}, \lambda_{g_t} = 0;$$

2) 若 $\left| \sum_{k_i \in K} \lambda'_{k_i} \right| = \left| \sum_{l_j \in L} \lambda'_{l_j} \right|$,则按式(7 - 8) 给出的规划模型重新求解组合权向量,并归一化。

7.1.2.4 算法步骤

综上所述,拉开档次组合评价法的算法步骤如下:

步骤 1 按式(7 - 2) 对原始多评价方法结论矩阵进行标准化处理,得到 $\boldsymbol{Y}$;

步骤 2 求解实对称矩阵 $\boldsymbol{H}, \boldsymbol{H} = \boldsymbol{Y}^{\mathrm{T}}\boldsymbol{Y}$;

步骤 3 求 $\boldsymbol{H}$ 的最大特征值及相应的标准特征向量 $\boldsymbol{\lambda}'$;

步骤 4 根据标准特征向量 $\boldsymbol{\lambda}'$ 中各分量的取值情况确定组合权向量 $\boldsymbol{\lambda}$;

步骤 5 将 $\boldsymbol{\lambda}$ 代入式(7 - 1),计算各被评价对象的组合评价值;

步骤 6 对被评价对象按组合评价值大小进行排序。

7.1.3 应用算例

为便于验证方法的有效性,这里转引参考文献[44] 中所引实例的处理结果。实例中采用信息熵等 5 种评价方法对 1986 ~ 1998 年财税政策实施绩效进行了评价,并建立评价方法集化模型,寻找出“最满意的” 组合评价结论。这里采用本节提出的拉开档次组合评价法对 5 种评价结论(取方法的评价值) 进行处理,并将结论与参考文献[44]、[108] 中的两种组合评价方法进行比较(下文中分别将参考文献[44]、[108] 中提出的方法简称为“p 法”、“c 法”)。组合评价的原始数据及结论数据见表 7 - 1。

表 7 - 1 多评价方法及组合评价法结论

年份	信息熵法		灰色关联度法		模糊综合评价法		改进的 DEA 法	
	评价值	排序	评价值	排序	评价值	排序	评价值	排序
1986	0.9970	6	0.3128	8	0.6752	6	0.0000	13
1987	0.0726	8	0.2949	10	0.6560	7	0.2386	12
1988	0.0223	11	0.1048	12	0.0000	13	0.3332	10
1989	0.0000	13	0.0000	13	0.2522	10	0.3100	11
1990	0.2875	2	0.5119	5	0.6107	8	0.4648	9

续表

年份	信息熵法		灰色关联度法		模糊综合评价法		改进的DEA法	
	评价值	排序	评价值	排序	评价值	排序	评价值	排序
1991	0.1715	5	0.4750	6	0.7795	4	0.5500	8
1992	0.0918	7	0.5581	4	1.0000	1	0.6914	6
1993	0.0412	10	0.2691	11	0.2319	11	0.6346	7
1994	0.0205	12	0.3119	9	0.0191	12	0.8600	4
1995	0.0467	9	0.4506	7	0.5080	9	0.9984	2
1996	0.2682	3	0.6912	3	0.7645	5	0.9934	3
1997	1.0000	1	1.0000	1	0.9058	2	1.0000	1
1998	0.2444	4	0.7623	2	0.8284	3	0.8488	5

年份	主成分分析法		*p* 法		*c* 法		拉开档次组合评价法	
	评价值	排序	评价值	排序	评价值	排序	评价值	排序
1986	0.9499	2	0.1188	2	0.2719	11	**0.0441**	**8**
1987	0.8789	3	0.0649	8	0.3155	8	**-0.4118**	**9**
1988	0.6043	6	0.0313	13	0.1151	13	**-1.168**	**13**
1989	0.7999	4	0.0385	10	0.1406	12	**-1.1064**	**12**
1990	1.0000	1	0.0937	5	0.4687	7	**0.068**	**7**
1991	0.5440	7	0.0786	6	0.4940	6	**0.146**	**5**
1992	0.2007	10	0.0761	7	0.5853	4	**0.4648**	**4**
1993	0.1195	12	0.0379	11	0.2942	10	**-0.5913**	**10**
1994	0.0000	13	0.0344	12	0.3029	9	**-0.6025**	**11**
1995	0.1362	11	0.0618	9	0.5009	5	**0.0713**	**6**
1996	0.3704	9	0.0977	4	0.6793	2	**0.7047**	**3**
1997	0.6867	5	0.1667	1	0.9765	1	**1.6357**	**1**
1998	0.4668	8	0.0997	3	0.6710	3	**0.7455**	**2**

拉开档次组合评价法的具体计算过程如下：

（1）由式（7－2）对多评价方法结论（评价值）进行标准化处理，得到规范化结论矩阵 $\boldsymbol{Y}$。

$$\boldsymbol{Y}=\begin{pmatrix} 2.1557 & -0.4735 & 0.3598 & -1.8676 & 1.2762 \\ -0.5157 & -0.5392 & 0.3017 & -1.1364 & 1.0655 \\ -0.6611 & -1.2374 & -1.6827 & -0.8466 & 0.2507 \\ -0.7255 & -1.6222 & -0.9198 & -0.9177 & 0.8311 \\ 0.1053 & 0.2577 & 0.1647 & -0.4433 & 1.4248 \\ -0.2299 & 0.1221 & 0.6753 & -0.1822 & 0.0718 \\ -0.4602 & 0.4273 & 1.3423 & 0.2510 & -0.9468 \\ -0.6065 & -0.6340 & -0.9812 & 0.0770 & -1.1877 \\ -0.6663 & -0.4768 & -1.6249 & 0.7677 & -1.5423 \\ -0.5906 & 0.0325 & -0.1460 & 1.1917 & -1.1381 \\ 0.0496 & 0.9161 & 0.6300 & 1.1764 & -0.4433 \\ 2.1644 & 2.0501 & 1.0574 & 1.1966 & 0.4952 \\ -0.0192 & 1.1772 & 0.8233 & 0.7333 & -0.1572 \end{pmatrix}$$

（2）求实对称矩阵 $\boldsymbol{H}$，有：

$$\boldsymbol{H}=\begin{pmatrix} 12.0000 & 6.1976 & 5.7119 & -0.9625 & 5.4750 \\ 6.1976 & 12.0000 & 9.0457 & 8.0223 & -0.9906 \\ 5.7119 & 9.0457 & 12.0000 & 2.5078 & 2.5591 \\ -0.9625 & 8.0223 & 2.5078 & 12.0000 & -8.1274 \\ 5.4750 & -0.9906 & 2.5591 & -8.1274 & 12.0000 \end{pmatrix}$$

（3）$\boldsymbol{H}$ 的最大特征值 $r_{\max}=28.4437$，运用 matlab7.0 求得相应的标准特征向量为：

$$\boldsymbol{\lambda}'=(-0.4068,\ -0.6332,\ -0.5458,\ -0.3682,\ -0.0002)^{\mathrm{T}}$$

（4）由式（7－11）求得最终的组合权向量：

$$\boldsymbol{\lambda}=(0.208167, 0.32402, 0.279296, 0.188415, 0.000102)^{\mathrm{T}}$$

（5）将 $\boldsymbol{\lambda}$ 代入式（7－1）求得各评价对象的组合评价值及序值，见表 7－1 中加粗部分内容。

由 $\boldsymbol{\lambda}$ 中的分量可知，5 种评价方法在拉开档次组合评价法中的作用程度先后顺序为：灰色关联度评价（u_h）＞模糊综合评价法（u_m）＞信息熵评价法（u_x）＞改进 DEA 法（u_d）＞主成分分析法（u_z）（“＞”表示“优于”）。

为进一步分析组合评价结论同原有评价方法结论之间的一致性程度，下面引入斯皮尔曼等级相关系数，其计算公式为

$$r = 1 - \frac{6\sum_{i=1}^{n} d_i^2}{n(n^2-1)} \quad (7-12)$$

式中，d_i 为任两种评价方法对第 i 个被评价对象排序的等级差（在本算例中 $n = 13$），r 越高表明两种方法之间的一致性程度越高。

分别用 u_1^*、u_2^*、u_3^* 表示"p法"、"c法"与拉开档次组合评价法，利用式(7-12)计算8种评价方法（包括3种组合评价法）排序结论之间的等级相关系数，结果见表7-2。

一致性程度较高（$\bar{r}$ 值较大）的信息熵评价法（u_x）、灰色关联度评价（u_h）、模糊综合评价法（u_m）在 $\boldsymbol{\lambda}$ 中具有较高的权重分量，而一致性程度较低的改进DEA法（u_d）与主成分分析法（u_z）在 $\boldsymbol{\lambda}$ 中具有较低的权重分量，这说明拉开档次组合评价法具有对多评价方法自动"甄别奖惩"的功能，该功能是由方法的模型结构决定的。

表7-2　等级相关系数矩阵表

	u_x	u_h	u_m	u_d	u_z	u_1^*	u_2^*	u_3^*	$\bar{r}$
u_x	1	0.87363	0.74176	0.30769	0.34615	0.74725	0.88462	0.84066	0.71772
u_h	0.87363	1	0.82418	0.62637	-0.03297	0.92857	0.79670	0.96154	0.74725
u_m	0.74176	0.82418	1	0.27473	0.14286	0.78022	0.81319	0.89011	0.68338
u_d	0.30769	0.62637	0.27473	1	-0.63736	0.75275	0.17033	0.60440	0.38736
u_z	0.34615	-0.03297	0.14286	-0.63736	1	-0.20330	0.42857	-0.04945	0.12431
u_1^*	0.74725	0.92857	0.78022	0.75275	-0.20330	1	0.64835	0.95055	**0.70055**
u_2^*	0.88462	0.79670	0.81319	0.17033	0.42857	0.64835	1	0.81319	**0.69437**
u_3^*	0.84066	0.96154	0.89011	0.60440	-0.04945	0.95055	0.81319	1	**0.75137**

注：$\bar{r}$ 为某方法所有等级相关系数的平均值，表示该方法与其他方法一致性程度的整体水平。

由表7-2中加粗的数据可知 $\bar{r}(u_3^*) > \bar{r}(u_1^*) > \bar{r}(u_2^*)$，说明在该实例中拉开档次组合评价法与5种原有评价方法的一致性程度要高于其余两种组合评价方法，其主要原因是："p法"中没有考虑多评价结论之间的一致性程度关系，因而不能对组合评价中不同方法的重要性程度进行区分；"c法"中通过模糊聚类剔除了"主成分分析法"，因而组合评价中运用的信息量减少了，并且"c法"不具有按一致性程度强弱对方法进行"甄别奖惩"的功能。

7.1.4　小结

本节基于整体差异的思想，对多种评价方法的评价值进行客观组合，提出了拉开档次组合评价法，是针对评价值的“硬”组合方法的。综合来看，该方法具有以下主要特征：

(1) 具有评价方法自动“甄别奖惩”功能，即在组合中强化一致性程度高的方法，弱化一致性程度低的方法；

(2) 选用评价值进行组合，最大限度地利用了评价结论的信息，故组合结论更为精确；

(3) 避免获取人为偏好信息的困难，突出了“让数据说话”的客观评价思想；

(4) 方法聚合性强，过程简捷，易于在计算机上实现；

(5) 组合评价的信息来自样本（被评价对象集）数据，所以结论是数据敏感的，会随被评价对象集的变动而变动。

7.2 基于奇异值分解的多评价结论组合方法[109]

本节给出了一种基于奇异值分解（Singular Value Decomposition，SVD）的多评价结论集结方法（文中简称 SVD 集结法），该方法具有提取多评价结论共性信息、削弱极端评价结论影响等特点。

7.2.1 基本问题描述

设用 m 种不同的评价方法对一具有 n 个方案（设方案集 $X=\{x_1,x_2,\cdots,x_n\}$）的多属性决策问题进行评价排序，得到 m 个不同的评价序值向量 $\boldsymbol{s}_j(j=1,2,\cdots,m)$，记评价序值矩阵为 $\boldsymbol{S}$（不失一般性，设 $n\geqslant 3$ 且 $m\geqslant 3$），即

$$\boldsymbol{S}=[s_{ij}]_{n\times m}=[\boldsymbol{s}_1,\boldsymbol{s}_2,\cdots,\boldsymbol{s}_m]=\begin{bmatrix} s_{11} & s_{12} & \cdots & s_{1m} \\ s_{21} & s_{22} & \cdots & s_{2m} \\ \cdots & \cdots & \cdots & \cdots \\ s_{n1} & s_{n2} & \cdots & s_{nm} \end{bmatrix},s_{ij}\in \mathbf{N}$$

问题 如何将序值矩阵 $\boldsymbol{S}$ 中的评价信息（m 个排序结论 $\boldsymbol{s}_j$）集结为一个最终的排序 $\boldsymbol{s}^*=[s_1^*,s_2^*,\cdots,s_n^*]^{\mathrm{T}}$（$s_i^*$ 为方案 x_i 对应的排序值）。

7.2.2 基于 SVD 的多评价结论集结方法

7.2.2.1 奇异值分解技术

对于实矩阵 $\boldsymbol{S}_{n\times m}$，其秩为 $p(p\leqslant \min(n,m))$，则必存在正交阵 $\boldsymbol{U}_{n\times n}$ 和 $\boldsymbol{V}_{m\times m}$ 使得

$$\boldsymbol{U}^{\mathrm{T}}\boldsymbol{S}\boldsymbol{V}=\begin{bmatrix} \Xi & \boldsymbol{0} \\ \boldsymbol{0} & \boldsymbol{0} \end{bmatrix}=\boldsymbol{W}\in \mathbf{R}^{n\times m} \tag{7-13}$$

式中，$\Xi = diag(\sigma_1,\sigma_2,\cdots,\sigma_p)$，$\sigma_1,\sigma_2,\cdots,\sigma_p$ 称为原矩阵 $\boldsymbol{S}$ 的非零奇异值，并且有 $\sigma_1 \geqslant \sigma_2 \geqslant \cdots \geqslant \sigma_p > 0$。表达式 $\boldsymbol{S} = \boldsymbol{UWV}^{\mathrm{T}}$ 称为 $\boldsymbol{S}$ 的奇异值分解式。

当 $p = 1$ 时，表明 m 种评价方法得到的结论完全一致；当 $p > 1$ 时，表明 m 种评价方法得到的结论不完全一致。因 $\boldsymbol{S}$ 秩为 1 时，m 种结论达成完全一致的共识，进一步集结组合已没有必要，所以，以下的讨论仅针对后一种情形而言。

对于不一致的多种评价结论，进一步集结的基本原则是：提取多评价结论中共性的评价信息，剔除其中非共性的随机成分（可视为噪声）。

非零奇异值 $\sigma_i(i = 1,2,\cdots,p)$ 用于描述序值矩阵 $\boldsymbol{S}$ 中 p 个特征的量化比较，数值大的奇异值比数值小的奇异值描述了 $\boldsymbol{S}$ 更多的特征。可将 $\sigma_i(i = 1,2,\cdots,p)$ 中较小的值设置为 0，从而改变 Ξ 及 $\boldsymbol{W}$，通过逆运算，用近似结果代替原矩阵 $\boldsymbol{S}$，使得原矩阵 $\boldsymbol{S}$"塌陷"，达到"剥离噪声信息"的目的。

具体做法是：保留 Ξ 中对角线上最大的前 $k(1 \leqslant k \leqslant p)$ 个奇异值，其他的 $(p-k)$ 个置为 0，得到新对角阵 Ξ 及 $\widehat{\boldsymbol{W}}$，令

$$\widehat{\boldsymbol{S}}_k = \boldsymbol{U}\widehat{\boldsymbol{W}}\boldsymbol{V} \tag{7-14}$$

其中

$$\widehat{\boldsymbol{W}} = \begin{bmatrix} \widehat{\Xi} & 0 \\ 0 & 0 \end{bmatrix},\widehat{\boldsymbol{S}}_k = [\widehat{\boldsymbol{S}}_{ij}^{(k)}] \in \boldsymbol{R}^{n\times m} \quad (i = 1,2,\cdots n;j = 1,2,\cdots,m)$$

得到的 $\widehat{\boldsymbol{S}}_k$ 即为原矩阵 $\boldsymbol{S}$ 的近似。

进一步需要解决的关键问题是如何确定 k 的取值，即如何对 $\boldsymbol{S}$ 降秩调整的程度进行控制。

7.2.2.2　序值矩阵的一致 — 可信度分析

根据系统评价中的可能 — 满意度思想[110]，一般期望由 $\boldsymbol{S}$ 到 $\widehat{\boldsymbol{S}}_k$ 的调整过程能尽量减少多评价结论之间的偏差，提高结论之间的一致性程度；但同时，还期望尽可能地保留原有信息，避免近似矩阵 $\widehat{\boldsymbol{S}}_k$ 对于原始序值矩阵 $\boldsymbol{S}$ 较大程度的偏离。以上过程恰好涉及相反的两个决策目标，因而，k 值的确定是一个多目标决策的问题，需要同时考虑彼此消长的两个指标，这里分别定义为"一致度"及"可信度"，指标的具体含义与算式如下：

一致度是指 $\widehat{\boldsymbol{S}}_k$ 与矩阵 $\widehat{\boldsymbol{S}}_1$（仅保留最大的 1 个奇异值后得到的近似矩阵）的贴近程度，记为 η_k，其计算公式为

$$\eta_k = \frac{\| \boldsymbol{S} \|_{\mathrm{F}} - \| \widehat{\boldsymbol{S}}_k \|_{\mathrm{F}}}{\| \boldsymbol{S} \|_F - \| \widehat{\boldsymbol{S}}_1 \|_{\mathrm{F}}},k = 1,2,\cdots,p \tag{7-15}$$

式中，$\| \cdot \|_F$ 为矩阵"·"的 Fronbenius 范数，$\| \boldsymbol{S} \|_{\mathrm{F}} = \| \widehat{\boldsymbol{S}}_p \|_{\mathrm{F}}$，$\eta_k \in [0,1]$，$\eta_k$ 随着 k 取值的减少而增大。

可信度是指 $\widehat{S}_k$ 与原始矩阵 $\boldsymbol{S}$ 的贴近程度,记为 ε_k,其计算公式为

$$\varepsilon_k = \sum_{i=1}^{k} \varphi_i \tag{7-16}$$

式中

$$\varphi_i = \frac{\sigma_i}{\sum_{j=1}^{p} \sigma_j}, i = 1, \cdots, k; 1 \leqslant k \leqslant p$$

式中,$\varepsilon_k \in [\varphi_1, 1]$,$\varepsilon_k$ 随着 k 取值的增大而增大。

为融合一致度及可信度两方面的要求,需要构造一个合成指标,这里定义为"一致可信度"指标,记为π_k,其计算公式为

$$\pi_k = \alpha_1(\beta_1\eta_k + \beta_2\varepsilon_k) + \alpha_2(\eta_k \cdot \varepsilon_k), k = 1, 2, \cdots, p \tag{7-17}$$

式中,$\alpha_i, \beta_i \in [0, 1]$ $(i = 1, 2)$,$\alpha_1 + \alpha_2 = 1$,$\beta_1 + \beta_2 = 1$,$\pi_k \in [0, 1]$。"$\beta_1\eta_k + \beta_2\varepsilon_k$"为线性组合部分,此部分表明一致度与可信度能够进行"功能性"互补;"$(\eta_k \cdot \varepsilon_k)$"为非线性组合部分,此部分强调一致度与可信度的"均衡性"。

决策者按照"一致性"与"可信度"的相对重要性程度设定出 β_1, β_2 的值。记 $v_k = \beta_1\eta_k + \beta_2\varepsilon_k$,$\tau_k = \eta_k \cdot \varepsilon_k$,$k = 1, 2, \cdots, p$,因而可求得 $\boldsymbol{v} = [v_1, v_2, \cdots, v_p]^{\mathrm{T}}$,$\boldsymbol{\tau} = [\tau_1, \tau_2, \cdots, \tau_p]^{\mathrm{T}}$。

选取 α_1, α_2 的值使得$\{\pi_k | k = 1, 2, \cdots, p\}$的整体离散程度最大,从而尽可能地体现出不同 k 值下组合效果的差异。

设定目标函数为 $\max \sum_{k=1}^{p} (\pi_k - \bar{\pi}_k)^2$,其中$\bar{\pi}_k = \frac{1}{p}\sum_{k=1}^{p} \pi_k$,添加约束条件 $\alpha_1^2 + \alpha_2^2 = 1$。可写出如下的规划模型:

$$\begin{cases} \max \sum_{k=1}^{p} \left[\alpha_1 \nu_k + \alpha_2 \tau_k - \frac{1}{p} \sum_{k=1}^{p} (\alpha_1 \nu_k + \alpha_2 \tau_k) \right]^2 \\ s.t. \ \ \alpha_1^2 + \alpha_2^2 = 1, \alpha_1, \alpha_2 \geqslant 0 \end{cases} \tag{7-18}$$

用数学计算软件包(如 matlab、lingo 等)可方便求解规划问题式(7-18),求得的(α_1, α_2)为单位化特征向量,需要再对 α_1, α_2 进行归一化。

7.2.2.3 算法步骤

基于前述分析,SVD 集结法可按如下步骤进行。

步骤 1 由式(7-13)对序值矩阵 $\boldsymbol{S}$ 进行奇异值分解,得到矩阵 $\boldsymbol{U}$、$\boldsymbol{V}$、Ξ及 $\boldsymbol{W}$。

步骤 2 由式(7-15)及式(7-16)计算一致度、可信度指标 η_k,ε_k $(k = 1, 2, \cdots, p)$。

步骤 3 配置 α_i, β_i $(i = 1, 2)$的值,由式(7-17)计算一致可信度指标π_k $(k = 1, 2, \cdots, p)$。

步骤 4 选取$\max\limits_{1 \leqslant k \leqslant p} \{\pi_k\}$对应的 k 作为Ξ保留的最大奇异值的个数,得到$\widehat{\Xi}$及 $\widehat{\boldsymbol{W}}$。

步骤5　将 $\boldsymbol{U}$、$\boldsymbol{V}$ 及 $\widehat{\boldsymbol{W}}$ 代入式(7－14)得到 $\widehat{\boldsymbol{S}}_k=[\widehat{s}_{ij}^{(k)}]$。

步骤6　对方案 x_i 按 $\left\{\frac{1}{m}\sum_{j=1}^{m}\widehat{s}_{ij}^{(k)},i=1,2,\cdots,n\right\}$ 中对应的元素由小到大赋以序值，得出最终排序 $\boldsymbol{s}^*=[s_1^*,s_2^*,\cdots,s_n^*]^{\mathrm{T}}$。

7.2.3　应用算例

这里仍选用参考文献[44]中的例子（与第7.1节相同），运用本节提出的SVD集结法对5种评价结论进行信息集结，原始结论（序值）数据及组合结论数据见表7－3。

表7－3　原始数据及SVD集结法排序结论

年份	信息熵排序	灰色关联度排序	模糊综合评价排序	改进DEA排序	主成分分析法排序	最满意的组合排序	SVD集结法排序
1986	**6**	**8**	**6**	**13**	**2**	11	7
1987	**8**	**10**	**7**	**12**	**3**	8	9
1988	**11**	**12**	**13**	**10**	**6**	13	13
1989	**13**	**13**	**10**	**11**	**4**	12	12
1990	**2**	**5**	**8**	**9**	**1**	7	4
1991	**5**	**6**	**4**	**8**	**7**	6	6
1992	**7**	**4**	**1**	**6**	**10**	4	5
1993	**10**	**11**	**11**	**7**	**12**	10	11
1994	**12**	**9**	**12**	**4**	**13**	9	10
1995	**9**	**7**	**9**	**2**	**11**	5	8
1996	**3**	**3**	**5**	**3**	**9**	**2**	**3**
1997	**1**	**1**	**2**	**1**	**5**	1	1
1998	**4**	**2**	**3**	**5**	**8**	3	2

注：表中加粗的数据对应于序值矩阵 $\boldsymbol{S}_{13\times5}$。

7.2.3.1　SVD集结法计算

运用SVD集结法计算的具体步骤如下：

（1）对序值矩阵 $\boldsymbol{S}$ 按式(7－13)进行奇异值分解，得到正交矩阵 $\boldsymbol{U}$、$\boldsymbol{V}$（数据省略）及对角阵Ξ，

$$\Xi=diag(60.241,17.818,9.9824,6.6303,2.2119)$$

（2）由式(7－15)、式(7－16)分别计算一致度、可信度及一致可信度指标 η_k，$\varepsilon_k(k=1,2,\cdots,5)$。这里设 $\beta_1=\beta_2=0.5$，求得 ν_k，τ_k，α_1，α_2 由式(7－18)的规划模型求得，$(\alpha_1,\alpha_2)=(0.4576,0.8892)$，归一化后 $\alpha_1=0.3398$，$\alpha_2=0.6602$，将以上

结果代入式(7 - 17)求得π_k。具体结果见表7 - 4。

表7 - 4 一致可信度分析

	$k=1$	$k=2$	$k=3$	$k=4$	$k=5$
$\Vert \widehat{\boldsymbol{S}}_k \Vert_F$	60.241	62.8209	63.609	63.954	63.992
η_k	1.0000	0.3122	0.1021	0.0101	0.0000
ε_k	0.6218	0.8057	0.9087	0.9772	1.0000
ν_k	0.8109	0.5590	0.5054	0.4936	0.5000
τ_k	0.6218	0.2515	0.0928	0.0099	0.0000
π_k	**0.6861**	0.3560	0.2330	0.1742	0.1699

(3)由表7 - 4,$\max\limits_{1\leqslant k\leqslant 5}\{\pi_k\} = \pi_1 = 0.6861$,因而取$k = 1$,得$\widehat{\Xi} = diag(60.241, 0,0,0,0)$,进而得到$\widehat{\boldsymbol{W}}$(数据省略)。

(4)将$\boldsymbol{U}$、$\boldsymbol{V}$及$\widehat{\boldsymbol{W}}$代入式(7 - 14)得到$\widehat{\boldsymbol{S}}_1 = [\widehat{s}_{ij}^{(1)}]_{13\times 5}$,并求得各行的平均值,据此对方案进行排序,具体数据见表7 - 5。

表7 - 5 近似矩阵及最终排序

年份	信息熵法	灰色关联度法	模糊综合评价法	改进DEA法	主成分分析法	$\frac{1}{5}\sum_{j=1}^{5}\widehat{s}_{ij}^{(k)}$	最终排序$\boldsymbol{S}^*$
1986	**7.3253**	**7.3406**	**7.2292**	**6.7272**	**6.4261**	7.0097	7
1987	**8.4035**	**8.4210**	**8.2932**	**7.7174**	**7.3719**	8.0414	9
1988	**10.9560**	**10.9790**	**10.8130**	**10.0620**	**9.6114**	10.4843	13
1989	**10.7830**	**10.8060**	**10.6420**	**9.9029**	**9.4596**	10.3187	12
1990	**5.2380**	**5.2489**	**5.1693**	**4.8103**	**4.5950**	5.0123	4
1991	**6.1963**	**6.2092**	**6.1150**	**5.6904**	**5.4356**	5.9293	6
1992	**5.7237**	**5.7356**	**5.6486**	**5.2563**	**5.0211**	5.4771	5
1993	**10.6370**	**10.6590**	**10.4970**	**9.7683**	**9.3310**	10.1785	11
1994	**10.4420**	**10.4640**	**10.3050**	**9.5892**	**9.1600**	9.9920	10
1995	**7.9247**	**7.9413**	**7.8207**	**7.2777**	**6.9519**	7.5833	8
1996	**4.7028**	**4.7126**	**4.6411**	**4.3188**	**4.1255**	4.5002	3
1997	**2.0214**	**2.0256**	**1.9949**	**1.8564**	**1.7733**	1.9343	1
1998	**4.4814**	**4.4908**	**4.4226**	**4.1155**	**3.9313**	4.2883	2

注:表中加粗的数据对应于近似矩阵$\widehat{\boldsymbol{S}}_1(13\times 5)$。

7.2.3.2　SVD 集结法效果分析

若各被评价对象(或方案)的结论偏差用方差来衡量,则方差的平均值(称为平均方差)可用于衡量多方法评价结论的整体偏离程度。图 7－1 描述了平均方差随 k 值的变化情况,可见,从($k=2$)降至($k=1$)是结论一致性调整过程中最有效果的一步,平均方差由 2.0823 衰减到 0.3666,评价结论之间的偏差程度已很小,几乎达到了结论整体的一致性。

下面引入斯皮尔曼等级相关系数对 SVD 集结法结论同原有评价结论之间的关系做进一步的分析,斯皮尔曼等级相关系数的计算公式见式(7－12)。

分别用 u_1^*、u_2^* 表示“最满意组合评价法”与 SVD 集结法,根据式(7－12),得到 7 种评价结论之间的等级相关系数,数据见表 7－6。

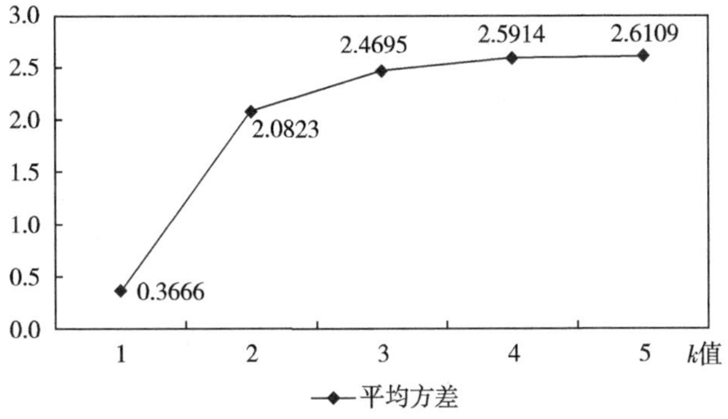

图 7－1　结论偏差随 k 值的变化情况

表 7－6　等级相关系数矩阵

r	u_x	u_h	u_m	u_d	u_z	u_1^*	u_2^*	$\bar{r}$
u_x	1.0000	0.8736	0.7418	0.3077	0.3462	0.7473	0.9286	**0.7064**
u_h	0.8736	1.0000	0.8242	0.6264	－0.0330	0.9286	0.9780	**0.7425**
u_m	0.7418	0.8242	1.0000	0.2747	0.1429	0.7802	0.8462	**0.6586**
u_d	0.3077	0.6264	0.2747	1.0000	－0.6374	0.7527	0.5000	**0.4035**
u_z	0.3462	－0.0330	0.1429	－0.6374	1.0000	－0.2033	0.1319	**0.1068**
u_1^*	0.7473	0.9286	0.7802	0.7527	－0.2033	1.0000	0.8901	**0.6994**
u_2^*	**0.9286**	**0.9780**	**0.8462**	**0.5000**	**0.1319**	**0.8901**	**1.0000**	**0.7535**

注:$\bar{r}$ 为方法等级相关系数的平均值。

由表 7－6 中的数据可知:5 种评价方法与原有方法集之间的一致性程度由高到低依次为:灰色关联度评价(u_h)＞信息熵评价法(u_x)＞模糊综合评价法(u_m)＞

改进 DEA 法(u_d)>主成分分析法(u_z)(“>”表示“优于”),此顺序与 SVD 集结法对于5种评价方法的亲疏程度相一致(见表7-6中加粗的部分数据),说明 SVD 集结法具有区别多评价结论的能力,即强化一致性程度高的评价结论,弱化一致性程度低的(极端的)评价结论。

由表7-6中的数据可知:在本算例中,$\bar{r}(u_2^*) > \bar{r}(u_1^*)$表明 SVD 集结法与5种原有评价方法的一致性程度要高于“最满意组合评价法”,即 SVD 集结法的排序结论更具有代表性。

7.2.4 小结

本节基于矩阵理论中的奇异值分解技术,对多评价结论进行组合集结,提出了一种基于奇异值分解的多评价结论组合方法。综合而言,该方法具有以下特点:

(1)能够整合并提取多评价结论中的共性信息,形成近似一致的多评价结论;

(2)能够弱化极端评价结论对最终排序结论的影响;

(3)能够对信息一致化调整过程进行柔性的控制(表现在一致—可信度的分析处理上)。

7.3 意见分歧特征下多评价结论协商组合方法[101]

“分歧”是指没有根本的观点对立,而仅在所认识的问题上没有达成共识,表达的知识有一定的偏差,但双方都有进行“综合”的意愿。可见,“分歧”是非对抗的。一个“群体”中产生的诸多观点是否属于“分歧性的”,是以对“群体”中个体之间关系的正确判别为前提的。通常,适合运用“分歧”概念的如项目同行评议、项目论证等需要“集思广益”的场合。本节针对评价群体(双方)之间“意见分歧”的情形,给出一种柔性意义下的多评价结论协商组合方法。

7.3.1 基本概念及定义

对任一区间数 $\tilde{p}=[p^{\mathrm{L}},p^{\mathrm{U}}]=\{x \mid p^{\mathrm{L}} \leqslant x \leqslant p^{\mathrm{U}}, p^{\mathrm{L}},p^{\mathrm{U}} \in \mathbf{R}\}$($\mathbf{R}$ 为实数集),其基本概念、区间宽度、区间中点及与实数 a 的离核度的定义,详见定义6.11~定义6.13。

定义7.1 称区间 $N_j = N(\tilde{p}_j,\tilde{q}_j)$ 为协商区间,这里 $\tilde{p}_j=[p_j^{\mathrm{L}},p_j^{\mathrm{U}}]$,$\tilde{q}_j=[q_j^{\mathrm{L}},q_j^{\mathrm{U}}]$ 分别为协商双方 P,Q 对方案 $x_j(j=1,2,\cdots,n)$ 排序值(简称序值)的区间数估计($p_j^{\mathrm{L}},p_j^{\mathrm{U}},q_j^{\mathrm{L}},q_j^{\mathrm{U}} \in \mathbf{N}$,$\mathbf{N}$ 为自然数集),N_j 按以下情况确定:

(1)当$[p_j^{\mathrm{L}},p_j^{\mathrm{U}}] \cap [q_j^{\mathrm{L}},q_j^{\mathrm{U}}] = \varnothing$($\varnothing$为空集)时,

若 $p_j^{\mathrm{U}} < q_j^{\mathrm{L}}$,则 $N_j = [\frac{p_j^{\mathrm{L}}+p_j^{\mathrm{U}}}{2},\frac{q_j^{\mathrm{L}}+q_j^{\mathrm{U}}}{2}]$;若 $q_j^{\mathrm{U}} < p_j^{\mathrm{L}}$,则 $N_j = [\frac{q_j^{\mathrm{L}}+q_j^{\mathrm{U}}}{2},\frac{p_j^{\mathrm{L}}+p_j^{\mathrm{U}}}{2}]$。

(2)当$[p_j^L+p_j^U]\cap[q_j^L+q_j^U]=\varnothing$时,

若$p_j^L\leqslant q_j^L\leqslant p_j^U\leqslant q_j^U$,则$N_j=[q_j^L,q_j^U]$;若$p_j^L\leqslant q_j^L\leqslant q_j^U\leqslant p_j^U$,则$N_j=[q_j^L,q_j^U]$;

若$q_j^L\leqslant p_j^L\leqslant q_j^U\leqslant p_j^U$,则$N_j=[p_j^L,q_j^U]$;若$q_j^L\leqslant p_j^L\leqslant p_j^U\leqslant q_j^U$,则$N_j=[p_j^L,p_j^U]$。

定义 7.2　对于协商区间N_j,称集映射

$$\varphi_j=\varphi(N_j)=n(N_j)+\varepsilon_j e(N_j),j=1,2,\cdots,n$$

为协商方P,Q关于方案x_j序值结论的协商点,其中ε_j称为协商系数,$|\varepsilon_j|\leqslant 1/2$。

7.3.2　原理与方法

7.3.2.1　问题描述及模型假设

设用m种不同的评价方法对一具有n个方案(设方案集$X=\{x_1,x_2,\cdots,x_n\}$)的多属性决策问题进行评价排序,得到m个不同的评价序值向量$\boldsymbol{s}_j(j=1,2,\cdots,m)$,记评价序值矩阵为$\boldsymbol{S}$(不失一般性,设$n\geqslant 3$且$m\geqslant 3$),

$$\boldsymbol{S}=[s_{ij}]_{n\times m}=[\boldsymbol{s}_1,\boldsymbol{s}_2,\cdots,\boldsymbol{s}_m]=\begin{bmatrix} s_{11} & s_{12} & \cdots & s_{1m} \\ s_{21} & s_{22} & \cdots & s_{2m} \\ \vdots & \vdots & & \vdots \\ s_{n1} & s_{n2} & \cdots & s_{nm} \end{bmatrix},s_{ij}\in\mathbf{N}。$$

设对评价结论存在意见分歧的评价双方为P方与Q方,双方对于其中某一方案$x_j(j=1,2\cdots,n)$的序值的区间数估计分别为$\tilde{p}_j=[p_j^L,p_j^U]$,$\tilde{q}_j=[q_j^L,q_j^U]$,通常$\tilde{p}_j\neq\tilde{q}_j$。

问题　如何由$\boldsymbol{S}$及P,Q提供的协商信息确定一个综合双方分歧意见的排序结论$\boldsymbol{s}^*=[s_1^*,s_2^*,\cdots,s_n^*]^{\mathrm{T}}$($s_i^*$为方案$x_i$对应的序值)?

分歧特征下协商组合评价模型的假设条件:

(1)协商双方意见分歧时,不存在观点或利益冲突;

(2)协商双方均各有一个参评人。

对于协商双方有多个参评人的群组协商情形见第7.3.2.3节中的讨论。

7.3.2.2　组合评价模型

协商组合评价模型的算法步骤如下:

(1)确定多方法结论变异区间r_i。对于方案$x_i(i=1,2,\cdots,n)$,取

$$r_i=[\min_j(s_{ij}),\max_j(s_{ij})],j=1,2,\cdots,m \tag{7-19}$$

(2)剔除多方法结论相同的方案集X_s,确定协商方案集X_b。对于任一方案$x(i=1,2,\cdots,n)$,若$r_i=0$(即$s_{i1}=s_{i2}=\cdots=s_{im}$),则$x_i\in X_s$,否则$x_i\in X_b$。若$X_s$,$X_b\neq\varnothing$($\varnothing$为空集),记$X_s=\{x_j'|1\leqslant j\leqslant g\}$,$X_b=\{x_j^*|1\leqslant j\leqslant l\}$,有$X_s\cup X_b=X$,$X_s\cap$

$X_b=\varnothing, g+l=n$。

(3)协商双方确定方案序值区间。设方案 $x_k^*(k=1,2,\cdots,l)$ 对应变异区间 r_k^*，P,Q 确定的方案 x_k^* 的序值区间分别记为 $\tilde{p}_k=[p_k^L,p_k^U],\tilde{q}_k=[q_k^L,q_k^U]$，要求 $\tilde{p}_k,\tilde{q}_k\subseteq r_k^*$（设立该条件是为了限定双方在原有评价结论变动的区域内展开协商，在遵循原有结论信息的同时以规范协商双方的操作行为）。

(4)确定协商区间 $N_k(k=1,2,\cdots,l)$。具体确定方法见定义 7.1。记方案 $x_k^*(k=1,2,\cdots,l)$ 的协商区间为 $N_k,N_k=N(\tilde{p}_k,\tilde{q}_k)$。

(5)确定协商点 $\varphi_k(k=1,2,\cdots,l)$ 算式。由定义 6.12、定义 7.2 可确定方案 x_k^* 的协商点 φ_k（$\varphi_k\in\mathbf{R}^+$，$\mathbf{R}^+$ 为正实数集），

$$\varphi_k=\varphi(N_k)=n(N_k)+\varepsilon_k e(N_k),k=1,2,\cdots,l \tag{7-20}$$

式中，ε_k 为协商系数，$|\varepsilon_k|\leqslant 1/2$。

(6)确定离核度 $D_k(k=1,2,\cdots,l)$ 算式。由定义 6.13 可确定方案 $x_k^*(k=1,2,\cdots,l)$ 的协商点 φ_j 与 $\tilde{p}_k,\tilde{q}_k$ 的离核度 $D_k^{(p)}(\varepsilon_k),D_k^{(q)}(\varepsilon_k)$，即

$$D_k^{(p)}(\varepsilon_k)=D(\varphi_k,\tilde{p}_k)=|\varphi_k-n(\tilde{p}_k)|=|n(N_k)+\varepsilon_k e(N_k)-(p_k^L+p_k^U)/2| \tag{7-21}$$

$$D_k^{(q)}(\varepsilon_k)=D(\varphi_k,\tilde{q}_k)=|\varphi_k-n(\tilde{q}_k)|=|n(N_k)+\varepsilon_k e(N_k)-(q_k^L+q_k^U)/2| \tag{7-22}$$

(7)构造协商二次规划模型。用离核度作为衡量协商点与 P,Q 给出的序值区间之间的偏差，规划模型的构造思路是：选择一协商系数向量 $\boldsymbol{\varepsilon}=(\varepsilon_1,\varepsilon_2,\cdots,\varepsilon_l)^T$ 使得各协商点 $\varphi_k(k=1,2,\cdots,l)$ 与 P,Q 给出的序值区间 $\tilde{p}_k,\tilde{q}_k(k=1,2,\cdots,l)$ 之间的总偏差 $\pi(\varepsilon)$ 最小。因而，确定 ε 的问题等价于求解如下二次规划问题：

$$\begin{cases}\min \pi(\varepsilon)=\sum\limits_{k=1}^{l}[\alpha(D_k^{(p)}(\varepsilon_k))^2+\beta(D_k^{(q)}(\varepsilon_k))^2]\\ s.t.\ |\varepsilon_k|\leqslant 1/2,k=1,2,\cdots,l\end{cases} \tag{7-23}$$

式中，α,β 为影响因子，要求 $\alpha>0,\beta>0$ 且 $\alpha+\beta=1$。若 $\alpha=\beta=0.5$，说明 P 与 Q 有相当的评价能力（或地位）；若 $\alpha>\beta$，说明 P 的评价能力（或地位）高于 Q，反之亦然。α,β 可根据双方的知识结构、地位、经验等因素的对比综合确定。

(8)计算 X_b 的协商点向量 $\boldsymbol{\varphi}^*$。设由模型(7-23)确定的最优协商系数向量为 $\boldsymbol{\varepsilon}^*=(\varepsilon_1^*,\varepsilon_2^*,\cdots,\varepsilon_l^*)^T$，将 $\boldsymbol{\varepsilon}^*$ 代入式(7-20)得到协商方案集 X_b 相应的协商点向量 $\boldsymbol{\varphi}^*=(\varphi_1^*,\varphi_2^*,\cdots,\varphi_l^*)^T$。

(9)重新对方案排序。对协商方案集 X_b 按 $\boldsymbol{\varphi}^*=(\varphi_1^*,\varphi_2^*,\cdots,\varphi_l^*)^T$ 中各分量的数值由小到大进行排序（若存在两个或两个以上方案协商点值相等的情形，则对各方案按照原 m 种评价方法序值的算术平均值由小到大确定先后秩序），得到一个有序多元组 $(z_1^*,z_2^*,\cdots,z_l^*)$（$z_j^*$ 对应于 X_b 中序次为 j 的方案，$j=1,2,\cdots,l$）。若

X_s 不为空集，将 X_s 中的方案 $x_j'(1\leqslant j\leqslant g)$ 按照在原评价结论中的序值数插入到 $(z_1^*,z_2^*,\cdots,z_l^*)$ 中相应的位置，得到新的有序组即为方案集 X 的最终排序，各方案对应的序值即为最终的协商组合排序结论 $\boldsymbol{s}^*$。

7.3.2.3　群组情形下的协商信息集结

群组协商信息集结是指存在意见分歧的双方各有若干名参评人的情形。不妨设 P 方有 $n_1(n_1>2)$ 位参评人，分别记为 $P_1,P_2,\cdots,P_{n_1}$；设 Q 方有 $n_2(n_2>2)$ 位参评人，分别记为 $Q_1,Q_2,\cdots,Q_{n_2}$。记 $P_i(i=1,2,\cdots,n_1)$，$Q_j(j=1,2,\cdots,n_2)$ 对方案 x_k 序值的区间数估计分别为 $\tilde{p}_{ik}=[p_{ik}^{\mathrm{L}},p_{ik}^{\mathrm{U}}]$，$\tilde{q}_{jk}=[q_{jk}^{\mathrm{L}},q_{jk}^{\mathrm{U}}]$，$P$，$Q$ 方对于方案 x_k 的序值区间数估计分别为 $\tilde{p}_k=[p_k^{\mathrm{L}},p_k^{\mathrm{U}}]$，$\tilde{q}_k=[q_k^{\mathrm{L}},q_k^{\mathrm{U}}]$，$\tilde{p}_k$，$\tilde{q}_k$ 可按参考文献[6]中提出的交集生成法、平均值法、加权综合法来确定。以下给出另外两种 $\tilde{p}_k$，$\tilde{q}_k$ 的确定方法。

(1)众数法。对于 P 方，记两组数据 $(p_{1k}^{\mathrm{L}},p_{2k}^{\mathrm{L}},\cdots,p_{n_1,k}^{\mathrm{L}})$，$(p_{1k}^{\mathrm{U}},p_{2k}^{\mathrm{U}},\cdots,p_{n_1,k}^{\mathrm{U}})$ 的众数分别为 $M_0(p_k^{\mathrm{L}})$，$M_0(p_k^{\mathrm{U}})$，则 $\tilde{p}_k=[\min(M_0(p_k^{\mathrm{L}}),M_0(p_k^{\mathrm{U}})),\max(M_0(p_k^{\mathrm{L}}),M_0(p_k^{\mathrm{U}}))]$。同理，对于 Q 方，有 $\tilde{q}_k=[\min(M_0(q_k^{\mathrm{L}}),M_0(q_k^{\mathrm{U}})),\max(M_0(q_k^{\mathrm{L}}),M_0(q_k^{\mathrm{U}}))]$。

(2)中位数法。对于 P 方，记两组数据 $(p_{1k}^{\mathrm{L}},p_{2k}^{\mathrm{L}},\cdots,p_{n_1,k}^{\mathrm{L}})$，$(p_{1k}^{\mathrm{U}},p_{2k}^{\mathrm{U}},\cdots,p_{n_1,k}^{\mathrm{U}})$ 的中位数分别为 $M_e(p_k^{\mathrm{L}})$，$M_e(p_k^{\mathrm{U}})$，则 $\tilde{p}_k=[M_e(p_k^{\mathrm{L}}),M_e(p_k^{\mathrm{U}})]$。同理，对于 Q 方，有 $\tilde{q}_k=[M_e(q_k^{\mathrm{L}}),M_e(q_k^{\mathrm{U}})]$。

众数法与中位数法适用于 n_1，n_2 较大的情形。

7.3.3　应用算例

为验证方法的有效性，这里转引参考文献[44]中所引实例的处理结果（参考文献[44]中采用信息熵、灰色关联度等5种评价方法对1986～1998年我国财税政策实施绩效进行了计算），以下用意见分歧特征的协商组合评价法对前4种评价结论（主成分分析法与其余方法出入较大，文中没有纳入）进行处理，即假设决策者之间只有意见分歧，没有观点冲突（或根本性的利益冲突），原始数据、协商组合评价中间数据及最终结论见表7－7、表7－8。

表7－7　多评价方法及协商组合评价法结论数据

年份	信息熵法排序	灰色关联度法排序	模糊综合评价法排序	改进DEA法排序	协商系数 ε_k^*	协商点 φ_k^*	协商信息集结法排序 s^*
1986	6	8	6	13	0	9	8
1987	8	10	7	12	0	9.5	9

续表

年份	信息熵法排序	灰色关联度法排序	模糊综合评价法排序	改进 DEA 法排序	协商系数 ε_k^*	协商点 φ_k^*	协商信息集结法排序 s^*
1988	11	12	13	10	-0.5000	12	13
1989	13	13	10	11	0	11.5	12
1990	2	5	8	9	-0.1250	6.75	7
1991	5	6	4	8	0	6	5
1992	7	4	2*	6	0	4.5	4
1993	10	11	11	7	-0.2500	9.5	10
1994	12	9	12	4	-0.1250	9.75	11
1995	9	7	9	2	0.1667	6	6
1996	3	3	5	3	0.2500	3.75	3
1997	1	1	1*	1	—	—	1
1998	4	2	3	5	—	3	2

注:为将方法讨论的情况在算例中体现得更加全面,表中将 1992 与 1997 年“模糊综合评价法排序”的结果进行了对换,见标“ * ”的数据;符号“—”表示该处没有需要计算的数据,表 7-8 同。

表 7-8　协商组合评价法计算表

年份	协商方案集 X_b	变异区间 r_k	$\widetilde{p}_k$	$\widetilde{q}_k$	协商区间 N_k	协商点算式 φ_k	离核度 $D_k^{(p)}(\varepsilon_k)$	离核度 $D_k^{(q)}(\varepsilon_k)$
1986	x_1^*	[6,13]	[6,8]	[9,13]	[7,11]	$9+4\varepsilon_1$	$\|2+4\varepsilon_1\|$	$\|-2+4\varepsilon_1\|$
1987	x_2^*	[7,12]	[8,10]	[9,11]	[9,10]	$9.5+\varepsilon_2$	$\|0.5+\varepsilon_2\|$	$\|-0.5+\varepsilon_2\|$
1988	x_3^*	[10,13]	[10,12]	[13,13]	[12,13]	$12.5+\varepsilon_3$	$\|1.5+\varepsilon_3\|$	$\|-0.5+\varepsilon_3\|$
1989	x_4^*	[10,13]	[10,12]	[11,13]	[11,12]	$11.5+\varepsilon_4$	$\|0.5+\varepsilon_4\|$	$\|-0.5+\varepsilon_4\|$
1990	x_5^*	[2,9]	[4,8]	[6,9]	[6,8]	$7+2\varepsilon_5$	$\|1+2\varepsilon_5\|$	$\|-0.5+2\varepsilon_5\|$
1991	x_6^*	[4,8]	[5,7]	[4,8]	[5,7]	$6+2\varepsilon_6$	$\|2\varepsilon_6\|$	$\|2\varepsilon_6\|$
1992	x_7^*	[2,7]	[3,7]	[2,6]	[3,6]	$4.5+3\varepsilon_7$	$\|-0.5+3\varepsilon_7\|$	$\|0.5+3\varepsilon_7\|$
1993	x_8^*	[7,11]	[7,11]	[9,11]	[9,11]	$10+2\varepsilon_8$	$\|1+2\varepsilon_8\|$	$\|2\varepsilon_8\|$
1994	x_9^*	[4,12]	[9,11]	[7,12]	[9,11]	$10+2\varepsilon_9$	$\|2\varepsilon_9\|$	$\|0.5+2\varepsilon_9\|$
1995	x_{10}^*	[2,9]	[4,9]	[4,7]	[4,7]	$5.5+3\varepsilon_{10}$	$\|-1+3\varepsilon_{10}\|$	$\|3\varepsilon_{10}\|$
1996	x_{11}^*	[3,5]	[3,5]	[3,4]	[3,4]	$3.5+\varepsilon_{11}$	$\|-0.5+\varepsilon_{11}\|$	$\|\varepsilon_{11}\|$
1997	x_1^*	[1,1]	—	—	—	—	—	—
1998	x_{12}^*	[2,5]	[3,5]	[3,3]	[3,3]	3	1	0

注:各方法对 1997 年的排序相同,故为被剔除方案,记为 x_1'。

协商组合评价法的具体计算过程如下：

（1）按式（7－19）计算多方法结论变异区间。例如：对1986年，$r_1=[\min_j(s_{1j}),\max_j(s_{1j})]=[6,13](j=1,2,3,4)$，其余数据见表7－8。

（2）剔除多方法结论相同的方案 X_s，确定协商方案集 X_b。4种方法对1997年的评价序值均为1，因而1997年（记为方案 x_1'）被排斥在协商方案集之外，分别将其余12个年份表示为 $x_1^*,x_2^*,\cdots,x_{12}^*$，故协商方案集 $X_b=\{x_1^*,x_2^*,\cdots,x_{12}^*\}$，见表7－8。

（3）P,Q 双方确定方案序值区间（见表7－8）。

（4）按照定义7.1确定各方案的协商区间。例如：对 x_1^*（1986年），$N_1=N([6,8],[9,13])=\left[\frac{6+8}{2},\frac{9+13}{2}\right]=[7,11]$，其余方案的协商区间见表7－8。

（5）按式（7－20）确定协商点 $\varphi_k(k=1,2,\cdots,12)$ 算式。例如：对 x_1^*（1986年），$\varphi_1=n([7,11])+\varepsilon_1 e([7,11])=\frac{7+11}{2}+\varepsilon_1(11-7)=9+4\varepsilon_1$；特殊地，对于 x_{12}^*（1998年），$\varphi_{12}=n([3,3])+\varepsilon_{12}e([3,3])=\frac{3+3}{2}+\varepsilon_{12}(3-3)=3$，其余方案的协商点 φ_k 算式见表7－8。

（6）按式（7－21）、式（7－22）确定离核度 $D_k(k=1,2,\cdots,12)$ 算式。例如：对于 x_1^*（1986年），$D_1^{(p)}(\varepsilon_1)=D(\varphi_1,\tilde{p}_1)=\left|9+4\varepsilon_1-\frac{6+8}{2}\right|=|2+4\varepsilon_1|$，$D_1^{(q)}(\varepsilon_1)=D(\varphi_1,\tilde{q}_1)=\left|9+4\varepsilon_1-\frac{9+13}{2}\right|=|-2+4\varepsilon_1|$，其余方案的离核度 D_k 算式见表7－8。

（7）按照式（7－23）构造协商规划模型。

本例的协商规划模型如下（目标函数 $\pi(\varepsilon)$ 已经过整理，这里假设协商双方具有相同的评价能力，取 $\alpha=\beta=0.5$）：

$$\min\pi(\varepsilon)=0.5(32\varepsilon_1^2+2\varepsilon_2^2+2\varepsilon_3^2+2\varepsilon_4^2+8\varepsilon_5^2+8\varepsilon_6^2+18\varepsilon_7^2+8\varepsilon_8^2+8\varepsilon_9^2+18\varepsilon_{10}^2+2\varepsilon_{11}^2+2\varepsilon_3+2\varepsilon_5+4\varepsilon_8+2\varepsilon_9-6\varepsilon_{10}-\varepsilon_{11}+67/4)$$

$$s.t.\begin{cases}|\varepsilon_k|\leqslant 1/2\\ k=1,2,\cdots,11\end{cases}$$

（8）计算 X_b 的协商点 $\boldsymbol{\varphi}^*=(\varphi_1^*,\varphi_2^*,\cdots,\varphi_{12}^*)^{\mathrm{T}}$。解第（7）步中构建的二次规划模型，得到最优协商系数向量为 ε^*，各协商系数的值见表7－7。对于 x_1^*（1986年）的协商点 φ_1^*，$\varphi_1^*=9+4\varepsilon_1=9+4\times0=9$，其余方案的协商点数值见表7－7。

（9）重新对方案排序。$(\varphi_1^*,\varphi_2^*,\cdots,\varphi_{12}^*)^{\mathrm{T}}$ 中 $\varphi_2^*=\varphi_8^*$（方案 x_2^* 与 x_8^* 的协商点相同），对于 x_2^*（1987年）与 x_8^*（1993年）的原评价结论序值平均数分别为

$\frac{8+10+7+12}{4}=9.25$、$\frac{10+11+11+7}{4}=9.75$,可见 $x_2^* > x_8^*$(“$>$”表示“优于”)。同理,对于方案 x_6^* 与 x_{10}^* 有 $x_6^* > x_{10}^*$。由$(\varphi_1^*, \varphi_2^*, \cdots, \varphi_{12}^*)^{\mathrm{T}}$ 得出 $x_{12}^* > x_{11}^* > x_7^* > x_6^* > x_{10}^* > x_5^* > x_1^* > x_2^* > x_8^* > x_9^* > x_4^* > x_3^*$。因为 4 种评价方法对方案 x_1'(1997 年)的评价序值均为 1,将 x_1' 置于协商方案集的首位,故最终方案排序为:$x_1' > x_{12}^* > x_{11}^* > x_7^* > x_6^* > x_{10}^* > x_5^* > x_1^* > x_2^* > x_8^* > x_9^* > x_4^* > x_3^*$。

7.3.4 小结

本节针对评价群体(双方)之间“意见分歧”的情形,给出一种柔性意义下的多评价结论协商组合方法。该方法具有如下特点:

(1)在多方法结果容许的范围(即结果变动的范围)内对多种评价序值进行协商信息集结,因而方法贯穿了“物理—事理—人理”的科学原则;

(2)能够对出现意见分歧的评价双方进行协调,得出共识的评价结论;

(3)评价者(或决策者)能够在结论得出后进一步规范地表达头脑中的知识与经验,使最终的评价结论更加合理;

(4)用二次规划模型对协商的知识进行集成,方案在各自的协商区域内是自由竞争的,保证了协商结论的客观公正性。

7.4 双方冲突特征下多评价结论协商组合方法[96]

“冲突”是指双方在观点或(利益)上存在着较大的矛盾,且常常是不可调和的。可见,“冲突”是对抗的。一个“群体”中产生的诸多观点是否属于“冲突性的”是以对“群体”中个体之间关系的正确判别为前提的。通常,适合运用“冲突”概念的如竞聘、岗位评定等需要正当“争名逐利”的场合。当然也有“分歧”与“冲突”共存的混合情形,见第 7.5 节中的进一步讨论。本节主要针对评价群体(双方)之间“观点(或利益)冲突”的情形,给出一种柔性意义下的多评价结论协商组合方法。

7.4.1 基本概念及定义

定义 7.3 对于协商区间 N_j,称集映射

$$\varphi_j = \varphi(N_j) = n(N_j) + \varepsilon_j e(N_j) = n(N_j) + (\lambda_j^{(R)} - \lambda_j^{(L)}) e(N_j), j=1,2,\cdots,n$$

为协商方 P,Q 关于方案 x_j 序值结论的协商点,其中,ε_j 称为协商系数,$|\varepsilon_j| \leqslant 1/2$,$\lambda_j^{(L)}, \lambda_j^{(R)}$ 分别为协商双方的调控能力系数,$\lambda_j^{(L)}, \lambda_j^{(R)} \in [0,1]$ 且 $|\lambda_j^{(R)} - \lambda_j^{(L)}| \leqslant 1/2$。

$\varepsilon_j = \lambda_j^{(R)} - \lambda_j^{(L)}$ 形式的合理性由定理 7.3 得到保证。

定义 7.4 对于区间数 $\tilde{p} = [p^{\mathrm{L}}, p^{\mathrm{U}}]$,$\tilde{q} = [q^{\mathrm{L}}, q^{\mathrm{U}}]$ 称 $p^{\mathrm{L}} + p^{\mathrm{U}} < q^{\mathrm{L}} + q^{\mathrm{U}}$ 为“p 左于

q”,记为 $p \to q$;称 $p^L+p^U>q^L+q^U$ 为“p 右于 q”,记为 $p \leftarrow q$;称 $p^L+p^U=q^L+q^U$ 为“p,q 同心”,记为 $p \leftrightarrow q$。

显然,$p \to q \Leftrightarrow q \leftarrow p$,$p \leftarrow q \Leftrightarrow q \to p$,$p \leftrightarrow q \Leftrightarrow p \to q$ 且 $p \leftarrow q$。

定理 7.3　对任意两个区间数 $\tilde{p}'$,$\tilde{q}'$ 及由 $\tilde{p}'$,$\tilde{q}'$ 确定的协商区间 N',有 $[n(\tilde{p}')-n(N')]\cdot[n(\tilde{q}')-n(N')]\leqslant 0$。

证明:记 $\tilde{p}'=[p^L,p^U]$,$\tilde{q}'=[q^L,q^U]$,$\chi^*=[n(\tilde{p}')-n(N')]\cdot[n(\tilde{q}')-n(N')]$。

(1)当 $[p^L,p^U]\cap[q^L,q^U]=\varnothing$ 时,若 $p^U<q^L$,此时,$N'=\left[\dfrac{p^L+p^U}{2},\dfrac{q^L+q^U}{2}\right]$,则

$$\chi^*=\left[\frac{p^L+p^U}{2}-\frac{(p^L+p^U)+(q^L+q^U)}{4}\right]\cdot\left[\frac{q^L+q^U}{2}-\frac{(p^L+p^U)+(q^L+q^U)}{4}\right]=\frac{1}{16}$$

$$[(p^L+p^U)-(q^L+q^U)]\cdot[(q^L+q^U)-(p^L+p^U)]=\frac{1}{16}[(p^L+p^U)-(q^L+q^U)]^2<0$$

由对称性可知,$q^U<p^L$ 时,同样有 $\chi^*\leqslant 0$ 成立。

(2)当 $[p^L,p^U]\cap[q^L,q^U]\neq\varnothing$ 时,若 $p^L\leqslant q^L\leqslant p^U\leqslant q^U$,此时,$N'=[q^L,q^U]$,则

$$\chi^*=\left[\frac{p^L+p^U}{2}-\frac{q^L+p^U}{2}\right]\cdot\left[\frac{q^L+q^U}{2}-\frac{q^L+p^U}{2}\right]=\frac{1}{4}(p^L-q^L)(q^U-p^U)\leqslant 0$$

若 $p^L\leqslant q^L\leqslant q^U\leqslant p^U$,此时,$N'=[q^L,q^U]$,则

$$\chi^*=\left[\frac{p^L+p^U}{2}-\frac{q^L+q^U}{2}\right]\cdot\left[\frac{q^L+q^U}{2}-\frac{q^L+q^U}{2}\right]=0$$

由对称性可知,$q^L\leqslant p^L\leqslant q^U\leqslant p^U$ 或 $q^L\leqslant p^L\leqslant p^U\leqslant q^U$ 时,同样有 $\chi^*\leqslant 0$ 成立。

定理证毕。

定理 7.3 说明 $\tilde{p}'$,$\tilde{q}'$ 的中点不可能同时偏于协商区间 N' 中点的一侧,从而协商双方得以以 N' 的中点为基点展开协商。

定义 7.3 中的 $\lambda_j^{(R)}$,$\lambda_j^{(L)}(j=1,2,\cdots,n)$ 按以下情况确定:

设 $\lambda_j^{(p)}$,$\lambda_j^{(q)}(j=1,2,\cdots,n)$ 分别为 P,Q 双方的调控能力系数。当 $p\to q$ 时,$\lambda_j^{(R)}=\lambda_j^{(q)}$,$\lambda_j^{(L)}=\lambda_j^{(p)}$,此时,协商系数记为 $\overset{p\to q}{\varepsilon_j}$;当 $p\leftarrow q$ 时,$\lambda_j^{(R)}=\lambda_j^{(p)}$,$\lambda_j^{(L)}=\lambda_j^{(q)}$,此时,协商系数记为 $\overset{p\leftarrow q}{\varepsilon_j}$;当 $p\leftrightarrow q$ 时,$\lambda_j^{(L)}=\lambda_j^{(R)}=\lambda_j^{(p)}=\lambda_j^{(q)}$,此时,协商系数记为 $\overset{p\leftrightarrow q}{\varepsilon_j}$,易知 $\overset{p\leftrightarrow q}{\varepsilon_j}\equiv 0$。

7.4.2　原理与方法

7.4.2.1　问题描述及模型假设

符号含义见第 7.3.2.1 节内容。

设对评价结论存在意见(或利益)冲突的评价双方为 P,Q,双方对于其中某一方案

$x_j(j=1,2,\cdots,n)$序值的区间数估计分别为$\tilde{p}_j=[p_j^{\mathrm{L}},p_j^{\mathrm{U}}]$,$\tilde{q}_j=[q_j^{\mathrm{L}},q_j^{\mathrm{U}}]$,通常$\tilde{p}_j\neq\tilde{q}_j$。

问题　如何由 S 及 P,Q 提供的协商信息确定一个调和双方意见冲突的排序结论 $\boldsymbol{s}^*=[s_1^*,s_2^*,\cdots,s_n^*]^{\mathrm{T}}$($s_i^*$ 为方案 x_i 对应的序值)?

对于本节的冲突协商组合评价模型,其假设条件如下:

(1)协商双方均有一个参评人(对于双方均有多个参评人的群组协商问题仅在双方估计区间数的确定上稍有不同,见第 7.3.2.3 中的讨论);

(2)协商双方为意见(或利益)冲突,在极大化自身目标的同时极小化对方目标;

(3)协商双方对方案的排序有各自的调控能力,双方相互冲突表现为调控能力使用上的不相容,双方对最终评价结论的影响能力可以不同,表现为总体调控能力上的非对称性;

(4)协商双方给出的区间数上各实数点发生的可能性服从正态分布或均匀分布,因而区间的中点可靠性、稳定性最高。

7.4.2.2　组合评价模型

协商组合评价法的算法步骤如下:

前 4 步同意见分歧特征的协商组合评价方法,见第 7.3.2.2 节内容。

(1)确定协商系数 ε_k 的形式及协商点 $\varphi_k(k=1,2,\cdots,l)$的算式

由定义 6.12、定义 7.3 可确定方案 $x_k^*(k=1,2,\cdots,l)$的协商点 $\varphi_k(\varphi_k\in\mathbf{R}^+)$,

$$\varphi_k=\varphi(N_k)=n(N_k)+\varepsilon_k(\boldsymbol{\lambda}_k^{(p)},\boldsymbol{\lambda}_k^{(q)})e(N_k),k=1,2,\cdots,l \tag{7-24}$$

式中,$\varepsilon_k(\boldsymbol{\lambda}_k^{(p)},\boldsymbol{\lambda}_k^{(q)})$为协商系数,其形式依 $\tilde{p}_k$ 与 $\tilde{q}_k$ 的关系取$\overset{p\rightarrow q}{\varepsilon_k}$,$\overset{p\leftarrow q}{\varepsilon_k}$,$\overset{p\leftrightarrow q}{\varepsilon_k}$三者之一,$|\varepsilon_k(\boldsymbol{\lambda}_k^{(p)},\boldsymbol{\lambda}_k^{(q)})|\leqslant 1/2$。

(2)确定离核度 $D_k(k=1,2,\cdots,l)$算式。由定义 6.13 可确定方案 $x_k^*(k=1,2,\cdots,l)$的协商点 φ_k 与 $\tilde{p}_k,\tilde{q}_k$ 的离核度 $D_k^{(p)}(\varepsilon_k)$,$D_k^{(q)}(\varepsilon_k)$分别为

$$\begin{aligned}D_k^{(q)}(\varepsilon_k(\boldsymbol{\lambda}_k^{(p)},\boldsymbol{\lambda}_k^{(q)}))&=D(\varphi_k,\tilde{p}_k)=|\varphi_k-n(\tilde{p}_k)|\\&=\left|n(N_k)+\varepsilon_k(\boldsymbol{\lambda}_k^{(p)},\boldsymbol{\lambda}_k^{(q)})e(N_k)-\frac{(p_k^L+p_k^U)}{2}\right|,k=1,2,\cdots,l\end{aligned} \tag{7-25}$$

$$\begin{aligned}D_k^{(q)}(\varepsilon_k(\boldsymbol{\lambda}_k^{(p)},\boldsymbol{\lambda}_k^{(q)}))&=D(\varphi_k,\tilde{q}_k)=|\varphi_k-n(\tilde{q}_k)|\\&=\left|n(N_k)+\varepsilon_k(\boldsymbol{\lambda}_k^{(p)},\boldsymbol{\lambda}_k^{(q)})e(N_k)-\frac{(q_k^L+q_k^U)}{2}\right|,k=1,2,\cdots,l\end{aligned} \tag{7-26}$$

(3)构造冲突目标规划模型。用离核度作为衡量协商点与 P,Q 给出的序值区间之间的偏差。设协商点 φ_k 与 P 给出的序值区间 $\tilde{p}_k(k=1,2,\cdots,l)$之间的总偏差为$\pi_1(\boldsymbol{\lambda}^{(p)},\boldsymbol{\lambda}^{(q)})$,与 Q 给出的序值区间 $\tilde{q}_k(k=1,2,\cdots,l)$之间的总偏差为$\pi_2(\boldsymbol{\lambda}^{(p)}$,

$\boldsymbol{\lambda}^{(q)}$)，这里，$\boldsymbol{\lambda}^{(p)}=(\lambda_1^{(p)},\lambda_2^{(p)},\cdots,\lambda_l^{(p)})^{\mathrm{T}}$，$\lambda^{(q)}=(\lambda_1^{(q)},\lambda_2^{(q)},\cdots,\lambda_l^{(q)})^{\mathrm{T}}$，则

$$\pi_1(\boldsymbol{\lambda}^{(p)},\boldsymbol{\lambda}^{(q)})=\sum_{k=1}^{l}[D_k^{(p)}(\varepsilon_k(\lambda_k^{(p)},\lambda_k^{(q)}))]^2 \qquad (7-27)$$

$$\pi_2(\boldsymbol{\lambda}^{(p)},\boldsymbol{\lambda}^{(q)})=\sum_{k=1}^{l}[D_k^{(q)}(\varepsilon_k(\lambda_k^{(p)},\lambda_k^{(q)}))]^2 \qquad (7-28)$$

就 P 方而言，有两个目标，即：$\min\pi_1(\boldsymbol{\lambda}^{(p)},\boldsymbol{\lambda}^{(q)})$ 及 $\max\pi_2(\boldsymbol{\lambda}^{(p)},\boldsymbol{\lambda}^{(q)})$；同样，就 Q 方而言，也有相反的两个目标：$\max\pi_1(\boldsymbol{\lambda}^{(p)},\boldsymbol{\lambda}^{(q)})$ 及 $\min\pi_2(\boldsymbol{\lambda}^{(p)},\boldsymbol{\lambda}^{(q)})$。这里采用“线性加权”思想对多个目标进行合成。

对于 P 方，设其目标函数为

$$\min\pi^{(p)}(\boldsymbol{\lambda}^{(p)},\boldsymbol{\lambda}^{(q)})=\alpha^{(p)}\pi_1(\boldsymbol{\lambda}^{(p)},\boldsymbol{\lambda}^{(q)})+\beta^{(p)}[-\pi_2(\boldsymbol{\lambda}^{(p)},\boldsymbol{\lambda}^{(q)})] \qquad (7-29)$$

对于 Q 方，设其目标函数为

$$\min\pi^{(q)}(\boldsymbol{\lambda}^{(p)},\boldsymbol{\lambda}^{(q)})=\alpha^{(q)}\pi_2(\boldsymbol{\lambda}^{(p)},\boldsymbol{\lambda}^{(q)})+\beta^{(q)}[-\pi_1(\boldsymbol{\lambda}^{(p)},\boldsymbol{\lambda}^{(q)})] \qquad (7-30)$$

$(\alpha^{(p)},\beta^{(p)})$，$(\alpha^{(q)},\beta^{(q)})$分别为 P,Q 双方分配于两个不同目标的组合权系数，满足条件 $0\leqslant\alpha^{(p)},\beta^{(p)}\leqslant1,\alpha^{(p)}+\beta^{(p)}=1,0\leqslant\alpha^{(q)},\beta^{(q)}\leqslant1,\alpha^{(q)}+\beta^{(q)}=1$。

P,Q 双方有着共同的约束条件：

$$s.t.\begin{cases}|\lambda_k^{(p)}-\lambda_k^{(q)}|\leqslant 1/2\\ 0\leqslant\lambda_k^{(p)},\lambda_k^{(q)}\leqslant 1\\ \sum_{k=1}^{l}\lambda_k^{(p)}=\eta^*\sum_{k=1}^{l}\lambda_k^{(q)}\\ k=1,2,\cdots,l\end{cases} \text{或 } s.t.\begin{cases}|\lambda_k^{(p)}-\lambda_k^{(q)}|\leqslant 1/2\\ 0\leqslant\lambda_k^{(p)},\lambda_k^{(q)}\leqslant 1\\ \eta_1\sum_{k=1}^{l}\lambda_k^{(q)}\leqslant\sum_{k=1}^{l}\lambda_k^{(p)}\leqslant\eta_2\sum_{k=1}^{l}\lambda_k^{(q)}\\ k=1,2,\cdots,l\end{cases} \qquad (7-31)$$

其中，实数 $\boldsymbol{\eta}^*$ 或区间数 $\boldsymbol{\eta}^*=[\eta_1,\eta_2]$为 P 方对 Q 方的协商能力对比数，可根据双方的知识结构、地位、经验等因素对比来确定。这里仅考虑 $\boldsymbol{\eta}^*$ 为实数的情形（即第一种约束形式），显然，$\boldsymbol{\eta}^*>1$ 时说明 P 方较 Q 方有更强的协商能力。$\sum_{k=1}^{l}\lambda_k^{(p)}$ 与 $\sum_{k=1}^{l}\lambda_k^{(q)}$ 的经济解释分别为“P 或 Q 方在冲突中可支配的协商资源总量”。

（4）变动组合权系数$(\alpha^{(p)},\beta^{(p)})$，$(\alpha^{(q)},\beta^{(q)})$，对 P,Q 双方的目标达成度进行模拟计算。P 方在区间$[0,1]$内沿由高到低的方向依次（一般按等间距）取出 h 个数（设$h\geqslant3$，实际应用中 h 个数越大对分析问题越有利，但计算量也会相应地增加），记为$(\alpha_1^{(p)},\alpha_2^{(p)},\cdots,\alpha_k^{(p)})$，对应地有$(\beta_1^{(p)},\beta_2^{(p)},\cdots,\beta_h^{(p)})$。

在 P 方目标函数 $\min\pi^{(p)}(\boldsymbol{\lambda}^{(p)},\boldsymbol{\lambda}^{(q)})$作用下，其 P,Q 双方目标达成度 $\zeta^{(p)}(\alpha_i^p,\beta_i^p)$，$\zeta^{(q)}(\alpha_i^p,\beta_i^p)$的算式为

$$\zeta^{(p)}(\alpha_i^p,\beta_i^p)=\frac{\max\pi_1-\pi_1(\alpha_i^p,\beta_i^p)}{\max\pi_1-\min\pi_1},i=1,2,\cdots,h \qquad (7-32)$$

$$\zeta^{(p)}(\alpha_i^p,\beta_i^p)=\frac{\max\pi_2-\pi_2(\alpha_i^p,\beta_i^p)}{\max\pi_2-\min\pi_2},i=1,2,\cdots,h \tag{7-33}$$

在式(7-32)、式(7-33)中,$\pi_1(\alpha_i^p,\beta_i^p)$,$\pi_2(\alpha_i^p,\beta_i^p)$分别为在给定$(\alpha_i^p,\beta_i^p)$下由$\min\pi^{(p)}(\boldsymbol{\lambda}^{(p)},\boldsymbol{\lambda}^{(q)})$及公共约束[式(7-31)]确定的规划模型的解$\boldsymbol{\lambda}^{(p)}$,$\boldsymbol{\lambda}^{(q)}$代入$\pi_1(\boldsymbol{\lambda}^{(p)},\boldsymbol{\lambda}^{(q)})$,$\pi_2(\boldsymbol{\lambda}^{(p)},\boldsymbol{\lambda}^{(q)})$后得到的值,$\min\pi_1$及$\max\pi_1$及$\min\pi_2$,$\max\pi_2$分别为$\pi_1(\boldsymbol{\lambda}^{(p)},\boldsymbol{\lambda}^{(q)})$,$\pi_2(\boldsymbol{\lambda}^{(p)},\boldsymbol{\lambda}^{(q)})$在公共约束[式(7-31)]作用下的最小值与最大值。显然,$\zeta^{(p)}(\alpha_i^p,\beta_i^p)$,$\zeta^{(q)}(\alpha_i^p,\beta_i^p)\in[0,1]$。

同理,Q方在[0,1]内取得$(\alpha_1^{(q)},\alpha_2^{(q)},\cdots,\alpha_h^{(q)})$及$(\beta_1^{(q)},\beta_2^{(q)},\cdots,\beta_h^{(q)})$,在$Q$方目标函数$\min\pi^{(q)}(\lambda^{(p)},\lambda^{(q)})$及公共约束[式(7-31)]作用下,其$P$,$Q$双方目标达成度$\zeta^{(p)}(\alpha_i^q,\beta_i^q)$,$\zeta^{(q)}(\alpha_i^q,\beta_i^q)$的算式为

$$\zeta^{(p)}(\alpha_i^q,\beta_i^q)=\frac{\max\pi_1-\pi_1(\alpha_i^q,\beta_i^q)}{\max\pi_1-\min\pi_1},i=1,2,\cdots,h \tag{7-34}$$

$$\zeta^{(q)}(\alpha_i^q,\beta_i^q)=\frac{\max\pi_2-\pi_2(\alpha_i^q,\beta_i^q)}{\max\pi_2-\min\pi_2},i=1,2,\cdots,h \tag{7-35}$$

显然,$\zeta^{(p)}(\alpha_i^q,\beta_i^q)$,$\zeta^{(q)}(\alpha_i^q,\beta_i^q)\in[0,1]$。

(5)选定$(\alpha^{(p)*},\beta^{(p)*})$,$(\alpha^{(q)*},\beta^{(q)*})$,计算$X_{\mathrm{b}}$的最终协商结果$\boldsymbol{\varphi}^*$。为协助双方分析如何选定最优的组合权系数$(\alpha^{(p)*},\beta^{(p)*})$,$(\alpha^{(q)*},\beta^{(q)*})$,现构建一测度指标——交叉目标增量比。当$(\alpha_1^{(p)},\alpha_2^{(p)},\cdots,\alpha_h^{(p)})$,$(\alpha_1^{(q)},\alpha_2^{(q)},\cdots,\alpha_h^{q})$由高到低取得时,$P$,$Q$双方交叉目标增量比$\mu_t^{(p)}$,$\mu_t^{(q)}$的算式为

$$\mu_t^{(p)}=\frac{\zeta^{(q)}(\alpha_{t-1}^{(p)},\beta_{t-1}^{(p)})-\zeta^{(q)}(\alpha_t^{(p)},\beta_t^{(p)})}{\zeta^{(p)}(\alpha_{t-1}^{(p)},\beta_{t-1}^{(p)})-\zeta^{(p)}(\alpha_t^{(p)},\beta_t^{(p)})},t=2,\cdots,h \tag{7-36}$$

$$\mu_t^{(q)}=\frac{\zeta^{(p)}(\alpha_{t-1}^{(q)},\beta_{t-1}^{(q)})-\zeta^{(p)}(\alpha_t^{(q)},\beta_t^{(q)})}{\zeta^{(q)}(\alpha_{t-1}^{(q)},\beta_{t-1}^{(q)})-\zeta^{(q)}(\alpha_t^{(q)},\beta_t^{(q)})},t=2,\cdots,h \tag{7-37}$$

交叉目标增量比的直观意义是"减少自身收益以换取对方损失的比率",显然只有在$\mu_t^{(p)}$,$\mu_t^{(q)}\geqslant 1$时,$(\alpha^{(p)},\beta^{(p)})$,$(\alpha^{(q)},\beta^{(q)})$的选取是理性的。进一步假定,若协商双方认为自身目标值增量的变动与对方目标值相同增量的变动所产生的效用等价,则当$\mu_t^{(p)}$,$\mu_t^{(q)}=1$时,对应的$(\alpha^{(p)},\beta^{(p)})$及$(\alpha^{(q)},\beta^{(q)})$为双方的最优组合权系数。

P,Q通过对双方目标达成度及交叉目标增量比取值情况的分析选定自身最满意的$(\alpha^{(p)*},\beta^{(p)*})$,$(\alpha^{(q)*},\beta^{(q)*})$,并根据冲突规划模型[模型(7-29)~模型(7-31)]得到各自最优的调控能力系数向量$(\boldsymbol{\lambda}_p^{(p)*},\boldsymbol{\lambda}_p^{(q)*})$及$(\boldsymbol{\lambda}_q^{(p)*},\boldsymbol{\lambda}_q^{(q)*})$,将$(\boldsymbol{\lambda}_p^{(p)*},\boldsymbol{\lambda}_p^{(q)*})$及$(\boldsymbol{\lambda}_q^{(p)*},\boldsymbol{\lambda}_q^{(q)*})$分别代入式(7-24),得到协商点$\boldsymbol{\varphi}^{(p)}=(\varphi_1^{(p)},\varphi_2^{(p)},\cdots,\varphi_l^{(p)})^{\mathrm{T}}$,$\boldsymbol{\varphi}^{(q)}=(\varphi_1^{(q)},\varphi_2^{(q)},\cdots,\varphi_l^{(q)})^{\mathrm{T}}$而最终的协商结果向量$\boldsymbol{\varphi}^*=\dfrac{\boldsymbol{\varphi}^{(p)}+\boldsymbol{\varphi}^{(q)}}{2}$。

(6)重新对方案排序(此步同意见分歧特征下的协商组合评价方法,见第

7.3.2.2 节内容)。

7.4.2.3　对方案有偏好情形下的拓展模型

在评价中,可能存在方案的偏好差异问题,即协商双方对各评价方案的关注程度可能不同,此时,需要对各自的目标函数进行扩展从而将方案的偏好信息融入到模型中。

将式(7－27)、式(7－28)改为

$$\pi_1^{(w)}(\boldsymbol{\lambda}^{(p)},\boldsymbol{\lambda}^{(q)}) = \sum_{k=1}^{l} w_k^{(p)}[D_k^{(p)}(\varepsilon_k(\lambda_k^{(p)},\lambda_k^{(q)}))]^2 \tag{7-38}$$

$$\pi_2^{(w)}(\boldsymbol{\lambda}^{(p)},\boldsymbol{\lambda}^{(q)}) = \sum_{k=1}^{l} w_k^{(q)}[D_k^{(q)}(\varepsilon_k(\lambda_k^{(p)},\lambda_k^{(q)}))]^2 \tag{7-39}$$

式中,$w_k^{(p)}, w_k^{(q)}(k=1,2,\cdots,l)$分别为$P,Q$对方案$x_k^*$的偏好系数,满足$\sum_{k=1}^{l} w_k^{(p)} = 1$,$\sum_{k=1}^{l} w_k^{(q)} = 1$,$w_k^{(p)}, w_k^{(q)} \in [0,1]$。

对于P方,其目标函数调整为

$$\min \pi^{(p)}(\boldsymbol{\lambda}^{(p)},\boldsymbol{\lambda}^{(q)}) = \alpha^{(p)}\pi_1^{(w)}(\boldsymbol{\lambda}^{(p)},\boldsymbol{\lambda}^{(q)}) + \beta^{(p)}[-\pi_2^{(w)}(\boldsymbol{\lambda}^{(p)},\boldsymbol{\lambda}^{(q)})]$$

对于Q方,其目标函数调整为

$$\min \pi^{(q)}(\boldsymbol{\lambda}^{(p)},\boldsymbol{\lambda}^{(q)}) = \alpha^{(q)}\pi_2^{(w)}(\boldsymbol{\lambda}^{(p)},\boldsymbol{\lambda}^{(q)}) + \beta^{(q)}[-\pi_2^{(w)}(\boldsymbol{\lambda}^{(p)},\boldsymbol{\lambda}^{(q)})]$$

$w_k^{(p)}, w_k^{(q)}(k=1,2,\cdots,l)$的配置一般可有两种方式:一是根据自身的偏好信息手工配置,这种方式比较简便,但随意性较强;二是运用公式配置,这种方式相对复杂,但规范性较强,具体可参考特征值法、G_1－法等主观赋权方法(见第3章)。

值得提及的是,第7.3节中意见分歧特征的协商组合评价方法也可做类似的扩展。

7.4.3　应用算例

这里仍选用参考文献[44]中的例子(与第7.1节相同),原始数据、协商组合评价中间数据及最终结论见表7－9、表7－10。

表7－9　多评价方法及协商组合评价法结论数据

年份	信息熵排序	灰色关联度排序	模糊综合评价法排序	改进DEA法排序	主成分分析法排序	协商点 $\varphi_k^{(p)}$	协商点 $\varphi_k^{(q)}$	协商点 φ_k^*	组合排序 S^*
1986	6	8	6	13	2	7	11	9	8
1987	8	10	7	12	3	9.2778	9	9.1389	9
1988	11	12	13	10	6	12	12.3121	12.1561	13

续表

年份	信息熵排序	灰色关联度排序	模糊综合评价法排序	改进 DEA 法排序	主成分分析法排序	协商点 $\varphi_k^{(p)}$	协商点 $\varphi_k^{(q)}$	协商点 φ_k^{*}	组合排序 S^*
1989	13	13	10	11	4	11.2778	11	11.1389	12
1990	2	5	8	9	1	6	7.7226	6.8613	7
1991	5	6	4	8	7	6	6	6	6
1992	7	4	2 *	6	10	6	3.4161	4.7081	4
1993	10	11	11	7	12	9	9.6242	9.3121	10
1994	12	9	12	4	13	10.4444	11	10.7222	11
1995	9	7	9	2	11	6	5.1387	5.5694	5
1996	3	3	5	3	9	3	4	3.5	3
1997	1	1	1 *	1	5	—	—	—	1
1998	4	2	3	5	8	3	3	3	2

注：为将方法中讨论的情况在算例中体现得更加全面，表中将 1992 年与 1997 年“模糊综合评价法排序”的结果进行了对换，见标“ * ”的数据；符号“—”表示该处没有需要计算的数据，表 7 – 10 相同。

表 7 – 10　协商组合评价法计算表

年份	协商方案集 X_b	变异区间 r_k	$\widetilde{p}_k$	$\widetilde{q}_k$	协商区间 N_k	协商点算式 φ_k	离核度 $D_k^{(p)}(\varepsilon_k)$	离核度 $D_k^{(q)}(\varepsilon_k)$
1986	x_1^*	[6,13]	[6,8]	[9,13]	[7,11]	$9+4\overset{p\to q}{\varepsilon_1}$	$\lvert 2+4\overset{p\to q}{\varepsilon_1}\rvert$	$\lvert -2+4\overset{p\to q}{\varepsilon_1}\rvert$
1987	x_2^*	[7,12]	[8,10]	[9,11]	[9,10]	$9.5+\overset{p\to q}{\varepsilon_2}$	$\lvert 0.5+\overset{p\to q}{\varepsilon_2}\rvert$	$\lvert -0.5+\overset{p\to q}{\varepsilon_2}\rvert$
1988	x_3^*	[10,13]	[10,12]	[13,13]	[12,13]	$12.5+\overset{p\to q}{\varepsilon_3}$	$\lvert 1.5+\overset{p\to q}{\varepsilon_3}\rvert$	$\lvert -0.5+\overset{p\to q}{\varepsilon_3}\rvert$
1989	x_4^*	[10,13]	[10,12]	[11,13]	[11,12]	$11.5+\overset{p\to q}{\varepsilon_4}$	$\lvert 0.5+\overset{p\to q}{\varepsilon_4}\rvert$	$\lvert -0.5+\overset{p\to q}{\varepsilon_4}\rvert$
1990	x_5^*	[2,9]	[4,8]	[6,9]	[6,8]	$7+2\overset{p\to q}{\varepsilon_5}$	$\lvert 1+2\overset{p\to q}{\varepsilon_5}\rvert$	$\lvert -0.5+2\overset{p\to q}{\varepsilon_5}\rvert$
1991	x_6^*	[4,8]	[5,7]	[4,8]	[5,7]	$6+2\overset{p\leftrightarrow q}{\varepsilon_6}$	$\lvert 2\overset{p\leftrightarrow q}{\varepsilon_6}\rvert$	$\lvert 2\overset{p\leftrightarrow q}{\varepsilon_6}\rvert$
1992	x_7^*	[2,7]	[3,7]	[2,6]	[3,6]	$4.5+3\overset{p\leftarrow q}{\varepsilon_7}$	$\lvert -0.5+3\overset{p\leftarrow q}{\varepsilon_7}\rvert$	$\lvert 0.5+3\overset{p\leftarrow q}{\varepsilon_7}\rvert$
1993	x_8^*	[7,11]	[7,11]	[9,11]	[9,11]	$10+2\overset{p\to q}{\varepsilon_8}$	$\lvert 1+2\overset{p\to q}{\varepsilon_8}\rvert$	$\lvert 2\overset{p\to q}{\varepsilon_8}\rvert$
1994	x_9^*	[4,12]	[9,11]	[7,12]	[9,11]	$10+2\overset{p\leftarrow q}{\varepsilon_9}$	$\lvert 2\overset{p\leftarrow q}{\varepsilon_9}\rvert$	$\lvert 0.5+2\overset{p\leftarrow q}{\varepsilon_9}\rvert$
1995	x_{10}^*	[2,9]	[4,9]	[4,7]	[4,7]	$5.5+3\overset{p\leftarrow q}{\varepsilon_{10}}$	$\lvert -1+3\overset{p\leftarrow q}{\varepsilon_{10}}\rvert$	$\lvert 3\overset{p\leftarrow q}{\varepsilon_{10}}\rvert$
1996	x_{11}^*	[3,5]	[3,5]	[3,4]	[3,4]	$3.5+\overset{p\leftarrow q}{\varepsilon_{11}}$	$\lvert -0.5+\overset{p\leftarrow q}{\varepsilon_{11}}\rvert$	$\lvert \overset{p\leftarrow q}{\varepsilon_{11}}\rvert$
1997	x_1^*	[1,1]	—	—	—	—	—	—
1998	x_{12}^*	[2,5]	[3,5]	[3,3]	[3,3]	3	1	0

协商组合评价法的具体计算过程如下：

(1)与第7.3.3节同,按式(7-19)计算多方法结论变异区间,数据见表7-10。

(2)与第7.3.3节同,剔除多方法结论相同的方案 X_s,确定协商方案集 X_b,结果见表7-10。

(3)与第7.3.3节同,P,Q 双方确定方案序值区间,数据见表7-10。

(4)与第7.3.3节同,按照定义7.1确定各方案的协商区间,数据见表7-10。

(5)确定协商系数 $\varepsilon_k(k=1,2,\cdots,12)$ 的形式及协商点 φ_k 算式。例如:对 x_1^*(1986年),因为 $6+8<9+13$,故有 $\tilde{p}_1\to\tilde{q}_1$,从而 ε_1 的形式为 $\overset{p\to q}{\varepsilon_1}$,$\overset{p\to q}{\varepsilon_1}=\lambda_1^{(q)}-\lambda_1^{(p)}$,$\varphi_1=n([7,11])+\overset{p\to q}{\varepsilon_1}e([7,11])=\frac{7+11}{2}+\overset{p\to q}{\varepsilon_1}(11-7)=9+4\overset{p\to q}{\varepsilon_1}$;特殊地,对于 x_6^*(1991年),因为 $5+7=4+8$,有 $\tilde{p}_6\leftrightarrow\tilde{q}_6$,从而 ε_6 的形式为 $\overset{p\leftrightarrow q}{\varepsilon_6}$,而 $\overset{p\leftrightarrow q}{\varepsilon_6}=0$,故 $\varphi_6=n([5,7])+\overset{p\leftrightarrow q}{\varepsilon_6}e([5,7])=\frac{5+7}{2}+\overset{p\leftrightarrow q}{\varepsilon_6}(7-5)=6$,其余方案的协商点 φ_k 算式见表7-10。

(6)按式(7-25)、式(7-26)确定离核度 D_k 算式。例如:对于1986年,$D_1^{(p)}(\overset{p\to q}{\varepsilon_1})=D(\varphi_1,\tilde{p}_1)=\left|9+4\overset{p\to q}{\varepsilon_1}-\frac{6+8}{2}\right|=\left|2+4\overset{p\to q}{\varepsilon_1}\right|$,$D_1^{(q)}(\overset{p\to q}{\varepsilon_1})=D(\varphi_1,\tilde{q}_1)=\left|9+4\overset{p\to q}{\varepsilon_1}-\frac{9+13}{2}\right|=\left|-2+4\overset{p\to q}{\varepsilon_1}\right|$,其余方案的离核度 D_k 算式见表7-10。

(7)构造冲突目标规划模型。

由式(7-27)、式(7-28)及表7-10中的中间算式,可写出协商点与 P,Q 给出的序值区间之间的偏差函数,即

$$\pi_1(\boldsymbol{\lambda}^{(p)},\boldsymbol{\lambda}^{(q)})=[2+4(\lambda_1^{(q)}-\lambda_1^{(p)})]^2+[0.5+(\lambda_2^{(q)}-\lambda_2^{(p)})]^2+\cdots+[-1+3(\lambda_{10}^{(p)}-\lambda_{10}^{(q)})]^2+[-0.5+(\lambda_{11}^{(p)}-\lambda_{11}^{(q)})]^2+1^2$$

$$\pi_2(\boldsymbol{\lambda}^{(p)},\boldsymbol{\lambda}^{(q)})=[-2+4(\lambda_1^{(q)}-\lambda_1^{(p)})]^2+[-0.5+(\lambda_2^{(q)}-\lambda_2^{(p)})]^2+\cdots+[3(\lambda_{10}^{(p)}-\lambda_{10}^{(q)})]^2+[\lambda_{11}^{(p)}-\lambda_{11}^{(q)}]^2+0^2$$

P 方目标函数:$\min\pi^{(p)}(\boldsymbol{\lambda}^{(p)},\boldsymbol{\lambda}^{(q)})=\alpha^{(p)}\pi_1(\boldsymbol{\lambda}^{(p)},\boldsymbol{\lambda}^{(q)})+\beta^{(p)}[-\pi_2(\boldsymbol{\lambda}^{(p)},\boldsymbol{\lambda}^{(q)})]$。

Q 方目标函数:$\min\pi^{(q)}(\boldsymbol{\lambda}^{(q)},\boldsymbol{\lambda}^{(q)})=\alpha^{(q)}\pi_2(\boldsymbol{\lambda}^{(p)},\boldsymbol{\lambda}^{(q)})+\beta^{(q)}[-\pi_1(\boldsymbol{\lambda}^{(p)},\boldsymbol{\lambda}^{(q)})]$。

共同的约束为

$$s.t.\begin{cases}|\lambda_k^{(p)}-\lambda_k^{(q)}|\leqslant 1/2\\0\leqslant\lambda_k^{(p)},\lambda_k^{(q)}\leqslant 1\\\sum_{k=1}^{11}\lambda_k^{(p)}=1.5\sum_{k=1}^{11}\lambda_k^{(q)}\\k=1,2,\cdots,11\end{cases}$$

这里,假设 P 方的协商能力是 Q 方的 1.5 倍,即取协商能力对比系数 $\eta^{*}=1.5$。

(8)变动组合权系数($\alpha^{(p)},\beta^{(p)}$),($\alpha^{(q)},\beta^{(q)}$),对 P,Q 双方的目标达成度进行模拟计算。

选用(1,0),(0.8,0.2),(0.6,0.4)等7组组合权系数对上一步中建立的规划模型进行了模拟计算,由式(7-27)~式(7-37)分别得到冲突规划下 P,Q 双方的目标值、目标达成度、交叉目标增量比等数据,见表7-11、表7-12。

表7-11　P 方目标函数作用下双方目标达成度模拟表

$(\alpha^{p},\beta^{(p)})$	(1,0)	(0.8,0.2)	(0.6,0.4)	(0.5,0.5)
(π_1,π_2)	(2.1141,22.9532)	(2.263,24.4573)	(4.3056,28.3888)	(4.6018,28.685)
$(\zeta^{(p)},\zeta^{(q)})$	(1.000,0.276)	(0.995,0.224)	(0.932,0.089)	(0.923,0.079)
$\mu_t^{(p)}$	—	11.117	2.118	1.101
$(\alpha^{(p)},\beta^{(p)})$	(0.4,0.6)	(0.2,0.8)	(0,1)	
(π_1,π_2)	(5.6111,29.6945)	(15.25,31)	(15.25,31)	
$(\zeta^{(p)},\zeta^{(q)})$	(0.891,0.045)	(0.591,0.000)	(0.591,0.000)	
$\mu_t^{(p)}$	1.101	0.149	—	

注:符号"—"表示该处交叉目标增量比算式的分子部分没有数据或分母取值为0,表7-12情况相同。

表7-12　Q 方目标函数作用下双方目标达成度模拟表

$(\alpha^{(q)},\beta^{(q)})$	(1,0)	(0.8,0.2)	(0.6,0.4)	(0.5,0.5)
(π_1,π_2)	(20.651,1.801)	(23.1071,1.9673)	(25.9283,3.3215)	(29.93,6.6798)
$(\zeta^{(p)},\zeta^{(q)})$	(0.423,1.000)	(0.347,0.994)	(0.259,0.948)	(0.134,0.833)
$\mu_t^{(q)}$	—	13.419	1.893	1.083
$(\alpha^{(q)},\beta^{(q)})$	(0.4,0.6)	(0.2,0.8)	(0,1)	
(π_1,π_2)	(31.0625,7.8125)	(31.0625,7.8125)	(34.25,13)	
$(\zeta^{(p)},\zeta^{(q)})$	(0.099,0.794)	(0.099,0.794)	(0.000,0.616)	
$\mu_t^{(q)}$	0.908	—	0.558	

(9)选定($\alpha^{(p)*},\beta^{(p)*}$),($\alpha^{(q)*},\beta^{(q)*}$),计算 X_b 的最终协商结果 $\boldsymbol{\varphi}^{*}$。假设 P,Q 通过对双方目标达成度的对比及交叉目标增量比取值的分析选定的最优组合权系数分别为($\alpha^{(p)*},\beta^{(p)*}$)=(0.5,0.5),($\alpha^{(q)*},\beta^{(q)*}$)=(0.5,0.5)。

求解 $\min \pi^{(p)}(\boldsymbol{\lambda}^{(p)},\boldsymbol{\lambda}^{(q)})$[式(7-29)]及约束条件[式(7-31)]构成的规划模型,得到 $\boldsymbol{\lambda}_p^{(p)*}$,$\boldsymbol{\lambda}_p^{(q)*}$ 分别为

$$\boldsymbol{\lambda}_p^{(p)*} = (1,1,1,1,1,0,1,1,1,1,0.5)^{\mathrm{T}}$$

$$\boldsymbol{\lambda}_p^{(q)*} = (0.5,0.7778,0.5,0.7778,0.5,0,0.5,0.5,0.7778,0.5,1)^{\mathrm{T}}$$

求解 $\min \pi^{(q)}(\boldsymbol{\lambda}^{(p)},\boldsymbol{\lambda}^{(q)})$[式(7-30)]及约束条件[式(7-31)]构成的规划模型,得到 $\boldsymbol{\lambda}_q^{(p)*}$,$\boldsymbol{\lambda}_q^{(q)*}$ 分别为

$$\boldsymbol{\lambda}_q^{(p)*} = (0,0.5,0.1879,0.5,0,0,0,0.1879,0.5,0,0.5)^{\mathrm{T}}$$

$$\boldsymbol{\lambda}_q^{(q)*} = (0.5,0,0,0,0.3613,0,0.3613,0,0,0.3613,0)^{\mathrm{T}}$$

将($\boldsymbol{\lambda}_p^{(p)*}$,$\boldsymbol{\lambda}_p^{(q)*}$),($\boldsymbol{\lambda}_q^{(p)*}$,$\boldsymbol{\lambda}_q^{(q)*}$)代入式(7-24)求得 P,Q 方各自满意的协商点 $\boldsymbol{\varphi}^{(p)} = (\varphi_1^{(p)},\varphi_2^{(p)},\cdots,\varphi_{11}^{(p)})^{\mathrm{T}}$,$\boldsymbol{\varphi}^{(q)} = (\varphi_1^{(q)},\varphi_2^{(q)},\cdots,\varphi_{11}^{(q)})^{\mathrm{T}}$ 及最终协商点向量 $\boldsymbol{\varphi}^* = (\varphi_1^*,\varphi_2^*,\cdots,\varphi_{11}^*)^{\mathrm{T}}$。

例如:对 x_1^*(1986 年),P 方给出的协商点为 $\varphi_1^{(p)} = 9 + 4\overset{p\to q}{\varepsilon_1} = 9 + 4(\lambda_1^{(q)} - \lambda_1^{(p)}) = 9 + 4(0.5 - 1) = 7$,而 Q 方给出的协商点为 $\varphi_1^{(q)} = 9 + 4(0.5 - 0) = 11$,则 x_1^* 最终的协商结果 $\varphi_1^* = (7 + 11)/2 = 9$。其余数据见表 7-9。

(10)重新对方案排序。根据协商结果 $\boldsymbol{\varphi}^*$ 对 12 年(除 1997 年之外)的排序结果为 $x_{12}^* > x_{11}^* > x_7^* > x_{10}^* > x_6^* > x_5^* > x_1^* > x_2^* > x_8^* > x_9^* > x_4^* > x_3^*$。因为 4 种评价方法对方案 x'_1(1997 年)的评价序值均为 1,将 x'_1 置于协商方案集的首位,故最终方案排序为:$x'_1 > x_{12}^* > x_{11}^* > x_7^* > x_{10}^* > x_6^* > x_5^* > x_1^* > x_2^* > x_8^* > x_9^* > x_4^* > x_3^*$。

7.4.4 小结

本节主要针对评价群体(双方)之间"观点(或利益)冲突"的情形,给出一种柔性意义下的多评价结论协商组合方法,该方法具有如下特点:

(1)在多方法结果容许的范围内对评价序值进行协商组合,因而方法体现了"物理—事理—人理"的科学原则;

(2)能够对出现意见(或利益)冲突的评价双方进行协调,得出共同认可的评价结论;

(3)能够处理冲突双方对各方案有不同偏好时的情形,从而扩展了方法的适用范围;

(4)需要协商双方共同遵循方法的集结规则并承诺最终结论的权威性,或者双方共同推荐——第三方仲裁人(或调解人)监督、控制协商组合评价的实施。

7.5 协商组合评价模型的拓展[7]

对于实践中诸多的评价问题,在出现"多方法评价结论非一致性"问题时,协商是一条甚为合理的解决思路,除本节前面探讨的双方"意见分歧"及"冲突"特征下

的两种协商组合评价方法之外,对于“多评价方(三方或三方以上的)协商组合评价”及“序贯交互式协商组合评价”等问题均有待进一步深入研究。

以下仅对“多评价方(三方或三方以上的)”情形下的协商组合评价方法进行探讨。

7.5.1 分歧特征下的多评价方协商组合评价问题

多方分歧特征的情形仅需在双方的基础上做两方面的调整:一是确定多方协商区间,二是修改协商二次规划模型。

(1)设有 r 个意见分歧的协商方 $P_1,P_2,\cdots,P_r$,其对方案 $x_j(j=1,2,\cdots,n)$ 排序值的区间数估计分别为 $\tilde{p}_{1j}=[p_{1j}^{\mathrm{L}},p_{1j}^{\mathrm{U}}],\tilde{p}_{2j}=[p_{2j}^{\mathrm{L}},p_{2j}^{\mathrm{U}}],\cdots,\tilde{p}_{rj}=[p_{rj}^{\mathrm{L}},p_{rj}^{\mathrm{U}}]$,则协商区间 N_j 为

$$
\begin{aligned}
N_j &= N(\tilde{p}_{1j},\tilde{p}_{2j},\cdots,\tilde{p}_{rj}) \\
&= \left[\frac{1}{r}\left(\sum_{i=1}^{r} n(\tilde{p}_{ij}) - \sum_{i=1}^{r} e(\tilde{p}_{ij})\right),\frac{1}{r}\left(\sum_{i=1}^{r} n(\tilde{p}_{ij}) + \sum_{i=1}^{r} e(\tilde{p}_{ij})\right)\right], \\
&\qquad\qquad i = 1,2,\cdots,r;j = 1,2,\cdots,n
\end{aligned}
$$

其中,$n(\tilde{p}_{ij}),e(\tilde{p}_{ij})$分别为 $\tilde{p}_{ij}$的区间中点与宽度。

(2)选择一协商系数向量 $\boldsymbol{\varepsilon}=(\varepsilon_1,\varepsilon_2,\cdots,\varepsilon_l)^{\mathrm{T}}$ 使得各协商点 $\varphi_k(k=1,2,\cdots,l)$ 与 $P_1,P_2,\cdots,P_r$ 给出的序值区间 $\tilde{p}_{1k},\tilde{p}_{2k},\cdots,\tilde{p}_{rk}(k=1,2,\cdots,l)$之间的总偏差$\pi(\varepsilon)$最小。修改后的二次规划模型为

$$
\begin{cases}
\min \pi(\boldsymbol{\varepsilon}) = \sum_{k=1}^{l}\left[\alpha_1\left(D_k^{(p_1)}(\varepsilon_k)\right)^2 + \alpha_2\left(D_k^{(p_2)}(\varepsilon_k)\right)^2 + \cdots + \alpha_r\left(D_k^{(p_r)}(\varepsilon_k)\right)^2\right] \\
s.t.\ |\varepsilon_k| \leqslant 1/2, k = 1,2,\cdots,l
\end{cases}
$$

其中,$\alpha_1,\alpha_2,\cdots,\alpha_r$ 为影响因子,要求 $\alpha_j>0,\sum_{j=1}^{r}\alpha_j=1$。$\alpha_1,\alpha_2,\cdots,\alpha_r$ 可根据各方的知识结构、地位、经验等因素的对比综合确定。

多方意见分歧特征下的协商组合评价方法其余的步骤与双方情形相同,不再赘述。

7.5.2 冲突特征下的多评价方协商组合评价问题

需要说明的是,“冲突”必然是双方的,多方冲突是指其中存在多组两两冲突的情形。因而多方冲突特征下的协商组合评价方法可按如下步骤进行:

(1)将群体中冲突双方分离出来,用双方冲突特征下的协商组合评价方法处理每对冲突,得到多组排序结论。

(2)选用第 7.1 节或第 7.2 节的硬组合方法对多组排序结论进行再组合,用二次组合的结论对被评价对象(或方案)进行排序比较。

7.5.3 混合特征下的多评价方协商组合评价问题

混合特征是指参与协商组合评价的群体同时具有“分歧”与“冲突”双重特征。混合特征下协商组合评价可按如下步骤进行：

（1）设有 r 个意见分歧的协商方 $P_1, P_2, \cdots, P_r$，有 t 对 $(Q_{11}, Q_{12}), (Q_{21}, Q_{22}), \cdots, (Q_{t1}, Q_{t2})$ 冲突的协商方，群体中协商个体的总数为 $r+2t$。

（2）用第7.5.1节中探讨的方式集结 $P_1, P_2, \cdots, P_r$ 的意见，得到组合排序结论向量为 $\boldsymbol{s}_{\mathrm{P}}^*$；用第7.5.2节中探讨的方式集结 $(Q_{11}, Q_{12}), (Q_{21}, Q_{22}), \cdots, (Q_{t1}, Q_{t2})$ 的意见，得到组合排序结论向量为 $\boldsymbol{s}_{\mathrm{Q}}^*$，则最终的组合排序结论向量为 $\boldsymbol{s}^* = \frac{r}{r+2t}\boldsymbol{s}_{\mathrm{P}}^* + \frac{2t}{r+2t}\boldsymbol{s}_{\mathrm{Q}}^*$，因为考虑了各方人数的分布，保证了最终结论的公平性。

以上给出的双方向多方拓展的方式是比较容易想到的简单方式，实际上，在涉及“群体决策”的问题时，组织程序是影响决策质量的一个关键因素，因而设计恰当的“组织程序”，通过控制不同参与方的信息表达方式或信息集结过程来处理多方协商评价的问题也是一种很好的解决思路，这是对软组合评价问题的进一步升化，需要“群决策”、“博弈论”等方面理论与方法的支持，是未来值得尝试的一项研究内容。

第8章　群体评价方法

对于比较复杂或重要的综合评价问题，为了兼顾评价的公平性和民主性，通常采用群体评价的方式来实现。群体评价主要研究如何集结一个评价群体中所有评价个体的意见为群体一致意见，进而对备选方案（或被评价对象）进行评价和排序。本章分别从协商、情感过滤及多阶段信息集结的视角介绍三种群体评价方法。

8.1　柔性协商视角的群体评价方法[111]

8.1.1　引言

在多属性综合评价理论中，常用评价模型来对被评价对象进行评价，

$$y=f(x_j,w_j \mid j=1,2,\cdots,m)$$

式中，x_j 为第 j 个属性（或评价指标）的（无量纲）值，w_j 是相应的权重系数。

多属性综合评价的核心问题，就是权重系数 w_j 的确定。目前确定 w_j 的方法很多，但几乎都是针对评价者为一人或利益一致的若干人的情况所讨论的。然而，在现实生活及经济管理中还存在着大量的另一类多属性综合评价问题，即评价者是两个或两个以上的人（或部门），且这些评价者之间关于某个（或若干个或全部）评价指标的权重是带有不同程度的意见冲突的。例如，存在利益冲突的两个人，对双方都较敏感的同一问题的看法是不一致的，甚至是相反的。参考文献[111]首次将具有这种特征的综合评价问题称为协商评价问题（Bargaining Evaluation Problem，以下简称为BEP）。从一定意义上讲，三峡工程的论证、中外合资企业中的资产评估、公司拍卖等，都是典型的BEP。可以说，协商评价是通常意义下的综合评价问题的推广与发展。协商评价问题的研究对于完善综合评价的理论体系以及促进群体决策理论的研究，都具有重要的学术价值和应用价值，是一个带有普遍性的、面向实际的、具有广泛应用前景的课题。具有强烈应用背景的协商评价理论与方法的研究已经引起有关学者的重视，并被认为是一个新的研究方向。

本节将利益一致的单方评价者的综合评价理论推广到具有利益不一致的多方评价者参与的且具有协商特征的群体评价的情形。首先从“综合”利益冲突（但非对抗）的双方评价者关于评价指标（或属性）的权重入手，提出协商区间、协商因子等新的概念，讨论点赋值（即双方评价者关于评价指标的权重能给出具体值的情形）、区间赋值（即双方评价者关于评价指标的权重能给出一个取值范围的情形）的情形，然后推广至群体协商评价的情形。

8.1.2　协商评价的基本概念及方法

对于取定的 n 个被评价对象 $s_1,s_2,\cdots,s_n$ 及选定的 m 项评价指标 $x_1,x_2,\cdots,x_m$ 来说,评价指标值 $\{x_{ij}\}$ 是客观存在的,是不存在任何意义下的协商问题。存在看法或利益冲突的评价者双方,只能就各自关于评价指标的权重系数的不同看法通过协商而取得共识。下面分两种情况来讨论。

8.1.2.1　点赋值情形

具有看法或利益冲突的评价者双方分别记为 P 和 Q,设评价者 P 关于属性(或评价指标)x_j 的权衡程度记为 p_j,且 $p_j \geqslant 0,\sum_{j=1}^{m} p_j = 1$;设评价者 Q 关于属性(或评价指标)x_j 权衡程度记为 q_j,且 $q_j \geqslant 0,\sum_{j=1}^{m} q_j = 1$。容易看出,对存在利益冲突的 P 和 Q,一般来说,p_j 与 $q_j(j=1,2,\cdots,m)$ 不完全相同。为叙述方便,先给出如下定义。

定义 8.1　称区间

$$D_j = [\min\{p_j,q_j\},\max\{p_j,q_j\}],j=1,2,\cdots,m \tag{8-1}$$

为评价者 P 和 Q 关于属性(或评价指标)x_j 的权衡程度的协商区间。

定义 8.2　对于协商区间 D_j,分别称

$$e(D_j) = \max\{p_j,q_j\} - \min\{p_j,q_j\}$$

$$n(D_j) = (p_j + q_j)/2 \tag{8-2}$$

协商区间 D_j 的区间宽度、区间中点。

由定义 8.1 及定义 8.2 得引理 8.1。

引理 8.1　协商区间 D_j 是有宽度的,且非对称的,即 $e(D_j)>0,n(D_j)>0$。

定义 8.3　对于协商区间 D_j,称集映射

$$\varphi_j = \varphi(D_j) = n(D_j) + \varepsilon_j e(D_j),j=1,2,\cdots,m \tag{8-3}$$

为评价者 P 和 Q 关于属性(或评价指标)x_j 的权衡程度的协商因子,其中 ε_j 称为协商系数。

引理 8.2　若 $|\varepsilon_j| \leqslant 1/2$,则映射 $\varphi:D_j \to D_j$ 是满的。

协商系数 ε_j 有如下的直观意义:如取 $0<\varepsilon_j<1/2$,则表明在协商过程中是就“高”不就“低”的,即在协商过程中将以 $\max\{p_j,q_j\}$ 一方为主;如取 $-1/2<\varepsilon_j<0$,则表明在协商过程中是就“低”不就“高”的,即以 $\min\{p_j,q_j\}$ 一方为主。特别地,当取 $\varepsilon_j \equiv 0$,称此类协商评价问题是**完全均衡型**的,即此时表明评价者 P 和 Q 的协商地位是相等的。事实上,由于评价者的知识结构、经济地位及权力层次等方面都不尽相同,因此,在协商过程一开始就有可能取定 $\varepsilon_j \equiv \varepsilon_0 \neq 0$。这时,称此类协商评价

问题是**完全“主—从”型**的。

定义 8.4 对于协商因子 φ_j,则称

$$w_j = \varphi_j / \sum_{k=1}^{m} \varphi_k, j = 1,2,\cdots,m \tag{8-4}$$

为属性(或指标)x_j 的经协商产生的权重系数。

综上所述,对于给定的 $\{p_j, q_j\}$ $(j=1,2,\cdots,m)$,协商评价的结果将取决于协商系数 ε_j 的选择。对于**完全“主—从”型**协商评价问题,ε_j 可通过如下两种途径获得。

(1)预先赋值法。即评价者双方预先就 ε_j 的取值达成协议($|\varepsilon| \leqslant 1/2$)。

(2)最小损失法。众所周知,协商评价的目的就是获得对双方都有利(或认可)的评价结果。于是,定义损失函数如下:

$$J(\boldsymbol{\varepsilon}) = \sum_{i=1}^{n} [(y_i - y_{pi})^2 + (y_i - y_{qi})^2] \tag{8-5}$$

式中,$\boldsymbol{\varepsilon} = (\varepsilon_1, \varepsilon_2, \cdots, \varepsilon_m)^{\mathrm{T}}$, $y_i = \sum_{j=1}^{m} w_j(\boldsymbol{\varepsilon}) x_{ij}$, $y_{pi} = \sum_{j=1}^{m} p_j x_{ij}$, $y_{qi} = \sum_{j=1}^{m} q_j x_{ij}$,x_{ij}为第 i 个被评价对象的第 j 项评价指标(经预处理的)观测值。这时,选择 ε_j,使

$$\min J(\boldsymbol{\varepsilon}) = \min\left\{ \sum_{i=1}^{n} [(y_i - y_{pi})^2 + (y_i - y_{qi})^2] \right\}$$
$$s.t.\ |\varepsilon_j| < 1/2, \varepsilon_j \neq 0, j = 1,2,\cdots,m \tag{8-6}$$

8.1.2.2 区间赋值情形

由于问题的复杂性,或是过于敏感,或是经验不足,或是信息不充分等原因,评价者 P(或 Q)无法对属性 x_j 的权衡程度赋予一个确定的数 p_j(或 q_j),但却有把握给出 p_j(或 q_j)的一个取值范围(或区间)(p_{j1}, p_{j2})[或(q_{j1}, q_{j2})]。下面将分两种情况来讨论。

(1)当$(p_{j1}, p_{j2}) \cap (q_{j1}, q_{j2}) = \varnothing$时,

1)若 $p_{j2} \leqslant q_{j1}$时,则取协商区间 D_j 为

$$D_j = \left[\frac{p_{j1} + p_{j2}}{2}, \frac{q_{j1} + q_{j2}}{2}\right] \tag{8-7}$$

2)若 $p_{j1} \geqslant q_{j2}$时,则取协商区间 D_j 为

$$D_j = \left[\frac{q_{j1} + q_{j2}}{2}, \frac{p_{j1} + p_{j2}}{2}\right] \tag{8-8}$$

(2)当$(p_{j1}, p_{j2}) \cap (q_{j1}, q_{j2}) \neq \varnothing$时,

1)若 $p_{j1} \leqslant q_{j1} \leqslant p_{j2} \leqslant q_{j2}$时,则取协商区间 D_j 为

$$D_j = [q_{j1}, p_{j2}] \tag{8-9}$$

2）若 $p_{j1} \leqslant q_{j1} \leqslant q_{j2} \leqslant p_{j2}$ 时，则取协商区间 D_j 为

$$D_j = [q_{j1}, q_{j2}] \tag{8-10}$$

3）若 $q_{j1} \leqslant p_{j1} \leqslant q_{j2} \leqslant p_{j2}$ 时，则取协商区间 D_j 为

$$D_j = [p_{j1}, q_{j2}] \tag{8-11}$$

4）若 $q_{j1} \leqslant p_{j1} \leqslant p_{j2} \leqslant q_{j2}$ 时，则取协商区间 D_j 为

$$D_j = [p_{j1}, p_{j2}] \tag{8-12}$$

有了协商区间 D_j 后，协商权重系数 w_j 即可由

$$w_j = \frac{n(D_j) + \varepsilon_j e(D_j)}{\sum_{k=1}^{m}(n(D_k) + \varepsilon_k e(D_k))}, j = 1,2,\cdots,m \tag{8-13}$$

给出。

特别地，当 $p_{j1} = q_{j1}, p_{j2} = q_{j2}$ 时，自然取 $\varepsilon_j = 0$。

8.1.3　群体协商评价

对于所谓群体协商评价问题，是指存在利益冲突的双方各有若干名评价者参与的协商评价问题。设 P 方有 n_1 位评价者，并分别记为 $P_1, P_2, \cdots, P_{n_1}$；设 Q 方有 n_2 位评价者，并分别记为 $Q_1, Q_2, \cdots, Q_{n_2}$。下面仍分两种情况来讨论。

8.1.3.1　点赋值情形的群体协商评价

设评价者 P_i 关于属性 x_j 的权衡程度的点赋值分别为 p_{ij}（$0 \leqslant p \leqslant 1$，$\sum_{j=1}^{m} p_{ij} = 1$，$i = 1,2,\cdots,n_1$），评价者 Q_k 关于属性 x_j 的权衡程度的点赋值分别为 q_{kj}（$0 \leqslant q_{kj} \leqslant 1$，$\sum_{j=1}^{m} q_{kj} = 1, k = 1,2,\cdots,n_2$），并且假定 p_{ij} 和 q_{kj} 是分别独立给出的。下面给出三种由群体协商产生权重系数 w_j 的方法。

（1）极小—极大法。对于给定的 $\{p_{kj}\}$ 和 $\{q_{kj}\}$，取

$$D_j^{(1)} = [\min_{i,k}\{p_{ij}, q_{kj}\}, \max_{i,k}\{p_{ij}, q_{kj}\}] \tag{8-14}$$

为双方评价者群体关于属性 x_j 的权衡程度的协商区间。这时，关于属性 x_j 的协商权重系数为

$$w_j^{(1)} = \varphi_j^{(1)} / \sum_{k=1}^{m} \varphi_k^{(1)}, j = 1,2,\cdots,m \tag{8-15}$$

式中，$\varphi_j^{(1)} = \varphi(D_j^{(1)}) = n(D_j^{(1)}) + \varepsilon_j e(D_j^{(1)}), j = 1,2,\cdots,m$。

（2）平均值法。对于给定的 $\{p_{kj}\}$ 和 $\{q_{kj}\}$，记

$$\bar{p}_j = \frac{1}{n_1}\sum_{k=1}^{n_1} p_{kj}, \bar{q}_j = \frac{1}{n_2}\sum_{k=1}^{n_2} q_{kj}, j = 1,2,\cdots,m \tag{8-16}$$

则定义双方评价者群体关于属性 x_j 的权衡程度的协商区间为

$$D_j^{(2)} = [\min\{\bar{p}_j, \bar{q}_j\}, \max\{\bar{p}_j, \bar{q}_j\}] \quad (8-17)$$

这时,关于属性 x_j 的协商权重系数为

$$w_j^{(2)} = \varphi_j^{(2)} / \sum_{k=1}^{m} \varphi_k^{(2)}, j = 1,2,\cdots,m \quad (8-18)$$

式中,$\varphi_j^{(2)} = \varphi(D_j^{(2)}) = n(D_j^{(2)}) + \varepsilon_j e(D_j^{(2)}), j=1,2,\cdots,m$。

(3)加权综合法。对于指定的 $j(j=1,2,\cdots,m)$,$\{p_{ij}\}$(或 $\{q_{kj}\}$)可以看作是来自评价者总体 P(或 Q)的关于属性 x_j 的权衡程度的一个"样本"。如果分别令

$$\bar{p}_j = \frac{1}{n_1}\sum_{k=1}^{n_1} p_{kj}, \bar{q}_j = \frac{1}{n_2}\sum_{k=1}^{n_2} q_{kj}, j = 1,2,\cdots,m \quad (8-19)$$

$$s_{pj}^2 = \frac{1}{n_1}\sum_{i=1}^{n_1} (p_{ij} - \bar{p}_j)^2, s_{qj}^2 = \frac{1}{n_2}\sum_{k=1}^{n_2} (q_{kj} - \bar{q}_j)^2, j = 1,2,\cdots,m \quad (8-20)$$

则定义

$$\varphi_j = \left(\frac{\bar{p}_j}{s_{pj}^2} + \frac{\bar{q}_j}{s_{qj}^2}\right) \Big/ \left(\frac{1}{s_{pj}^2} + \frac{1}{s_{qj}^2}\right), j=1,2,\cdots,m \quad (8-21)$$

为协商因子,那么属性 x_j 的协商权重系数为

$$w_i = \varphi_i / \sum_{k=1}^{m} \varphi_k, j = 1,2,\cdots,m \quad (8-22)$$

8.1.3.2 区间赋值情形的群体协商评价

设评价者 P_i 和 Q_k 关于属性 x_j 的权衡程度的区间赋值分别为 $(p_{j1}^{(i)}, p_{j2}^{(i)})$ $(0 \leqslant p_{j1}^{(i)} \leqslant p_{j2}^{(i)}, j=1,2,\cdots,m; i=1,2,\cdots,n_1)$,$(q_{j1}^{(k)}, q_{j2}^{(k)})$ $(0 \leqslant q_{j1}^{(k)} \leqslant q_{j2}^{(k)}, j=1,2,\cdots,m; k=1,2,\cdots,n_2)$。下面分三种情形讨论。

(1)交集生成法。利益一致的 $P_1, P_2, \cdots, P_{n_1}$(或 $Q_1, Q_2, \cdots, Q_{n_2}$),关于属性 x_j 的权衡程度的认识是彼此无显著差异的。因此,由交集 $\bigcap_{i=1}^{n_1}(p_{j1}^{(i)}, p_{j2}^{(i)}) = (p_{j1}^*, p_{j2}^*)$ 和 $\bigcap_{k=1}^{n_2}(q_{j1}^{(k)}, q_{j2}^{(k)}) = (q_{j1}^*, q_{j2}^*)$ 生成相应的协商区间 D_j 是客观的、合理的。事实上有

$$p_{j1}^* = \max_i\{p_{j1}^{(i)}\}, p_{j2}^* = \min_i\{p_{j2}^{(i)}\}, j=1,2,\cdots,m \quad (8-23)$$

$$q_{j1}^* = \max_k\{q_{j1}^{(k)}\}, q_{j2}^* = \min_k\{q_{j2}^{(k)}\}, j=1,2,\cdots,m \quad (8-24)$$

因此,定义

$$D_j^{(1)} = \left[\min\left\{\frac{p_{j1}^* + p_{j2}^*}{2}, \frac{q_{j1}^* + q_{j2}^*}{2}\right\}, \max\left\{\frac{p_{j1}^* + p_{j2}^*}{2}, \frac{q_{j1}^* + q_{j2}^*}{2}\right\}\right] \quad (8-25)$$

则属性 x_j 的协商权重系数为

$$w_j = \varphi_j^{(1)} / \sum_{k=1}^{m} \varphi_k^{(1)}, j = 1,2,\cdots,m \tag{8-26}$$

式中，$\varphi_j^{(1)} = \varphi(D_j^{(1)}) = n(D_j^{(1)}) + \varepsilon_j e(D_j^{(1)}), j=1,2,\cdots,m$。

(2)平均值法。对于给定的$\{p_{j1}^{(i)}\}$、$\{p_{j2}^{(i)}\}$和$\{q_{j1}^{(i)}\}$、$\{q_{j2}^{(i)}\}$，记

$$\bar{p}_{j1} = \frac{1}{n_1}\sum_{i=1}^{n_1} p_{j1}^{(i)}, \bar{p}_{j2} = \frac{1}{n_1}\sum_{i=1}^{n_1} p_{j2}^{(i)}, j = 1,2,\cdots,m \tag{8-27}$$

$$\bar{q}_{j1} = \frac{1}{n_2}\sum_{k=1}^{n_2} q_{j1}^{(k)}, \bar{q}_{j2} = \frac{1}{n_2}\sum_{k=1}^{n_2} q_{j2}^{(k)}, j = 1,2,\cdots,m \tag{8-28}$$

如果 $\bar{p}_{j1} \leqslant \bar{q}_{j1} \leqslant \bar{p}_{j2} \leqslant \bar{q}_{j2}$，则取属性 x_j 的权衡程度的协商区间为 $D_j^{(2)} = [\bar{q}_{j1}, \bar{p}_{j2}]$；

如果 $\bar{p}_{j1} \leqslant \bar{q}_{j1} \leqslant \bar{q}_{j2} \leqslant \bar{p}_{j2}$，则取属性 x_j 的权衡程度的协商区间为 $D_j^{(2)} = [\bar{q}_{j1}, \bar{q}_{j2}]$；

如果 $\bar{q}_{j1} \leqslant \bar{p}_{j1} \leqslant \bar{q}_{j2} \leqslant \bar{p}_{j2}$，则取属性 x_j 的权衡程度的协商区间为 $D_j^{(2)} = [\bar{p}_{j1}, \bar{q}_{j2}]$；

如果 $\bar{q}_{j1} \leqslant \bar{p}_{j1} \leqslant \bar{p}_{j2} \leqslant \bar{q}_{j2}$，则取属性 x_j 的权衡程度的协商区间为 $D_j^{(2)} = [\bar{p}_{j1}, \bar{p}_{j2}]$。

这时，属性 x_j 的协商权重系数为

$$w_j^{(2)} = \varphi_j^{(2)} / \sum_{k=1}^{m} \varphi_k^{(2)}, j = 1,2,\cdots,m \tag{8-29}$$

式中，$\varphi_j^{(2)} = \varphi(D_j^{(2)}) = n(D_j^{(2)}) + \varepsilon_j e(D_j^{(2)}), j=1,2,\cdots,m$。

(3)加权综合法。容易看出，区间$(\bar{p}_{j1}, \bar{p}_{j2})$[或$(\bar{q}_{j1}, \bar{q}_{j2})$]的宽度越小，表明群体 $P_1, P_2, \cdots, P_{n_1}$(或 $Q_1, Q_2, \cdots, Q_{n_2}$)关于属性 x_j 的权衡程度的认识就越集中，相应的权重系数就应该大。于是，当 $\bar{p}_{j1} \neq \bar{p}_{j2}$及 $\bar{q}_{j1} \neq \bar{q}_{j2}$时，给出如下群体协商因子的定义为

$$\varphi_j = \left(\frac{\bar{p}_{j1} + \bar{p}_{j2}}{2(\bar{p}_{j2} - \bar{p}_{j1})} + \frac{\bar{q}_{j1} + \bar{q}_{j2}}{2(\bar{q}_{j2} - \bar{q}_{j1})}\right) \Big/ \left(\frac{1}{\bar{p}_{j2} - \bar{p}_{j1}} + \frac{1}{\bar{q}_{j2} - \bar{q}_{j1}}\right), j=1,2,\cdots,m \tag{8-30}$$

则属性 x_j 的协商权重系数为

$$w_j = \varphi_j / \sum_{k=1}^{m} \varphi_k, j = 1,2,\cdots,m \tag{8-31}$$

8.1.4　需要进一步讨论的几个问题

本节讨论的协商评价理论与方法是对一般多属性(或多指标)综合评价理论与

方法的推广与发展,并可推广到 $n(n>2)$ 方评价者之间存在利益冲突的情形。此外,下面列出几个值得研究的问题:一是协商系数 ε_j 的确定,还有待于专门深入讨论,因为它是协商评价理论与方法中的关键之一。二是在协商评价的过程中,既要突出协商评价的技术作用,又要强调人(即评价者)的因素。因此,协商评价结果的有效性与评价者的心理、行为因素之间的关系等问题,将是协商评价理论中带有一定难度的新课题。三是如何针对(利益冲突的)多方评价者所设计出的不同评价指标集,寻求一致的协商评价指标集的并合条件及其并合方法等。

最后,需要说明的是:本节给出的协商评价过程只是在利益(或观点)冲突双方都采用相同评价模型的情况下进行的,当然也可在双方采用不同评价模型的情况下进行协商评价,这时的协商评价过程将变得复杂了。

8.2 情感过滤视角的群体评价方法[105]

8.2.1 引言

对于评价信息由专家以打分形式给出的群体评价问题,本节给出了一种对专家情感因素进行过滤的综合评价方法,并以青年歌手电视大奖赛(以下简称青歌赛)评分机制为背景,对其进行了分析(该方法可看作是对第 6 章中提出的提升结果认可度的自主式评价方法在群体评价中的拓展)。

青歌赛由 CCTV 自 1984 年首次举办,迄今为止,已经为中国歌坛输送了许多优秀的音乐人才。经过 20 多年的发展,青歌赛的发展水平有了显著的提高,其影响力也日益显著。在比赛中,对于优秀音乐人才的选拔,首先是事先确定若干考核指标,例如,第十七届的评分细则包括:基本要求部分(主要指音准、节奏、咬字和吐字等方面)、气息控制部分、声音控制部分、音乐表现部分和综合印象部分;然后多个评委对参赛选手的现场表演进行打分,通过层层筛选来确定最终的获胜者。

青歌赛的评分机制是评委依据事先规定的评分规则对参赛选手进行主观打分,然后按照一定的方式综合各评委的评分给出参赛选手的最终得分。由于参赛选手的得分是由评委主观给出的,因而青歌赛评分机制的公平性一直以来也是争议颇多的一个话题。例如,在第十三届青歌赛中,某参赛选手得分的最高分和最低分相差了 13 分,遭到广大观众的质疑。评分机制是公平性的基础,评分的客观公正与否直接关系到整个比赛的公平性。因而,对于青歌赛评分机制的公平性研究十分必要,且具有现实意义。

8.2.2 传统评价模型

目前,青歌赛中常用的评价模型有两种:一是将各评委的打分进行简单平均,取各评委打分值的平均值作为参赛选手的最终得分[简称取均值的评价模型,见模型(8－32)]；二是对于各评委的打分值，去掉一个最高分，去掉一个最低分，取剩下打分值的平均值作为各参赛选手的最终得分[简称去掉极端打分后取均值的评价模型，见模型(8－33)]。设青歌赛的参赛选手的集合为 $O=\{o_1,o_2,\cdots,o_n\}$，评分指标项为 $X=\{x_1,x_2,\cdots,x_m\}$，评委的集合为 $S=\{s_1,s_2,\cdots,s_l\}$。为方便起见，分别记 $N=\{1,2,\cdots,n\}$，$M=\{1,2,\cdots,m\}$，$L=\{1,2,\cdots,l\}$。设 $x_{ij}^{(k)}$ 为评委 $s_k(k\in L)$ 给出的参赛选手 $o_i(i\in N)$ 在第 $j(j\in M)$ 个评分指标项上的主观打分值，则上述两种评分模型可分别描述为

$$x_{ij}=\frac{1}{l}\sum_{k=1}^{l}x_{ij}^{(k)},i\in N,j\in M \tag{8-32}$$

$$x_{ij}=\frac{1}{l-2}\left(\sum_{k=1}^{l}x_{ij}^{(k)}-\max\{x_{ij}^{(k)}\}-\min\{x_{ij}^{(k)}\}\right),i\in N,j\in M \tag{8-33}$$

式中，x_{ij}表示参赛选手 $o_i(i\in N)$ 在评分指标项 $x_j(j\in M)$ 上的最终得分，模型(8－33)中 $\max\{x_{ij}^{(k)}\}$ 和 $\min\{x_{ij}^{(k)}\}$ 分别表示 l 个评委给出的关于参赛选手 $o_i(i\in N)$ 的评分指标项 $x_j(j\in M)$ 打分值的最大值和最小值。

设比赛评分指标项的权重向量为 $\boldsymbol{\omega}=(\omega_1,\omega_2,\cdots,\omega_m)^{\mathrm{T}}$，一般比赛规则事先已知，则参赛选手 $o_i(i\in N)$ 的最终得分值(设为 y_i)可采用如下表达式求得

$$y_i=\sum_{j=1}^{m}\omega_j x_{ij},i\in N \tag{8-34}$$

依据式(8－34)求得的各参赛选手的最终得分值 $y_i(i\in N)$，并按 y_i 值由大到小对各参赛选手进行排序并择优，从而判断出各参赛选手之间的优劣关系。

由以上分析可知，青歌赛的评分机制是典型的群体评价过程，目前对于群体评价的理论研究比较丰富，但是对于群体评价中专家的主观情感因素的研究鲜有涉及。在青歌赛中，评委按照自己的主观判断对参赛选手打分，难免会有主观情感因素的参与，因而观众对评委评分的客观公正性一直存在质疑。针对这一问题，本节从评委主观情感因素过滤的视角对青歌赛的评分机制进行分析，并提出了一种新的评分模型。该模型的基本原理是依据评分指标项给每个参赛选手一个待定虚拟得分向量，然后以虚拟得分向量与评委群体评分向量的贴近度最大为准则，对参赛选手的虚拟得分值进行循环优化，使其不断接近于参赛选手的客观表现，从而保证评分过程的客观公正性。

8.2.3　带有情感过滤特征的评价模型

8.2.3.1　评委主观情感因素的界定

评委在打分时，受其心情因素、主观偏好因素甚至利益因素或首因效应、晕轮效应等各种因素的影响，会使其情感因素有意或无意地参与到评分过程中，从而使

得参赛选手的得分偏离其客观表现,评分过程的客观公正性难以保证。针对这一问题,本节对评委在评分过程中的主观情感因素进行抽象,给出如下假设。

假设 8.1　每个参赛选手都存在一个客观真实的表现,并对应着一个客观真实的得分。

假设 8.2　评委在评分过程中,受其正向情感因素或利益因素等的影响,会对参赛选手给出较其客观表现偏高的打分。

假设 8.3　评委在评分过程中,受其负向情感因素或利益因素等的影响,会对参赛选手给出较其客观表现偏低的打分。

假设 8.4　评委基于其评分更易被其他评委和广大观众接受的目的,会对与其情感或利益不发生作用关系的参赛选手给出与其客观表现相一致的打分。

8.2.3.2　参赛选手虚拟得分值的确定

设 $x_{ij}^{(k)}$ 为评委 $s_k(k\in L)$ 给出的参赛选手 $o_i(i\in N)$ 在第 $j(j\in M)$ 个评分指标项上的主观打分值。为使参赛选手的最终得分值具有可比性,需要对各评委给出的打分值进行规范化处理,即将所有打分值规范化到相同的分值区间 $[M^0, M^*]$,从而保证参赛选手的得分值具有可比性。具体方法如下[106]:

$$x'^{(k)}_{ij} = M^0 + (M^* - M^0)\frac{x_{ij}^{(k)} - x_{ij}^{\min}}{x_{ij}^{\max} - x_{ij}^{\min}} \tag{8-35}$$

式中,M^0 和 M^* 的选值不同对得分结果并无影响,只要保证评委的打分值都规范到该区间就行。$x_{jk}^{\min}$ 和 $x_{jk}^{\max}$ 分别表示对于参赛选手 $o_i(i\in N)$ 的第 $j(j\in M)$ 个评分指标项而言,所有评委给出的打分值的最小值和最大值。为方便起见,将规范化后的打分值仍记为 $x_{ij}^{(k)}(i\in N, j\in M, k\in L)$。

对于参赛选手 $o_i(i\in N)$,设其待定的虚拟得分值向量为 $\boldsymbol{x}_i^* = (x_{i1}^*, x_{i2}^*, \cdots, x_{im}^*)$,其中 $x_{ij}^* \in [M^0, M^*]$,$j\in M$。

定义 8.5　对于参赛选手 $o_i(i\in N)$ 的第 $j(j\in M)$ 个评分指标项,称

$$d_{ij}^{(k)} = x_{ij}^{(k)} - x_{ij}^*, i\in N, j\in M, k\in L \tag{8-36}$$

为评委 $s_k(k\in L)$ 给出的关于参赛选手 $o_i(i\in N)$ 的第 $j(j\in M)$ 个评分指标项的打分值与其虚拟得分值的偏差,其中 $d_i^{(j)} \in (-\infty, +\infty)$。

定义 8.6　称

$$w_{ij}^{(k)} = \ln(a_i | d_{ij}^{(k)} | + b_i) / \sum_{k=1}^{l} \ln(a_i | d_{ij}^{(k)} | + b_i) \tag{8-37}$$

为评委 $s_k(k\in L)$ 在参赛选手 $o_i(i\in N)$ 第 $j(j\in M)$ 个评分指标项上的权重,满足 $w_{ij}^{(k)} \in (0,1)$ 且 $\sum_{k=1}^{l} w_{ij}^{(k)} = 1$。其中,$a_i$ 和 b_i 是与参赛选手 $o_i(i\in N)$ 有关的待定变

量，满足 $a_i<0, b_i>1-a_i\max\{d_{ij}^{(k)}\}(i\in N, j\in M)$。

对于参赛选手的待定虚拟得分值向量，本节通过循环优化使其不断接近于参赛选手的客观表现，因此参赛选手 $o_i(i\in N)$ 第 $j(j\in M)$ 个评分指标项，评委 $s_k(k\in L)$ 给出的打分值与其虚拟得分值的偏差绝对值 $|d_{ij}^{(k)}|$ 越大，说明评委 s_k 的情感因素参与越多，其权重应该越小，即 $w_{ij}^{(k)}$ 是 $|d_{ij}^{(k)}|$ 的减函数，因而定义 8.6 中规定 $a_i<0$。为了满足 $w_{ij}^{(k)}\in(0,1)$，定义 8.6 中规定与参赛选手 $o_i(i\in N)$ 有关的所有 $k\in L, j\in M$，都要有 $a_i|d_{ij}^{(k)}|+b_i>1$，即 $b_i>1-a_i\max\{d_{ij}^{(k)}\}$ [a_i, b_i 由规划模型式(8-40)求出]。

定义 8.7　对于参赛选手 $o_i(i\in N)$ 的第 $j(j\in M)$ 个评分指标项，称

$$x_{ij}^{\#}=\sum_{k=1}^{l}w_{ij}^{(k)}x_{ij}^{(k)}, i\in N, j\in M \tag{8-38}$$

为参赛选手 $o_i(i\in N)$ 的第 $j(j\in M)$ 个评分指标项上的群体得分值。

设参赛选手 $o_i(i\in N)$ 在所有评分指标项上的群体得分值向量为 $\boldsymbol{x}_i^{\#}$，则 $\boldsymbol{x}_i^{\#}=(x_{i1}^{\#}, x_{i2}^{\#}, \cdots, x_{im}^{\#})$。

定义 8.8　称

$$\gamma_i=\sum_{j=1}^{m}x_{ij}^{*}x_{ij}^{\#}\Big/\sqrt{\sum_{j=1}^{m}(x_{ij}^{*})^2\sum_{j=1}^{m}(x_{ij}^{\#})^2}, i\in N \tag{8-39}$$

为参赛选手 $o_i(i\in N)$ 的群体得分值向量与其相应的虚拟得分值向量的贴近度，$\gamma_i\in[0,1]$。

通过以上分析，基于参赛选手的群体得分值向量与其虚拟得分值向量贴近度最大的思想，下面给出确定参赛选手 $o_i(i\in N)$ 的虚拟得分值向量 $\boldsymbol{x}_i^{*}=(x_{i1}^{*}, x_{i2}^{*}, \cdots, x_{im}^{*})$ 的规划模型：

$$\max\quad \gamma_i=\sum_{j=1}^{m}x_{ij}^{*}x_{ij}^{\#}\Big/\sqrt{\sum_{j=1}^{m}(x_{ij}^{*})^2\sum_{j=1}^{m}(x_{ij}^{\#})^2}$$

$$s.t.\begin{cases}x_{ij}^{\#}=\sum_{k=1}^{l}w_{ij}^{(k)}x_{ij}^{(k)}, i\in N, j\in M, k\in L\\ w_{ij}^{(k)}=\ln(a_i|d_{ij}^{(k)}|+b_i)/\sum_{k=1}^{l}\ln(a_i|d_{ij}^{(k)}|+b_i)\\ a_i<0, b_i>1-a_i\max\{d_{ij}^{(k)}\}\\ x_{ij}^{*}\in[M^0, M^{*}], i\in N, j\in M\end{cases} \tag{8-40}$$

8.2.3.3　带有情感过滤特征的评价过程

对青歌赛评委打分过程中的主观情感因素进行过滤，本节采用的思路是：依据评委给出的参赛选手评分值与其虚拟得分值的偏差确定评委在该参赛选手各评分

指标项上的情感参与系数。在此基础上,基于评委的情感参与系数对其给出的打分值进行调整,以降低其给出的打分值的主观情感因素。

定义 8.9　对于参赛选手 $o_i(i\in N)$ 的第 $j(j\in M)$ 个评分指标项,称

$$\mu_{ij}^{(k)} = |d_{ij}^{(k)}| / \sum_{k=1}^{l} |d_{ij}^{(k)}|, i \in N, j \in M, k \in L \tag{8-41}$$

为评委 $s_k(k\in L)$ 在参赛选手 $o_i(i\in N)$ 的第 $j(j\in M)$ 个评分指标项上的情感参与系数,满足 $\mu_{ij}^{(k)}\in[0,1]$ 且 $\sum_{k=1}^{l}\mu_{ij}^{(k)} = 1$ 。

基于情感参与系数对评委给出的关于参赛选手 $o_i(i\in N)$ 的各评分指标项的评分值进行调整的原则为:

(1)当 $d_{ij}^{(k)}\geqslant 0$ 时,$x'^{(k)}_{ij} = x_{ij}^{(k)}(1-\mu_{ij}^{(k)})(i\in N,j\in M,k\in L)$;

(2)当 $d_{ij}^{(k)}<0$ 时,$x'^{(k)}_{ij} = x_{ij}^{(k)}(1+\mu_{ij}^{(k)})(i\in N,j\in M,k\in L)$。

通过以上分析,下面给出基于情感过滤特征对参赛选手的虚拟得分值向量进行循环优化的具体过程。

步骤 1　对于参赛选手 $o_i(i\in N)$ 的第 $j(j\in M)$ 个评分指标项,依据式(8-35)对所有评委的打分值进行规范化处理。

步骤 2　对于参赛选手 $o_i(i\in N)$,给定其待定的虚拟得分值向量 $\boldsymbol{x}_i^* = (x_{i1}^*, x_{i2}^*,\cdots,x_{im}^*)$,依据式(8-36)和式(8-37)确定各评委在参赛选手 o_i 的各评分指标项上的权重,在此基础上,依据式(8-38)确定参赛选手 o_i 的群体得分值向量 $\boldsymbol{x}_i^{\#} = (x_{i1}^{\#},x_{i2}^{\#},\cdots,x_{im}^{\#})$。

步骤 3　利用规划模型式(8-40)确定参赛选手的虚拟得分值向量 $\boldsymbol{x}_i^* = (x_{i1}^*, x_{i2}^*,\cdots,x_{im}^*)$,据此利用式(8-41)求得评委在参赛选手 $o_i(i\in N)$ 各评分指标项上的情感参与系数。

步骤 4　基于步骤 3 求得的情感参与系数,依据评分指标项得分的调整原则对评委给出的参赛选手 $o_i(i\in N)$ 各指标项的得分值进行调整。

步骤 5　针对调整后的得分值,重新给定参赛选手 $o_i(i\in N)$ 虚拟指标值向量 $\boldsymbol{x}_i^* = (x_{i1}^*,x_{i2}^*,\cdots,x_{im}^*)$,重复步骤 2 和步骤 3,求得参赛选手 o_i 调整后的虚拟指标值向量 $\boldsymbol{x}'^*_i = (x'^*_{i1},x'^*_{i2},\cdots,x'^*_{im})$。

步骤 6　给定一任意小的正数 ε(如 $\varepsilon = 0.1$),若 $|\boldsymbol{x}'^*_i - \boldsymbol{x}_i^*| = \sqrt{\sum_{j=1}^{m}(x'^*_{ij} - x_{ij}^*)^2} < \varepsilon$,则停止计算,参赛选手 $o_i(i\in N)$ 的最终得分值向量为 $\boldsymbol{x}'^*_i$;否则,令 $\boldsymbol{x}_i^* = \boldsymbol{x}'^*_i$,转入步骤 4。

结合比赛评分指标项的权重向量 $\boldsymbol{\omega} = (\omega_1,\omega_2,\cdots,\omega_m)^{\mathrm{T}}$,按照式(8-34)求得各参赛选手 $o_i(i\in N)$ 的最终得分值 y_i,并按 y_i 由大到小的顺序对各参赛选手进行

排序并择优，从而判断出各参赛选手之间的优劣关系。

8.2.4　模拟算例

本节通过一个算例对青歌赛的评分过程进行模拟。设有 4 名参赛选手，4 名评委就以下 5 个评分指标项对参赛选手的表现进行打分：基本要求（主要指音准、节奏、咬字和吐字等方面）、气息控制、声音控制、音乐表现力和综合印象。打分标准：表现很差得 1 分，表现差得 3 分，表现一般得 5 分，表现好得 7 分，表现很好得 9 分；2，4，6，8 分的含义介于 1，3，5，7，9 分之间。

需要说明的是，由于参赛选手的现场表现客观存在，4 名参赛选手在 5 个评分指标项上的客观得分值向量也客观存在，这里采用随机数方式（随机数产生表达式为 $t=1+rand(\ )*8$）给出 4 名参赛选手的客观得分向量分别为（5，3，4，7，6）、（6，5，3，4，4）、（4，5，4，3，5）和（7，8，6，5，6）。评委打分时若没有情感参与，则其给出的打分值应与参赛选手的客观得分值相同或很接近；若有情感参与，则评委给出的打分值应围绕着参赛选手的客观得分值上下波动，因而本模拟算例中也是采用随机数方式给出专家的打分值（见表 8－1），打分值的表达式为 $x_{ij}^{(k)}=t+((1-t)*rand(\ )*8)*rand(\ )$（注：为与本节给出的打分标准吻合，这里对 t 和 $x_{ij}^{(k)}$ 做四舍五入处理）。

为简便起见，取各评分指标项的权重向量为 $\boldsymbol{\omega}=(0.2,0.2,0.2,0.2,0.2)^{\mathrm{T}}$。

表 8－1　参赛对象在各评分指标项上的原始得分

评价对象	o_1	o_2	o_3	o_4
s_1	9 8 7 8 9	2 3 2 2 1	4 5 4 3 5	7 8 6 5 6
s_2	2 3 1 3 2	8 7 9 8 9	4 4 4 3 5	8 9 8 9 9
s_3	5 4 3 7 6	6 5 3 4 4	9 8 9 7 8	2 1 3 2 2
s_4	5 3 4 6 7	8 8 7 9 8	2 3 1 1 2	9 8 8 7 9

依据式（8－35）对参赛选手的原始得分数据进行规范化处理（规定 $M^0=1$，$M^*=9$），处理后的参赛选手在各评分指标项上的标准得分如表 8－2 所示。

表 8－2　参赛选手在各评分指标项上的标准得分

评价对象	o_1	o_2	o_3	o_4
s_1	9.0 9.0 9.0 9.0 9.0	1.0 1.0 1.0 1.0 1.0	3.3 4.2 4.0 3.7 5.0	6.7 8.0 5.8 4.4 5.6
s_2	1.0 1.0 1.0 1.0 1.0	9.0 7.4 9.0 7.9 9.0	3.3 2.6 4.0 3.7 5.0	7.9 9.0 9.0 9.0 9.0

续表

评价对象	o_1	o_2	o_3	o_4
s_3	4.4 2.6 3.7 7.4 5.6	6.3 4.2 2.1 3.3 4.0	9.0 9.0 9.0 9.0 9.0	1.0 1.0 1.0 1.0 1.0
s_4	5.6 1.0 5.0 5.8 6.7	9.0 9.0 6.7 9.0 8.0	1.0 1.0 1.0 1.0 1.0	9.0 8.0 9.0 6.7 9.0

（1）传统取均值评价模型的评价结果。依据模型（8－32）求得参赛选手在各评分指标项上的得分如表8－3所示。

表8－3　评委打分取均值模型中参赛选手在各评分指标项上的得分

评价对象	x_1	x_2	x_3	x_4	x_5
o_1	5	3.4	4.675	5.8	5.575
o_2	6.325	5.4	4.7	5.3	5.5
o_3	4.15	4.2	4.5	4.35	5
o_4	6.15	6.5	6.2	5.275	6.15

依据式（8－34）求得各参赛选手的最终评价得分值向量，结果为 $\boldsymbol{y}=(4.89,5.445,4.44,6.055)^{\mathrm{T}}$，则参赛选手的排序为 $o_4>o_2>o_1>o_3$，即参赛选手 o_4 的综合表现最好，参赛选手 o_3 的综合表现最差。

（2）传统去掉极端打分后取均值评价模型的评价结果。依据模型（8－33）求得参赛选手在各评分指标项上的得分如表8－4所示。

表8－4　去掉极端打分的均值模型中参赛选手在各评分指标项上的得分

评价对象	x_1	x_2	x_3	x_4	x_5
o_1	5	1.8	4.35	6.6	6.15
o_2	7.65	5.8	4.4	5.6	6
o_3	3.3	3.4	4	3.7	5
o_4	7.3	8	7.4	5.55	7.3

依据式（8－34）求得各参赛选手的最终评价得分值向量，结果为 $\boldsymbol{y}=(4.78,5.89,3.88,7.11)^{\mathrm{T}}$，则参赛选手的排序为 $o_4>o_2>o_1>o_3$，即参赛选手 o_4 的综合表现最好，参赛选手 o_3 的综合表现最差。

（3）带有情感过滤特征的评价模型的评价结果。依据带有情感过滤特征的参赛对象虚拟得分值向量的循环优化步骤，对各评委给出的打分值进行调整，得到评委情感过滤之后的参赛对象的最终得分值如表8－5所示。

表 8-5　评委情感过滤之后的参赛对象的最终得分值

	o_1	o_2	o_3	o_4
s_1	5.43 2.72 4.94 6.61 6.30	2.33 2.10 1.64 1.85 2.01	3.50 4.11 4.18 3.87 5.06	6.56 7.31 6.60 5.21 6.47
s_2	5.10 2.73 4.75 5.86 5.67	5.62 4.39 3.91 4.42 4.57	3.50 2.98 4.18 3.87 5.06	6.52 7.31 6.60 5.21 6.47
s_3	5.42 2.72 4.94 6.61 6.29	5.67 4.41 2.82 3.93 4.43	4.02 4.31 4.29 4.16 4.70	3.08 3.29 2.69 2.44 2.62
s_4	5.43 2.73 4.95 6.60 6.30	5.62 4.41 3.91 4.43 4.56	1.31 1.31 1.39 1.35 1.50	6.55 7.31 6.57 5.21 6.47

依据参赛选手虚拟得分值向量的循环优化步骤,求得各评委在参赛对象各评分指标项上的最终权重以及参赛选手的最终得分值如表 8-6 所示($\varepsilon=0.1$)。

依据式(8-34)求得各参赛选手的最终得分值向量为 $\boldsymbol{y}=(5.058,4.486,4.298,6.458)^{\mathrm{T}}$,则参赛选手的排序为 $o_4>o_1>o_2>o_3$,即参赛选手 o_4 的综合表现最好,参赛选手 o_3 的综合表现最差。

(4)结果分析。依据式(8-34)和假设已知的各参赛选手的客观得分值向量,求得各参赛选手的最终得分值向量为 $\boldsymbol{y}=(5,4.4,4.2,6.4)^{\mathrm{T}}$,则参赛选手的排序为 $o_4>o_1>o_2>o_3$,即参赛选手 o_4 的综合表现最好,参赛选手 o_3 的综合表现最差。

设由评价模型(8-32)、模型(8-33)和模型(8-40)求得参赛选手 $o_j(i=1,2,3,4)$ 的最终得分值分别记为 $y_i^{(M1)}$,$y_i^{(M2)}$ 和 $y_i^{(M3)}$,并将参赛选手的得分值向量分别记为 $\boldsymbol{y}^{(Mp)}=(y_1^{(Mp)},y_2^{(Mp)},y_3^{(Mp)},y_4^{(Mp)})\,(p=1,2,3)$;将通过参赛选手的客观得分值向量求得的参赛选手 $o_i(i=1,2,3,4)$ 的最终客观得分值记为 y_i^*,客观得分值向量记为$\boldsymbol{y}^*=(y_1^*,y_2^*,y_3^*,y_4^*)$。依据下式求得各评价模型与参赛选手的客观表现的贴近程度分别为 $r_{M1,*}=0.99452$,$r_{M2,*}=0.99124$,$r_{M3,*}=0.99999$。

$$r_{Mp,*}=\sum_{i=1}^{4}y_i^{(Mp)}y_i^*\Big/\sqrt{\sum_{i=1}^{4}(y_i^{(Mp)})^2\sum_{i=1}^{4}(y_i^*)^2},p=1,2,3$$

通过以上分析可以得出如下结论:

(1)带有情感过滤特征的评价模型给出的最终评分值最能体现参赛选手的客观表现,评委打分取均值的评分模型其次,去掉极端打分的均值模型最差;

(2)比较各参赛选手的最终排序情况,可以发现虽然由各评价模型得到的最好和最差的参赛选手都相同,但是依据带有情感过滤特征的评价模型得到的排序与依据参赛选手的客观表现得到的排序完全相同。

由此可见,虽然传统的评价模型具有简单、直观的特点,但其评分精度不够,而带有情感过滤特征的评价模型能够更好地体现参赛选手的客观表现。原因在于带有情感过滤特征的评价模型,通过对评委在评分过程中的主观情感因素进行过滤,使评委给出的同一参赛选手的打分值逐渐向参赛选手的客观表现靠拢,对于情感过滤后的打分值与参赛选手的客观表现(体现在群体偏好上)仍有所偏离的评委,

表 8－6　评委在参赛对象各评分指标项上的最终权重以及参赛选手的最终得分值(ε=0.1)

	o_1	o_2	o_3	o_4
s_1	5.43 2.72 4.94 6.61 6.30	2.33 2.10 1.64 1.85 2.01	3.50 4.11 4.18 3.87 5.06	6.56 7.31 6.60 5.21 6.47
s_2	5.10 2.73 4.75 5.86 5.67	5.62 4.39 3.91 4.42 4.57	3.50 2.98 4.18 3.87 5.06	6.52 7.31 6.60 5.21 6.47
s_3	5.42 2.72 4.94 6.61 6.29	5.67 4.41 2.82 3.93 4.43	4.02 4.31 4.29 4.16 4.70	3.08 3.29 2.69 2.44 2.62
s_4	5.43 2.73 4.95 6.60 6.30	5.62 4.41 3.91 4.43 4.56	1.31 1.31 1.39 1.35 1.50	6.55 7.31 6.57 5.21 6.47
	o_1	o_2	o_3	o_4
	$w_{11}^{(i)}$ $w_{12}^{(i)}$ $w_{13}^{(i)}$ $w_{14}^{(i)}$ $w_{15}^{(i)}$	$w_{21}^{(i)}$ $w_{22}^{(i)}$ $w_{23}^{(i)}$ $w_{24}^{(i)}$ $w_{25}^{(i)}$	$w_{31}^{(i)}$ $w_{32}^{(i)}$ $w_{33}^{(i)}$ $w_{34}^{(i)}$ $w_{35}^{(i)}$	$w_{41}^{(i)}$ $w_{42}^{(i)}$ $w_{43}^{(i)}$ $w_{44}^{(i)}$ $w_{45}^{(i)}$
s_1	0.251 0.248 0.251 0.251 0.251	0.220 0.230 0.238 0.231 0.229	0.255 0.259 0.257 0.256 0.260	0.254 0.254 0.254 0.253 0.254
s_2	0.248 0.251 0.248 0.248 0.248	0.260 0.256 0.256 0.257 0.257	0.255 0.251 0.257 0.256 0.260	0.254 0.254 0.264 0.253 0.254
s_3	0.250 0.248 0.251 0.251 0.251	0.260 0.257 0.251 0.255 0.257	0.257 0.257 0.258 0.258 0.256	0.239 0.237 0.238 0.241 0.238
s_4	0.251 0.251 0.251 0.250 0.251	0.260 0.257 0.256 0.257 0.257	0.233 0.233 0.230 0.230 0.223	0.254 0.254 0.254 0.253 0.254
a_j	−0.211	−0.435	−0.382	−0.263
b_j	4.999	5.990	5.991	7.998
$x_j^{'*}$	(5.30,2.70,4.85,6.36,6.08)	(5.64,4.45,3.56,4.25,4.53)	(3.85,3.97,4.39,4.14,5.13)	(6.63,7.38,6.56,5.27,6.45)

赋予其较小的权重而减弱其影响力，从而进一步保证了最终评分结果的客观公正性。

8.2.5　小结

情感过滤视角的群体评价方法针对青歌赛中评委情感因素参与评分的问题，从情感过滤的视角提出了一种低成本、高效率的群体评价模型。该模型具有如下特点：

（1）给定参赛选手一待定的虚拟得分值向量，并对其循环优化使其不断接近于参赛选手的客观表现，从而保证了比赛过程与比赛结果的客观性，其可信度较高；

（2）利用情感参与系数对评委给出的打分值进行调整，能够在一定程度上降低评委主观情感因素对评分结果的影响，并将其与参赛选手的虚拟得分值向量的循环优化相结合，能够对评分结果起到双重优化的效果，进一步提升了评分结果的客观公正性；

（3）在虚拟得分值向量的循环优化过程中，对于与群体偏好有所偏离的评委，说明其仍有情感因素参与评分，赋予其较小的权重，降低其对评分结果的影响力，从而加快了循环优化的收敛过程；

（4）对参赛选手的得分值作为一个向量来考虑，对整个向量进行循环优化，不仅简化了循环优化过程，而且保证了评分结果的客观性。

8.3　多阶段信息集结视角的群体评价方法[112]

本节主要对多阶段群体评价问题进行研究。考虑到多阶段群体评价中各专家给出的偏好信息及各阶段信息分布的疏密程度，从密度集结算子的角度对多阶段群体评价问题进行研究，以此提高评价结果的被认可程度及其稳定性。

在实际评价中，由于各专家的知识、经验及其对评价问题的熟悉程度不同，其关注点也不同，因此首先给予专家充分的“发言权”，使其独立自主地给出各被评价对象的评价信息，然后基于评价信息分布的离散程度以及专家判断与群体判断的接近程度，给出了一种确定专家权重的方法。并基于“厚今薄古”的思想，给出了一种确定各阶段权重的规划模型。在此基础上，本节基于密度算子对评价信息进行多途径集结，并对各种信息集结途径的评价结果进行了比较分析。

8.3.1　问题界定

对于有限方案（被评价对象）的多阶段群体评价问题，设方案（被评价对象）的集合为 $O=\{o_1,o_2,\cdots,o_n\}$，记方案集的下标为 $N=\{1,2,\cdots,n\}$；评价群体（专家）的集合为 $S=\{s_1,s_2,\cdots,s_p\}$，记评价群体集的下标为 $P=\{1,2,\cdots,p\}$；评价阶段的

集合为 $T=\{t_1,t_2,\cdots,t_q\}$，记评价阶段集的下标为 $Q=\{1,2,\cdots,q\}$。

多阶段的群体评价问题的研究思路：首先，专家（评价群体）独立自主地对各被评价对象进行打分，给出被评价对象在不同评价阶段的评价信息；在此基础上，对所有评价信息进行集结，并分为两个阶段，即对不同专家给出的被评价对象的在同一阶段的评价信息的横向集结以及对单个专家给出的被评价对象在不同阶段的评价信息的纵向集结。本节从这两条集结途径的先后顺序入手，给出了基于密度算子的多阶段群体评价信息集结的两种模型，包含若干集结途径，并对最终的评价结果进行比较分析，给出了相关结论。

8.3.2　相关权重的确定

基于密度算子对多阶段群体评价信息进行集结之前，首先需要确定相关的权重系数，即专家的权重系数以及各评价阶段的权重系数。

8.3.2.1　专家权重系数的确定

基于专家给出的各被评价对象的评价信息分布的离散程度以及单个专家的判断与群体判断的接近程度，给出了一种确定专家权重系数的方法。在该专家权重系数的确定方法中，考虑评价专家给出的各被评价对象的评价信息分布的离散程度，能够减少甚至避免评价过程中“老好人”现象的出现，即专家给出的各被评价对象的评价信息比较接近，出现差异性不明显的情形。因而，该方法确定专家权重系数的原则为：专家给出的各被评价对象的评价信息的离散程度越大，则其权重系数越大，反之亦然；专家的判断与群体判断越接近，说明其影响力越大，权重系数也应越大，反之亦然。

设在 $t_k(k\in Q)$ 阶段，专家 $s_l(l\in P)$ 给出的所有被评价对象的评价值向量为 $\boldsymbol{Y}_l^{(t_k)}=(y_{l1}^{(t_k)},y_{l2}^{(t_k)},\cdots,y_{ln}^{(t_k)})^{\mathrm{T}}$。

定义 8.10　对于 $\boldsymbol{Y}_l^{(t_k)}=(y_{l1}^{(t_k)},y_{l2}^{(t_k)},\cdots,y_{ln}^{(t_k)})^{\mathrm{T}}$，称

$$\sigma_l^{(t_k)}=\frac{1}{n-1}\sum_{i=1}^{n}(y_{li}^{(t_k)}-\overline{y}_l^{(t_k)})^2 \tag{8-42}$$

为 $t_k(k\in Q)$ 阶段专家 $s_l(l\in P)$ 给出的各被评价对象的评价信息的离散度，其中 $\overline{y}_l^{(t_k)}=(1/n)\sum_{i=1}^{n}y_{li}^{(t_k)}$。

定义 8.11　设 $t_k(k\in Q)$ 阶段所有专家给出的各被评价对象的评价值矩阵为 $\boldsymbol{Y}^{(t_k)}=(\boldsymbol{Y}_1^{(t_k)},\boldsymbol{Y}_2^{(t_k)},\cdots,\boldsymbol{Y}_p^{(t_k)})$。称

$$r_l^{(t_k)}=\sum_{i=1}^{n}y_{li}^{(t_k)}\overline{y}_i^{(t_k)}\Big/\sqrt{\sum_{i=1}^{n}(y_{li}^{(t_k)})^2\sum_{i=1}^{n}(\overline{y}_i^{(t_k)})^2} \tag{8-43}$$

为专家 $s_l(l\in P)$ 的判断相对于群体判断的接近度，其中 $\overline{y}_i^{(t_k)}=(1/p)\sum_{l=1}^{p}y_{li}^{(t_k)}$。

定义 8.12　称

$$w_l = (\alpha\sigma_l^{(t_k)} + \beta r_l^{(t_k)}) / \sum_{l=1}^{p} (\alpha\sigma_l^{(t_k)} + \beta r_l^{(t_k)}) \tag{8-44}$$

为专家 $s_l(l \in P)$ 在 $t_k(k \in Q)$ 阶段的权重系数。其中，α 和 β 分别表示对于专家给出的各被评价对象的评价信息的离散度以及专家判断与群体判断的接近度的偏好系数，满足 $\alpha+\beta=1, \alpha,\beta \in [0,1]$。无特殊情况，一般可令 $\alpha=\beta=0.5$。

8.3.2.2　各阶段权重系数的确定[7]

设各评价阶段的权重向量为 $\boldsymbol{\mu} = (\mu_1, \mu_2, \cdots, \mu_q)^{\mathrm{T}}$，表明对不同阶段的重视程度。这里基于时间度的概念给出了一种确定各阶段权重系数的方法。

定义 8.13　对于各评价阶段的权重向量 $\boldsymbol{\mu} = (\mu_1, \mu_2, \cdots, \mu_q)^{\mathrm{T}}$，称

$$I = -\sum_{k=1}^{q} \mu_k \ln \mu_k \tag{8-45}$$

为各评价阶段权重向量的熵。

各评价阶段权重向量的熵反映了信息集结过程中各阶段所包含的信息量。

定义 8.14　对于各评价阶段权向量 $\boldsymbol{\mu} = (\mu_1, \mu_2, \cdots, \mu_q)^{\mathrm{T}}$，称

$$\lambda = \sum_{k=1}^{q} (q-k)/(q-1)\mu_k \tag{8-46}$$

为时间度的测量。

时间度 λ 的大小体现了信息集结过程中对各评价阶段的重视程度（见表 8-7），即当 λ 越接近于 0 时，表明评价者越注重距离评价阶段 t_q 较近的数据，体现了评价者“厚今薄古”的思想；反之，当 λ 越接近于 1 时，表明评价者越注重距离评价阶段 t_q 较远的数据；当 $\lambda=0.5$ 时，表明评价者对各评价阶段的重视程度相同，没有特殊偏好。

表 8-7　时间度标度参考表

赋值（λ）	说明
0.1	非常重视近期数据
0.3	较重视近期数据
0.5	同样重视所用时期数据
0.7	较重视远期数据
0.9	非常重视远期数据
0.2、0.4、0.6、0.8	对应以上两相邻判断的中间情况

下面给出确定各评价阶段权重系数的非线性规划方法：

$$\max -\sum_{k=1}^{q}\mu_k \ln\mu_k$$

$$s.t.\begin{cases}\lambda = \sum_{k=1}^{q}\frac{q-k}{q-1}\mu_k \\ \sum_{k=1}^{q}\mu_k = 1, \quad \mu_k \in [0,1], k = 1,2,\cdots,q\end{cases} \tag{8-47}$$

8.3.3 信息集结途径分析

参考文献[113]提出的广义实型密度集结算子,能够同时处理点值、向量和矩阵三种数据类型的评价信息,具有广泛的应用前景。结合多阶段群体评价的特征,本节将广义实型密度集结算子应用于多阶段群体评价信息的集结,但与参考文献[113]相比,多阶段群体评价信息的集结更加复杂,不仅包括同一阶段各被评价对象评价信息的横向集结,还包括同一被评价对象在不同评价阶段评价信息的纵向集结。

对于 $t_k(k \in Q)$ 评价阶段,设专家 $s_l(l \in P)$ 给出的所有被评价对象的评价信息的向量为 $\boldsymbol{Y}_l^{(t_k)} = (y_{l1}^{(t_k)}, y_{l2}^{(t_k)}, \cdots, y_{ln}^{(t_k)})^{\mathrm{T}}$,则所有专家给出的被评价对象的评价信息矩阵为 $\boldsymbol{D}_{li}^{(t_k)} = (\boldsymbol{Y}_1^{(t_k)}, \boldsymbol{Y}_2^{(t_k)}, \cdots, \boldsymbol{Y}_p^{(t_k)})(l \in P, i \in N)$。

下面给出多阶段群体评价信息集结的两种模型及若干途径。

8.3.3.1 评价信息的先横向再纵向集结

评价信息的横向集结是指对同一评价阶段不同专家给出的关于被评价对象的评价信息进行集结;纵向集结是指对单个专家给出的各被评价对象在不同评价阶段的评价信息进行集结。对于评价信息的集结,这里以参考文献[113]提出的广义实型密度加权平均中间算子为基础进行介绍。

评价信息的先横向再纵向集结模型的思路:先对 $t_k(k \in Q)$ 阶段 p 个专家给出的关于被评价对象的评价信息进行集结;在此基础上,对 q 个评价阶段的评价值进行再集结。该过程可描述为

$$\left.\begin{matrix} GR-DWA(y_{li}^{(t_k)}) \overset{1}{\Rightarrow} \{y_i^{(t_k)}\} \\ \\ GR-DWA(\boldsymbol{Y}_l^{(t_k)}) \overset{1'}{\Rightarrow} \{\boldsymbol{Y}^{(t_k)}\} \end{matrix}\right\} \Rightarrow \left.\begin{bmatrix} y_1^{(t_1)} y_1^{(t_2)} \cdots y_1^{(t_q)} \\ y_2^{(t_1)} y_2^{(t_2)} \cdots y_2^{(t_q)} \\ \vdots \quad \vdots \quad \vdots \quad \vdots \\ y_n^{(t_1)} y_n^{(t_2)} \cdots y_n^{(t_q)} \end{bmatrix} \begin{matrix} \overset{2}{\Rightarrow} GR-DWA(y_i^{(t_k)}) \\ \\ \\ \overset{2'}{\Rightarrow} GR-DWA(\boldsymbol{Y}^{(t_k)}) \end{matrix}\right\} \overset{3}{\Rightarrow} \boldsymbol{y}^* = \begin{bmatrix} y_1^* \\ y_2^* \\ \vdots \\ y_n^* \end{bmatrix}.$$

其中,$GR-DWA$ 算子为广义实型密度加权平均中间算子(见参考文献[113]);$y_i^{(t_k)}$ 表示 $t_k(k \in Q)$ 阶段被评价对象 $o_i(i \in N)$ 的综合评价值;$Y^{(t_k)}$ 表示 $t_k(k \in Q)$ 阶段所有被评价对象的评价值向量;$\boldsymbol{y}^*$ 表示多阶段群体评价的最终评价值。在被评价对

象评价信息的先横向再纵向集结的模型下有 4 条集结途径，分别为“1 - 2 - 3”、“1 - 2′ - 3”、“1′ - 2 - 3”、“1′ - 2′ - 3”。

8.3.3.2　评价信息的先纵向再横向集结

评价信息先纵向集结再横向集结模型的思路包括：先对专家 $s_l(l\in P)$ 给出的关于被评价对象在 q 个评价阶段的评价值进行集结；在此基础上，对 p 个专家的评价值进行再集结。该过程可描述为

$$\left.\begin{array}{l} GR-DWA(y_{li}^{(t_k)})\overset{1}{\Rightarrow}\{y_{li}\} \\ GR-DWA(\boldsymbol{Y}_l^{(t_k)})\overset{1'}{\Rightarrow}\{\boldsymbol{Y}_l\} \\ GR-DWA(\boldsymbol{D}_{li}^{(t_k)})\overset{1''}{\Rightarrow}\boldsymbol{D}_{li} \end{array}\right\}\Rightarrow\begin{bmatrix} y_{11}y_{21}\cdots y_{p1} \\ y_{12}y_{22}\cdots y_{p2} \\ \vdots\ \vdots\ \vdots\ \vdots\ \vdots \\ y_{1n}y_{2n}\cdots y_{pn} \end{bmatrix}\begin{array}{l} \overset{2}{\Rightarrow}GR-DWA(y_{li}) \\ \\ \\ \overset{2'}{\Rightarrow}GR-DWA(\boldsymbol{Y}_l) \end{array}\left.\right\}\overset{3}{\Rightarrow}\boldsymbol{y}^*=\begin{bmatrix} y_1^* \\ y_2^* \\ \vdots \\ y_n^* \end{bmatrix}$$

其中，y_{li}表示综合各个评价阶段，专家 $s_l(l\in P)$ 给出的关于被评价对象 $o_i(i\in N)$ 的评价值；$\boldsymbol{Y}_l$ 表示综合各个评价阶段，专家 $s_l(l\in P)$ 给出的关于所有被评价对象的评价值向量；$\boldsymbol{D}_{li}$表示综合各个评价阶段，专家给出的关于所有被评价对象的评价值矩阵；y^* 表示多阶段群体评价的各被评价对象的最终评价值。在评价信息的先纵向再横向集结的思路下共有 6 条集结途径，分别为“1 - 2 - 3”、“1 - 2′ - 3”、“1′ - 2 - 3”、“1′ - 2′ - 3”、“1″ - 2 - 3”、“1″ - 2′ - 3”。

8.3.4　应用算例

选用参考文献[114]的一个算例，对基于密度算子的多阶段群体评价信息集结途径的应用进行说明，并对各集结途径的评价结果进行比较分析。

某一家庭准备购置 1 辆轿车，6 名家庭主要成员（用 $S=\{s_1,s_2,s_3,s_4,s_5,s_6\}$ 表示）对市场上的 5 种类型轿车（用 $O=\{o_1,o_2,o_3,o_4,o_5\}$ 表示）进行评估与选择。由于意见不统一（如老年人比较看重价格和耗油量，而年轻人则比较看重外观和舒适性），假设经过 6 阶段的群体评价，相应的评价矩阵为 $\boldsymbol{D}_{6\times5}^{(t_k)}(k=1,2,\cdots,6)$（评价信息基于打分给出，最好为 10 分，最差为 1 分）。下面利用本节给出的多阶段群体评价信息的各种集结途径对评价信息进行集结，以确定最终要的购买车型，并对各集结途径的评价结果进行比较分析。

$$\boldsymbol{D}_{6\times5}^{(t_1)}=\begin{bmatrix} 4 & 5 & 8 & 3 & 7 & 6 \\ 6 & 9 & 4 & 6 & 8 & 4 \\ 3 & 7 & 9 & 5 & 4 & 7 \\ 5 & 6 & 3 & 3 & 8 & 5 \\ 3 & 5 & 7 & 6 & 2 & 2 \end{bmatrix}\boldsymbol{D}_{6\times5}^{(t_2)}=\begin{bmatrix} 5 & 4 & 8 & 2 & 6 & 5 \\ 8 & 6 & 3 & 6 & 7 & 3 \\ 3 & 6 & 7 & 4 & 5 & 7 \\ 7 & 8 & 4 & 3 & 6 & 5 \\ 2 & 5 & 5 & 8 & 3 & 1 \end{bmatrix}$$

$$D_{6\times5}^{(t_3)}=\begin{bmatrix}7&6&3&6&2&4\\4&8&8&6&2&4\\2&3&7&5&2&8\\3&7&2&6&4&5\\4&5&2&8&3&6\end{bmatrix}\quad D_{6\times5}^{(t_4)}=\begin{bmatrix}3&5&2&4&8&6\\4&8&3&7&2&6\\5&2&4&7&8&3\\6&3&8&3&5&3\\7&4&2&6&5&8\end{bmatrix}$$

$$D_{6\times5}^{(t_5)}=\begin{bmatrix}4&5&3&4&8&6\\4&8&3&7&2&6\\5&2&4&7&9&3\\6&3&8&3&5&3\\7&4&2&6&5&8\end{bmatrix}\quad D_{6\times5}^{(t_6)}=\begin{bmatrix}4&5&2&4&8&6\\4&8&3&7&2&6\\5&2&4&7&9&3\\6&3&8&3&5&3\\7&4&2&6&5&8\end{bmatrix}$$

多阶段群体评价信息的具体集结过程如下：

8.3.4.1 评价者权重系数的确定

依据式(8-42)、式(8-43)和式(8-44)确定6个评价阶段各专家的权重系数如表8-8所示。

表8-8 评价者权重($\alpha=\beta=0.5$)

评价阶段	评价者权重
t_1	(0.0886,0.1257,0.2531,0.1078,0.2702,0.1546)
t_2	(0.2329,0.0996,0.1639,0.2089,0.1029,0.1918)
t_3	(0.1705,0.1799,0.3537,0.0842,0.0672,0.1445)
t_4	(0.1024,0.1834,0.2082,0.1260,0.2132,0.1668)
t_5	(0.0793,0.1837,0.1885,0.1262,0.2551,0.1672)
t_6	(0.0777,0.1801,0.2045,0.1238,0.2500,0.1639)

8.3.4.2 各评价阶段权重系数的确定

依据式(8-45)和规划模型(8-47)确定的各评价阶段权重系数为$\boldsymbol{\mu}=(0.1031,0.1227,0.1462,0.1740,0.2072,0.2468)^{\mathrm{T}}$(这里,时间度的取值为$\lambda=0.4$)。

8.3.4.3 基于密度算子的群体评价信息的集结

基于参考文献[113]给出的通用于点值、向量及矩阵等数据类型的信息聚类方法——“类平均法”,对专家给出的各被评价对象的评价信息进行聚类,然后利用参考文献[115]给出的“比率加速法”确定密度加权向量。在此基础上,按照多源信息密度集结算子的应用步骤以及多阶段群体评价信息的集结途径,对各评价阶段群体评价信息进行集结,最终的评价结果如表 8－9 所示。

表 8－9　各集结途径的评价结果

信息集结途径		评价值	排序
先横向再纵向	1－2－3	$(4.9673, 5.2231, 5.0829, 4.6598, 4.8543)^T$	$o_2 > o_3 > o_1 > o_5 > o_4$
	1－2′－3	$(4.9830, 5.2186, 5.0829, 4.7029, 4.8543)^T$	$o_2 > o_3 > o_1 > o_5 > o_4$
	1′－2－3	$(5.0800, 5.5212, 4.8007, 4.6598, 4.8965)^T$	$o_2 > o_1 > o_5 > o_3 > o_4$
	1′－2′－3	$(5.0741, 5.5212, 4.8147, 4.6598, 4.8965)^T$	$o_2 > o_1 > o_5 > o_3 > o_4$
先纵向再横向	1－2－3	$(4.7985, 5.0473, 5.1348, 4.7871, 4.7885)^T$	$o_3 > o_2 > o_1 > o_5 > o_4$
	1－2′－3	$(4.7593, 5.4020, 5.2836, 4.6177, 4.9727)^T$	$o_2 > o_3 > o_5 > o_1 > o_4$
	1′－2－3	$(4.7850, 5.0339, 5.1122, 4.8309, 4.7996)^T$	$o_3 > o_2 > o_4 > o_5 > o_1$
	1′－2′－3	$(5.0020, 5.2247, 5.0263, 4.8230, 4.9000)^T$	$o_2 > o_3 > o_1 > o_5 > o_4$
	1″－2－3	$(4.7850, 5.0339, 5.1122, 4.8309, 4.7996)^T$	$o_3 > o_2 > o_4 > o_5 > o_1$
	1″－2′－3	$(5.1076, 5.0339, 5.2959, 4.9725, 4.6112)^T$	$o_3 > o_1 > o_2 > o_4 > o_5$

比较各种评价信息集结途径的评价结果可以得到如下结论:①多阶段群体评价信息的集结顺序影响到评价结果的稳定性,即对评价信息进行先横向再纵向集结,得到的评价结果的稳定性优于先纵向再横向集结得到的评价结果的稳定性;②在评价信息的先横向再纵向集结模型中,纵向集结阶段的数据类型不影响最终的排序结果;③横向集结中评价信息的数据类型对多阶段群体评价结果的影响较大;④对评价信息以矩阵形式进行处理,能够简化计算过程;⑤实际评价中,如果为了避免争议,可以采用先横向再纵向的集结模型对多阶段群体评价信息进行集结。

8.3.5　小结

多阶段信息集结视角的群体评价方法,基于广义实型密度算子,对多阶段群体评价信息的集结途径进行了研究,给出了评价信息集结的两种模型及若干途径,具有如下特点:

(1)不仅考虑了不同专家给出的被评价对象评价信息分布的疏密程度,而且考虑了各阶段评价信息分布的疏密程度,因而最终评价结果反映的信息较为全面,稳定性较好;

(2)给出了评价信息集结的多种途径,评价者可根据自己的偏好自由选择。进一步的研究可从专家之间内在关系或隐含结构特征的分析角度对专家权重系数进行深度分析,另外,可结合各评价阶段的特征,对各阶段权重系数的确定方法进行研究。

第 9 章　递阶结构的综合评价方法

9.1　引言

世界上存在各种各样的具体系统。通常，系统是由两个或两个以上的要素组成的，这些要素又可以分解成下一等级的要素。这时，将下一级的要素称为系统的子系统。原则上，一个系统可分解成很多个等级，即系统是由若干个子系统或分系统所组成的。譬如，将中国作为一个大系统考察时，如果从行政隶属关系划分，它的第一级子系统为各省、直辖市及自治区；第二级子系统为各地区及地级市；第三级子系统为各旗、县及县级市；第四级子系统为各乡及乡级镇；等等。若从职能部门划分，则可划分为国防系统、外交系统、工业系统、邮电系统、教育系统、商业系统、农业系统、林业系统、金融系统，等等。而这样的每个子系统还可按其行政隶属关系继续划分。如以教育系统为例，则可划分为国家教育部、省教委、市教委，等等。

一般地，假设某大系统按某种规则（如行政隶属关系等）可划分为 p 个不同层次（这 p 个不同层次之间的关系一经确定，就不能再任意改变），且在每个层次上都有若干个（同一级别的）子系统（或称为分系统）。这类大系统的结构如图 9－1 所示。

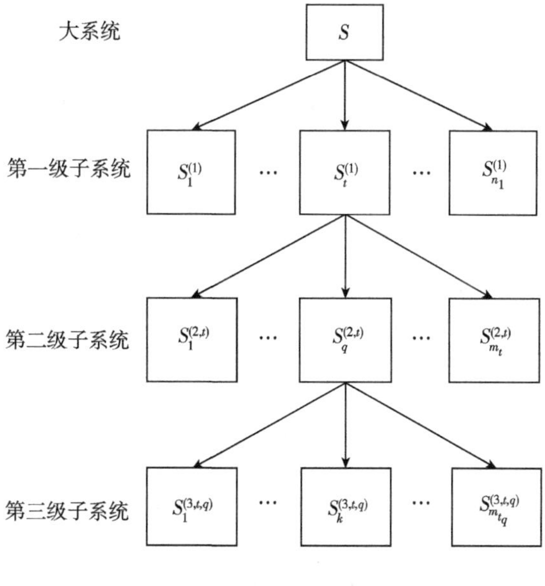

图 9－1　大系统的递阶结构框图

随着时间的推移,大系统是在不断地运动着、变化着的。反映在大系统外部的(宏观)变化,是位于各层次中的子系统的(微观)变化的综合(或集成)。这就需要建立一套综合评价这类多层次大系统运行(或发展)状况的科学方法。

本章针对这类多层次大系统的特点,介绍了两种递阶结构的综合评价方法:一种是基于"差异驱动"原理建立起来的递阶综合评价方法——逐层拉开档次法;另一种是基于"功能驱动"原理建立起来的递阶综合评价方法——逐层序关系分析法。

9.2 逐层拉开档次法[63]

为叙述方便且不失一般性,在以下的讨论中仅考虑每个大系统均有 $p=2$ 即两个层次的情形。

现取定 n 个大系统 $s_1, s_2, \cdots, s_n$ 作为被评价对象。设每个大系统 s_i 都有 $p=2$ 个层次,且在各个层次中分别有 $n_p(p=1,2)$ 个(相同级别的)子系统。现假定对第 $p(p=2)$ 层次(最底层次)的子系统 $s_q^{(2,t)}$ $(q=1,2,\cdots,m_t; t=1,2,\cdots,n_1; m_1+m_2+\cdots+m_{n_1}=n_2)$ 均取定 m_{t_q} 项评价指标(这里不妨都假定为定量指标)。又假设已取定了 n 个大系统的观测数据(即指标值)$\{x_{ij}^{(2,t,q)}\}$ 作为以下讨论的基础。

观测数据 $x_{ij}^{(2,t,q)}$ 表示第 i 个大系统来自第二层次的子系统 $s_q^{(2,t)}$ 中第 j 项评价指标的观测值 $(i=1,2,\cdots,n; j=1,2,\cdots,m_{t_q}; q=1,2,\cdots,m_t; t=1,2,\cdots,n_1)$,这些指标值不妨均假定为极大型、无量纲化的标准观测值。

9.2.1 子系统 $s_q^{(2,t)}$ 的综合评价函数

在建立综合评价函数之前,先将各项指标进行权化处理,即令

$$x_{ij}^{*(2,t,q)} = w_j^{(2,t,q)} x_{ij}^{(2,t,q)}$$

为权化指标,式中 $i=1,2,\cdots,n; j=1,2,\cdots,m_{t_q}; q=1,2,\cdots,m_t; t=1,2,\cdots,n_1$,$w_j^{(2,t,q)}$ 表示指标 $x_j^{(2,t,q)}$ 相对于评价目标的重要程度,称为权化系数。显然,$x_j^{*(2,t,q)}$ 的(样本)平均值和(样本)方差分别为 0 和 $(w_j^{(2,t,q)})^2$。为书写方便,以后仍记 $x_j^{*(2,t,q)}$ 为 $x_j^{(2,t,q)}$。

称权化指标 $x_1^{(2,t,q)}, x_2^{(2,t,q)}, \cdots, x_{m_{t_q}}^{(2,t,q)}$ 的线性函数

$$y^{(2,t,q)} = \sum_{j=1}^{m_{t_q}} b_j^{(2,t,q)} x_j^{(2,t,q)} \tag{9-1}$$

为子系统 $s_q^{(2,t)}$ 的综合评价函数 $(q=1,2,\cdots,m_t; t=1,2,\cdots,n_1)$,式中 $b_j^{(2,t,q)}$ 是待定常数。

如果将 $x_{ij}^{(2,t,q)}$ 代入式(9-1)中,即得第 i 个大系统关于子系统 $s_q^{(2,t)}$ 的综合评

价值为

$$y_i^{(2,t,q)} = \sum_{j=1}^{m_{t_q}} b_j^{(2,t,q)} x_{ij}^{(2,t,q)}, i = 1,2,\cdots,n \tag{9-1'}$$

如果分别令

$$\boldsymbol{b}^{(2,t,q)} = (b_1^{(2,t,q)},\cdots,b_{m_{t_q}}^{(2,t,q)})^{\mathrm{T}}$$

$$\boldsymbol{y}^{(2,t,q)} = (y_1^{(2,t,q)},\cdots,y_n^{(2,t,q)})^{\mathrm{T}}$$

$$\boldsymbol{A}^{(2,t,q)} = \begin{bmatrix} x_{11}^{(2,t,q)} & \cdots & x_{1m_{t_q}}^{(2,t,q)} \\ \cdots & \cdots & \cdots \\ x_{n1}^{(2,t,q)} & \cdots & x_{nm_{t_q}}^{(2,t,q)} \end{bmatrix}$$

则式(9－1′)可简写成

$$\boldsymbol{y}^{(2,t,q)} = \boldsymbol{A}^{(2,t,q)}\boldsymbol{b}^{(2,t,q)}$$

按"拉开档次"法可求得 $\boldsymbol{b}^{(2,t,q)}$［即取 $\boldsymbol{b}^{(2,t,q)}$ 为正定矩阵 $\boldsymbol{H}^{(2,t,q)} = (\boldsymbol{A}^{(2,t,q)})^{\mathrm{T}}\boldsymbol{A}^{(2,t,q)}$ 的最大特征值所对应的(标准)特征向量或取与第3章中式(3－49)相类似的非线性规划问题的解］。

9.2.2　子系统 $s_t^{(1)}$ 的综合评价函数

求出 $\boldsymbol{b}^{(2,t,q)}$ 后，由式(9－1)求得子系统 $s_q^{(2,t)}$ 的综合评价值 $y^{(2,t,q)}$。一般来说，子系统 $s_q^{(2,t)}$ 的综合评价值 $y^{(2,t,q)}$ 关于其母系统 $s_t^{(1)}$ 的相对重要程度是不相同的。因此，在利用指标 $y^{(2,t,q)}$ 建立其母系统 $s_t^{(1)}$ 的综合评价函数之前，仍需要对 $y^{(2,t,q)}$ 进行权化处理，即令

$$y_i^{*(2,t,q)} = w_q^{(2,t)} y_i^{(2,t,q)}, q = 1,2,\cdots,m_t; t = 1,2,\cdots,n_1; i = 1,2,\cdots,n$$

式中，$w_q^{(2,t)}$ 是与 $s_q^{(2,t)}$(或 $y^{(2,t,q)}$)相对应的权化系数，其直观意义是表示子系统 $s_q^{(2,t)}$ 相对于母系统 $s_t^{(1)}$ 的重要程度。以下仍记 $y^{*(2,t,q)}$ 为 $y^{(2,t,q)}$。在此基础上，再令

$$y^{(1,t)} = \sum_{q=1}^{m_t} b_q^{(1,t)} x_q^{(1,t)} \tag{9-2}$$

为描述子系统 $s_t^{(1)}$ 运行状况的综合评价函数。式中 $\boldsymbol{b}^{(1,t)} = (b_1^{(1,t)}, b_2^{(1,t)},\cdots,b_{m_t}^{(1,t)})^{\mathrm{T}}$ 仍为待定向量，$x_q^{(1,t)} \equiv y^{(2,t,q)} (q = 1,2,\cdots,m_t; t = 1,2,\cdots,n_1)$ 为子系统 $s_q^{(2,t)}$ 的综合评价值。

仿 $\boldsymbol{b}^{(2,t,q)}$ 求出 $\boldsymbol{b}^{(1,t)}$，将 $x_{iq}^{(1,t)} \equiv y_i^{(2,t,q)} (q = 1,2,\cdots,m_t; t = 1,2,\cdots,n_1; i = 1,2,\cdots,n)$ 代入式(9－2)中，即得第 i 个大系统关于子系统 $s_t^{(1)}$ 的综合评价指标值 $y_i^{(1,t)}$。

9.2.3　大系统 s 的综合评价函数

求出 $\boldsymbol{b}^{(1,t)}$ 后，由式(9－2)可求得子系统 $s_t^{(1)}$ 的综合评价指标值 $y^{(1,t)}$ ($t = 1$,

$2,\cdots,n_1$）。然而，子系统 $s_t^{(1)}$ 的综合评价指标值 $y^{(1,t)}$（$t=1,2,\cdots,n_1$）关于大系统 s 的相对重要性仍可能是不相同的。因此，在利用指标值 $y^{(1,t)}$（$t=1,2,\cdots,n_1$）建立大系统 s 的综合评价函数之前仍需要对 $y^{(1,t)}$ 进行权化处理，即令

$$y_i^{*(1,t)}=w^{(1,t)}y_i^{(1,t)},t=1,2,\cdots,n_1;i=1,2,\cdots,n$$

式中，$w^{(1,t)}$ 是与 $y^{(1,t)}$ 相对应的权化系数，其直观意义是表示子系统 $s_t^{(1)}$ 相对于大系统 s 的重要程度。以下仍简记 $y_i^{*(1,t)}$ 为 $y_i^{(1,t)}$。在此基础上，最后令

$$y\ =\ \sum_{t=1}^{n_1}b_t x_t \tag{9-3}$$

为描述系统 s 运行状况的综合评价函数。式中 $\boldsymbol{b}=(b_1,b_2,\cdots,b_{n_1})^{\mathrm{T}}$ 仍为待定向量，而 $x_t\equiv y^{(1,t)}$（$t=1,2,\cdots,n_1$）为子系统 $s_t^{(1)}$ 的综合评价值。

仿 $\boldsymbol{b}^{(1,t)}$ 求出 $\boldsymbol{b}$，将 $x_{it}\equiv y_i^{(1,t)}$（$t=1,2,\cdots,n_1;i=1,2,\cdots,n$）代入式（9－3）中，即得第 i 个大系统 s 的综合评价指标值 y_i（$i=1,2,\cdots,n$）。

以上，仅就 $p=2$（即仅含两个层次的大系统）的简单情形进行了建模，这种建模方法可以推广到 $p>2$ 的复杂情形。

综上所述，本节提出的逐层拉开档次法的步骤可归纳如下：

（1）确定评价指标。

（2）收集（被评价对象的）评价指标的数据。

（3）指标数据的类型一致化、无量纲化处理。

（4）各权系数的确定。

（5）各评价指标的权化。

（6）首先求 $\boldsymbol{H}^{(2,t,q)}$ 的最大特征值所对应的归一化特征向量（或求解相应的非线性规划问题）$\boldsymbol{b}^{(2,t,q)}$，并求各子系统 $s_q^{(2,t)}$ 的综合评价指标值 $y^{(2,t,q)}$；其次仿 $\boldsymbol{b}^{(2,t,q)}$ 求出 $\boldsymbol{b}^{(1,t)}$，并求出各子系统 $s_t^{(1)}$ 的综合评价指标值 $y^{(1,t)}$；然后再仿 $\boldsymbol{b}^{(1,t)}$ 求出 $\boldsymbol{b}$，最后求出各大系统 s 总的综合评价指标值 y。

（7）根据 y_i 的大小，对被评价对象进行分类或排序。

9.2.4 应用算例

取城市人口在 100 万以上的 20（即 $n=20$）个特大城市为综合评价对象，按上述方法进行了综合评价。

鉴于（当时的）实际情况，仅从 8 个方面［或称为子系统并记其为 $s_t^{(1)}=s^{(t)}$（$t=1,2,\cdots,8$），这里取 $p=1,n_1=8$］建立了 43 项定量评价指标（详见表 9－1）。

表9-1　评价指标一览表

子系统	符号	指标项数	指　标　名　称
工业生产	$s^{(1)}$	6	人均工业总产值，全民企业全员劳动生产率，人均实现利润和税金总额，每百元资金提供利税额，可比产品比上年降低率，资金周转天数
农、牧、渔业	$s^{(2)}$	7	单位耕地面积供养人口，人均粮食产量，人均蔬菜产量，人均水果产量，人均肉食产量，人均牛奶产量，人均水产品产量
公共交通	$s^{(3)}$	3	人均铺装道路面积，每万人拥有公共汽、电车台数，公共汽、电车运客人次数
公共基础设施	$s^{(4)}$	4	每万人拥有供水管道长度，每万人拥有下水管道长度，每万人拥有煤气管道长度，每万人拥有公共文娱场所的个数
居民生活	$s^{(5)}$	5	人均居住面积，人均生活用水量，人均生活用电量，人均社会消费品零售额，气化普及率
第三产业	$s^{(6)}$	7	每万人拥有零售商业网点数，万人拥有饮食业网点数，万人拥有服务业网点数，万人拥有零售商业从业人员数，万人拥有饮食业从业人员数，万人拥有服务业从业人员数，销售百元商品提供的利润
科技、教育、卫生、通信	$s^{(7)}$	7	每万人拥有高等院校在校学生人数，每万人拥有中等专业学校在校学生人数，每万人拥有科技人员数，每万人拥有医院、诊所个数，每万人拥有医疗床位数，每万人拥有电话机部数，人均公共图书馆藏书册数
生态环境	$s^{(8)}$	4	人口密度，人均绿地面积，市区绿化覆盖率，环境污染单位负荷

资料来源：中国城市经济社会年鉴，中国城市经济社会出版社，1988。

在收集专家意见的基础上，应用序关系分析法（G_1－法）（见第3章），分别建立了与各项评价指标相应的权化系数 $w_q^{(1,t)}$（$q=1,2,\cdots,m_t;t=1,2,\cdots,8$，详见表9-2）。

表9-2　权化系数一览表

系统	指标个数	权化系数								
$s^{(1)}$	6	0.223	0.208	0.104	0.115	0.249	0.101			
$s^{(2)}$	7	0.104	0.202	0.195	0.126	0.189	0.088	0.096		
$s^{(3)}$	3	0.212	0.333	0.455						
$s^{(4)}$	4	0.301	0.199	0.275	0.225					
$s^{(5)}$	5	0.251	0.107	0.305	0.211	0.126				
$s^{(6)}$	7	0.131	0.104	0.126	0.115	0.101	0.132	0.291		
$s^{(7)}$	7	0.187	0.091	0.241	0.102	0.153	0.199	0.027		
$s^{(8)}$	4	0.365	0.189	0.165	0.281					
s	8	0.186	0.114	0.106	0.136	0.161	0.098	0.117	0.082	

采用1987年的统计资料，按本节所述方法，分别建立了城市大系统及各子系统的综合评价函数如下：

$$s^{(1)}:y^{(1)}=0.188x_1^{(1)}+0.188x_2^{(1)}+0.183x_3^{(1)}+0.187x_4^{(1)}+0.087x_5^{(1)}+0.168x_6^{(1)} \quad (9-4)$$

$$s^{(2)}:y^{(2)}=0.092x_1^{(2)}+0.041x_2^{(2)}+0.134x_3^{(2)}+0.241x_4^{(2)}+0.099x_5^{(2)}+0.217x_6^{(2)}+0.177x_7^{(2)} \quad (9-5)$$

$$s^{(3)}:y^{(3)}=0.154x_1^{(3)}+0.404x_2^{(3)}+0.442x_3^{(3)} \quad (9-6)$$

$$s^{(4)}:y^{(4)}=0.204x_1^{(4)}+0.348x_2^{(4)}+0.357x_3^{(4)}+0.091x_4^{(4)} \quad (9-7)$$

$$s^{(5)}:y^{(5)}=0.172x_1^{(5)}+0.216x_2^{(5)}+0.279x_3^{(5)}+0.278x_4^{(5)}+0.055x_5^{(5)} \quad (9-8)$$

$$s^{(6)}:y^{(6)}=0.089x_1^{(6)}+0.039x_2^{(6)}+0.129x_3^{(6)}+0.233x_4^{(6)}+0.095x_5^{(6)}+0.210x_6^{(6)}+0.205x_7^{(6)} \quad (9-9)$$

$$s^{(7)}:y^{(7)}=0.146x_1^{(7)}+0.011x_2^{(7)}+0.151x_3^{(7)}+0.189x_4^{(7)}+0.097x_5^{(7)}+0.197x_6^{(7)}+0.209x_7^{(7)} \quad (9-10)$$

$$s^{(8)}:y^{(8)}=0.260x_1^{(8)}+0.271x_2^{(8)}+0.298x_3^{(8)}+0.171x_4^{(8)} \quad (9-11)$$

将相应的指标观测值分别代入式（9-4）~式（9-11）中，得诸城市在各个方面的综合评价值$\{y_i^{(1)},y_i^{(2)},\cdots,y_i^{(8)}\}$（$i=1,2,\cdots,20$，其具体数值见表9-3）。

表9-3　20个特大城市的综合评价值一览表

	$s^{(1)}$	$s^{(2)}$	$s^{(3)}$	$s^{(4)}$	$s^{(5)}$	$s^{(6)}$	$s^{(7)}$	$s^{(8)}$
上　海	64.132	48.011	50.683	41.216	53.336	42.122	58.748	20.338
北　京	56.132	40.556	50.365	43.573	61.685	40.356	45.456	40.328
天　津	53.263	40.875	30.829	41.486	31.567	43.861	35.826	34.697
沈　阳	45.985	43.656	34.578	45.334	30.908	40.845	45.125	45.258
武　汉	35.124	37.284	40.226	35.634	40.778	40.431	40.345	33.733
广　州	42.356	43.134	39.468	36.536	57.001	66.258	40.231	47.437
哈尔滨	25.701	45.517	39.881	30.231	32.312	60.911	30.184	46.257
重　庆	30.728	49.156	42.190	30.811	20.297	25.147	35.418	28.231
南　京	40.756	30.454	42.126	38.258	39.056	40.119	41.213	54.271
西　安	23.713	35.991	31.553	31.998	40.224	42.362	40.337	50.328
成　都	33.689	41.174	31.378	35.518	36.947	41.316	30.578	40.117
长　春	40.012	49.955	50.393	52.588	46.001	61.308	35.933	57.568
太　原	36.903	42.745	28.598	30.796	35.844	30.710	29.633	53.625
大　连	49.471	86.369	61.712	84.001	28.345	35.219	48.209	46.963

续表

	$s^{(1)}$	$s^{(2)}$	$s^{(3)}$	$s^{(4)}$	$s^{(5)}$	$s^{(6)}$	$s^{(7)}$	$s^{(8)}$
青　岛	52.404	38.731	46.413	43.954	36.277	28.754	40.655	30.474
兰　州	33.534	40.203	34.566	28.299	49.365	40.289	37.691	43.407
济　南	34.029	26.389	29.180	38.529	45.019	41.291	48.513	34.770
抚　顺	36.921	30.853	31.289	40.251	28.575	35.121	18.872	35.456
鞍　山	53.821	31.765	41.389	57.623	34.423	45.284	20.564	31.696
昆　明	32.653	50.090	31.753	35.321	40.212	35.992	45.373	40.983

再根据所得到的新数组$\{y_i^{(1)},y_i^{(2)},\cdots,y_i^{(8)}\}(i=1,2,\cdots,20)$，建立描述城市大系统发展状况的总的综合评价模型为

$$s:y=0.183y^{(1)}+0.113y^{(2)}+0.111y^{(3)}+0.124y^{(4)}+ \\ +0.150y^{(5)}+0.114y^{(6)}+0.119y^{(7)}+0.082y^{(8)} \tag{9-12}$$

将$\{y_i^{(1)},y_i^{(2)},\cdots,y_i^{(8)}\}(i=1,2,\cdots,20)$代入式(9－12)中，即可求出描述城市各大系统发展状况的总的综合评价目标值 $y_i(i=1,2,\cdots,20)$。根据 y_i 的大小，即可将 20 个特大城市的发展状况按其 y_i 的值由大到小进行排序（详见表 9－4），从而达到对它们的发展状况进行全面、系统的综合评价的目的。

表 9－4　20 个特大城市综合评价的结果

城　市	y_i 值	排　序	城　市	y_i 值	排　序
武　汉	520.2830	1	济　南	442.4846	11
广　州	514.6722	2	青　岛	433.1159	12
大　连	496.8451	3	抚　顺	432.6839	13
重　庆	485.0648	4	北　京	431.6358	14
哈尔滨	480.1331	5	上　海	421.7016	15
长　春	477.3369	6	南　京	416.8079	16
太　原	468.2856	7	昆　明	414.3764	17
成　都	462.4105	8	沈　阳	408.7987	18
兰　州	453.7075	9	鞍　山	404.1700	19
西　安	446.0580	10	天　津	400.1159	20

从总的综合评价结果来看，在 20 个特大城市中，武汉、广州、大连（当时）的城市发展状况好于其他城市。

9.2.5 小结

逐层拉开档次法充分考虑了位于最底层次的子系统的运行状况,通过对观测数据所提供的信息的逐层“加工”,而达到对大系统在总体上的系统而全面的综合评价。这种综合评价方法从本质上讲是对每一层次上的观测数据都分别进行了两次加权的“综合”。前一次加权是针对各评价指标相对于评价目标的重要程度而进行的;后一次加权是在尽量“拉开”各系统中处于相同层次上的子系统之间的差异而进行的,这两次加权的背景是截然不同的。因此,该方法具有以下特点:

(1)评价结果具有明显的客观性、可靠性。

(2)评价结果既能反映大系统的总特征,又能反映位于各层次子系统的个别特征;同时也体现了位于各层次的子系统的运行状况对(总)评价结果的“贡献”大小。

(3)评价结果不仅方便于各相应子系统之间的比较,而且也方便于各大系统之间的比较,具有较高的区分度。

需要说明的是,当评价指标、系统的层次及每一层次中的子系统的个数都比较多时,本方法的计算量相对较大。但是,当各项评价指标之间的相对于评价目标的重要程度没有明显的差异时,可略去评价指标的权化过程,减少计算量。

另一个值得注意的是,这种方法强调的是对系统运行现状的综合评价,也就是说,用这种方法确定出的权重系数不具有继承性。

9.3 逐层序关系分析法

人们对社会、经济以及科学管理等领域的问题进行系统分析时,面临的常常是一个相互关联、相互制约的众多因素构成的具有递阶层次特征的复杂系统。逐层序关系分析法为分析这类复杂的问题提供了一种新的、简捷的、实用的系统分析方法。

9.3.1 基本思想及步骤

当你要进行一次旅游时,如何选择旅游地点呢? 假定有三个旅游地点可供选择,你大概会用景色、费用、旅途条件等因素去衡量这些地点。如果你对秀丽的山光水色特别偏爱,那么你可能会选择风景如画的地方;如果费用的节省在你的心目中占据很大的比重,那么你可能会选择距离较近的地方;如果你想享受现代交通工具、高级旅馆的舒适,那么你可能选择旅途条件优越的地方;等等。不妨把人们对这个问题的一般决策过程分解一下,大致有以下几步:首先是确定景色、费用、旅途条件等因素在影响你选择旅游地点这个总目标中各占多大比重;然后是比较三个旅游地点的景色、费用、其他条件如何；最后是综合以上结果得到三个地点在总目标中所占的比重，一般地应该选择比重最大的那个地点。

运用逐层序关系分析法解决问题，大体可以分为五个主要步骤，现分述如下：

9.3.1.1　建立递阶层次结构

这是逐层序关系分析法中最重要的一步。首先，根据对问题的了解和初步分析，把复杂问题分解成元素的各组成部分，并把这些元素按属性不同分成若干组，以形成不同层次。同一层次的元素作为准则，对下一层次的某些元素起支配作用，同时它又受上一层次元素支配。这种从上到下的支配关系形成了一个递阶层次。处于最上边的层次称为目标层，通常它只有一个元素，一般是分析问题的预定目标或理想结果。中间的层次一般是准则、子准则，称为准则层。最低一层是方案（措施）层，其中排列了各种可能采取的方案或措施。层次之间的支配关系不一定是完全的，即可以存在这样的元素，它并不支配下一层的所有的或部分的元素。一个典型的层次结构可以用图 9－2 表示。

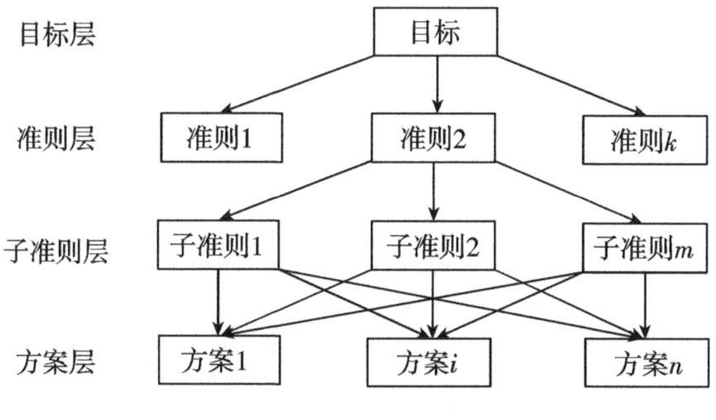

图 9－2　递阶层次结构示意图

9.3.1.2　确定序关系

在建立递阶层次结构以后，上下层之间的隶属关系就被确定了。假定上一层的元素 α 作为准则，对下一层次的元素 $x_1, x_2, \cdots, x_n$ 有支配关系，我们的目的是在准则 α 之下按它们的相对重要性赋予 x_i 相应的权重 $w_i (i = 1, 2, \cdots, n)$。对于大多数社会经济问题，特别是对于人的判断起重要作用的问题，直接得到这些元素的权重并不容易，往往需要通过适当的方法来导出它们的权重。

比较 n 个元素 $x_1, x_2, \cdots, x_n$ 对准则 α 的影响，以确定它们在准则 α 中所占的比重。在元素 $x_1, x_2, \cdots, x_n$ 中，选出在准则 α 下决策者或评价者认为是最重要的一个（只选一个）指标记为 x_1^*；然后在余下的 $n-1$ 个指标中，选出在准则 α 下决策者或评价者认为是最重要的一个(只选一个)指标记为 x_2^*;按这种方法进行下去,最后经过 $n-1$ 次挑选后剩下的评价指标记为 x_n^*。这样,就确定了唯一一个序关系

$$x_1^* > x_2^* > \cdots > x_n^* \tag{9-13}$$

为书写方便且不失一般性,以下仍记该序关系为

$$x_1 > x_2 > \cdots > x_n \tag{9-14}$$

9.3.1.3 给出元素 x_{k-1} 与元素 x_k 间相对重要程度的比较判断

设在准则 α 下,元素 x_{k-1} 与元素 x_k 的重要性程度之比 w_{k-1}/w_k 的理性判断分别为

$$w_{k-1}/w_k = r_k, k = n, n-1, n-2, \cdots, 3, 2 \tag{9-15}$$

当 n 较大时,由序关系式(9-14)可取 $r_n = 1$。其中 r_k 的赋值可参考第3章中表3-4。

这些赋值的根据或来源,可以由决策者直接提供,或是通过决策者与分析者对话来确定,或是由分析者通过某种技术咨询而获得,或是通过其他合适的途径来酌定。

9.3.1.4 计算权重系数 w_k

若 $x_1, x_2, \cdots, x_n$ 具有序关系式(9-14),则 r_{k-1} 与 r_k 必满足

$$r_{k-1} > 1/r_k, k = n, n-1, n-2, \cdots, 3, 2 \tag{9-16}$$

若决策者给出 r_k 的理性赋值满足关系式(9-16),则 w_n 为

$$w_n = \left(1 + \sum_{k=2}^{n} \prod_{i=k}^{n} r_i\right)^{-1} \tag{9-17}$$

而

$$w_{k-1} = r_k w_k, k = n, n-1, \cdots, 3, 2 \tag{9-18}$$

9.3.1.5 (方案层)元素的组合权重

一般地,如果一个系统可以分解为三个层次(参见图9-3):最高层次为 z,第二层次为 $Y = \{y_1, y_2, \cdots, y_m\}$,第三层次为 $X = \{x_1, x_2, \cdots, x_n\}$,设已得到 Y 对 z 的权向量为 $\boldsymbol{w}_z(Y) = (w_z(y_1), w_z(y_2), \cdots, w_z(y_m))^{\mathrm{T}}$,$X$ 关于 y_i 的权向量 $\boldsymbol{w}_{y_i}(X) = (w_{y_i}(x_1), w_{y_i}(x_2), \cdots, w_{y_i}(x_n))^{\mathrm{T}}$,则 x_j 在 z 中占的比重是

$$w_z(x_j) = \sum_{i=1}^{m} w_{y_i}(x_j) w_z(y_i), j = 1, 2, \cdots, n \tag{9-19}$$

若记

$$r_{ij} = w_{y_i}(x_j)$$

$$\boldsymbol{R}=\boldsymbol{R}(r_{ij})$$

则式(9－19)可表示成向量形式

$$\boldsymbol{w}_z(X)=\boldsymbol{R}\boldsymbol{w}_z(Y)$$

式中，$\boldsymbol{w}_z(X)=(w_z(x_1),\cdots,w_z(x_n))^{\mathrm{T}}$ 是 X 关于 z 的权向量，$\boldsymbol{w}_z(Y)=(w_z(y_1),\cdots,w_z(y_m))^{\mathrm{T}}$ 是 Y 关于 z 的权重向量。

更一般地，若一个复杂系统可以分解为 h 个层次，最高层次（即第一层次）为 z，最低层次（即第 h 层次）为 $X=\{x_1,x_2,\cdots,x_n\}$，以较低的第 k 层次的诸元素相对较高的 $k-1$ 层次诸元素的权向量为列，构成的矩阵记为 $\boldsymbol{R}_k(k=3,4,\cdots,h)$，则 $X=\{x_1,x_2,\cdots,x_n\}$ 关于目标 z 的权向量为

$$\boldsymbol{w}_z(X)=\boldsymbol{R}_h\boldsymbol{R}_{h-1}\cdots\boldsymbol{R}_3\boldsymbol{U}$$

式中，$\boldsymbol{U}$ 是第二层次诸元素相对 z 的权向量。

上述方法可推广到目标层次含有多个目标的情形。

9.3.2　应用举例

为便于读者掌握逐层序关系分析法，下面通过一个例子来介绍它的应用。

为了选定一个理想的旅游地点，首先要对景色、费用等方面进行调查和分析，并在若干个预选旅游地点中，再应用逐层序关系分析法从中选出最满意的旅游地点。

假设某旅游者考虑了 5 个因素：费用 y_1；景色 y_2；居住条件 y_3；饮食条件 y_4；旅途条件 y_5，并给出三个预选地点 x_1，x_2 和 x_3，这个问题的层次结构分析模型如图 9－3 所示。

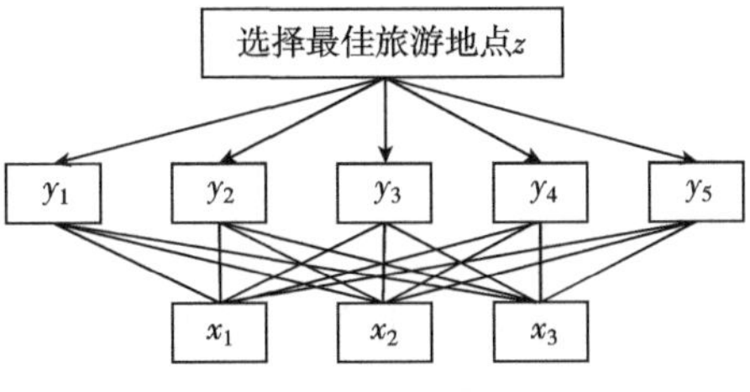

图 9－3　旅游问题层次模型

假定 Y 关于 Z 的序关系为

$$y_1>y_5>y_2>y_4>y_3\Rightarrow y_1^*>y_2^*>y_3^*>y_4^*>y_5^*$$

且给出以下比较判断

$$r_2=\frac{\omega_1^*}{\omega_2^*}=1.4,r_3=\frac{\omega_2^*}{\omega_3^*}=1.2,r_4=\frac{\omega_3^*}{\omega_4^*}=1.6,r_5=\frac{\omega_4^*}{\omega_5^*}=1.0$$

而

$$r_2r_3r_4r_5=2.688, r_3r_4r_5=1.92, r_4r_5=1.6, r_5=1.0$$

$$r_2r_3r_4r_5+r_3r_4r_5+r_4r_5+r_5=7.208$$

所以

$$w_5^*=(1+7.208)^{-1}=0.1218,$$

$$w_4^*=w_5^*r_5=0.1218\times1.0=0.1218, w_3^*=w_4^*r_4=0.1218\times1.6=0.1949,$$

$$w_2^*=w_3^*r_3=0.1949\times1.2=0.2339, w_1^*=w_2^*r_2=0.2339\times1.4=0.3275$$

故 y_1,y_2,y_3,y_4,y_5 的权重系数为

$$w_1=w_1^*=0.3275,$$

$$w_2=w_3^*=0.1949, w_3=w_5^*=0.1218,$$

$$w_4=w_4^*=0.1218, w_5=w_2^*=0.2339$$

所以，Y 关于 z 的权向量 $\boldsymbol{w}_z(Y)$ 为

$$\boldsymbol{w}_z(Y)=(0.3275,0.1949,0.1218,0.1218,0.2339)^{\mathrm{T}} \tag{9-20}$$

设 $X=\{x_1,x_2,x_3\}$ 关于 $y_i(i=1,2,\cdots,5)$ 的序关系及重要性程度的比较判断分别为

$$A_1: x_1>x_2>x_3\Rightarrow x_1^*>x_2^*>x_3^*; \frac{w_1^*}{w_2^*}=1.2, \frac{w_2^*}{w_3^*}=1.2$$

$$A_2: x_1>x_2>x_3\Rightarrow x_1^*>x_2^*>x_3^*; \frac{w_1^*}{w_2^*}=1.6, \frac{w_2^*}{w_3^*}=1.4$$

$$A_3: x_1>x_3>x_2\Rightarrow x_1^*>x_2^*>x_3^*; \frac{w_1^*}{w_2^*}=1.6, \frac{w_2^*}{w_3^*}=1.2$$

$$A_4: x_1>x_3>x_2\Rightarrow x_1^*>x_2^*>x_3^*; \frac{w_1^*}{w_2^*}=1.6, \frac{w_2^*}{w_3^*}=1.0$$

$$A_5: x_1>x_3>x_2\Rightarrow x_1^*>x_2^*>x_3^*; \frac{w_1^*}{w_2^*}=1.2, \frac{w_2^*}{w_3^*}=1.4$$

注意：A_1 是 X 对费用 y_1 节省程度的比较，A_2 是 X 对景色 y_2 优美程度的比较，A_3、A_4、A_5 分别是 X 关于居住条件 y_3、饮食条件 y_4 和旅途条件 y_5 优越性的比较。与前面的方法一样，分别算出 X 对 y_i($=1,2,3,4,5$)的权向量 $\boldsymbol{w}_{y_i}(X)$，如表 9－5 所示。

表 9－5　旅游问题逐层序关系分析法中的 $\boldsymbol{w}_{y_i}(X)$

i	1	2	3	4	5
$\boldsymbol{w}_{y_i}(X)$	0.3951	0.4829	0.4660	0.4445	0.4118
	0.3293	0.3018	0.2427	0.2778	0.2451
	0.2744	0.2156	0.2912	0.2778	0.3431

旅游问题逐层序关系分析的目的就是要得到 x_1,x_2,x_3 在 z 中占的比重。从上面的计算结果可知，x_i 在 $y_1,y_2,\cdots,y_5$ 中所占的比重分别由表 9 - 5 中 $\boldsymbol{w}_{y_i}(X)$ 的第 i 行（即表 9 - 5 的第 $i+1$ 行）元素表示，而 $y_1,y_2,\cdots,y_5$ 在 z 中占的比重向量 $\boldsymbol{w}_z(Y)$ 由式（9 - 20）给出，故 x_i 在 z 中所占的比重 $w_z(x_i)$ 是它们的相应项的两两乘积之和，即

$$w_z(x_k) = \sum_{i=1}^{5} w_{y_i}(x_k) w_z(y_i), k = 1,2,3 \tag{9-21}$$

由式（9 - 21）可算出：

$$w_z(x_1) = 0.3275 \times 0.3951 + 0.1949 \times 0.4829 + 0.1218 \times 0.4660 + 0.1218 \times 0.4445 + 0.2339 \times 0.4118 = 0.4307$$

$$w_z(x_2) = 0.3275 \times 0.3293 + 0.1949 \times 0.3018 + 0.1218 \times 0.2427 + 0.1218 \times 0.2778 + 0.2339 \times 0.2451 = 0.2874$$

$$w_z(x_3) = 0.3275 \times 0.2744 + 0.1949 \times 0.2156 + 0.1218 \times 0.2912 + 0.1218 \times 0.2778 + 0.2339 \times 0.3431 = 0.2814$$

于是，$X=\{x_1,x_2,x_3\}$ 对 z 的权向量为 $\boldsymbol{w}_z(X)=(0.4307,0.2874,0.2814)^{\mathrm{T}}$。计算结果表明，$x_1$ 在旅游点的选择中占的比重最大，应作为第一选择点。

9.3.3　小结

逐层序关系分析法是分析复杂问题的一种简便方法，它特别适宜于那些难以完全用定量指标进行分析的复杂问题。相对于特征值法，具有以下主要特征：

（1）不需构造判断矩阵，更无须一致性检验；

（2）计算量较特征值法成倍地减少；

（3）方法简便、直观，便于应用；

（4）对同一层次中元素的个数没有限制；

（5）具有保序性。

第 10 章　综合评价方法与结论敏感性分析

迄今为止，综合评价理论方法的发展已取得了丰硕的成果，丰富了综合评价理论体系的发展。然而，种类繁多的综合评价方法也为实际应用中综合评价方法的选取带来了难度。由于人为决策的不确定性，方法结构、信息选用的差异性，以及分析视角的不同，多种逻辑上可行的评价方法（这里的方法指评价过程中任一种独立的方法或环节上的处理技术，如无量纲化方法、赋权方法或集结方法等）针对同一被评价对象集会得到不同的评价结果，称之为"多方法评价结论非一致性"问题。那么，方法的特征识别自然成为研究的一个主要方向。本章首先以实例分析的方式讨论了综合评价结论对评价方法的敏感性问题，然后围绕综合评价流程中的三个主要环节，即数据的无量纲化处理、指标权重的确定及信息集结方法，对其中涉及的主要方法的敏感性（或结构稳定性）特征进行深入探讨。

10.1　综合评价结论敏感性分析[116]

10.1.1　引言

当选定 m 项评价指标 $x_1, x_2, \cdots, x_m$ 时，对 n 个被评价对象（或系统）的运行状况进行分类或排序的问题，即综合评价问题。通常采用如下两种综合评价模型：

$$y_i = \sum_{j=1}^{m} w_j x_{ij} \tag{10-1}$$

$$y_i = \prod_{j=1}^{m} x_{ij}^{w_j} \tag{10-2}$$

式中，x_{ij}为第 i 个评价对象的第 j 项指标值，w_j 为评价指标 x_j 的权重系数（$w_j \geqslant 0$，$\sum_{j=1}^{m} w_j = 1$），y_i 为被评价对象 $s_i(i=1,2,\cdots,n)$的综合评价值。

无论采取线性模型（10－1），还是采取非线性模型（10－2），为使综合评价值 y 具有可比性，且使 $\{y_i\}$ 的排序客观、公正、合理，就必须先对评价指标的原始数据 $\{x_{ij}\}(i=1,2,\cdots,n;\ j=1,2,\cdots,m)$进行若干"预处理"。这是因为：

（1）由于 x_j 可能选取"极大型"、"极小型"、"居中型"或"区间型"指标，为使 y 值具有明确的"趋向性"（如期望 y 值越大越好或者期望 y 值越小越好），就必须对 $x_1, x_2, \cdots, x_m$ 进行指标类型一致化（或类型趋同化）的"预处理"。

（2）由于 x_j 的产生背景，就决定了 x_j 带有相应的量纲，为使 y 值具有可比性，就必须对原始数据$\{x_{ij}\}$进行无量纲化的“预处理”。

(3)即使指标$x_1, x_2, \cdots, x_m$中有$k(1<k<m)$个无量纲的指标，如果它们的测度量级之间存在着悬殊差别，那么，这种测度量级之间的悬殊差别，对$\{y_i\}$的排序影响也是非常大的。例如，在评价指标中分别选取x_1为产品次品率$[x_1 \in (0,1)]$，取x_2为人口自然增长率$[x_2 \in (-0.05, 0.09)]$，这两个指标虽然都是无量纲的，但在计算y值时，x_1的“贡献”显然是大大超过了x_2的“贡献”。这种“奇异”现象的出现是由x_1、x_2的测度量级之间存在较大差别所造成的。

可见，为使综合评价的结果客观、合理、可比，就必须对原始数据$\{x_{ij}\}$进行“指标类型一致化”、“指标无量纲化”、“指标测度量级无差别化”的预处理。

当然，使综合评价结果更为客观合理的另一个重要因素，是加权系数w_j的合理选择。

作者在实际工作中，注意到了$\{y_i\}$的排序关于指标无量纲化方法及指标类型一致化方法的敏感性问题：在同一评价模型及相同权重系数的情况下，采用不同的无量纲化方法及指标类型一致化方法，$\{y_i\}$的排序是不同的。这种敏感性将产生一种不易被人觉察的“表面上的合理性掩盖着实际上的不合理性”的现象，而且这种现象是与决策者的主观意愿相独立的（当决策者没有注意或认识到这一现象时）。这种现象的出现对那些敏感的综合评价问题的影响是非常大的。下面就此问题做些讨论。

10.1.2　综合评价结果的敏感性

为了叙述方便，先给出如下几个假设：

假设 10.1　取定了m个相互独立的评价指标$x_1, x_2, \cdots, x_m$，且$x_i \sim N(\mu_i, \sigma_i^2)$ $(i=1,2,\cdots,m)$。

假设 10.2　选定了m个权重系数$w_j(w_j \geqslant 0, \sum_{j=1}^{m} w_j = 1)$，即$w_j$均为已知的$(j=1,2,\cdots,m)$。

假设 10.3　$x_1, x_2, \cdots, x_m$或均为极大型指标或均为极小型指标。

导致综合评价结果敏感性的原因有以下几种情况。

10.1.2.1　原因之一——指标类型一致化方式的选择

若x为极小型（或极大型）指标，则可通过变换

$$\tilde{x} = M - x \tag{10-3}$$

或

$$\tilde{x} = \frac{1}{x}(x>0) \tag{10-3'}$$

化为极大型（或极小型）指标，式中，常数 M 为指标 x 的一个允许上界（或最大值）。

可以证明，线性变换式（10－3）与非线性变换式（10－3′）对综合评价结果 y_i 的影响是不同的。也就是说，在选定综合评价模型（10－1）［或模型（10－2）］时，指标类型一致化方式的选择对 y_i 的值及 $\{y_i\}$ 的排序是敏感的（详见表 10－1 及表 10－2）。

表 10－1　指标类型一致化（极大化）对排序的影响

模型	无量纲化方法	极大化类型	y_i 值（越大越好）	排序	$\max\{y_i\}-\min\{y_i\}$	注
（1）	$\tilde{x}_{ij}=\frac{x_{ij}-\bar{x}_j}{s_j}$	（3）	$y_1=0.2260$，$y_2=-0.1412$，$y_3=0.0761$，$y_4=-0.3216$，$y_5=0.2292$	$s_5>s_1>s_3>s_2>s_4$	0.5508	由于出现 $m=0$，故只选用“均值化”处理方法
		（3′）	$y_1=-0.7241$，$y_2=-0.5122$，$y_3=0.3322$，$y_4=-0.1129$，$y_5=1.0176$	$s_5>s_3>s_4>s_2>s_1$	1.7423	
（2）	$\tilde{x}_{ij}=\frac{x_{ij}}{\bar{x}_j}$	（3）	$y_1=1.1562$，$y_2=1.0618$，$y_3=0.9333$，$y_4=0.9321$，$y_5=0.7960$	$s_1>s_2>s_3>s_4>s_5$	0.3602	
		（3′）	$y_1=0.9578$，$y_2=0.9769$，$y_3=1.0221$，$y_4=0.9857$，$y_5=1.0540$	$s_5>s_3>s_4>s_2>s_1$	0.0962	

注：表 10－1 中的（1）是指式（10－1）；（2）指式（10－2）；（3）指式（10－3）；（3′）指式（10－3′），下同。

表 10－2　指标类型一致化（极小化）对排序的影响

模型	无量纲化方法	极大化类型	y_i 值（越大越好）	排序	$\max\{y_i\}-\min\{y_i\}$	注
（1）	$\tilde{x}_{ij}=\frac{x_{ij}-\bar{x}_j}{s_j}$	（3）	$y_1=-0.2260$，$y_2=0.1412$，$y_3=-0.0761$，$y_4=0.3216$，$y_5=-0.2292$	$s_5>s_1>s_3>s_2>s_4$	0.5508	①由于出现 $m=0$，故选用“均值化”处理方法
		（3′）	$y_1=-0.7241$，$y_2=-0.5122$，$y_3=0.3322$，$y_4=-0.1129$，$y_5=1.0176$	$s_1>s_2>s_4>s_3>s_5$	1.7423	

续表

模型	无量纲化方法	极大化类型	y_i 值(越大越好)	排序	$\max\{y_i\}-\min\{y_i\}$	注
(2)	$\tilde{x}_{ij}=\frac{x_{ij}}{\bar{x}_j}$	(3)	$y_1=0$ $y_2=1.1843$ $y_3=0.8025$ $y_4=1.0117$ $y_5=0$	$s_1>s_5>s_3>s_4>s_2$	1.1843	②由于应用式(3)分别对指标 x_1，x_3，x_4 进行"极小化"处理，出现 $x_{ij}=0$ 的情况，从而有 $\tilde{x}_{ij}=0$，即有 $y=0$ 的情况出现
		(3′)	$y_1=0.9578$ $y_2=0.9769$ $y_3=1.0221$ $y_4=0.9857$ $y_5=1.0540$	$s_1>s_2>s_4>s_3>s_5$	0.0962	

10.1.2.2　原因之二——评价指标无量纲化方式的选择

对类型一致的评价指标进行无量纲化或量级无差别化处理时，通常采用如下方法。

(1)"中心化"处理，即令

$$\tilde{x}=\frac{x-\mu}{\sigma}\left(或\ \tilde{x}=\frac{x-\bar{x}}{s}\right) \tag{10-4}$$

式中，$\bar{x}$，s 分别是指标观测值 x 的样本平均值和样本均方差。

(2)"极差化"处理，即令

$$\tilde{x}=\frac{x-m}{M-m} \tag{10-5}$$

(3)"极大化"处理，即令

$$\tilde{x}=\frac{x}{m}\quad(m>0) \tag{10-6}$$

(4)"极小化"处理，即令

$$\tilde{x}=\frac{x}{M} \tag{10-7}$$

式(10-5)、式(10-6)和式(10-7)中的 m，M 分别为指标观测值 x 的最小值和最大值。

(5)"均值化"处理，即令

$$\tilde{x}=\frac{x}{\mu}或\left(\tilde{x}=\frac{x}{\bar{x}}\right) \tag{10-8}$$

无论采用哪一种无量纲化方法，$\tilde{x}$ 可统一写成

$$\tilde{x}_j=\alpha_j x_j+\beta_j,\ j=1,2,\cdots,m \tag{10-9}$$

当采用线性综合评价模型(10-1)时，有

$$y = \sum_{j=1}^{m} w_j \tilde{x}_j = \sum_{j=1}^{m} w_j \alpha_j x_j + \sum_{j=1}^{m} w_j \beta_j \tag{10-10}$$

这时,综合评价结果 y 的分散程度可由其方差

$$D(y) = \sum_{j=1}^{m} w_j^2 \alpha_j^2 \sigma_j^2 \tag{10-11}$$

来刻画。

由式(10－10)及式(10－11)可知,y 值的大小不仅取决于权重系数 w_j,还取决于无量纲化方法的选择。这就导致了在选定综合评价模型及给定 w_j 的情况下 y 值及其排序的敏感性问题。

10.1.2.3　原因之三——评价指标类型一致化与无量纲化先后顺序的选择

为简单起见,假设 x_1 为极小型指标,其余均为极大型指标,且仅就线性变换式(10－3)的情形,说明对评价指标进行类型一致化与无量纲化先后顺序的不同对 y 值的影响。

首先,对 $x_1,x_2,\cdots,x_m$ 先进行类型一致化处理,即分别令

$$x_1^* = M - x_1,\ x_i^* = x_i,\ i=2,\cdots,m$$

式中,$M=\max\{x_i\}$,再对 x_i^* 进行无量纲化处理,即分别令

$$x''_i = x_i^*/\min\{x_i^*\},\ if\quad \min\{x_i^*\}>0; i=1,2,\cdots,m$$

应用式(10－1),有

$$y^* = w_1 x''_1 + w_2 x''_2 + \cdots + x_m x''_m$$

其次,对 $x_1,x_2,\cdots,x_m$ 先进行无量纲化,即分别令

$$z_i^* = x_i/\min\{x_i\},\ \min\{x_i\}>0, i=1,2,\cdots,m$$

再对 z_i^* 进行类型一致化,即分别令

$$z''_1 = N - z_1^*, z''_i = z_i^*, i=2,\cdots,m$$

式中取 N 满足 $N>\max\{z_1^*\}$,由式(10－1),有

$$y'' = w_1 z''_1 + w_2 z''_2 + \cdots + w_m z''_m$$

这时,容易看出 y^* 及 y''都是无量纲的,且都期望其取值越大越好。然而

$$y^* \neq y''(if\ N \neq \sup\{x_1\}/\min\{x_1\})$$

10.1.2.4　原因之四——评价模型的选择

在其他条件不变的情况下,应用不同的评价模型所得到的综合评价结果是显然不同的。

10.1.2.5　原因之五——权重系数的不同选择

这一点从式(10－10)及式(10－11)可明显看出,这里不再赘述。

很显然，这种敏感性对衡量综合评价结果的客观性，将带来一种“灾难”，同时，在实际应用中也将会出现某种“混乱”。这就为综合评价理论工作者提出了一个问题：如何确定综合评价结果的客观标准，以及如何正确使用无量纲化及类型一致化的某些方法的问题。

10.1.3　确定综合评价结果客观标准的原则

综合评价，就是从整体上综合地体现出各被评价对象之间的差异，以达到对被评价对象进行分类或排序的目的。当然，被评价对象之间的差异体现得越彻底越好。

对于类型一致的指标 $x_1, x_2, \cdots, x_m$ 及选定的权重系数 $w_1, w_2, \cdots, w_m$，仅就综合评价模型(10－1)［或模型(10－2)］，分别应用“中心化”处理［式(10－4)］、“极差化”处理［式(10－5)］、“极大化”处理［式(10－6)］、“极小化”处理［式(10－7)］、“均值化”处理［式(10－8)］五种无量纲化方法，计算相应的综合评价值 $y_i^{(k)}$ $(k=1,2,\cdots,5; i=1,2,\cdots,n)$，令

$$\Delta_k = \max\{y_i^{(k)}\} - \min\{y_i^{(k)}\}, k=1,2,3,4,5 \tag{10-12}$$

为综合评价值 y 关于第 k 种无量纲化或量级无差别化的极差。式中 $\max\{y_i^{(k)}\}$、$\min\{y_i^{(k)}\}$ 分别为与应用第 k 种无量纲化方法相应的综合评价值 y 的最大值及最小值。

就如何确定综合评价结果的客观标准，这里提出如下原则：

(1)计算量要少(特别是在指标类型趋同化方面)；

(2) $\max\{y_i\} - \min\{y_i\}$ 要大(尽量体现各被评价对象的整体差异)；

(3)评价模型要“好”［即若强调被评价对象的均衡发展，则用模型(10－2)；若突出被评价对象的“局部”优势，则用模型(10－1)］。

10.1.4　应用例

某厂考核其下属5个分厂的工作业绩，建立4项评价指标：x_1 为人均实现利税额(万元/人)；x_2 为单位产值能耗(吨标准煤/万元)；x_3 为产品合格率(%)；x_4 为厂区绿化覆盖率(%)。原始数据见表10－3。

表10－3　原始数据表

	x_1	x_2	x_3	x_4
s_1	87	0.80	88.8	65.0
s_2	90	0.85	89.8	60.0
s_3	95	0.91	90.2	62.0
s_4	85	0.90	93.2	61.7
s_5	100	0.95	94.5	58.5

由专家给出的判断矩阵 $\boldsymbol{A}$ 为：

$$\boldsymbol{A}=\begin{pmatrix}1 & 1.15 & 1.80 & 2.20\\0.87 & 1 & 1.50 & 2.0\\0.56 & 0.67 & 1 & 1.2\\0.45 & 0.5 & 0.83 & 1\end{pmatrix}$$

试对这 5 个分厂的工作业绩进行排序。应用几何平均值法，求得 $w_1=0.347$，$w_2=0.301$，$w_3=0.195$，$w_4=0.156$，判断矩阵 $\boldsymbol{A}$ 的一致性检验通过（检验过程略）。

10.1.4.1　指标类型一致化方法对 $\{y_i\}$ 排序的影响

指标 x_2 为极小型指标，其余均为极大型指标。先对 x_2 分别按式（10－3）或式（10－3′）进行极大化处理，然后再同其他指标一样进行相同的无量纲化处理，分别应用评价模型（10－1）及模型（10－2），计算各分厂的综合评价值并进行排序（见表 10－1 和表 10－2）。

由表 10－1 及表 10－2 可知：

（1）在同一组权重系数条件下，无论应用综合评价模型（10－1）或模型（10－2），y_i 的值及 $\{y_i\}$ 的排序结果关于指标类型一致化方法的选择［或用式（10－3）或用式（10－3′）］都是敏感的；

（2）对于线性综合评价模型（10－1），$\{y_i\}$ 的排序关于指标类型趋同方法（即 $x_1,\cdots,x_4$ 或同为极大型指标，或同为极小型指标）只就式（10－3）的情形是不敏感的。

（3）而对于非线性综合评价模型（10－2），$\{y_i\}$ 的排序不但关于指标类型趋同方式的选择是敏感的，而且关于指标类型一致化的方法选择［即选用式（10－3）或式（10－3′）］也是敏感的。

（4）有趣的是，对于评价模型（10－1）来说，在进行指标类型趋同化的两个不同过程中，虽然 $\{y_i\}$ 的值是截然不同的，但 $\{y_i\}$ 的排序却是一致的；对于评价模型（10－2）而言，在进行指标类型趋同化的两个不同过程中，虽然 $\{y_i\}$ 的值是相同的，但 $\{y_i\}$ 的排序是截然相反的。

上述情况的出现对评定综合评价结果的客观性带来了一定的麻烦。

10.1.4.2　指标无量纲化方法对 $\{y_i\}$ 的排序的影响

由表 10－1 及表 10－2 可联想到：就同一评价模型［模型（10－1）或模型（10－2）］，在相同权重系数的条件下，对均为极大型（或极小型）的指标进行无量纲（或无量级差别）化时，是否也存在 $\{y_i\}$ 的排序关于无量纲化方法选择的敏感性呢？对此，本节进行了各种相应的计算（见表 10－4、表 10－5 及表 10－6）。在此基础上，得到如下结论。

表 10－4　应用各种无量纲化方法并由模型(10－1)得到的各种相应的排序

无量纲化方法	y_i 值(越大越好)	排序	$\max\{y_i\}-\min\{y_i\}$	注
$\tilde{x}_{ij}=\frac{x_{ij}-\bar{x}_j}{s_j}$	$y_1=-0.7247$　$y_4=-0.1129$ $y_2=-0.5222$　$y_5=1.0176$ $y_3=0.3322$	$s_5>s_3>s_4>s_2>s_1$	1.7432	
$\tilde{x}_{ij}=\frac{x_{ij}-m_j}{M_j-m_j}$	$y_1=0.2025$　$y_4=0.4281$ $y_2=0.2863$　$y_5=0.8430$ $y_3=0.5840$	$s_5>s_3>s_4>s_2>s_1$	0.6405	
$\tilde{x}_{ij}=\frac{x_{ij}}{\min\limits_i\{x_{ij}\}}$	$y_1=0.3758$　$y_4=0.5926$ $y_2=0.4463$　$y_5=0.9990$ $y_3=0.7493$	$s_5>s_3>s_4>s_2>s_1$	0.6232	将极小型指标 x_2 按式(10－3′)化为极大型指标
$\tilde{x}_{ij}=\frac{x_{ij}}{\max\limits_i\{x_{ij}\}}$	$y_1=0.8946$　$y_4=0.9205$ $y_2=0.9109$　$y_5=0.9834$ $y_3=0.9529$	$s_5>s_3>s_4>s_2>s_1$	0.0888	
$\tilde{x}_{ij}=\frac{x_{ij}}{\bar{x}_j}$	$y_1=0.9580$　$y_4=0.9856$ $y_2=0.9759$　$y_5=1.0542$ $y_3=1.0213$	$s_5>s_3>s_4>s_2>s_1$	0.0962	

表 10－5　应用各种无量纲化方法并由模型(10－1)得到的各种相应的排序

无量纲化方法	y_i 值(越小越好)	排序	$\max\{y_i\}-\min\{y_i\}$	注
$\tilde{x}_{ij}=\frac{x_{ij}-\bar{x}_j}{s_j}$	$y_1=-0.2260$　$y_4=0.3216$ $y_2=0.1412$　$y_5=-0.2292$ $y_3=-0.0761$	$s_5>s_1>s_3>s_2>s_4$	0.5508	①将极大型指标 x_1,x_3,x_4,按式(10－3)化为极小型指标 ②由于采用式(10－3)的变换,使得 $m_i=0$ $(i=1,3,4)$ 故使 $\tilde{x}_{i1}$,$\tilde{x}_{i3}$,$\tilde{x}_{i4}$ 无意义。但若取 $m_i=\min\{x_{ij}\}-k_{j0}$,则此时 $\{y_i\}$ 排序变化关于常数 k_{j0} 的选取是敏感的(见表 10－7)
$\tilde{x}_{ij}=\frac{x_{ij}-m_j}{M_j-m_j}$	$y_1=0.4957$　$y_4=0.6713$ $y_2=0.6152$　$y_5=0.4570$ $y_3=0.5555$	$s_5>s_1>s_3>s_2>s_4$	0.2143	
$\tilde{x}_{ij}=\frac{x_{ij}}{\min\limits_i\{x_{ij}\}}$	见本表注②			
$\tilde{x}_{ij}=\frac{x_{ij}}{\max\limits_i\{x_{ij}\}}$	$y_1=0.7492$　$y_4=0.7558$ $y_2=0.7814$　$y_5=0.4570$ $y_3=0.6231$	$s_5>s_3>s_1>s_4>s_2$	0.3244	
$\tilde{x}_{ij}=\frac{x_{ij}}{\bar{x}_j}$	$y_1=1.1449$　$y_4=1.1362$ $y_2=1.1991$　$y_5=0.6090$ $y_3=0.9058$	$s_5>s_3>s_4>s_1>s_2$	0.5901	

表 10－6　应用各种无量纲化方法并由模型（10－2）得到的各种相应的排序

无量纲化方法	y_i 值（越小越好）	排序	$\max\{y_i\}-\min\{y_i\}$	注
$\tilde{x}_{ij}=\frac{x_{ij}-\bar{x}_j}{s_j}$	见本表注②			①将极大型指标 x_1，x_3 及 x_4 按式（10－3′）化为极小型指标 ②因“中心化处理”，当 $\tilde{x}_{ij}<0$ 且当 $w_j<1$ 时，$x_{ij}^{w_j}$ 的计算失去意义 ③由于排序的不完全，故未计算此项指标
$\tilde{x}_{ij}=\frac{x_{ij}-m_j}{M_j-m_j}$	$y_1=0$　$y_2=0.2846$　$y_3=0.5550$　$y_4=0$　$y_5=0$	s_1 or s_4 or $s_5>s_2>s_3$	见本表注③	
$\tilde{x}_{ij}=\frac{x_{ij}}{\min\limits_i\{x_{ij}\}}$	$y_1=1.0251$　$y_2=1.0456$　$y_3=1.0940$　$y_4=1.0550$　$y_2=1.1282$	$s_1>s_2>s_4>s_3>s_5$	0.1031	
$\tilde{x}_{ij}=\frac{x_{ij}}{\max\limits_i\{x_{ij}\}}$	$y_1=0.8939$　$y_2=0.9117$　$y_3=0.9539$　$y_4=0.9199$　$y_5=0.9837$	$s_1>s_2>s_4>s_3>s_5$	0.0898	
$\tilde{x}_{ij}=\frac{x_{ij}}{\bar{x}_j}$	$y_1=0.9578$　$y_2=0.9769$　$y_3=1.0221$　$y_4=0.9857$　$y_5=1.0540$	$s_1>s_2>s_4>s_3>s_5$	0.0962	

结论 10.1　在同一组权重系数及指标类型一致的条件下，由模型（10－1）或模型（10－2）所得到的 $\{y_i\}$ 的排序与所选用的无量纲化方法可能有关也可能无关，这是由指标类型趋同化的选择方式所决定的。

10.1.4.3　$\{y_i\}$ 的排序关于指标最小值 m_j 取法的敏感性问题

当应用无量纲化方法式（10－5）及式（10－6）时，理应取 $m_j=\inf\{x_j\}$。但有时常常直接取 $m_j=\min\limits_i\{x_{ij}\}$，这时直接应用评价模型（10－1）或模型（10－2）时，将遇到某些麻烦（如出现 $\tilde{x}=0$ 等）。于是，容易想到：若适当取 $m_{j0}\neq 0$，使 $m_j<\min\limits_i\{x_{ij}\}-m_{j0}(j=1,\cdots,4)$ 时，应用评价模型（10－1）或模型（10－2）就不会有什么限制了。但此时是否存在 $\{y_i\}$ 的排序变化关于常数 m_{j0} 的取值的敏感性呢？对此，本节进行了各种计算（详见表 10－6），得到了有趣的结论。

结论 10.2　在应用极差化法或极大化法进行指标的无量纲化处理时，m_j 关于 m_{j0} 的取值对 $\{y_i\}$ 的排序是无关的。但对于线性综合评价模型（10－1）来说，$\max\{y_i\}-\min\{y_i\}$ 将随着 m_j 的取值变小而减小；而对于非线性综合评价模型（10－2）

而言，当应用极差化方法（或极大化方法）时，$\max\{y_i\}-\min\{y_i\}$ 将随着 m_j 的取值变小而增大。

10.1.4.4　关于本例的"最佳"排序

由表 10－1～表 10－5 可知，本例的综合评价结果 $\{y_i\}$ 的排序是多种多样的，本节从强调系统均衡、协调发展及遵循关于确定综合评价结果客观标准［第 10.1.3 节中的原则（1）与（2）］，认为本例的"最佳"排序结果为（见表 10－7）：

$$s_1 > s_2 > s_3 > s_4 > s_5 \quad (\max\{y_i\}-\min\{y_1\}=0.5743)$$

表 10－7　指标最小值 m_i 的取法对排序的影响

无量纲化方法	模型	m_i 取值	y_i 值（越大越好）	排　序	$\max\{y_i\}-\min\{y_i\}$	注
$\tilde{x}_{ij}=\dfrac{x_{ij}-m_j}{M_j-m_j}$	（1）	Ⅰ	$y_1=0.5033$ $y_2=0.3865$ $y_3=0.4435$ $y_4=0.3277$ $y_5=0.5420$	$s_5>s_1>s_3>s_2>s_4$	0.2143	m_i 取值状况： Ⅰ：$m_1=\min\{x_{i1}\}$ $m_2=\min\{x_{i2}\}$ $m_3=\min\{x_{i3}\}$ $m_4=\min\{x_{i4}\}$ Ⅱ：$m_1=\min\{x_{i1}\}-1$ $m_2=\min\{x_{i2}\}-0.01$ $m_3=\min\{x_{i3}\}-0.8$ $m_4=\min\{x_{i4}\}-0.5$ Ⅲ：$m_1=\min\{x_{i1}\}-2$ $m_2=\min\{x_{i2}\}-0.02$ $m_3=\min\{x_{i3}\}-1.8$ $m_4=\min\{x_{i4}\}-0.5$
		Ⅱ	$y_1=0.5461$ $y_2=0.4356$ $y_3=0.4878$ $y_4=0.3730$ $y_5=0.5720$	$s_5>s_1>s_3>s_2>s_4$	0.1990	
		Ⅲ	$y_1=0.5854$ $y_2=0.4876$ $y_3=0.5319$ $y_4=0.4170$ $y_5=0.6067$	$s_5>s_1>s_3>s_2>s_4$	0.1891	
	（2）	Ⅰ	$y_1=0$ $y_2=0.3425$ $y_3=0.4030$ $y_4=0$ $y_5=0$	$s_3>s_2>s_1>s_4>s_5$	0.4030	
		Ⅱ	$y_1=0.3718$ $y_2=0.4070$ $y_3=0.4590$ $y_4=0.2465$ $y_5=0.2876$	$s_3>s_2>s_1>s_4>s_5$	0.2125	
		Ⅲ	$y_1=0.4582$ $y_2=0.4687$ $y_3=0.5098$ $y_4=0.3231$ $y_5=0.4044$	$s_3>s_2>s_1>s_4>s_5$	0.1867	

续表

无量纲化方法	模型	m_i 取值	y_i 值（越大越好）	排　序	$\max\{y_i\}-\min\{y_i\}$	注
$\widetilde{x}_{ij}=\frac{x_{ij}}{m_j}$	(1)	Ⅰ	$y_1=0.6766$ $y_2=0.5465$ $y_3=0.6088$ $y_4=0.4922$ $y_5=0.6980$	$s_5>s_1>s_3>s_2>s_4$	0.2058	m_i 取值状况：Ⅰ：$m_1=\min\{x_{i1}\}$ $m_2=\min\{x_{i2}\}$ $m_3=\min\{x_{i3}\}$ $m_4=\min\{x_{i4}\}$ Ⅱ：$m_1=\min\{x_{i1}\}-1$ $m_2=\min\{x_{i2}\}-0.01$ $m_3=\min\{x_{i3}\}-0.8$ $m_4=\min\{x_{i4}\}-0.5$ Ⅲ：$m_1=\min\{x_{i1}\}-2$ $m_2=\min\{x_{i2}\}-0.02$ $m_3=\min\{x_{i3}\}-1.8$ $m_4=\min\{x_{i4}\}-0.5$
		Ⅱ	$y_1=0.7209$ $y_2=0.5970$ $y_3=0.6545$ $y_4=0.5390$ $y_5=0.7293$	$s_5>s_1>s_3>s_2>s_4$	0.1903	
		Ⅲ	$y_1=0.7633$ $y_2=0.6508$ $y_3=0.7016$ $y_4=0.5865$ $y_5=0.7668$	$s_5>s_1>s_3>s_2>s_4$	0.1803	
	(2)	Ⅰ	$y_1=1.5555$ $y_2=1.4285$ $y_3=1.2556$ $y_4=1.2540$ $y_5=1.0709$	$s_1>s_2>s_3>s_4>s_5$	0.4846	
		Ⅱ	$y_1=1.6756$ $y_2=1.5388$ $y_3=1.3526$ $y_4=1.3509$ $y_5=1.1536$	$s_1>s_2>s_3>s_4>s_5$	0.5220	
		Ⅲ	$y_1=1.8438$ $y_2=1.6934$ $y_3=1.4884$ $y_4=1.4865$ $y_5=1.2695$	$s_1>s_2>s_3>s_4>s_5$	0.5743	

10.1.4.5　结论

本节只针对综合评价模型（10－1）及模型（10－2）的情形，就综合评价结果（或排序）关于评价指标类型一致（或趋同）化、评价指标无量纲（或量级无差别）化方法的敏感性问题进行了讨论，得出了若干有应用价值及理论意义的结论，现归纳如下：

（1）在评价指标类型趋同化处理中，要坚持“少数服从多数”的原则。即将少数的类型非一致化的指标向多数的类型一致化的指标“看齐”。

（2）对于无量纲的评价指标，也要进行测度量级无差别化的处理。

（3）对于要同时进行类型一致化及无量纲化的指标来说，应先进行类型一致化，再进行无量纲化处理。

（4）根据评价目的选择评价模型。若强调系统（或被评价对象）的整体效应，突出系统协调、均衡发展的作用,可采用非线性综合评价模型(10－2);若强调系统的局部效应,突出指标间的"互补性"[即由某个指标值较小(或某个 w_j 较小)而造成的"损失",可由某个或某几个取值较大的指标(或某个 w_j)给以"补偿"],可采用线性综合评价模型(10－1)。

(5)当采用模型(10－1)时,建议应用中心化无量纲化方法,如用极差无量纲化方法,取 $m_j=\min\limits_i\{x_{ij}\}(j=1,2,\cdots,m)$ 为宜;当采用模型(10－2)时,建议应用极大化无量纲化方法,且适当取 $m_j<\min\limits_i\{x_{ij}\}(j=1,2,\cdots,m)$ 为宜。

另外,值得提及的是,对于非线性综合评价模型式(10－2)来说,不宜对原始数据进行中心化的无量纲处理。这是因为,当 $\tilde{x}_{ij}<0$ 且 $w_j\in(0,1)$ 时,计算 $x_{xj}^{w_j}$ 无意义。这时可能想到,若对 $\tilde{x}_{ij}$ 进行整体平移,即令 $\tilde{x}_{ij}=\tilde{x}_{ij}+k_0$(选取正数 k_0,使得 $\tilde{x}_{ij}>0,i=1,2,\cdots,n;j=1,2,\cdots,m$)时,就可应用模型式(10－2)了。但非常遗憾的是,此时 $\{y_i\}$ 的排序关于正数 k_0 的选取是敏感的(见表10－8)。

表10－8　指标值的"平移"对排序的影响

k_0	y_i 值(越大越好)	排　序	$\max\{y_i\}-\min\{y_i\}$
2	$y_1=1.8490$ $y_2=1.7870$ $y_3=1.9320$ $y_4=1.5055$ $y_5=1.6595$	$s_3>s_1>s_2>s_5>s_4$	0.4265
3	$y_1=2.9733$ $y_2=2.8093$ $y_3=2.9550$ $y_4=2.5721$ $y_5=2.8750$	$s_1>s_3>s_5>s_2>s_4$	0.4012
4	$y_1=4.0319$ $y_2=3.8188$ $y_3=3.9651$ $y_4=3.5985$ $y_5=3.9659$	$s_1>s_5>s_3>s_2>s_4$	0.4334

本节只就综合评价结果的敏感性问题进行了初步讨论和实例分析,没有就其中有关的理论问题展开讨论。

10.2　线性无量纲化方法的敏感性分析[57]

10.2.1　引言

无量纲化方法的稳定性是指规范化结果对于个别(或若干)指标观测数据增减的敏感性(或稳定性)。敏感性越低,说明无量纲化过程的稳定性越好,反之越差。引发敏感性问题的原因有两个方面:无量纲化方法的结构和指标数据分布。

无量纲化方法的结构主要是指对每个指标观测值进行无量纲化处理时所运用信息的范围。因为“标准化处理法”、“线性比例法（取比例系数为 $\bar{x}_j$ 时）”、“归一化处理法”及“向量规范法”的公式中包含指标所有样本信息的统计量（如平均值、总和及平方和等），所以稳定性较好；相反，“极值处理法”、“线性比例法（取比例系数为 m_j）”、“线性比例法（取比例系数为 M_j）”及“功效系数法”受个别极端数据（如最大值、最小值、满意值、不容许值）的影响较大，所以稳定性较差。

无量纲方法结构对稳定性的影响极大地依赖于指标的数据分布，若数据分布比较平稳（极端值的影响不明显），则无量纲化结果的稳定性不会受方法结构太大的制约。下面讨论影响无量纲化结果稳定性的“指标数据分布”因素。

10.2.2　实例分析

选取 2006 年 5 月最新公布的中国 A 股市场 79 家房地产类上市公司 2005 年年报数据中“主营业务增长率”及“净资产收益率”两项指标（均为极大型指标），详见表 10－9。

表 10－9　2005 年 79 家房地产上市公司主营业务增长率及净资产收益率

上市公司股票名	主营业务增长率（%）	净资产收益率（%）	上市公司股票名	主营业务增长率（%）	净资产收益率（%）
G 万科 A	56.79	16.25	沈阳新开	－83.34	－3
ST 星源	－17.68	－27.26	G 美都	96.33	2.69
深达声 A	68	9.44	G 创兴	－48.76	3.12
深宝安 A	32.83	6.04	长春经开	－41.21	1.46
深物业 A	－31.89	12.75	G 华业	－34.89	1.88
G 沙河	18.13	10.04	先锋股份	21.55	9.93
G 招商局	－1.08	11.17	G 物华	11.72	6.97
G 深深房	204.2	1.14	G 广汇	－29.68	10.8
G 中粮地	－2.21	9.34	G 城建	26.67	7.56
深长城 A	－31.34	8.93	武昌鱼	138.74	0.57
G 泛海	－45.45	6.42	G 天房	19.94	1.29
G 德赛	188	11.66	G 华发	30.63	11.73
G 华侨城	21.65	18.23	G 天鸿宝	－52.85	3.47
G 金融街	15.12	18.1	金地集团	17.04	11.66
绿景地产	－32.93	1.98	G 东华	34.14	8.27

续表

上市公司股票名	主营业务增长率（%）	净资产收益率（%）	上市公司股票名	主营业务增长率（%）	净资产收益率（%）
*ST 珠江	-73.47	-111.14	XDG 空港	1.2	7.44
银基发展	-28.57	3.91	G 栖霞	51.67	21.36
G 渝开发	22.95	0.39	ST 兴业	-93.38	0
G 旭飞	-16.58	3.25	金丰投资	10.26	7
*ST 中天	0.48	-110.96	G 天宸	-55.99	1.19
G 光华	634.98	4.57	海鸟发展	-79.29	3.39
G 莱茵	6.07	1.62	G 新黄浦	-17.22	3.13
G 金盘	239.31	24.8	G 金桥	97.09	7.78
粤宏远 A	4.47	1.16	中远发展	-58.36	1.39
G 阳光	43.2	15.45	G 外高桥	-13.78	-18.1
亿城股份	-48.71	4.67	G 陆家嘴	25.55	8.98
倍特高新	-18.26	2.75	G 天地源	46.35	4.89
*ST 三木	-25.24	-48.59	G 中企	-2.02	18.19
*ST 东源	0	-3.42	G 穗珠江	64.33	2.83
G 名流	17.99	16.22	利嘉股份	-43.47	0.99
阳光发展	-17.51	4.49	G 苏高新	-7.86	8.56
中国武夷	65.52	2.54	G 实发展	119.33	10.26
G 津滨	61.25	2.04	ST 运盛	98.87	2.77
浙江广厦	8.58	-12.97	G 天创	-9.44	6.84
G 冠城	37.96	18.7	保税科技	50.71	-1.39
G 海泰	-8.9	10.38	世茂股份	-39.98	9.71
成都建投	-82.42	0.52	新湖创业	74.23	17.86
G 东日	33.03	3.74	*ST 中房	-58.64	-71
东湖高新	-30.71	0.51	G 张江	35.76	6.61
绵阳高新	-74.49	-98.87			

将 79 家房地产上市公司的“主营业务增长率”的原始指标数据绘制成散点图，见图 10-1。选用极值处理法对该指标进行处理，处理后的数据见图 10-2。

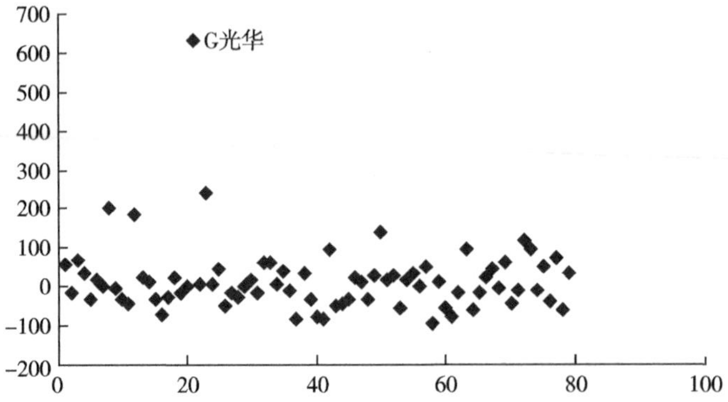

图 10-1 “主营业务增长率”指标原始数据图

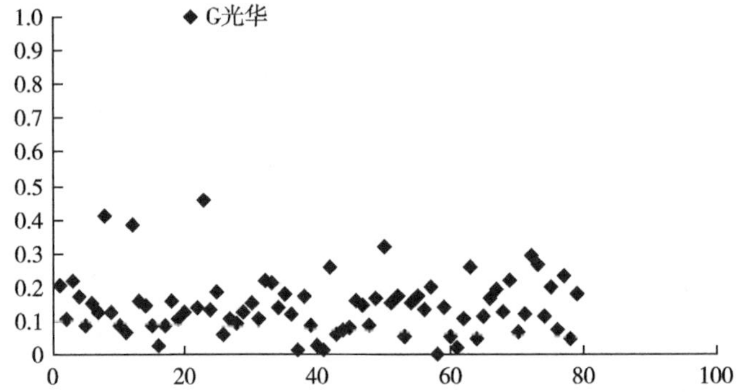

图 10-2 预处理后“主营业务增长率”指标数据图

分析图 10-1、图 10-2 可知,因极大值(G 光华)的存在,对于预处理后的数据会造成两方面影响:其一,该点之外的其他数据过分集中,并且明显偏低,因而该指标对于其余绝大部分被评价对象的区分度降低了,即缩减了指标的评价信息量;其二,该点的存在使得预处理后的数据极不稳定,增加或减少该点对于指标预处理的结论影响很大。我们可以将类似“G 光华”这样的点看成“异常值”。

10.2.3 模拟分析[57]

从指标数据分布的视角看,“异常值”可看成“噪声干扰”,能够对无量纲化的结果产生影响。下面将采用随机模拟的方法,从无量纲化方法对“异常值”耐抗性的视角分析线性无量纲化方法的稳定性。若“异常值”对无量纲化结果的干扰程度越小,表明该无量纲化方法的结构越稳定;反之,表明该无量纲化方法的结构稳定性越差。

10.2.3.1　稳定性测度

由线性无量纲化方法的性质分析可知,所有的线性无量纲化方法都具有单调性。因而,分别对原始数据及其无量纲化结果按由小到大的顺序进行升序排序后,会得到类似的数据分布图,故"异常值"出现的方向不会对无量纲化结果产生影响,其中"异常值"的方向指"异常值"向原始数据最大值的方向偏离或向原始数据最小值的方向偏离。基于此,这里仅从"异常值"的出现强度及个数两个方面对无量纲化方法的结构稳定性进行分析。为便于分析及方便表述,对原始数据[即指标 x_j $(j=1,2,\cdots,m)$ 的观测值 $\{x_{ij} \mid i=1,2,\cdots,n;j=1,2,\cdots,m\}$]按由小到大的顺序进行升序排序,为简便起见,将序化后的原始数据仍记为 $\{x_{i1},x_{i2},\cdots,x_{im}\}$。可按以下两种方式产生"异常值":

(1)向原始数据最大值方向偏离产生 $l(l\geqslant1)$ 个"异常值"(分别记为 $x_{i1}^*,x_{i2}^*,\cdots,x_{il}^*$):

$$\begin{cases} x_{im}\to x_{i1}^* = x_{im}+c\sigma t \\ x_{im-1}\to x_{i2}^* = x_{im-1}+c\sigma t \\ \cdots \\ x_{im-l+1}\to x_{il}^* = x_{im-l+1}+c\sigma t \end{cases} \tag{10-13}$$

(2)分别向原始数据最大值和最小值两个方向偏离产生 $l(l\geqslant1)$ 个"异常值"(分别记为 $x'_{i1},x'_{i2},\cdots,x'_{il}$):

$$\begin{cases} x_{im}\to x'_{i1} = x_{im}+c\sigma t \\ x_{i1}\to x'_{i2} = x_{i1}-c\sigma t \\ \cdots \\ x_{i(m+\frac{l-1}{2})}\to x'_{il} = x_{i(m+\frac{l-1}{2})}+c\sigma t(l\text{ 为奇数}) \\ \text{或 } x_{i\frac{l}{2}}\to x'_{il} = x_{i\frac{l}{2}}-c\sigma t(l\text{ 为偶数}) \end{cases} \tag{10-14}$$

其中,符号"→"表示对其左边的原始数据进行突变处理,使其成为"异常值",σ 为原始数据 $x_{i1},x_{i2},\cdots,x_{im}$ 的标准差,$c\sigma$ 为"异常值"偏离原始数据的步长,$c(c>0)$ 为偏离系数,t 为步长的个数,取值为自然数。c 和 t 用于控制"异常值"相比于原始数据的偏离程度,即"异常值"出现的强度。在实际使用过程中,可固定 c 的取值,变动 t 的取值以改变"异常值"出现的强度。

显然,若"异常值"出现后的无量纲化结果相比于"异常值"出现前的无量纲化结果没有变化,说明该无量纲化方法非常稳定。因而,可以通过分析"异常值"出现前后无量纲化结果的偏离程度来界定无量纲化方法的稳定性测度值。设序化后的原始数据 $\{x_{i1},x_{i2},\cdots,x_{im}\}$ 经过无量纲化处理后得到的序化后的数据集为 $\{r_{i1},r_{i2},\cdots,r_{im}\}$,"异常值"出现后,得到的序化后的无量纲化结果为 $\{r'_{i1},r'_{i2},\cdots,r'_{im}\}$。

定义 10.1　称

$$\mu_i = \frac{\frac{1}{m}\sum_{j=1}^{m} |r_{ij} - r'_{ij}|}{|\max\{r_{im}, r'_{im}\} - \min\{r_{i1}, r'_{i1}\}|} \tag{10-15}$$

为无量纲化方法的稳定性测度值,其中 $\frac{1}{m}\sum_{j=1}^{m} |r_{ij} - r'_{ij}|$ 为“异常值”出现前后无量纲化结果的平均偏离度,$|\max\{r_{im}, r'_{im}\} - \min\{r_{i1}, r'_{i1}\}|$ 为无量纲化结果的分布范围,对其取倒数的处理方式是为了保证稳定性测度值分布于同一区间范围内,使稳定性测度值具有可比性。

10.2.3.2　标准仿真策略

无量纲化方法的结构稳定性不能以某一次的测度值来衡量,而应是在多次取样中平均测度值趋于平稳的状态。基于此,下面给出无量纲化方法稳定性测度的标准仿真策略。

步骤 1　获取原始数据,并采用某无量纲化方法对其进行无量纲化处理;

步骤 2　对原始数据进行“噪声干扰”,即产生相应“异常值”,并对其进行无量纲化处理;

步骤 3　依据“异常值”出现前后的无量纲化结果,计算无量纲化方法的稳定性测度值;

步骤 4　多次取样,对无量纲化方法的总体稳定性进行分析。

依据无量纲化方法稳定性测度的标准仿真策略,可将其稳定性测度的具体仿真步骤归纳如下:

步骤 1　设置仿真次数监控变量 *count*(初始值为 0),设定原始数据的取值范围;

步骤 2　令 $count = count + 1$,在设定的原始数据取值范围内随机生成服从某分布的若干随机数据并对其按由小到大的顺序进行升序排序;

步骤 3　分别用 6 种线性无量纲化方法对序化后的原始数据进行预处理;

步骤 4　设定“异常值”偏离原始数据的偏离系数 c 和偏离步长的个数 t(t 的取值为自然数),按照式(10-13)或式(10-14)的方式产生“异常值”,并计算“异常值”出现后数据的无量纲化结果;

步骤 5　按照式(10-15)及步骤 2 和步骤 3 中求得的无量纲化结果计算各无量纲化方法的稳定性测度值,记为 μ_{count}^{Θ},其中 Θ 为某种线性无量纲化方法;

步骤 6　设置变量 $sum(\Theta)$、$ave_0(\Theta)$ 和 $ave(\Theta)$(初始值均为 0),令 $sum(\Theta) = sum(\Theta) + \mu_{count}^{\Theta}$,$ave(\Theta) = sum(\Theta)/count$;

步骤 7　设置循环终止条件 *cloop*(初始值为 0),$cloop = cloop + 1$;

步骤 8　设定循环终止判断条件，设判断步长为 5，当 $cloop=2000$ 时，若对任意线性无量纲化方法都有 $|ave(\Theta)-ave_0(\Theta)|\leqslant\varepsilon$（其中 ε 为事先设定的任意小的正数，如 0.00001）成立，转入步骤 9，否则，令 $ave_0(\Theta)=ave(\Theta)$，$cloop=0$，转入步骤 2；

步骤 9　保存 $ave(\Theta)$ 的值，退出程序。

10.2.3.3　稳定性分析

经测算，原始数据的取值范围对无量纲化方法的稳定性没有影响。这里选取原始数据的取值范围为[0,50]，数据服从均匀分布。为充分分析无量纲化方法的稳定性，分别从原始数据的个数、“异常值”偏离原始数据的程度与方向等方面进行仿真分析，分析思路为原始数据个数分别为 10，20，30，…，100，“异常值”偏离原始数据的偏离系数为 0.2，偏离的步长数分别为 0，2，4，6，8，10，15，20，25，30，35，…，65，70，具体分析了以下三种情形：情形 1，对原始数据最大值进行处理产生一个“异常值”；情形 2，对原始数据最大值和第二大的数据进行处理产生两个“异常值”；情形 3，分别对原始数据的最大值和最小值进行处理产生方向相反的两个“异常值”。

通过分析仿真结果，限于篇幅原因及为充分体现无量纲化方法的稳定性变化规律，现给出数据个数为 10，20，50，100 时各无量纲化方法的稳定性测度值的折线如图 10－3 所示。

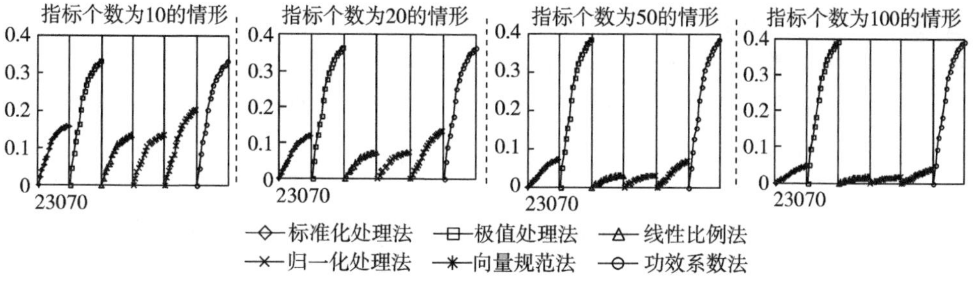

图 10－3　一个异常值时无量纲化方法稳定性测度的趋势分布

分析图 10－3 可以看出：

（1）极值处理法和功效系数法的稳定性完全相同，原因是具有相同的信息处理结构，功效系数法只是对极值处理法进行了“平移”、“放大”或“缩小”处理；

（2）线性比例法和归一化处理法的稳定性完全相同，原因是线性比例法相对于归一化处理法而言，只是对无量纲化结果扩大了 m（m 为数据的个数）倍，两者处理

信息的方式完全相同;

(3)无论原始数据的个数如何变化,线性比例法(归一化处理法)的稳定性最好,极值处理法(功效系数法)的稳定性最差;

(4)随着“异常值”相对于原始数据偏离程度的增大,各方法的稳定性逐渐减弱,且减弱的程度由强到弱,逐渐趋于平稳;

(5)随着原始数据个数的增加,极值处理法(功效系数法)的稳定性略有减弱,线性比例法(归一化处理法)、标准化处理法、向量规范法的稳定性逐步增强,且三类方法的稳定性越来越接近。

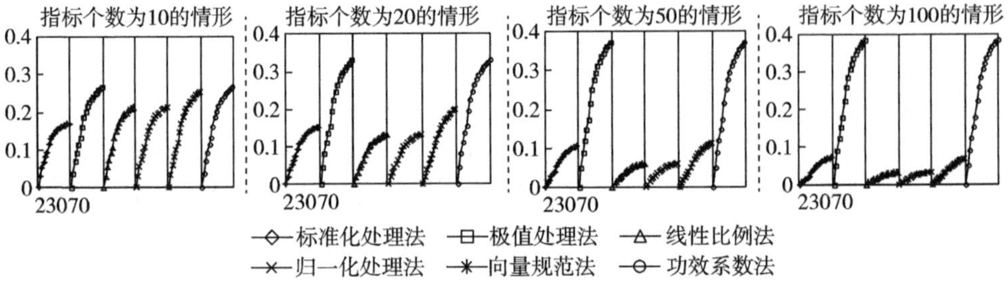

图 10-4 两个正异常值时无量纲化方法稳定性测度的趋势分布

分析图 10-4 可以看出:

(1)在数据个数为 10 时,各种无量纲化方法稳定性的区分度不大,标准化处理法的稳定性最好,极值处理法(功效系数法)的稳定性最差;

(2)数据个数为 20,50 和 100 时,各方法的稳定性测度值的分布趋势曲线与图 10-3 中的曲线趋势变化规律相似,线性比例法(归一化处理法)的稳定性最好,极值处理法(功效系数法)的稳定性最差。

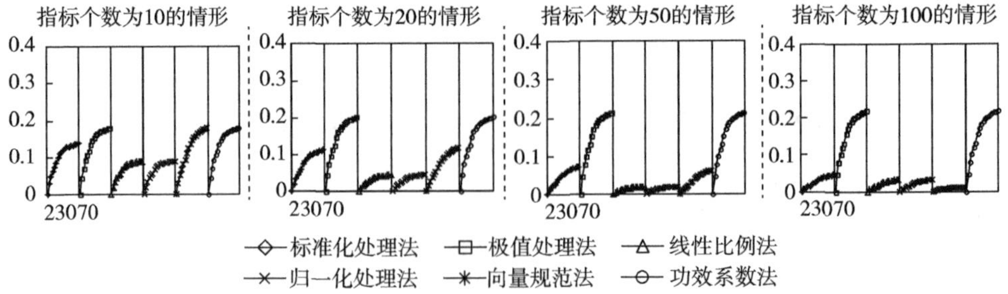

图 10-5 正负两个异常值时无量纲化方法稳定性测度的趋势分布

分析图 10 -5 可以看出：

(1)在数据个数为 10 时，各种无量纲化方法稳定性的区分度不大，线性比例法(归一化处理法)的稳定性最好，极值处理法(功效系数法)的稳定性最差；随着“异常值”对于原始数据偏离程度的增大，向量规范法的稳定性与极值处理法(功效系数法)的稳定性相同；

(2)数据个数为 20,50 和 100 时，各方法的稳定性测度值的分布曲线趋势与图 10 -3 中的曲线趋势变化规律相似，但稳定性测度值普遍偏小，说明正负“异常值”的共同存在，减弱了“异常值”对于无量纲化结果的影响，线性比例法(归一化处理法)的稳定性最好，极值处理法(功效系数法)的稳定性最差。

由图 10 -3、图 10 -4 和图 10 -5 及其分析结果可知：

(1)在数据个数为 10 时，有两个正异常值或正负异常值的情形时，各方法的稳定性测度值的分布曲线趋势与其余情况下的曲线趋势有所不同，原因是“异常值”在原始数据中所占比例的增加(10 个数据中有两个“异常值”)，减弱了“异常值”的“噪声”作用，从而导致稳定性分析的效果不明显；

(2)总体而言，线性比例法(归一化处理法)的稳定性最好，极值处理法(功效系数法)的稳定性最差；

(3)标准化处理法、线性比例法(归一化处理法)、向量规范法的稳定性比较接近，且随着数据个数的增加，其稳定性接近程度越高，说明其具有较为类似的信息处理方式，而极值处理法(功效系数法)的稳定性与其相差较大，原因是在信息处理过程中前者考虑了整个样本的全部信息，后者仅只考虑了样本的极端信息(最大值和最小值)。

10.2.4　小结

本节对 6 种常用线性无量纲化方法的结构敏感性进行分析，认为方法结构及指标数据分布是影响无量纲化结果稳定性的两个重要原因，并针对最为明显的“指标数据分布”原因展开讨论。首先，用一个实例说明“异常值”的存在是引发预处理结果不稳定的关键因素，在此基础上，采用随机模拟的方法对 6 种无量纲化方法关于“异常值”的耐抗性(稳定性)进行了分析，并给出相关结论。

本节研究中将随机模拟方法应用于方法性质的测验，对目前综合评价领域方法种类繁多，但缺乏统一的判断标准，即“多方法结论非一致性”问题的解决具有启发作用，尤其适合于同类别评价方法的性质测验、特征比较等问题的分析。

10.3　差异驱动型赋权法稳定性及差异凸显能力比较[117]

在经典的综合评价中，连接原始评价信息及信息集结的一个重要环节是指标的权重系数,而常用的能够体现评价信息之间差异(最终体现被评价对象之间的差异)的赋权方法有均方差法、熵值法、最大离差法和拉开档次法,本节将其统称为“差异驱动型评价方法”。目前,关于各种差异驱动型评价方法的单独研究成果较多,却很少涉及四种差异驱动型评价方法的比较问题,从而为评价者带来了评价方法选取困难的问题。针对该问题,本节采用随机模拟的方法,分别从方法的稳定性及对被评价对象之间差异的凸显能力两个方面对四种差异驱动型评价方法进行了比较分析,并给出了相关结论。

10.3.1 差异驱动型评价方法简介

对于 n 个取定的被评价对象,关于 m 个评价指标的观测值矩阵为 $[x_{ij}]_{n\times m}$。为简便起见,设 $x_{ij}(i=1,2,\cdots,n;j=1,2,\cdots,m)$ 均为极大型指标,且已进行了无量纲化处理。令各指标对应的权重系数向量为 $\boldsymbol{w}=(w_1,w_2,\cdots,w_m)^{\mathrm{T}}$。

关于拉开档次法、均方差法和熵值法,详细介绍见第 3.4.1.1 节内容和第 3.4.2 节内容,下面仅对最大离差法进行简单介绍。

运用最大离差法[118]求解指标权重系数的基本思路为:权重系数的选择应使所有被评价对象之间的总体离差最大,即有以下优化模型:

$$\max F(\boldsymbol{w}) = \sum_{j=1}^{m}\sum_{i=1}^{n}\sum_{k=1}^{n}|x_{ij}-x_{kj}|w_j$$

$$s.t. \sum_{j=1}^{m} w_j^2 = 1 \tag{10-16}$$

求解优化模型,并对求得的权重系数进行归一化处理,得最终的权重系数为

$$w_j = \frac{\sum_{i=1}^{n}\sum_{k=1}^{n}|x_{ij}-x_{kj}|}{\sum_{j=1}^{m}\sum_{i=1}^{n}\sum_{k=1}^{n}|x_{ij}-x_{kj}|}, j = 1,2,\cdots,m \tag{10-17}$$

10.3.2 稳定性分析

对于各种差异驱动型评价方法的稳定性,本节主要从极端样本的加入后对原始评价结果产生的干扰程度方面进行分析,具体的分析思路为:在原始评价数据的基础上增添极端样本,即加入极端样本的指标数据相对于原始数据发生“突变”,形成“异常值”,分析加入异常值后原始被评价对象之间排序结论发生改变的程度,改变程度越小,则说明该方法的稳定性越好。对于被评价对象之间排序结论发生改变的程度,这里用“Spearman's 等级相关系数”进行测量,该系数的取值区间为[-1,1],取值越靠近 1,说明排序结论发生改变的程度越小,相应的评价方法的稳定性越好;反之,则稳定性越差。

关于极端样本的增添方式,主要考虑以下 3 种情形:

(1)以单指标异常值的方式增添,即增添的被评价对象指标值为原始数据相应指标的最小值,其中的异常指标值是在指标最小值的基础上突变若干步长。设该异常样本的指标值向量为 $x_{\Delta}=(x_{\Delta1},x_{\Delta2},\cdots,x_{\Delta m})$,第 j 个指标的取值为异常值,则有 $x_{\Delta j}=\min\limits_{i}\{x_{ij}\}-t\times\alpha\times\sigma_j$($t$ 为突变步长,取值为自然数,σ_j 为分布于第 j 个指标上原始数据的标准差,$\alpha>0$ 为变异系数),$x_{\Delta k}=\min\limits_{i}\{x_{ik}\}(k=1,2,\cdots,m;k\neq j)$。

(2)以双指标异常值的方式增添,设该异常样本的指标值向量为 $x_{\Delta}=(x_{\Delta1},x_{\Delta2},\cdots,x_{\Delta m})$,第 j 和 h 个指标的取值为异常值,则有 $x_{\Delta j}=\min\limits_{i}\{x_{ij}\}-t\times\alpha\times\sigma_j$,$x_{\Delta h}=\min\limits_{i}\{x_{ih}\}-t\times\alpha\times\sigma_h$,$x_{\Delta k}=\min\limits_{i}\{x_{ik}\}(k=1,2,\cdots,m;k\neq j,h)$。

(3)以整体指标异常值的方式增添,设该异常样本的指标值向量为 $x_{\Delta}=(x_{\Delta1},x_{\Delta2},\cdots,x_{\Delta m})$,则有 $x_{\Delta j}=\min\limits_{i}\{x_{ij}\}-t\times\alpha\times\sigma_j(j=1,2,\cdots,m)$。

类似地,上述3种方式也可以原始数据的最大值为基准增添极端样本,这里以整体指标异常值的方式增添极端样本为例,则有 $x_{\Delta j}=\max\limits_{i}\{x_{ij}\}+t\times\alpha\times\sigma_j(j=1,2,\cdots,m)$。

因随机模拟方法具有运行充分,且可以独立“组件”的方式融入到已有评价方法的求解过程中,所以为充分比较各差异驱动型评价方法的稳定性,这里选用随机模拟的方法对各评价方法进行大规模模拟实验,原始实验数据按照“均匀分布”方式随机发生,可将具体的仿真步骤归纳如下:

步骤1　依据指定行(指标个数)列(被评价对象个数)随机发生原始评价数据矩阵;

步骤2　选用相应的无量纲化方法对原始评价数据矩阵进行预处理(主要针对拉开档次法,需选用“标准化处理法”对原始数据进行预处理);

步骤3　运用各种方法求解指标权重,并对评价信息进行集结,得到原始的标准排序;

步骤4　按照上述方式增添极端样本;

步骤5　运用各种方法重新计算权重系数及被评价对象的排序,用Spearman's等级相关系数记录评价结论发生变化的程度;

步骤6　设置循环终止条件,即“各指标在若干步(这里设置为200)后相关系数平均值增量的平均变动程度小于或等于某给定的精度(这里设为0.0001)”。

依据上述仿真步骤,按原始数据的最小值为基准的方式增添极端样本(令变异系数 $\alpha=0.2$),以10个被评价对象4个评价指标为例,可得到不同情况下的仿真结果如图10-6所示。

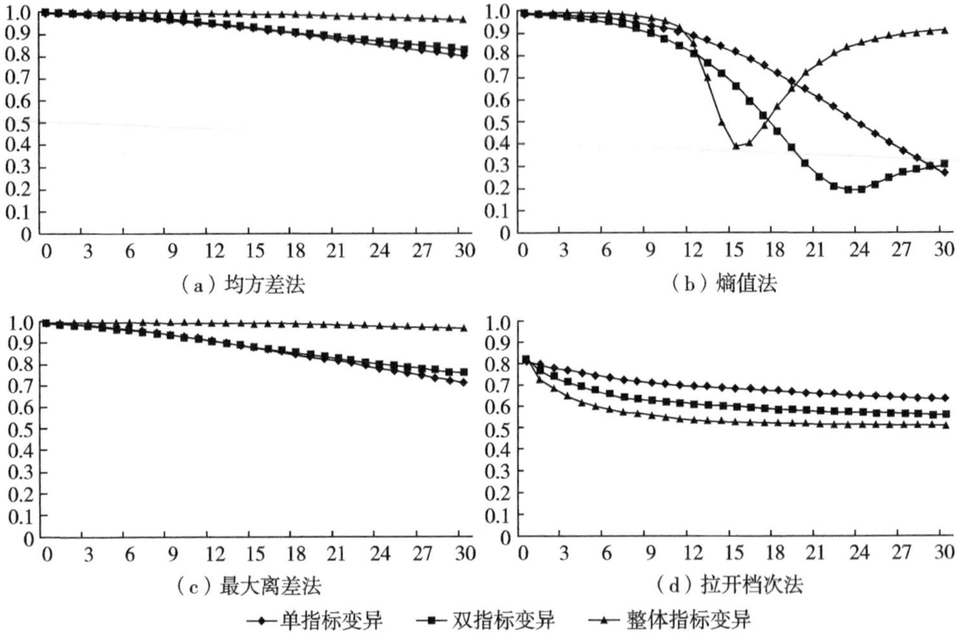

图 10－6　四种差异驱动型评价方法的稳定性分析结果

注：图中横轴为异常对象突变的步长（t 的取值），纵轴为 Spearman's 等级相关系数的平均值。

依据图 10－6 可以看出，均方差法和最大离差法的仿真结果趋势线类似，并与熵值法和拉开档次法的趋势线差异明显。

由图 10－6（a）和图 10－6（c）可知：在均方差法和最大离差法中，"单指标变异"极端样本的加入方式对排序结果稳定性的影响要高于"双指标变异"的情形，而"双指标变异"的情形要高于"整体指标变异"的情形。均方差法和最大离差法是名副其实的突出"局部差异"评价方法。

由图 10－6（b）可知：在熵值法中，三种变异方式的趋势线变换比较复杂，在前半段，总体来看，对排序结果稳定性的影响程度由大到小依次为"整体指标变异"方式、"双指标变异"方式、"单指标变异"方式，该段表现出突出"整体差异"的特征；随后，"单指标变异"方式下数值持续降低，而"整体指标变异"及"双指标变异"方式出现先后回转的情形，这表明"熵值法"本质上仍是一种突出"局部差异"的评价方法。

由图 10－6（d）可知：在拉开档次法中，"整体指标变异"极端样本的加入方式对排序结果稳定性的影响要高于"双指标变异"的情形，而"双指标变异"的情形要高于"单指标变异"的情形，拉开档次法表现出明显的突出"整体差异"的特征。

综合所有突变步长（$t=0,1,\cdots,30$）下的 Spearman's 等级相关系数的平均值，得到四种差异驱动型评价方法稳定性比较如图 10－7 所示。

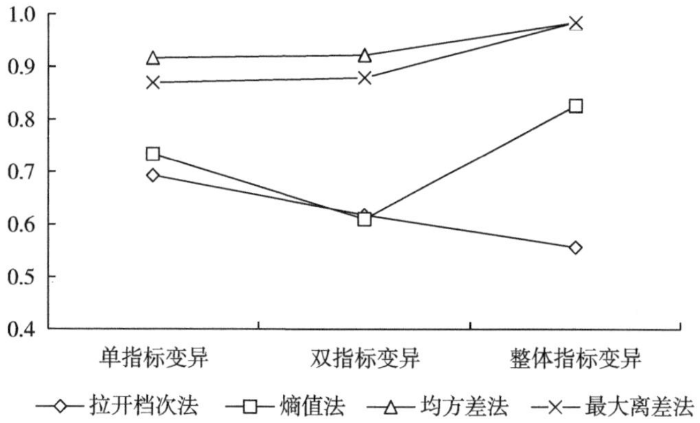

图 10－7　四种差异驱动型评价方法的稳定性比较

注：图中纵轴为所有突变步长下 Spearman's 等级相关系数的平均值。

分析图 10－7 可得到以下结论：

（1）四种差异驱动型评价方法的稳定性由高到低依次为：均方差法、最大离差法、熵值法、拉开档次法；

（2）由各种变异情形下的稳定性趋势线再一次验证：方差法及最大离差法是典型的突出“局部差异”的评价方法；熵值法本质上为突出“局部差异”的方法，但带有部分突出“整体差异”方法的特征；拉开档次法是典型的突出“整体差异”的评价方法。

10.3.3　差异凸显能力分析

关于四种评价方法的差异凸显能力的分析，采用的主要思路是：用相同样本所产生权重系数的标准差大小来衡量各种方法的差异凸显能力。为充分展现各种方法的差异凸显能力，本节分别考虑“指标个数固定，被评价对象数目变动”和“被评价对象个数固定，指标数目变动”两种情形。在第一种情形中，令指标个数为 4 个，被评价对象个数分别为 10，20，30，40，50，60，70；在第二种情形中，令被评价对象个数为 15 个，指标个数分别为 4，6，8，10，12，14，16，18，20。原始数据采用随机数发生器按“均匀分布”的方式在区间［0，1］内随机获取，可将求解各种评价方法的差异凸显能力的随机模拟步骤归纳如下：

步骤 1　设置总仿真次数 *sum*；

步骤 2　按均匀分布的方式在区间［0，1］内随机发生指定数目的被评价对象和指标的原始评价数据；

步骤3 分别运用四种评价方法对步骤2中发生的原始评价数据计算相应的权重系数;

步骤4 计算并保存每次仿真运行求得的权重系数的标准差,待仿真总次数等于 *sum* 时,对每次仿真运行得到的各种评价方法的权重系数的标准差求解平均值作为各种方法差异凸显能力的测度值。

在总仿真次数为 *sum* = 20000 次的情形下,得各种评价方法的差异凸显能力比较结果如图10-8所示。

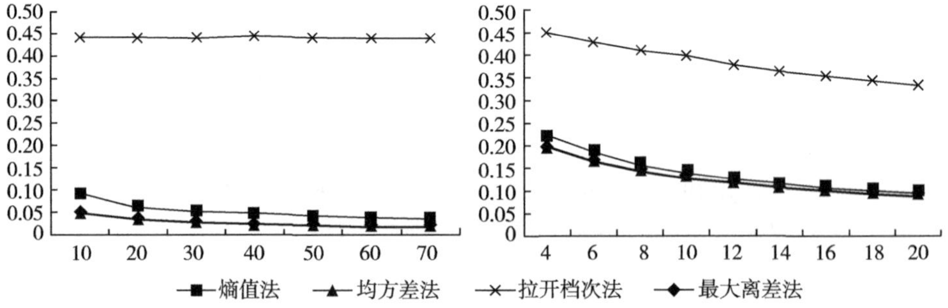

(a)指标数目固定,被评价对象个数变动 (b)被评价对象数目固定,指标个数变动

图10-8 各种评价方法的差异凸显能力比较图

注:图中纵轴为2万次仿真结果的权重系数标准差的平均值;横轴为被评价对象的数目[图10-8(a)]或指标数目[图10-8(b)]。

分析图10-8可以看出:

(1)无论是指标数目固定被评价对象个数变动,还是被评价对象数目固定指标个数变动,四种方法对差异的凸显能力由高到低分别为拉开档次法、熵值法、最大离差法、均方差法;

(2)当指标数目固定被评价对象个数变动时,随着被评价对象个数的增加,拉开档次法的差异凸显能力略有增加,熵值法、最大离差法和均方差法的差异凸显能力则有所降低;

(3)当被评价对象数目固定指标个数变动时,随着指标个数的增加,四种评价方法的差异凸显能力均有所下降;

(4)结合图10-8(a)和图10-8(b)可以看出,指标个数变动对方法差异凸显能力的影响要大于被评价对象个数变动对方法差异凸显能力的影响;

(5)与四种评价方法的稳定性比较结论相比,可知评价方法的稳定性越低,对差异的凸显能力则越强;

(6)最大离差法的差异凸显能力测度值恒"略大于"均方差法,从总体来看,两种方法的差异凸显能力相似程度很高,这说明两种方法具有内在很强的关联性。

10.3.4　小结

本节针对四种差异驱动赋权方法,均方差法、熵值法、最大离差法和拉开档次法,对其稳定性及差异凸显能力进行了比较分析,发现均方差法和最大离差法是典型的突出"局部差异"的评价方法,拉开档次法是典型的突出"整体差异"的评价方法,而熵值法虽是突出"局部差异"的评价方法,却带有部分突出"整体差异"的特征,该研究结论可为评价者关于评价方法的选取提供参考意见。

本节仅对四种差异驱动型评价方法的稳定性及差异凸显能力进行了数值验证,进一步将从方法稳定性的提升、兼顾稳定性及差异凸显能力的评价方法的构建等方面展开深入研究。

10.4　几种信息集结算子的灵敏度分析[119]

信息集结是综合评价的核心问题之一,关于信息集结方法的探讨长期以来吸引着众多学者的研究兴趣,并取得了丰硕的研究成果。然而,信息集结方法研究比较分散,功能的差异性以及种类的多样性为集结方法的选择带来一定的困惑。基于此,本节选取较为常用的几种信息集结算子,采用随机模拟的方法,从结构灵敏度的角度对其进行比较分析,并给出相关结论,从而为评价者关于信息集结方法的选择提供结构灵敏度(或从相反的角度,可看成是算子结构的稳定性)的依据。

10.4.1　常用信息集结算子简介

设某一待集结的数据元素集合为 $X=\{x_1,x_2,\cdots,x_n\}$,不失一般性,令 $n\geqslant 3$。数据的重要性权重向量用 $\boldsymbol{w}=(w_1,w_2,\cdots,w_n)^{\mathrm{T}}$ 表示,位置权重用 $\boldsymbol{\omega}=(\omega_1,\omega_2,\cdots,\omega_n)^{\mathrm{T}}$ 表示。对数据元素按照某一聚类方法进行聚类,设共有 m 个聚类组,分别记为 $A_1,\cdots,A_m$,对应的密度加权向量为 $\boldsymbol{\xi}=(\xi_1,\cdots,\xi_m)^{\mathrm{T}}$。聚类组 $A_j(j=1,\cdots,m)$ 中数据元素个数为 k_j,则有 $\sum\limits_{j=1}^{m}k_j=n$。集结值用 y_Θ 表示,其中 Θ 表示各种具体的信息集结算子。为简便起见,记 $N=\{1,2,\cdots,n\}$,$M=\{1,\cdots,m\}$。下面分别按照线性、积性和调和集结方式,对信息集结算子进行分类介绍。

10.4.1.1　线性集结算子

常用的线性集结算子有算术平均(AA)、加权算术平均(WAA)、有序加权算术平均(OWA)、线性密度算子(DWA)等,对应的集结值表达式分别为:

$$①\ y_{AA}=\frac{1}{n}\sum_{i=1}^{n}x_i;②y_{WAA}=\sum_{i=1}^{n}w_ix_i;③y_{OWA}=\sum_{i=1}^{n}\omega_ix_i;④y_{DWA}=\sum_{j=1}^{m}\xi_j\Theta_L(A_j)。$$

其中 $\Theta_L(A_j)$ 为聚类组 A_j 内元素的线性集结值，Θ_L 具体可以为 *AA*、*WAA*、*OWA* 等算子。

10.4.1.2　积性集结算子

常用的积性集结调和有几何平均(*GA*)、加权几何平均(*WGA*)、有序加权几何平均(*OWGA*)、积性密度算子(*DWGA*)等，对应的集结值表达式分别为：

$$①\ y_{GA}=\prod_{i=1}^{n}x_i^{\frac{1}{n}};②y_{WGA}=\prod_{i=1}^{n}x_i^{w_i};③y_{OWGA}=\prod_{i=1}^{n}x_i^{\omega_i};④y_{DWGA}=\prod_{j=1}^{m}(\Theta_G(A_j))^{\xi_j}。$$

其中，$\Theta_G(A_j)$ 为聚类组 A_j 内元素的积性集结值，Θ_G 具体可以为 *GA*、*WGA*、*OWGA* 等算子。

10.4.1.3　调和集结算子

常用的调和集结算子有调和平均(*HA*)、加权调和平均(*WHA*)、有序加权调和平均(*OWHA*)、调和密度算子(*DWHA*)等，对应的集结值表达式分别为：

$$①\ y_{HA}=\frac{1}{\sum_{i=1}^{n}\frac{1/n}{x_i}};②y_{WHA}=\frac{1}{\sum_{i=1}^{n}\frac{w_i}{x_i}};③y_{OWHA}=\frac{1}{\sum_{i=1}^{n}\frac{\omega_i}{x_i}};④y_{DWHA}=\frac{1}{\sum_{i=1}^{n}\frac{\xi_i}{\Theta_H(A_j)}}。$$

其中，$\Theta_H(A_j)$ 为聚类组 A_j 内元素的调和集结值，Θ_H 具体可以为 *HA*、*WHA*、*OWHA* 等算子。

10.4.2　算子结构灵敏度测度

本节主要从算子的结构特征角度对其进行灵敏度分析。由集结值的表达式可以看出，算子的结构灵敏度可通过数据元素或对应的数据权重取值的变化对集结值大小变化的影响来衡量：即若数据元素或权重取值的微小变化，能够引起集结值的较大波动，则对应算子的结构灵敏性较好；反之，若数据元素或权重取值的较大变化才能引起集结值的较小波动，则对应算子的结构灵敏性较差。

10.4.2.1　数据元素取值的波动方式

本节主要针对数据元素取值的波动情形对各种算子的结构灵敏度进行分析，权重波动的情形可做类似分析，在此不再赘述。对于数据元素取值的波动，分两种情形进行讨论：数据元素取值的突变和极端数据的加入。下面分别对其进行介绍。

(1)数据元素取值的突变。数据元素取值的突变分为正向突变和负向突变两种情形。对于数据元素 $x_i(i \in N)$，用 $c(c>0)$ 表示突变幅度系数，$\Delta t(\Delta t>0)$ 表示突变步长，则 x_i 的正向突变值（记为 x_i^+）和负向突变值（记为 x_i^-）的表达式分别为

$$x_i^+ = x_i + c\Delta t \tag{10-18}$$

$$x_i^- = x_i - c\Delta t \tag{10-19}$$

考虑到数据量纲对集结结果的影响，需要对 x_i^+ 和 x_i^- 的取值大小进行约束。若数据元素 $x_i(i \in N)$ 的取值为 $[a,b]$，则规定 $x_i^+ \leqslant b, x_i^- \geqslant a$。在实际决策过程中，通常规定 $[a,b]=[0,1]$。

（2）极端数据的加入。极端数据是在原有待集结数据元素的最大值或最小值的基础上加入，因而也分为正向极端数据（用 x_e^+ 表示）和负向极端数据（用 x_e^- 表示）两种，其对应的数据表达式分别为

$$x_e^+ = \max_i\{x_i\} + \lambda\Delta t \tag{10-20}$$

$$x_e^- = \min_i\{x_i\} - \lambda\Delta t \tag{10-21}$$

其中，$\lambda(\lambda \geqslant 0)$ 为极端程度系数，Δt 的含义同式（10－18）和式（10－19），同理有 $x_e^+ \leqslant b, x_e^- \geqslant a$。

10.4.2.2　灵敏度测度

这里仅分析数据元素的变化导致的集结值的波动情形，因而数据元素对应的权重应事先确定。权重的确定规则为：无论数据的变动形式为突变还是加入极端数据，各种信息集结算子中相应的权重都采用均值的方式（包括密度权重）。这种确定权重的方法能够将权重的影响降至最低，保证了集结值的变化主要是受数据变动的影响。

权重取均值的处理方式，使得 *AA*、*WAA*、*OWA* 算子对应的集结值表达式相同，仅需对其中的一种算子进行分析即可，这里选取 *AA* 算子。同理，*GA*、*WGA*、*OWGA* 以及 *HA*、*WHA*、*OWHA* 算子对应的集结值表达式也相同，仅选取 *GA* 和 *HA* 算子进行分析。基于此，线性密度 *DWA* 算子的组内信息集结算子选取 *AA* 算子即可（记为 DWA_{AA}）；积性密度 *DWGA* 算子的组内信息集结算子选取 *GA* 算子（记为 $DWGA_{GA}$）；调和密度 *DWHA* 算子的组内信息集结算子选取 *HA* 算子（记为 $DWHA_{HA}$）。因而，仅需对 *AA*、DWA_{AA}、*GA*、$DWGA_{GA}$、*HA*、$DWHA_{HA}$ 6 种信息集结算子的结构灵敏性进行分析。

定义 10.2　对于任意一种信息集结算子 Θ，设其对应的集结值为 y_Θ，数据元素取值经过 k 次变动之后，第 $j(j=1,\cdots,k)$ 次变动后对应的集结值用 $y_\Theta^{(j)}$ 表示，称

$$d_\Theta^{(j)} = |y_\Theta - y_\Theta^{(j)}|, j=1,\cdots,k \tag{10-22}$$

为数据元素第 j 次变动后集结值的震动幅度。

定义 10.3　对于任意一种信息集结算子 Θ，数据元素取值经过 k 次变动之后，该信息集结算子的结构灵敏性测度为

$$r_{\Theta}=\sqrt{\frac{1}{k-1}\sum_{j=1}^{k}\left(d_{\Theta}^{(j)}-\bar{d}_{\Theta}\right)^{2}},\tag{10-23}$$

式中，$\bar{d}_{\Theta}=(1/k)\sum_{j=1}^{k}d_{\Theta}^{(j)}$。

由式（10－23）可知，$r_{\Theta}\geqslant 0$ 且 r_{Θ} 的值越大，说明信息集结算子 Θ 的结构灵敏度越好。

10.4.3　随机模拟的步骤

由于随机模拟算法的独立性，将其融合到各种信息集结算子的集结过程中，其一般过程可以描述为：

步骤 1　获取原始待集结数据，确定数据元素变动的方式；

步骤 2　选用某一信息集结算子对原始待集结数据进行集结，得到原始集结值；

步骤 3　仿真计算，依据选取的数据元素变动方式，实现数据元素的多次变动，计算数据每次变动引起的集结值的震动幅度；

步骤 4　对选取的信息集结算子进行灵敏度分析。

由于数据元素变动方式的不同，其具体模拟步骤也会有所差异。下面分别给出数据元素取值突变以及极端数据加入两种情形下，随机模拟的基本步骤。

10.4.3.1　数据元素取值突变的情形

步骤 1　获取原始待集结数据并对数据权重进行均值处理，并选用某一信息集结算子对原始数据进行集结，得到原始集结值。

步骤 2　设置仿真次数监控变量 *count*（初始值为 0），选取任意数据元素 $x_i(i\in N)$。

步骤 3　对 x_i 进行突变处理，即

若 x_i 正向突变，则 $x_i^{+}=x_i+c\Delta t$；

若 x_i 负向突变，则 $x_i^{+}=x_i-c\Delta t$，通常可令 $c=count+1$。

步骤 4　采用步骤 1 的信息集结算子对突变后的数据元素重新集结，得到突变后的集结值，计算并保存突变前后集结值的震动幅度。

步骤 5　若 $x_i^{+}>b$（或 $x_i^{-}<a$），则转入步骤 7，否则令 $count=count+1$。

步骤 6　若 $count=sum$（sum 为决策者给定的仿真总次数，一般来说，若为正向突变，x_i 和 Δt 越小，sum 值越大；若为负向突变，x_i 越大，Δt 越小，sum 值越大），则需要增加 sum 值，转入步骤 2，否则转入步骤 3。

步骤 7　计算信息集结算子的灵敏性测度值,保存数值,退出程序。

10.4.3.2　极端数据加入的情形

步骤 1　获取原始待集结数据并对数据权重进行均值处理,选用某一信息集结算子对原始数据进行集结,得到原始集结值。

步骤 2　设置仿真次数监控变量 $count$(初始值为 0),计算数据元素的最大值或最小值。

步骤 3　在原有数据元素的基础上加入极端数据,即:

若正向加入极端数据,则 $x_e^+ = \max\limits_i \{x_i\} + \lambda \Delta t$;

若负向加入极端数据,则 $x_e^- = \min\limits_i \{x_i\} - \lambda \Delta t$,通常可令 $\lambda = count + 1$。

步骤 4　对加入极端数据后的权重重新进行均值处理。

步骤 5　采用步骤 1 的信息集结算子对加入极端数据后的元素进行重新集结,计算并保存加入极端数据前后集结值的震动幅度。

步骤 6　若 $x_i^+ > b$(或 $x_i^- < a$),则转入步骤 8,否则令 $count = count + 1$。

步骤 7　若 $count = sum$(sum 为决策者给定的仿真总次数,一般来说,$\max\{x_i\}$ 和 Δt 越小,sum 值越大;$\min\{x_i\}$ 越大,Δt 越小,sum 值越大),则需要增加 sum 值,转入步骤 2,否则转入步骤 3。

步骤 8　计算信息集结算子的灵敏性测度值,保存数值,退出程序。

10.4.4　模拟算例

随机给出元素个数为 4 个的待集结数据 $\{x_1, \cdots, x_4\}$,取值在 $[0,1]$ 范围内(即 $a=0, b=1$)。为更好地凸显数据变动对集结值的影响效果,按以下方式随机生成数据:若数据正向变动(包括数据突变和加入极端数据两种情形),则令 $x_i \in [0, 0.5], i=1,\cdots,4$;若数据负向变动,则令 $x_i \in [0.5, 1], i=1,\cdots,4$。按照这种方式得到原始待集结数据为:正向变动,$\{0.460, 0.036, 0.469, 0.301\}$;负向变动,$\{0.513, 0.905, 0.797, 0.505\}$。下面分别对数据突变和加入极端数据两种情形的仿真过程及其结果进行分析。

10.4.4.1　数据突变的情形

选取第一个数据(即正向变动的 0.460 和负向变动的 0.513)进行突变处理。设置总仿真次数 $sum = 20000$。分别采用各种信息集结算子得到的关于其结构灵敏度的测度值见表 10-10(注:密度算子中信息的聚类采用"有序增量分割法"[115],共分为两组)。

表 10 – 10　数据突变情形下各算子的结构灵敏度测度值

信息集结方式	信息集结算子	算子结构灵敏度测度值	
		正向突变	负向突变
线性集结方式	AA 算子	$r_{AA}=0.0411$	$r_{AA}=0.0382$
	DWA_{AA} 算子	$r_{DWA_{AA}}=0.1699$	$r_{DWA_{AA}}=0.1168$
积性集结方式	GA 算子	$r_{GA}=0.0139$	$r_{GA}=0.1277$
	$DWGA_{GA}$ 算子	$r_{DWGA_{GA}}=0.1343$	$r_{DWGA_{GA}}=0.1984$
调和集结方式	HA 算子	$r_{HA}=0.0011$	$r_{HA}=0.1875$
	$DWHA_{HA}$ 算子	$r_{DWHA_{HA}}=0.0494$	$r_{DWHA_{HA}}=0.2135$

10.4.4.2　加入极端数据的情形

在最大或最小数据的基础上(即正向变动的 0.469 和负向变动的 0.505)加入极端数据。设置总仿真次数 $sum=20000$。分别采用各种信息集结算子得到的关于其结构灵敏度的测度值见表 10 – 11(密度算子中信息的聚类仍采用“有序增量分割法”,共分为两组)。

表 10 – 11　加入极端数据情形下各算子的结构灵敏度测度值

信息集结方式	信息集结算子	算子结构灵敏度测度值	
		正向极端数据	负向极端数据
线性集结方式	AA 算子	$r_{AA}=0.0317$	$r_{AA}=0.0306$
	DWA_{AA} 算子	$r_{DWA_{AA}}=0.1807$	$r_{DWA_{AA}}=0.1381$
积性集结方式	GA 算子	$r_{GA}=0.0122$	$r_{GA}=0.1090$
	$DWGA_{GA}$ 算子	$r_{DWGA_{GA}}=0.1599$	$r_{DWGA_{GA}}=0.2150$
调和集结方式	HA 算子	$r_{HA}=0.0001$	$r_{HA}=0.1495$
	$DWHA_{HA}$ 算子	$r_{DWHA_{HA}}=0.0680$	$r_{DWHA_{HA}}=0.2286$

10.4.4.3　结果分析

分析表 10 – 10 和表 10 – 11 中的数据,可以得出以下结论:

(1)当数据正方向变动(包括数据突变和极端数据的加入两种情形)时,有 $r_{AA}(r_{DWA_{AA}})>r_{GA}(r_{DWGA_{GA}})>r_{HA}(r_{DWHA_{HA}})$,即线性集结方式的灵敏度优于积性集结方式优于调和集结方式,说明线性集结方式对于数据取值的增大变化比较敏感,符合其“一俊遮百丑”的特征;当数据负方向变动(包括数据突变和极端数据的加入两种情形)时,有 $r_{HA}(r_{DWHA_{HA}})>r_{GA}(r_{DWGA_{GA}})>r_{AA}(r_{DWA_{AA}})$ 且 $r_{HA}(r_{DWHA_{HA}})$ 和 $r_{GA}(r_{DWGA_{GA}})$ 相比较于 $r_{AA}(r_{DWA_{AA}})$ 略大,即调和集结方式的灵敏度优于积性集结方式优于线性集结方式,说明调和及积性集结方式对于数据取值的较少变化比较敏感,符合其“一丑遮百俊”的特征。

(2)无论是数据突变还是加入极端数据,也无论是数据正向变动还是数据负向变动,任意一种密度算子的灵敏度测度值都大于对应的组内信息采用的集结算子的灵敏度测度值,即 $r_{DWA_{AA}}>r_{AA}$,$r_{DWGA_{GA}}>r_{GA}$,$r_{DWHA_{HA}}>r_{HA}$,说明密度算子“分两步走”的信息集结模式对“极端”信息更加敏感,其灵敏度也进一步提高,可用于特殊需求(如偏才、怪才的选取,淘汰制度的制定等)的表达。

(3)对于数据正向变动(包括数据突变和极端数据的加入)的情形,有 $r_{AA}>r_{GA}>r_{HA}$ 和 $r_{DWA_{AA}}>r_{DWGA_{GA}}>r_{DWHA_{HA}}$ 同时成立;同样地,在数据负向变动时,有 $r_{HA}>r_{GA}>r_{AA}$ 和 $r_{DWHA_{HA}}>r_{DWGA_{GA}}>r_{DWA_{AA}}$ 同时成立。结合结论(2),可以看出,由密度中间算子与已有信息集结算子合成得到的密度算子,继承并强化了已有信息集结算子的结构灵敏度。

(4)分别比较表 10-10 和表 10-11 中的对应数据,可以看出,在加入极端数据的情形下,AA、GA、HA 算子的结构灵敏度测度值相比于数据突变情形下的测度值有所降低,而 DWA_{AA}、$DWGA_{GA}$、$DWHA_{HA}$ 算子的测度值有所提升,原因为:在加入极端数据的情形下,AA、GA、HA 算子中由于权重归一化导致算子的结构灵敏度的测度值降低;而 DWA_{AA}、$DWGA_{GA}$、$DWHA_{HA}$ 算子由于密度权重的不变,突出了极端数据对于集结值的影响作用。因而,在加入极端数据且凸显其作用时,可首先选用密度集结算子。

10.4.5　小结

本节基于“蒙特卡罗仿真”的思想,将随机模拟的方法融合到“线性算子”、“积性算子”和“调和算子”三类集结方式的各种算子的信息集结过程中,并分别从数据的突变和极端数据的加入两方面对各种信息集结算子进行结构灵敏度分析,得出密度算子“分两步走”的信息集结模式对“极端”信息更加敏感,可用于特殊需求(如偏才、怪才的选取,淘汰制度的制定等)的表达等主要结论。

前沿篇

第 11 章　随机模拟视角的综合评价方法

11.1　引言

在经典的综合评价理论中，针对一具体评价问题，即使方法的机理各异，求解途径不尽相同，但结论形式大都是确定一致的，表现为“优劣判别的绝对性”（甲优于乙或乙优于甲，二者必居其一）及“差异传递的严格性”（若甲优于乙 Δ_1 分，乙优于丙 Δ_2 分，则甲必优于丙 $\Delta_1+\Delta_2$ 分）。但是，复杂的综合评价问题常常需要在不可直接分辨优劣（指标间此消彼长）的多个对象中进行选择或比较，因而对象之间的优劣排序通常不是绝对的，绝对的优劣差异不能完美地贴近实际，而通过运用数理模型或加入硬性的规则使得评价结论绝对化的做法也必然会有“掩耳盗铃”之弊。例如，对于类似于“球队实力”比较的评价问题，通常很难以一次的比赛结果直接给出“甲队实力绝对优于乙队”的评价结论，因为无论是出于实力相当还是小概率事件的缘故，在接下来的比赛中，很有可能出现“乙胜甲输”的结果。若仔细思考，上述问题在现实中还具有普遍性，如“综合能力”、“发展潜力”等的比较问题。

通常，对同一评价问题采用不同的评价方法会产生不同的评价结论，称之为“多评价结论非一致性”现象，目前普遍认为“组合评价”是解决该问题的有效途径，而实际上，这是一种折中求稳的处理方式，并没有从根源上深入问题的本质，不足表现在：组合所用方法的遴选标准不统一，且方法的数量有限，而方法的独立性无法保证，组合规则不确定。

作者认为，“以绝对结论形式为目标构建综合评价方法”是引发“多评价结论非一致性”问题的一个重要原因。解决问题的前提是准确地贴近问题的本身，因而有必要拓展思路，从更宽泛的角度去构建相对柔性的结论形式。本章根据“蒙特卡罗随机模拟”的思想建立了随机模拟型综合评价方法，并对其求解算法展开研究，基于优胜度矩阵产生带有概率（可靠性）特征的评价结论，从结论本身的特征来看，这种方式对实际问题的可解释性更强。

具体而言，本章首先将自主式评价问题转化为随机评价问题，给出了自主式综合评价的随机模拟求解算法，并对其进行应用（见第 11.2 节）；其次，针对相对评价问题，通过参数设置的方式，可将传统评价模式转化为随机模式，提出随机模拟型评价模式并求解得到方案之间优劣关系比较的可能性排序结论（见第 11.3 节）；最后，从提升可能性排序结论稳定性的视角，结合随机模拟的方法给出了一种新的可能性排序结论的求解算法(见第 11.4 节)。

11.2 自主式综合评价的随机模拟求解算法[120]

11.2.1 问题描述

设由 n 个被评价对象(或方案)$o_1,o_2,\cdots,o_n$,m 个指标(属性)$x_1,x_2,\cdots,x_m$ 组成的多指标评价系统。$x_{ij}=x_j(o_i)(i=1,2,\cdots,n;j=1,2,\cdots,m)$为被评价对象 o_i 关于指标 x_j 的观测值。评价数据矩阵(决策矩阵)可表示为

$$\boldsymbol{A}=[x_{ij}]_{n\times m}=\begin{bmatrix} x_{11} & x_{12} & \cdots & x_{1m} \\ x_{21} & x_{22} & \cdots & x_{2m} \\ \cdots & \cdots & \cdots & \cdots \\ x_{n1} & x_{n2} & \cdots & x_{nm} \end{bmatrix}.$$

记 $M=\{1,2,\cdots,m\}$,$N=\{1,2,\cdots,n\}$(不妨设 $m,n\geqslant 3$)。设 m 个指标均为极大型(效益型)的,$\boldsymbol{A}$ 中数据为预处理后的规范化数据。

经典的综合评价过程可简单的描述为一变换

$$y_i=f(x_{i1},x_{i2},\cdots,x_{im}),i\in N \tag{11-1}$$

其中,f 为某一正变换函数,y_i 为被评价对象 o_i 的综合评价值,对 $o_1,o_2,\cdots,o_n$ 按照 $y_1,y_2,\cdots,y_n$ 的大小(降序)排序,即可完成 $o_1,o_2,\cdots,o_n$ 的优劣比较。

11.2.2 “自主式评价”信息转换

自主式综合评价的过程即被评价对象相互竞争并确立各自地位的过程,置身于评价环境中的个体应理性地兼顾自身优势与竞争态势两方面的信息,假设 11.1 刻画了被评价对象的这种“经济人”的行为特点。

假设 11.1 (自主式评价准则)任一被评价对象都有着“拉开竞争对手差距”及“发展自身特长”的双重目标,并以此综合地凸显自身的优势。

以下是对假设 11.1 中自主式评价思想的量化描述。

定义 11.1 分别设 α_{ij},β_{ij}为被评价对象 $o_i(i\in N)$在指标 $x_j(j\in M)$上的列优势量及行优势量,且

$$\begin{cases} \alpha_{ij}=\dfrac{1}{n-1}\sum\limits_{k\in N,k\neq i}(x_{ij}-x_{kj}),i\in N,j\in M \\ \beta_{ij}=\dfrac{1}{m-1}\sum\limits_{p\in M,p\neq j}(x_{ij}-x_{ip}),i\in N,j\in M \end{cases} \tag{11-2}$$

若令

$$\lambda_{ij}=\mu\alpha_{ij}+\eta\beta_{ij},i\in N,j\in M \tag{11-3}$$

则称 λ_{ij}为被评价对象 $o_i(i\in N)$关于指标 $x_j(j\in M)$的自主优势量,其中 μ 为竞争性

目标偏爱系数，η 为发展性目标偏爱系数，$\mu,\eta\in[0,1]$，$\mu+\eta=1$。

列优势量 $\alpha_{ij}(i\in N,j\in M)$ 反映了被评价对象 o_i 的第 j 项指标与其他 $n-1$ 个被评价对象整体之间的实力差异，行优势量 β_{ij} 反映了被评价对象 o_i 的第 j 项指标与其他 $m-1$ 项指标整体的优势差异。

由定义 11.1 可得到自主优势量矩阵 $\boldsymbol{B}=[\lambda_{ij}]_{n\times m}$，设被评价对象 o_i 的自主优势量向量为 $\boldsymbol{\lambda}_i=(\lambda_{i1},\lambda_{i2},\cdots,\lambda_{im})$。$\boldsymbol{B}$ 是经由决策矩阵 $\boldsymbol{A}$ 上的信息转换而成，其元素 $\lambda_{ij}(i\in N,j\in M)$ 可清晰地表征出被评价对象 o_i 在指标 x_j 上的优势程度，因而，$\max\limits_j\{\lambda_{ij}\}$ 及 $\min\limits_j\{\lambda_{ij}\}$ 对应的指标分别是"自主式评价准则"下 o_i 的最优势及最劣势指标。

以下分析如何在自主优势量矩阵信息的基础上，以一种规范的形式对"凸显被评价对象自主优势"的思想进行描述。

定义 11.2　对自主优势量向量 $\boldsymbol{\lambda}_i=(\lambda_{i1},\lambda_{i2},\cdots,\lambda_{im})$ 中各分量由大到小(降序)排序，得到一个有序 m 元组，将 $\{1,2,\cdots,m\}$ 上的元素指定给有序 m 元组上的对应元素，记 λ_{ij} 对应的序值为 d_{ij}，称 d_{ij} 为被评价对象 o_i 在指标 x_j 上的优势数。

特殊地，若 $(\lambda_{i1},\lambda_{i2},\cdots,\lambda_{im})$ 中存在两个自主优势量相等的情形，假设 $\lambda_{ij_1}=\lambda_{ij_2}$ $(j_1,j_2\in M,j_1\neq j_2)$，此时需要对相应的优势数 d_{ij_1},d_{ij_2} 进行"均值化"调整，调整后的优势数为 $d'_{ij_1}=d'_{ij_2}=(d_{ij_1}+d_{ij_2})/2$。对两个以上自主优势量相等的情况可仿此处理。

定义 11.3　对被评价对象 o_i 的优势数集合 $\{d_{ij}\mid j\in M\}$ 中元素按由小到大(升序)排序，得到有序 m 元组，称之为 o_i 的指标优势序组，记为 D_i，$i\in N$。

定义 11.4　称 $\boldsymbol{\omega}_i=(\omega_{i1},\omega_{i2},\cdots,\omega_{im})(i\in N)$ 为关于指标优势序组 D_i 的优势权向量，

$$\omega_{ij}=u(m+1-j)\Big/\sum_{k=1}^{m}u(k) \tag{11-4}$$

其中，$u:\mathbf{R}^+\to\mathbf{R}^+$，$u$ 为一连续递增函数。

特殊地，若 D_i 中相邻的 $l(l\leqslant m)$ 个优势数 $d_{ij_1},d_{ij_2},\cdots,d_{ij_l}$ 大小相等，则对应的优势权向量中的分量需要调整，即令 $\omega^*_{ij_1}=\omega^*_{ij_2}=\cdots=\omega^*_{ij_l}=(\omega_{ij_1}+\omega_{ij_2}+\cdots+\omega_{ij_l})/l$ $(\omega^*_{ij_1},\cdots,\omega^*_{ij_l}$ 为调整后的权重分量)。多组优势数相等的情况从前往后照此类推。

因幂函数有着许多优良的性质，这里取 $u=x^b(x\in\mathbf{R}^+)$，$b(b\geqslant 0)$ 为可变参数，对 b 的选取有如下规定：

(1)若取 $b\in[0,1)$，则称 $\boldsymbol{\omega}_i$ 为弱优势权向量；

(2)若取 $b=1$，则称 $\boldsymbol{\omega}_i$ 为等比优势权向量；

(3)若取 $b\in(1,+\infty)$，则称 $\boldsymbol{\omega}_i$ 为强优势权向量。

当 $b=0$ 时，$\omega_{ij}=1/m$，此时 $\boldsymbol{\omega}_i$ 完全均衡各指标的作用，优势凸显能力最弱；若

当 $b \to +\infty$ 时,$\omega_{i1} \to 1, \omega_{i2}, \cdots, \omega_{im} \to 0$,此时 $\boldsymbol{\omega}_i$ 完全释放了对象 o_i 的自身优势,优势凸显能力达到最高。

通过设置 b 值可对“被评价对象凸显自身优势”的程度进行控制。为了提高评价结论的稳定性(或进行敏感性分析),一般可利用若干个不同类型的 $\boldsymbol{\omega}_i$,即将 b 设定为一个以 1 为中心的数据序列,因函数 $u = x^b$ 与 $u = x^{1/b}$ 是关于 $y = x$ 对称的,所以为能均匀地体现出不同权向量的评价作用,序列形式可选为$(\cdots, 1/b_2, 1/b_1, 1, b_1, b_2, \cdots)$。

定义 11.5 称 $\boldsymbol{w}_i = (w_{i1}, w_{i2}, \cdots, w_{im})(i \in N)$ 为关于 $x_1, x_2, \cdots, x_m$ 的指标优势权向量。

由定义 11.4、定义 11.5 可知,$\boldsymbol{\omega}_i = (\omega_{i1}, \omega_{i2}, \cdots, \omega_{im})$ 是对 $\boldsymbol{w}_i = (w_{i1}, w_{i2}, \cdots, w_{im})$ 中分量按被评价对象 o_i 优势数 d_{ij} 升序排列的结果,$\boldsymbol{\omega}_i, \boldsymbol{w}_i$ 由自主优势量矩阵 $\boldsymbol{B}$ 及 b 值唯一确定。

若将式(11-1)中的变换函数 f 取为简捷实用的线性形式,则凸显被评价对象 o_i 的自主优势的综合评价值为

$$y_i = \sum_{j=1}^{m} w_j \lambda_{ij}, i \in N \tag{11-5}$$

其中,λ_{ij} 为指标 x_j 对应的自主优势量,w_j 为 x_j 对应的优势权向量,$w_j \geq 0$,$\sum_{j=1}^{m} w_j = 1$。

至此,问题转变为如何在各被评价对象 $o_1, o_2, \cdots, o_n$ 共同凸显各自优势的基础上进行对象之间的优劣比较。

11.2.3 随机模拟求解算法

随机模拟求解算法的基本思想是“构建随机模拟模型并进行仿真求解”,其一般过程如下:

步骤 1 将综合评价方法中的特定参数用特定分布的随机变量替换。

步骤 2 构造个体(被评价对象或方案)之间两两优劣比较的概率判别式。

步骤 3 仿真计算,获得 n 个被评价对象的优胜度矩阵 $\boldsymbol{S}$。

步骤 4 从优胜度矩阵中导出一个带有概率(可靠度)信息的排序。

定义 11.6 对任意两个被评价对象 $o_{i'}, o_{i''}(i', i'' \in N; i' \neq i'')$,设 $w_j^*(i', i'')$ 为区间$[\min(w_{i'j}, w_{i''j}), \max(w_{i'j}, w_{i''j})]$上服从某分布的随机变量,称 $\boldsymbol{w}_{i',i''}^* = (w_1^*(i', i''), w_2^*(i', i''), \cdots, w_m^*(i', i''))$ 为随机优势权向量,$s(o_{i'} > o_{i''})$ 为 $o_{i'}$ 对 $o_{i''}$ 的优胜度,有

$$s(o_{i'} > o_{i''}) = P(f(o_{i'}) > f(o_{i''})) + 0.5P(f(o_{i'}) = f(o_{i''})) \tag{11-6}$$

式中，集合函数 P 表事件概率，$f(o_{i'}) = \sum_{j=1}^{m} \lambda_{i'j} w_j^*(i',i'')$，$f(o_{i''}) = \sum_{j=1}^{m} \lambda_{i''j} w_j^*(i',i'')$。

若对 $w_j^*(i',i'')$ 无特别的要求，为简便起见，可设其服从均匀分布。

优胜度 $s(o_{i'} > o_{i''})$ 有如下一些基本性质：

性质 11.1　有界性，即 $0 \leqslant s(o_{i'} > o_{i''}) \leqslant 1$；

性质 11.2　归一性，即 $s(o_{i'} > o_{i''}) + s(o_{i'} < o_{i''}) = 1$；

性质 11.3　等价性，即 $s(o_{i'} \sim o_{i''}) \Leftrightarrow s(o_{i'} > o_{i''}) = s(o_{i'} < o_{i''}) = 0.5$；

性质 11.4　自反性，即 $s(o_{i'} > o_{i'}) = 0.5$。

"大数定理"说明在充足多的试验次数下可使用事件的发生频率估计事件的发生概率，为此，本节运用蒙特卡罗仿真的思想构建被评价对象两两之间优胜度的求解方法，具体如下：

步骤 1　选取被评价对象集中任意两个被评价对象 $o_{i'}$，$o_{i''}$（若有 n 个被评价对象，共需进行 $n^2 - n$ 次比较）。

步骤 2　设置仿真次数监控变量 $count$（初始值为 0）。

步骤 3　运用随机数发生器产生给定区间上某分布的 m 维随机优势权向量 $\boldsymbol{w}_{i'i''}^*$。

步骤 4　设置计数变量 r_s，r_e，r_f（初始化时 r_s，r_e，r_f 均置 0）分别表示"$o_{i'} > o_{i''}$"、"$o_{i'} \sim o_{i''}$"及"$o_{i'} < o_{i''}$"的次数，

若 $\sum_{j=1}^{m} \lambda_{i'j} w_j^*(i',i'') > \sum_{j=1}^{m} \lambda_{i''j} w_j^*(i',i'')$，则 $r_s = r_s + 1$；

若 $\sum_{j=1}^{m} \lambda_{i'j} w_j^*(i',i'') = \sum_{j=1}^{m} \lambda_{i''j} w_j^*(i',i'')$，则 $r_e = r_e + 1$；

若 $\sum_{j=1}^{m} \lambda_{i'j} w_j^*(i',i'') < \sum_{j=1}^{m} \lambda_{i''j} w_j^*(i',i'')$，则 $r_f = r_f + 1$。

步骤 5　$count = count + 1$，若 $count = sum$（sum 为决策者给定的仿真总次数，一般指标数量越多，sum 值越大），则转步骤 6，否则转步骤 2。

步骤 6　统计优势度 $s(o_{i'} > o_{i''})$ 的仿真值，$s(o_{i'} > o_{i''}) = (r_s + 0.5 r_e)/sum$，保存数值。若已完成被评价对象之间的两两对比，则退出程序，否则转步骤 1。

通过模拟仿真，可得到 n 个被评价对象的优胜度矩阵 $\boldsymbol{S}$，记 $s_{ij} = s(o_i, o_j)$，有

$$\boldsymbol{S} = [s_{ij}]_{n \times n} = \begin{bmatrix} s_{11} & s_{12} & \cdots & s_{1n} \\ s_{21} & s_{22} & \cdots & s_{2n} \\ \vdots & \vdots & & \vdots \\ s_{n1} & s_{n2} & \cdots & s_{nn} \end{bmatrix}$$

其中，$\boldsymbol{S}$ 对角线上的元素均为 0.5，理论上，应满足 $s_{ij} + s_{ji} = 1$，故只需得到对角线以

上(或以下)$(n^2-n)/2$ 个元素的值便可确定出 $\boldsymbol{S}$ 中的所有元素,但是从精确性角度来考虑,可独立地模拟出 $s_{ij},s_{ji}(i,j\in N)$ 值,此时,若 $|s_{ij}+s_{ji}-1|$ 较小,表明仿真次数足够,结果是精确可信的;否则,需要增加仿真次数,即提高 sum 值。在形成标准算法时,设置仿真精度 δ,可用 $|s_{ij}+s_{ji}-1|\leqslant\delta$ 作为仿真算法的停止条件。

模拟出的 $\boldsymbol{S}$ 在满足精度要求后,需要对其中的元素进行调整,以严格满足条件 $s_{ij}+s_{ji}=1$,调整公式为 $s_{ij}=[s_{ij}+(1-s_{ji})]/2(i,j\in N)$。仍记调整后的优胜度矩阵为 $\boldsymbol{S}$。

通常,当 n 较大时,$\boldsymbol{S}$ 中蕴含了多个可能的排序(最高可达到 $n!$ 个)。以下分析如何由 $\boldsymbol{S}$ 中的信息导出某适宜规则下被评价对象 $o_1,o_2,\cdots,o_n$ 的一个最佳排序。

定义 11.7 称 $h(o_i)(i\in N)$ 为被评价对象 o_i($\boldsymbol{S}$ 第 i 行上)的优超数,有

$$h(o_i)=count(s_{ij}>0.5)+0.5count(s_{ij}=0.5),i,j\in N;j\neq i \tag{11-7}$$

式中,$count(\cdot)$ 为计数函数,表示满足条件"·"元素的个数。记 $h_i=h(o_i)$,容易证明,$\sum_{i=1}^{n}h_i=\sum_{i=1}^{n}i=(n+1)n/2$。

定义 11.8 设 $\{o_i^*\}=\{o_i\},i\in N,o_1^*,o_2^*,\cdots,o_n^*$ 是对被评价对象 $o_1,o_2,\cdots,o_n$ 由优到劣的一个排序,即"$o_1^*>o_2^*>\cdots>o_i^*>o_{i+1}^*>\cdots>o_n^*$"。理想情况下,$o_1^*$ 优于其余 $n-1$ 个被评价对象,则 $h(o_1^*)=n-1$,o_2^* 优于 o_1^* 之外的其余 $n-2$ 个评价对象,$h(o_2^*)=n-2$,依次,$h(o_i^*)=n-i,\cdots,h(o_n^*)=0$,此时,称 $\boldsymbol{h}^+=(n-1,n-2,\cdots,0)$ 为 $o_1^*,o_2^*,\cdots,o_n^*$ 的理想序优超数向量,对应的 $o_1^*,o_2^*,\cdots,o_n^*$ 为理想序,而称 $\boldsymbol{h}^-=(0,1,\cdots,n-1)$ 为 $o_1^*,o_2^*,\cdots,o_n^*$ 的反理想序优超数向量,对应的 $o_1^*,o_2^*,\cdots,o_n^*$ 为反理想序。

由定义 11.8,可给出如下的"排序导出规则":选择与理想序最接近(即与理想序优超数向量最贴近)的一个排序作为被评价对象 $o_1,o_2,\cdots,o_n$ 的最终排序。

定义 11.9 设 $o'_1,o'_2,\cdots,o'_n$ 为被评价对象 $o_1,o_2,\cdots,o_n$ 的一个排序,$o'_1,o'_2,\cdots,o'_n$ 对应的优超数向量为 $\boldsymbol{h}'=(h'_1,h'_2,\cdots,h'_n)$,称 $\tau(o'_1,o'_2,\cdots,o'_n)$ 为 $o'_1,o'_2,\cdots,o'_n$ 的理想序贴近度系数,

$$\tau(o'_1,o'_2,\cdots,o'_n)=1-\|\boldsymbol{h}'-\boldsymbol{h}^+\|_2/\|\boldsymbol{h}^--\boldsymbol{h}^+\|_2 \tag{11-8}$$

式中

$$\|\boldsymbol{h}'-\boldsymbol{h}^+\|_2=\sqrt{\sum_{i=1}^{n}(h'_i-n+i)^2} \tag{11-9}$$

$$\|\boldsymbol{h}^--\boldsymbol{h}^+\|_2=\sqrt{\sum_{i=1}^{n}(2i-1-n)^2} \tag{11-10}$$

定理 11.1 设 $o'_1,o'_2,\cdots,o'_n$ 为被评价对象 $o_1,o_2,\cdots,o_n$ 的一个排序,$o_1,o_2,\cdots,o_n$ 及 $o'_1,o'_2,\cdots,o'_n$ 对应的优超数向量分别为 $\boldsymbol{h}=(h_1,h_2,\cdots,h_n)$,$\boldsymbol{h}'=(h'_1,h'_2,\cdots,$

h'_n)，使得$\tau(o'_1,o'_2,\cdots,o'_n)$取最大值的$\boldsymbol{h}'$必然是对$\boldsymbol{h}=(h_1,h_2,\cdots,h_n)$中元素的降序排列。

证明： 由式(11－8)可知，$\|\boldsymbol{h}^- -\boldsymbol{h}^+\|_2>0$，$\max\ \tau(o'_1,o'_2,\cdots,o'_n)\Leftrightarrow \min\ \|\boldsymbol{h}'-\boldsymbol{h}^+\|_2$。

分别取$\boldsymbol{h}^+=(n-1,n-2,\cdots,0)$中的任意两个元素$a^+,b^+$，且$a^+>b^+$，取$\boldsymbol{h}'$中相应位置的两个元素$a',b'$，比较$\sqrt{(a'-a^+)^2+(b'-b^+)^2}$与$\sqrt{(b'-a^+)^2+(a'-b^+)^2}$的大小。

令$z=[(b'-a^+)^2+(a'-b^+)^2]-[(a'-a^+)^2+(b'-b^+)^2]$，经整理有$z=2(a^+-b^+)\times(a'-b')$，因而

(1)若$a'>b'$，则$z>0$，$\sqrt{(a'-a^+)^2+(b'-b^+)^2}>\sqrt{(b'-a^+)^2+(a'-b^+)^2}$；

(2)若$a'<b'$，则$z<0$，$\sqrt{(a'-a^+)^2+(b'-b^+)^2}<\sqrt{(b'-a^+)^2+(a'-b^+)^2}$。

上述分析说明，给定一二元组(a^+,b^+)，(a',b')，(b',a')中与之最贴近(距离最短)的必然是与(a^+,b^+)中元素大小顺序(降序)相同的一个二元组。

对$(h'_1,h'_2,\cdots,h'_n)$中的任意两个分量$h'_i,h'_j(i,j\in N,i<j)$进行判断，若$h'_i<h'_j$，则将两个分量交换位置，每操作一次，$\|h'-h^+\|_2$值会下降一些，相应地，$\tau(o'_1,o'_2,\cdots,o'_n)$值会提升一些，反复进行若干次上述的两两对换，直到无分量可交换为止，最终调整后的$\boldsymbol{h}'$必然是对$(h'_1,h'_2,\cdots,h'_n)$中元素的降序排列，因为$\{h_i\}=\{h'_i\}$，$i\in N$，所以也必然是对$(h_i,h_2,\cdots,h_n)$中元素的降序排列。定理证毕。

由定理 11.1，很容易得出如下两个推论，具体证明过程略。

推论 11.1　$\boldsymbol{S}$ 中最贴近理想序$\boldsymbol{h}^+$的排序是对$o'_1,o'_2,\cdots,o'_n$按$h'_i(i\in N)$值进行降序排列后的排序。

推论 11.2　使得$\tau(o'_1,o'_2,\cdots,o'_n)$取最小值的$\boldsymbol{h}'$必然是对$\boldsymbol{h}=(h_1,h_2,\cdots,h_n)$中元素的升序排列，并且$\min\ \|\boldsymbol{h}'-\boldsymbol{h}^-\|_2$，此时，$o'_1,o'_2,\cdots,o'_n$与反理想序最贴近。

定义 11.10　若 $\boldsymbol{S}$ 中的各行元素满足$\{h_i\}=\{0,1,\cdots,n-1\}$，此时称 $\boldsymbol{S}$ 是完全一致的。

$\boldsymbol{S}$ 完全一致时，表明被评价对象两两对比的结果不存在内部矛盾，$\boldsymbol{S}$ 中蕴含着一个概率上可靠的完全序。

定理 11.2　设$o'_1,o'_2,\cdots,o'_n$是按$h'_i(i\in N)$值进行降序排列后的序，优胜度矩阵 $\boldsymbol{S}$ 完全一致的充分必要条件为$\tau(o'_1,o'_2,\cdots,o'_n)=1$。

证明：(充分性)由式(11－8)，$1-\|\boldsymbol{h}'-\boldsymbol{h}^+\|_2/\|\boldsymbol{h}^- -\boldsymbol{h}^+\|_2=1\Rightarrow\|\boldsymbol{h}'-\boldsymbol{h}^+\|_2/\|\boldsymbol{h}^- -\boldsymbol{h}^+\|_2=0$，又$\|\boldsymbol{h}^- -\boldsymbol{h}^+\|_2\neq0$，故$\|\boldsymbol{h}'-\boldsymbol{h}^+\|_2/\|\boldsymbol{h}^- -\boldsymbol{h}^+\|_2=0\Rightarrow$

$\| \boldsymbol{h}' - \boldsymbol{h}^+ \|_2 = 0 \Rightarrow \boldsymbol{h}' = \boldsymbol{h}^+$，因为$\{\boldsymbol{h}_i\} = \{\boldsymbol{h}'_i\} = \{0,1,\cdots,n-1\}$，$i \in N$，由定义11.10可知优胜度矩阵 $\boldsymbol{S}$ 是完全一致的。上述推导过程可逆，故$\tau(o'_1,o'_2,\cdots,o'_n)=1$ 又是优胜度矩阵 $\boldsymbol{S}$ 完全一致的必要条件。定理证毕。

由定理 11.1、定理 11.2 可知，理想序贴近度系数τ不仅可以作为引导排序的指标，还是测度优胜度矩阵 $\boldsymbol{S}$ 质量的指标。

定义 11.11　设 $o'_1,o'_2,\cdots,o'_n$ 是按 $h'_i(i \in N)$ 值进行降序排列后的序，称$\rho(o'_1,o'_2,\cdots,o'_n)$为 $o'_1,o'_2,\cdots,o'_n$ 的序可靠性系数，

$$\rho(o'_1,o'_2,\cdots,o'_n) = \sqrt[n-1]{\prod_{i=1}^{n-1} s(o'_i,o'_{i+1})} \tag{11-11}$$

序可靠性系数$\rho(o'_1,o'_2,\cdots,o'_n)$用于测定 $o'_1,o'_2,\cdots,o'_n$ 排序本身的稳定性（利用了 $\boldsymbol{S}$ 中的部分信息），而理想序贴近度系数$\tau(o'_1,o'_2,\cdots,o'_n)$用于测定 $\boldsymbol{S}$ 中蕴含理想序的可能性（利用了 $\boldsymbol{S}$ 中的所有信息）。

11.2.4　自主式评价方法的基本步骤

归纳该自主式评价方法的计算步骤如下：

步骤 1　设定偏爱系数μ,η，由式（11-2）、式（11-3）计算自主优势量 $\boldsymbol{\lambda}_{ij}(i \in N, j \in M)$，得到自主优势量矩阵 $\boldsymbol{B} = [\boldsymbol{\lambda}_{ij}]_{n \times m}$。

步骤 2　由定义 11.2、定义 11.3，得到指标优势序组 D_i，$i \in N$。

步骤 3　设置 b 值（或从设定的数据序列中$(b_1,b_2,\cdots,b_q)$依次取出一个数据赋给 b），记 $b=b_k$，$k \in 1,2,\cdots,q$，由定义 11.4、定义 11.5 分别得到指标优势序组 D_i 的优势权向量 $\boldsymbol{\omega}_i(b_k)$及指标 $x_1,x_2,\cdots,x_m$ 的优势权向量 $\boldsymbol{w}_i(b_k)$。

步骤 4　根据定义 11.6，构造被评价对象两两优劣比较的随机优势权向量 $\boldsymbol{w}^*_{i',i''}(b_k)$。

步骤 5　用文中给出的蒙特卡罗模拟算法求得 n 个被评价对象的优胜度矩阵 $\boldsymbol{S}(b_k)$。

步骤 6　对应 b 取值的数据序列$(b_1,b_2,\cdots,b_q)$，会获得 q 个优胜度矩阵 $\boldsymbol{S}_1,\cdots,\boldsymbol{S}_q$，则综合的优胜度矩阵 $\boldsymbol{S}$ 为

$$\boldsymbol{S} = \sum_{k=1}^{q} \nu_k \boldsymbol{S}_k \tag{11-12}$$

式中，$\nu_k = \tau(b_k)\rho(b_k) \Big/ \sum_{j=1}^{q} \tau(b_j)\rho(b_j)$，$k=1,\cdots,q$ 为组合系数。

步骤 7　根据定义 11.7 ~ 定义 11.11 及推论 11.1，从 $\boldsymbol{S}$ 中导出被评价对象 o_1，$o_2,\cdots,o_n$ 的最终排序（特殊地，若对于任意两个对象 o_i,o_j，有 $h(o_i)=h(o_j)(i,j \in N)$，进一步，若 $s_{ij}<0.5$，则 $o_i \prec o_j$；若 $s_{ij}>0.5$，则 $o_i \succ o_j$；若 $s_{ij}=0.5$，则 $o_i \sim o_j$）及在该排序下的理想序贴近度系数 τ、序可靠性系数 ρ。

11.2.5　应用算例

算例引自参考文献[62]，其目的是对全国 16 个省、直辖市的经济效益进行评价排序，评价指标数据见表 11 – 1。

表 11 – 1　16 个省、直辖市工业经济效益指标规范化数据表

省市	全员劳动生产率	资金利税率	百元销售收入实现利润	百元工业产值占用流动资金	产值利税
北京(o_1)	0.6836	1	1	0.3336	1
上海(o_2)	1	0.6989	0.582	0.6827	0.6531
广东(o_3)	0.9675	0.313	0.3575	0.9581	0.2177
浙江(o_4)	0.5359	0.6337	0.3722	0.8549	0.2297
福建(o_5)	0.4487	0.4957	0.3944	0.6905	0.3864
江苏(o_6)	0.6741	0.3457	0.2053	1	0
山东(o_7)	0.4602	0.1641	0.1861	0.7502	0.1579
湖北(o_8)	0.2441	0.3761	0.2999	0.3871	0.4821
天津(o_9)	0.5807	0.1815	0.226	0.4306	0.1232
安徽(o_{10})	0.1299	0.2989	0.0384	0.6633	0.2919
湖南(o_{11})	0.0872	0.3652	0.0443	0.36	0.4737
河南(o_{12})	0.1427	0.2098	0.1388	0.4065	0.4103
河北(o_{13})	0.1785	0.0783	0.1551	0.4732	0.2105
辽宁(o_{14})	0.1946	0.0293	0	0.3313	0.1962
山西(o_{15})	0	0	0.3752	0	0.4617
江西(o_{16})	0.045	0.0913	0.0679	0.2157	0.1447

注：表中数据已经过规范化处理。

自主式评价方法的计算过程如下：

(1) 由定义 11.1，得到优势数矩阵（设 $\mu = \eta = 0.5$）。

$$
B=[\lambda_{ij}]_{16\times5}=\begin{bmatrix}
0.0773 & 0.4801 & 0.5081 & -0.4003 & 0.4749\\
0.4938 & 0.1814 & 0.0740 & 0.0541 & 0.1231\\
0.5565 & -0.1652 & -0.0857 & 0.4735 & -0.2809\\
0.0800 & 0.2297 & -0.0453 & 0.3774 & -0.2435\\
0.0054 & 0.0962 & 0.0068 & 0.2133 & -0.0357\\
0.2903 & -0.0538 & -0.1884 & 0.5956 & -0.4594\\
0.1058 & -0.2008 & -0.1474 & 0.3696 & -0.2132\\
-0.1533 & 0.0359 & -0.0244 & -0.0599 & 0.1535\\
0.2675 & -0.1586 & -0.0791 & 0.0214 & -0.2313\\
-0.2398 & -0.0076 & -0.2814 & 0.3059 & -0.0210\\
-0.2777 & 0.0807 & -0.2631 & -0.0339 & 0.2011\\
-0.2106 & -0.0965 & -0.1508 & 0.0228 & 0.1304\\
-0.1426 & -0.2223 & -0.1054 & 0.1266 & -0.0744\\
-0.0809 & -0.2360 & -0.2420 & 0.0052 & -0.0480\\
-0.3170 & -0.2807 & 0.1819 & -0.3892 & 0.2489\\
-0.2309 & -0.1409 & -0.1400 & -0.1053 & -0.0843
\end{bmatrix}.
$$

(2)设 b 值从序列(2,1,0.5)中依次选取(以下考虑 $b=2$ 的情形)。$b=2$ 时,由定义 11.4 可得到(强)优势权向量 $\boldsymbol{\omega}=(0.4545,0.2909,0.1636,0.0727,0.0182)$。

(3)求取各被评价对象关于指标的优势权向量 $\boldsymbol{w}_i(i=1,2,\cdots,16)$。如北京,各指标的优势数集合为(4,2,1,5,3),对应的优势数序组为 $D_2=(1,2,3,4,5)$,因而优势权向量为 $\boldsymbol{\omega}_2=(0.4545,0.2909,0.1636,0.0727,0.0182)$,对 $\boldsymbol{\omega}_2$ 中的分量按指标次序重新排列得到 $\boldsymbol{w}_2=(0.0727,0.2909,0.4545,0.0182,0.1636)$。同理,得到 16 个被评价对象的关于指标优势权向量如下:

$$
\begin{bmatrix}\boldsymbol{w}_1\\ \boldsymbol{w}_2\\ \boldsymbol{w}_3\\ \boldsymbol{w}_4\\ \boldsymbol{w}_5\\ \boldsymbol{w}_6\\ \boldsymbol{w}_7\\ \boldsymbol{w}_8\\ \boldsymbol{w}_9\\ \boldsymbol{w}_{10}\\ \boldsymbol{w}_{11}\\ \boldsymbol{w}_{12}\\ \boldsymbol{w}_{13}\\ \boldsymbol{w}_{14}\\ \boldsymbol{w}_{15}\\ \boldsymbol{w}_{16}\end{bmatrix}=\begin{bmatrix}
0.0727 & 0.2909 & 0.4545 & 0.0182 & 0.1636\\
0.4545 & 0.2909 & 0.0727 & 0.0182 & 0.1636\\
0.4545 & 0.0727 & 0.1636 & 0.2909 & 0.0182\\
0.1636 & 0.2909 & 0.0727 & 0.4545 & 0.0182\\
0.0727 & 0.2909 & 0.1636 & 0.4545 & 0.0182\\
0.2909 & 0.1636 & 0.0727 & 0.4545 & 0.0182\\
0.2909 & 0.0727 & 0.1636 & 0.4545 & 0.0182\\
0.0182 & 0.2909 & 0.1636 & 0.0727 & 0.4545\\
0.4545 & 0.0727 & 0.1636 & 0.2909 & 0.0182\\
0.0727 & 0.2909 & 0.0182 & 0.4545 & 0.1636\\
0.0182 & 0.2909 & 0.0727 & 0.1636 & 0.4545\\
0.0182 & 0.1636 & 0.0727 & 0.2909 & 0.4545\\
0.0727 & 0.0182 & 0.1636 & 0.4545 & 0.2909\\
0.1636 & 0.0727 & 0.0182 & 0.4545 & 0.2909\\
0.0727 & 0.1636 & 0.2909 & 0.0182 & 0.4545\\
0.0182 & 0.0727 & 0.1636 & 0.2909 & 0.4545
\end{bmatrix}
$$

(4)构造被评价对象两两优劣比较的随机优势权向量 $\boldsymbol{w}_{i',i''}^{*}$(设为均匀分布)。如对北京与上海,设 $\boldsymbol{w}_{12}^{*}=(w_1^{*}(1,2),w_2^{*}(1,2),\cdots,w_5^{*}(1,2))$,则 $w_1^{*}(1,2)$ 为 $[0.0727,0.4545]$ 上均匀分布的随机变量,$w_2^{*}(1,2)$ 为 $[0.2909,0.2909]$ 上均匀分布的随机变量,其余类同。

(5)设置仿真总次数 $sum=20000$,运用蒙特卡罗仿真的方法求解出被评价对象两两之间的优胜度矩阵 $\boldsymbol{S}_1$(调整后)为:

$$
\begin{bmatrix}
0.5000 & 1.0000 & 0.9932 & 0.9954 & 1.0000 & 0.9922 & 1.0000 & 1.0000 & 1.0000 & 1.0000 & 1.0000 & 1.0000 & 1.0000 & 1.0000 & 1.0000 & 1.0000 \\
0.0000 & 0.5000 & 0.9999 & 1.0000 & 1.0000 & 1.0000 & 1.0000 & 1.0000 & 1.0000 & 1.0000 & 1.0000 & 1.0000 & 1.0000 & 1.0000 & 1.0000 & 1.0000 \\
0.0068 & 0.0001 & 0.5000 & 1.0000 & 1.0000 & 1.0000 & 1.0000 & 0.9879 & 1.0000 & 1.0000 & 1.0000 & 1.0000 & 1.0000 & 1.0000 & 1.0000 & 1.0000 \\
0.0046 & 0.0000 & 0.0000 & 0.5000 & 1.0000 & 0.1029 & 1.0000 & 1.0000 & 1.0000 & 1.0000 & 1.0000 & 1.0000 & 1.0000 & 1.0000 & 1.0000 & 1.0000 \\
0.0000 & 0.0000 & 0.0000 & 0.0000 & 0.5000 & 0.0000 & 1.0000 & 1.0000 & 1.0000 & 1.0000 & 1.0000 & 1.0000 & 1.0000 & 1.0000 & 1.0000 & 1.0000 \\
0.0078 & 0.0000 & 0.0000 & 0.8971 & 1.0000 & 0.5000 & 1.0000 & 0.8295 & 1.0000 & 1.0000 & 0.9798 & 1.0000 & 1.0000 & 1.0000 & 0.9784 & 1.0000 \\
0.0000 & 0.0000 & 0.0000 & 0.0000 & 0.0000 & 0.0000 & 0.5000 & 0.4717 & 1.0000 & 1.0000 & 0.9096 & 0.9999 & 1.0000 & 1.0000 & 0.9418 & 1.0000 \\
0.0000 & 0.0000 & 0.0121 & 0.0000 & 0.0000 & 0.1705 & 0.5283 & 0.5000 & 0.7479 & 0.8339 & 1.0000 & 1.0000 & 1.0000 & 1.0000 & 1.0000 & 1.0000 \\
0.0000 & 0.0000 & 0.0000 & 0.0000 & 0.0000 & 0.0000 & 0.0000 & 0.2521 & 0.5000 & 0.5690 & 0.6722 & 0.7596 & 1.0000 & 1.0000 & 0.9300 & 1.0000 \\
0.0000 & 0.0000 & 0.0000 & 0.0000 & 0.0000 & 0.0000 & 0.0000 & 0.1661 & 0.4310 & 0.5000 & 0.7262 & 1.0000 & 1.0000 & 1.0000 & 0.9248 & 1.0000 \\
0.0000 & 0.0000 & 0.0000 & 0.0000 & 0.0000 & 0.0202 & 0.0904 & 0.0000 & 0.3278 & 0.2737 & 0.5000 & 1.0000 & 1.0000 & 1.0000 & 0.9912 & 1.0000 \\
0.0000 & 0.0000 & 0.0000 & 0.0000 & 0.0000 & 0.0000 & 0.0001 & 0.0000 & 0.2404 & 0.0000 & 0.0000 & 0.5000 & 1.0000 & 1.0000 & 0.8306 & 1.0000 \\
0.0000 & 0.0000 & 0.0000 & 0.0000 & 0.0000 & 0.0000 & 0.0000 & 0.0000 & 0.0000 & 0.0000 & 0.0000 & 0.0000 & 0.5000 & 1.0000 & 0.4457 & 1.0000 \\
0.0000 & 0.0000 & 0.0000 & 0.0000 & 0.0000 & 0.0000 & 0.0000 & 0.0000 & 0.0000 & 0.0000 & 0.0000 & 0.0000 & 0.0000 & 0.5000 & 0.1816 & 1.0000 \\
0.0000 & 0.0000 & 0.0000 & 0.0000 & 0.0000 & 0.0216 & 0.0582 & 0.0000 & 0.0700 & 0.0752 & 0.0088 & 0.1694 & 0.5542 & 0.8184 & 0.5000 & 1.0000 \\
0.0000 & 0.0000 & 0.0000 & 0.0000 & 0.0000 & 0.0000 & 0.0000 & 0.0000 & 0.0000 & 0.0000 & 0.0000 & 0.0000 & 0.0000 & 0.0000 & 0.0000 & 0.5000
\end{bmatrix}
$$

由定义 11.7 ~ 定义 11.11 及推论 11.1 可得到 $b=2$ 下最贴近理想序的排序为 $o_1 \underset{1.0000}{>} o_2 \underset{0.9999}{>} o_3 \underset{1.0000}{>} o_6 \underset{0.8971}{>} o_4 \underset{1.0000}{>} o_5 \underset{1.0000}{>} o_8 \underset{0.5283}{>} o_7 \underset{1.0000}{>} o_9 \underset{0.5690}{>} o_{10} \underset{0.7262}{>} o_{11} \underset{1.0000}{>} o_{12} \underset{0.8306}{>} o_{15} \underset{0.5542}{>} o_{13} \underset{1.0000}{>} o_{14} \underset{1.0000}{>} o_{16}$。该排序的理想序贴近度 $\tau=1$,序可靠性系数 $\rho=0.8518$。

进一步分析上述这种概率形式的评价结论,可有下述一些特点:

1)$o_9 \underset{0.5690}{>} o_{10}$ 并不意味着 o_9 绝对优于 o_{10},表明 o_{10} 仍有 0.431 的概率可优胜于 o_{10}。可见,该结论形式可不用对能力交叉的某些被评价对象之间做出绝对的优劣判断。

2)由 $\boldsymbol{S}_1$ 可知,o_9 对 o_{10} 的优胜度为 0.5690,o_{10} 对 o_{11} 的优胜度为 0.7262,而 o_9 对 o_{11} 的优胜度为 0.6722。可知,各被评价对象之间不需要遵循严格的差异传递性。

3)能给出一种对象之间最可靠的优劣排序,但同时又容纳了多种可能的排序(如 $o_9 \underset{0.5690}{>} o_{10}$ 等同于 $o_{10} \underset{0.4310}{>} o_9$)。将传统中多种绝对的评价结论内涵在一个概率型的评价结论中,从很大程度上削弱了"多评价结论非一致现象"的影响,因而可将解决问题的视角由终端补救式的“结论再组合”转移到对前端评价流程的合理规划与设计上,有助于避免方法构建中的机械性及主观臆断性。

上述特点使得概率形式的评价结论较绝对形式的评价结论具有更好的开放性,也更贴近实际。

(6)同理,可求得 b 分别取 1,0.5 时的优胜度矩阵,并由式(11-12)得到总的优胜度矩阵 $\boldsymbol{S}$ 及排序(限于篇幅,计算过程及中间数据省略),见表 11-2。

表 11-2 评价结论信息表

省市	排序			S 的排序
	$b=2$	$b=1$	$b=0.5$	
北京(o_1)	1	1	1	1
上海(o_2)	2	2	2	2
广东(o_3)	3	3	3	3
浙江(o_4)	5	4	4	4
福建(o_5)	6	6	6	6
江苏(o_6)	4	5	5	5
山东(o_7)	8	8	8	8
湖北(o_8)	7	7	7	7
天津(o_9)	9	9	9	9
安徽(o_{10})	10	10	10	10
湖南(o_{11})	11	11	11	11
河南(o_{12})	12	12	12	12
河北(o_{13})	14	13	13	13
辽宁(o_{14})	15	15	15	15
山西(o_{15})	13	14	14	14
江西(o_{16})	16	16	16	16
$\tau(b)$	1	1	1	—
$\rho(b)$	0.8518	0.8847	0.9509	0.8787
$v(b)$	0.3170	0.3292	0.3538	—

(7)由定义 11.7~定义 11.11 及推论 11.1,得到 16 个省市的最终排序为 $o_1 \underset{1.0000}{>} o_2 \underset{0.9999}{>} o_3 \underset{1.0000}{>} o_4 \underset{0.7156}{>} o_6 \underset{1.0000}{>} o_5 \underset{1.0000}{>} o_8 \underset{0.6181}{>} o_7 \underset{1.0000}{>} o_9 \underset{0.7100}{>} o_{10} \underset{0.8796}{>} o_{11} \underset{1.0000}{>} o_{12} \underset{1.0000}{>} o_{13} \underset{0.6011}{>} o_{15} \underset{0.8648}{>} o_{14} \underset{1.0000}{>} o_{16}$,该排序的理想序贴近度 $\tau=1$,总的序可靠性系数 $\rho=0.8787$。该排序与参考文献[62]给出的排序比较一致,但结论形式已大不相同。

需要补充说明的是,概率形式的评价结论能够对决策中出现的“克星循环”问题[121]提供很好的解释,“克星循环”可看成是特定事件(甚至是小概率事件)的发生,而绝对结论形式是无法对“克星循环”这种现象进行解释的。

11.2.6　小结

本节认为现有综合评价理论中“绝对的结论形式”是引发“多评价结论非一致性”问题的重要原因,为此,提出了能够产生“概率形式评价结论”的“随机模拟求解算法”,得出的结论较传统绝对的结论形式具有更多的优势。另外,结合“随机模拟求解算法”提出了一种新颖的自主式评价方法,该方法中的决策者可通过参数设置能够对被评价对象“关注竞争”、“发展自身”及“个体优势凸显”等行为特征的程度进行调节,从而达到柔性体现“被评价对象作为主体参与竞争”的评价目的。随机模拟求解方法可用于改进许多经典评价方法的结论形式,并可为不确定信息条件下的综合评价(或多属性决策)问题提供一种标准的解法。但是,本节的研究仅是形成概率形式评价结论的一种方法,期望能开拓一个新视角,并为推动“多评价结论非一致性”难题的解决起到抛砖引玉的作用。

11.3　随机模拟型综合评价模式及其求解算法[122]

本节将类似于“球队实力”、“综合能力”、“发展潜力”等比较的评价问题,统称为“相对评价问题”,因为对该类问题通常很难通过比较直接一次性地给出绝对形式的评价结论。相对评价问题是较传统评价中被评价对象在特定情境中的一次性优劣比较问题而言的一种拓展界定,显然对于该类问题的解决具有重要的理论和实际应用价值。

传统评价模式中“非此即彼”的结论形式无法为相对评价问题提供可信的结论支撑。第 11.2 节基于“蒙特卡罗仿真”思想给出了如何将自主式评价问题转化为随机评价问题的思路,并首次提出了“可能性排序结论”的概念。“可能性排序结论”打破了被评价对象之间“非此即彼”的绝对优劣状态,是对“相对评价问题”的初步探讨。通常,在相对评价问题中,被评价对象在各方面(指标)的表现(取值)并非总是固定不变的,更常见的是在一定范围内按一定分布波动起伏的,如某学生的语文成绩较好,但也并不总是 100 分,对于“好”的界定可能是在 90 分以上或 85 分以上等。类似地,这种取值的不固定性可拓展到评价的指标赋权及其他参数设置环节。此外,因随机模拟求解算法具有较高的独立性,可以一种“组件”的方式加入到评价的求解环节而形成新的评价方法。基于此,本节将随机模拟求解算法与相对评价问题相融合,提出了一种新的评价模式,即随机模拟型评价模式,并对其与传统评价模式之间的转化思路及求解算法进行了研究。

11.3.1 随机模拟型评价模式

随机模拟型综合评价模式面向相对评价问题,但仍是以传统的综合评价方法为基础的信息处理模式,因而可将随机模拟型综合评价模式看成是一个结构化的方法框架,该框架包括两部分:一部分是传统评价方法的随机化设置;另一部分是基于随机模拟算法对相对评价问题的求解。

相对评价问题,仅通过一次评价运行无法直接给出方案的优劣结论,需要在大规模评价运行的基础上对方案的优劣关系进行统计分析,从而给出能够体现方案之间相对优劣的可能性排序结论。因而,首先需要对传统的评价方法进行随机化设置,使每一次的评价运行成为大规模运行的一次随机抽样,这样在仿真次数充分的前提下,能够得到方案之间比较稳定的优劣比较概率。由上述分析可知,传统评价方法的运行实际上是对相对评价问题的一次信息处理,因而传统评价方法的随机化设置应体现在评价过程中相关参数的设置上。其中,最常见的是指标参数,如上所述,相对评价问题的指标取值通常并非固定不变,这为指标值的"随机取样"提供了可能。除此之外,可进行随机设置的参数还常见于指标权重、专家权威度(群体评价)、信息变异处理(方法性质测度)等多个方面。我们将在第 11.3.2 节围绕着综合评价各环节涉及的主要参数,给出传统评价方法向随机模拟型评价模式转化的一般思路。

在对传统评价方法进行随机化设置的基础上,需要编制计算机仿真程序进行大规模模拟,按照选用的传统综合评价方法对每次提取的随机信息进行集结求解,在仿真充分的情况下,观测方案(被评价对象)两两之间的优胜次数,形成方案之间"优于"或"劣于"的概率判断信息。对于多个比较方案而言将会得到一个信息矩阵(第 11.2 节称之为优胜度矩阵)。优胜度矩阵中蕴含各方案的比较信息,需要进一步深入分析,最终得到一个带有概率信息的可能性排序。通常在优胜度矩阵中隐含着多个可能的排序,如何从优胜度矩阵中导出一个最佳的排序成为问题的关键。第 11.2 节给出了一种理想序的界定方法,然后以"与理想序最接近"的方式推导出了一种方案之间的排序。除此之外,还可以考虑"分析理想优胜度排序的基本特征,并根据与理想优胜度排序特征的贴近程度确定出参考排序序列,进而组合最优前 χ 比率排序结论以形成最稳定排序结论"或"通过遴选某可信阈值之上的多个排序(链),通过优化合成多链的形式获取最后的排序结论"等多种求解思路。在第 11.3.3 节将以"在提升排序链出现的可能性基础上,进一步保证排序链的稳定性"为基本规则,对可能性排序的求解算法深入探讨。基于上述分析,随机模拟型综合评价模式框架图如图 11-1 所示。

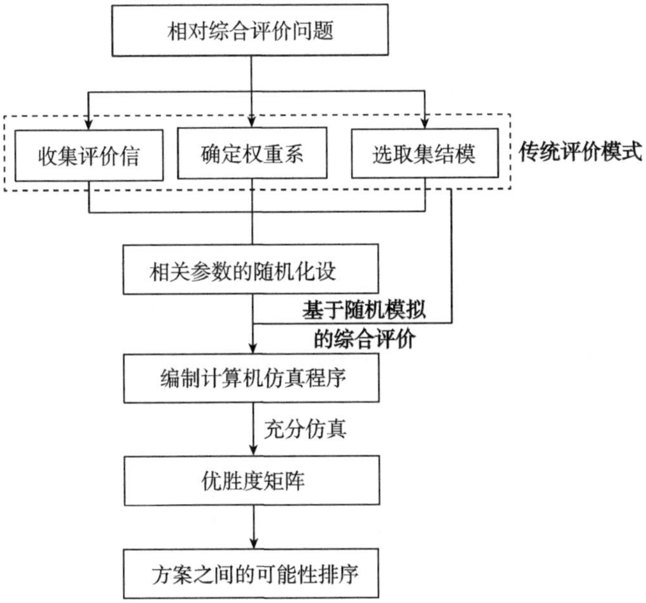

图 11－1　随机模拟型综合评价模式的框架图

11.3.2　模式转化的一般思路

如图 11－1 所示，指标信息的收集、权重系数的确定及信息集结模型的选取是传统综合评价操作流程中的三个主要环节（除此之外，还有明确评价目的、确定评价指标、求解及分析评价结论等环节），也是传统综合评价模式向随机模拟型评价模式转化的关键所在。本节将按照“由经典的多指标评价到其分支领域拓展”的思路，对传统评价模式向随机模拟型评价模式转化过程中涉及的相关参数及其设置思路进行概括性介绍，囿于篇幅，具体转化方法将另行讨论。

11.3.2.1　指标信息收集环节

相对评价问题，收集到的评价指标信息通常不是精确值形式，而更多的是由精确值、区间数、模糊数等组成的混合数据形式。在随机模拟型的评价模式中，需将上述混合数据转化成随机数据形式。一种可行的思路是，首先确定评价指标的取值范围，然后将各类数据转化到相应的取值范围内，并确定其在该范围内的分布状态，依据该分布状态在对应的取值范围内随机取样。可举一个简单的例子对该思路加以说明：对学生的学习成绩进行评价，各科的成绩取值范围在[0，100]之间，学生甲的数学成绩通常稳定地分布在 75 ~ 85 分,且更多的时候是在 80 ~ 85 分,此时可判断学生甲的数学成绩取值范围为[75,85],且数据在[80,85]的分布密度大于[70,75]的密度。此时,可假设学生甲的数学成绩在[75,85]服从正态分布,期望值在 80 ~ 85 分,因而,可在对分布函数精确计算基础上按照正态分布在 75 ~ 85 分随机获取数据。

需要指出的是,为消除评价数据量纲、量级不一致对评价结果产生的影响,需对原始评价数据进行无量纲化处理。通常可有两种处理思路:一种是在随机取样之前,对原始评价信息的取值范围进行整体的无量纲化处理;另一种是在随机取样之后,按照相同的方法对每次随机获取的数据进行无量纲化处理。这里,建议采用后一种处理思路,可避免对原始评价信息的取值范围进行整体的无量纲化处理时,可能导致对原始数据内部结构的破坏。

上述转化思路可进一步拓展至以下评价问题:①不确定性评价问题,如评价信息为区间数、三角模糊数、语言信息等数据形式;②评价方法的性质测验问题,如测度某评价方法的结构稳定性,通常可观测某指标由正常取值突变为异常值的过程中,对评价结果产生的干扰程度(如第 10.3 节);③多种评价方法的比较分析,如比较几种信息集结模式的灵敏度,一般不能仅通过一组数据得出结论,而需在大量随机获取数据的基础上得出较稳定的比较结论(如第 10.4 节)。

11.3.2.2 权重系数确定环节

类似地,当收集到的指标权重信息为不完全信息时,如 $w_1 > w_2, w_3 \in [0.3, 0.5]$,需进一步协商确定相应权重系数的取值范围及其取值的分布状态,并在该取值范围内以相应的分布状态随机获取数据。权重系数的随机转化思路可进一步拓展至:①群体评价中专家权威度的界定;②组合评价中各种评价方法的重要性程度的确定;③动态评价中时间权重系数的确定。另一种关于权重系数的随机化设置方式为,当权重系数是通过一定的表达式给出时,表达式中的相关参数可以按照一定规则进行设置,从而实现对特定评价目的满足效果的测度,如自主式评价中凸显自身优势的权重系数设置问题(详见第 11.2.2 节)。

11.3.2.3 信息集结环节

在明确评价目的、收集到评价信息后,通常会面临着评价方法(主要是指信息集结模型)选取的困难,如应该选用 *WGA* 算子还是 *WAA* 算子进行信息的集结? 对于该问题,应尽量减少随意选取等主观因素对评价结果的影响,一种可行的思路是在明确评价目的的前提下,对各种评价方法进行其关于评价目的满足程度的测试。该测试应该是在对评价指标个数、无量纲化方法、权重系数表达式中相关参数等进行全面模拟的基础上，得到方法关于评价目的满足度的稳定测度值。

11.3.3　求解算法

我们知道，对于优胜度矩阵 **S**（见第 11.2.3 节），若其元素全不为 0，理论上则可从矩阵中推导出 $n!$ 条排序链，且每条排序链均有可能发生，只是发生的概率不同，且每条排序链的稳定性也会有所差异。这里将排序链发生的概率称为"可能性系数"，而将排序链的整体稳定性界定为"稳定性系数"。若某条排序链中有 $s_{ij}=0$ 成立，该排序链显然不成立，即该排序链不可能发生。因而，可用某排序链中含有的最小 s_{ij} 代表该排序链的可能性系数。设 n 个方案排序链的一般表达式为 $o_{1'} \overset{s_{1'2'}}{>} o_{2'} \overset{s_{2'3'}}{>} \cdots \overset{s_{(n-1)'n'}}{>} o_{n'}$，其中 $1', 2', \cdots, n'$ 是数列 $\{1, 2, \cdots, n\}$ 的一组排列。分别用 p 和 t 表示排序链的可能性系数及稳定性系数，则有：

定义 11.12　对于排序链 $o_{1'} \overset{s_{1'2'}}{>} o_{2'} \overset{s_{2'3'}}{>} \cdots \overset{s_{(n-1)'n'}}{>} o_{n'}$，称

$$p = \min\{s_{i'j'}\}, i' < j'; i' = 1', 2', \cdots, (n-1)', j' = 2', \cdots, n' \tag{11-13}$$

为排序链的可能性系数，有 $p \in (0, 1]$。

定义 11.13　对于排序链 $o_{1'} \overset{s_{1'2'}}{>} o_{2'} \overset{s_{2'3'}}{>} \cdots \overset{s_{(n-1)'n'}}{>} o_{n'}$，称

$$t = \prod_{i=1'}^{(n-1)'} \prod_{j=i+1}^{n'} s_{i'j'} \tag{11-14}$$

为排序链的稳定性系数，有 $t \in (0, 1]$。

下面基于"在提升排序链出现的可能性基础上，进一步保证排序链的稳定性"的规则，给出一种可能性排序结论的求解算法，称之为"反转排序法"。

步骤 1　选取优胜度矩阵 **S** 中最小的元素（设为 s_{ij}），为避免排序链的可能性系数为 s_{ij}，可假定 $o_j > o_i$，该假定将 s_{ij} 所代表的 $o_i > o_j$ 的可能性进行反转，以提高排序链的可能性系数，当矩阵 **S** 中最小的元素不止一个时，可按前述假定对相应方案做类似反转排序处理；

步骤 2　选取优胜度矩阵 **S** 中次小的元素（设为 s_{km}），同样地，为避免排序链的可能性系数为 s_{km}，可假定 $o_m > o_k$；

步骤 3　按优胜度矩阵中元素由小到大的顺序依次对相应方案的优劣关系进行类似于步骤 1 和步骤 2 中的反转排序处理，直至出现循环排序链或所有方案完成排序为止。

当出现循环排序链时，把前 3 个步骤中选取元素中最大的元素对应的方案间的排序，再次进行反转排序处理，以反转后排序链的可能性系数最大为准选取反转排序处理的方案，若反转后出现多条可能性系数相同的非循环排序链，则以稳定性系数最大的排序链为准。

步骤 4 若得到的排序链为所有方案的整体排序,则整个排序过程结束,可依照定义 11.12 和定义 11.13 求得该排序链的可能性系数及稳定性系数;反之,则在步骤 3 的基础上,进一步按优胜度矩阵中元素由小到大的顺序依次对相应方案的优劣关系进行反转排序处理,直到求得所有方案的整体排序为止。

例 11.1 可通过由 4 个方案组成的优胜度矩阵对上述求解算法的应用加以说明。优胜度矩阵信息如下:

$$S=\begin{bmatrix}0.5 & 0.4 & 0.6 & 0.8\\ 0.6 & 0.5 & 0.7 & 0.4\\ 0.4 & 0.3 & 0.5 & 0.8\\ 0.2 & 0.6 & 0.2 & 0.5\end{bmatrix}$$

可以看出,优胜度矩阵中的最小元素为 $s_{41}, s_{43}=0.2$,对应的方案反转排序为 $\begin{cases}o_1>o_4\\ o_3>o_4\end{cases}$。

类似地,可得 $s_{32}=0.3$,对应的方案反转排序为 $o_2>o_3$;$s_{12}, s_{24}, s_{31}=0.4$,对应的方案反转排序为 $\begin{cases}o_2>o_1\\ o_4>o_2\\ o_1>o_3\end{cases}$。

综合优胜度矩阵中元素为 0.2,0.3,0.4 对应的方案的反转排序链,可得到排序链 $o_2\overset{0.6}{>}o_1\overset{0.6}{>}o_3\overset{0.8}{>}o_4$,该排序链的可能性系数为 0.4,稳定性系数为 0.0645,该排序链中放弃 $o_4>o_2$ 的条件。若采取该条件,则得到的排序链为 $o_4\overset{0.6}{>}o_2\overset{0.6}{>}o_1\overset{0.6}{>}o_3$,因该排序链中包含 $o_4>o_1$、$o_4>o_3$,故该排序链的可能性系数为 0.2,没有排序链 $o_2\overset{0.6}{>}o_1\overset{0.6}{>}o_3\overset{0.8}{>}o_4$ 出现的可能性大。

定理 11.3 依据反转排序法求解可能性排序结论时,若存在循环排序链,则求解的可能性排序结论的可能性系数等于第一个循环链出现时,方案之间未反转排序对应的优胜度矩阵元素的最大值。

证明: 设第一个循环链由 m 个方案组成,为

$$\underbrace{o_{1'}\underset{②}{\overset{1-a}{>}}o_{2'}>\cdots\underset{③}{\overset{1-b}{>}}o_{m'}}_{\overset{1-c}{<}\ ①}$$

其中 $s_{2'1'}=a, s_{m'(m-1)'}=b, s_{m'1'}=c$,且 $a<b<c$。故 $o_{1'}>o_{2'}$、$o_{(m-1)'}>o_{m'}$、$o_{m'}>o_{1'}$ 的概率分别为 $1-a$、$1-b$、$1-c$。

(1)若 $a=b=c=0.5$ 时,则任意排序链出现的可能性都相同,为 0.5,此时,可能性排序结论的可能性系数等于第一个循环链出现时,方案之间未反转排序对应

的优胜度矩阵元素的最大值0.5。

(2)$a,b,c\neq 0.5$ 时，因为反转排序法是从最小的优胜度元素开始寻找两两方案之间的反转序，故有 $a,b,c<0.5$。因而有：

若从①处断开循环链，则有 $o_{1'}>o_{2'}>\cdots>o_{m'}$，因 $a<b<c$，故 $1-a>1-b>c$，所以该排序链的可能性系数为 c。

若从②处断开循环链，则有 $o_{2'}>\cdots>o_{m'}>o_{1'}$，因 $s_{2'1'}=a$ 最小，故该排序链的可能性系数为 a。

若从③处断开循环链，则有 $o_{m'}>o_{1'}>\cdots>o_{(m-1)'}$，因 $s_{m'(m-1)'}=b$ 最小，故该排序链的可能性系数为 b。

从提升排序链出现可能性的角度出发，应选择从①处断开循环链，此时 m 个方案组成排序链的可能性系数为 c。

因反转排序法是从最小的优胜度元素开始寻找两两方案之间的反转序，所以在除去 m 个方案的剩余方案之间继续排序时，剩余方案之间无论是否出现循环链，其对应的排序链的可能性总是大于 c。

故求解的可能性排序结论的可能性系数等于第一个循环链出现时，方案之间未反转排序对应的优胜度矩阵元素的最大值。结论得证。

当方案的个数比较多时，采用上述步骤逐个确定方案之间的排序，操作流程会比较烦琐，对评价者的耐力有着较高的要求。基于此，下面采用“随机模拟的方法，从由优胜度矩阵推导出的 $n!$ 条排序链中寻找出现的可能性最大、稳定性最高的排序链”的思路对可能性排序结论进行求解，具体的仿真步骤可归纳如下：

步骤 1　设置总仿真次数 *sum*（初始值为0，一般地，方案个数 n 越多，*sum* 的值应越大），计数变量 r（初始值为 0），统计变量 $p_0=0, t_0=0, X_0=[0]_{1\times n}, X^*=[0]_{1\times n}$；

步骤 2　采用随机数列生成函数 *randperm*(n)生成长度为 n 的随机数列，记为 X；

步骤 3　若 $X\neq X_0$，令 $r=r+1$，以 X 中元素为方案的下标并依据 X 中元素位置确定方案之间的“优于”顺序；

步骤 4　令 $X_0=X$，计算步骤 3 中排序链的可能性系数及稳定性系数，分别记为 p 和 t；

步骤 5　若 $p>p_0$ 或 $p=p_0, t>t_0$，记 $p_0=p, t_0=t, X^*=X$，转入步骤 2；否则，转入步骤 6；

步骤 6　若 $r=n!$，则保存 p_0, t_0, X^* 的值，结束程序；否则转入步骤 2。

由该仿真程序求得的以 X^* 中元素为方案的下标并依据 X 中元素位置确定的方案之间“优于”顺序即为要求的可能性排序结论。

依据上述仿真步骤编写程序，对例 11.1 中的优胜度矩阵进行可能性排序结论的求解，可得到排序链 $o_2 > o_1 > o_3 > o_4$，该排序链的可能性系数为 0.4，稳定性系数为 0.0645，与“反转排序法”的求解结论相吻合。

11.3.4　应用算例

高考是对学生是否具有进一步深造学习能力的一种考核形式，通常以“语文”（总成绩 150 分）、“数学”（总成绩 150 分）、“英语”（总成绩 150 分）、“理综”（或“文综”）（总成绩 300 分）4 门考试科目的总成绩作为最终的考核成绩。在准备高考的过程中，学校一般会举行几次大型的模拟考试，对学生的高考总成绩进行粗略的估计。一般地，在每次的模拟考试中，每个学生在各科目的成绩并不总是相同，却会在一个大致的范围内上下波动。表 11－3 给出了 10 名学生（用 $o_1, o_2, \cdots, o_{10}$ 表示）关于 4 门考试科目成绩的取值范围。

表 11－3　10 名学生关于 4 门考试科目成绩的取值范围

	语文	英语	数学	理综
o_1	[118,122]	[83,86]	[123,138]	[200,210]
o_2	[106,129]	[126,138]	[98,113]	[175,190]
o_3	[81,108]	[106,110]	[97,105]	[220,225]
o_4	[93,109]	[115,130]	[112,115]	[230,245]
o_5	[120,125]	[114,124]	[110,116]	[240,250]
o_6	[94,100]	[110,120]	[125,132]	[230,240]
o_7	[86,105]	[115,127]	[116,128]	[250,260]
o_8	[117,124]	[109,119]	[112,123]	[235,253]
o_9	[98,109]	[125,130]	[89,110]	[205,215]
o_{10}	[93,107]	[100,105]	[116,124]	[190,208]

11.3.4.1　问题求解

为简便起见，设 10 个学生在各科目成绩的取值范围内的取值服从均匀分布。采用随机数发生器的方式在各科目成绩的取值范围内随机发生数据（注：为更好地贴近于现实，这里的随机数据均取整数形式），然后计算 10 名学生的总成绩，统计他们之间的优劣次数并计算其优劣概率，得出 10 名学生的优胜度矩阵为

$$S=\begin{bmatrix} 0.5000 & 0.5735 & 1.0000 & 0.0000 & 0.0000 & 0.0000 & 0.0000 & 0.0000 & 0.4594 & 1.0000 \\ 0.4265 & 0.5000 & 0.9984 & 0.0000 & 0.0000 & 0.0000 & 0.0000 & 0.0000 & 0.3348 & 1.0000 \\ 0.0000 & 0.0016 & 0.5000 & 0.0000 & 0.0000 & 0.0000 & 0.0000 & 0.0000 & 0.0000 & 1.0000 \\ 1.0000 & 1.0000 & 1.0000 & 0.5000 & 0.0000 & 0.4594 & 0.0000 & 0.0000 & 1.0000 & 1.0000 \\ 1.0000 & 1.0000 & 1.0000 & 1.0000 & 0.5000 & 1.0000 & 0.7719 & 0.7387 & 1.0000 & 1.0000 \\ 1.0000 & 1.0000 & 1.0000 & 0.5406 & 0.0000 & 0.5000 & 0.0000 & 0.0000 & 1.0000 & 1.0000 \\ 1.0000 & 1.0000 & 1.0000 & 1.0000 & 0.2281 & 1.0000 & 0.5000 & 0.1164 & 1.0000 & 1.0000 \\ 1.0000 & 1.0000 & 1.0000 & 1.0000 & 0.2613 & 1.0000 & 0.8336 & 0.5000 & 1.0000 & 1.0000 \\ 0.5406 & 0.6652 & 1.0000 & 0.0000 & 0.0000 & 0.0000 & 0.0000 & 0.0000 & 0.5000 & 1.0000 \\ 0.0000 & 0.0000 & 0.0000 & 0.0000 & 0.0000 & 0.0000 & 0.0000 & 0.0000 & 0.0000 & 0.5000 \end{bmatrix}$$

依据“反转排序法”及随机模拟仿真方法求解得到的可能性排序链均为 $o_5 \overset{0.7387}{>} o_8 \overset{0.8336}{>} o_7 \overset{1.0000}{>} o_6 \overset{0.5406}{>} o_4 \overset{1.0000}{>} o_9 \overset{0.5406}{>} o_1 \overset{0.5735}{>} o_2 \overset{0.9984}{>} o_3 \overset{1.0000}{>} o_{10}$，该排序链出现的可能性系数 0.5406，稳定性系数为 0.0529。

11.3.4.2　结果分析

若直接按照传统评价模式对各考生的成绩进行集结（选取区间中点为评价数据），得出各考生的总成绩（用 y_i 表示）分别为 $y_1=540$，$y_2=537.5$，$y_3=526$，$y_4=574.5$，$y_5=599.5$，$y_6=575.5$，$y_7=593.5$，$y_8=596$，$y_9=540.5$，$y_{10}=521.5$，得出考生之间的排序为 $o_5>o_8>o_7>o_6>o_4>o_9>o_1>o_2>o_3>o_{10}$，该排序中各考生的位置虽与可能性排序中各考生位置相同，但该排序是对各考生之间进行的绝对优劣比较。观察 y_9 和 y_1 的值可以看出，o_9 的总成绩仅比 o_1 高 0.5 分，所以在最后的高考中并不能保证 o_9 的成绩肯定会优于 o_1，可能性排序链中给出 o_9 优于 o_1 的概率为 0.5406，意味着 o_1 仍有 0.4594 的概率优于 o_9，这种排序结论更符合实际情况，也更易被接受。

11.3.5　小结

随机模拟型评价模式是对传统评价模式的拓展，为各种信息形式、评价者偏好等提供了一个结构框架，从而使评价过程不再受单一或有限数据形式、信息结构等的限制，由此可进一步提升综合评价方法的实际应用范围，带概率特征的可能性排序结论对相对评价问题也更具解释力，更易被接受。具体而言，随机模拟型评价方法具有以下三个方面的主要特征：①以模拟仿真的方式对评价问题进行充分求解，避免通过一次评价直接给出结论从而导致求解不充分的情形；②在模拟仿真过程中，以优胜度矩阵的方式统计方案之间的优劣概率，为可能性排序结论的求解奠定基础，可能性排序结论是对绝对排序结论形式的拓展，避免了方案之间“非此即彼”

结论状态;③通过相关参数设置,将传统的评价方法融合于随机模拟的求解过程中,尤其为多种同类评价方法的比较提供了便利途径。

11.4 一种新的可能性排序方法[123]

优胜度矩阵在数值形式上与互补判断矩阵[124,125]相同,但两者在求解过程中却有着本质区别,互补判断矩阵中的元素是决策者关于两个方案或属性重要性程度的偏好信息,而优胜度矩阵中的元素表示被评价对象两两比较的优劣概率。显然,互补判断矩阵可为排序结论的求解提供技术参考,但在目前研究中,大多互补判断矩阵的排序算法均是在偏好判断一致的前提下展开[126,127],而该一致性要求在优胜度矩阵中失去了现实意义。因而,构建能够更好体现优胜度矩阵自身概率信息意义的排序算法,显得十分必要。基于此,本节从提升可能性排序结论稳定性的视角,结合随机模拟的方法给出了一种新的可能性排序结论的求解算法。

11.4.1 可能性排序

可能性排序的实质是在排序链中加入被评价对象的"优于概率"信息。不失一般性,可将 n 个被评价对象的可能性排序表示为

$$o_{1'} \overset{p_1}{>} o_{2'} \overset{p_2}{>} o_{3'} \overset{p_3}{>} \cdots \overset{p_{n-1}}{>} o_{n'} \tag{11-15}$$

其中,$o_{1'}, o_{2'}, \cdots, o_{n'}$ 为 $o_1, o_2, \cdots, o_n$ 的一组排序,p_i 为 $o_{i'}$ 优于 $o_{(i+1)'}$ 的概率,有 $p_i \in [0,1]$。

基于式(11-15),对可能性排序进行深入分析,可得到以下结论:

(1)当 $p_1 = p_2 = \cdots = p_{n-1} = 1$ 时,式(11-15)中的可能性排序转化为绝对形式的排序,故绝对形式的评价排序是可能性排序的一种特例;

(2)因 $p_i \in (0,1]$,被评价对象 $o_{i'}$ 优于 $o_{(i+1)'}$ 的概率为 p_i,反过来,则暗含了被评价对象 $o_{(i+1)'}$ 仍有 $1-p_i$ 的概率优于被评价对象 $o_{i'}$,因而可能性排序避免了"优劣判别的绝对性";

(3)因被评价对象的优劣关系以概率形式表示,所以这种优劣比较并不具有严格的传递性,即 $o_{i'}$ 优于 $o_{(i+1)'}$ 的概率为 p_i,$o_{(i+1)'}$ 优于 $o_{(i+2)'}$ 的概率为 p_{i+1},但 $o_{i'}$ 优于 $o_{(i+2)'}$ 的概率却不一定是 $p_i + p_{i+1}$。

对任意给定的可能性排序,称其为排序链。由被评价对象之间的"优于"概率可知,不同排序链的稳定性概率也不完全相同。本节从稳定性最高的视角求解可能性排序结论。

11.4.2 可能性排序的求解算法

无论是绝对的还是可能性的排序结论,被评价对象的优劣比较应具有保序性,

即若有 o_i 优于 o_j 且 o_j 优于 o_k，则应有 o_i 优于 o_k。基于此，下面给出一种确定排序链稳定性的方法。

定义 11.14　对于任意排序链 $o_{1'} \overset{p_1}{>} o_{2'} \overset{p_2}{>} o_{3'} \overset{p_3}{>} \cdots \overset{p_{n-1}}{>} o_{n'}$，称

$$\tau = \sqrt[\frac{n(n-1)}{2}]{\prod_{i'=1}^{n-1}\prod_{j'=i'+1}^{n} s_{i'j'}} \tag{11-16}$$

为该排序链的稳定性概率，$\tau \in (0,1]$，其中 $s_{i'j'}$ 为优胜度矩阵中对应的数据元素。

可能性排序结论的求解是寻找稳定性最高的排序链，若仅有两个被评价对象，则可以直接通过优胜概率求得两个被评价对象之间的排序位置，但随着被评价对象个数的增多，直接寻找最稳定的排序链则比较困难，例如，若被评价对象的个数为 n，通过逐步寻优的方式求解最稳定的排序链，则需要进行 $n!$ 次排序，当 n 的数值比较大时，工作量会非常大。因而，从提升排序整体稳定性的角度考虑，在随机模拟运行中仅统计整体稳定性在 0.5 以上（包括 0.5）的排序链。

对 n 个被评价对象，设稳定性 $\tau \geqslant 0.5$ 的排序链共有 m 条。统计被评价对象在排序位 $1,2,\cdots,m$ 上的累计分布次数矩阵 $R=[r_{ij}]_{n\times n}$ 和分布于各排序位上的累计稳定性概率矩阵 $H=[h_{ij}]_{n\times n}$。其中，r_{ij} 表示 o_i 排在第 j 个排序位上的次数，有 $0 \leqslant r_{ij} \leqslant m$；$h_{ij}$ 表示 o_i 排在第 j 个排序位上的稳定性概率之和。因而有：

$$\begin{cases} p_{ij} = \dfrac{h_{ij}}{r_{ij}}, r_{ij} \neq 0 \\ p_{ij} = 0, r_{ij} = 0 \end{cases} \tag{11-17}$$

其中，p_{ij} 表示 o_i 分布于各排序位上的平均稳定性概率，$0 \leqslant p_{ij} \leqslant 1$。

将求解被评价对象分布于各排序位上的平均稳定性概率的仿真过程归纳如下：

步骤 1　设 o_i 分布于各排序位的累计稳定性概率为 $h_{i1},h_{i2},\cdots,h_{in}$（初始值为 0），平均稳定性概率及其初始变量分别为 $p_{i1},p_{i2},\cdots,p_{in}$ 和 $p_{i1}^0,p_{i2}^0,\cdots,p_{in}^0$（初始值为 0）；

步骤 2　设置计数变量 r 及 r_{ij}（初始值为 0）；

步骤 3　令 $r=r+1$，在 (0,1) 范围内采用随机数发生器生成服从某分布的 n 个随机数，对应于 n 个被评价对象的评价值，按评价值由大到小的顺序将被评价对象对应于 n 个排序位；

步骤 4　依据式（11-16）计算排序链的稳定性概率 τ，若 $\tau \geqslant 0.5$，转入步骤 5，否则，转入步骤 6；

步骤 5　若被评价对象 o_i 分布于第 j 个排序位，则令 $h_{ij}=h_{ij}+\tau, r_{ij}=r_{ij}+1$；

步骤 6　若 $r=t$（t 为前后两次平均稳定性概率计算的间隔步长，通常优胜度矩阵中优劣关系越明显，被评价对象个数越多，t 的取值越大），转入步骤 7，否则转入步骤 3；

步骤 7　若 $r_{ij}\neq 0$，则令 $p_{ij}=h_{ij}/r_{ij}$；

步骤 8　若 $\sum_{i=1}^{n}\sum_{j=1}^{n}|p_{ij}-p_{ij}^{0}|\leqslant\varepsilon$（$\varepsilon$ 为给定的任意小正数），则保存 p_{ij} 的数值，退出程序；反之，令 $p_{ij}^{0}=p_{ij}$，$r=0$，转入步骤 3。

若优胜度矩阵中出现 $s_{ij}=0.5$，$i\neq j$ 的情形，则说明被评价对象 o_i 与 o_j 具有相同的优劣关系，即两者在排序中是等价关系，则仅需在仿真过程中考虑 $n-1$ 个被评价对象，并在最终的排序链 o_i 位置上添加 o_j 即可。多个具有等价关系的被评价对象的求解依此类推。

通过大样本仿真模拟，可得到 n 个被评价对象在各排序位上稳定的分布频率矩阵 $[p_{ij}]_{n\times n}$，下面给出确定最终排序结论的一种求解算法。

令 $p_{ik}^{*}=\max_{j=1}^{n}\{p_{ij}\}$，若 $k=1,2,\cdots,n$，则由矩阵 $[p_{ij}]_{n\times n}$ 可直接推导出被评价对象之间的可能性排序链。

定义 11.15　令 $p_{ik}^{*}=\max_{j=1}^{n}\{p_{ij}\}$，若 $p_{ik_1}^{*}\neq p_{ik_2}^{*}$（$k_1\neq k_2$，$k_1,k_2=1,2,\cdots,n$），则被评价对象的可能性排序为

$$o_{1'}\overset{s_{1'2'}}{>}o_{2'}\overset{s_{2'3'}}{>}o_{3'}\overset{s_{3'4'}}{>}\cdots\overset{s_{(n-1)'n'}}{>}o_{n'}$$

式中，$s_{i'j'}$ 表示 $o_{i'}$ 优于 $o_{j'}$ 的概率。

该排序链表示 $o_{1'},o_{2'},\cdots,o_{n'}$ 的最大分布频率分别出现在第 1、2、…、n 个排序位上。需要说明的是，若出现 $p_{ik_1}^{*}=p_{ik_2}^{*}$ 的情形，即有两个被评价对象的最大分布频率出现在同一排序位上，可按照排序链整体稳定性概率最大的原则求解这两个被评价对象的先后顺序。

11.4.3　应用算例

这里以球队的实力比较问题为例，对可能性排序结论的求解加以说明。假设有 8 支球队（用 $o_1,o_2,\cdots,o_8$ 表示）相互之间经常进行比赛，统计一段时间内它们之间输赢的概率为

$$S=\begin{bmatrix}0.5000 & 1.0000 & 0.9870 & 0.8790 & 0.2310 & 0.9670 & 0.6980 & 0.9980\\0.0000 & 0.5000 & 1.0000 & 0.9340 & 1.0000 & 0.7610 & 0.8880 & 0.8990\\0.0130 & 0.0000 & 0.5000 & 1.0000 & 1.0000 & 0.8970 & 0.9540 & 1.0000\\0.1210 & 0.0660 & 0.0000 & 0.5000 & 0.8800 & 0.9760 & 1.0000 & 0.9350\\0.7690 & 0.0000 & 0.0000 & 0.1200 & 0.5000 & 1.0000 & 0.7890 & 0.9870\\0.0330 & 0.2390 & 0.1030 & 0.0240 & 0.0000 & 0.5000 & 0.0320 & 0.1240\\0.3020 & 0.1120 & 0.0460 & 0.0000 & 0.2110 & 0.9680 & 0.5000 & 0.9320\\0.0020 & 0.1010 & 0.0000 & 0.0650 & 0.0130 & 0.8760 & 0.0680 & 0.5000\end{bmatrix}$$

依据本节给出的随机模拟方法求解被评价对象之间的可能性排序结论，具体

如下：

11.4.3.1　被评价对象在排序位上的平均稳定性概率

以均匀分布的方式随机发生评价值。通过仿真调试，取计算的间隔步长 $t=10000$ 次，循环终止条件中取 $\varepsilon=0.00001$，得各被评价对象的平均稳定性概率矩阵为

$$[p_{ij}]_{8\times8}=\begin{bmatrix}0.6828 & 0.0000 & 0.0000 & 0.0000 & 0.0000 & 0.0000 & 0.0000 & 0.0000\\ 0.0000 & 0.6828 & 0.0000 & 0.0000 & 0.0000 & 0.0000 & 0.0000 & 0.0000\\ 0.0000 & 0.0000 & 0.6828 & 0.0000 & 0.0000 & 0.0000 & 0.0000 & 0.0000\\ 0.0000 & 0.0000 & 0.0000 & 0.7522 & 0.6763 & 0.5865 & 0.5292 & 0.0000\\ 0.0000 & 0.0000 & 0.0000 & 0.6586 & 0.7184 & 0.6933 & 0.6544 & 0.0000\\ 0.0000 & 0.0000 & 0.0000 & 0.0000 & 0.5710 & 0.6393 & 0.6699 & 0.7312\\ 0.0000 & 0.0000 & 0.0000 & 0.0000 & 0.7948 & 0.7680 & 0.6799 & 0.6025\\ 0.0000 & 0.0000 & 0.0000 & 0.5751 & 0.6265 & 0.7240 & 0.7406 & 0.7287\end{bmatrix}$$

11.4.3.2　可能性排序求解

由矩阵 $[p_{ij}]_{8\times8}$ 可知，o_1,o_2,o_3,o_4,o_6,o_8 分别排在第 1、2、3、4、8、7 个序位上的稳定性概率最大，而 o_5 和 o_7 同时在第 5 个排序位的稳定性概率最大。

由优胜度矩阵 **S** 知，被评价对象 o_5 优于 o_7 的概率不等于 0.5，故在排序中 o_5 和 o_7 不是等价关系，因而，依据被评价对象在各排序位上的稳定性概率，可得到两条可能性排序链：

$$①\ o_1 \overset{1.0000}{>} o_2 \overset{1.0000}{>} o_3 \overset{1.0000}{>} o_4 \overset{0.8800}{>} o_5 \overset{0.7890}{>} o_7 \overset{0.9320}{>} o_8 \overset{0.8760}{>} o_6,$$

$$②\ o_1 \overset{1.0000}{>} o_2 \overset{1.0000}{>} o_3 \overset{1.0000}{>} o_4 \overset{1.0000}{>} o_7 \overset{0.2110}{>} o_5 \overset{0.9870}{>} o_8 \overset{0.8760}{>} o_6。$$

11.4.3.3　排序链的稳定性概率

依据式（11－17）求得，排序链①的稳定性概率为 0.8847，排序链②的稳定性概率为 0.8440，故最终的可能性排序结论应为排序链①。

11.4.3.4　结果分析

综上可知：①该排序以概率的方式表示优劣关系，如球队 o_1 相对于 o_2 具有绝对的优势（优胜度概率为 1.0000），球队 o_4 相对于 o_5 的优势概率为 0.8800；②当优胜度概率不为 1 时，如球队 o_4 的实力优于 o_5 的概率为 88%，反过来，也意味着 o_5 仍有 12% 的可能性优于 o_4。

11.4.4 小结

本节对绝对形式的评价结论进行拓展，首先介绍了可能性排序的结论形式，然后从提升可能性排序链整体稳定性的视角构建了可能性排序结论的求解算法。采用随机模拟的方法，从仿真大样本中提取整体稳定性概率不小于0.5的排序链，据此统计被评价对象在各排序位上的平均稳定性概率，并求解最终的排序结果。该排序结果可为非精确值评价信息的求解、组织实力的比较等无法精确衡量的评价问题，提供更具解释性（更易被接受）的结论支撑。

第 12 章　泛综合评价模式、融合框架及求解算法[51]

12.1　引言

综合评价是一种面向复杂决策问题，通过融合评价信息以对待评价方案优劣判断的有效工具，目前已在经济管理、工业工程及决策领域有着广泛的应用。随着信息技术的发展，个人利用多渠道来源的信息进行决策或集体借助多人甚至大规模个体的信息对大型复杂问题进行联合评价成为可能。然而，综合评价方法作为决策判断的经典工具，对于数据形式及偏好信息的表达等决策因素都有着比较严格的要求，比如为解决因数据的不可公度性而信息无法直接合成的问题，对原始数据的规范化处理是进行科学合理评价的基本前提。此外，传统综合评价模型具有鲜明的方法特征，决策者偏好信息的表达需要以方法要求的条件呈现，因而在大多数评价方法中，评价者只能以某种具体的形式表达偏好，如精确值[128,129]、模糊信息[130,131]或偏好序信息[132,133]等。

但在实际应用中，随着评价问题复杂程度的增加，评价者因对问题理解程度的不同，自身知识架构及专业背景存在差异，这使得他们在分析问题、设定目标（或指标）、表达信息或偏好、选取信赖的评价方法等各方面都不尽相同。对这种具有多种结构特征的复杂评价问题的处理，是当前综合评价领域悬而未决的难题，其难点在于如何提供一种通用的框架，对评价过程中可能出现的各种偏好、方法及直觉判断类信息进行整合，同时构建一套标准的求解算法。基于此，本章提出了面向复杂问题的“泛综合评价”这一新的评价模式，该评价模式是在对实际应用问题拓展延伸的基础上，对传统综合评价理论做出的自然拓展，主要用于解决“具有多群体、多层次、多关系、多信息结构、多表达方式及多方法偏爱特征”的多维网状结构的评价信息的集成与求解问题，并将该问题称为“泛综合评价问题”。

12.2　泛综合评价模式简介[51]

泛综合评价问题的主要解决思路为，构建各类信息的统一融合框架并采用随机模拟的方法对其进行整体求解。考虑到泛综合评价问题的复杂性、信息的多样性及参与个体的多源性，为提升最终评价结果对问题的支撑程度及被各类评价者所接受的程度，在泛综合评价模式中，提出了带有概率特征的可能性排序结论，该排序是对传统绝对比较形式的排序结论的拓展。泛综合评价模式的研究从理论上为传统综合评价方法之间机理的自然融合搭建了一个基本框架结构,也进一步拓展了综合评价理论体系的整合力及容纳力,从而可使实际应用中"多结构特征决策问题的信息融合难题"得以解决。

由于泛综合评价问题的复杂性,通常需要大规模群体参与评价从而达到"集思广益"的效果,且在群体参与过程中每个参与者独立自主地给出评价信息。因各评价者对问题理解侧面、自身知识架构的不同,给出的信息结构、形式等也各不相同,因而需对多种结构特征的评价信息进行统一规范处理并求解。需要明确的是,因综合评价为人们关于复杂问题的判断提供了一种标准的操作流程,即明确评价目标、构建指标体系、获取指标信息及预处理、确定权重系数、选择或构建信息集结模式、求解评价值并进行方案优劣比较,所以无论泛综合评价中参与者给出的是局部信息(如仅给出方案 A 优于方案 B 的判断信息)抑或是整体信息(如按照综合评价操作流程给出完整的判断信息),仍是基于综合评价思想提供的评价信息。因而,对泛综合评价中"多结构特征的评价信息",理论上可按照综合评价的标准操作流程进行分类和链接处理,最终形成多条评价操作流程(这里形象地称之为"信息流"),所有信息流的整体称为信息融合框架。

信息流与综合评价标准操作流程相比,主要有以下两方面的区别:一是信息流有时不是综合评价标准流程的完整形式,而仅由该流程的部分环节构成(如直接给出方案之间优劣比较的结果,中间的评价过程被省略);二是信息流通常是由综合评价标准流程中某环节的多种表现形式并行而成,如在某信息流中,有的参与者偏好线性集结模式,而有的参与者偏好非线性集结模式等。因而,可将信息流视为更广义的评价流程,该流程中融合了各种类型的评价信息。

对于泛综合评价问题,可将其分解为三个具体的子问题:

问题一　当指标信息不再局限于一种表达形式,而是由多种数据形式混合而成时,如何将混合数据转化为可统一运算的单一数据形式是需要解决的关键问题,这也是综合评价方法在实际应用中面临的技术困境。

问题二　信息融合框架结构复杂,是由多条信息流并行组成的网状结构,且信息流内部通常也有并行结构,因而,如何实现对信息融合框架的整体求解直接影响了泛综合评价的操作可行性。

问题三　泛综合评价问题通常较复杂,因而才有多人共同参与解决问题的必要,同时这也为评价结果解释力及被接受程度带来了挑战,显然,传统综合评价绝对优劣的排序结论已很难满足上述要求,所以如何寻找或构建一种新的评价结论形式,关系到泛综合评价结果的科学合理性。

对于上述三个问题,给出了如下解决思路:

对问题一,在保证混合数据之间相对差异不变的前提下,将所有数据转化到统一范围内,然后采用发生随机数的方式产生服从某分布的随机数样本,在样本数量足够大的情况下,该样本可看成是对原始数据的近似或等价转换,参考文献[134]对此进行了初步研究。

对问题二,按信息统计或事先设定的方式为各信息流分配信息权,然后采用随机模拟的方法对信息融合框架进行整体求解,其中信息权的设置可理解成在随机模拟运行中,各信息流被执行的概率。

对问题三,在对信息融合框架进行仿真计算之后,可形成关于被评价对象之间优劣判断的优胜度信息矩阵,然后采用具有概率特征的“可能性排序”算法导出方案之间的一个有效排序,参考文献[120]对此展开了详细研究。

综上所述,可将泛综合评价的理论框架归纳如图 12－1 所示。

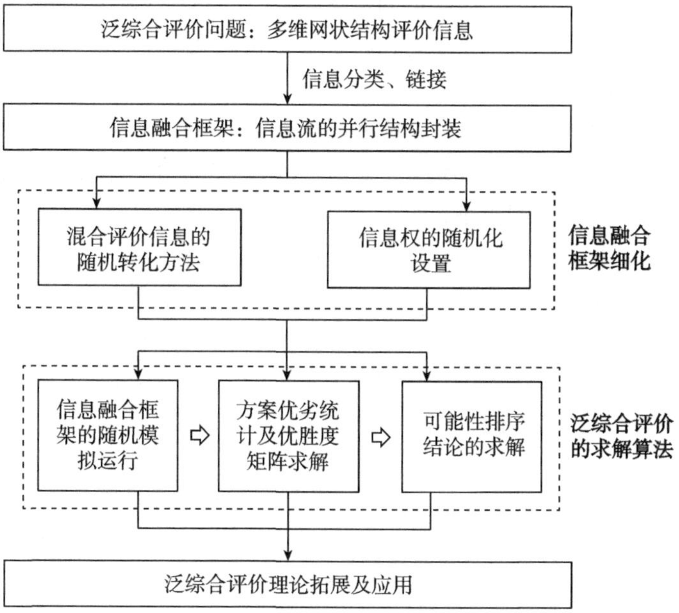

图 12－1　泛综合评价的理论框架

12.3　泛结构信息融合框架

根据图 12－1,信息融合框架的构建及细化处理过程中,涉及四个主要环节:信息的分类、链接处理、混合评价信息的随机转化以及信息流对应信息权的计算。下面主要对信息分类、链接处理形成信息流的过程以及信息流对应信息权的确定进行介绍,而关于混合数据的随机转化方法将在第 12.4 节中展开详细讨论。

12.3.1 信息流的构建

12.3.1.1 泛结构信息的分类

与传统综合评价面向的单一或有限的数据形式相比,泛结构问题面向的评价数据形式不仅更加多样,而且评价信息不再局限于数据形式,而是偏好、方法、规则等信息形式的大集合。相应地,这里依据传统的综合评价中常见的信息类别,将泛结构信息归纳为如下四种类别:

(1)数据类信息,是精确数值、区间数、模糊数、语言信息、二元语义信息等多种数据形式的统称,存在于泛结构问题的评价信息收集、权重系数表达环节;

(2)偏好类信息,是评价者依据自身偏好及对问题的关注视角给出的评价信息,主要存在于评价指标的选取、权重系数的主观确定、被评价对象之间优劣比较结果的直接给定等方面;

(3)方法类信息,主要是指评价者选用何种评价方法构建指标体系,并对评价信息进行预处理及综合集结,如选用"德尔菲法"构建评价指标、选用各种数据无量纲化方法、线性及非线性的集结模型;

(4)规则类信息,相对于传统的评价方法,规则类信息主要是指在评价之前,评价者首先确定评价的规则,如绩效考核中被评价对象除需满足基本要求外,要实现均衡发展且发展速度最快的指标的增长速度不低于10%等。

由以上分析可知,以传统的综合评价流程为底层框架,可将多种类型的泛结构信息对应于传统综合评价流程的各环节,如图12-2所示。

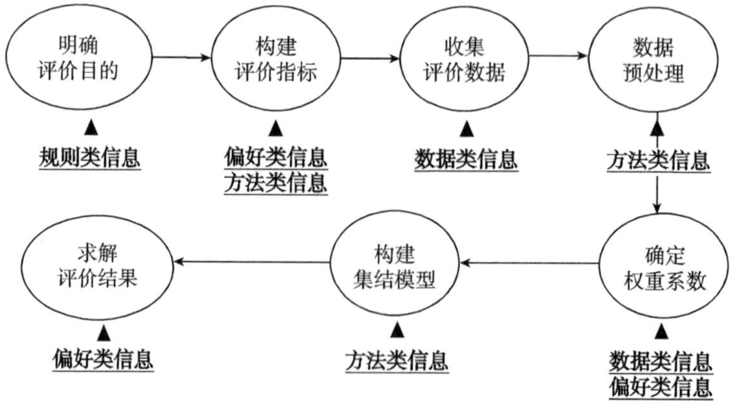

图12-2 泛结构信息分布于传统评价流程的示意图

12.3.1.2　信息流的构建

信息流的构建过程即是依据传统综合评价流程对评价信息进行分类链接的过程。考虑到实际应用中问题类别的不同方式，这里初步给出三种链接思路：一是完全按照理论上传统的综合评价的流程进行信息链接；二是按照事先指定的方式进行链接；三是按照信息归属类别（即不同类别信息是对问题不同侧面的解释）进行链接。

（1）按传统综合评价流程。按照传统的综合评价流程对泛结构信息进行分类链接，包含在同一信息流内的信息元素组成了评价流程的各环节。这样存在于同一信息流中信息元素，应至少有一个共同的节点（即共同链接于某评价环节），通常该节点位于评价指标环节，即包含在该信息流中的评价者拥有完全相同或部分相同的评价指标体系，其中部分相同存在的前提是各评价者对该信息流中不属于自身指标体系内的评价指标没有排斥心理。但除评价指标环节外，剩余环节的评价信息结构通常并非单一的，如指标数据类型的多样化等，因而一条信息流通常是由同一节点延伸出的多条“子流”组成的并行结构。基于以上分析，按传统综合评价流程构建的信息流示意图如图 12－3 所示。

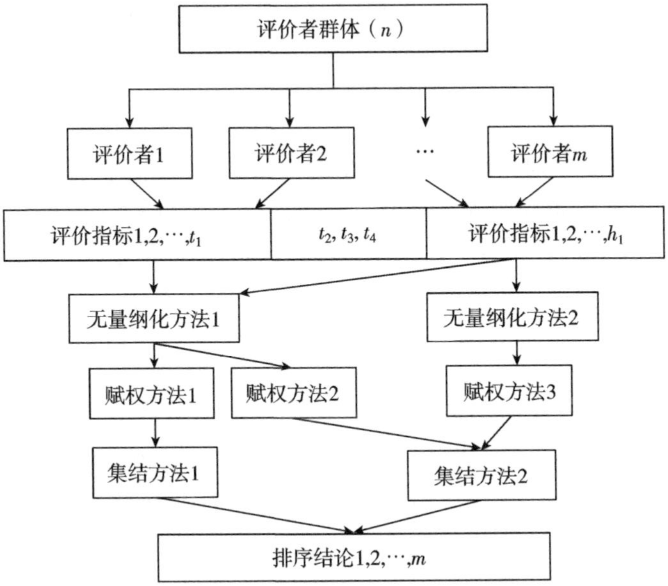

图 12－3　按传统评价流程构建的信息流示意图

注：①图中 n 是评价者的总个数，m 为该信息流中评价者的个数，通常 $m<n$；②评价指标 t_2,t_3,t_4 为 m 个评价者共同拥有的指标；③排序结论小于或等于 m 条，当取小于号时，表明有某几个评价者给出的排序结论完全一致。

(2)按事先指定的方式。按事先指定的方式对泛结构信息进行分类链接,一种常见的情形是将具有相同属性特征的评价参与者放在同一信息流中,如按评价参与者的专业背景或社会职位进行分类,将具有相同专业背景或社会职位的评价参与者归类于同一信息流,信息流中各评价者给出的评价信息形成并行的支流(即信息子流),各信息子流之间可能会在局部环节交叉,且信息子流中可能包含数据类信息、偏好类信息、方法类信息和规则类信息等各种信息形式。按照事先指定的方式构建的信息流与按传统综合评价流程构建信息流的主要区别在于,前者中信息流的共同节点通常在评价参与者环节,而后者中信息流的共同节点通常在评价指标环节。按事先指定方式确定的信息流的示意图如图 12－4 所示。

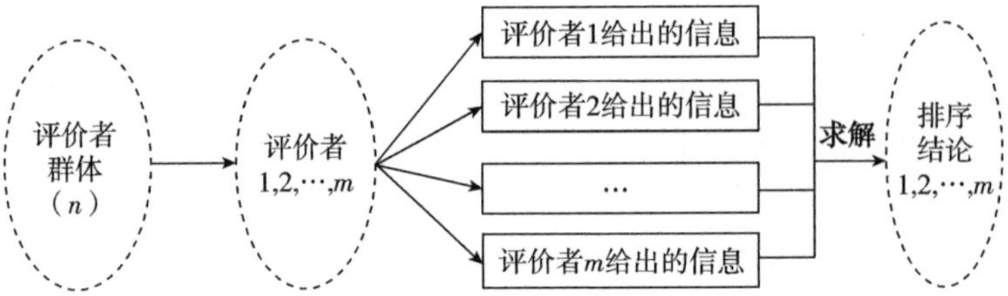

图 12－4　按事先指定方式确定的信息流示意图

注:①图中评价者 1,2,…,m 拥有共同属性;②若 m 个评价者中有评价者给出相同或部分相同的评价指标,可在“求解”过程中融入按传统评价流程确定的信息流思路。

(3)按信息归属类别。按泛结构信息的归属类别构建信息流,主要是通过评价信息判断评价者更注重问题的哪个方面,从而将其归类于同一信息流,如在地区发展状况的评价中,有的评价者更注重经济发展,而有的评价者则更关注环境保护问题。基于此构建的信息流类似于递阶结构的评价问题,其示意图如图 12－5 所示。

12.3.2　信息权的确定

一般来说,某信息流越重要,其被执行的概率应该越大,对应的信息权也应越大。而关于信息流重要性的衡量,通常有以下两种方式:一种是依据信息流中包含信息量的多少确定,信息量越多,该信息流的信息权应越大,这里将其称为“信息统计”的方法;另一种是以信息流中包含评价指标的重要性确定信息流的重要性,在这种情况下可借鉴传统综合评价中的主观赋权法,如 AHP、序关系分析法等方法,这里将其称为“事先设定”的方法。两种方法求解信息权的具体思路如下:

(1)对信息统计的方法,在评价参与群体确定的前提下,因每个评价个体自主独立地提供评价信息，因而若某信息流中包含的评价个体越多，通常其所提供的信息种类、结构及偏好等信息也越多，即该信息流中包含的信息量越多，所以计算信息流中参与者占评价参与者总数的比值是求解信息权的一种方式。

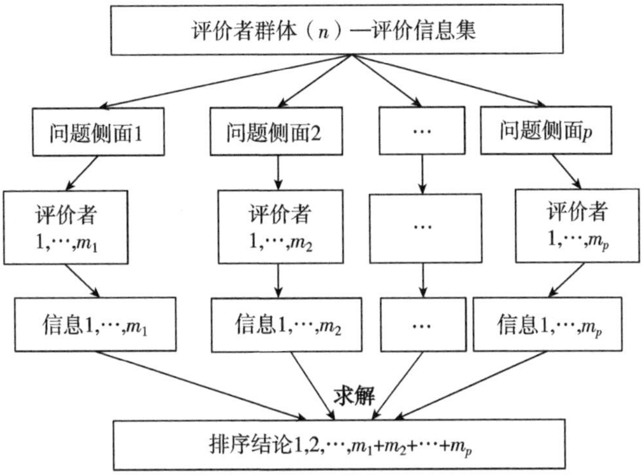

图 12－5　按信息归属类别确定的信息流示意图

注：①该信息流中的求解过程可视具体情况采用按传统评价流程或按事先指定方式构建信息流的求解思路；②与图 12－3 中注③类似，最终的排序结论不超过 $m_1+m_2+\cdots+m_p$ 条。

（2）对事先设定的方法，主要是针对构建好的信息流，将各信息流中包含的评价指标视为整体的评价方面，然后可借鉴传统综合评价中对各评价方面重要性进行比较判断的主观赋权方法确定信息权。信息权以实数或区间数等多种数据形式给出。

12.3.3　信息融合框架

设 k 个评价参与者 $d_1,d_2,\cdots,d_k$ 对 s 个方案 $o_1,o_2,\cdots,o_s$ 进行优劣判断，各评价参与者给出的评价指标用 $x_i(i=1,2,\cdots)$ 表示，指标权重用 $w_i(i=1,2,\cdots)$ 表示，信息流对应的信息权用 $p_i(i=1,2,\cdots)$ 表示，下面给出信息融合框架的一个简化示意图，如图 12－6 所示。

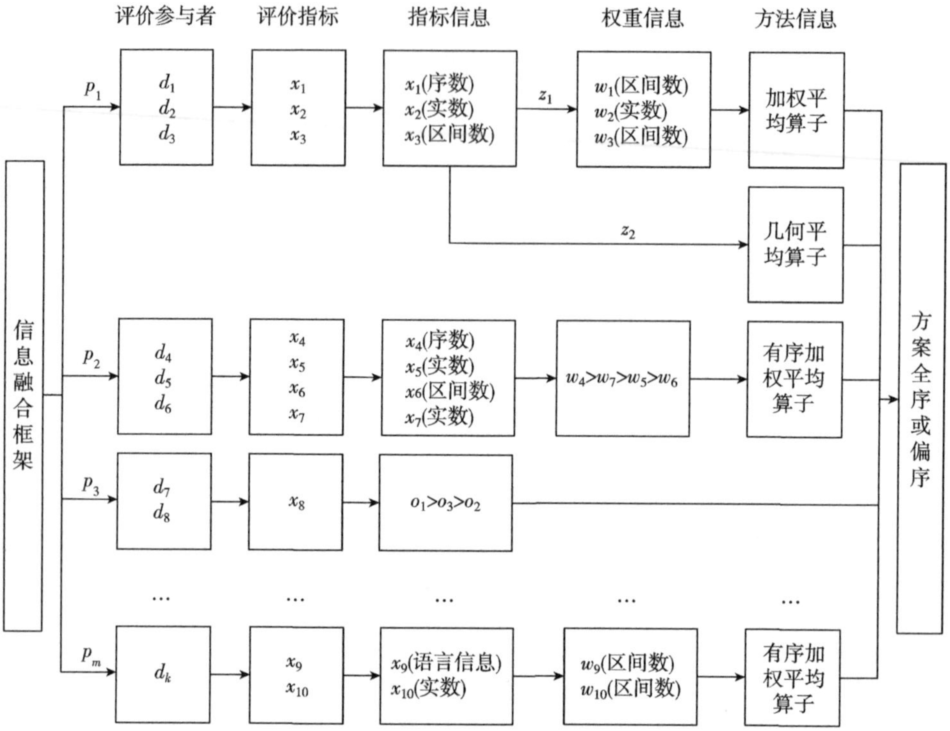

图 12－6　信息融合框架示意图

注：z_1和z_2表示第 1 条信息流中 2 条信息子流对应的子信息权。

12.4　混合评价信息的随机转化方法[35]

泛综合评价问题中的混合评价信息因数据结构、表达形式的差异，为其统一形式的转化带来了困难，但实现数据相对比例缩放从而将其转化到统一数据范围内则是可能的。同一范围内的数据信息具有相同的量纲，但因数据结构的不同仍然无法直接进行比较，因而考虑在该数据范围内按某种分布随机发生数据，在随机取样足够多且样本足够大的情况下，可通过随机数据的样本集合近似或等价表示原始数据，且这种离散化处理方法，方便信息之间的比较与集成。参考文献[134]对此展开了初步研究，在此基础上，本节从尽可能避免评价信息丢失的视角考虑，对该问题展开进一步的讨论，提出了一种混合评价信息的随机转化方法，即将所有数据转化为带有分布特征的随机数集合。在此基础上，研究了该方法在实际应用中的标准仿真策略，并最终推导出被评价对象之间带有概率特征的可能性排序结论。

12.4.1　问题界定

混合信息共存的评价问题常见于大规模群体独立自主地参与评价问题的情形，如多人参与的政府绩效评价、组织人员实力评价等问题。对于该类问题的分析，通常评价者会因对问题关注角度、自身知识架构的不同，给出不同类型的评价信息。因为群体多指标评价信息的集结问题相对于单指标问题仅需按照传统评价模式再对多指标进行集结，并且本节的研究重点在于混合评价信息的处理及转化问题，为简便起见，这里仅就单指标问题展开研究。该研究可为由多人参与且各评价者给出评价指标值类型各不相同的评价问题提供解决思路，使评价方法不再受单一或有限数据形式要求的局限，可进一步拓展综合评价方法的实际应用范围。

为简便起见，设 k 个评价者 $d_1,d_2,\cdots,d_k$ 关于 n 个被评价对象 $o_1,o_2,\cdots,o_n$ 在指标 x 上的指标取值用 $x(o_i(d_j))=x_{ij}(i=1,2,\cdots,n;j=1,2,\cdots,k)$ 表示。其中，x_{ij} 的数据形式可取实数、区间数、三角模糊数、直觉模糊数、语言信息、二元语义信息、序数 7 种数据形式。下面分别对上述 7 种数据类型进行简单介绍。

(1)实数。实数提供的是精确的评价信息，对于任意 x_{ij}，有 $x_{ij}\in R$，R 为实数集。

(2)区间数。区间数表示提供的评价信息为一取值范围，即 $x_{ij}=\tilde{x}_{ij}=[x_{ij}^L,x_{ij}^U]=\{x\mid x_{ij}^L\leqslant x\leqslant x_{ij}^U,x_{ij}^L,x_{ij}^U\in R\}$，其中 x_{ij}^L 为信息取值范围的左端点值，x_{ij}^U 为信息取值范围的右端点值。若 $x_{ij}^L=x_{ij}^U$，则 $\tilde{x}_{ij}$ 退化为一实数。

(3)三角模糊数。三角模糊数是一种模糊评价信息，可表示为 $x_{ij}=\hat{x}_{ij}=(x_{ij}^l,x_{ij}^m,x_{ij}^u)\in F(R)$，其中 $0<x_{ij}^l\leqslant x_{ij}^m\leqslant x_{ij}^u$，$F(R)$ 为全体模糊数的集合，x_{ij}^l 和 x_{ij}^u 分别为 $\hat{x}_{ij}$ 所支撑的上界和下界，x_{ij}^m 为 $\hat{x}_{ij}$ 的中值，其隶属度函数可表示为

$$\mu_{\hat{x}_{ij}}(x)=\begin{cases}(x-x_{ij}^l)/(x_{ij}^m-x_{ij}^l), & x_{ij}^l\leqslant x\leqslant x_{ij}^m\\(x-x_{ij}^u)/(x_{ij}^m-x_{ij}^u), & x_{ij}^m\leqslant x\leqslant x_{ij}^u\\0, & x\leqslant x_{ij}^l,x\geqslant x_{ij}^u\end{cases}$$

(4)直觉模糊数[136,137]。在评价中，直觉模糊数可看成是被评价对象满足(或不满足)于某指标的程度。设 X 为一非空集合，则称 $A=\{\langle x,\mu_A(x),v_A(x)\rangle\mid x\in X\}$ 为直觉模糊集，其中 $\mu_A(x):X\to[0,1]$，$x\in X\to\mu_A(x)\in[0,1]$ 和 $v_A(x):X\to[0,1]$，$x\in X\to v_A(x)\in[0,1]$ 分别为 X 中元素 x 属于 A 的隶属度和非隶属度，满足 $0\leqslant\mu_A(x)+v_A(x)\leqslant1$。此外，$\pi_A(x)=1-\mu_A(x)-v_A(x)$ 表示 X 中元素 x 属于 A 的犹豫度或不确定度，满足 $\pi_A(x)\in[0,1]$。为方便起见，称 $\vec{x}_{ij}=(\mu_{\vec{x}_{ij}},v_{\vec{x}_{ij}})$ 为评价者给出的直觉模糊数，其中 $\mu_{\vec{x}_{ij}},v_{\vec{x}_{ij}}\in[0,1]$ 且 $\mu_{\vec{x}_{ij}}+v_{\vec{x}_{ij}}\leqslant1$。

(5)语言信息[37]。语言信息(如好、差、一般等)用于评价时，通常转化为语言

评估标度,语言评估标度的集合用 $S=\{s_0,\cdots,s_T\}$ 表示,具有以下特征:

1)有序性:当 $i\geqslant j$ 时,有 $s_i\geqslant s_j,i,j=0,\cdots,T$;

2)存在负算子:$Neg(s_i)=s_j,j=T-i$;

3)最大化算子:当 $s_i\geqslant s_j$ 时,有 $Max(s_i,s_j)=s_i$;

4)最小化算子:当 $s_i\leqslant s_j$ 时,有 $Min(s_i,s_j)=s_i$。

(6)二元语义信息。二元语义信息是指针对某目标(或对象、准则)给出的评价值结果由二元组 (s_k,a_k) 来表示[138,139],其中元素 s_k 和 a_k 的含义描述如下:

1)s_k 为预先定义好的语言评价集 S 中的第 k 个元素。例如,由 7 个元素(即语言评价)构成的语言评价集 S 可定义为:$S=\{s_6=$ FZ(非常重要),$s_5=$ HZ(很重要),$s_4=$ Z(重要),$s_3=$ YB(一般),$s_2=$ C(差),$s_1=$ HC(很差),$s_0=$ FC(非常差)$\}$;

2)a_k 为符号转移值,满足 $a_k\in[-0.5,0.5)$,它表示评价结果与 s_k 的偏差。

(7)序数。序数表示被评价对象关于指标的优劣次序,用 1,2,3,…表示。

12.4.2 混合信息的随机转化方法

因评价者给出评价信息是各被评价对象关于同一指标的取值,虽然数据形式不同,但理论上应能找到一个共同的取值范围,设为 $[x_{ij}^a,x_{ij}^b]$。在对混合评价信息的随机转化过程中,应先将 $[x_{ij}^a,x_{ij}^b]$ 范围内的所有混合信息转化到同一范围内,不失一般性,设为[0,1]范围;然后在该范围内随机发生数据,生成带有概率特征的随机数集合。这种转化方式可最大限度地保留原评价信息的判断特征,避免转化过程中的信息丢失。

12.4.2.1 混合信息的预处理

上述 7 类评价数据可细化为数据类(包括实数、区间数、三角模糊数、直觉模糊数)、语言类(语言信息和二元语言信息)和序数类三种类型,原始评价信息的取值范围 $[x_{ij}^a,x_{ij}^b]$ 可依据数据类评价信息确定,具体方法如下:

$$\begin{cases}x_{ij}^a=\min\limits_j\{x_{ij},x_{ij}^L,x_{ij}^l\mid x_{ij}^L\in\widetilde{x}_{ij},x_{ij}^l\in\hat{x}_{ij}\}\\ x_{ij}^b=\max\limits_j\{x_{ij},x_{ij}^U,x_{ij}^u\mid x_{ij}^U\in\widetilde{x}_{ij},x_{ij}^u\in\hat{x}_{ij}\}\end{cases}\tag{12-1}$$

下面采用"平移放大(或缩小)的处理方式"将原始混合评价信息转化成[0,1]范围内数据信息,设转化后的评价信息用 r_{ij} 表示,则有

(1)实数 $r_{ij}=\dfrac{x_{ij}-x_{ij}^a}{x_{ij}^b-x_{ij}^a}\cdot(1-0)+0=\dfrac{x_{ij}-x_{ij}^a}{x_{ij}^b-x_{ij}^a}$;

(2)区间数 $\widetilde{r}_{ij}=[r_{ij}^L,r_{ij}^U]$,有 $r_{ij}^L=\dfrac{x_{ij}^L-x_{ij}^a}{x_{ij}^b-x_{ij}^a}$,$r_{ij}^U=\dfrac{x_{ij}^U-x_{ij}^L}{x_{ij}^b-x_{ij}^a}\cdot(1-0)+r_{ij}^L=\dfrac{x_{ij}^U-x_{ij}^L}{x_{ij}^b-x_{ij}^a}+r_{ij}^L$。

(3)三角模糊数 $\hat{r}_{ij}=[r_{ij}^l,r_{ij}^m,r_{ij}^u]$，有 $r_{ij}^l=\dfrac{x_{ij}^l-x_{ij}^a}{x_{ij}^b-x_{ij}^a}$，$r_{ij}^m=\dfrac{x_{ij}^m-x_{ij}^l}{x_{ij}^b-x_{ij}^a}+r_{ij}^l$，$r_{ij}^u=\dfrac{x_{ij}^u-x_{ij}^m}{x_{ij}^b-x_{ij}^a}+r_{ij}^m$。

(4)直觉模糊数 $\vec{r}_{ij}=[u_{\vec{x}_{ij}},1-v_{\vec{x}_{ij}}]$。

(5)通常可将语言信息转化为[0,1]区间上的三角模糊数或梯形模糊数，如 x_{ij} 隶属于包含有 9 个元素的语言信息集合 $S=\{s_0=$极差，$s_1=$很差，$s_2=$差，$s_3=$稍差，$s_4=$相当，$s_5=$稍好，$s_6=$好，$s_7=$很好，$s_8=$极好$\}$，则 x_{ij}对应的三角模糊数形式的 r_{ij}有 $r_{ij}\in\{s_0(0,0,0.125),s_1(0,0.125,0.25),s_2(0.125,0.25,0.375),s_3(0.25,0.375,0.5),s_4(0.375,0.5,0.625),s_5(0.5,0.625,0.75),s_6(0.625,0.75,0.875),s_7(0.75,0.875,1),s_8(0.875,1,1)\}$。

(6)可在语言信息的基础上将二元语义信息转化为三角模糊数信息，如 $x_{ij}=(s_k,a_k)$，其中 s_k 对应的三角模糊数为(a,b,c)，若 $-0.5\leqslant a_k\leqslant 0$，则 $r_{ij}=(a+a_k(c-a),b,c)$，若 $0<a_k<0.5$，则 $r_{ij}=(a,b,c+a_k(c-a))$。当 $s_k=s_0$(或 s_8)且 $a_k\neq 0$ 时，有 $a+a_k(c-a)<0$(或 $c+a_k(c-a)>1$)，此时按三角模糊数的转化方式将 r_{ij} 转化至[0,1]范围内即可。

(7)通常情况下 n 个被评价对象在单一指标上对应的序值属于集合$\{1,2,\cdots,n\}$，此时可将[0,1]区间均匀地分成 n 等份，即当 $x_{ij}=1$ 时，$r_{ij}=[(n-1)/n,1]$；当 $x_{ij}=2$ 时，$r_{ij}=[(n-2)/n,(n-1)/n)$；以此类推，当 $x_{ij}=n$ 时，$r_{ij}=[0,1/n]$。若出现两个被评价对象对应的序值相等的情形，则只需将[0,1]区间均匀地分成 $n-1$ 等份，相同的 x_{ij}对应相同的 r_{ij}即可。若有三个或更多的被评价对象对应的序值相等，处理方法以此类推，这里不再赘述。

上述的混合信息处理方法在将原始评价信息转化至[0,1]范围内的同时，保留了原有评价信息各自的特征，最大限度地避免了数据转化过程中的信息丢失。

12.4.2.2　带有概率特征的随机数生成方法

通过以上方法，可将原始的混合评价信息转化为[0,1]范围内实数、区间数和三角模糊数，在此基础上，可采用随机数发生器的方式在 r_{ij}所对应的区间范围内生成服从某分布的一组随机数据，记为$[z_{ij}]_{n\times k}$，其中将实数 r_{ij}看成左右端点值相等的区间数并据此生成随机数 z_{ij}。

显然，任意一组随机数$[z_{ij}]_{n\times k}$均不能完全反映原始评价信息中所包含的全部判断信息，只能部分地代表原始评价信息，下面对随机信息对原始评价信息的代表程度进行分析。

定义 12.1　称 p_{ik}为第 k 次发生的被评价对象 o_i 的随机数据对原始评价信息的隶属度，则有

$$p_{ik}=\prod_{j=1}^{m}\mu_{ij}\qquad(12-2)$$

称 p_k 为第 k 次发生的随机数据对原始评价信息的整体隶属度,则有

$$p_k = \prod_{i=1}^{n}\prod_{j=1}^{m}\mu_{ij} \tag{12-3}$$

其中,μ_{ij}为 z_{ij}隶属于 r_{ij}的隶属度,有 $\mu_{ij} \in (0,1]$,$p_{ij} \in (0,1]$。

由模糊集的隶属度概念可知,当 r_{ij}为实数及区间数时,$\mu_{ij}=1$;当 r_{ij}为三角模糊数时,μ_{ij}的值可依据三角模糊数的隶属度函数求得。

利用随机数发生器生成的随机数组,当发生的随机数组足够多时,则可利用随机数组的集合代表原始评价信息。

12.4.3　方法应用的仿真策略

结合着混合信息转化后的随机化特征,这里采用随机模拟的方法对综合评价的信息集结过程进行仿真,得到各被评价对象之间优劣比较的优胜度矩阵,并具体推导出各被评价对象的可能性排序结论。

由于信息集结模型的选取及评价者权重的确定对该随机模拟信息集结方法的应用没有影响,故为简便起见,这里采用线性集结模型对随机数评价信息进行集结,假设各评价者的权重都相同,即取均值。下面将方法应用的标准仿真步骤归纳如下:

步骤 1　收集评价信息并将其转化为[0,1]范围内的数据信息 r_{ij}。

步骤 2　设置仿真次数监控变量 $count$(初始值为 0)。

步骤 3　采用随机数发生器的方式在 r_{ij}所对应的区间范围内生成服从某分布的一组随机数据$[z_{ij}]_{n\times k}$,并计算在该随机数组下被评价对象 o_i 的随机信息对原始评价信息的隶属度 p_i。

步骤 4　按照线性集结模式对各被评价对象的随机数评价信息进行集结,即 $y_i = \dfrac{1}{k}\sum\limits_{j=1}^{k} z_{ij}$ 。

步骤 5　设置计数变量 φ_{ij}^{s},φ_{ij}^{e},φ_{ij}^{f}(初始化时 φ_{ij}^{s},φ_{ij}^{e},φ_{ij}^{f}均设置为 0)分别表示“$o_i \succ o_j$”、“$o_i \sim o_j$”及“$o_i \prec o_j$”的可能性次数,若 $p_i y_i > p_j y_j$,则 $\varphi_{ij}^{s}=\varphi_{ij}^{s}+1$;若 $p_i y_i = p_j y_j$,则 $\varphi_{ij}^{e}=\varphi_{ij}^{e}+1$;若 $p_i y_i < p_j y_j$,则 $\varphi_{ij}^{f}=\varphi_{ij}^{f}+1$。

步骤 6　$count = count + 1$,若 $count = sum$(sum 为决策者给出的仿真总次数,一般指标取值覆盖的区间范围越大,sum 值越大),转入步骤 7,否则转入步骤 2。

步骤 7　统计优势度 $s(o_i \succ o_j)$的仿真值,$s(o_i \succ o_j) = (\varphi_{ij}^{s} + 0.5\varphi_{ij}^{e})/sum$,保存数值,退出程序,否则转入步骤 3。

通过仿真模拟,得到 n 个被评价对象的优胜度矩阵 $\boldsymbol{S}$(记 $s_{ij}=s(o_i \succ o_j)$)为 $\boldsymbol{S}=[s_{ij}]_{n\times n}$。其中 $\boldsymbol{S}$ 对角线上的元素均为 0.5,理论上 $s_{ij}+s_{ji}=1$。当仿真次数足够多时,$|s_{ij}+s_{ji}-1|$较小,可通过式 $s_{ij}=[s_{ij}+(1-s_{ji})]/2$ 对 $\boldsymbol{S}$ 中的元素进行调整。为

方便起见，将调整后的优胜度矩阵仍记为 **S**。由优胜度矩阵 **S** 推导出各被评价对象之间的排序结论，这里采用第 11.2.3 节中定义 11.7 给出的“优超数方法”进行计算，即

称 $g(o_i)$ 为被评价对象 $o_i(i=1,\cdots,n)$（**S** 上第 i 行）的优超数，有

$$g_i = g(o_i) = count(s_{ij} > 0.5) + 0.5conut(s_{ij} = 0.5),i,j = 1,\cdots,n;j \neq i \tag{12-4}$$

其中，$count(\cdot)$ 为计数函数，表示满足条件“·”元素的个数。

对被评价对象 $o_i(i=1,\cdots,n)$，按照其对应的优超数由大到小的顺序重新排序，即可得到各被评价对象的最终排序。特殊地，若 $g_i = g_j, i,j = 1,\cdots,n; i \neq j$，可按 s_{ij} 对 o_i 和 o_j 进行排序，即①若 $s_{ij} < 0.5$，则 $o_i < o_j$；②若 $s_{ij} > 0.5$，则 $o_i > o_j$；③若 $s_{ij} = 0.5$，则 $o_i \sim o_j$。

12.4.4　应用算例

5 名评价者（用 $d_1,d_2,\cdots,d_5$ 表示，其中单位领导 2 名、员工代表 2 名、客户代表 1 名）对 8 名员工（用 $o_1,o_2,\cdots,o_8$ 表示）的发展潜力进行独立自主评价，原始评价信息见表 12－1。

表 12－1　各被评价对象的原始评价信息

	d_1	d_2	d_3	d_4	d_5
o_1	8.2	好	1	(0.5,0.2)	[3.4,4.2,5.1]
o_2	[3.5,6]	相当	2	(0.4,0.32)	[2.3,4.5]
o_3	[6,7,9]	很好	3	(0.6,0.2)	[5.6,7.8,8.2]
o_4	5.6	差	6	(0.45,0.12)	[6.3,7.2]
o_5	[4.9,8.7]	好	7	(0.34,0.3)	[5.9,6.8]
o_6	[2.1,3.5]	很差	5	(0.76,0.2)	[4.4,4.9,5.2]
o_7	6.9	(稍好,0.2)	8	(0.54,0.3)	[3.2,4.8,5.3]
o_8	[1.2,2.4,3.8]	(稍差,0.1)	4	(0.65,0.23)	[6.7,8.4]

注：评价者 d_1 和 d_5 给出的是打分值，d_3 给出的是各员工之间的排序，d_4 给出的是直觉模糊数信息。

由表 12－1 可知，原始数据的取值范围为[1.2,9]，对原始混合评价信息进行预处理，将其转化为[0,1]区间范围内的数据形式的评价信息，如表 12－2 所示。

表 12-2　原始评价信息对应的[0,1]区间范围内的数据形式的评价信息

	d_1	d_2	d_3	d_4	d_5
o_1	0.897	[0.625,0.75,0.875]	(0.875,1]	(0.5,0.8)	[0.282,0.385,0.5]
o_2	[0.295,0.615]	[0.375,0.5,0.625]	(0.75,0.875]	(0.4,0.68)	[0.141,0.423]
o_3	[0.615,0.744,1]	[0.75,0.875,1]	(0.625,0.75]	(0.6,0.8)	[0.564,0.846,0.879]
o_4	0.564	[0.125,0.25,0.375]	(0.25,0.375]	(0.45,0.88)	[0.654,0.769]
o_5	[0.474,0.962]	[0.625,0.75,0.875]	(0.125,0.25]	(0.34,0.7)	[0.603,0.718]
o_6	[0.115,0.295]	[0,0.125,0.25]	(0.375,0.5]	(0.76,0.8)	[0.410,0.474,0.513]
o_7	0.731	[0.5,0.625,0.8]	[0,0.125]	(0.54,0.7)	[0.256,0.462,0.526]
o_8	[0,0.154,0.333]	[0.25,0.375,0.525]	(0.5,0.625]	(0.65,0.87)	[0.705,0.923]

依据第 12.4.3 节给出的应用仿真步骤对表 12-2 中的评价信息进行集结(按均匀分布的方式发生随机数据,仿真总次数为 120 万次),得到各员工之间优劣比较的优胜度矩阵为:

$$
\boldsymbol{S}=\begin{bmatrix}
0.5000 & 0.2914 & 1.0000 & 0.3123 & 0.2232 & 1.0000 & 0.7098 & 1.0000\\
0.7086 & 0.5000 & 1.0000 & 0.7575 & 0.0000 & 1.0000 & 1.0000 & 0.9228\\
0.0000 & 0.0000 & 0.5000 & 0.0000 & 0.0000 & 0.3497 & 0.3039 & 0.1809\\
0.6877 & 0.2425 & 1.0000 & 0.5000 & 0.0000 & 1.0000 & 1.0000 & 0.9088\\
0.7768 & 1.0000 & 1.0000 & 1.0000 & 0.5000 & 1.0000 & 1.0000 & 0.9775\\
0.0000 & 0.0000 & 0.6503 & 0.0000 & 0.0000 & 0.5000 & 0.1980 & 0.4117\\
0.2902 & 0.0000 & 0.6961 & 0.0000 & 0.0000 & 0.8020 & 0.5000 & 0.3729\\
0.0000 & 0.0772 & 0.8191 & 0.0912 & 0.0225 & 0.5883 & 0.6271 & 0.5000
\end{bmatrix}
$$

若按正态分布的方式随机发生数据,得到员工比较的优胜度矩阵为(总仿真次数为 120 万次):

$$
\boldsymbol{S}=\begin{bmatrix}
0.5000 & 0.4289 & 0.7060 & 0.4464 & 0.3882 & 0.7082 & 0.6760 & 0.6175\\
0.5711 & 0.5000 & 0.8023 & 0.5277 & 0.4291 & 0.8248 & 0.7895 & 0.7242\\
0.2940 & 0.1977 & 0.5000 & 0.2068 & 0.1757 & 0.4703 & 0.4386 & 0.3759\\
0.5535 & 0.4723 & 0.7932 & 0.5000 & 0.4044 & 0.8166 & 0.7787 & 0.7089\\
0.6178 & 0.5709 & 0.8243 & 0.5956 & 0.5000 & 0.8434 & 0.8146 & 0.7606\\
0.2918 & 0.1752 & 0.5297 & 0.1834 & 0.1566 & 0.5000 & 0.4597 & 0.3816\\
0.3240 & 0.2105 & 0.5614 & 0.2213 & 0.1854 & 0.5403 & 0.5000 & 0.4223\\
0.3825 & 0.2758 & 0.6241 & 0.2911 & 0.2394 & 0.6184 & 0.5777 & 0.5000
\end{bmatrix}
$$

依据式(12-4)求得,无论是按均匀分布还是按正态分布方式随机发生数据,各员工的优超数均为 $g_1=4.5$,$g_2=6.5$,$g_3=0.5$,$g_4=5.5$,$g_5=7.5$,$g_6=1.5$,$g_7=$

2.5，$g_8=3.5$。基于以上分析，可给出以下4点结论：

(1)两种随机数发生方式下各员工之间的可能性排序相同，为 $o_5>o_2>o_4>o_1>o_8>o_7>o_6>o_3$。

(2)比较两个优胜度矩阵可以看出，按均匀分布方式随机发生数据时，各员工之间的优劣区分程度更加明显，即优胜度矩阵对角线的上下对称元素之间的接近程度不高。

(3)依据式(12-3)，求解仿真过程中随机数据对原始数据的平均隶属度(即用每次仿真的整体隶属度的总和除以总仿真次数)为：均匀分布方式下为0.0181，正态分布下为0.0015，可以看出在该应用算例中，按均匀分布的方式随机发生数据不仅能够明显地体现出员工之间的优劣概率，而且随机发生的数据集对原始数据的隶属程度也更高，因而按均匀分布下的优胜度矩阵得各员工之间的可能性排序位 $o_5 \overset{1.0000}{>} o_2 \overset{0.7575}{>} o_4 \overset{0.6877}{>} o_1 \overset{1.0000}{>} o_8 \overset{0.6271}{>} o_7 \overset{0.8020}{>} o_6 \overset{0.6503}{>} o_3$。

(4)可能性排序得到的是被评价对象之间优劣的可能性概率，如 o_2 优于 o_4 的概率为0.7575，反过来则表明 o_4 仍有0.2425的概率优于 o_2。该排序结论是绝对形式排序结论(即被评价对象优于另一被评价对象的概率为1)的推广，可进一步提升综合评价结论对实际问题的解释力和支撑力。

12.5　泛结构信息融合框架的求解

12.5.1　引言

如前文所述，采用随机模拟的方法对泛结构评价信息的融合框架进行整体求解。在求解过程中，涉及两个关键问题：一是需要对各信息流的信息权进行参数化处理，以实现仿真过程中信息流的随机运行并能在运行结果中体现各信息流的重要程度，并在对信息权进行参数处理之后，需要采用随机模拟的方法对信息融合框架进行整体求解，得到各方案(被评价对象)之间优劣比较的优胜度矩阵；二是在得到各方案优劣比较的优胜度矩阵之后，需要进一步对优胜度矩阵进行求解，最终得到各方案之间的带有概率特征的可能性排序结论。

对于信息权的参数化设置问题，一般来说，以信息统计的方法得到的信息权通常为精确值形式，而以事先设定的方法确定的信息权，由于评价参与者主观判断的模糊性等因素，信息权更可能以区间数或其他数据形式表达。本节主要针对信息权为精确值和区间数两种情形讨论其参数化设置的基本思路，在此基础上，给出信息融合框架整体求解的模拟仿真策略。

对各方案之间的带有概率特征的可能性排序结论的求解问题可参照第11章中的相关内容。

12.5.2　信息融合框架的随机模拟求解

在泛综合评价的信息融合框架中,无论信息权为何种数据形式,由于信息权代表的是信息流运行的可能性概率,因而其取值应在区间[0,1]内。这里,以最为常见的精确值和区间数两种信息权为例,给出参数化处理的具体方法。

(1)当信息权为精确值形式时,假设有 l 个信息权分别为 $p_1,p_2,\cdots,p_l$,则可通过一定的方式将各信息权对应于[0,1]范围内的子区间,并以子区间的宽度代表信息流的重要程度,因而子区间的宽度越大,在[0,1]区间内随机发生的数据越有可能落在该子区间内。具体对应方式为,首先对 $p_1,p_2,\cdots,p_l$ 进行归一化处理并按升序排序,得到序列 $p'_1,p'_2,\cdots,p'_l$(即 $p'_1\leqslant p'_2\leqslant\cdots\leqslant p'_l$),设 $p'_1,p'_2,\cdots,p'_l$ 对应的子区间分别为 $[a_0,a_1],(a_1,a_2],\cdots,(a_{l-1},a_l]$,则有

$$(a_i-a_{i-1})/(a_j-a_{i-1})=p'_i/(p'_i+\cdots+p'_j),i,j=1,2,\cdots,l;j>i,\qquad(12-5)$$

式中,$a_0=0,a_l=1$。当 $i=1,j=l$ 时,有 $(a_1-a_0)/(a_l-a_0)=p'_1/(p'_1+p'_2+\cdots+p'_l)$,因 $p'_1+p'_2+\cdots+p'_m=1$,故 $a_1=p'_1$。同理可求得 $a_i=a_{i-1}+p'_i=\sum_{j=1}^{i}p'_j$,$i=2,\cdots,l$。

(2)当信息权为区间数形式或精确值与区间数的混合形式时,可先采用发生随机数的方式在区间数内随机发生精确数据,然后再按照信息权为精确值的情形,进行参数化处理。

基于上述分析,下面以较为常用的精确值和区间数形式的信息权为例,将信息融合框架整体求解的标准仿真算法归纳如下:

步骤 1　设置仿真次数控制变量 *count*(初始值为 0);

步骤 2　在[0,1]范围内按照均匀分布的方式生成随机数据,实现对信息权及子信息权的参数化设置(注:若信息权为区间数形式,则需先在该区间内随机发生数据然后对其进行参数化设置);

步骤 3　若生成的随机数对应于某信息权(或子信息权)覆盖的区间范围,则运行相应的信息流(或信息子流);

步骤 4　设置计数变量 $r_{ij},r'_{ij},i,j=1,2,\cdots,n$(初始值均置 0),若信息流的运行结果中包含 $o_i>o_j$(其中符号"$>$"表示"优于"),则令 $r_{ij}=r_{ij}+1$,若有 $o_i\sim o_j$(其中符号"$\sim$"表示"等价于"),则令 $r'_{ij}=r'_{ij}+1$;

步骤 5　$count=count+1$,若 $count=sum$(sum 为决策者给出的总仿真次数,一般信息流越多且各信息流的并行子流越多,sum 的值越大),转入步骤 6,否则转入步骤 2;

步骤 6　统计优势度($s(o_i>o_j)$)的仿真值,即 $s(o_i>o_j)=(r_{ij}+0.5r'_{ij})/(r_{ij}+r_{ji}+r'_{ij})$,保存数值,退出程序。

通过模拟仿真，可得到 n 个方案的优胜度矩阵 $\boldsymbol{S}$（记 $s_{ij}=s(o_i>o_j)$）为 $\boldsymbol{S}=[s_{ij}]_{n\times n}$。对于优胜度矩阵 $\boldsymbol{S}$，进一步可按照第 11 章中给出的可能性排序结论的求解算法进行求解，这里不再赘述。

12.5.3　信息融合框架的简化求解

随着泛结构信息融合框架中信息流数量的增加，随机模拟求解的运行时间也将大大增加。为提升信息融合框架整体求解的运行效率及可操作性，本节主要针对信息权为精确值和区间数两种数据形式的情形，进一步研究信息融合框架的简化求解算法。

12.5.3.1　精确值信息权下的简化算法

定理 12.1　在仿真次数足够多时，各信息流被执行的次数与总仿真次数的比值等于该信息流的信息权。

证明：在区间[0,1]内按均匀分布的方式随机发生数据，在发生的数据样本足够大时，该样本内所有数据元素在[0,1]内均匀分布，故[0,1]内某子区间内分布的数据元素个数占数据元素总数的比值等于该子区间的宽度占[0,1]区间宽度的比例。令数据元素总数为 N，子区间 $[a,b]$（$a<b,a,b\in[0,1]$）内数据元素个数为 n，则有

$$n/N=(b-a)/(1-0) \tag{12-6}$$

当 $b=a_i,a=a_{i-1}$ 时，有 $(b-a)/(1-0)=(a_i-a_{i-1})/(1-0)=p'_i/\sum\limits_{i=1}^{m}p'_i$，因 $\sum\limits_{i=1}^{m}p'_i=1$，故 $(b-a)/(1-0)=p'_i$，即 $n/N=p'_i$。结论得证。

定理 12.2　在仿真充分的前提下，由各信息流单独执行得到的优胜度矩阵和信息权的线性加权得到的优胜度矩阵与求解信息融合框架得到的优胜度矩阵相等。

证明：对泛结构信息的融合框架进行充分仿真求解，设总仿真次数为 sum，第 i 条信息流被执行的次数为 $sum_i(i=1,2,\cdots,m)$，则由定理 12.1 可知，$sum_i=p_i sum$。

设模拟仿真过程中被评价对象 o_k 优于 o_j 的总次数为 l，则有优胜度矩阵 $\boldsymbol{S}$ 中元素 $s_{kj}=l/sum$；设第 i 条信息流中被评价对象 o_k 优于 o_j 的次数为 l_i，则在第 i 条信息流中 o_k 优于 o_j 的概率为 $s_{kj}^{(i)}=l_i/sum_i$。

对各信息流单独求解，设第 i 条信息流的总运行次数为 sum'_i，其中被评价对象 o_k 优于 o_j 的次数为 l'_i，则在该信息流对应的优胜度矩阵 $\boldsymbol{S}_i$ 中有 $s'^{(i)}_{kj}=l'_i/sum'_i$。

无论是对泛结构信息融合框架进行整体求解，还是对信息流单独求解，在仿真充分时，各信息流中被评价对象之间的优劣概率均达到稳定，因而有 $s_{kj}^{(i)}=s'^{(i)}_{kj}$。

故有

$\sum_{i=1}^{m} p_i s'^{(i)}_{kj} = \sum_{i=1}^{m} p_i s^{(i)}_{kj} = \sum_{i=1}^{m} p_i(l_i/sum_i)$,而由定理 12.1 知 $p_i = sum_i/sum$,故 $\sum_{i=1}^{m} p_i s'^{(i)}_{kj} = \sum_{i=1}^{m} p_i(l_i/sum_i) = \frac{1}{sum}\sum_{i=1}^{m} l_i = \frac{l}{sum} = s_{kj}$。定理得证。

基于上述分析,可将精确值情形下泛结构信息融合框架的简化求解步骤归纳如下:

步骤 1　对各条信息流进行单独求解,得到各信息流中被评价对象之间优劣比较的优胜度矩阵;

步骤 2　采用线性模型对各信息流的信息权及其对应的优胜度矩阵进行集结,得到最终的优胜度矩阵。

算例 12.1　下面通过一个简单的算例对简化求解算法的有效性加以验证。设对 4 个被评价对象的评价信息进行信息集成,评价信息被整合到两条信息流中,构成的信息融合框架如图 12-7 所示,4 个被评价对象在各评价指标上的取值为区间数,见表 12-3。

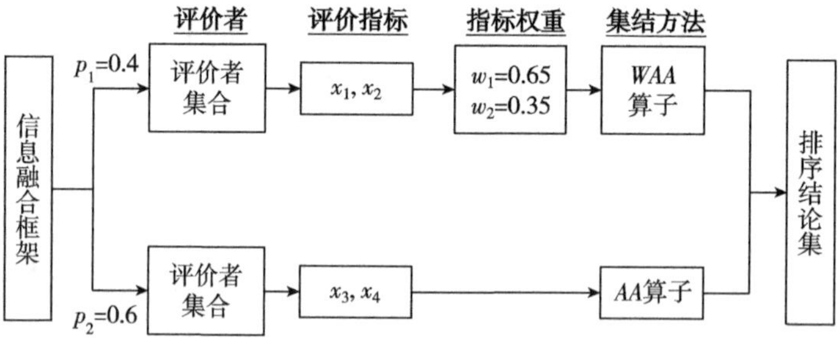

图 12-7　两条信息流构成的信息融合框架

表 12-3　4 个被评价对象在各评价指标上的取值

	x_1	x_2	x_3	x_4
o_1	[0.30,0.40]	[0.50,0.60]	[0.35,0.55]	[0.40,0.60]
o_2	[0.25,0.40]	[0.35,0.50]	[0.45,0.60]	[0.48,0.55]
o_3	[0.35,0.50]	[0.52,0.60]	[0.30,0.50]	[0.56,0.63]
o_4	[0.40,0.60]	[0.20,0.30]	[0.28,0.34]	[0.43,0.49]

对信息融合框架进行整体模拟仿真,得各被评价对象之间优劣比较的优胜度矩阵为(总仿真次数为 1 亿次)

$$S=\begin{bmatrix}0.5000 & 0.4001 & 0.0923 & 0.8461\\ 0.5999 & 0.5000 & 0.5999 & 0.5999\\ 0.9077 & 0.4001 & 0.5000 & 1.0000\\ 0.1539 & 0.4001 & 0.0000 & 0.5000\end{bmatrix}$$

对第 1 条和第 2 条信息流分别进行单独模拟仿真，得各被评价对象之间优劣比较的优胜度矩阵为（总仿真次数均为 100 万次）

$$S_1=\begin{bmatrix}0.5000 & 1.0000 & 0.0000 & 0.6156\\ 0.0000 & 0.5000 & 0.0000 & 0.0000\\ 1.0000 & 1.0000 & 0.5000 & 1.0000\\ 0.3844 & 1.0000 & 0.0000 & 0.5000\end{bmatrix}$$

$$S_2=\begin{bmatrix}0.5000 & 0.0000 & 0.1538 & 1.0000\\ 1.0000 & 0.5000 & 1.0000 & 1.0000\\ 0.8462 & 0.0000 & 0.5000 & 1.0000\\ 0.0000 & 0.0000 & 0.0000 & 0.5000\end{bmatrix}$$

对两条信息流的优胜度矩阵与相应的信息权进行加权组合，得最终的优胜度矩阵为

$$S^*=p_1S_1+p_2S_2=\begin{bmatrix}0.5000 & 0.4000 & 0.0923 & 0.8462\\ 0.6000 & 0.5000 & 0.6000 & 0.6000\\ 0.9077 & 0.4000 & 0.5000 & 1.0000\\ 0.1538 & 0.4000 & 0.0000 & 0.5000\end{bmatrix}$$

比较优胜度矩阵 S 和 S^*，可以看出两者的数据元素非常相似，可通过两矩阵中元素的平均偏差进一步测量两者的相似程度，设为 μ，则有

$$\mu = 1-\frac{1}{n^2}\sum_{i=1}^{n}\sum_{j=1}^{n}(s_{ij}-s_{ij}^*)^2 \tag{12-7}$$

依据式（12－7）求得优胜度矩阵 S 和 S^* 的相似度为 $\mu=1-6.25\times10^{(-9)}\approx1$。

需要说明的是，对泛结构信息融合框架整体求解及简化求解所得优胜度矩阵有略微差异，是由仿真过程中的系统误差所致，对仿真结果无明显影响。

12.5.3.2　区间数信息权下的简化算法

由第 12.5.3.1 节的阐述可知，当信息权为区间数时，在随机模拟仿真过程中按照均匀分布的方式在各信息权区间随机取值，因而在仿真次数足够多时，随机发生的信息权在其各自区间服从均匀分布，因而可用某区间数信息权的平均值（即区间中点值）表示该信息权对应的信息流被执行的平均概率。所以，对区间数信息权情形下的泛结构信息融合框架，可按如下步骤进行简化求解：

步骤 1　对各条信息流进行单独求解，得到各信息流中被评价对象之间优劣

比较的优胜度矩阵;

步骤 2　采用线性模型对各信息流的区间数信息权的平均值(归一化后的平均值)及其对应的优胜度矩阵进行集结,得到最终的优胜度矩阵。

算例 12.2　以一个简单的算例对区间数信息权情形下泛结构信息融合框架的简化求解算法的有效性加以验证。假设对 4 个被评价对象进行泛综合评价,为简便起见,假设在各信息流中被评价对象之间的排序结论已知,共有 3 条信息流,信息融合框架如图 12-8 所示。

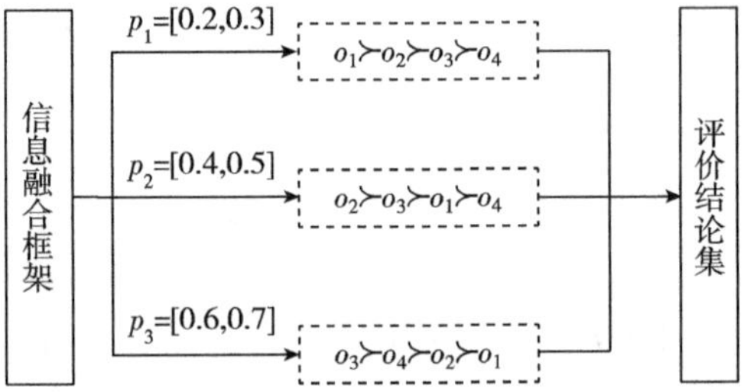

图 12-8　三条信息流构成的信息集成框架

对信息集成框架进行整体模拟仿真,得各被评价对象之间优劣比较的优胜度矩阵为(总仿真次数为 1 亿次)

$$S=\begin{bmatrix}0.5000 & 0.1850 & 0.1850 & 0.5183\\ 0.8150 & 0.5000 & 0.5183 & 0.5183\\ 0.8150 & 0.4817 & 0.5000 & 1.0000\\ 0.4817 & 0.4817 & 0.0000 & 0.5000\end{bmatrix}$$

依据各条信息流中被评价对象之间的排序,得其优胜度矩阵分别为

$$S_1=\begin{bmatrix}0.5000 & 1.0000 & 1.0000 & 1.0000\\ 0.0000 & 0.5000 & 1.0000 & 1.0000\\ 0.0000 & 0.0000 & 0.5000 & 1.0000\\ 0.0000 & 0.0000 & 0.0000 & 0.5000\end{bmatrix}$$

$$S_2=\begin{bmatrix}0.5000 & 0.0000 & 0.0000 & 1.0000\\ 1.0000 & 0.5000 & 1.0000 & 1.0000\\ 1.0000 & 0.0000 & 0.5000 & 1.0000\\ 0.0000 & 0.0000 & 0.0000 & 0.5000\end{bmatrix}$$

$$S_3=\begin{bmatrix}0.5000 & 0.0000 & 0.0000 & 0.0000\\1.0000 & 0.5000 & 0.0000 & 0.0000\\1.0000 & 1.0000 & 0.5000 & 1.0000\\1.0000 & 1.0000 & 0.0000 & 0.5000\end{bmatrix}$$

求解各区间数信息权的中点值并对其归一化得各信息流信息权的平均值分别为 $p_1^*=0.1852$，$p_2^*=0.3333$，$p_3^*=0.4815$，将其分别与优胜度矩阵 $\boldsymbol{S}_1,\boldsymbol{S}_2,\boldsymbol{S}_3$ 加权集结得最终的优胜度矩阵为

$$S^*=\begin{bmatrix}0.5000 & 0.1852 & 0.1852 & 0.5185\\0.8148 & 0.5000 & 0.5185 & 0.5185\\0.8148 & 0.4815 & 0.5000 & 1.0000\\0.4815 & 0.4815 & 0.0000 & 0.5000\end{bmatrix}$$

依据式(12－7)求得优胜度矩阵 $\boldsymbol{S}$ 和 $\boldsymbol{S}^*$ 的相似度为 $1-2.65\times10^{(-8)}\approx1$。

12.6　应用案例

对某市 5 区域(用 $o_1,o_2,\cdots,o_5$ 表示)的发展状况进行参与式评价，参与的评价者共 12 名，有地区领导者(4 名)、民众(4 名)及评价方面专家(4 名)组成。为简便起见，将 12 名评价者记为 $l_1,l_2,\cdots,l_{12}$，给出的评价信息见表 12－4，各指标取值见表 12－5。

表 12－4　各评价者给出的评价信息

评价者	评价信息
l_1	关注“人均地区生产总值增长率”和“固定资产投资额”两项指标，两者权重分别为 0.55 和 0.45，采用线性模型进行信息集结
l_2	关注“一般预算增长率”和“养老保险覆盖率”，关注程度相同，采用线性集结模型
l_3	关注“人均地区生产总值增长率”、“固定资产投资额”和“实际利用外资总额”三项指标，指标权重分别为 0.5，0.3 和 0.2，采用积性模型进行集结
l_4	关注“基本农田保护率”和“环境管理水平”两项指标，关注程度相同，采用线性集结模型
l_5	关注“环境质量改善”水平
l_6	关注“环境质量改善”和“教育经费占财政支出比例”两项指标，指标权重分别为 0.6，0.4，采用积性集结模型
l_7	关注“一般预算增长率”、“人均地区生产总值增长率”和“环境质量改善”三项指标，权重分别为 0.34，0.28，0.38，采用线性集结模型
l_8	关注“刑事案件发生率”和“城镇登记失业率”两项指标，权重分别为 0.39，0.61，采用积性集结模型

续表

评价者	评价信息
l_9	5个区域的发展排序为 $o_2 > o_3 > o_5 > o_1 > o_4$
l_{10}	关注“教育经费占财政支出比例”和“人均可支配收入”两项指标,关注程度相同,采用线性集结模型
l_{11}	关注“养老保险覆盖率”和“行政投诉率”,权重分别为0.3,0.7,采用线性集结模型
l_{12}	关注“环境改善质量”

表12-5　评价者给出的评价指标值信息

评价者	o_1	o_2	o_3	o_4	o_5
l_1	$x_r=[15.3,15.6]$ $x_g=22$	$x_r=[11.8,12.6]$ $x_g=24.5$	$x_r=[13.8,15.9]$ $x_g=22.5$	$x_r=[14.2,17.6]$ $x_g=23.9$	$x_r=[15.7,16.6]$ $x_g=19.8$
l_2	$x_y=[7.5,7.8]$ $x_{yl}=100$	$x_y=[6.8,7.8]$ $x_{yl}=98$	$x_y=[5.8,6.7]$ $x_{yl}=99$	$x_y=[6.9,7.4]$ $x_{yl}=100$	$x_y=[6.6,7.9]$ $x_{yl}=100$
l_3	$x_r=[15.4,15.6]$ $x_g=22$ $x_s=[6800,7000]$	$x_r=[11.4,12.3]$ $x_g=24.5$ $x_s=[6500,6700]$	$x_r=[13.4,15.6]$ $x_g=22.5$ $x_s=[5000,5400]$	$x_r=[14.4,16.8]$ $x_g=23.9$ $x_s=[6750,6870]$	$x_r=[15.4,16.8]$ $x_g=19$ $x_s=[5760,6320]$
l_4	$x_j=[95.4,96.8]$ x_{hg}=好	$x_j=[98.4,99.8]$ x_{hg}=很好	$x_j=[96.4,97.8]$ x_{hg}=一般	$x_j=[99.4,100]$ x_{hg}=好	$x_j=[92.4,93.8]$ x_{hg}=一般
l_5	x_{hz}=好	x_{hz}=一般	x_{hz}=好	x_{hz}=很好	x_{hz}=一般
l_6	x_{hz}=好 $x_{jy}=21.19$	x_{hz}=一般 $x_{jy}=20.87$	x_{hz}=好 $x_{jy}=23.8$	x_{hz}=很好 $x_{jy}=23.6$	x_{hz}=一般 $x_{jy}=20.56$
l_7	$x_y=[7.8,8.2]$ $x_r=[14.8,15.4]$ x_{hz}=好	$x_y=[6.7,7.5]$ $x_r=[13.8,15.4]$ x_{hz}=一般	$x_y=[5.6,6.8]$ $x_r=[14.6,15.4]$ x_{hz}=好	$x_y=[5.8,7.2]$ $x_r=[13.7,14.9]$ x_{hz}=很好	$x_y=[6.4,8.0]$ $x_r=[15.3,15.7]$ x_{hz}=好
l_8	$x_x=[3.4,4.8]$ $x_c=4.9$	$x_x=[3.6,3.8]$ $x_c=4.7$	$x_x=[4.4,4.6]$ $x_c=3.9$	$x_x=[3.7,4.5]$ $x_c=5.1$	$x_x=[3.2,3.6]$ $x_c=3.8$
l_9	—	—	—	—	—
l_{10}	$x_{jy}=21.19$ $x_k=[2.3,2.5]$	$x_{jy}=20.87$ $x_k=[2.2,2.4]$	$x_{jy}=23.8$ $x_k=[1.7,2.1]$	$x_{jy}=23.6$ $x_k=[2.5,2.8]$	$x_{jy}=20.56$ $x_k=[2.9,3.2]$
l_{11}	$x_{yl}=100$ $x_{xz}=[5.4,5.9]$	$x_{yl}=98$ $x_{xz}=[4.8,5.2]$	$x_{yl}=99$ $x_{xz}=[5.8,6.1]$	$x_{yl}=100$ $x_{xz}=[4.3,5.2]$	$x_{yl}=100$ $x_{xz}=[3.4,3.9]$

续表

评价者	o_1	o_2	o_3	o_4	o_5
l_{12}	x_{hz} = 好	x_{hz} = 一般	x_{hz} = 好	x_{hz} = 很好	x_{hz} = 一般

注：①表中除“比率”类数据外，剩余数据的单位为“万元”；②语言类信息的评分标度为{很差 = 1，差 = 3，一般 = 5，好 = 7，很好 = 9}；③因评价者 l_9 直接给出了 5 个区域之间发展比较的排序，因而其没有对应的指标信息，在表中用“—”表示。

12.6.1　信息融合框架构建

依据各评价者给出的评价指标信息，可将所有评价指标归纳到以下四个主要方面，即经济发展、社会发展、可持续发展和政治文化建设，据此构建的信息融合框架见图 12－9。

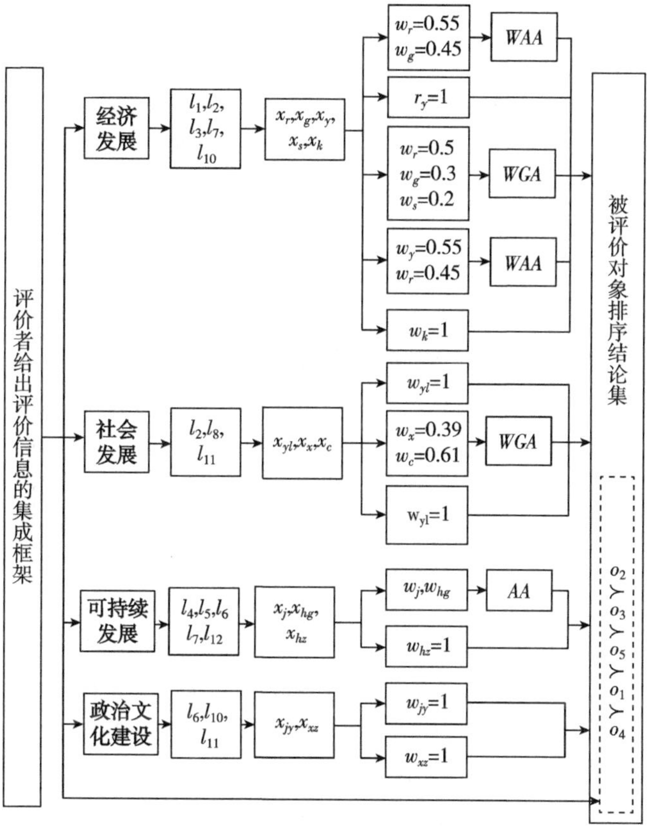

图 12－9　评价信息的融合框架

注：①为简便起见，评价指标用 x_* 表示，其中“ * ”为评价指标第一个词的首字母，为避免重复，如“人均地区生产总值增长率”和“人均可支配收入”，将“人均可支配收入”的评价指标记为 x_k，将“养老保险覆盖率”记为 x_{yl}，将“环境管理水平”和“环境质量改善”分别记为 x_{hg} 和 x_{hz}，将“教育经费占财政支出比例”记为 x_{jy}，“行政投诉率”记为 x_{xz}；②各评价指标权重的下标与指标下标相对应；③当同一评价者给出的评价信息被整合到多条信息流时，各信息流中相应指标的权重按评价者给出的原始权重归一化处理。

12.6.2 各信息流单独求解

“刑事案件发生率”、“城镇登记失业率”和“行政投诉率”为极小型指标，在求解过程中均将其转化为极大型指标，数据采用“归一化方法”进行无量纲化处理。各信息流中子流被执行的概率相等，所有区间数数据按均匀分布的方式随机取值，求解得到各信息流的优胜度矩阵（令同一信息流中各信息子流的权重相同）分别为：

$$\boldsymbol{S}_1=\begin{bmatrix}0.5000 & 1.0000 & 0.9360 & 0.4354 & 0.7800\\ 0.0000 & 0.5000 & 0.6000 & 0.3600 & 0.1333\\ 0.0640 & 0.4000 & 0.5000 & 0.0811 & 0.1240\\ 0.5646 & 0.6400 & 0.9189 & 0.5000 & 0.4750\\ 0.2200 & 0.8667 & 0.8760 & 0.5250 & 0.5000\end{bmatrix}$$

$$\boldsymbol{S}_2=\begin{bmatrix}0.5000 & 0.6667 & 0.9445 & 0.6389 & 0.3333\\ 0.3333 & 0.5000 & 0.3264 & 0.3333 & 0.0000\\ 0.0555 & 0.6736 & 0.5000 & 0.1944 & 0.0000\\ 0.3611 & 0.6667 & 0.8056 & 0.5000 & 0.3333\\ 0.6667 & 1.0000 & 1.0000 & 0.6667 & 0.5000\end{bmatrix}$$

$$\boldsymbol{S}_3=\begin{bmatrix}0.5000 & 0.8000 & 0.6000 & 0.0000 & 0.9000\\ 0.2000 & 0.5000 & 0.2000 & 0.2000 & 0.5000\\ 0.4000 & 0.8000 & 0.5000 & 0.0000 & 0.9000\\ 1.0000 & 0.8000 & 1.0000 & 0.5000 & 1.0000\\ 0.1000 & 0.5000 & 0.1000 & 0.0000 & 0.5000\end{bmatrix}$$

$$\boldsymbol{S}_4=\begin{bmatrix}0.5000 & 0.6667 & 0.3333 & 0.0000 & 0.6667\\ 0.3333 & 0.5000 & 0.3333 & 0.0000 & 0.6667\\ 0.6667 & 0.6667 & 0.5000 & 0.6667 & 0.6667\\ 1.0000 & 1.0000 & 0.3333 & 0.5000 & 0.6667\\ 0.3333 & 0.3333 & 0.3333 & 0.3333 & 0.5000\end{bmatrix}$$

$$\boldsymbol{S}_5=\begin{bmatrix}0.5000 & 0.0000 & 0.0000 & 1.0000 & 0.0000\\ 1.0000 & 0.5000 & 1.0000 & 1.0000 & 1.0000\\ 1.0000 & 0.0000 & 0.5000 & 1.0000 & 1.0000\\ 0.0000 & 0.0000 & 0.0000 & 0.5000 & 0.0000\\ 1.0000 & 0.0000 & 0.0000 & 1.0000 & 0.5000\end{bmatrix}$$

12.6.3 最终优胜度矩阵求解

采用“序关系分析法”确定各信息流的信息权，信息流由高到低的重要性排序分别为经济发展、可持续发展、社会发展、政治文化建设和评价者 l_9 给出的排序链，

重要性之比分别为 $p_1/p_3=1.2, p_3/p_2=1.4, p_2/p_4=1.2, p_4/p_5=1.6$。求解得各信息流信息权分别为 $p_1=0.3092, p_2=0.1840, p_3=0.2576, p_4=0.1534, p_5=0.0958$，将其与各信息流的优胜度矩阵进行线性加权组合，得最终的优胜度矩阵为

$$
\boldsymbol{S}=\begin{bmatrix} 0.5000 & 0.7402 & 0.6689 & 0.3480 & 0.6366 \\ 0.2598 & 0.5000 & 0.4440 & 0.3200 & 0.3681 \\ 0.3311 & 0.5560 & 0.5000 & 0.2589 & 0.4683 \\ 0.6520 & 0.6800 & 0.7411 & 0.5000 & 0.5680 \\ 0.3634 & 0.6319 & 0.5317 & 0.4320 & 0.5000 \end{bmatrix}
$$

12.6.4　可能性排序结论

依据第 11.2.3 节给出的优超数计算法求得各区域之间的可能性排序为 $o_4 \overset{0.6520}{>} o_1 \overset{0.6366}{>} o_5 \overset{0.5317}{>} o_3 \overset{0.5560}{>} o_2$。

12.7　小结

本章针对多人参与且不同个体给出的评价信息的结构和形式各不相同的复杂评价问题，对传统综合评价模式进行拓展，提出了泛综合评价的模式。并在此基础上，研究了多维网状的泛结构评价信息的融合及求解问题。具体而言，第 12.1 节为引言，对泛综合评价问题进行介绍。第 12.2 节对泛综合评价面向的主要问题以及泛综合评价理论的基本模式进行了简单介绍。第 12.3 节分别从泛结构评价信息的分类、链接方面分析了信息流的构建，并进一步讨论了信息流对应的信息权的设置问题，在此基础上，给出了泛结构评价信息的整体融合框架。第 12.4 节研究了实数、区间数、三角模糊数、直觉模糊数、语言信息、二元语义信息、序数等多种数据形式共存的混合评价信息的随机转化问题，最终将所有的混合信息转化成带有分布特征的随机数集合。第 12.5 节讨论了泛结构信息融合框架的整体求解算法，首先分析了信息权（包括精确值或区间数两种数据形式的信息权）的参数化设置问题，在此基础上给出了对信息融合框架进行随机模拟求解的仿真步骤。进一步，讨论信息融合框架的简化求解算法，并通过简化算例的形式验证了算法的有效性，该简化算法具有如下特征：①将泛结构信息融合框架按信息流分块求解，简化了信息融合框架的复杂结构，提升了求解过程中的运行效率；②对各信息流单独运行的求解结果进行线性加权集结，不仅便于操作，而且能够保证求解结果的完整性和准确性。泛结构信息融合框架简化求解算法的提出，可大大提升泛结构评价问题的求解效率，以及进一步增强泛结构信息集成模式理论解决实际问题的应用能力和可操作性。

第 13 章　泛综合评价应用：多方参与政府绩效评价[140]

13.1　引言

政府绩效评价是指采用一定方法对政府决策或管理行为产生的经济、政治、文化、环境等影响展开的评价。良好的政府绩效评价能够起到规范政府行政行为、提升政府部门办事效率、改善政府形象等积极作用，因而也引起了政府部门的高度重视。尤其，中共十八大提出“加强党内监督、民主监督、法律监督、舆论监督，让人民监督权力，让权力在阳光下运行”理念，使得加强并完善政府部门的绩效评价成为一种必然趋势。目前，关于政府绩效评价主要有两种模式：内部评价和外部评价，前者是政府部门为提升自身效率和责任而进行的一种自律式的评价，后者是由外部人员或组织对政府部门展开的评价。就政府部门的服务对象来说，外部评价十分关键，因为关于政府服务质量的真实感受来自其所服务的最终消费者。然而，政府自身却对其开展各项服务的预期效果、执行的难易程度等有着切实的感触，因而完全将政府部门排除在政府绩效评价过程中也不尽科学。

随着“公众民主诉求的高涨以及政府服务理念”的发展，“坚持内外结合，多主体共存的参与式政府绩效评价”逐渐成为国内外政府绩效评价的新走势。例如，张岩鸿[141]指出，在美国，社会公众民主诉求的高涨不仅推动了政府自身绩效评估工作的广泛开展和不断走向法制化，而且还催生了大量民间的政府绩效评估机构。比如，美国的“坎贝尔研究所”就是一个名扬欧美的民间政府绩效评估组织，其在 1998 年和 2000 年两次开展的对美国 50 个州政府的绩效评估及其公布的绩效排名活动曾引起轰动[142]。包国宪等[143]则进一步指出，随着西方政府绩效评价的价值取向由单纯追求效率发展为对经济、效率和效益的追求，出现了评价主体开始多元化的现象，即借鉴私营部门“360 度全方位”评价主体体系，西方政府在进行绩效评价的过程中也逐渐突破了传统的以政府自身为主体的做法，引进公民、直接受益群体及社会机构等外部评价主体，更加关注政府部门与外部环境的互动，也关注外部市场的反应和公民的满意程度。在国内，近年来也有众多学者对多方参与政府绩效评价的问题进行研究。陈东等[144]以顾客为导向，结合甘肃省非公有制企业评议政府活动的具体实践，论述了“服务导向”第三方政府绩效评价对我国政府管理创新的现实意义，并给出了相关政策建议；王锡锌[145]针对参与式政府绩效评价在实践中没有兑现其制度设计的预期目标的原因进行分析，给出了“缺乏必要的程序性保障机制，导致制度实践的功能障碍”结论；面对上述原因，王锡锌[146]针对政府绩效评价模式中“参与式”模式(注重公众知识)和“技术理性”模式(注重专家知识)相分离的问题,提出了“复合型”绩效评价模式,试图在不同层次上合理运用公众知识和专家知识,从而促进公共政策中公共精神和技术理性的统一;而彭国甫等[147]则主要运用层次分析法对政府绩效评价中不同主体的权重进行研究,并对权重排序的科学性进行分析,给出了相关政策建议;高树彬等[148]则以服务型政府为基础选取了评价指标,然后研究了基于模糊 DEA 的政府绩效评价方法及其评价流程。通过上述文献回顾,可以得出以下三点结论:

(1)目前研究大多停留在参与式政府绩效评价理论及制度探讨层面上,尚未针对具体的评价过程展开全面研究;

(2)公众参与评价虽保证了评价信息来源的多样化,但在实际的实施过程中,多是以问卷调查方式展开满意度调查,评价形式单一,且公众给出评价信息的可选择空间不大;

(3)鲜有涉及面向大规模民众参与评价的信息整合方法的研究,目前主要是针对不同评价主体权重确定、在给定评价信息的前提下运用已有评价方法进行信息集成等方面的研究,未深入到参与式政府绩效评价的实质。

通过以上分析,认为要充分发挥参与式政府绩效评价的作用,需要从评价过程上实现各类评价主体的“真正参与”,充分调动其积极性,达到多方参与、全面评价的实际效果。基于此,本节提出了包含“参与层、评价层和方法反馈层”的政府绩效的基本评价模式,在该评价模式的评价层中,允许各类评价参与者按照自身对“政府作为”关注侧面的不同,给出评价信息。然而,通常由于各类评价参与者对政府绩效关注侧重点的不同,其提供的评价信息(包括评价指标、指标值的数据形式及各种偏好信息)往往也在形式、结构等方面各不相同,因而在对多方参与的政府绩效评价过程进行界定的基础上,可进一步按照泛结构信息集成的模式对多方参与的政府绩效评价问题进行评价信息的融合及求解。

13.2　多方参与政府绩效评价的基本模式

多方参与政府绩效评价除保证评价参与者来源多样化之外,还需赋予各评价参与者充分的“发言权”,使其真正参与到评价过程中,为此这里给出了两条基本规则。

规则 13.1　评价参与者均以匿名方式参与评价,在评价过程中仅标识其身份的社会属性,如政府内部人员、民众抑或是第三方评估机构等;

规则 13.2　采用开放的调查方式,即不指定考核方面,各评价参与者独立地给出评价信息,自主地选择评价指标和评价方法、表达偏好信息等。

基于上述两条规则,可将多方参与政府绩效的基本评价模式归纳如图 13－1 所示。

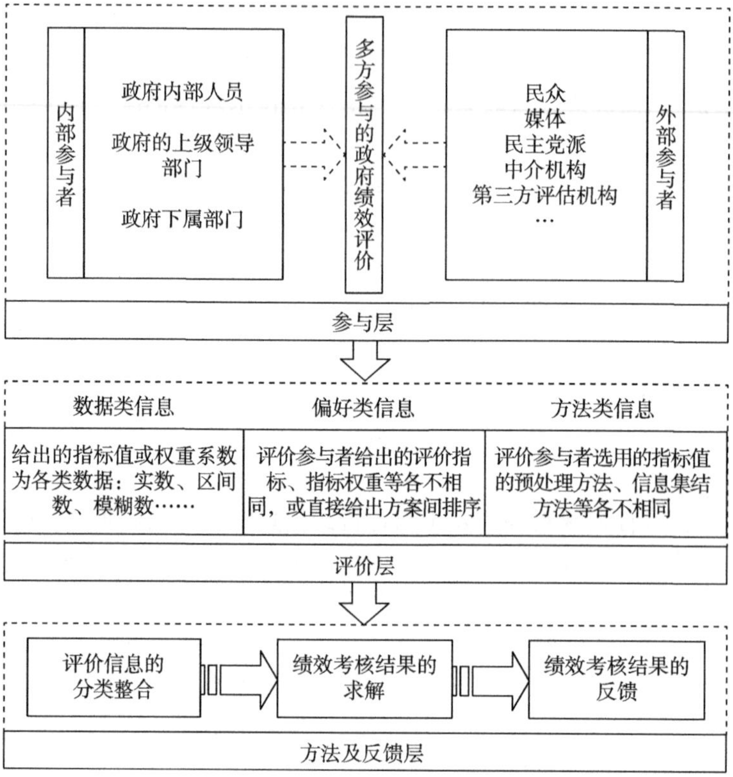

图 13－1　多方参与政府绩效评价模式的框架图

13.3　评价方法的构建

多方参与政府绩效评价的基本模式保证了各方的充分参与及评价信息来源的多样性,但在方法层面上却存在着多方面的问题:政府内部人员分散于不同的子部门,不同的部门及同一部门的不同层次对于评价问题整体或部分的了解程度相差迥异;政府外部的人员(如民主党派、媒体、中介机构、民众等)对于问题所掌握的信息分布很不均匀,其了解常常可能是片面的;所有的参与人员分布广,参与时间及地点不固定,选择的参与方式多种多样(如问卷调查、现场打分及网络投票等);参与人员之间的关系复杂,既有利益相关的,又有利益无关的,既有竞争的,又有合作的;不同参与人群所处立场不同,对于评价问题的分析角度不一致,采用的目标或指标体系不同;在自主的情况下,不同参与人群偏好或信赖的评价方法也不尽相同;参与人群对问题的判断分析能力差别很大,对于信息提供的方式需求不同(有的愿意给出精确的数值;有的只能给出模糊的判断;有的甚至只能给出部分或微量信息)。对于评价参与者给出多种类型与结构的评价信息,这里应用泛结构信息的集成模式对上述复杂的评价信息进行分类、整合及求解。

13.3.1　信息融合框架的构建

对政府绩效进行评价时,无论评价参与者给出的评价信息是否完整①,仍是按照传统综合评价思想给出评价信息,因而,可按照综合评价流程对多参与方给出的评价信息进行分类整合,整合后的信息被归类到包含不同评价信息的多个评价流程中,即信息流,从而可得到由多条信息流构成的信息融合框架。具体而言,可按以下方式构建信息流。

(1)将各评价参与者按身份特征进行归类;

(2)对归类到同一组中的评价参与者,以及对于其给出的评价信息,将有相同评价指标或部分相同评价指标(却对不属于自身部分的评价指标没有排斥心理)的评价参与者放在同一信息流中,对该信息流中的评价信息,按照综合评价流程的各环节进行链接。需要说明的是,由于某评价环节信息形式或结构的多样性,信息流通常是由多条支流并行而成。

以"民众"类评价参与者为例,其信息流的示意图如图 13-2 所示。

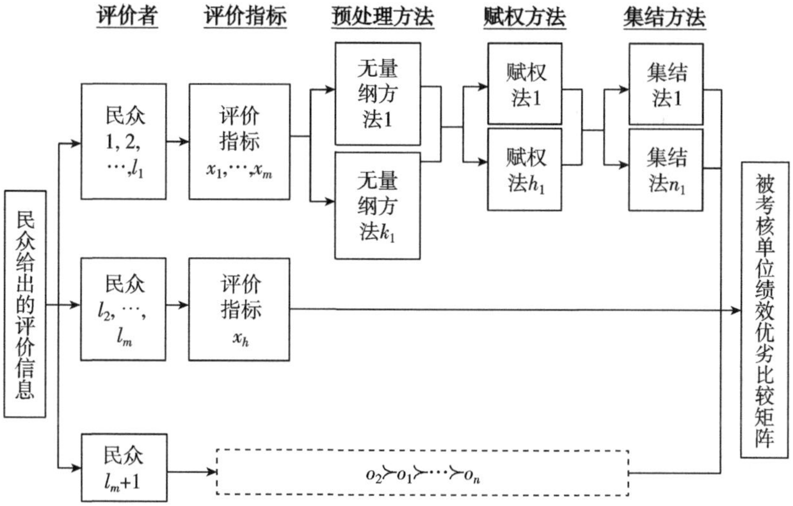

图 13-2　评价参与者给出评价信息的信息流简化示意图

注:该示意图中第 1 条信息流中评价者按综合评价流程给出了完整的评价信息,第 2 条信息流评价者仅关注一个评价指标,据此可直接求得被考核单位之间的绩效优劣比较矩阵;第 3 条信息流中评价者直接给出了被考核单位之间的排序;关于被考核单位之间的绩效优劣比较矩阵的求解将在第 13.3.2 节中讨论。

① 这里"完整"是指评价者给出符合综合评价流程的全部信息,包括评价目标的说明、评价指标的构建、指标值的收集及预处理方法、权重系数的确定及信息集结方法的选用。

在明确了信息融合框架中各信息流后，需要确定各条信息流在求解过程中被执行的概率，即“信息权”，用 p_i 表示，可将其理解成对各类评价参与者给出的评价信息重视程度，已有的主观赋权方法（如序关系分析法、层次分析法等）或意见征询的方式可用于信息权的求解，信息权可取精确值或区间数抑或模糊数等多种数据形式。若在评价过程中，各类评价参与者拥有完全平等的“发言权”，则可令各信息流被运行的概率相等，即 $p_i = 1/m, i = 1, 2, \cdots, m$，其中 m 为评价者类别总数。除此之外，还需将各信息流中的由多种形式共存的混合数据信息转化为统一的数据形式，为配合信息融合框架统一求解需求，这里将其转化为随机数形式，详见第 12 章的内容，这里不再赘述。

13.3.2 评价结论的求解

对信息融合框架，可采用随机模拟的方法对各信息流按照其被执行的概率随机运行，因而，首先需对信息权进行随机化设置。这里仍以精确值和区间数形式的信息权为例，并对其进行随机化设置，具体方法参照第 12.5.2 节。

信息流中各支流的子信息权的随机化设置方式与信息权的设置方式相同。在上述分析基础上，可采用以下随机模拟步骤对信息融合框架进行统一求解，得到能够体现各被考核单位优劣比较概率的优胜度矩阵。

步骤 1 设置仿真次数控制变量 *count*（初始值为 0）；

步骤 2 在[0，1]范围内按照均匀分布的方式生成随机数据，实现对信息权或子信息权的随机化设置；

步骤 3 若生成的随机数对应于某信息权（或子信息权）覆盖的区间范围，则运行相应的信息流（或信息子流）；

步骤 4 设置计数变量 $r_{ij}, r'_{ij}, i, j = 1, 2, \cdots, n$（初始值均置 0），若信息流的运行结果中包含 $o_i > o_j$（其中符号“>”表示“优于”），则令 $r_{ij} = r_{ij} + 1$；若有 $o_i \sim o_j$（其中符号“~”表示“等价于”），则令 $r'_{ij} = r'_{ij} + 1$；

步骤 5 $count = count + 1$，若 $count = sum$（*sum* 为决策者给出的总仿真次数，一般信息流越多且各信息流的并行子流越多，*sum* 的值越大），转入步骤 6，否则转入步骤 2；

步骤 6 统计优势度（$s(o_i > o_j)$）的仿真值，即 $s(o_i > o_j) = (r_{ij} + 0.5r'_{ij})/count$，保存数值，退出程序。

通过模拟仿真，可得到 n 个被考核单位优劣比较的优胜度矩阵 $\boldsymbol{S}$[记 $s_{ij} = s(o_i > o_j)$]为 $\boldsymbol{S} = [s_{ij}]_{n\times n}$，然后可采用第 11.2.3 节给出的优超数计算法求解各被考核单位之间的可能性排序。具体过程为：

（1）计算各被考核单位的优超数。称 $g(o_i)$ 为被考核单位 $o_i (i = 1, 2, \cdots, n)$（$\boldsymbol{S}$ 上的第 i 行）的优超数，有

$$g_i = g(o_i) = count(s_{ij} > 0.5) + 0.5count(s_{ij} = 0.5),\ i, j = 1, 2, \cdots, n; j \neq i$$

其中，*count*（·）为计数函数，表示满足条件“·”的元素个数。

(2)被考核单位之间的排序。对被考核单位 $o_i(i=1,\cdots,n)$，按照其对应的优超数由大到小的顺序重新排序，即可得到各被考核单位的最终排序。特殊地，若 $g_i=g_j,i,j=1,\cdots,n;i\neq j$，可按 s_{ij}对 o_i 和 o_j 进行排序，即①若 $s_{ij}<0.5$，则 $o_i<o_j$；②若$s_{ij}>0.5$，则 $o_i>o_j$；③若 $s_{ij}=0.5$，则 $o_i\sim o_j$。

13.4　应用案例

对××市 2012 年 7 个行政区（用 $o_1,o_2,\cdots,o_7$ 表示）领导班子进行多方参与的绩效评价，参与人员主要有：行政区内部工作人员（7 人，用 $l_1,\cdots,l_7$ 表示）、行政区的上级领导人员（3 人，用 l_8,l_9,l_{10}表示）、下属部门工作人员（3 人，用 l_{11},l_{12},l_{13}）、民众（5 人，用$l_{14},\cdots,l_{18}$表示）、民主党派（2 人，用 l_{19},l_{20}表示）、第三方评估机构（1 个，用 l_{21}表示）。各评价者基于自身理解及对政府行为的关注侧重点的不同，独立自主地、以匿名形式（但标识出其身份，即为内部工作人员、民众等）给出评价信息（见表 13－1）。

表 13－1　各评价者给出的评价信息

评价者	评价信息
l_1	注重经济发展和民生改善，主要体现在“属地税收收入增长率（x_s）”、“人均地区生产总值增长率（x_r）”和“养老保险覆盖率（x_y）”三个指标，指标权重分别为 0.35，0.4，0.25，采用线性集结模型
l_2	注重地区的经济发展及环境改善，主要体现在“人均地区生产总值增长率（x_r）”和“环境质量改善（x_h）”两指标，权重相当，采用线性集结模型
l_3	注重地区的可持续发展，体现在“规模以上企业万元产值能源消耗量（x_g）”和“新增绿地面积指标完成率（x_x）”两指标上，权重分别为 0.56 和 0.44，采用积性集结模型
l_4	注重地区的经济发展，主要体现在“一般预算增长率（x_{yb}）”和“人均地区生产总值增长率（x_y）”两指标上，权重相当，采用线性集结模型
l_5	注重地区的政治文化建设，体现在指标“教育经费占财政支出比例（x_j）”和“文化事业经费占财政支出比例（x_w）”两指标上，权重相当，采用积性集结模型
l_6	注重廉洁从政，关注“行政支出占财政支出的比例（x_{xz}）”指标
l_7	注重社会稳定，体现在“刑事案件发案率（x_{xs}）”和“城镇失业登记率（x_c）”两指标上，权重分别为 0.64，0.36，采用线性集结模型
l_8	关注经济发展和社会稳定，体现在“属地税收收入增长率（x_s）”、“人均地区生产总值增长率（x_r）”和“城镇失业登记率（x_c）”三指标上，采用算术平均算法进行信息集结
l_9	关注经济发展，体现在“规模以上企业总产值增长率（x_{gm}）”和“属地税收收入增长率（x_s）”两指标上，权重相当，采用线性集结模型

续表

评价者	评价信息
l_{10}	关注社会稳定和环境保护,体现在“城镇失业登记率(x_c)”和“环境改善质量(x_h)”两指标上,权重为0.45,0.55,采用积性集结模型
l_{11}	关注地区的“实际利用外资总额增长率(x_{sj})”
l_{12}	关注地区经济发展,体现在“人均地区生产总值增长率(x_r)”和“规模以上企业总产值增长率(x_{gm})”两指标上,指标权重相当,采用线性集结模型
l_{13}	关注经济发展,体现在“一般预算增长率(x_{yb})”和“固定资产投资额增长率(x_{gd})”两指标上,权重分别为0.6,0.4,采用线性集结模型
l_{14}	关注“养老保险覆盖率(x_y)”和“城镇登记失业率(x_c)”两指标,权重相当,采用线性集结模型
l_{15}	关注地区的可持续发展,体现在“基本农田保护率(x_{jb})”和“环境质量改善(x_h)”两指标上,权重分别为0.7,0.3,采用积性集结模型
l_{16}	关注社会稳定,体现在“刑事案件发生率(x_{xs})”指标上
l_{17}	7个行政区间绩效优劣排序为 $o_2 > o_4 > o_1 > o_5 > o_3 > o_7 > o_6$
l_{18}	关注经济发展和社会稳定,体现在“人均地区生产总值增长率(x_r)”和“刑事案件发生率(x_{xs})”两指标上,权重相当,采用线性集结模型
l_{19}	关注经济发展、社会稳定和政治文化建设,体现在“人均地区生产总值增长率(x_r)”、“刑事案件发生率(x_{xs})”和“教育经费占财政支出比例(x_j)”三指标上,权重为0.4,0.3,0.3,采用线性集结模型
l_{20}	关注可持续发展和政治文化建设,体现在“环境质量改善(x_h)”和“教育经费占财政支出比例(x_j)”两指标上,关注程度相当,采用积性集结模型
l_{21}	从经济发展、社会发展、可持续发展和政治文化建设方面对各行政区进行综合评价,选用的指标包括“属地税收收入增长率(x_s)”、“人均地区生产总值增长率(x_r)”、“养老保险覆盖率(x_y)”、“刑事案件发生率”(x_{xs})、“规模以上企业万元产值能源消耗量(x_g)”、“教育经费占财政支出比例(x_j)”,运用拉开档次法进行评价

注:表中所有评价指标及其权重用 x_*,w_* 表示,其中“*”为评价指标名称第一个词的首字母,若出现重复,则取前两个词的首字母。

13.4.1 信息融合框架的构建

按照评价参与者的身份特征对其给出的评价信息进行归类并依据传统综合评价流程构建信息流,得到评价信息的融合框架如图13-3所示。

13.4.2 信息融合框架的求解

在求解过程中:①除了“行政支出占财政支出比例”、“刑事案件发案率”、“城镇失业登记率”、“规模以上企业万元产值能源消耗量”4个指标为极小型指标外,其余指标均为极大型指标,求解中将极小型指标转化为极大型指标;②平等对待各

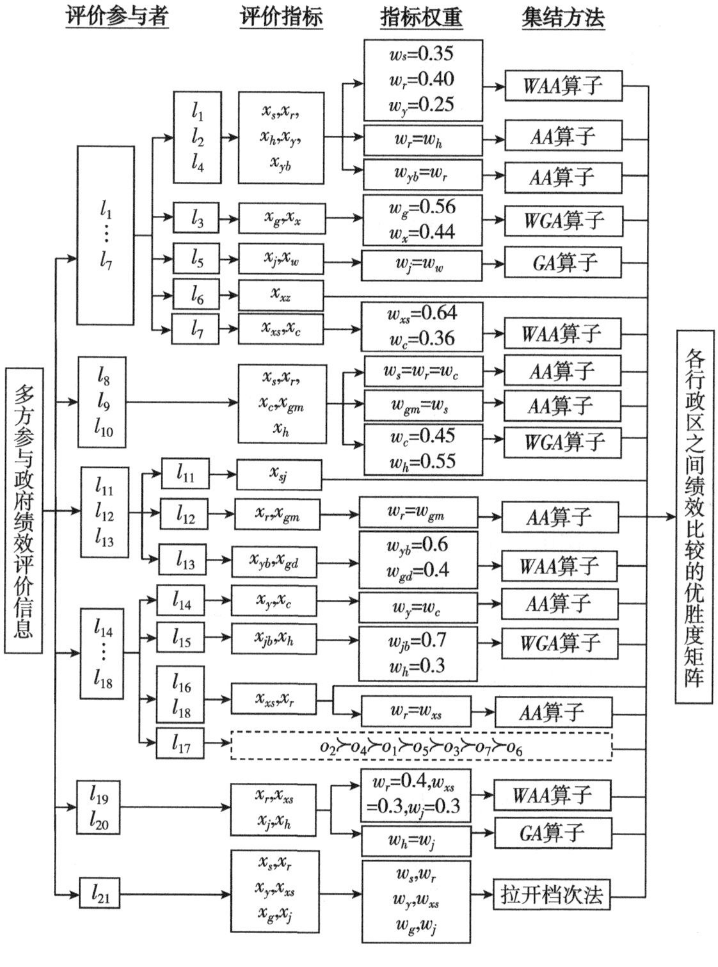

图 13-3　各评价者给出评价信息的融合框架

类评价者给出的评价信息,即 6 条信息流的信息权相等,为 1/6;③信息流中各信息子流的权重按照该子流中评价者个数占整条信息流中所有评价者总数的比例计算,如第 1 条信息流中第 1 条子流的信息权为 3/7,其余 4 条子流的信息权为 1/7;④求解中指标值为区间数时,按照均匀分布的方式在相应区间随机取值,指标值为语言信息时,将其转化为打分值,转化标准为:优秀(9 分)、良(7 分)、一般(5 分)、差(3 分)、很差(1 分);⑤指标值的无量纲化处理方法选用"归一化方法"(拉开档次法除外,因其要求的是标准化处理法);⑥采用第 12. 4 节中的方法对混合评价数据进行随机转化。按上述要求,结合第 13. 3. 2 节中的随机模拟步骤对信息融合框架进行整体求解,得到各行政区绩效优劣比较的优胜度矩阵为:

$$S=\begin{bmatrix} 0.5000 & 0.6369 & 0.9206 & 0.6175 & 0.5952 & 0.5714 & 0.6857 \\ 0.3631 & 0.5000 & 0.7063 & 0.5754 & 0.4668 & 0.4405 & 0.6106 \\ 0.0794 & 0.2937 & 0.5000 & 0.2548 & 0.1405 & 0.2016 & 0.2492 \\ 0.3825 & 0.4246 & 0.7452 & 0.5000 & 0.2770 & 0.2972 & 0.4119 \\ 0.4048 & 0.5332 & 0.8595 & 0.7230 & 0.5000 & 0.5897 & 0.7260 \\ 0.4286 & 0.5595 & 0.7984 & 0.7028 & 0.4103 & 0.5000 & 0.6246 \\ 0.3143 & 0.3894 & 0.7508 & 0.5881 & 0.2740 & 0.3754 & 0.5000 \end{bmatrix}$$

13.4.3　可能性排序结论的求解

依据第 11.2.3 节中给出的优超数计算法求得行政区 o_1 的优超数为 $g_1=count(s_{1j}>0.5)+0.5count(s_{1j}=0.5)=6.5$（其中 $count(\,)$ 表示计数函数），依次求得剩余各行政区的优超数分别为 $g_2=3.5$，$g_3=0.5$，$g_4=1.5$，$g_5=5.5$，$g_6=4.5$，$g_7=2.5$。据此求得各行政区的可能性排序为 $o_1\overset{0.5952}{>}o_5\overset{0.5897}{>}o_6\overset{0.5595}{>}o_2\overset{0.6106}{>}o_7\overset{0.5881}{>}o_4\overset{0.7452}{>}o_3$。

13.4.4　结果分析

由上述可能性排序结论及优胜度矩阵 $\boldsymbol{S}$ 可以看出，各行政区的绩效优于行政区 o_3 的绩效概率最大（分别为：$o_1>o_3$ 概率 0.9206、$o_2>o_3$ 概率 0.7063、$o_4>o_3$ 概率 0.7452、$o_5>o_3$ 概率 0.8595、$o_6>o_3$ 概率 0.7984、$o_7>o_3$ 概率 0.7508），而除 o_3 之外其余行政区绩效优于概率比较接近，即按照排序链确定的各行政区之间的优于概率均在 0.5 左右（如 $o_1>o_5$ 概率 0.5952，意味着 o_5 仍有 0.4048 的概率优于 o_1），所以在未来的发展中，应更多关注行政区 o_3 的发展。

13.5　小结

本章将泛综合评价的信息集成模式应用于由多方参与的政府绩效评价问题中，具有以下主要特点：

（1）允许各评价参与方按照其对政府绩效关注侧重点的不同自主地给出评价信息，真正实现多方参与政府绩效评价中的民主与平等；

（2）对由多方参与者提供的多种类型与结构的评价信息，给出了能够融合各类信息的融合框架，并采用随机模拟的方式对其进行整体求解，从而使得“多结构特征评价问题信息融合的技术难题”得以解决；

（3）以带有概率特征的可能性排序结论的形式呈现最终的评价结果，该评价结论避免了被评价对象之间绝对优劣的比较形式，更容易被各评价参与方接受，也能为多方参与且评价信息类型多样的绩效评价问题提供更具解释力的支撑。

除此之外,本章仅对具体时点(2012年)的多方参与的政府绩效问题展开了研究,由于政策作用的滞后性等原因,考虑政府在一段连续时间内的业绩,通常能够更好地衡量政府的绩效状况。因而,进一步将从多方参与的动态政府绩效评价模式、多结构特征的动态评价信息的融合及求解等方面展开研究。

总结篇

第 14 章　总结与展望

14.1　主要成果总结

本书是作者在多年研究工作的基础上形成的一本综合评价方面的专著，书中涵括了综合评价方面许多经典内容及新的研究与思考，现总结如下：

（1）介绍了 6 种常用的线性无量纲化方法，并提出了衡量线性无量纲化方法的 6 个标准（即理想无量纲化方法应该具备的 6 个性质），并证明了“理想的无量纲化方法是不存在的”结论。

（2）研究了评价数据中包含“异常值”的情形，给出了“异常值”的判断与识别方法，提出了能够兼顾“异常值”处理的分段无量纲化方法，同时，进一步对该方法进行了改进，提出了序比例诱导分段无量纲化方法，并对方法的有效性进行了讨论。

（3）针对特征值法的一些局限性，提出了一种简便的赋权方法——序关系分析法（即 G_1 - 法），G_1 - 法具有无须一致性检验并保序等诸多优点。

（4）针对专家赋权中可能产生的不确定性问题，提出了一种考虑区间赋值的权重确定方法——G_2 - 法。

（5）提出了“突出被评价对象整体差异”原则的“拉开档次赋权法”，该方法具有评价过程透明、结果客观等特点。

（6）提出了两种基于方案偏好型的赋权方法，即基于部分方案偏好序的赋权方法及基于方案偏好强度的赋权方法，该方法提供了利用评价者直觉判断能力进行赋权的新途径。

（7）提出了密度中间算子的集结方式。密度中间算子是采用先分组后组合的思想构造的，能够有选择性地处理多个专家给出的意见集合（或多个属性信息）中一致性高或低部分的信息，并完成最终的集结。该算子是一种考虑数据分布的信息集结算子，可扩充性很强。

（8）考虑指标值相对发展水平，提出了有序分位加权集结算子，该算子通过权重加和不等于 1 的设置能够对被评价对象起到激励作用。此外，给出了求解理想激励点的方法，凸显被评价对象之间的差异，以间接引导被评价对象的发展。

（9）提出了兼顾“功能性”与“均衡性”的组合集结模式，给信息集结算子的组合应用提供了一种思路。

（10）提出了二次加权法、前置综合法、突出差异的加权动态综合评价方法。

(11)将“拉开档次赋权法”的思想应用至时序评价问题中,提出了“纵向”及“纵横向”拉开档次的动态综合评价方法。

(12)基于激励控制的思想,提出了一种基于双激励控制线的多阶段(动态)信息集结方法,是一种带有明显决策意图的多阶段信息集结方法,进一步将该方法拓展至泛激励控制线的情形,上述方法还可以用于单指标的动态评价及“时间序列分析”的相关问题中。

(13)提出权数非独裁视角的自主式综合评价方法,给出指标权数取值约束的“权数非独裁性条件”及模拟经济人“自利”行为特点的“竞争视野优化准则”,使被评价对象自主参与评价过程,提升了评价结果的认可度与信服力。

(14)提出基于二维 IOWA 算子的自主式评价方法,在优化竞争视野的前提下,充分突出被评价对象指标的绝对优势和相对优势,从而实现提升评价主体的评价值,同时减弱其竞争对手评价值的目的。

(15)提出协商视角的自主式评价方法,从“自主式评价”和“协商评价”相结合的视角对自主式综合评价方法进行探讨,评价结果充分体现了公平竞争和民主协商的思想。

(16)提出基于序优化的自主式综合评价方法,序优化模型的思想本身能对值优化的自主式评价方法的模型构建提供很好的借鉴,研究结论可用于支撑在序优化自主式评价中对于群体理性及投机倾向等问题的研究。

(17)提出基于相对优势双重优化的自主式评价方法,将各被评价对象视为完全理性的“经济人”,对其相对优势进行双重优化,不仅能实现评价主体自身利益最大化的目标,而且能够避免“险胜”的情况,使其获胜的把握更大。

(18)提出基于结果认可度提升的自主式评价方法,考虑情感因素影响评价结果的客观真实性问题,采用循环优化的方式使评价值不断接近于被评价对象的客观表现,实现对评价主体主观情感因素的过滤,从而提升了评价结果的被认可程度。

(19)针对综合评价结论的多样性问题,提出了软、硬组合评价方法两种解决思路。建立了基于整体差异的“拉开档次”组合评价法及基于 SVD(奇异值)分解技术的组合评价法,这是两种硬组合评价方法。

(20)针对评价群体中可能存在的意见“分歧”或“冲突”情形,分别提出了双方意见分歧特征下及意见冲突特征下的两种组合评价方法,并对多方协商情形下的组合评价方法进行了初步的探讨。

(21)提出了“群体协商评价”的思想,重点研究了协商评价双方非对抗冲突(意见分歧)下指标权重的确定问题。

(22)针对以打分形式参与的群体评价问题,讨论了评价参与者的主观情感与评价结果客观性之间的关系,从情感过滤视角提出了一种低成本、高效率的群体评价模型。

（23）针对多阶段群体评价问题，基于广义实型密度算子，对多阶段群体评价信息的集结途径进行了研究，给出了评价信息集结的两种模型及若干途径。

（24）将“拉开档次法”及“G_1－法”推广至递阶层次结构下，提出了“逐层拉开档次法”及“递阶 G_1－序关系分析法”两种评价方法。

（25）提出了综合评价结论“敏感性”的问题，并对由指标预处理方法（一致化及无量纲方法）、权重系数及评价模型（集结模型）选取引起的排序变动现象进行了实例分析。

（26）采用模拟仿真的方法，对6种常用线性无量纲化方法的敏感性、4种差异驱动型赋权方法的稳定性及差异凸显能力以及线性、积性和调和类集结算子的灵敏度进行了比较分析。

（27）对自主式评价问题，提出了能够产生“概率形式评价结论”的“随机模拟求解算法”，从而达到柔性体现“被评价对象作为主体参与竞争”的评价目的。随机模拟求解方法可用于改进许多经典评价方法的结论形式，并可为不确定信息条件下的综合评价问题提供一种标准的解法。

（28）提出随机模拟型评价模式是对传统评价模式的拓展，可为各种信息形式、评价者偏好等提供一个结构框架，使评价过程不再受单一或有限数据形式、信息结构等的限制，从而可进一步提升综合评价方法的实际应用范围。

（29）对“概率形式评价结论”进一步研究，从提升评价结论链整体稳定性的视角提出了一种新的可能性排序结论求解算法。

（30）针对多人参与且不同个体给出的评价信息的结构和形式各不相同的复杂评价问题，对传统综合评价模式进行拓展，提出了泛综合评价的模式。研究了泛结构评价信息的融合框架构建及该框架的整体及简化求解算法。

（31）将泛综合评价的信息集成模式应用于由多方参与的政府绩效评价问题中，带有概率特征的可能性排序结论更容易被各评价参与方所接受，也能为多方参与且评价信息类型多样的绩效评价问题提供更具解释力的支撑。

14.2　研究展望

在已有研究成果的基础上，可对如下主要问题做进一步的探讨：

（1）深入研究交互式条件下的基于方案偏好的赋权方法，通过不断修正的方式提高权重的信息载荷量。

（2）考虑“模糊分组”的密度算子拓展研究，该分组方式更贴近实际，即任一不确定信息数据对多个“子数据组”而言是“亦此亦彼”的。

（3）研究基于非线性及模糊激励控制线的多阶段信息集结方法。

（4）协商评价思想在其他方面的拓展，如群组协商评价环境下指标体系的构建或集结模型的选取等。

（5）多方或多阶段的协商组合评价方法研究。

（6）除组合评价外，研究解决“多方法评价结论非一致性”问题的根本方法，以需求匹配为导向，是解决该问题的基本思路。

（7）除考虑多种数据形式的泛结构评价信息外，可进一步思考多结构、多关系甚至是网络化、层级化评价信息的融合框架构建及求解方法。

（8）泛综合评价模式在动态评价、不确定性评价多种不同评价情景中的拓展研究，需要针对不同情景构建合适的信息融合框架及求解算法。

（9）将参与式政府绩效评价模式拓展至动态情形，以考虑政府在一段连续时间内的业绩，从而更好地衡量政府的绩效状况。

（10）在大数据时代背景下，使得非数据类信息（如文本信息、图片等）参与评价成为可能。如何在泛综合评价模式及信息融合框架中融入非数据类信息，并对其进行高效精准求解，是未来研究的核心问题。

综合评价各环节的方法开放性很强，以上是从已有各项成果中给出的若干进一步研究的点，用于启发思考。另外，研究过程中我们需要从更高的层面不断反思，现有的综合评价研究是否存在整体性的不足？多年来，在推进该方向的研究中，学者们几乎都聚焦于如何对信息进行合成，这是综合评价的基础逻辑决定的。然而，合成产生了用于指导决策的新信息，也消灭了原有信息，这使得某些具有杠杆效应的指标所蕴含的风险信息一同被综合了，辩证来看，在综合评价“合”的过程中应该辅之以“分”的力量来使得评价结论更加充分，提升评价服务的整体价值。而这一点，恰是未来可以投入的一个重要方向。

参考文献

[1]三浦武雄,浜冈尊．现代系统工程学导论[M]．北京:中国社会科学出版社,1985.

[2]苏为华．多指标综合评价理论与方法问题研究[D]．厦门大学,2000.

[3]秦寿康．综合评价原理与应用[M]．北京:电子工业出版社,2003.

[4]胡永宏,贺思辉．综合评价方法[M]．北京:科学出版社,2000.

[5]王宗军．综合评价的方法、问题及其研究趋势[J]．管理科学学报,1998,1(1):73－79.

[6]郭亚军．综合评价理论与方法[M]．北京:科学出版社,2002.

[7]郭亚军．综合评价理论、方法及应用[M]．北京:科学出版社,2007.

[8]郭亚军．综合评价理论、方法及拓展[M]．北京:科学出版社,2012.

[9]郭亚军,易平涛．线性无量纲化方法的性质分析[J]．统计研究,2008,25(2):93－100.

[10]朱孔来．评价指标的非线性无量纲模糊处理方法[J]．系统工程,1996, 14(6): 58－62.

[11]梁樑, 王国华．多层次交互式确定权重的方法[J]．系统工程学报, 2002(4): 358－363.

[12]俞立平, 潘云涛, 武夷山．一种新的客观赋权科技评价方法——独立信息数据波动赋权法[J]．软科学, 2010, 24(11):32－37.

[13]王应明, 张军奎．基于标准差和平均差的权系数确定方法及其应用[J]．数理统计与管理, 2003, 22(3):22－26.

[14]刘树林,邱菀华．多属性决策的TOPSIS夹角度量评价法[J]．系统工程理论与实践,1996,16(7):13－16.

[15]Sadeghi M,Ameli A. An AHP decision making model for optimal allocation of energy subsidy among socioeconomic subsectors in Iran[J]. Energy Policy,2012,45(6):24－32.

[16]宋冬梅, 刘春晓, 沈晨等．基于主客观赋权法的多目标多属性决策方法[J]．山东大学学报(工学版), 2015,45(4):1－9.

[17]陈华友, 何迎东, 周礼刚, 陶志富．广义直觉模糊加权交叉影响平均算子及其在多属性决策中的应用[J]．控制与决策, 2014,29(7):1250－1256.

[18]Yager R R. On ordered weighted averaging aggregation operators in multicriteria decision making[J]. IEEE Transactions on Systems, Man and Cybernetics, 1988,18 (1):183－190.

[19]Xu Z S, Da W L The ordered weighted geometric averaging operators[J]. International Journal of Intelligent Systems, 2002, 17(7): 709－716.

[20]Liu Jinpei, Chen Huayou, Zhou Ligang, He Yingdong. On the properties of the generalized OWHA operators and their application to group decision making[J]. Journal of Intelligent & Fuzzy Systems, 2014, 27(4): 2077－2089.

[21]张发明, 郭亚军．一种基于两阶段协商的群体评价方法[J]．系统工程与电子技术, 2009, 31(7): 1647－1650.

[22]陈建中, 徐玖平．群决策的交互式TOPSIS方法及其应用[J]．系统工程学报, 2008, 23(3): 276－281.

[23]Zhang Fangwei, Xu Shihe. Multiple attribute group decision making method based on utility theory under interval－valued intuitionistic fuzzy environment[J]. Group Decision and Negotiation, 2016, 25(6): 1261－1275.

[24]赵海燕,曹健,张友良．一种群体评价一致性合成方法[J]．系统工程理论与实践, 2000(7):52－57.

[25]Pelaez J I, Dona J M. Majority additive - ordered weighting averaging: A new neat ordered weighting averaging operator based on the majority process[J]. International Journal of Intelligent Systems, 2003, 18: 469 -481.

[26]陈骥,苏为华,张崇辉. 基于属性分布信息的大规模群体评价方法及应用[J]. 中国管理科学,2013, 21(3): 146 -152.

[27]郭亚军, 侯芳. 面向评价局部环境的导向性群组评价方法研究[J]. 管理科学学报, 2013, 16(3): 12 -21.

[28]Wibowo S, Deng H P. Consensus - based decision support for multicriteria group decision making[J]. Computers & Industrial Engineering, 2013, 66: 625 -633.

[29]金菊良, 王淑娟, 魏一鸣. 动态多指标决策问题的投影寻踪模型[J]. 中国管理科学, 2004,12(1): 64 -67.

[30]王坚强. 动态多指标系统增长决策问题研究[J]. 系统工程与电子技术, 1999, 21(7): 27 -29.

[31]郭亚军. 一种新的动态综合评价方法[J]. 管理科学学报, 2002,5(2):50 -54.

[32]刘薇薇, 石春生, 赵圣斌. 具有速度特征的动态综合评价模型[J]. 系统工程理论与实践, 2013, 33(3): 705 -710.

[33]张发明. 基于双重激励模型的动态综合评价方法及应用[J]. 系统工程学报, 2013, 28(2): 248 -255.

[34]卫贵武. 权重信息不完全的区间直觉模糊数多属性决策方法[J]. 管理学报, 2008, 5(2): 208 -211, 217.

[35]李荣均. 模糊多准则决策理论与应用[M]. 北京: 科学出版社, 2002.

[36]徐玖平, 吴巍. 多属性决策的理论与方法[M]. 北京:清华大学出版社, 2006.

[37]徐泽水. 基于语言信息的决策理论与方法[M]. 北京: 科学出版社, 2004.

[38]Xu Z S. A method based on linguistic aggregation operators for group decision making with linguistic preference relations[J]. Information Sciences, 2004(166):19 -30.

[39]王坚强, 聂荣荣. 基于直觉梯形模糊信息的多准则群决策方法[J]. 系统工程理论与实践, 2012, 32(8): 1747 -1753.

[40]梁昌勇, 张恩桥, 戚筱雯, 陆青. 一种评价信息不完全的混合型多属性群决策方法[J]. 中国管理科学, 2009, 17(4): 126 -132.

[41]易平涛, 郭亚军. 权数非独裁条件下基于竞争视野优化的多属性决策方法. 控制与决策, 2007, 22(11): 1259 -1263.

[42]易平涛, 张丹宁, 郭亚军. 主观自主式评价的序优化模型及赋权策略仿真. 运筹与管理, 2008, 17(3): 38 -45.

[43]郭显光. 一种新的综合评价方法——组合评价法[J]. 统计研究,1995(5):56 -59.

[44]陈国宏, 李美娟. 基于方法集的综合评价方法集化研究[J]. 中国管理科学, 2004,12(1): 101 -105.

[45]陈华友. 多属性决策中的一种最优组合赋权方法研究[J]. 运筹与管理, 2003,12(2):6 -10.

[46]柳玉鹏, 李一军. 基于降维思想的客观组合评价模型[J]. 运筹与管理, 2009,18(4):38 -43

[47]David Hughes, Kevin Hwang, Lirong Xia. Computing optimal Bayesian decisions for rank aggregation via MCMC sampling[C]. In Proceedings of the Conference on Uncertainly in Artificial Intelligence(UAI),2015.

[48]梁茹, 盛昭瀚. 基于综合集成的重大工程复杂问题决策模式[J]. 中国软科学, 2015(11):123 -135.

[49]顾基发, 王浣尘, 唐晋锡. 综合集成方法体系及系统学研究[M]. 北京: 科学出版社, 2007.

[50]秦寿康. 评价方案优化系统[J]. 系统工程学报, 2002,17(2):143 -149.

[51]易平涛, 李伟伟, 郭亚军. 泛综合评价信息集成框架求解算法及应用[J]. 中国管理科学, 2015, 23(10): 131 -138.

[52]张新红,郑丕谔. 基于神经网络的管理信息系统综合评价方法[J]. 系统工程学报, 2002,17(5):446-450.

[53]吴德胜, 梁樑. 遗传算法优化神经网络及信用评价研究[J]. 中国管理科学, 2004, 12(1): 68-74.

[54]王翯华, 朱建军, 方志耕. 基于灰色关联度的多阶段语言评价信息集结方法[J]. 控制与决策, 2013, 28(1):109-114.

[55]姜江, 李漩, 邢立宁, 陈英武. 基于模糊证据推理的系统风险分析与评价[J]. 系统工程理论与实践, 2013, 33(2): 529-537.

[56]毛太田, 肖锎, 邹凯. 一种基于粗糙集条件信息熵的多指标综合评价方法研究[J]. 统计研究, 2014, 31(7): 92-96.

[57]易平涛, 李伟伟, 郭亚军. 线性无量纲化方法的结构稳定性分析[J]. 系统管理学报, 2014, 23(1): 104-110.

[58]李伟伟, 易平涛, 李玲玉. 综合评价中异常值的识别及无量纲化处理方法[J]. 运筹与管理, 2018, 27(4): 173-178.

[59]Belton V, Gear A E. On a short coming of Satty's method of analytic hierarchy[J]. Omega, 1983, 11(3): 228-230.

[60]郭亚军, 潘德惠. 一类决策问题的新算法[J]. 决策与决策支持系统, 1992, 2(3): 56-62.

[61]郭亚军, 潘德惠. 一类决策问题的区间映射方法[J]. 决策与决策支持系统, 1993(1):56-62.

[62]王应明. 应用离差最大化方法进行多指标决策与排序[J]. 系统工程与电子技术, 1998, 20(7): 24-26.

[63]郭亚军. 一类多层次大系统的递阶综合评价方法[J]. 管理工程学报, 1994, 8(1): 8-12.

[64]刘靖旭, 谭跃进, 蔡怀平. 多属性决策中的线性组合赋权方法研究[J]. 国防科技大学学报, 2005, 27(4): 121-124.

[65]Yager R R. On ordered weighted averaging aggregation operators in multicriteria decision making[J]. IEEE Transactions on Systems, Man and Cybernetics, 1998, 18: 183-190.

[66]Xu Z S. An overview of methods for determining OWA weights[J]. International Journal of Intelligent Systems, 2005, 20: 843-865.

[67]Yager R R, Kacprzyk J. The Ordered Weighted Averaging Operators: Theory and Applications[M]. Norwell, MA: Kluwer, 1997.

[68]徐泽水. 不确定多属性决策方法及应用[M]. 北京: 清华大学出版社, 2004.

[69]Herrera F, Herrera-Viedma E, Chiclana F. Multiperson decision-making based on multiplicative preference relations[J]. European Journal of Operational Research, 2001(129):372-385.

[70]易平涛. 多源信息密度集结算子理论及应用[M]. 北京: 科学出版社, 2012.

[71]Xu Z S, Da Q L. An overview of operators for aggregating information[J]. International Journal of Intelligent Systems, 2003, 18(9): 953-969.

[72]李伟伟, 易平涛, 郭亚军. 有序分位加权集结算子及在激励评价中的应用[J]. 系统工程理论与实践, 2017, 37(2): 452-459.

[73]李伟伟, 易平涛, 郭亚军. 有序分位加权集结算子及理想激励点的模拟求解[J]. 系统工程学报, 2018, 33(5): 606-614.

[74]易平涛, 郭亚军, 张丹宁. 基于双激励控制线的多阶段信息集结方法[J]. 预测,2007,26(3):39-43.

[75]易平涛, 张丹宁, 郭亚军. 基于泛激励控制线的多阶段信息集结方法[J]. 运筹与管理, 2010, 19(1): 49-55.

[76]刘微微, 石春生, 赵圣斌. 具有速度特征的动态综合评价模型[J]. 系统工程理论与实践, 2013(3): 705 –710.

[77]易平涛, 冯雪丽, 郭亚军, 张丹宁. 基于分层激励控制线的多阶段信息集结方法[J]. 运筹与管理, 2013, 22(6): 140 –146.

[78]马赞福, 郭亚军, 张发明, 潘玉厚. 一种基于增益水平激励的动态综合评价方法[J]. 系统工程学报, 2009, 24(2): 234 –247.

[79]张发明. 基于双重激励模型的动态综合评价方法及应用[J]. 系统工程学报, 2013, 28(2): 248 –255.

[80]李伟伟, 郭亚军, 易平涛. 带有奖惩作用的密度算子及应用[J]. 运筹与管理, 2012, 21(4): 146 –152.

[81]郭亚军, 钟田丽. 兼顾"功能性"和"均衡性"的综合评价方法及应用[J]. 中国软科学, 2001(3):104 –106.

[82]Kuhn H W, Tucker A W. Nonlinear programming[A]. Proceedings of the Second Berkley Symposium on Mathematical Statistics and Probability[C]. Berkley, California: University of California Press, 1950.

[83]郭亚军. 动态综合评价的二次加权法[J]. 东北大学学报, 1995, 15(5): 547 –550.

[84]郭亚军. 具有鼓励(或惩罚)机制的多指标决策方法[J]. 决策与决策支持系统, 1995, 5(4): 109 –114.

[85]郭亚军. 一种新的动态综合评价方法[J]. 管理科学学报, 2002, 5(2): 50 –54.

[86]郭亚军, 潘建民, 田厚平. 中国地区经济发展状况的综合评价[J]. 中国经济评论, 2002, 2(3): 60 –71.

[87]易平涛, 郭亚军, 张丹宁. 基于双激励控制线的多阶段信息集结方法[J]. 预测, 2007, 26(3): 39 –43.

[88]易平涛, 张丹宁, 郭亚军. 基于泛激励控制线的多阶段信息集结方法[J]. 运筹与管理, 2010, 19(1): 49 –55.

[89]Yager R R. Induced ordered weighted averaging operators[J]. IEEE Transactions on Systems, Man and Cybernetics, 1999, 29(2): 141 –150.

[90]易平涛, 郭亚军. 权数非独裁条件下基于竞争视野优化的多属性决策方法[J]. 控制与决策, 2007, 22(11): 1259 –1263.

[91]余雁, 梁樑. 基于 Nash 均衡约束的竞争性评估方法研究[J]. 管理科学学报, 2006, 9(1): 8 –13.

[92]余雁, 梁樑. 基于目标导向的竞争性评估方法[J]. 系统工程理论方法应用, 2005, 14(5): 412 –417.

[93]余雁, 梁樑,罗彪. 基于互自评体系的竞争性评估方法研究[J]. 系统工程, 2004, 22(5): 94 –97.

[94]吴清华,梁樑,吴杰等. DEA 博弈模型的分析与发展[J]. 中国管理科学, 2010, 18(5): 184 –191.

[95]郭亚军, 易平涛. 一种基于整体差异的客观组合评价方法[J]. 中国管理科学, 2006, 14(3): 60 –64.

[96]易平涛, 郭亚军. 双方冲突特征下多评价结论协商组合方法[J]. 系统工程理论与实践, 2006, 26(11): 63 –72.

[97]Hwang C L, Yoon K. Multiple Attribute Decision Making[M]. Berlin: Springer –Verlag, 1981.

[98]易平涛, 李伟伟, 郭亚军. 基于二维 IOWA 算子的客观自主式评价方法[J]. 运筹与管理, 2011, 20(6): 182 –187.

[99]姚爽, 郭亚军, 易平涛. 基于多维诱导分量的拓展 IOWA 算子及应用[J]. 东北大学学报(自然科学版), 2009, 30(2): 298 –301.

[100]李伟伟, 郭亚军, 易平涛, 何志勇. 基于协商视角的客观自主式综合评价方法[J]. 系统管理学报, 2012, 21(3): 378 –383.

[101]易平涛，郭亚军，张丹宁．意见分歧特征下多评价结论协商组合方法[J]．东北大学学报(自然科学版)，2006，27(12)：1289－1392.

[102]易平涛，张丹宁，郭亚军．主观自主式评价的序优化模型及赋权策略仿真[J]．运筹与管理，2008，17(3)：38－45.

[103]李伟伟．自主式综合评价理论与方法研究[D]．沈阳：东北大学，2011.

[104]邱菀华．群组决策特征根法[J]．应用数学和力学，1997，18(11)：1027－1031.

[105]郭亚军，李伟伟，易平涛．带有情感过滤特征的综合评价方法及应用[J]．系统工程，2011，29(4)：84－87.

[106]岳超源．决策理论与方法[M]．北京：科学出版社，2003.

[107]Aupetit B，Genest C. On some useful properties of the perron eigenvalue of a positive reciprocal matrix in the context of the analytic hierarchy process [J]. European Journal of Operational Research，1993，70(2)：263－268.

[108]彭勇行．国际投资环境的组合评价研究[J]．系统工程理论与实践，1997(11)：13－17.

[109]郭亚军，易平涛．基于奇异值分解的多评价结论集结方法[J]．东北大学学报(自然科学版)，2007，28(2)：278－281.

[110]汪应洛等．系统工程理论、方法与应用(第二版)[M]．北京：高等教育出版社，2002.

[111]郭亚军．协商评价方法探讨[J]．决策与决策支持系统，1993(4)：100－106.

[112]易平涛，郭亚军，李伟伟．基于密度算子的多阶段群体评价方法及应用[J]．东北大学学报(自然科学版)，2011，32(5)：752－756.

[113]易平涛，郭亚军．广义实型密度加权平均中间算子及其应用[J]．系统工程学报，2010，25(2)：190－195.

[114]张发明．动态群体评价理论与方法研究[D]．沈阳：东北大学，2009.

[115]易平涛，郭亚军，张丹宁．密度加权平均中间算子及其在多属性决策中的应用[J]．控制与决策，2007，22(5)：515－519.

[116]郭亚军．综合评价结果的敏感性问题及其实证分析[J]．管理科学学报，1998，1(3)：28－35.

[117]李伟伟，易平涛，郭亚军．差异驱动型评价方法的稳定性及差异凸显能力比较[J]．运筹与管理，2015，24(1)：216－221.

[118]王应明．运用离差最大化方法进行多指标决策与排序[J]．软科学研究，1998(3)：36－38，65.

[119]李伟伟，易平涛，郭亚军．几种信息集结算子的灵敏度分析[J]．系统管理学报，2013，22(4)：494－497，504.

[120]易平涛，张丹宁，郭亚军．综合评价的随机模拟求解算法及应用[J]．运筹与管理，2009，18(5)：97－106.

[121]顾基发，王浣尘，唐晋锡．综合集成方法体系与系统学研究[M]．北京：科学出版社，2007.

[122]易平涛，李伟伟，郭亚军．随机模拟型综合评价模式及其求解算法[J]．运筹与管理，2014，23(6)：222－228.

[123]李伟伟，易平涛，郭亚军．一种新的综合评价排序方法及求解[J]．东北大学学报(自然科学版)，2015，36(4)：605－608.

[124]Lipovetsky S，Michael Conklin M. Robust Estimation of Priorities in the AHP[J]. European Journal of Operational Research，2002，137(1)：110－122.

[125]Kazutonmi Sugihara，Hiroai Ishii，Hideo Tanaka. Interval Priorities in AHP by Interval Regression Analysis [J]. European Journal of Operational Research，2004，158(3)：745－754.

[126] Liu F, Zhang W G, Zhang L H. Consistency Analysis of Triangular Fuzzy Reciprocal Preference Relations [J]. European Journal of Operational Research, 2014, 235(3): 718 – 726.

[127] Leung L C, Gao D. On Consistency and Ranking of Alternatives in Fuzzy AHP [J]. European Journal of the Operational Research, 2000, 124(1): 102 – 113.

[128] Gianluca Campanella, Rita A Ribeiro. A framework for dynamic multiple – criteria decision making [J]. Decision Support Systems, 2011, 52(1): 52 – 60.

[129] 郭亚军, 姚远, 易平涛. 一种动态综合评价方法及应用[J]. 系统工程理论与实践, 2007(10):154 – 158.

[130] 王宗军, 储茂广. 模糊粗糙集中综合评价的属性约简和规则获取[J]. 管理学报, 2009,6(4): 444 – 446,471.

[131] Xia Meimei, Xu Zeshui. Hesitant fuzzy information aggregation in decision making[J]. International Journal of Approximate Reasoning, 2011, 52(3): 395 – 407.

[132] 李刚. 基于标准差修正群组 G1 的组合赋权方法研究[J]. 系统工程学报, 2012, 27(1): 9 – 18.

[133] 熊立, 梁樑, 王国华. 层次分析法中数字标度的选择与评价方法研究[J]. 系统工程理论与实践, 2005(3):72 – 79.

[134] 李伟伟, 易平涛, 郭亚军. 基于随机模拟视角的混合数据形式密度算子[J]. 运筹与管理, 2012, 22(3): 132 – 138.

[135] 李伟伟, 易平涛, 郭亚军. 混合评价信息的随机转化方法和应用[J]. 控制与决策, 2014, 29(4): 753 – 758.

[136] Atanassov K. Intuitionistic fuzzy sets[J]. Fuzzy Sets and Systems, 1986, 20(1): 87 – 96.

[137] Chen S M, Tan J M. Handling multicriteria fuzzy decision – making problems based on vague set theory[J]. Fuzzy Sets and Systems, 1994(67):163 – 172.

[138] Herrera F, Herrera – Viedma E, Martinez L. A fusion approach for managing multi – granularity linguistic terms sets in decision making[J]. Fuzzy Sets and Systems, 2000, 114(1): 43 – 58.

[139] Herrera F, Martinez L. A 2 – tuple fuzzy linguistic representation model for computing with words[J]. IEEE Transactions on Fuzzy Systems, 2000, 8(6): 746 – 752.

[140] 李伟伟, 易平涛, 郭亚军. 多方参与政府绩效评价的模式、方法及求解[J]. 系统工程, 2014, 32(10): 105 – 111.

[141] 张岩鸿. 国外政府绩效评估发展的路径特征探析[J]. 青岛行政学院学报, 2008(2):45 – 47.

[142] 李鲁红, 陈浩天. 西方地方政府绩效评估发展评析及其启示[J]. 天水行政学院学报, 2006(6):7 – 9.

[143] 包国宪, 董静. 政府绩效评价在西方的实践及启示[J]. 兰州大学学报(社会科学版), 2006, 34(5): 20 – 25.

[144] 陈东, 孙加献. "顾客导向"第三方政府绩效评价模式初探[J]. 科技进步与对策, 2006(5):127 – 129.

[145] 王锡锌. 对"参与式"政府绩效评估制度的评估[J]. 行政法学研究, 2007(1):7 – 13.

[146] 王锡锌. 公众参与、专业知识与政府绩效评估模式——探寻政府绩效评估模式的一个分析框架[J]. 法制与社会发展, 2008(6):3 – 18.

[147] 彭国甫, 綦小广. 基于层次分析法的政府绩效评价不同主体的权重研究[J]. 湘潭大学自然科学学报, 2008,30(3): 150 – 156.

[148] 高树彬, 刘子先. 基于模糊 DEA 的服务型政府绩效评价方法研究[J]. 科学学与科学技术管理, 2011, 32(12): 32 – 35.